DICIONÁRIO ILUSTRADO
DA LÍNGUA PORTUGUESA

Palavrinha VIVA

Organizador

Francisco S. Borba

Colaboradores

Beatriz Nunes de Oliveira Longo
Marina Bortolotti Bazzoli
Sebastião Expedito Ignácio

Ilustrações

Luiz Maia

1ª edição
Curitiba – 2008

Impressão – julho de 2011

EDITORA POSITIVO

DICIONÁRIO PALAVRINHA VIVA
Direitos de publicação

Autores:

Organizador
Francisco S. Borba

Colaboradores
Beatriz Nunes de Oliveira Longo
Marina Bortolotti Bazzoli
Sebastião Expedito Ignácio

Diretor-Geral
Emerson Walter dos Santos

Gerente Editorial-Geral
Joseph Razouk Junior

Gerente Editorial
Vitória Rodrigues e Silva

Gerente de Arte e Iconografia
Cláudio Espósito Godoy

Coordenação Editorial
Sandra Regina de Souza

Edição
Valéria Zelik

Assistente de Edição
Roberta da Silva

Edição de Arte
Daniel Cabral
Karina Hollanda

Analista de Arte
Juliana Ferreira Rodrigues

Ilustrações
Luiz Maia

Capa
Positivo Comunicação Gráfica

Projeto gráfico e diagramação
Commcepta Design

Revisão
Camila Vanzella
Cornélio Bzunek
Karina Quadrado

Dados Internacionais para Catalogação na Publicação (CIP)
(Mônica Catani M. de Souza /CRB9-807/Curitiba, PR, Brasil)

B726 Borba, Francisco S.

Dicionário palavrinha viva / Francisco S. Borba ; ilustrações Luiz Maia ; colaboradores Beatriz Nunes de Oliveira Longo, Marina Bortolotti Bazzoli, Sebastião Expedito Ignácio. – Curitiba : Ed. Positivo ; 2008.

464 p. : il.

ISBN 978-85-7472-838-4

1. Língua portuguesa - Dicionários. I. Longo, Beatriz Nunes de Oliveira. II. Bazzoli, Marina Bortolotti. III. Ignácio, Sebastião Expedito.

CDU 030=690

R. Major Heitor Guimarães, 174
80440-120 – Curitiba-PR

Impressão e acabamento
Gráfica Posigraf S.A.
Rua Senador Accioly Filho, 500
Curitiba – Paraná
CEP 81310-000
E-mail: posigraf@positivo.com.br

Visite nosso site:
www.editorapositivo.com.br
Fale com a gente: **0800 723 6868**

EDITORA POSITIVO

Sumário

Introdução

Para o professor:

Este dicionário se destina a escolares do Ensino Fundamental e tem como objetivos: **a)** familiarizar o aluno com a língua escrita pela contextualização sistemática dos itens lexicais; **b)** levar o aluno à compreensão mais completa do texto, bem como estimulá-lo à criação de seu próprio texto; **c)** iniciar a ampliação do vocabulário tanto ativo como passivo.

O ponto de partida para a organização das entradas é o vocabulário básico estabelecido a partir da frequência em textos escritos do português contemporâneo do Brasil e que conta com cerca de 12 000 itens. Em seguida, foi testada a frequência dessa lista num *corpus* especial – o *Corpus Positivo* – constituído por três tipos de textos: **a)** livros didáticos – 1 529 369 ocorrências de palavras; **b)** literatura infantil – 2 148 724 e; **c)** literatura jornalística infantil – 796 905, num total de 4 474 998 ocorrências. A partir da frequência entre 10 e 12 é que se chegou ao total de **7 456** entradas. Além do controle das entradas, esse *corpus* ainda serviu como ponto de referência para a organização dos exemplos que ilustram as acepções, já que a contextualização é sistemática, só sendo dispensada em casos muito comuns e com relação a alguns termos técnicos cuja contextualização seria artificial.

Este dicionário se apoia nos princípios teóricos que orientam a gramática escolar vigente, o que permite organizar, de forma coerente, os verbetes das palavras lexicais, quanto à classe a que pertencem (substantivos, adjetivos e verbos), com relação à transitividade dos verbos (transitivos e intransitivos), e de forma descritiva as palavras gramaticais (artigos, pronomes, numerais, advérbios, preposições e conjunções). Por outro lado, não confunde dicionário e gramática. Entende que o dicionário é o lugar daquilo que é tópico ou particular de um item léxico e a gramática é um conjunto de regras de aplicação automática. Como acervo de formas livres, o dicionário enumera palavras, enquanto a gramática contém as regras que, aplicadas, mostram como a língua funciona. Assim, tudo aquilo que for resultado de aplicação automática de regras não precisa entrar no dicionário. Por exemplo, na questão do gênero dos nomes, diz-se que o feminino se forma pela alternância **o, e/a** [menino/menina; elefante/elefanta] ou pelo acréscimo de **a** [diretor/diretora; cantor/cantora]. Fora disso, a questão é tópica, depende de cada palavra: **galo/galinha**; **rei/rainha**. Essas é que entram no dicionário. A aplicação do plural, naturalmente, depende de regras fixas também [sala/salas, mar/mares; papel/papéis]. Deve ir para o dicionário aquilo que escapar às regras da gramática. Por exemplo, os nomes de mais de uma sílaba terminados em **–ão** tônico fazem o plural em **–ões** e os em **–ão** átono, igualmente com mais de uma sílaba, fazem o plural em **–ãos: fogão/fogões**; **órgão/órgãos**. Mas aqui há vários casos particulares que devem ser registrados no dicionário [mão/mãos; cão/cães; cidadão/cidadãos].

Cada verbete contém: **a)** informação de ordem fonética – pronúncia [duvidosa ou alternativa – duelo (é)/bodas (ô)/poça (ô)/poça (ó)], indicação da sílaba tônica [gra.**tui**.to]; **b)** informação sobre grafia [abdômen/abdome], divisão silábica, hifenização; **c)** informação de natureza lexical – sinonímia, antonímia, homonímia; **d)** informação sintática (regência verbal) – pela preposição que introduz o compl. indireto (exemplo: **abrir Vt** [**Pron**] (+com) **5** contar seus problemas(a): *Bete só tinha coragem de abrir-se com a mãe*). Quando o verbo for transitivo direto e indireto, o complemento direto é indicado por (...) antes da preposição que introduz o complemento indireto (exemplo: **recostar Vt** (...+em) **1** encostar; apoiar: *Cansado da viagem, Juninho recostou a cabeça no ombro da mãe e adormeceu*).

A rotulação dos itens é muito simples: **S** (Substantivo), **Adj** (Adjetivo) e **V** (Verbo). Para **S** convém indicar o gênero – **S masc** (gato, clima), **S fem** (alface, festa), **S** (crente, mártir).

Vêm em destaque: **a)** plurais irregulares [-ão: -ãos/ães], plural metafônico [**ó**ssos, **ó**vos]; **b)** questões gráficas como no caso de homônimos homófonos (concerto/conserto); grafias alternativas, etc.

Para o aluno:

Este dicionário foi elaborado pensando em alunos como você, da primeira etapa do Ensino Fundamental. Ele pretende fazer com que você tenha mais contato com a língua escrita, compreenda as palavras ao seu redor e, também, conheça novas palavras.

Para isso, foram escolhidos textos dos livros didáticos, da literatura e dos jornais e revistas infantis que você mais lê. Desses textos, foram escolhidas as palavras que mais aparecem neles, ou seja, as que têm maior frequência, para serem explicadas neste dicionário. Portanto, as palavras que aqui aparecem são as mais úteis para você, na escola ou fora dela. Desse conjunto de textos também foram tirados os exemplos que acompanham as explicações do dicionário. Alguns exemplos foram modificados um pouco para que ficassem mais fáceis de entender.

É importante lembrar que um dicionário serve principalmente para explicar o significado das palavras e essa é a maior preocupação desta obra. Porém, você encontrará aqui algumas informações de gramática. Para as informações que possuem regras fixas, o melhor é pesquisar em livros próprios para isso. Quando as palavras não seguem as regras da gramática, então o dicionário ajudará você. Por exemplo: todo mundo sabe que o feminino, muitas vezes, é formado trocando a letra **o** da palavra pela letra **a**: *o menino, a menina*. Isso é uma regra. Mas há palavras em que isso não acontece: *o padrinho, a madrinha*. É nesse último caso que esse dicionário vai ajudar você. Há outras dicas de gramática muito interessantes. Nos verbos, você vai reparar que existe uma palavra entre parênteses (é uma preposição) e é uma dica de que essa é a palavra que você usa junto com aquele verbo, naquele sentido que você está lendo.

Por fim, este dicionário também vai ajudar você em outros assuntos relacionados com as palavras: todas as palavras com duas sílabas ou mais aparecem separadas em sílabas, a sílaba mais forte (a tônica) aparece em destaque, palavras que não são do português ou que temos dúvida em como pronunciar trazem a indicação da pronúncia e assim por diante. Após o desenho de um sol, você encontrará informações bem interessantes sobre a palavra pesquisada. Leia mais sobre essas dicas na seção "Chave do dicionário". E tudo isso é feito com uma linguagem fácil, de um jeito que você vai entender melhor e aprender muito mais.

telégrafo — tempo

telégrafo te.**lé**.gra.fo ***S masc*** sistema de envio e recebimento de mensagens a distância por meio de sinais: *O inventor do telégrafo foi Samuel Morse.*
telegráfico *Adj* relativo a telégrafo.

telegrama te.le.**gra**.ma ***S masc*** mensagem escrita transmitida por meio telegráfico: *Enviar um telegrama é uma maneira elegante de cumprimentar as pessoas.*

telescópio te.les.**có**.pio ***S masc*** instrumento destinado a aproximar a imagem de objetos que estão longe, usado de modo especial na observação dos astros: *A Lua é maravilhosa vista ao telescópio.*

televisão te.le.vi.**são** ***S fem*** 1 transmissão de imagens e sons por meio de sinais eletrônicos ou por meio de cabos: *A televisão foi um invento do século XX.* 2 a emissora que transmite essas imagens: *A principal televisão do país veio transmitir o casamento.* 3 aparelho que recebe essas imagens; televisor: *Quando liguei a televisão o jogo já havia começado.* ▶ pág 405.

televisor te.le.vi.**sor** ***S masc*** aparelho que recebe imagens de televisão: *A escola vai ganhar um televisor para cada classe.*

telha **te**.lha ***S fem*** peça, em geral de cerâmica, para cobrir casas: *As goteiras eram por causa de umas telhas quebradas.* ▶ pág 88 e 89.

tema **te**.ma ***S masc*** 1 assunto a ser desenvolvido ou a ser provado: *O tema do texto foi a poluição dos rios.* 2 motivo que inspira um artista: *A pintora tinha por tema a paisagem brasileira.*

temática te.**má**.ti.ca ***S fem*** conjunto de temas que caracterizam uma obra de arte, de literatura ou de ciência: *A temática da obra era a seca do Nordeste.*

temático te.**má**.ti.co ***Adj*** que se refere a um determinado tema ou assunto: *As bibliotecas temáticas possuem livros sobre assuntos específicos.*

temer te.**mer** ***Vt*** 1 ter medo ou receio de: *O povo teme uma guerra.* (+por/pelo) 2 preocupar-se (com): *A mãe teme pela saúde do filho.*
temor *S masc* estado de quem teme; medo. **temido *Adj*** que causa medo. **temeroso *Adj*** que tem medo.

temperado tem.pe.**ra**.do ***Adj*** 1 que recebeu tempero: *Não gosto de ovos temperados.* 2 diz-se do clima que nem é quente nem frio: *Nas regiões de clima temperado quase não se usam roupas de lã.*

temperamento tem.pe.ra.**men**.to ***S masc*** conjunto de traços que determinam o caráter de uma pessoa, seu modo de ser, de reagir, de emocionar-se; índole: *Amélia tem um bom temperamento.*

temperar tem.pe.**rar** ***Vt*** pôr tempero em: *Tempere a salada com azeite, sal e vinagre.*

temperatura tem.pe.ra.**tu**.ra ***S fem*** 1 quantidade de calor que existe no ambiente: *Ninguém imaginava que a temperatura fosse diminuir tanto.* 2 quantidade de calor existente no corpo: *O médico mediu minha temperatura e disse que não tinha febre.*

tempero tem.**pe**.ro ***S masc*** conjunto de substâncias que se colocam nos alimentos para dar a eles um sabor especial: *O médico aconselhou a não pôr tempero demais na comida.*

tempestade tem.pes.**ta**.de ***S fem*** agitação violenta da atmosfera com relâmpagos, trovões, chuva forte e vento; temporal: *Apesar da tempestade, o barco chegou inteiro ao seu destino.*

templo **tem**.plo ***S masc*** edifício destinado a culto religioso: *Alguns povos construíam templos imensos.*

tempo **tem**.po ***S masc*** 1 o passar dos anos, dos dias, das horas, etc., que envolve a noção de passado, presente e futuro: *O tempo passa muito rápido.* 2 época: *Naquele tempo os costumes eram outros.* 3 período do ano em que se dão certos fenômenos naturais; estação: *O agricultor esperava o tempo das chuvas para plantar.*

A B C D E F G H I J K L M N O P Q R S T U V W X Y Z

419

As indicações dessas páginas visam auxiliar o leitor na compreensão das informações do dicionário.

Ícones

- expressão
- abreviatura
- pronúncia
- palavra estrangeira
- destaque
- subentrada

Verbete

É o conjunto dos vários significados de uma palavra e abrange, também, outras informações, como exemplos, sinônimos, etc.

Entrada

É a primeira palavra do verbete e são dela as definições e os exemplos apresentados. Aparece sempre colorida.

Separação silábica

A palavra da entrada, quando composta por duas ou mais sílabas, possui sua separação em sílabas. Essa separação é feita por um ponto ou por dois-pontos, quando há duas possibilidades de separação. A sílaba tônica, ou sílaba mais forte, vem em destaque colorido nessa separação.

Classificação gramatical

Todas as palavras apresentam sua classificação gramatical logo após a separação silábica ou a pronúncia, quando houver. Indica a que classe gramatical a palavra pertence. Em alguns casos, a palavra pode pertencer a duas ou mais classes. Essa indicação vem em negrito e em itálico.

Definição

É a explicação de cada sentido da palavra. Na maioria dos casos, essa explicação é descritiva, usando-se linguagem clara. Muitas vezes, a descrição é acompanhada de um ou mais sinônimos, que auxiliam na ampliação vocabular.

Exemplo

Os exemplos apresentam os usos da palavra da entrada nos textos de livros didáticos, de literatura e jornalísticos adequados às crianças do Ensino Fundamental. Vêm após a definição e aparecem em itálico, com a palavra da entrada colorida.

Chave do dicionário

Sentidos muito corriqueiros ou técnicos não apresentam exemplos.

Regência verbal

É a indicação de qual preposição deve ser usada para determinado sentido do verbo. Aparece entre parênteses acompanhada do sinal +.

Subentrada

Após o sinal vêm as subentradas de palavras da mesma família da entrada. Essas palavras têm sua classificação gramatical e sua definição sucinta.

Expressão

São duas ou mais palavras que têm um sentido próprio. As expressões vêm após o ícone e, além da sua definição, trazem, também, um exemplo de uso.

Abreviatura

É a forma escrita encurtada de uma palavra, usando apenas algumas de suas letras. As abreviaturas mais usadas aparecem no final do verbete, após o símbolo . Porém, há outras abreviações no corpo da obra, cujos significados são encontrados na seção **Abreviaturas**.

Palavra estrangeira

É palavra usada no Brasil, mas que não faz parte da língua portuguesa. Vem em itálico, após o símbolo e tem a indicação da língua de que foi tirada.

Palavras-guia

São as duas palavras que aparecem bem no alto de cada página. São a primeira e a última palavras da página e servem para ajudar a localizar o verbete pesquisado.

Destaques

São informações diversas sobre o verbete, como, por exemplo, a forma feminina correspondente à palavra da entrada, antônimos, de qual língua a palavra foi tirada, ou qualquer outra informação interessante que ajudará o leitor a conhecer melhor a palavra. Essas informações vêm sempre após o símbolo .

Pronúncia

É o modo de falar a palavra e vem logo após a entrada, usando o símbolo . Para palavras que não fazem parte da língua portuguesa, é escrita de forma completa, ou seja, como a palavra estrangeira deve ser pronunciada. Nas palavras da língua portuguesa, aparece apenas a letra ou sílaba que pode gerar dúvida e indica se a pronúncia é aberta ou fechada, qual o som do x e assim por diante.

Ilustrações

Este dicionário é ricamente ilustrado por desenhos criativos, provocantes e bem-humorados, com a intenção de facilitar a compreensão das palavras aqui explicadas. Não há um rigor quanto às ilustrações: elas podem estar bem próximas dos verbetes ou espalhadas na página, indicadas por ▲, ▼, ◀ ou ▶, dependendo de sua localização, e podem, ou não, estar relacionadas com os exemplos dos verbetes.

Cenas

Situações do cotidiano são ilustradas em diversas cenas com a intenção de contextualizar vários dos verbetes da obra. Em cada cena, os verbetes ilustrados são indicados por números e remetidos às páginas em que estão suas definições. Também, se o verbete possui sua ilustração numa cena, recebe o símbolo ▶ e o número da página em que a ilustração está.

Abreviaturas

Adj – Adjetivo [Palavra que se associa a um substantivo para qualificá-lo ou colocá-lo numa classe especial]

Adv – Advérbio [Palavra que se refere ao verbo, ao adjetivo, a outro advérbio ou à própria frase como um todo, para acrescentar diversos valores significativos como ordem, direção, frequência, etc. ou circunstâncias de tempo, lugar, modo]

Ant – Antônimo [Palavra cujo significado é o oposto de outro]

Art – Artigo [Palavra que identifica o substantivo]

Aum – Aumentativo [Palavra que indica tamanho aumentado]

Col – Coletivo [Substantivo que indica agrupamento de seres ou de coisas]

Conj – Conjunção [Palavra que liga duas frases ou dois termos da mesma frase]

Cp – Compare

Dim – Diminutivo [Palavra que indica tamanho diminuído]

Interj – Interjeição [Palavra que expressa alegria, dor, espanto, etc.]

Num – Numeral [Palavra que indica quantidade numérica]

Pl – Plural [Forma que indica mais de um]

Prep – Preposição [Palavra que liga partes da frase dependentes umas das outras, estabelecendo entre elas várias relações]

Pron – Pronome [Palavra que substitui ou que se refere a um termo já utilizado ou representa um participante do ato de comunicação, seres ou objetos presentes no momento da fala]

S – Substantivo [Palavra que dá nome aos seres e às coisas]

S fem – Substantivo feminino

S masc – Substantivo masculino

Sin – Sinônimo [Palavra cujo significado é o mesmo de outra]

Vi – Verbo intransitivo [Verbo de sentido completo e que, portanto, não exige complemento]

V lig – Verbo de ligação [Verbo que liga um estado, uma condição ou uma característica ao sujeito da frase]

Vt – Verbo transitivo [Verbo que exige complemento]

Aa Aa

a[1] ***S masc*** primeira letra do nosso alfabeto.

a[2] ***Prep*** palavra que relaciona dois termos ou palavras da frase, indicando **1** lugar para onde alguém se dirige: *Você já foi a Recife?* **2** posição inferior: *Use protetor solar quando ficar exposto ao sol.* **3** duração no tempo: *Na rua a uma hora dessas?* **4** sucessão no tempo: *Dia a dia, as crianças observavam o desenvolvimento da semente de feijão.*

aba a.ba ***S fem*** **1** parte de baixo e que pende de certas peças de roupa: *O garoto segurava a aba do paletó do pai.* **2** beira; borda: *O homem entrou na sala segurando o chapéu pela aba.* **3** parte de baixo de uma elevação de terra: *Fizeram suas casas na aba da montanha.*

abacate a.ba.**ca**.te ***S masc*** fruto de forma alongada ou arredondada, de casca grossa, verde ou meio roxa, de polpa verde e oleosa, caroço grande.
▶ pág 188 e 189.
➖ **abacateiro** ***S masc*** árvore que dá o abacate.

abacaxi a.ba.ca.**xi** ***S masc*** **1** fruto de polpa branca ou amarelada, cheirosa, envolvida por uma casca grossa em forma de cone ou arredondada e curta, terminando por uma coroa espinhosa. **2** problema complicado e trabalhoso: *Montar aquele quebra-cabeças foi realmente um abacaxi.* ▶ pág 188 e 189.

ábaco **á**.ba.co ***S masc*** instrumento para contagem e cálculo, com hastes verticais para prender bolinhas coloridas que representam as unidades.

abafar a.ba.**far** ***Vt*** **1** impedir ou dificultar a respiração de; sufocar: *Aquelas roupas abafavam o bebê.* **2** impedir de ser ouvido: *Marina abafou a risada.* ***Vi*** **3** estar muito quente: *Mesmo sem sol, a tarde abafava.*
➖ **abafado** ***Adj*** que sufoca.

abaixar a.bai.**xar** ***Vt*** **1** mover de cima para baixo; inclinar: *O garoto abaixou o corpo para não bater no galho.* **2** dirigir ou voltar para baixo: *Léo abaixou os olhos e continuou lendo.* **3** tornar menor; reduzir:

A B C D E F G H I J K L M N O P Q R S T U V W X Y Z

Minha escola abaixou a taxa de matrícula. ***Vi*** [***Pron***] 4 inclinar-se; curvar-se: *Ele se abaixou para não ser atingido pela bola.*
1 Ant para 1 e 2: **levantar**.
2 Cp: **baixar**.

abaixo a.**bai**.xo ***Adv*** 1 em direção ao chão: *O garoto escorregou e despencou morro abaixo.* 2 em ponto inferior (a): *Abaixo da crosta da Terra existe uma camada menos dura.*
Ant: **acima**.

abajur a.ba.**jur** ***S masc*** aparelho de iluminação que pode ser de mesa ou de pé.

abalar a.ba.**lar** ***Vt*** 1 fazer tremer: *Uma forte explosão abalou o prédio.* 2 causar grande emoção ou perturbação; perturbar: *A descoberta do petróleo abalou o País.* ***Vi*** [***Pron***] 3 ficar alterado ou aflito; alterar-se: *A tartaruga não se abalou e continuou na corrida.*
abalado ***Adj*** perturbado.

abanar a.ba.**nar** ***Vt*** 1 mover de um lado para outro ou para baixo e para cima: *O cachorro se aproximou abanando o rabo.* 2 fazer sinais ou acenos com; acenar com: *A garota abanava a mão.*

abandonar a.ban.do.**nar** ***Vt*** 1 sair de; afastar-se de: *Carlos abandonou sua cidade.* 2 deixar sem ajuda: *A perua abandonou seus filhotes.* 3 desistir de: *Pedro não queria abandonar os estudos.*
abandonado ***Adj*** deixado sem ajuda.

abandono a.ban.**do**.no ***S masc*** 1 ação de abandonar ou deixar de lado: *Foi demitido por abandono do trabalho.* 2 falta de ajuda: *Toda criança tem de ser protegida contra o abandono.*

abastecer a.bas.te.**cer** ***Vt*** 1 pôr combustível (em máquina, veículo, etc.): *É preciso abastecer o carro.* 2 encher de mantimentos: *Compraram macarrão, carne, peixe para abastecer a cozinha.* 3 fornecer água a: *Há duas represas para abastecer a cidade.*
abastecimento ***S masc*** ação de abastecer.

abater a.ba.**ter** ***Vt*** 1 fazer cair; derrubar: *Os madeireiros abatiam os eucaliptos.* 2 matar: *Quis abater a fera.* ***Vi*** [***Pron***] 3 ficar preocupado; preocupar-se: *A tartaruga não se abateu com a velocidade da lebre.*
abate ***S masc*** ação de abater.

abatimento a.ba.ti.**men**.to ***S masc*** 1 diminuição ou perda de forças e energia; desânimo: *O abatimento de Benedita durou pouco.* 2 diminuição no preço: *O fornecedor pode fazer um abatimento.*

abdicar ab.di.**car** ***Vi*** abrir mão de um cargo, função ou poder: *D. Pedro I abdicou em 1831 .*

abdômen ab.**dô**.men ***S masc*** parte do tronco do homem e de outros animais situada entre o tórax e a barriga.
A forma **abdome** também é usada.

abelha a.**be**.lha ***S fem*** inseto de abdômen com marcas amarelas ou amarelo-avermelhadas, conforme a espécie, e tórax com pelinhos amarelos; produz mel e cera.

abençoar a.ben.ço.**ar** ***Vt*** pedir a Deus proteção para: *O padre abençoou os noivos.*

abertura a.ber.**tu**.ra ***S fem*** 1 espaço por onde se entra ou se sai: *O muro tinha uma pequena abertura.* 2 construção: *A abertura de novas avenidas melhorou o trânsito.*
Ant para 1: **fechamento**.

abismo a.**bis**.mo ***S masc*** abertura profunda num terreno; precipício: *Tigrão quase caiu no abismo.*

abóbora a.**bó**.bo.ra ***S fem*** fruto grande, de cor amarelo-avermelhada, casca dura, polpa amarela.
Em algumas partes do Brasil, é conhecida como **jerimum**.

abobrinha a.bo.**bri**.nha ***S fem*** 1 variedade de abóbora pequena, verde, usada como alimento: *Em casa, todos gostam de abobrinha.* 2 conversa boba; asneira; bobagem: *Eles não falam abobrinha.*

abolição a.bo.li.**ção** ***S fem*** libertação (dos escravos): *A abolição dos escravos deu-se em 1888.*

abolicionista a.bo.li.ci:o.**nis**.ta ***Adj*** 1 em favor da libertação

dos escravos: *Castro Alves fez campanha abolicionista através de sua poesia.* **S** 2 quem trabalhava pela abolição dos escravos: *Os abolicionistas, em sua maioria, habitavam as principais cidades do país.*

abolir a.bo.**lir** ***Vt*** 1 acabar com; eliminar: *A princesa Isabel assinou uma lei que abolia a escravidão no Brasil.* 2 dar fim a; eliminar: *O governo prometeu não abolir os feriados.*

abordar a.bor.**dar** ***Vt*** 1 passar a tratar de: *Na aula o professor abordou o tema da abolição dos escravos.* 2 aproximar-se de: *Foi com voz firme que o herói abordou a moça.*

aborrecer a.bor.re.**cer** ***Vt*** 1 causar irritação a; incomodar: *A barulheira aborrecia muito a avó.* 2 tirar a calma (de alguém); irritar: *Ora, até você quer me aborrecer?* ***Vi*** [***Pron***] 3 ficar chateado: *Pedrinho aborreceu-se com a demora dos amigos.*
aborrecimento ***S masc*** irritação. **aborrecido** ***Adj*** chateado.

abotoar a.bo.to.**ar** ***Vt*** fechar, colocando os botões nas casas: *Não conseguiu abotoar a blusa.*

abraçar ▲ a.bra.**çar** ***Vt*** 1 envolver e apertar entre os braços: *Ela abraçou muito feliz o amigo.* 2 segurar com os braços: *Mário abraçava com força a caixa.* [***Pron***] (+a/com) 3 prender-se com os braços a outra pessoa, que também faz o mesmo: *Laura abraçou-se com a mãe.*
abraço ***S masc*** ação de abraçar.

abreviar a.bre.vi.**ar** ***Vt*** escrever de forma mais curta: *Podemos abreviar "metro" usando m.*

abreviatura a.bre.vi:a.**tu**.ra ***S fem*** forma escrita encurtada de uma palavra, usando apenas algumas de suas letras: *Adj é uma abreviatura usada neste dicionário para adjetivo.*

abridor a.bri.**dor** ***S masc*** 1 utensílio para abrir latas e garrafas. ***Adj*** 2 que faz abrir: *O mágico conhecia palavras abridoras de portas.*

abrigar a.bri.**gar** ***Vt*** 1 proteger; agasalhar: *O cachecol de lã abrigava o pescoço.* 2 acomodar: *Abrigou os convidados numa sala.* [***Pron***] (+de) 3 proteger: *Usava um pano para se abrigar do sol.*

abrigo a.**bri**.go ***S masc*** 1 construção para proteger contra o mau tempo (chuva forte, ventania, etc.): *Podíamos construir um abrigo para o burrinho.* 2 casa de assistência social: *Minha avó ajuda um abrigo para menores.* 3 roupa que serve de agasalho: *Meninos de abrigo vermelho passavam apressados.*

abril a.**bril** ***S masc*** quarto mês do ano: *Minhas irmãs nasceram em abril.*

abrir a.**brir** ***Vt*** 1 afastar uma parte da outra: *Abriram a porteira.* 2 tirar a tampa de; destampar: *Alceu abriu a garrafa de refrigerante.* 3 separar ou afastar uma página da outra: *Vou abrir meu livro agora e sonhar.* 4 cavar: *Abriram uma valeta ali na esquina.* [***Pron***] (+com) 5 contar seus problemas (a): *Bete só tinha coragem de abrir-se com a mãe.* ***Vi*** 6 ficar com uma parte afastada da outra: *A porta abriu com o vento.*
Ant: **fechar**.

absoluto ab.so.**lu**.to ***Adj*** 1 completo: *Nossa festa foi sucesso absoluto.* 2 com poderes sem limites: *Todo ditador considerava-se chefe absoluto.*

absorver ab.sor.**ver** ***Vt*** 1 sugar em si: *O algodão absorve a água.* 2 consumir; gastar: *A reforma da casa absorveu muito dinheiro.*
absorção ***S fem*** ação ou processo de absorver.

absurdo ab.**sur**.do ***S masc*** 1 aquilo que contraria o que se poderia normalmente esperar; aquilo que não tem propósito: *– Deem os cereais para a vaca. / – Para a vaca? Isso é um absurdo.* ***Adj*** 2 sem propósito; maluco: *Era uma história absurda aquela.*

abundância a.bun.**dân**.ci:a ***S fem*** 1 fartura: *A festa era um churrasco com carne em abundância.* 2 grande quantidade: *Há tanto passarinho no pomar por causa da abundância de frutas.*
abundante ***Adj*** em grande quantidade.
Ant: **carência**.

abusar a.bu.**sar** ***Vt*** (+de) 1 usar em excesso ou usar sem cuidado: *Não se deve abusar de doces.* 2 aproveitar-se, tirar vantagem: *Não queremos abusar da nossa força.*

abuso a.**bu**.so ***S masc*** 1 uso exagerado ou sem cuidado: *Abuso de pimenta na comida faz mal à saúde.* 2 uso errado ou uso impróprio: *As pessoas devem estar protegidas contra abusos de autoridade.*

abutre a.**bu**.tre ***S masc*** ave que se alimenta preferencialmente de animais mortos.

acabamento a.ca.ba.**men**.to ***S masc*** ação de deixar pronto e em ordem: *Falta tinta para o acabamento do armário.*

acabar a.ca.**bar** ***Vt*** 1 deixar pronto; concluir; terminar: *O artista ainda não acabou o quadro.* (+com) 2 destruir; arrasar: *Existem algumas receitas caseiras para acabar com as baratas.* ***Vi*** 3 chegar ao fim: *Quando a festa acabou, ninguém quis ir embora.*

academia a.ca.de.**mi**.a ***S fem*** 1 associação de pessoas que se dedicam às ciências, às artes, etc.: *Pertence a uma Academia de Letras.* 2 lugar onde se ensinam práticas esportivas ou jogos: *Os atletas preparavam-se numa academia bem equipada.*
acadêmico ***Adj*** relativo à academia.

açafrão a.ça.**frão** ***S masc*** planta de cuja flor se extrai uma substância amarela usada como corante, medicamento ou tempero: *A horta tem açafrão.*

açaí a.ça.**í** ***S masc*** 1 fruto roxo-escuro de polpa comestível: *A moça bebia refresco de açaí.* 2 palmeira que produz esse fruto; açaizeiro: *Plantaram mudas de açaí.*
açaizeiro ***S masc*** árvore que produz o açaí.

acalmar a.cal.**mar** ***Vt*** 1 tornar calmo; tranquilizar: *Sua voz suave acalmava os meninos.* ***Vi*** 2 tornar-se calmo; tranquilizar-se: *De volta à toca, o esquilo acalmou(-se) rápido.*

acampamento a.cam.pa.**men**.to ***S masc*** 1 lugar onde as pessoas ficam acomodadas em barraca. 2 lugar onde a tropa se instala em barracas: *Átila voltou para o seu acampamento.* 3 instalação de escoteiros ou bandeirantes: *Os escoteiros deixaram o acampamento.*

acampar a.cam.**par** ***Vi*** 1 instalar-se em campo ou acampamento, por pouco tempo: *Tomem cuidado se vocês forem acampar na mata.* 2 acomodar-se: *O moço resolveu acampar por ali mesmo.*
acampado ***Adj*** instalado em acampamento.

acanhado a.ca.**nha**.do ***Adj*** que tem dificuldade de contato com as pessoas; tímido: *O poeta, todo acanhado, tirou do bolso uns versinhos e leu.*

ação a.**ção** ***S fem*** 1 tudo o que se faz ou que se pode fazer: *Pratique boas ações.* 2 comportamento; atitude: *Destruir orelhões é ação de bandidos.*

acarajé a.ca.ra.**jé** ***S masc*** bolinho feito de um feijão especial, frito em azeite tirado do fruto de uma palmeira da Bahia, e servido com molho de camarão seco com pimenta.
É um prato típico da Bahia.

acariciar a.ca.ri.ci.**ar** ***Vt*** 1 tratar com carícias: *Beijava e acariciava seu filhotinho.* 2 alisar passando a mão: *Marina acariciava o pelo da cachorrinha.*

acasalamento a.ca.sa.la.**men**.to ***S masc*** ação de juntar um macho e uma fêmea de animal, para nascerem filhotes.

acaso a.**ca**.so ***S masc*** 1 acontecimento que não se esperava: *Foi um acaso agradável encontrar você.* ***Adv*** 2 será que; quem sabe se: *– Acaso teria sido o senhor que soprou o apito?*
por acaso sem estar procurando: *Por acaso, Aladim encontrou uma lâmpada e de dentro dela saiu um gênio.*

aceitar a.cei.**tar** ***Vt*** 1 concordar em receber ou fazer: *Ele aceitou o trabalho na padaria.* 2 aprovar; admitir: *Carlos aceitou o convite.*
aceitação ***S fem*** ação de aceitar.
Ant: **recusar**; **rejeitar**.

acelerar a.ce.le.**rar** ***Vt*** 1 fazer aumentar a velocidade de; tornar rápido: *Como era descida, não precisou acelerar o carro.* ***Vi*** 2 tornar-se mais rápido; apressar-se.

acenar a.ce.**nar** ***Vt*** 1 fazer sinal com; agitar: *Avistamos um jovem acenando um pano vermelho.* ***Vi*** 2 fazer gestos para avisar, saudar ou convidar: *Marta acenou com a cabeça.*
aceno ***S masc*** sinal; gesto.

acender a.cen.**der** ***Vt*** 1 fazer pegar fogo ou brilhar: *Uma atriz grega acendeu a tocha olímpica.* ***Vi*** 2 tornar-se iluminado; brilhar: *As luzes da rua ainda não acenderam.*
Ant: **apagar**.

acento a.**cen**.to ***S masc*** sinal que se coloca sobre as vogais: *Havia no texto palavras com acento.*

acento agudo a.**cen**.to a.**gu**.do ***S masc*** 1 sinal (´) usado sobre as vogais *e*, *o* para indicar sua pronúncia aberta. 2 sinal que indica a sílaba tônica.

acento circunflexo a.**cen**.to cir.cun.**fle**.xo ***S masc*** 1 sinal (^) usado sobre as vogais *e*, *o* para indicar sua pronúncia fechada. 2 sinal que indica a sílaba tônica.

acentuação a.cen.tu.a.**ção** ***S fem*** colocação de acentos ou sinais sobre as vogais das palavras: *A regra de acentuação das palavras proparoxítonas é fácil: todas elas são acentuadas.*

acentuar a.cen.tu.**ar** ***Vt*** 1 tornar bem visível; salientar: *A maquiagem colorida acentua os traços do ator.* 2 colocar acento gráfico em: *Acentue todas as palavras proparoxítonas.*

acerola a.ce.**ro**.la ***S fem*** fruto pequeno, arredondado, de cor vermelha quando maduro.

acertar a.cer.**tar** ***Vt*** 1 tornar regular; ajeitar: *Lu demorou muito no espelho, acertando o cabelo.* 2 atingir: *Seus chutes acertavam a parede.* 3 ter bom êxito na solução (de um problema): *Neto acertou todas as questões da prova.* 4 ajustar na hora desejada: *Antes de dormir, ele acertou o despertador.* [***Pron***] (+com) 5 harmonizar-se; ajustar-se: *Vou tentar me acertar com vocês, meninos.*
acerto ***S masc*** acordo.
Ant de **acerto**: **erro**.

acervo a.**cer**.vo ***S masc*** conjunto (de CDs, quadros, etc.): *O acervo de livros da escola cresceu.*

aceso a.**ce**.so ***Adj*** 1 em que se produziu brasa: *O fogão a lenha estava aceso.* 2 com luz; iluminado: *Não é preciso dormir de abajur aceso.* 3 brilhante; vivo: *O bichinho tinha os olhos acesos.* 4 cheio de entusiasmo: *Falei da viagem e Helena ficou acesa.*
Ant para 1 e 2: **apagado**.

acessar a.ces.**sar** ***Vt*** fazer ficar disponível (dados, arquivos ou programas armazenados no computador): *Para participar da promoção, basta acessar o site e responder às perguntas.*

acesso a.**ces**.so ***S masc*** 1 oportunidade de conseguir: *É muito importante o acesso a um trabalho digno.* 2 ação de chegar; chegada: *O acesso do público é pela escada.* 3 crise; ataque: *O cão teve um acesso de fúria.*
acessível ***Adj*** que se pode alcançar ou conseguir.

acessório a.ces.**só**.ri:o ***S masc*** 1 objeto ou utensílio para facilitar uma tarefa ou atividade: *Essa é a maior loja de acessórios de informática no país.* 2 cada uma das peças que complementam o vestuário: *Como acessório, usavam lenço no pescoço.*

achar a.**char** ***Vt*** 1 encontrar por acaso ou como resultado de procura: *O menino achou uma latinha com moedas dentro.* 2 supor; julgar; pensar: *Acho que você tem razão.* 3 considerar; ter como opinião: *Jaime achou exagero aquele nervosismo todo.*
achado ***S masc*** aquilo que se achou.
Ant para 1: **perder**.

achatar a.cha.**tar** ***Vt*** 1 tornar chato; amassar: *Achatou o pão para poder morder.* ***Vi*** 2 tornar-se chato ou plano: *Estas sementes não achatam nem com martelada.*
achatado ***Adj*** que tem a forma chata.

achegar-se a.che.**gar**-se ***Vi*** aproximar-se; chegar perto: *Achegou-se para abraçar o amigo.*

achocolatado a.cho.co.la.**ta**.do ***S masc*** leite misturado com chocolate: *Tomei achocolatado.*

a b c d e f g h i j k l m n o p q r s t u v w x y z

acidentado a.ci.den.**ta**.do *Adj* 1 que sofreu acidente: *O motorista acidentado foi logo atendido.* 2 que tem altos e baixos; irregular: *Os trens se movimentam sobre trilhos em terrenos pouco acidentados.* ***S masc*** 3 pessoa que sofreu acidente: *Os acidentados precisavam de socorro.*

acidente ▼ a.ci.**den**.te ***S masc*** 1 acontecimento inesperado: *Não foi culpa nossa. Foi um acidente.* 2 desastre: *O tio de Ana ficou ferido num acidente de barco.* 3 irregularidade de uma superfície: *Montanhas e vales são acidentes geográficos.*

ácido **á**.ci.do ***S masc*** 1 certo líquido com veneno: *Usavam um ácido para matar baratas.* ***Adj*** 2 um pouco azedo e um pouco amargo: *O leite tinha virado uma substância meio ácida.* 3 que ofende; áspero: *Ofendeu-me com palavras ácidas.*

acima a.**ci**.ma ***Adv*** 1 em direção a um ponto superior: *Corria velozmente rua acima.* 2 em posição mais alta: *Ele tinha uma cicatriz acima do joelho.*
Ant: **abaixo**.

acinzentado a.cin.zen.**ta**.do ***Adj*** da cor da cinza: *O céu acinzentado indica chuva.*

acionar a.ci.o.**nar** ***Vt*** pôr em funcionamento: *Para acionar o mecanismo, aperte o botão.*

aclamar a.cla.**mar** ***Vt*** 1 receber com palmas e gritos; aplaudir: *Toda a assistência aclamou o vencedor da corrida.* 2 declarar; proclamar: *Aclamaram D. João rei de Portugal.*
aclamação ***S fem*** ação de aclamar.

aço **a**.ço ***S masc*** metal formado de ferro e carbono, muito duro: *Pedro encontrou um cano de aço.*

açoitar a.çoi.**tar** ***Vt*** bater em; surrar: *Os feitores açoitavam os escravos.*

acolher a.co.**lher** ***Vt*** 1 oferecer ou conseguir agasalho, abrigo, etc.; abrigar: *Aqui há espaço para acolher todos os que vierem para a festa.* 2 receber: *Era obrigação acolher bem os visitantes.*
acolhida ***S fem*** ação de acolher. **acolhedor** ***Adj*** que agasalha ou que abriga.

acomodar a.co.mo.**dar** ***Vt*** 1 ter acomodações ou lugar para: *O galpão não acomoda todo esse pessoal.* 2 alojar; instalar: *Acomodaram os macacos no galinheiro, para espanto das galinhas.* [***Pron***] (+em) 3 instalar-se bem: *Belinha acomodou-se no sofá.*
acomodação ***S fem*** ação de acomodar(-se).

acompanhamento a.com.pa.nha.**men**.to ***S masc*** 1 ação de acompanhar: *Os alunos têm o acompanhamento dos professores no passeio.* 2 aquilo que acompanha ou que completa: *Prepararam o lanche, escolheram os acompanhamentos e partiram para o piquenique.*

acompanhar ▲ a.com.pa.**nhar** ***Vt*** 1 ir na companhia de; seguir: *Com um cesto, a indiazinha acompanha as mulheres à roça.* 2 ir atrás de; seguir: *Os patinhos acompanhavam a pata.* 3 participar de; seguir: *A população acompanha a procissão.* 4 seguir o desenvolvimento de: *O médico acompanha o crescimento do bebê.* 5 assistir regularmente a: *Vovó acompanha novelas.*
acompanhante ***S*** aquele que acompanha.

aconchegar a.con.che.**gar** ***Vt*** 1 acomodar com carinho, para proteger: *A mamãe tigresa aconchegou o tigrinho.* [***Pron***] (+sob) 2 acomodar-se; ajeitar-se: *Flávia aconchegou-se sob as cobertas.*
aconchego ***S masc*** aquilo que acomoda ou que protege. **aconchegante** ***Adj*** que aconchega; que acomoda ou que protege.

aconselhar a.con.se.**lhar** ***Vt*** 1 dar conselhos a: *Em vez de aconselhar quem precisa, vocês ficam aí brigando.* (...+a) 2 recomendar; indicar: *O médico aconselhou-me a fazer caminhadas diárias.*
aconselhável ***Adj*** que pode servir de conselho.

acontecer a.con.te.**cer** ***Vi*** passar a ser realidade; realizar-se; ocorrer:

Acontecia uma coisa que deixava Babi muito triste.
acontecido ***S masc*** aquilo que aconteceu.

acontecimento a.con.te.ci.**men**.to ***S masc*** aquilo que acontece ou que aconteceu, especialmente interessante ou importante; evento: *A chegada do circo foi um acontecimento.*

acordar a.cor.**dar** ***Vt*** 1 tirar do sono; despertar: *Nessa hora, minha mãe me acordou.* ***Vi*** 2 sair do sono; despertar: *No domingo a gente não precisa acordar cedo.*
Ant para 1: **adormecer**; **dormir**.

acordo a.**cor**.do ***S masc*** 1 entendimento de um com o outro: *Quem sabe a gente chega a um acordo?* 2 alguma coisa que se combina com alguém; combinação; pacto: *Ela queria desistir do acordo.*

acorrentado a.cor.ren.**ta**.do ***Adj*** preso com corrente: *A bicicleta estava acorrentada a um poste.*

acostamento a.cos.ta.**men**.to ***S masc*** faixa na beira das rodovias, para parada de emergência: *Caminhava pelo acostamento em direção à cidade.*

acostumar-se a.cos.tu.**mar**-se ***Vt*** (+a/com) habituar-se; adquirir o hábito de fazer alguma coisa: *Ora, estou muito velho para acostumar-me a semelhante brincadeira.*

açougue a.**çou**.gue ***S masc*** lugar onde se vende carne.
açougueiro ***S masc*** quem trabalha em açougue.
▶ pág 402 e 403.

acreditar a.cre.di.**tar** ***Vt*** 1 julgar; achar: *Jango acredita que é o melhor do mundo.* (+em) 2 ter fé ou crença; ter como verdadeiro, real ou possível: *Será que eles pensam que nós acreditamos em fantasmas?*

acrescentar a.cres.cen.**tar** ***Vt*** (...+a) colocar alguma coisa a mais (em); juntar; adicionar: *Vamos só acrescentar a esta receita uma garrafa de vinagre.*
Ant: **tirar**; **subtrair**.

acrílico a.**crí**.li.co ***S masc*** material feito de fibras sintéticas, que se caracteriza pela resistência à ação do mau tempo.

acrobacia ▲ a.cro.ba.**ci**.a ***S fem*** 1 técnica de acrobata: *Daniel fazia acrobacias.* 2 série de movimentos coordenados ou ágeis: *As pipas faziam acrobacias no céu.*
acrobático ***Adj*** relacionado com acrobacia.

acrobata a.cro.**ba**.ta ***S*** 1 quem pratica manobras que exigem grande equilíbrio, agilidade e coordenação: *E agora, o salto triplo do nosso acrobata.* ***Adj*** 2 que sabe praticar essas manobras: *Cachorrinhos acrobatas obedeciam ao domador.*
A forma **acróbata** também é usada.

açúcar a.**çú**.car ***S masc*** substância cristalina, doce, que se desfaz na água, extraída da cana e de outros vegetais: *Não gosto de café sem açúcar.*
açucarado ***Adj*** que tem açúcar.

açucareiro a.çu.ca.**rei**.ro ***Adj*** 1 de produção de açúcar: *Foi um período de grande atividade açucareira no Brasil.* ***S masc*** 2 recipiente para guardar açúcar: *Dulce destampou o açucareiro.*

açude ▼ a.**çu**.de ***S masc*** construção destinada a represar água; barragem.

acudir a.cu.**dir** ***Vt*** vir em auxílio de; socorrer: *Foi correndo ao pomar acudir a menina.*

acumular a.cu.mu.**lar** ***Vt*** 1 fazer monte de; amontoar; juntar: *Onde sua família acumula o lixo da casa?* ***Vi*** [***Pron***] 2 amontoar-se; ajuntar--se: *A louça suja acumulou-se na pia.*
acúmulo ***S masc*** resultado daquilo que se acumulou.

acusação a.cu.sa.**ção** ***S fem*** 1 exposição oral ou escrita das culpas do réu: *Ouviu-se a acusação, depois a defesa.* 2 crítica severa; censura: *Miguel viu acusação no olhar de Soraia.*

acusar a.cu.**sar** ***Vt*** 1 denunciar: *Em que Juverci se baseou para acusar Miguel?* 2 apresentar como responsável: *Certa vez um cachorro acusou uma ovelha de furtar seu osso.* ***Vi*** 3 fazer acusações ou declarar como crime: *Quem acusa tem de provar.*

acústica a.**cús**.ti.ca ***S fem*** modo como o som se espalha num ambiente: *A acústica do salão é muito boa.*

adaptar a.dap.**tar** ***Vt*** (...+a) 1 acomodar; ajustar: *Adaptou a história original ao teatro.* [***Pron***] (+a) 2 habituar-se: *O pássaro não se adaptou à gaiola.*
adaptação ***S fem*** ação de adaptar(-se).

adequado a.de.**qua**.do ***Adj*** próprio para alguma coisa; apropriado: *O palco era adequado às danças.*

adereço a.de.**re**.ço ***S masc*** aquilo que pode enfeitar uma pessoa, uma coisa ou um lugar; adorno; enfeite: *Os alunos usaram roupas e adereços que representam as fadas.*

aderir a.de.**rir** ***Vt*** (+a) 1 declarar-se de acordo (com); apoiar: *D. Pedro passou a aderir à causa da nossa independência.* 2 colar-se; grudar-se: *Os grãos de pólen aderiam ao corpo.*

adesivo a.de.**si**.vo ***S masc*** papel ou plástico com figura, revestido de um lado de substância que adere.

adestrado a.des.**tra**.do ***Adj*** ensinado: *No circo havia muitos cães adestrados.*

adeus a.**deus** ***S masc*** 1 despedida: *Era a hora do adeus.* ***Interj*** 2 expressa despedida: *Adeus! Vou embora.*

adiantado a.di:an.**ta**.do ***Adj*** 1 antes da hora marcada: *Ninguém chega atrasado, nem adiantado.* 2 avançado: *Esse povo tinha já uma civilização muito adiantada.* 3 como pagamento antes da entrega do produto ou serviço: *Precisamos vender essas cadeiras e receber o dinheiro adiantado.* ***Adv*** 4 com antecedência: *Ou o senhor paga adiantado ou não lhe alugo o quarto.*
Ant: **atrasado**.

adiantar a.di:an.**tar** ***Vt*** 1 fazer avançar; fazer mais rápido: *Netinho, pra adiantar serviço, já vem todo sujo de tinta.* 2 pagar antes: *Não teve coragem de pedir ao patrão que lhe adiantasse o salário.* ***Vi*** 3 chegar antes: *Neste ano, o verão vai adiantar um pouco.* 4 valer a pena: *Não adiantava acariciar e alimentar aquele gato fujão.* 5 funcionar (o relógio) mais rápido do que o normal, marcando hora avançada: *Este relógio atrasava, agora adianta demais.*
Ant para 1, 2, 3 e 5: **atrasar**.

adiante a.di.**an**.te ***Adv*** 1 para frente: *Mais adiante, atravessaram outro campo.* 2 na frente; na dianteira: *Na escola, a irmã de Gustavo estava um ano adiante.*

adiar a.di.**ar** ***Vt*** deixar para outro dia ou para uma data indeterminada: *Vamos adiar a demolição da casa.*

adição a.di.**ção** ***S fem*** em Matemática, operação de juntar quantidades; soma.

adicionar a.di.ci:o.**nar** ***Vt*** (...+a) acrescentar; juntar: *Para se obter suco, basta adicionar água ao pó.*

adivinhar a.di.vi.**nhar** ***Vt*** 1 descobrir por palpite ou por suposição: *Adivinhe quem pescou esta traíra.* 2 supor; achar: *Eu estava adivinhando o que ia acontecer!* 3 perceber: *Os ratos adivinham gatos pelo cheiro.*
adivinhação ***S fem*** descoberta ou conhecimento por palpite ou por suposição.

administração ad.mi.nis.tra.**ção** ***S fem*** governo de negócios públicos ou particulares: *O cidadão pode participar da administração do município.*
administrativo ***Adj*** relacionado com administração.

administrar ad.mi.nis.**trar** ***Vt*** fazer a supervisão de; funcionar como gerente: *O diretor administra todas as atividades da escola.*
administrador ***S masc*** quem administra.

admirar ad.mi.**rar** ***Vt*** 1 ter grande respeito por; apreciar: *Paulo sempre admirou muito o pai.* 2 olhar ou examinar com espanto, interesse ou respeito: *Ficou admirando os relâmpagos.* [***Pron***] (+de) 3 ficar espantado: *Ela admirou-se da pergunta.*
admiração ***S fem*** forte sentimento de prazer, espanto ou interesse diante de alguém ou de alguma coisa. **admirável** ***Adj*** que se pode admirar ou apreciar.

admitir ad.mi.**tir** ***Vt*** 1 aceitar; concordar com: *Narizinho não admitia que se matasse nem formiga.* 2 contratar: *A prefeitura está admitindo mais professores.*

a b c d e f g h i j k l m n o p q r s t u v w x y z

adoçante a.do.**çan**.te
S masc substância que adoça artificialmente: *Use adoçante no café com leite.*

adoçar a.do.**çar** ***Vt*** pôr açúcar ou adoçante, para ficar doce: *Uma colherinha de açúcar adoça o chá.*

adoecer a.do.e.**cer** ***Vi*** ficar doente: *A princesa adoeceu e o médico foi chamado.*
Ant: **sarar**.

adoidado a.doi.**da**.do ***Adj*** **1** um tanto doido: *Subiram adoidados as escadas.* ***Adv*** **2** muito: *Bebi guaraná adoidado.*

adolescência a.do.les.**cên**.ci.a
S fem fase que vem depois da infância, começando com a puberdade e caracterizando-se por mudanças físicas e psicológicas; vai dos 12 aos 18 anos, aproximadamente.
adolescente ***S*** pessoa no período da adolescência.

adoração a.do.ra.**ção** ***S fem***
1 forte sentimento de amor: *Niceia escolheu um dia da semana para ser dedicado à adoração de Deus.*
2 afeto, respeito ou obediência: *Todos tinham adoração pela rainha.*

adorar a.do.**rar** ***Vt*** **1** render culto a; venerar: *Os Reis Magos foram adorar o Menino Jesus.* **2** amar extremamente: *Jandira adora os pais e os avós.*
adorável ***Adj*** que se aprecia muito.
Ant: **detestar**.

adormecer a.dor.me.**cer** ***Vi***
1 cair no sono; dormir: *O esquilo chegou ao ninho e logo adormeceu.*
2 ficar sem sensibilidade ou sem movimento por algum tempo: *Os dedos do pé adormeceram por causa do sapato apertado.*
Ant para **1**: **acordar**.

adorno a.**dor**.no ***S masc*** aquilo que serve para enfeitar; enfeite.

adotar a.do.**tar** ***Vt*** **1** aceitar diante da lei uma criança como filho: *Clara adotou uma menina de 5 anos.* **2** adquirir para cuidar: *Adotou um gato como animal de estimação.* **3** passar a usar: *Marina adotou outra técnica para conseguir o que queria.*
adoção ***S fem*** ação de adotar.
adotivo ***Adj*** que foi adotado.

adquirir ad.qui.**rir** ***Vt*** **1** comprar: *Verifique o prazo de validade dos produtos que você vai adquirir.*
2 conseguir; conquistar: *Tiago foi ajudante de cozinheiro e adquiriu habilidade na culinária.* **3** passar a ter; ganhar: *Seus olhos adquiriram um brilho diferente.*

adrenalina a.dre.na.**li**.na ***S fem***
1 substância produzida no organismo que lhe permite responder rapidamente aos estímulos externos. **2** emoção forte: *Eles sempre procuram coisas desafiadoras, que deem adrenalina.*

adubo a.**du**.bo ***S masc*** substância usada para deixar fértil e/ou recuperar o solo.

adulto a.**dul**.to ***S masc***
1 pessoa que atingiu todo o desenvolvimento físico: *As crianças aproveitam a distração dos adultos.*
Adj **2** que atingiu o máximo de seu crescimento: *Os filhotes ficam adultos.*

adversário ad.ver.**sá**.ri.o
S masc **1** indivíduo que luta contra outro, que se opõe a outro ou com ele compete; concorrente: *Todo mundo detesta perder, principalmente quando o adversário gosta de provocar.*
Adj **2** rival; concorrente: *O goleiro passou para o time adversário.*

advertir ad.ver.**tir** ***Vt*** prevenir; avisar: *Adverti-o para não tropeçar.*
advertência ***S fem*** aviso.

advogado ad.vo.**ga**.do
S masc **1** profissional habilitado pela lei, que orienta e esclarece a quem o consulta sobre questões relacionadas à justiça. **2** defensor; protetor: *A águia era a advogada do golfinho.*

aedes aegypti ***S masc***
mosquito que pode transmitir uma doença chamada dengue.
O nome é tirado do latim, antiga língua falada na região de Roma (Itália).

aéreo a.**é**.re.o ***Adj*** **1** pelo ar: *O balão foi a primeira forma de transporte aéreo.* **2** do alto: *Do helicóptero, tínhamos uma vista aérea da floresta.* **3** de avião ou de aviação: *Sofreram um acidente aéreo.* **4** ocupado pelo ar.

aeronáutica a.e.ro.**náu**.ti.ca
S fem órgão das Forças Armadas que defende o espaço aéreo.

aeronave a.e.ro.**na**.ve ***S fem***
nome dado aos meios de transporte aéreo.

A B C D E F G H I J K L M N O P Q R S T U V W X Y Z

aeroporto a.e.ro.**por**.to ***S masc*** local de pouso e decolagem de aviões, com instalações para atendimento, embarque e desembarque de passageiros e recebimento e envio de carga. Pl: **aerop[ó]rtos**.

aerossol a.e.ros.**sol** ***S masc*** suspensão de partículas que se espalham através de gás ou vapor. A forma **aerosol** também é usada.

afastar a.fas.**tar** ***Vt*** 1 ficar livre de; evitar: *O corpo limpo afasta doenças.* 2 mandar embora; despedir: *Afastaram o diretor.* [***Pron***] (+de) 3 ficar fora: *Ele se afastou do trabalho por cinco dias.* ***Vi*** 4 sair do lugar em que está. **afastamento** ***S masc*** ação de afastar(-se).

afazeres a.fa.**ze**.res ***S masc pl*** trabalhos; tarefas: *As crianças ajudavam nos afazeres domésticos.*

afeição a.fei.**ção** ***S fem*** sentimento de afeto ou carinho por alguém ou por alguma coisa.

afetar a.fe.**tar** ***Vt*** atingir; mexer (com): *A mudança de clima afetou a vegetação.*

afetivo a.fe.**ti**.vo ***Adj*** 1 de afeto; de carinho: *Em nossa vida, participamos de diversos grupos, criando laços afetivos.* 2 emocional: *Os livros ajudam na educação afetiva das crianças.*

afeto a.**fe**.to ***S masc*** afeição; carinho: *Ele sorriu retribuindo o afeto.*

afiar a.fi.**ar** ***Vt*** tornar cortante; amolar: *Leandro afiava a faca.* **afiado** ***Adj*** que corta bem.

afilhado a.fi.**lha**.do ***S masc*** aquele que recebe o batismo em relação ao padrinho ou à madrinha: *Toda madrinha protege seus afilhados.*

afinar a.fi.**nar** ***Vt*** 1 tornar mais fino: *Rosane usava uma cinta para afinar a cintura.* 2 colocar (um instrumento musical) no tom adequado: *Chamaram um técnico para afinar o piano.*

afirmação a.fir.ma.**ção** ***S fem*** aquilo que se declara ou que se diz com certeza: *O texto começa com a seguinte afirmação: "Não é só você que tem medo de escuro".* Ant: **negação**.

afirmar a.fir.**mar** ***Vt*** 1 dizer; declarar: *"Tenho uma cabeça boa", afirma Bruno.* 2 garantir; confirmar: *Alguém pode afirmar que houve roubo?* Ant: **negar**.

afirmativo a.fir.ma.**ti**.vo ***Adj*** positivo: *Ela ficou olhando para mim, esperando uma resposta afirmativa.* Ant: **negativo**.

afixado a.fi.**xa**.do ***Adj*** colocado em lugar visível: *O aviso está afixado perto das caixas.*

afligir a.fli.**gir** ***Vt*** 1 causar aflição ou angústia a; deixar preocupado: *O príncipe não quis afligir o rei.* ***Vi*** [***Pron***] 2 ficar aflito: *Afligiu-se ao ver que tinha perdido o anel.* **aflição** ***S fem*** angústia; preocupação.

aflito a.**fli**.to ***Adj*** 1 que está com aflição; angustiado: *O pai de Jane esperava aflito, sem saber onde ela estava.* 2 apressado; ansioso: *O rei estava aflito para conhecer a solução do enigma.* ***S masc*** 3 pessoa que está em aflição: *Devemos ajudar os aflitos.*

afluente a.flu.**en**.te ***S masc*** rio que deságua, que lança suas águas em outro.

afobado a.fo.**ba**.do ***Adj*** 1 nervoso; aflito: *Eulália voltou à sala muito afobada.* 2 apressado: *Aonde você vai tão afobado?*

afogar a.fo.**gar** ***Vt*** 1 matar mergulhando num líquido. 2 deixar com muita água; encharcar: *Você sempre bota água demais, afoga as plantas.* ***Vi*** 3 parar de funcionar: *O motor do carro afogou.* [***Pron***] 4 morrer mergulhado em líquido: *Foi nadar na lagoa e quase se afogou.*

afoito a.**foi**.to ***Adj*** apressado; ansioso: *O bichinho procurava, afoito, um lugar para se esconder.*

afora a.**fo**.ra ***Adv*** 1 em toda a extensão do espaço: *Tocou a tropa pelos campos afora.* 2 em toda a extensão do tempo: *Pelos anos afora não vou esquecer você.*

africano a.fri.**ca**.no ***Adj*** 1 natural de algum país da África: *Nos engenhos trabalhavam escravos africanos.* ***S masc*** 2 pessoa nascida na África: *Para o trabalho nos canaviais, vieram os africanos.*

afro **a**.fro ***Adj*** africano: *A cultura afro tem grande presença na Bahia.*

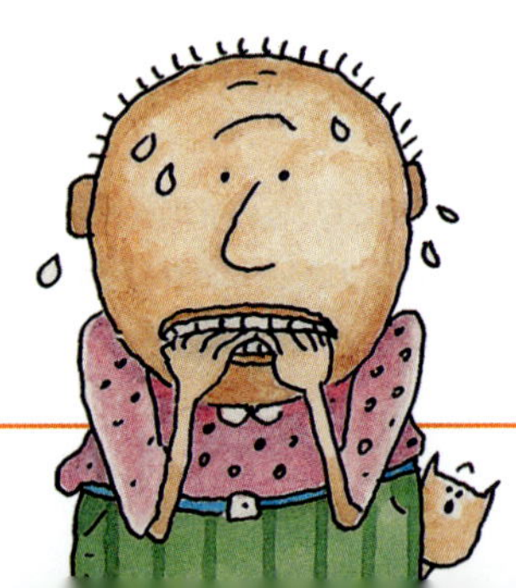

afro-brasileiro a.fro-bra.si.**lei**.ro ***Adj*** 1 relativo ou pertencente ao Brasil e à África ao mesmo tempo: *A cultura afro-brasileira é encantadora!* ***S masc*** 2 pessoa brasileira descendente de africanos.

afrodescendente a.fro.des.cen.**den**.te ***Adj*** 1 relativo ou pertencente a pessoa que é descendente de africanos: *Uma amiga afrodescendente me ensinou a fazer acarajé.* ***S*** 2 pessoa descendente de africanos: *Os afrodescendentes compõem parte da população brasileira.*

afugentar a.fu.gen.**tar** ***Vt*** fazer fugir; afastar: *O cheiro da joaninha afugenta o inimigo.*

afundar a.fun.**dar** ***Vt*** 1 fazer ir ao fundo: *Os inimigos começaram a afundar os navios encontrados.* 2 ir para dentro de; embrenhar-se: *Iam cada vez (se) afundando mais na mata.* ***Vi*** 3 ir para o fundo da água: *Fui nadar no rio e levei uma boia para não afundar.*

agachar-se a.ga.**char**-se ***Vi*** abaixar-se, dobrando os joelhos: *Agachou-se para amarrar o sapato.*

agarrar a.gar.**rar** ***Vt*** 1 pegar com as garras; segurar: *O gavião agarrou sua presa.* 2 pegar: *O urubu agarrou a viola.* 3 prender: A polícia *agarrou* os bandidos. [***Pron***] (+a/em) 4 segurar-se: *A garotinha agarrava--se à saia da mãe.*

agasalhar a.ga.sa.**lhar** ***Vt*** pôr agasalho em: *Ela pegou uma blusa de lã para agasalhar o menino.*

agasalho a.ga.**sa**.lho ***S masc*** 1 abrigo; proteção: *Os camponeses vieram em busca de agasalho.* 2 roupa para aquecer ou para esporte; abrigo: *No inverno não se anda sem agasalho.*

agência a.**gên**.ci.a ***S fem*** estabelecimento de prestação de serviços: *O dono da agência disse que o pagamento podia ser feito em parcelas.*

agenda a.**gen**.da ***S fem*** livro ou caderno em que se anota, dia a dia, o que se tem de fazer, entre outras coisas: *Usei a agenda para anotar o telefone dos colegas da turma.*

agendar a.gen.**dar** ***Vt*** fazer constar em agenda; ter hora marcada para; programar: *No caso, é preciso agendar as visitas com antecedência.*
➖ **agendamento** ***S masc*** ação de agendar.

agente a.**gen**.te ***S*** 1 aquilo que age ou que causa (alguma coisa): *Uma doença causada pelos agentes espalhados no ar é o resfriado.* 2 membro da polícia: *Lia se tornou uma agente da polícia.*

ágil **á**.gil ***Adj*** que faz tudo sem dificuldade; ligeiro: *O Homem-Aranha é ágil e valente.*
☀ Ant: **lerdo**.

agilidade a.gi.li.**da**.de ***S fem*** facilidade para fazer as coisas; desembaraço: *Mozart tinha uma grande agilidade para compor músicas.*
☀ Ant: **lentidão**.

agir a.**gir** ***Vi*** 1 praticar uma ação; fazer alguma coisa: *Temos de agir rápido.* 2 comportar-se: *Você não agiu bem.*
➖ **ação** ***S fem*** aquilo que se faz.

agitar ▲ a.gi.**tar** ***Vt*** 1 mover alguma coisa repetidamente; abanar: *Crianças agitavam bandeirinhas.* 2 provocar nervosismo ou inquietação; abalar: *Foi uma época de movimentos políticos que agitavam o país.* ***Vi*** [***Pron***] 3 movimentar-se muito; debater-se: *O doente se agitava na cama.*
➖ **agitação** ***S fem*** ação de agitar. **agitado** ***Adj*** que se agita; que se movimenta.
☀ Ant para **agitado**: **calmo**.

aglomerado ▼ a.glo.me.**ra**.do ***S masc*** 1 agrupamento: *São Paulo é um dos maiores aglomerados humanos do Brasil.* 2 conjunto de construções: *As favelas são grandes aglomerados das cidades.*

aglomerar-se a.glo.me.**rar**-se ***Vi*** formar grupos; reunir-se: *As pessoas se aglomeravam na praça.*
➖ **aglomeração** ***S fem*** ação de aglomerar-se.

agonia a.go.**ni**.a ***S fem*** **1** últimos momentos de alguém que está morrendo. **2** aflição: *Por que toda essa agonia, Gabriela?*

agora a.**go**.ra. ***Adv*** **1** neste ou nesse momento: *O ventilador agora girava a toda velocidade.* **2** deste momento em diante: *Agora você é o capitão da brincadeira, André!*

agosto a.**gos**.to ***S masc*** oitavo mês do ano: *Em agosto, há campanha para vacinação dos cães do município.*

agradar a.gra.**dar** ***Vt*** **1** fazer carinho em: *Teresinha não parava de agradar Joana.* (+a) **2** causar prazer; satisfazer: *A beleza do lugar agradou a todos.*
agrado ***S masc*** carinho; carícia.

agradável a.gra.**dá**.vel ***Adj*** **1** que agrada: *Era uma bebida de sabor agradável.* **2** que trata bem as pessoas; educado; delicado: *Aquela fada era uma criaturinha muito agradável.* **3** que dá prazer ou satisfação: *O ambiente em que vivemos deve ser agradável e limpo.*

agradecer a.gra.de.**cer** ***Vt*** **1** demonstrar reconhecimento por alguma coisa recebida: *Papai agradeceu o presente.* (...+a) **2** manifestar gratidão ou reconhecimento: *Agradeço a todos o apoio.* **3** render graças a: *Ajoelhou-se e agradeceu a Deus aquela vitória.*
agradecimento ***S masc*** ação de agradecer.

agrário a.**grá**.ri:o ***Adj*** relacionado com a distribuição e o uso de terras.

agravar a.gra.**var** ***Vt*** **1** tornar mais grave; piorar: *Novo susto veio agravar o seu estado de saúde.* ***Vi*** [***Pron***] **2** tornar-se mais grave; piorar: *A crise se agravou.*

agredir a.gre.**dir** ***Vt*** **1** insultar; provocar: *Tião nunca agrediu ninguém.* **2** atacar; surrar: *Agredir um colega com socos era coisa que não passava em sua cabeça.* **3** ofender; prejudicar: *Poluição agride a natureza.*
agressão ***S fem*** ação de agredir. **agressividade** ***S fem*** disposição para agredir.

agressivo a.gres.**si**.vo ***Adj*** **1** que agride; que ataca: *O cachorro não era agressivo quando estava perto do dono.* **2** que se esforça para conseguir algo: *O time foi pouco agressivo no jogo.*

agreste a.**gres**.te ***Adj*** **1** do campo; rústico: *Sentia o perfume de flores agrestes.* ***S masc*** **2** zona do Nordeste entre a mata e o sertão, de solo com muitas pedras e vegetação escassa: *As culturas de laranja e mandioca estão concentradas no Agreste sergipano.*
Em **2**, escreve-se com inicial maiúscula.

agrícola a.**grí**.co.la ***Adj*** **1** que resulta da agricultura: *O café é importante produto agrícola.* **2** que se dedica à agricultura: *No Pará, os imigrantes se fixaram em colônias agrícolas.*

agricultor a.gri.cul.**tor** ***S masc*** quem cultiva a terra; lavrador.

agricultura a.gri.cul.**tu**.ra ***S fem*** atividade que tem por objetivo cultivar o solo para a produção de vegetais úteis ao homem e aos animais.

agrônomo a.**grô**.no.mo ***S masc*** quem se dedica à agronomia, ou seja, o conjunto de conhecimentos que orientam a prática da agricultura.

agropecuária a.gro.pe.cu.**á**.ri:a ***S fem*** atividade econômica que combina a agricultura (cultivo do campo) com a pecuária (criação de gado).
agropecuário ***Adj*** relacionado com agropecuária.

agrotóxico a.gro.**tó**.xi.co ***S masc*** produto químico utilizado no combate e prevenção das pragas da lavoura.

agrupar a.gru.**par** ***Vt*** **1** reunir em grupo; juntar: *Vamos agrupar as duas classes do 3º ano.* [***Pron***] **2** reunir-se: *Alunos se agrupam em frente à escola.*
agrupamento ***S masc*** ação de agrupar.

água **á**.gua ***S fem*** **1** líquido sem cor, sem cheiro e sem sabor. **2** líquido que se forma na boca diante de alguma coisa muito apetitosa: *Aquele doce era de dar água na boca.*
aguaceiro ***S masc*** chuva forte.

aguar a.**guar** ***Vt*** jogar água ou outro líquido em; regar; molhar: *Ela passa horas aguando os canteiros.*

aguardar a.guar.**dar** ***Vt*** **1** estar à espera de; permanecer na expectativa de: *Elas aguardavam a chegada do ônibus.* **2** estar reservado para: *Uma surpresa aguardava Leonor.*

aguçado a.gu.**ça**.do ***Adj*** **1** fino e agudo: *Os lápis tinham pontas aguçadas.* **2** capaz de perceber sensações com exatidão; apurado: *Os bichos têm mesmo sentidos mais aguçados?*

agudo a.**gu**.do ***Adj*** **1** terminado em ponta fina: *Laura era uma vizinha de nariz agudo.* **2** diz-se do som fino: *Um som agudo atravessou a classe.*

aguentar a.guen.**tar** ***Vt*** **1** sofrer os efeitos difíceis de; suportar: *Não vou aguentar a fala daquela menina.* **2** servir de apoio a; sustentar: *Uma vareta aguentava a frágil planta.* ***Vi*** **3** ficar firme: *Dá para a gente aguentar quanto tempo aqui?*

águia **á**.gui:a ***S fem*** ave caçadora, que se destaca pelo tamanho, pelo vigor, visão excelente e grande poder de voo: *A águia transporta sua presa de um lugar para outro.*
▶ pág 460 e 461.

agulha a.**gu**.lha ***S fem*** **1** instrumento, geralmente de aço, fino e longo, com ponta aguda numa das extremidades e com um buraquinho na outra, por onde se enfia a linha, e que serve para costurar ou bordar. **2** instrumento fino e comprido, que tem uma forma especial para cada uso: *No canto da estante havia uma agulha de crochê das grandes.* **3** haste delgada e móvel que, nas bússolas, indica direção: *A agulha da bússola atrai metais.*

ai ***Interj*** palavra que expressa: **1** dor: *Ai! Espetei meu dedo.* **2** admiração: *Ai, como Zezé está bonito!*

aí a.**í** ***Adv*** **1** em lugar próximo do ouvinte: *Que é que você está fazendo aí?* **2** nesse momento; então: *E eu já estava saindo, mas aí o telefone tocou e eu voltei.* **3** num período de tempo aproximado; aproximadamente: *Vovô deve estar aí pelos 70 anos.* ***Interj*** **4** expressa animação, aplauso ou apoio: *– Aí, garotada, bola pro gol!*

ainda a.**in**.da ***Adv*** **1** até agora: *Ainda não escolhemos um nome para o gato.* **2** no futuro: *E um dia ainda ia casar com uma moça de cabelos compridos.* **3** muito; bem: *Nossa preocupação era ainda maior.*

aipim ai.**pim** ***S masc*** mandioca: *Aqui no sertão há muito aipim...* Também é conhecido como **macaxeira**, no Norte e no Nordeste do Brasil.

ajeitar a.jei.**tar** ***Vt*** **1** colocar na posição correta: *Juliana foi ajeitar a touca na cabeça.* **2** pôr em ordem: *Ele queria ajeitar a vida dos meninos que tinham fome.*

ajoelhar a.jo:e.**lhar** ***Vi*** dobrar os joelhos, apoiando-os no chão: *Os meninos (se) ajoelharam para observar o caminho das formigas.*

ajudar a.ju.**dar** ***Vt*** **1** fazer alguma coisa para diminuir a necessidade de alguém: *Acho que vocês podem me ajudar.* **2** fazer alguma coisa se desenvolver melhor; facilitar: *As fibras ajudam o funcionamento do intestino.*
ajuda ***S fem*** auxílio; socorro.
ajudante **S** quem ajuda.

ajuizado a.ju:i.**za**.do ***Adj*** que tem juízo; que faz o que é direito; sensato.

ajuntar a.jun.**tar** ***Vt*** o mesmo que **juntar**.

ajustar a.jus.**tar** ***Vt*** **1** pôr no ponto certo; acertar: *Vou ajustar o despertador para as 4h da manhã.* **2** fazer um acordo sobre; combinar: *Eles se encontraram a fim de ajustarem as condições do negócio.*
ajuste ***S masc*** ação de ajustar.
ajustar contas resolver alguma questão ou problema: *A coruja sabia que a águia havia devorado seus filhotes e foi ajustar contas com ela.*

ala a.la ***S fem*** **1** grupo; conjunto: *Na banda, Franciele faz parte da ala das cantoras.* **2** parte lateral de um edifício: *Elza seguiu seu caminho para a ala norte da escola.*

alado a.**la**.do ***Adj*** que tem asas; de asas: *Pégaso era um lindo cavalo alado.*

alagado a.la.**ga**.do ***Adj*** **1** cheio de água: *O campo da fazenda estava alagado.* ***S masc*** **2** lugar cheio de água; pântano: *Criam-se búfalos nos alagados da ilha de Marajó.*

A B C D E F G H I J K L M N O P Q R S T U V W X Y Z

alameda a.la.**me**.da ***S fem*** rua ou caminho com árvores ao lado.

alaranjado a.la.ran.**ja**.do ***Adj*** cor de laranja: *Na caixa havia um cartão alaranjado.*

alargar a.lar.**gar** ***Vt*** **1** tornar mais largo: *Assim você vai alargar minhas luvas.* ***Vi*** [***Pron***] **2** tornar-se mais largo: *Naquele ponto a estrada alargava-se.*

alarmado a.lar.**ma**.do ***Adj*** assustado: *O cachorro desandou a latir, alarmado.*

alarme a.**lar**.me ***S masc*** **1** aviso de perigo: *O guarda deu o alarme.* **2** dispositivo para dar aviso de perigo: *Os ladrões não conseguiram desligar o alarme.*
A forma **alarma** também é usada.

alastrar-se a.las.**trar**-se ***Vi*** espalhar-se; propagar-se: *O fogo logo se alastrou.*

alavanca a.la.**van**.ca ***S fem*** barra de material duro, fixa num ponto de apoio, destinada a mover, levantar ou sustentar um corpo: *O rapaz puxou uma alavanca e tudo parou.*

alazão a.la.**zão** ***Adj*** diz-se de cavalo que tem cor castanho-avermelhada: *Apareceu um viajante montado num belo cavalo alazão.* Pl: **alazães**.

álbum **ál**.bum ***S masc*** livro em branco, em que se colocam fotos, selos, etc.: *O menino colava figurinhas num álbum.*

alça **al**.ça ***S fem*** parte fina e comprida de um objeto que a ele se prende por dois pontos, e que serve para segurar, puxar ou levantar: *Os dedos que seguravam a alça da mala chegavam a doer.*

alcançar al.can.**çar** ***Vt*** **1** chegar até; atingir: *O guepardo alcança uma velocidade enorme numa corrida.* **2** chegar até perto de: *Não conseguiram alcançar os moleques.* **3** conseguir; obter: *Mesmo com dificuldades alcançaremos a paz.*
alcance ***S masc*** ação de alcançar.

alçapão al.ça.**pão** ***S masc*** **1** porta que dá passagem para um piso abaixo do chão: *Gabi abriu o alçapão e entrou no porão.* **2** armadilha para apanhar pássaro: *Jogou fora o alçapão do quintal.*

álcool **ál**.co.ol ***S masc*** **1** líquido sem cor, que se evapora e que pega fogo facilmente, utilizado para vários fins medicinais e como combustível: *Melina tinha um lenço com álcool amarrado no pescoço.* **2** bebida que contém álcool.
alcoólico ***Adj*** que contém álcool. **alcoolismo** ***S masc*** doença que leva a pessoa a ficar viciada em bebida alcoólica. **alcoólatra** ***S*** pessoa viciada em bebida alcoólica.

aldeia al.**dei**.a ***S fem*** **1** agrupamento de casas ou ocas de indígenas: *Os indígenas viviam em aldeias.* **2** pequena povoação sem categoria de vila: *As aldeias cresciam e viravam vilas.*
pág 388 e 389.

alegar a.le.**gar** ***Vt*** **1** declarar; dizer: *Minha mãe alega que precisa trabalhar para nos sustentar.* **2** dar como motivo ou desculpa: *Disse que não pintava o forro, alegando não ser pintor.*

alegrar a.le.**grar** ***Vt*** **1** tornar alegre; contentar: *Foi uma notícia que muito nos alegrou.* ***Vi*** [***Pron***] **2** tornar-se alegre; animar-se: *Elisa se alegrou com a chegada dos filhos.*
Ant: **entristecer**.

alegre a.**le**.gre ***Adj*** **1** que tem alegria; contente; feliz. **2** vistoso; vivo: *Meus amigos só vestem roupas alegres.* **3** agradável: *Teremos alegres recordações da infância.*
Ant: **triste**.

alegria a.le.**gri**.a ***S fem*** **1** estado de quem se sente bem e tem vontade de rir; contentamento. **2** divertimento: *O circo garante alegria para todos.*
Ant: **tristeza**.

aleijado a.lei.**ja**.do ***Adj*** **1** que tem alguma deficiência física: *Havia ali aves aleijadas, outras machucadas.* ***S masc*** **2** quem tem deficiência física: *Lucinha ajudou o aleijado a levantar-se.*

a b c d e f g h i j k l m n o p q r s t u v w x y z

além a.**lém** ***Adv*** **1** em lugar adiante; longe: *Além, a densidade verde-escura das matas.* **2** para o lado de lá; depois: *A bola caiu além do muro.* **3** por tempo superior (a): *Hoje já se vive além dos 100 anos.* ***S masc*** **4** lugar desconhecido e misterioso: *Bichos-papões surgem do além.*

alergia a.ler.**gi**.a ***S fem*** intolerância do organismo a certos agentes físicos, químicos ou biológicos.
alérgico ***S masc*** quem tem alergia.

alerta a.**ler**.ta ***Adj*** **1** vigilante; atento: *Todos puseram-se de olhos alertas.* ***Adv*** **2** em atitude de vigilância: *O bichinho levantou a cabeça, ficou alerta.* ***S masc*** **3** sinal ou aviso para estar vigilante; advertência: *O senhor do castelo soube que o alerta tinha sido dado graças a Alberto.*

alfabetização al.fa.be.ti.za.**ção** ***S fem*** ensino da leitura e da escrita: *Os educadores discutem os métodos de alfabetização de crianças.*
alfabetizado ***Adj*** que sabe ler e escrever.

alfabeto al.fa.**be**.to ***S masc*** conjunto das letras usadas na escrita de uma língua
alfabético ***Adj*** de acordo com a ordem de sucessão das letras do alfabeto.
Em grego as duas primeiras letras chamam-se Alfa e Beta – daí o nome de alfabeto que ficou para o conjunto de todos os sinais ou letras.

alface al.**fa**.ce ***S fem*** planta cultivada em horta, de folhas verdes, lisas ou crespas, macias, próprias para salada ou sanduíche.
▶ pág 188 e 189.

alfaiate al.fai.**a**.te ***S masc*** indivíduo que corta e costura roupas masculinas: *O alfaiate vendeu um terno lindo para um cliente da capital.*

alfinete al.fi.**ne**.te ***S masc*** haste de metal com uma das pontas aguda, sendo a outra com uma pequena cabeça, e que é usada para prender: *Emília ganhou um alfinete com cabeça de pombinha.*

alga **al**.ga ***S fem*** planta aquática: *As algas do mar são macias.*
▶ pág 302 e 303.

algarismo al.ga.**ris**.mo ***S masc*** sinal gráfico com que se representam os números.

algazarra ▼ al.ga.**zar**.ra ***S fem*** conversa barulhenta: *Todos reclamavam fazendo algazarra.*

álgebra **ál**.ge.bra ***S fem*** cálculo matemático que utiliza letras e números.
algébrico ***Adj*** relacionado com álgebra.

algodão al.go.**dão** ***S masc*** **1** fibra vegetal que envolve a semente do algodoeiro: *Tapou as orelhas com chumaços de algodão.* **2** tecido feito com fio dessa fibra: *Hoje o mundo inteiro usa roupas de algodão.*
algodoeiro ***S masc*** planta que fornece o algodão.

alheio a.**lhei**.o ***Adj*** **1** de outra pessoa: *Não é nada engraçado sair falando da vida alheia.* **2** desconhecido; estranho: *Ia avançando nas terras alheias.* **3** indiferente: *Parecia alheia ao que acontecia.*

alho a.lho ***S masc*** planta de horta, de folhas estreitas e alongadas, bulbos (chamados de cabeças) com dentes de tons roxos ou brancos: *Alho espanta vampiro?*

ali a.**li** ***Adv*** em lugar longe de quem fala e de quem ouve, mas visível: *Quando o telefone tocou, os dois já não estavam ali.*

aliança a.li.**an**.ça ***S fem*** **1** união: *Aquele era o momento certo para uma aliança entre os dois países.* **2** anel usado como símbolo de noivado ou de casamento: *Ela usava uma aliança de ouro.*

aliar a.li.**ar** ***Vt*** (...+a/com) fazer a união de; ligar; associar: *Comentam que o show alia técnicas tradicionais a um roteiro moderno.*

alienígena a.li:e.**ní**.ge.na ***S*** ser de outro planeta: *Os alienígenas são produtos da imaginação.*

alimentação a.li.men.ta.**ção** ***S fem*** **1** conjunto de substâncias de que um indivíduo necessita para alimentar-se; alimento: *Todos têm direito a boa alimentação.* **2** nutrição: *A alimentação da planta faz-se pela raiz.*

alimentar a.li.men.**tar** ***Vt*** **1** dar alimento a; nutrir: *Foi para o quintal alimentar os porcos.* **2** dar força e vigor a: *A gente precisa alimentar o espírito.* [***Pron***] (+de) **3** ingerir alimento; nutrir-se:

A preguiça só se alimenta de folhas. **Adj 4** relacionado com a alimentação: *Há recursos naturais para fins alimentares.*

alimentício a.li.men.**tí**.ci.o ***Adj*** relacionado com alimentação ou alimento; alimentar (4): *Foi feita uma pesquisa sobre produtos alimentícios da região.*

alimento ▼ a.li.**men**.to ***S masc*** substância que serve para a nutrição: *Os animais podem ter morrido porque comeram alimento envenenado.*

alinhar a.li.**nhar** ***Vt*** **1** dispor em linha; pôr na mesma linha: *Faça o favor de alinhar estas fichas.* [**Pron**] **2** colocar-se ou estar disposto em linha: *Na frente do portão se alinhavam altas palmeiras.*
⊖ **alinhamento *S masc*** disposição em linha.

alisar a.li.**sar** ***Vt*** **1** tornar liso; igualar: *Os homens da prefeitura tapavam os buracos, alisando o chão de novo.* **2** esfregar docemente: *A mulher alisava o pelo da cachorrinha.*

aliviar a.li.vi.**ar** ***Vt*** **1** livrar de um incômodo ou dor; acalmar: *Procurou um medicamento para aliviar a dor.* **2** livrar; salvar: *Júnior quer aliviar sua barra.* ***Vi*** [**Pron**] **3** sentir alívio; acalmar-se: *Aliviou-se ao saber que todos estavam bem.*
⊖ **alívio *S masc*** diminuição de sofrimento ou dor.

alma **al**.ma ***S fem*** **1** em algumas religiões, substância não material, invisível, fonte de todos os atos humanos: *A alma é mortal?* **2** ânimo; força; vigor: *Os soldados criaram alma nova.* **3** pessoa; indivíduo: *Uma alma bondosa nos ajudou.* **4** aquele que dá vida e ânimo a um grupo ou a uma tarefa: *Emília era a alma do bando.* **5** condição principal; essência: *O segredo é a alma do negócio.*

almanaque al.ma.**na**.que ***S masc*** livro ou folheto com calendário, informações variadas e curiosidades.

almirante al.mi.**ran**.te ***S masc*** oficial de posto mais elevado na Marinha: *O Almirante foi em busca de especiarias.*

almoçar al.mo.**çar** ***Vi*** **1** comer o almoço: *À 1 hora a gente almoça.* ***Vt*** **2** comer como almoço: *Almoçaram sanduíches e ovos cozidos.*

almoço al.**mo**.ço ***S masc*** **1** primeira refeição importante do dia: *Depois do almoço, Zoé anotou tudo o que tinha ouvido na beira do rio.* **2** comida que constitui essa refeição: *Eles vão trazer o almoço de casa.*

almofada al.mo.**fa**.da ***S fem*** saco recheado com espuma, penas, etc., para assento, encosto ou enfeite: *Magali se sentava sobre a almofada, bordando.*

alojar a.lo.**jar** ***Vt*** **1** hospedar; abrigar: *Difícil foi alojar o mordomo, o cozinheiro, o cocheiro.* [**Pron**] (+em) **2** localizar-se: *Há bactérias que se alojam nas células e causam doenças.*

alongar a.lon.**gar** ***Vt*** **1** tornar longo ou mais longo: *Vinícius gostava de alongar conversas pela madrugada.* **2** estender: *Fique na ponta dos pés, alongando os braços e pernas.*
⊖ **alongamento *S masc*** ação de alongar(-se). **alongado *Adj*** que se alongou.
☼ Ant para **1**: **encurtar**.

alpinista ▲ al.pi.**nis**.ta ***S*** quem escala montanhas, por esporte.
⊖ **alpinismo *S masc*** esporte que consiste em escalar montanhas.

alpiste al.**pis**.te ***S masc*** erva miúda, de folhas longas, que produz grãos pequenos, lisos e brilhantes, que servem de alimento para passarinho: *Alpiste é ótimo para os tico-ticos.*

altar al.**tar** ***S masc*** mesa para cerimônias religiosas: *Tiveram logo a ideia de construir um altar.*

alterar al.te.**rar** ***Vt*** **1** causar mudança em; mudar; modificar: *O desmatamento altera o ambiente natural dos animais.* ***Vi*** [**Pron**] **2** sofrer mudança; modificar-se: *A temperatura das aves e mamíferos não se altera com as variações da temperatura do ambiente.*
⊖ **alteração *S fem*** mudança; modificação.

alternar al.ter.**nar** ***Vt*** **1** fazer com que, repetidamente, venha um e, depois, o outro; revezar: *Os homens se dedicaram às funções de casa, alternando a divisão das tarefas domésticas.* ***Vi*** [**Pron**] **2** revezar-se: *Em algumas áreas, chuva e a seca se alternam.* – **alternância** ***S fem*** ato de alternar.

alternativa al.ter.na.**ti**.va ***S fem*** **1** escolha; opção: *Não havia mais alternativa. Pegou seus objetos e foi embora.* ***Adj*** **2** que se pode escolher: *Quer saber qual é a saída alternativa?*

altitude al.ti.**tu**.de ***S fem*** altura, na vertical, de uma elevação medida a partir do nível do mar.

alto ▲ **al**.to ***Adj*** **1** de extensão vertical; comprido: *Os pinheiros são altos.* **2** agudo; forte: *Ouve-se bem alto o ruído vindo da outra sala.* **3** de estatura elevada: *Paulo é um homem alto.* **4** elevado: *Pagaria com juros altos aquela conta.* ***S masc*** **5** ponto mais elevado; o topo: *Logo todos eles estavam no alto de um prédio altíssimo.* ***Adv*** **6** com voz em tom elevado: *Os guardas estão agitados, falam alto.* Ant: **baixo**.

alto-falante **al**.to-fa.**lan**.te ***S masc*** aparelho que transmite sons: *Foi avisado pelo alto-falante.*

alto-relevo **al**.to-re.**le**.vo ***S masc*** escultura em que as figuras ficam acima do fundo: *Ganhei um livro novo com a capa feita em alto-relevo.*

altura al.**tu**.ra ***S fem*** **1** dimensão vertical de um corpo: *Algumas árvores tinham mais de 20 metros de altura.* **2** estatura: *Quantos de seus colegas têm a mesma altura que você?*

alucinado a.lu.ci.**na**.do ***Adj*** fora de si; adoidado: *Ulisses saiu correndo, alucinado.*

alugar a.lu.**gar** ***Vt*** **1** dar em aluguel; permitir o uso de alguma coisa mediante um pagamento: *Helena queria que eu lhe alugasse o livro.* **2** tomar em aluguel; pagar para poder usar algo que não é seu: *Quem curtiu o filme no cinema, pode agora alugar o DVD.*

aluguel a.lu.**guel** ***S masc*** **1** uso de bens de outra pessoa em troca de pagamento; locação: *Não tinham dinheiro para o aluguel do DVD.* **2** pagamento por esse uso: *O aluguel da casa estava atrasado.*

alumínio a.lu.**mí**.ni:o ***S masc*** metal branco-prateado, leve, mole e resistente ao desgaste.

aluno a.**lu**.no ***S masc*** aquele que recebe instrução em escola: *Os alunos sempre gostam de estudar.* ▶ pág 405.

alvéolo al.**vé**:o.lo ***S masc*** pequena cavidade em forma de saco existente nos pulmões.

alvo[1] **al**.vo ***Adj*** muito branco: *Didi topou o passeio com um sorriso de dentes alvos e brilhantes.*

alvo[2] **al**.vo ***S masc*** **1** ponto de mira: *Quem consegue acertar no alvo inimigo e se proteger dos disparos por mais vezes ganha a competição.* **2** ponto que se pretende atingir: *O caranguejo sem carapaça seria um alvo fácil de inimigos.*

alvoroço al.vo.**ro**.ço ***S masc*** estado de grande agitação; manifestação ruidosa e confusa: *A notícia provocou alvoroço.* – **alvoroçado** ***Adj*** em alvoroço; agitado ou apressado.

amabilidade a.ma.bi.li.**da**.de ***S fem*** gesto de cortesia ou de delicadeza: *Emília fez uma cortesia para agradecer a amabilidade.*

amador a.ma.**dor** ***S masc*** **1** quem exerce uma atividade somente por prazer. *– Vamos, Lia. Eu não aposto com amadores.* ***Adj*** **2** que exerce uma atividade por prazer: *Cristóvão era um pescador amador.*

amadurecer a.ma.du.re.**cer** ***Vt*** **1** fazer ficar maduro: *O Sol amadurece os frutos.* ***Vi*** **2** tornar-se maduro: *Viu as frutas do jardim amadurecerem e serem colhidas.*

amamentação a.ma.men.ta.**ção** ***S fem*** ato ou efeito de amamentar.

amamentar a.ma.men.**tar** ***Vt*** alimentar com leite do próprio peito: *Uma mulher amamentava o filho.*

amanhã a.ma.**nhã** ***Adv*** no dia seguinte ao dia de hoje: *Devo chegar pontualmente à escola amanhã de manhã.*

amanhecer ▲ a.ma.nhe.**cer** ***Vi*** **1** achar-se num determinado estado ou condição pela manhã: *As árvores amanheciam cobertas de geada.* **2** ter início: *Quando o dia amanhece, todos os passarinhos cantam.* ***S masc*** **3** começo do dia, quando aparece a primeira claridade; aurora: *Era o amanhecer de um novo dia.*

amante a.**man**.te ***Adj*** **1** que aprecia: *Era um povo curioso e amante de aventuras.* ***S*** **2** pessoa que ama: *Eu sou aquele amante à moda antiga, do tipo que ainda manda flores.*

amar a.**mar** ***Vi*** **1** sentir amor: *Somos livres para amar.* ***Vt*** **2** sentir ternura por: *Os pais sempre amam seus filhos.* **3** gostar muito de; apreciar: *Minha mãe amou a ideia e me deu um abraço!*
Ant: **odiar**.

amarelo a.ma.**re**.lo ***Adj*** **1** da cor do ouro: *Colhi uma flor amarela.* **2** de pele descorada: *A criança estava magra e amarela.* ***S masc*** **3** a cor amarela: *Houve quem preferisse o amarelo.*
amarelado ***Adj*** de tom amarelo; próximo da cor amarela.

amargo a.**mar**.go ***Adj*** **1** que tem sabor desagradável como o do jiló: *A bebida tinha um gosto amargo.* **2** sem açúcar ou adoçante: *Tomei um cafezinho amargo.* **3** magoado; sofrido: *– Como a senhora está amarga, comadre!*

amarrar a.mar.**rar** ***Vt*** **1** atar o cordão de: *O menino abaixou-se e amarrou o sapato.* **2** atar envolvendo; apertar: *Amarrou na cintura o cinto feito de corda.* [***Pron***] (+em) **3** interessar-se por: *Tem gente que se amarra num pôr de sol.*

amarrotar a.mar.ro.**tar** ***Vt*** **1** fazer deixar de ser liso, criando rugas; amassar: *Não vá amarrotar sua blusa de linho.* ***Vi*** **2** amassar-se: *Ao sentar-se, a saia amarrotou.*

amassar a.mas.**sar** ***Vt*** **1** transformar em massa: *Depois amassamos a argila, como se amassa o trigo para o pão.* **2** amarrotar: *Amassou o bilhete e jogou no lixo.* ***Vi*** **3** achatar-se: *Seu chapéu amassou.*

amável a.**má**.vel ***Adj*** delicado: *O povo daquele lugar era muito amável.*

amazônico a.ma.**zô**.ni.co ***Adj*** pertencente à Amazônia; da Amazônia: *O filme foi gravado na mata amazônica.*

ambição am.bi.**ção** ***S fem*** desejo forte; cobiça: *Manuel tinha medo de que os meninos fossem contaminados pela ambição.*
ambicioso ***Adj*** que tem ambição.

ambiente am.bi.**en**.te ***S masc*** **1** conjunto de elementos físicos que nos rodeiam: *Agrotóxicos causam grandes danos ao ambiente.* **2** lugar; recinto: *Nada melhor do que um ambiente limpo e bem cuidado.*
ambiental ***Adj*** relativo ao meio ambiente; do meio ambiente.

ambulância am.bu.**lân**.ci:a ***S fem*** veículo especialmente equipado para conduzir doentes e feridos: *O acidentado passou mal e foi levado de ambulância.*
▶ pág 225.

ambulante ▼ am.bu.**lan**.te ***Adj*** **1** que anda de um lugar para outro: *Os atores ambulantes encenavam histórias em troca de comida.* **2** que percorre os lugares para oferecer suas mercadorias: *Logo chegaram os vendedores ambulantes tentando acalmar o pessoal.* ***S*** **3** vendedor que não tem um lugar fixo para vender seus produtos: *Os ambulantes não pagam taxas?*

ameaçar a.me:a.**çar** ***Vt*** **1** amedrontar; intimidar: *Com sua voz de trovão, ele ameaçava os jogadores.* **2** pôr em risco ou perigo: *Uma tempestade ameaçava o navio.*
ameaçador ***Adj*** que ameaça. **ameaça** ***S fem*** aquilo que amedronta, que dá medo.

ameba a.**me**.ba ***S fem*** animal de uma única célula, de forma semelhante a uma pequena raiz, que vive na água ou como parasita intestinal.

amedrontar a.me.dron.**tar** ***Vt*** **1** botar medo em; causar medo em: *Aquela escuridão amedrontava os garotos.* ***Vi*** [***Pron***] **2** ficar com medo; assustar-se: *Quando ela viu a aranha, amedrontou-se e correu.*

a b c d e f g h i j k l m n o p q r s t u v w x y z

ameixa a.**mei**.xa ***S fem*** fruto redondo, de casca fina, polpa alaranjada e doce; caroço pequeno.

amém a.**mém** ***S masc*** palavra que se diz após uma prece: *Ao final, um coro dizia bem alto: AMÉM!*

amêndoa a.**mên**.do:a ***S fem*** semente comestível alongada, coberta por pele marrom e um tipo de casca muito dura: *Chegaram as amêndoas na loja de Silviano.*

amendoim a.men.do.**im** ***S masc*** **1** erva que produz frutos que se formam sob o solo, em forma de vagem: *Víamos, ao lado da estrada, uma plantação de amendoim.* **2** a semente dessa erva: *Cláudio vendia amendoim torrado na praia.*

amenizar a.me.ni.**zar** ***Vt*** **1** tornar ameno; tornar brando: *A pancada de chuva amenizou o calor.* **2** fazer diminuir: *Rubião tentou amenizar a confusão.* ***Vi*** **3** diminuir; ficar brando: *A tarde era o único momento do dia em que a dor amenizava.*

ameno a.**me**.no ***Adj*** agradável; brando: *A temperatura era amena.*

amido a.**mi**.do ***S masc*** substância branca e sem gosto, encontrada em muitos vegetais, especialmente grãos: *O arroz é rico em amido.*

amigo ▶ a.**mi**.go ***Adj*** **1** acolhedor; favorável: *Marina recebeu-nos com um sorriso amigo.* **2** ligado a alguém por laço de amizade: *Era um fazendeiro muito amigo de seu pai.* ***S masc*** **3** indivíduo ligado a outro por amizade: *Os três amigos foram para o cinema.*
1 Usado para dirigir-se cordialmente a pessoa com quem se tem pouco contato: *Então o amigo acha que nosso povo seria capaz de votar sem pensar?*
2 Ant: **inimigo**.

amizade a.mi.**za**.de ***S fem*** sentimento de afeição; estima: *Uma grande amizade começou naquele dia.*

amolação a.mo.la.**ção** ***S fem*** aborrecimento; incômodo: *Sara me causa bastante amolação.*

amolar a.mo.**lar** ***Vt*** **1** fazer ficar bem cortante; afiar: *Vou amolar meu machadinho.* **2** incomodar; aborrecer: *Ele me amolava muito.* ***Vi*** [***Pron***] **3** aborrecer-se; irritar-se: *Ela se amola com essas brincadeiras bobas?*

amolecer a.mo.le.**cer** ***Vt*** **1** tornar mole: *O calor amoleceu a manteiga.* ***Vi*** **2** ficar mole: *Nando começou a amolecer e a suar.* **3** ceder diante de um pedido: *Apesar das ameaças, Bruno não amoleceu.* Ant: **endurecer**.

amontoar a.mon.to.**ar** ***Vt*** **1** colocar um sobre o outro; empilhar: *O rei obrigou todos os súditos a amontoar seus móveis.* ***Vi*** [***Pron***] (+em) **2** reunir-se num espaço muito pequeno; juntar-se: *Logo o povo se amontoa na pequena praça.*

amor a.**mor** ***S masc*** **1** atração de uma pessoa por outra: *A princesa dormiria por cem anos, até que um beijo de amor a despertasse.* **2** carinho; afeição: *Toda criança tem direito ao amor e à compreensão.* **3** dedicação; entusiasmo: *Devemos ter amor aos livros.*
um amor pessoa ou coisa bonita, delicada ou jeitosa: *Vestiu avental de pintor e ficou um amor.*
amoroso ***Adj*** que sente amor.
1 É uma forma carinhosa de dirigir-se a alguém: *Oi, amor, chegou cedo hoje!* **2** Ant: **ódio**.

amora a.**mo**.ra ***S fem*** fruto pequeno e alongado, de sabor meio doce, cuja cor varia do vermelho ao roxo: *Um pica-pau comia amoras do mato.*
amoreira ***S fem*** árvore que produz a amora.

amostra a.**mos**.tra ***S fem*** parte de alguma coisa que se mostra para julgar a qualidade do todo: *Gostei da amostra de xampu que ganhei no supermercado.*

amparar am.pa.**rar** ***Vt*** **1** escorar; segurar: *Atrás vinha o enfermeiro, amparando um ferido.* [***Pron***] (+em) **2** escorar-se; segurar-se: *A vendedora amparou-se no corrimão.*

ampliar am.pli.**ar** ***Vt*** **1** alargar; aumentar: *Ajude a ampliar a coleção de inventos.* ***Vi*** [***Pron***] **2** alargar-se; aumentar: *Os negócios de meu tio se ampliaram.*
ampliação ***S fem*** ação de ampliar.

amplo **am**.plo ***Adj*** espaçoso; grande: *Foram recebidos num salão amplo.*
Ant: **restrito**.

a b c d e f g h i j k l m n o p q r s t u v w x y z

ampulheta am.pu.**lhe**.ta **S *fem*** relógio de areia formado por dois recipientes em forma de cone de vidro que se comunicam numa extremidade por um pequeno orifício.

analfabeto a.nal.fa.**be**.to ***Adj*** 1 que não sabe ler nem escrever: *Era uma pena serem totalmente analfabetos os habitantes daquele reino.* **S *masc*** 2 pessoa que não sabe ler nem escrever: *Estou ensinando este analfabeto a ler.*

analisar a.na.li.**sar** ***Vt*** 1 examinar ou observar com atenção: *Para responder a esta questão, precisamos analisar todos os pontos envolvidos.* 2 separar um todo nas partes que o compõem: *Os alunos vão analisar o material que compõe um vegetal.*

análise a.**ná**.li.se **S *fem*** exame; estudo: *Os astrônomos fazem análise de fotografias de planetas distantes daqui.*

anão a.**não** **S *masc*** 1 pessoa que não cresceu, sendo, então, muito baixa: *A história da princesa que tinha sete anões como amigos é famosa.* ***Adj*** 2 muito pequeno: *Zuzu parece um cachorrinho anão.*
Ant: **gigante**.

anatomia a.na.to.**mi**.a **S *fem*** descrição da organização interna e externa do corpo dos seres vivos.

ancestral an.ces.**tral** **S** antepassado: *Vamos honrar a memória de nossos ancestrais.*

ancião an.ci.**ão** **S *masc*** quem é idoso e respeitável: *Temos de ir em procura desse ancião.*
Pl: **anciãos**; **anciões**; **anciães**.

âncora **ân**.co.ra **S *fem*** peça muito pesada presa a uma corrente, que serve para fixar o navio ao fundo do mar ou rio: *Baixamos as velas e a âncora.*

ancorar an.co.**rar** ***Vi*** lançar âncora para ficar parado: *O barco foi ancorar numa angra segura.*

andar an.**dar** ***Vi*** 1 dar passos; caminhar; locomover-se: *Os robôs gigantes andavam soltos pela cidade.* 2 pôr-se em movimento: *O carro começou a andar.* 3 funcionar: *O relógio não anda.* ***Vt*** (+de) 4 locomover-se (por meio de um veículo): *Ali era proibido andar de bicicleta.* ***V lig*** 5 estar: *Um médico deve andar sempre prevenido.* **S *masc*** 6 marcha; passo: *Deu umas voltas pelo picadeiro, naquele andar sossegado dos elefantes grandes.* 7 pavimento de um edifício.

andorinha an.do.**ri**.nha **S *fem*** pequena ave que se alimenta de insetos e voa em bandos: *Li a história de amor entre um gato e uma andorinha que eram vizinhos de quintal.*

androceu an.dro.**ceu** **S *masc*** conjunto de fiapos que é a parte masculina da flor.

anedota a.ne.**do**.ta **S *fem*** história engraçada; piada: *Ensaie uma anedota e conte para a turma.*

anel a.**nel** **S *masc*** 1 aro de metal que se usa no dedo: *O anel que tu me deste / Era vidro e se quebrou.* 2 círculo de poeira cósmica em torno de certos planetas: *Saturno possui vários anéis.*

anexo a.**ne**.xo **S *masc*** 1 construção ligada a outra, considerada como principal; dependência: *Deveria sobrar um anexo no casarão da sobrinha para ele poder morar.* ***Adj*** 2 que foi ou está incorporado; ligado: *Havia uma nova construção anexa ao quartel.*

anfíbio an.**fí**.bi.o **S *masc*** animal que vive tanto na terra como na água.

angra **an**.gra **S *fem*** pequena baía; enseada: *O navio deixou a angra, a fim de procurar outro porto.*

ângulo **ân**.gu.lo **S *masc*** 1 figura formada por duas semirretas, ou seja, por duas partes de reta, que partem do mesmo ponto. 2 lado: *Eu não tinha visto as coisas por esse ângulo.*

angústia an.**gús**.ti.a **S *fem*** grande ansiedade; aflição: *Ela tinha um olhar de angústia.*
angustiado ***Adj*** aflito.

anil a.**nil** **S *masc*** a cor azul bem forte que é a cor de uma substância vegetal usada para deixar a roupa mais branca: *Esse lindo céu de anil.*

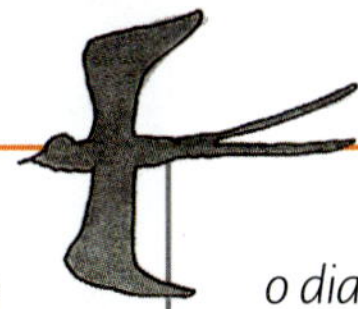

animador a.ni.ma.**dor** ***Adj*** **1** que dá ânimo; que dá coragem: *O sinal de melhora do bebê era bastante animador.* ***S masc*** **2** apresentador de programa de auditório: *O animador do programa pergunta: – Você tem irmãos?*

animal ▲ a.ni.**mal** ***S masc*** **1** ser vivo dotado de sensibilidade e de movimento próprio: *O homem é um animal.* **2** ser vivo irracional: *Tanto as plantas como os animais não dispensam a água.* ***Adj*** **3** que vem de animal: *Ele só usa adubo animal na horta.*

animar a.ni.**mar** ***Vt*** **1** dar alegria e entusiasmo a: *Vieram os músicos para animar a festa.* [***Pron***] (+a) **2** criar coragem para; resolver: *Quase duas semanas depois é que ele se animou a responder à cartinha de Malu.* ➖ **animação** ***S fem*** alegria; entusiasmo. **animado** ***Adj*** alegre; entusiasmado.

ânimo **â**.ni.mo ***S masc*** disposição; coragem: *Colombo encheu-se de ânimo e seus homens sossegaram.*

aniversariante a.ni.ver.sa.ri.**an**.te ***S*** pessoa que completa um ou mais um ano de existência: *Ficamos esperando o aniversariante chegar.*

aniversário a.ni.ver.**sá**.ri.o ***S masc*** **1** dia em que se completa um ou mais um ano de idade: *Era o dia do aniversário de Eunice.* **2** dia em que se completa um ou mais anos de um acontecimento: *O aniversário da cidade de Fortaleza é em abril.*

anjo **an**.jo ***S masc*** **1** ente espiritual a quem se atribui o ofício de mensageiro entre Deus e os homens: *Os soldados franceses consideravam Joana um anjo mandado por Deus.* **2** pessoa muito virtuosa: *Tia Marta é um anjo.* ☀ Palavra usada para dirigir-se carinhosamente a alguém muito querido: *Não posso esperar mais, preciso ir, meu anjo.*

ano **a**.no ***S masc*** **1** período de tempo que compreende, geralmente, 365 dias, 6 horas, 13 minutos e 53 segundos: *Quantos anos você tem?* **2** período letivo dos cursos anuais: *No segundo ano na escola, todos têm aulas de piano.*

anoitecer ▼ a.noi.te.**cer** ***Vi*** **1** terminar o dia: *Quando anoitece no Vale Encantado, fica só um fiozinho de luz vermelha lá no horizonte.* ***S masc*** **2** tempo entre o final da tarde e o começo da noite: *Desde o nascer do sol até o anoitecer, o pássaro voava de árvore em árvore.*

anônimo a.**nô**.ni.mo ***Adj*** desconhecido: *Lia um livro de autor anônimo.*

anotar a.no.**tar** ***Vt*** tomar nota; registrar: *O homem anotou então alguma coisa no caderninho.* ➖ **anotação** ***S fem*** nota.

ânsia **ân**.si.a ***S fem*** **1** desejo intenso: *Naquela época havia a ânsia de estudar.* **2** náusea; enjoo: *O balanço do navio causava ânsia nos passageiros.*

ansiar an.si.**ar** ***Vt*** (+por) desejar muito: *Dona Benta está ansiando por nossa volta, coitada.*

ansiedade an.si.e.**da**.de ***S fem*** **1** aflição; ânsia: *Todos olhavam com ansiedade o lugar onde o moço desapareceu.* **2** falta de paciência; pressa: *Pra que tanta ansiedade para pegar o ônibus?* ➖ **ansioso** ***Adj*** cheio de ansiedade.

anta **an**.ta ***S fem*** mamífero de até dois metros de comprimento, de cauda curta e nariz prolongado em forma de tromba: *A anta gorda soltou um ronco.* ▶ pág 460 e 461.

antártico an.**tár**.ti.co ***Adj*** que fica no Polo Sul: *A volta ao mundo seria no continente antártico.*

antebraço an.te.**bra**.ço ***S masc*** parte do braço entre o cotovelo e o punho: *Por causa do acidente, Mauro machucou o antebraço.*

anteceder an.te.ce.**der** ***Vt*** vir ou estar antes de: *Várias foram as descobertas que antecederam os atuais meios de comunicação.* ➖ **antecedência** ***S fem*** aquilo que vem ou que está antes. **antecedente** ***Adj*** que vem ou que está antes.

antena an.**te**.na ***S fem*** **1** dispositivo que consiste numa haste ou fio metálico que serve para transmissão ou recepção de ondas de rádio ou TV: *A casa tem, no telhado, uma antena de televisão.* **2** parte móvel que fica na cabeça de várias espécies de animais e que os ajuda a perceber coisas como barulho, cheiro, etc.: *As baratas têm antenas.* **3** atenção: *A classe inteira estava de antena ligada na conversa das duas garotas.* ▶ pág 88 e 89.

antepassado an.te.pas.**sa**.do ***S masc*** parente de gerações anteriores; ancestral: *Naquele castelo em ruínas tinham vivido todos os antepassados do rei Carlos.*

antepenúltimo an.te.pe.**núl**.ti.mo ***Adj*** que se situa imediatamente antes do penúltimo: *A palavra máquina tem acento na antepenúltima sílaba.*

anterior an.te.ri.**or** ***Adj*** **1** localizado antes: *Havia dois livros sobre a carteira anterior à minha.* **2** que se realizou antes: *Nas visitas anteriores, já tinha descoberto o formigueiro no jardim.*

antes **an**.tes ***Adv*** **1** em tempo anterior: *Aquele atraso já tinha acontecido antes.* **2** em lugar anterior; em lugar próximo: *A farmácia fica antes do cinema.*

antibiótico an.ti.bi.**ó**.ti.co ***S masc*** medicamento que combate infecções: *Léo teve uma pneumonia que só se curou com antibióticos.*

antigo an.**ti**.go ***Adj*** **1** que existe há muito tempo; que vem de longa data: *Era uma história antiga.* ***S masc*** [*Pl*] **2** pessoas que viveram há muito tempo: *Não sabemos como era a música dos antigos.*
☼ Ant: **moderno**.

antiguidade an.ti.gui.**da**.de ***S fem*** **1** tempos muito antigos: *Os povos da antiguidade usavam apitos de barro.* **2** monumento ou objeto antigo: *O museu tinha fotos antigas, trajes de festas e antiguidades.*
☼ Em **2** é mais usada no plural.

antipatia an.ti.pa.**ti**.a ***S fem*** sentimento que faz com que uma pessoa não goste de outra: *Sara também despertou a antipatia de suas companheiras.*
⊖ **antipático** ***Adj*** que desperta antipatia.

antropófago an.tro.**pó**.fa.go ***S masc*** quem come carne humana.
⊖ **antropofagia** ***S fem*** costume de comer carne humana.

anual a.nu.**al** ***Adj*** que se realiza todos os anos: *A temperatura média anual é inferior a 18ºC.*

anular a.nu.**lar** ***Vt*** tornar sem efeito; deixar sem validade: *A Corte portuguesa tentou anular os poderes de D. Pedro.*

anunciar a.nun.ci.**ar** ***Vt*** dar a conhecer; comunicar: *Os pássaros anunciavam a chegada do Sol.*

anúncio a.**nún**.ci.o ***S masc*** mensagem publicada em meios de comunicação: *O anúncio saiu no jornal.*

anzol ▶ an.**zol** ***S masc*** pequeno gancho, terminado em ponta, usado para pescar: *Pescavam com anzol.*

apagar a.pa.**gar** ***Vt*** **1** fazer desaparecer; acabar com: *Os bombeiros conseguiram apagar o fogo.* ***Vi*** **2** parar de funcionar; desligar-se: *Ouve-se um trovão, a luz apaga.*
☼ Ant: **acender**.

apaixonar-se ▲ a.pai.xo.**nar**-se ***Vi*** ser tomado por um amor intenso: *Acabou se apaixonando pelo vizinho.*

apalpar a.pal.**par** ***Vt*** tocar ou examinar com as mãos: *Não é preciso apalpar o corpo para perceber que algo não vai bem.*

apanhar a.pa.**nhar** ***Vt*** **1** pegar com a mão: *Tente apanhar um objeto sem dobrar os dedos.* **2** colher: *Subiram nas árvores e apanharam os frutos.* ***Vi*** **3** levar surra ou pancada: *Tenho medo de apanhar, por isso me comporto.*

aparecer a.pa.re.**cer** ***Vi*** **1** comparecer: *Alguém estava no banheiro e não apareceu para tirar a foto.* **2** surgir de repente: *Nisso, aparece uma ponte e só dava para um deles passar.* **3** tornar-se visível: *Algumas estrelas começam a aparecer no finzinho da tarde.*
⊖ **aparecimento** ***S masc*** ação ou processo de aparecer.

a b c d e f g h i j k l m n o p q r s t u v w x y z

aparelho a.pa.**re**.lho **S *masc*** **1** conjunto de peças que têm um determinado fim: *Não ligue muitos aparelhos na mesma tomada, pois pode causar um incêndio.* **2** sistema de órgãos que têm uma função especial: *A guelra faz parte do aparelho respiratório dos peixes.* Em **2**, a forma preferida é **sistema**.

aparência a.pa.**rên**.ci:a **S *fem*** aquilo que se vê por fora: *O pobre homem tinha uma aparência um pouco doente.*

aparente a.pa.**ren**.te ***Adj*** **1** que se pode ver ou perceber: *Na puberdade as mudanças físicas são mais aparentes.* **2** que não é o que parece; suposto: *Esse aparente desaparecimento do Sol é um eclipse.*

aparição a.pa.ri.**ção** **S *fem*** aparecimento: *Nova aparição do cometa Halley está prevista para 2062.*

apartamento a.par.ta.**men**.to **S *masc*** parte independente de um prédio de habitação coletiva, destinada a residência particular: *A gente agora mora em apartamento.*

apartar a.par.**tar** ***Vt*** separar: *Vieram dois vizinhos para apartar os briguentos.*

apavorar a.pa.vo.**rar** ***Vt*** **1** causar pavor ou medo em; amedrontar: *Chamo uma bruxa feia para te apavorar.* ***Vi*** [***Pron***] **2** ficar com grande medo: *Ele apavorou-se com a horrível cena.* **apavorado** ***Adj*** cheio de pavor ou de medo.

apear a.pe.**ar** ***Vi*** (+de) descer de montaria: *O homem apeou do cavalo.*

apegar-se a.pe.**gar**-se ***Vt*** (+a) criar afeto ou carinho: *Será bom se apegar aos animais?*

apelar a.pe.**lar** ***Vt*** (+para) pedir auxílio: *Todos apelam para mim.* **apelo** **S *masc*** pedido de auxílio.

apelidar a.pe.li.**dar** ***Vt*** (...+de) pôr apelido em: *Eu tinha o cabelo branco e apelidavam-me de vovô.*

apelido a.pe.**li**.do **S *masc*** palavra com que uma pessoa passa a ser chamada ou conhecida, sem ser seu nome verdadeiro: *Ele se chama Deodato, mas seu apelido é Dedé.*

aperfeiçoar a.per.fei.ço.**ar** ***Vt*** **1** tornar perfeito; melhorar: *Ele estava ajudando a aperfeiçoar os mapas.* ***Vi*** [***Pron***] **2** ficar melhor; melhorar: *Quem não estuda, não se aperfeiçoa.*

apertar ▶ a.per.**tar** ***Vt*** **1** segurar com força: *Reagiram com honra, apertando a mão dos outros meninos.* **2** comprimir: *Júlia aperta o laço do avental na cintura.* **3** tornar mais rápido: *Para brincar de pique é preciso apertar o passo e correr.* ***Vi*** **4** ficar comprimido ou estreito: *A garganta apertou de repente.*

aperto a.**per**.to **S *masc*** **1** ação de segurar com força: *Recebeu um aperto de mão do amigo.* **2** dificuldade: *Não podia deixar a menina num aperto daqueles.*

apetite a.pe.**ti**.te **S *masc*** vontade ou desejo de comer: *Rabicó é um porquinho de bom apetite.*

apetitoso a.pe.ti.**to**.so ***Adj*** que desperta apetite: *O bolo estava muito apetitoso.*

apetrecho a.pe.**tre**.cho **S *masc*** objeto necessário para uma atividade: *Vocês podem usar esses apetrechos para limpar a sala.*

apicultor a.pi.cul.**tor** **S *masc*** pessoa que cuida de abelhas: *O apicultor conhece bem as abelhas.*

apitar a.pi.**tar** ***Vi*** dar sinal por meio de apito: *O trenzinho estava apitando.*

apito a.**pi**.to **S *masc*** instrumento que produz assobio: *Alice soprou o apito.*

aplaudir a.plau.**dir** ***Vt*** bater palmas em sinal de aprovação ou apreciação: *No final, o público aplaude de pé os cantores.* **aplauso** **S *masc*** palmas em sinal de aprovação ou apreciação. Ant para **aplaudir**: **vaiar**.

aplicar a.pli.**car** ***Vt*** **1** empregar; utilizar: *Ele sabia aplicar bem sua memória.* (...+em) **2** pôr; colocar: *Nildinha aplicava compressas de água quente no dinossauro.* [***Pron***] (+a/em) **3** dedicar-se: *Todos sabiam como era importante aplicar-se nos estudos.* **aplicação** **S *fem*** ação de aplicar(-se).

apoderar-se a.po.de.**rar**-se ***Vt*** (+de) fazer-se dono; apossar-se: *Filipe já estava querendo se apoderar do cachorro.*

apodrecer a.po.dre.**cer** ***Vi*** ficar podre; decompor-se: *O lixo apodrecia na rua.*
apodrecimento S *masc* decomposição de matérias orgânicas.

apoiar a.poi.**ar** ***Vt*** 1 defender: *Se o pai não apoia o filho, quem vai apoiar?* (...+em) 2 amparar; sustentar: *Júlia se debruça no portão, apoiando o queixo nas mãos.*
apoio S *masc* ação de apoiar.

apontador a.pon.ta.**dor** **S *masc*** objeto para fazer ponta em lápis: *Fui à loja comprar um apontador.*

apontar a.pon.**tar** ***Vt*** 1 fazer ponta em: *Apontei seu lápis.* 2 fazer pontaria com: *Ele apontou a flecha e atirou.* (+para) 3 indicar com um gesto: *Todos os professores apontavam para Jorge.* 4 fazer ver; mostrar: *O mestre aponta o erro para o aluno.* ***Vi*** 5 surgir; aparecer: *A lua acabava de apontar no horizonte.*

após a.**pós** ***Prep*** palavra que relaciona dois termos da frase, indicando tempo que ocorre depois de certa data ou momento: *As primeiras folhas só aparecem após as chuvas.*

aposentadoria a.po.sen.ta.do.**ri**.a **S *fem*** 1 direito que tem o empregado, depois de certo número de anos de atividade ou por problemas de saúde, de se retirar do serviço recebendo uma mensalidade: *Meu avô já tem direito a uma aposentadoria.* 2 quantia que o trabalhador recebe mensalmente após aposentar-se: *Recebia no início do mês a aposentadoria.*

aposentar-se a.po.sen.**tar**-se ***Vi*** deixar o serviço após determinado tempo, passando a receber salário integral ou parcial: *Já tinha recebido o suficiente para aposentar-se.*

aposento a.po.**sen**.to **S *masc*** cômodo; compartimento: *Brincavam nos aposentos do castelo.*

apossar-se a.pos.**sar**-se ***Vt*** (+de) fazer-se dono; apoderar-se: *No século XVI, os europeus apossaram-se das terras brasileiras.*

aposta a.**pos**.ta **S *fem*** combinação entre pessoas que têm opinião diferente sobre alguma coisa, devendo aquela que perder pagar o que foi combinado: *A notícia da corrida se espalhou e choveram apostas de todo lado.*

apostar a.pos.**tar** ***Vt*** 1 afirmar com certeza: *Aposto que Zeca está dormindo.* (+em) 2 fazer aposta: *Os dois cavalos eram admirados, e decidir em qual deles apostar não era fácil.*

apóstolo a.**pós**.to.lo **S *masc*** cada um dos doze discípulos especiais de Cristo.

apreciar a.pre.ci.**ar** ***Vt*** 1 pôr sob exame; avaliar: *Foram apreciar os estragos da chuva.* 2 gostar de: *Seu pai apreciava coisas antigas.*
apreciação S *fem* ação de apreciar.
Ant para 2: **detestar**.

apreensivo a.pre.en.**si**.vo ***Adj*** preocupado: *O barão ficou apreensivo com a demora dos empregados e foi procurá-los.*

aprender a.pren.**der** ***Vi*** 1 adquirir conhecimento: *Bem alimentada, a criança aprende melhor.* ***Vt*** (+a) 2 adquirir habilidade prática (em): *Aos poucos, aprendeu a tocar piano.*
pág 405.

aprendiz a.pren.**diz** **S** quem aprende alguma coisa: *Pedrinho, você tem sido um excelente aprendiz. Parabéns!*

aprendizado a.pren.di.**za**.do **S *masc*** aprendizagem: *Foi aqui que comecei meu aprendizado.*

aprendizagem a.pren.di.**za**.gem **S *fem*** ato de adquirir conhecimento: *Os livros são necessários à aprendizagem.*

apresentação a.pre.sen.ta.**ção** **S *fem*** 1 espetáculo: *Ensaiaram bastante a apresentação da peça.* 2 introdução de pessoa nas relações de outra: *Pedrinho fez a apresentação do Visconde de Sabugosa aos visitantes.*

apresentar a.pre.sen.**tar** ***Vt*** 1 pôr à vista ou diante de; exibir; mostrar: *O texto apresenta três tipos de amigos imaginários.* ***V lig*** [***Pron***] 2 mostrar-se; estar:

Todo o grupo se apresentava disposto para a pescaria.
apresentador ***S masc*** quem apresenta um espetáculo ou programa. ▶ pág 112 e 113.

apressar a.pres.**sar** ***Vt***
1 tornar mais rápido; acelerar: *Mandaram apressar o passo.*
2 fazer agir com rapidez: *Matilde apressava o pessoal.*
[***Pron***] ***Vi*** **3** andar mais rápido: *Apressou-se para pegar o ônibus.*

aprisionar a.pri.si:o.**nar** (...+em) ***Vt*** tornar prisioneiro; prender: *O malvado aprisionou os besouros numa latinha.*

aprofundar a.pro.fun.**dar** ***Vt*** **1** tornar mais fundo; escavar: *Passamos mais dois dias aprofundando a caverna.* [***Pron***] (+em) **2** estudar a fundo; aperfeiçoar-se: *Resolveu aprofundar-se em Matemática.*

aprontar a.pron.**tar** ***Vt*** **1** deixar pronto; preparar: *Mamãe foi aprontar o almoço.* **2** fazer; armar: *Saci gosta de aprontar travessuras.* ***Vi*** [***Pron***] **3** vestir-se; arrumar-se: *Aprontou-se e foi para a escola.*

apropriado a.pro.pri.**a**.do ***Adj*** adequado; próprio: *Pusemos as madeiras num lugar apropriado.*

aprovação a.pro.va.**ção** ***S fem*** **1** permissão: *Talita só saía com aprovação dos pais.* **2** promoção: *Aquele ano foi o de melhor taxa de aprovação de alunos.*

aprovar a.pro.**var** ***Vt*** **1** permitir a realização de; concordar com: *Ninguém aprovou a venda do sítio.* **2** dar permissão legal a: *A Comissão aprovou um tratado mundial proibindo a caça de baleias.* **3** promover: *O professor aprovou todos os alunos.*

aproveitar a.pro.vei.**tar** ***Vt*** **1** utilizar; usar: *Professores e alunos aproveitaram as aulas para discutir o que se passou na cidade.* [***Pron***] (+de) **2** tirar proveito ou vantagem de: *Alguns se aproveitaram da confusão para fugir.*
aproveitamento ***S masc*** ação de aproveitar(-se).

aproximar a.pro.xi.**mar** ***Vt*** (...+de) **1** tornar próximo; deixar (mais) perto: *Novas pesquisas espaciais nos aproximam das estrelas.* [***Pron***] (+de) **2** chegar perto: *Os animais se aproximaram do cocho.*
aproximação ***S fem*** chegada.

aptidão ap.ti.**dão** ***S fem*** habilidade que nasce com a pessoa; talento: *Ele tinha aptidão para a música.*

apuração a.pu.ra.**ção** ***S fem*** contagem: *Saberei quem é o novo prefeito, após a apuração dos votos.*

aquarela a.qua.**re**.la ***S fem*** **1** tinta que se desmancha em água, para pintar: *Comprei um estojo de aquarelas e alguns lápis.* **2** pintura feita com essa tinta: *Armando era pintor de aquarelas.*

aquário a.**quá**.ri:o ***S masc*** recipiente ou tanque para peixes, geralmente feito de vidro transparente: *O peixe se escondia debaixo das pedras do aquário.*

aquático a.**quá**.ti.co ***Adj*** **1** que vive ou se desenvolve na água ou à beira d'água: *O golfinho é mamífero aquático.* **2** em que há muita água: *No domingo será a inauguração do parque aquático.*

aquecedor a.que.ce.**dor** ***S masc*** aparelho para esquentar o ar ou a água: *O calor do aquecedor fez Juliano sentir muito sono.*

aquecer a.que.**cer** ***Vt*** **1** tornar quente; esquentar: *Répteis não gastam energia para aquecer o corpo.* ***Vi*** [***Pron***] **2** tornar-se quente; ficar quente: *O ar se aquece com o sol.*
aquecimento ***S masc*** processo de aquecer.
Ant: **esfriar**.

aquele a.**que**.le ***Pron*** [***Demonstrativo***] **1** palavra que aponta para ser ou coisa afastada da pessoa que fala e da que ouve: *Seu irmão sumiu, não sei onde aquele menino se meteu.* **2** refere-se a um tempo afastado do momento em que se fala: *As garotas nunca esqueceram aquela noite.*

aqui a.**qui** ***Adv*** **1** no lugar onde está a pessoa que fala; neste lugar: *Quantos cinemas há por aqui!*

A B C D E F G H I J K L M N O P Q R S T U V W X Y Z

2 para perto do lugar onde está o falante: *Venho aqui para fazer um trabalho de escola.*
Ant: **lá**.

ar ***S masc*** 1 mistura de gases invisível, sem cor e sem cheiro, de que se compõe a atmosfera. 2 clima: *O doutor receitou ares do campo.* 3 respiração; fôlego: *A corrida deixou a gente sem ar.* 4 aparência; jeito; modo: *Mário se aproximou com um ar muito simpático.*

arado a.**ra**.do ***S masc*** instrumento para lavrar a terra: *Ele voltou para suas terras e retomou o arado.*

arame a.**ra**.me ***S masc*** fio mais ou menos delgado de metal flexível: *A tela era feita de arame.*

aranha a.**ra**.nha ***S fem*** animal invertebrado com quatro pares de patas articuladas, sem antenas: *Vi uma aranha no canto da parede.*

arapuca a.ra.**pu**.ca ***S fem*** armadilha para caçar pássaros: *Pedrinho nunca armou uma arapuca.*

arar a.**rar** ***Vt*** preparar a terra para o plantio: *O lavrador continuou a arar sua terra.*

arara a.**ra**.ra ***S fem*** ave de tamanho médio, colorido vivo, cauda comprida, bico curto e grosso: *Eles também se encantaram com as araras criadas na aldeia.* ▶ pág 388 e 389.
uma arara furioso: *Se meu pai descobrir o que fizemos, vai ficar uma arara.*

araucária ▼ a.rau.**cá**.ri:a ***S fem*** árvore de folhas pequenas e pontudas, sementes reunidas em grandes cones: *A araucária é árvore típica do sul do Brasil.*

árbitro **ár**.bi.tro ***S masc*** 1 aquele que julga; juiz: *Os dois briguentos foram para diante de um árbitro.* 2 quem dirige partida esportiva; juiz: *Queremos jogo limpo, com apito fiel do árbitro.*
▶ pág 170 e 171.

arbusto ar.**bus**.to ***S masc*** árvore pequena: *Viu um arbusto com flores amarelas.*

arca **ar**.ca ***S fem*** caixa grande, geralmente de madeira, destinada a guardar roupas e objetos: *O comerciante guardava tudo dentro da velha arca.*

arco **ar**.co ***S masc*** 1 arma para arremesso de flechas: *Os reis antigos gostavam muito de atirar com arco e flecha.* 2 vareta com que se tocam instrumentos: *Encontrou o arco, mas o violino continua sumido.*

arco-íris **ar**.co-**í**.ris ***S masc*** conjunto de arcos coloridos, resultantes do reflexo da luz solar refletida em pequenas gotas de chuva suspensas na atmosfera.

arder ar.**der** ***Vi*** 1 estar com a sensação de queimadura: *Meus pés ardiam.* 2 consumir-se em chamas: *A floresta ardia em fogo.* 3 estar aceso: *O fogo ardia debaixo da frigideira.*
ardente ***Adj*** que arde; que queima. **ardido** ***Adj*** que tem sabor como o da pimenta. **ardência** ***S fem*** aquilo que arde ou queima.

área **á**.re:a ***S fem*** 1 extensão mais ou menos limitada de espaço; região: *O parque público é uma grande área verde com quadras de esporte.* 2 nas residências, espaço destinado a lazer ou serviço: *Botou a lavadora na área de serviço.*

areia a.**rei**.a ***S fem*** substância mineral, em pequenos grãos que resultam de erosões rochosas: *A areia é a base da produção de vidros.* ▶ pág 328 e 329.

arejado a.re.**ja**.do ***Adj*** de ar renovado; ventilado: *Verduras devem ser colocadas em locais arejados.*

arenoso a.re.**no**.so ***Adj*** que contém areia: *Árvores dificilmente crescem em solos muito arenosos.*

argila ar.**gi**.la ***S fem*** tipo de areia que pode ser moldada, pois fica mole quando é misturada com água e, ao secar, fica dura: *A argila seca ao sol é material de construção frágil.*

argola ar.**go**.la ***S fem*** 1 anel; aro: *A argola que prendia o guardanapo caiu no chão.* 2 enfeite usado principalmente nas orelhas: *Ela sacudia os brincos de argola dourada.*

a b c d e f g h i j k l m n o p q r s t u v w x y z

árido á.ri.do **Adj** muito seco: *Visitei um deserto árido, cheio de areia e muito quente!*

ariranha a.ri.**ra**.nha **S *fem*** animal carnívoro, semiaquático, com cerca de 1 m de comprimento, corpo marrom, garganta creme, e cauda achatada em forma de remo.

arisco a.**ris**.co **Adj** que não deixa ninguém se aproximar: *As aves em geral são ariscas.*

aritmética a.rit.**mé**.ti.ca **S *fem*** conjunto de conhecimentos sobre as propriedades dos números e das operações que com eles se fazem: *Nem todos os alunos gostavam de aritmética.*

arma **ar**.ma **S *fem*** instrumento de ataque e defesa: *Os indígenas usavam armas para caçar.*

armação ▼ ar.ma.**ção** **S *fem*** **1** aquilo que serve para sustentar ou segurar alguma coisa; estrutura: *A armação dos meus óculos quebrou.* **2** montagem: *Terminamos a armação do quebra-cabeça.*

armadilha ar.ma.**di**.lha **S *fem*** **1** qualquer objeto com que se apanha um animal: *O leão ficou preso na armadilha e foi salvo pelo ratinho.* **2** plano para enganar alguém: *Ana está furiosa por ter caído na armadilha.*

armadura ar.ma.**du**.ra **S *fem*** conjunto de armas de metal e vestes de proteção dos antigos guerreiros: *O herói caiu na água com armadura e tudo.*

armar ar.**mar** **Vt** **1** fornecer armas para; equipar: *O governo está armando a polícia.* **2** montar; instalar: *Vamos começar a armar o quebra-cabeça.* **3** preparar: *A aranha armou o bote.*

armarinho ar.ma.**ri**.nho **S *masc*** material para costura, bordado, tricô, crochê, etc., que se vende em loja: *Ele abriu uma pequena loja de armarinhos, tecidos e roupas feitas.*

armário ar.**má**.ri:o **S *masc*** móvel para guardar objetos: *Lúcia guardou a caixa no armário.*

armazém ar.ma.**zém** **S *masc*** estabelecimento para venda de bebidas e comidas; venda: *As compras eram feitas no armazém da fazenda.*

armazenar ar.ma.ze.**nar** **Vt** guardar; reservar: *Precisavam de cestos para armazenar a colheita.*
➖ **armazenamento** **S *masc*** ação de armazenar.

aro **a**.ro **S *masc*** **1** parte dos óculos que envolve a lente: *Dona Benta usava óculos de aro de ouro.* **2** armação circular das rodas de certos veículos: *Um aro de bicicleta custa R$ 199,00.*

aroma a.**ro**.ma **S *masc*** cheiro agradável; perfume: *Pela sala se espalhou o aroma da comida.*
➖ **aromático** **Adj** que tem aroma.

arqueologia ar.que:o.lo.**gi**.a **S *fem*** estudo da cultura e dos costumes de povos antigos feito através de materiais como fósseis, utensílios, monumentos, etc.
➖ **arqueológico** **Adj** relacionado com arqueologia. **arqueólogo** **S *masc*** profissional que se ocupa de arqueologia.

arquibancada ar.qui.ban.**ca**.da **S *fem*** série de assentos dispostos em fileiras, em diversos planos, instalados em estádios e circos: *Havia 70 mil pessoas nas arquibancadas do estádio.*
▶ pág 170 e 171.

arquipélago ▼ ar.qui.**pé**.la.go **S *masc*** agrupamento de ilhas: *A nau de Vasco de Ataíde desapareceu no arquipélago de Cabo Verde.*

arquiteto ar.qui.**te**.to **S *masc*** quem projeta ou dirige construções de edifícios: *Oscar Niemeyer é um arquiteto famoso.*

arquitetura ar.qui.te.**tu**.ra **S *fem*** **1** arte de projetar e construir prédios e outras estruturas. **2** estruturação; organização: *Só há uma construção na aldeia que preserva a arquitetura original.*

A B C D E F G H I J K L M N O P Q R S T U V W X Y Z

arquivo ar.**qui**.vo ***S masc***
1 casa ou móvel onde se guardam documentos escritos: *Consultou diversos documentos em arquivos no Brasil e em Portugal.*
2 conjunto de dados que podem ser guardados no computador num lugar especial de armazenamento: *Vírus causam dano nos arquivos do computador.*

arraial ▼ ar.rai.**al** ***S masc*** pequeno povoado; vila: *O arraial de Canudos foi destruído.*

arrancar ar.ran.**car** ***Vt*** **1** tirar com força ou com dificuldade; fazer sair puxando: *Carlos arrancou o cartão das mãos da irmã.*
2 provocar: *O violinista arranca os maiores aplausos.*

arranha-céu ar.**ra**.nha-**céu** ***S masc*** edifício alto, de muitos andares: *O centro da cidade é cheio de arranha-céus.*

arranhar ar.ra.**nhar** ***Vt*** **1** ferir com as unhas: *O gato arranhava as amigas de Dudu.* **2** raspar com as garras: *O lobo começou a arranhar a porta, tirando lascas.*
⊖ **arranhão / arranhado** ***S masc*** ação ou resultado de arranhar.

arranjar ar.ran.**jar** ***Vt*** **1** conseguir: *Primeiro precisava arranjar um emprego.* [***Pron***] (+em) **2** ajeitar-se; acomodar-se: *Não sabia como é que Dedé ia se arranjar naquele quartinho.*

arranjo ar.**ran**.jo ***S masc***
1 combinação; acordo: *Vamos fazer um arranjo, Emília.* **2** enfeite em que se combinam vários elementos: *Ele quer um arranjo com duas dúzias de rosas.*

arrasar ar.ra.**sar** ***Vt*** **1** destruir; devastar: *As enchentes arrasavam cidades inteiras.* ***Vi*** **2** alcançar sucesso estrondoso: *As meninas vão gostar de mim. Vou arrasar.*
⊖ **arraso** ***S masc*** grande sucesso.

arrastar ar.ras.**tar** ***Vt*** **1** puxar (alguma coisa) fazendo com que deslize pelo chão: *Arrastei a caixa até o meio da loja.* ***Vi*** [***Pron***] **2** movimentar-se com dificuldade pelo chão: *Arrastou-se até a cabana, devido à dor no pé.*

arrebentar ar.re.ben.**tar** ***Vt*** **1** quebrar com violência: *Só se eles entrassem arrebentando a parede.* **2** estourar: *Tia Nastácia foi arrebentar pipoca.* ***Vi*** **3** fazer grande sucesso; arrasar: *O menino dizia: Aí, galera, vou arrebentar.*
⊖ **arrebentado** ***Adj*** quebrado.

arrecadar ar.re.ca.**dar** ***Vt*** **1** recolher: *O governo arrecada impostos.* **2** conseguir como doação: *Eles só arrecadaram 20 pacotes de bolacha para a creche.*
⊖ **arrecadação** ***S fem*** ação de arrecadar ou aquilo que se arrecadou.

arredondado ar.re.don.**da**.do ***Adj*** de forma quase redonda: *Ele tinha um vidrinho arredondado.*

arredores ▲ ar.re.**do**.res ***S masc pl*** lugar que fica próximo de um ponto de referência; vizinhança: *A bruxa deve estar escondida pelos arredores da aldeia.*

arregaçar ar.re.ga.**çar** ***Vt*** dobrar ou puxar para cima: *Ela arregaçou a saia e apressou o passo.*

arregalar ar.re.ga.**lar** ***Vt*** abrir muito (os olhos): *Ela arregalou os olhinhos para ler melhor.*

arreganhar ar.re.ga.**nhar** ***Vt*** abrir muito: *O jacaré arreganhou uma enorme boca vermelha.*

arreio ar.**rei**.o ***S masc*** peça sobre a qual se assenta o cavaleiro; sela: *Helena foi comprar uns arreios.*

arremessar ar.re.mes.**sar** ***Vt*** lançar com impulso: *O atleta se exercitava arremessando flechas.*
⊖ **arremesso** ***S masc*** ação de arremessar; lançamento.

arrepender-se ar.re.pen.**der**-se ***Vt*** ficar triste por ter feito alguma coisa errada: *A raposa arrependeu-se de suas más ações.*
⊖ **arrependido** ***Adj*** que se arrependeu. **arrependimento** ***S masc*** pesar sincero por algum ato ou omissão.

arrepiar ar.re.pi.**ar** ***Vi*** ficar eriçado ou crespo: *Quando nos aproximamos do bicho, seu pelo (se) arrepiou todo.*

arrepio ar.re.**pi**.o **S *masc*** tremor causado por frio ou medo; calafrio: *Ele sentiu um arrepio nas costas.*

arriscar ar.ris.**car** ***Vt*** **1** pôr em risco: *A garota não pretendia arriscar a vida de seus coelhinhos.* (+em) [***Pron***] **2** atrever-se; ousar: *Ana resolveu arriscar-se no skate.*

arroba ar.**ro**.ba **S *fem*** unidade de medida de peso, equivalente a quinze quilos: *O ano passado vendi 2.000 arrobas de café.*

arrogância ar.ro.**gân**.ci.a **S *fem*** comportamento pelo qual a pessoa se acha superior ou melhor do que os outros; orgulho: *Todos estavam tristes com a arrogância do companheiro.*

arrogante ar.ro.**gan**.te ***Adj*** que tem arrogância: *O Rei não era arrogante.*

arrombar ar.rom.**bar** ***Vt*** abrir à força: *Arrombaram a porta com um machado.*

arrotar ar.ro.**tar** ***Vi*** soltar pela boca o ar do estômago: *É feio arrotar em público.*
arroto **S *masc*** ação de arrotar.

arroz ar.**roz** **S *masc*** **1** planta que dá grãos muito utilizados na alimentação: *Papai e eu plantamos arroz para fazer de conta que era grama.* **2** os grãos dessa planta: *O arroz se tornou alimento importante.* **3** prato preparado com esses grãos: *Entra, bom velhinho, vem comer arroz.*
arrozal **S *masc*** plantação de arroz.

arruda ar.**ru**.da **S *fem*** arbusto de flores amarelas em cachos, e cheiro forte: *No quintal havia um pé de arruda.*

arrumadeira ar.ru.ma.**dei**.ra **S *fem*** mulher encarregada de pôr em ordem a casa: *Além de excelente arrumadeira, Camila revelou-se muito carinhosa com meus irmãos.*

arrumar ar.ru.**mar** ***Vt*** **1** pôr em ordem; ajeitar: *Limparam e arrumaram a casa para receber as visitas.* **2** acomodar; ajeitar: *Zeca arrumou os casacos na mala.* ***Vi*** [***Pron***] **3** ajeitar-se: *Tudo se arruma.*
arrumação **S *fem*** ação de arrumar; arranjo; disposição.
arrumado ***Adj*** pronto; ajeitado.

arte **ar**.te **S *fem*** **1** aplicação de talento na criação de uma obra que impressiona pela sua forma: *Outra arte que se desenvolveu na Espanha foi o teatro.* **2** técnica: *Os portugueses aprenderam logo a arte de construir navios.* **3** travessura; traquinagem: *Garanto que tudo isso é arte daquela menina.*
artístico ***Adj*** relativo à arte ou às artes.

arteiro ar.**tei**.ro ***Adj*** travesso: *Dudu só brincava com garotos arteiros.*

artéria ar.**té**.ri.a **S *fem*** cada um dos vasos que conduzem o sangue do coração a todas as partes do corpo.
arterial ***Adj*** relativo à artéria.

artesanal ar.te.sa.**nal** ***Adj*** **1** feito à mão: *A cidade é famosa pela produção artesanal de móveis.* **2** de artesanato: *Todos os sábados se realizam feiras artesanais nas praças.*

artesanato ar.te.sa.**na**.to **S *masc*** técnica de produção manual e individual: *Entre os indígenas, o artesanato era serviço das mulheres.* pág 188 e 189.
artesanal ***Adj*** relacionado com artesanato.

artesão ar.te.**são** **S *masc*** quem exerce qualquer atividade de produção individual: *Os artesãos produziam mercadorias destinadas ao comércio.*
Pl: **artesãos**.

articulação ar.ti.cu.la.**ção** **S *fem*** ponto onde dois ossos se ligam; junta.

artificial ar.ti.fi.ci.**al** ***Adj*** produzido pelo homem e não por causas naturais: *Não gosto de suco com sabor artificial.*

artigo ar.**ti**.go **S *masc*** **1** texto mais ou menos curto, escrito sobre qualquer assunto e geralmente publicado em jornal ou revista: *Pedrinho estava lendo um artigo no jornal.* **2** objeto posto à venda; mercadoria: *Ficamos sabendo que eles fazem artigos de luxo.*

artilharia ar.ti.lha.**ri**.a **S *fem*** conjunto de materiais de guerra que compreende canhões e projéteis, bem como os veículos destinados ao seu transporte.

artilheiro ar.ti.**lhei**.ro **S *masc*** **1** soldado encarregado da artilharia: *Invadiram o forte e agarraram o*

A B C D E F G H I J K L M N O P Q R S T U V W X Y Z

a b c d e f g h i j k l m n o p q r s t u v w x y z

artilheiro. **2** jogador que marca o maior número de gols num campeonato: *O Brasil ganhou com dois gols de Leônidas, artilheiro do campeonato.*

artimanha ar.ti.**ma**.nha **S *fem*** truque; habilidade: *Ninguém conseguiu caçar aquela paca porque ela era cheia de artimanhas.*

artista ar.**tis**.ta **S** pessoa que se dedica a uma arte ou que dela faz profissão: *No caminho encontraram uns artistas de circo.* pág 112 e 113.

árvore **ár**.vo.re **S *fem*** vegetal de tronco alto, que se ramifica a maior ou menor altura do solo: *Os viajantes descansavam debaixo de uma bela árvore.*

arvoredo ar.vo.**re**.do **S *masc*** conjunto de árvores: *As crianças corriam pelo arvoredo.*

asa **a**.sa **S *fem*** **1** membro das aves coberto de penas: *O galinho sacode as asas ao nascer do sol.* **2** cada uma das partes laterais em forma de membrana de alguns insetos: *A borboleta abria e fechava as asas.* **3** parte saliente de certos utensílios, que serve para segurá-los; alça: *A asa da xícara está quebrada.*

asfaltar as.fal.**tar** ***Vt*** revestir de asfalto: *Já asfaltaram todas as ruas dos bairros.*

asfalto as.**fal**.to **S *masc*** mistura escura, obtida do petróleo, usada para fazer o piso de ruas e estradas.

asilo a.**si**.lo **S *masc*** **1** casa de assistência social; abrigo: *Tia Vânia é voluntária num asilo.* **2** proteção que se concede a estrangeiros perseguidos politicamente: *O Brasil já deu asilo a políticos estrangeiros.*

asma **as**.ma **S *fem*** doença do sistema respiratório, caracterizada por respiração difícil: *Por causa da asma, Vanessa precisa de um remédio especial.*

asneira as.**nei**.ra **S *fem*** tolice; bobagem: *Emília diz tanta asneira!*

asno **as**.no **S *masc*** **1** animal quadrúpede de pelo duro e orelhas grandes; jumento; burro: *O asno estava tão cansado que não saiu da estrada para dar passagem ao cavalo.* **2** pessoa pouco inteligente; burro: *Diz que até nos tronos há asnos falantes.*

aspas **as**.pas **S *fem pl*** sinal de pontuação (" ") que serve para abrir e fechar texto citado, para envolver palavra ou expressão usada com valor especial num contexto: *Usam-se travessões ou aspas para reproduzir as falas de personagens num texto.*

aspecto as.**pec**.to **S *masc*** **1** aparência: *O monstro tinha um corpo que dava medo pelo aspecto.* **2** característica: *Há ainda outro aspecto do fogo: os seus efeitos na alimentação humana.*

áspero **ás**.pe.ro ***Adj*** **1** de superfície irregular; rugoso: *D. Benta encostou numa árvore de tronco áspero.* **2** irritado: *Estava com a garganta áspera por causa do pó.* **3** desagradável à audição: *Respondeu-me em tom áspero.*
aspereza **S *fem*** característica daquilo que é áspero.
Ant para **1**: **macio**.

aspirador as.pi.ra.**dor** **S *masc*** aparelho ou dispositivo para aspirar sugando: *O aspirador de pó estava quebrado.*

aspirar[1] as.pi.**rar** ***Vt*** atrair para os pulmões; respirar; cheirar: *Faz mal aspirar poeira.*

aspirar[2] as.pi.**rar** ***Vt*** (+a) desejar muito: *Eu disse-lhe que aspirava a uma vida feliz.*

aspirina as.pi.**ri**.na **S *fem*** nome comercial de um comprimido para aliviar a dor ou a febre.
É marca registrada.

assadeira as.sa.**dei**.ra **S *fem*** utensílio raso para assar alimentos; fôrma: *Leve a assadeira ao forno.*

assado as.**sa**.do ***Adj*** **1** cozido ao forno: *No Natal sempre comemos peru assado.* **S *masc*** **2** aquilo que foi cozido ao forno: *Foi servido um assado com farofa.*

assaltar as.sal.**tar** ***Vt*** atacar para roubar: *A gente tem de saber quem foi o bandido que assaltou você na gruta.*
assalto **S *masc*** ação de assaltar. **assaltante** **S** bandido que assalta.

assanhado as.sa.**nha**.do ***Adj*** alvoroçado; agitado: *A chegada de Peter Pan deixou todos assanhados.*

assanhamento as.sa.nha.**men**.to **S** ***masc*** alvoroço; agitação: *"Vamos ver as sereias!" gritaram no maior assanhamento.*

assar as.**sar** ***Vt*** 1 cozinhar a seco sob a ação do calor: *À tarde assaram carneiro para Hércules comer.* ***Vi*** 2 tornar-se cozido pela ação do calor: *O bolo já assou.*

assassinato as.sas.si.**na**.to **S** ***masc*** ação de tirar a vida de uma pessoa de propósito.

assassino as.sas.**si**.no **S** ***masc*** 1 pessoa que cometeu assassinato: *O assassino foi condenado a 40 anos de prisão.* ***Adj*** 2 que mata: *Os cientistas estão estudando o vírus assassino.*

assegurar as.se.gu.**rar** ***Vt*** 1 tornar seguro; garantir: *Todos querem assegurar o conforto da família.* [***Pron***] 2 ficar certo ou seguro; certificar-se: *Lena quis assegurar-se de que o cheque era verdadeiro e ligou para o banco.*

assembleia as.sem.**blei**.a **S** ***fem*** 1 conjunto de pessoas reunidas para determinado fim: *Os operários participavam de uma assembleia para decidir sobre a greve.* 2 reunião: *Os bichos, em assembleia, resolveram que o leão seria o chefe.*

assentar as.sen.**tar** ***Vt*** (...+em) 1 colocar; acomodar: Trouxeram o hóspede e o assentaram na rede. (+a) [***Pron***] 2 sentar-se: *Todos nos assentamos à mesa.* ***Vi*** 3 depositar-se: *A poeira já assentou.*

assento ▶ as.**sen**.to **S** ***masc*** lugar para sentar-se, que pode ser cadeira, banco, etc.: *Bem, agora você tem um assento – disse o avô.*

assessor as.ses.**sor** **S** ***masc*** pessoa que auxilia outra; auxiliar; ajudante: *Os últimos dias da campanha obrigaram os candidatos e seus assessores a trabalhar muito.*

assinalar as.si.na.**lar** ***Vt*** fazer marca em: *Assinalei as melhores árvores da ilha.*

assinar as.si.**nar** ***Vt*** pôr sua assinatura em: *O senhor faria a gentileza de assinar o cartão?*

assinatura as.si.na.**tu**.ra **S** ***fem*** 1 ação de escrever o próprio nome num documento: *Testemunhei a assinatura do testamento do coronel.* 2 acordo pelo qual, mediante pagamento, obtém-se um produto: *Agora a casa de Lucas tem TV por assinatura.* 3 nome escrito.

assistência as.sis.**tên**.ci:a **S** ***fem*** 1 conjunto de pessoas que assistem a um evento: *O urro dos leões fazia a assistência tremer de medo.* 2 atendimento: *Havia também o hospital de assistência aos pobres.*

assistente as.sis.**ten**.te **S** auxiliar; assessor: *Lena era uma boa assistente de cozinha.*

assistir as.sis.**tir** ***Vt*** (+a) 1 ver; acompanhar: *Da janela, Nino assistia a tudo o que se passava.* 2 comparecer; estar presente: *Os alunos assistiam às aulas atentamente.*

assobiar as.so.bi.**ar** ***Vi*** 1 executar assobios: *O jeito era assobiar bem alto.* 2 produzir ruído parecido com assobio ou chiado: *Na panela, a sopa começou a assobiar.*
A forma **assoviar** também é usada.

assobio as.so.**bi**:o **S** ***masc*** 1 som agudo: *Soltei um assobio longo.* 2 instrumento para assobiar; apito: *Coloquei o assobio em cima da mesa.*
A forma **assovio** também é usada. ▶ pág 188 e 189.

associação as.so.ci:a.**ção** **S** ***fem*** 1 grupo organizado para algum fim: *É uma associação protetora dos animais.* 2 combinação; união: *Uma associação de ideias sugere as historinhas.*

associar as.so.ci.**ar** ***Vt*** (...+a) 1 fazer ligação ou relação: *Acabei por associar o vento à chuva.* [***Pron***] (+a) 2 unir-se: *Um lobo se associou a um leão para caçar juntos.*

assombração as.som.bra.**ção** **S** ***fem*** fantasma; aparição: *Noite de lua cheia é tempo de assombração.*

assombrar as.som.**brar** ***Vt*** 1 amedrontar: *Um fantasma assombrava uma ruína da Cidade Eterna.* 2 causar espanto ou admiração: *Sua inteligência me assombra.*
assombro **S** ***masc*** grande espanto.

assombroso as.som.**bro**.so ***Adj*** que causa espanto; espantoso: *O pirata era capaz de coisas assombrosas.*

assoprar as.so.**prar** ***Vt*** o mesmo que **soprar**.

assumir as.su.**mir** ***Vt*** **1** tomar posse de: *O novo diretor já assumiu o cargo.* **2** chamar a si; ter a responsabilidade por: *Bolívar assumiu o comando dos revolucionários.* **3** tomar; adquirir: *Após a reforma, o vestido assumiu ares de novo.*

assunto as.**sun**.to ***S masc*** aquilo de que se trata; tema: *O mestre disse que ia pensar no assunto.*

assustador as.sus.ta.**dor** ***Adj*** que causa susto: *Ouviram um uivo assustador.*

assustar as.sus.**tar** ***Vt*** **1** causar susto, espanto ou medo: *O barulho assustou os animais.* ***Vi*** [***Pron***] **2** ficar com medo: *Tadeu se assustou com a explosão.* **assustado** ***Adj*** que levou susto.

asteroide as.te.**roi**.de ***S masc*** pequeno corpo celeste que gira em torno do Sol.

astral as.**tral** ***Adj*** **1** relacionado com a posição dos astros: *Gilda mandou elaborar um mapa astral.* ***S masc*** **2** disposição de espírito; ânimo; humor: *Poliana mudou milagrosamente o astral da amiga.*

astro **as**.tro ***S masc*** **1** corpo celeste: *As estrelas, os cometas, os planetas são astros.* **2** ator ou atriz famosos; estrela: *As canções foram interpretadas por grandes astros da música brasileira.*

astronauta as.tro.**nau**.ta ***S*** piloto ou passageiro de um veículo espacial que viaja fora da atmosfera terrestre.

astronomia as.tro.no.**mi**.a ***S fem*** conjunto de conhecimentos sobre a constituição, posição e movimento dos astros. **astronômico** ***Adj*** relacionado com astronomia ou com os astros. **astrônomo** ***S masc*** quem é especialista em astronomia.

astúcia as.**tú**.ci.a ***S fem*** esperteza: *Vamos usar de astúcia para atrair os pássaros e poder observá-los.* **astuto** ***Adj*** que tem astúcia; esperto.

atabaque a.ta.**ba**.que ***S masc*** instrumento musical de percussão, que se toca batendo as palmas abertas num tambor em forma de funil: *Ao seu lado, dois jovens músicos tocavam atabaques.*

atacar a.ta.**car** ***Vt*** investir contra: *A raposa atacou o galinheiro.* **ataque** ***S masc*** ação de atacar. **atacante** ***S*** aquele que ataca.

atalho a.**ta**.lho ***S masc*** caminho mais curto: *Vando se desviou do atalho e perdeu-se.*

atar a.**tar** ***Vt*** amarrar ou prender envolvendo: *Beto atou uma colherinha à ponta de um barbante.*

atarefado a.ta.re.**fa**.do ***Adj*** muito ocupado: *Papai parecia muito atarefado.*

atazanar a.ta.za.**nar** ***Vt*** atormentar; aborrecer: *Caiu no mundo atazanando bicho e gente.*

até a.**té** ***Prep*** palavra que relaciona dois termos ou palavras da frase, indicando **1** lugar para onde alguém se dirige: *Queriam descer até o fundo do mar.* **2** limite no tempo: *As inscrições vão até 30 de março.* ***Adv*** **3** também; inclusive: *Ele tinha lama na roupa, nos braços e até nos cabelos.*

ateliê a.te.li.**ê** ***S masc*** oficina de pintor, escultor, costureira, etc.: *Os vestidos de baile eram confeccionados no ateliê de mamãe.*

atenção a.ten.**ção** ***S fem*** **1** aplicação cuidadosa da mente a alguma coisa: *Na verdade, ninguém prestava atenção no mágico.* **2** delicadeza; cortesia: *Obrigado pela atenção.* Ant para **1**: **negligência**.

atender a.ten.**der** ***Vt*** **1** prestar serviço a; servir: *Há salões de beleza que atendem só crianças.* **2** dar ajuda a: *O veterinário Marcos conta que atendeu um lagarto que estava quase morrendo.* **atendimento** ***S masc*** ação de atender.

atentado a.ten.**ta**.do ***S masc*** tentativa ou execução de crime: *As vítimas do atentado eram pessoas que trabalhavam no local.*

atento a.**ten**.to ***Adj*** que presta atenção: Vale a pena ficar *atento* a tudo que facilite a vida.

aterrissar ▲ a.ter.ris.**sar** ***Vi*** pousar: *Fez o avião aterrissar devagarinho no campo de futebol.* ☀ A forma **aterrizar** também é usada.

aterro a.**ter**.ro **S *masc*** colocação de terra para tornar plano o terreno: *Foi preciso fazer um aterro no local antes do início da construção.*

aterrorizado a.ter.ro.ri.**za**.do ***Adj*** cheio de terror, ou seja, de grande medo: *Diante da onça, o porquinho ficou aterrorizado.*

aterro sanitário a.**ter**.ro sa.ni.**tá**.ri:o **S *masc*** depósito de lixo guardado em camadas, que pode ter seu volume reduzido ou não e onde se toma muito cuidado para não prejudicar o meio ambiente.

atiçar a.ti.**çar** ***Vt*** **1** fazer atacar: *Se o ladrão aparecer, atiço-lhe o cachorro em cima.* **2** tornar mais aceso, mais vivo: *Viu sua mãe atiçando o fogo para o café.*

atingir a.tin.**gir** ***Vt*** **1** chegar a; alcançar: *Certos poluentes atingem até as nuvens.* **2** afetar; contagiar: *Uma doença grave atingiu a população.* **3** acertar: *Um raio atingiu a árvore.*

atirar a.ti.**rar** ***Vt*** **1** lançar; jogar: *O jogador da vez atira a moeda.* **2** dar tiros; disparar arma de fogo: *O soldado atirava contra o alvo.* [***Pron***] (+em) **3** lançar-se: *A garota atira-se no chão e rola.*

atitude a.ti.**tu**.de **S *fem*** modo de agir em relação a alguém ou a alguma coisa: *Todos ficaram surpresos com a atitude do pintor.*

atividade a.ti.vi.**da**.de **S *fem*** **1** aquilo que se faz; ação: *Visitar museus é uma atividade interessante.* **2** trabalho; ocupação: *Perguntaram qual era a atividade de meu pai.* **3** movimentação; agitação: *No recreio era grande a atividade das crianças.*

ativo a.**ti**.vo ***Adj*** **1** que está sempre fazendo alguma coisa: *Dona Carolina é pessoa muito ativa, trabalha sem parar.* **2** diz-se de vulcão que expele lava, cinza e fumaça: *O maior vulcão ativo da Europa é Etna, na Itália.* **3** movimentado; agitado: *O comércio paulista é o mais ativo do Brasil.*

atlas a.tlas **S *masc*** conjunto de mapas ou cartas geográficas, geralmente juntos num livro: *Na segunda parte do atlas que ganhei de presente da minha mãe, há mapas do Brasil e da América do Sul.*

atleta ▼ a.**tle**.ta **S** pessoa treinada para competir em esportes: *Os atletas faziam leve aquecimento antes das partidas.* ⊖ **atlético *Adj*** **1** próprio de atleta. **2** musculoso; vigoroso.

atletismo a.tle.**tis**.mo **S *masc*** conjunto de atividades esportivas, em caráter de competição, realizadas individualmente ou entre equipes.

atmosfera at.mos.**fe**.ra **S *fem*** **1** camada gasosa que envolve a Terra: *Um meteoro é um pedaço de pedra que cai na atmosfera da Terra.* **2** o ar que se respira: *A atmosfera está poluída.* ⊖ **atmosférico *Adj*** relacionado com atmosfera.

ato a.to **S *masc*** **1** aquilo que se faz ou que se pode fazer; ação: *Os ladrões foram presos no ato do crime.* **2** cada uma das partes em que se divide um espetáculo: *A peça tem 2 atos.* **3** momento; ocasião: *Você deve pagar no ato da retirada da mercadoria.*

átomo **á**.to.mo **S *masc*** partícula de estrutura complexa que caracteriza qualquer substância simples. ⊖ **atômico *Adj*** relacionado com átomo.

ator a.**tor** **S *masc*** pessoa que representa em teatro, cinema ou TV. ☀ Forma feminina correspondente: **atriz**.

atordoado a.tor.do.**a**.do ***Adj*** com a cabeça rodando; zonzo: *A pancada deixou o homem atordoado.*

atormentar a.tor.men.**tar** ***Vt*** incomodar; perturbar: *Abaixou o som para não atormentar o vizinho.*

atração a.tra.**ção** **S *fem*** **1** aquilo que atrai, ou seja, que chama para perto de si: *A força de atração dos astros puxa todos os corpos para o centro deles.* **2** aquilo que chama a atenção ou desperta o interesse

a b c d e f g h i j k l m n o p q r s t u v w x y z

por algum motivo: *A verdadeira atração para Joana era a biblioteca.*

atracar a.tra.**car** ***Vt*** 1 prender ou amarrar à terra. [***Pron***] (+com) 2 entrar em luta corporal: *O jeito era atracar-se com o capitão Gancho.*

atraente a.tra.**en**.te ***Adj*** 1 que exerce atração: *Lena era uma mocinha atraente.* 2 que prende a atenção: *Os filhos, já crescidos, queriam divertimentos mais atraentes.*

atrair a.tra.**ir** ***Vt*** 1 chamar a atenção de: *Ele assobiou para atrair os cães.* 2 chamar a si; fazer aproximar-se: *O lixo da rua atraía ratos e baratas.*

atrapalhar a.tra.pa.**lhar** ***Vt*** 1 causar algum tipo de dificuldade: *Às vezes meu irmãozinho me atrapalha.* ***Vi*** [***Pron***] 2 confundir-se; embaralhar: *Os pensamentos se atrapalhavam na sua cabeça.* ➖ **atrapalhado** ***Adj*** perturbado; confuso. **atrapalhação** ***S fem*** confusão; perturbação.

atrasar a.tra.**sar** ***Vt*** 1 fazer demorar; retardar: *A chuva atrasou a chegada de Rosa.* 2 pôr para trás; fazer recuar: *O jogador atrasou a bola.* ***Vi*** 3 chegar atrasado: *Não quero me atrasar para o almoço.* ➖ **atraso** ***S masc*** demora. **atrasado** ***Adj*** que se atrasou. ☀ Ant para 1 e 3: **adiantar**.

atrativo a.tra.**ti**.vo ***Adj*** 1 que atrai; que chama ou que prende a atenção: *Praias são muito atrativas para os jovens.* ***S masc*** 2 aquilo que prende a atenção: *Vários pontos do Pantanal são atrativos turísticos.*

através a.tra.**vés** ***Adv*** 1 de um lado para outro: *Prosseguiram viagem através de campinas floridas.* 2 de ponta a ponta; ao longo: *Sandra fez a difícil viagem através dos campos.*

atravessar a.tra.ves.**sar** ***Vt*** 1 percorrer do começo ao fim; transpor: *Estavam atravessando um campo de flores.* 2 ir de um lado a outro: *Um som agudo atravessou a classe.*

atrelado a.tre.**la**.do ***Adj*** preso: *Os vagões estavam atrelados uns aos outros.*

atrever-se a.tre.**ver**-se ***Vt*** (+a) ter coragem de; ousar: *Os cães não se atreveram a entrar na casa.*

atrevido a.tre.**vi**.do ***Adj*** 1 que se atreve; que não demonstra medo; corajoso: *Um corvo atrevido pousou nas costas de um carneiro.* ***S masc*** 2 quem não demonstra medo; quem é corajoso: *O homem queria dar uma lição no atrevido, mas recuou.*

atrevimento ▲ a.tre.vi.**men**.to ***S masc*** demonstração de coragem; ousadia: *– É a primeira vez na minha vida que alguém tem o atrevimento de me agarrar pelo rabo! – disse o dragão.*

atribuir a.tri.bu.**ir** ***Vt*** (...+a) 1 dar como causa ou origem de: *Ele atribuiu o defeito à falta de experiência do mecânico.* 2 dar; conceder: *João viu a cena, mas não atribuiu maior importância a ela.*

atrito a.**tri**.to ***S masc*** 1 toque repetido entre dois corpos: *A epiderme é a parte mais externa da pele, que protege contra atritos.* 2 desentendimento: *Jorge teve um atrito com Daniel.*

atriz a.**triz** ***S fem*** mulher que representa em teatro, cinema ou TV. ☀ É forma feminina correspondente a **ator**.

atropelar a.tro.pe.**lar** ***Vt*** 1 derrubar, passando por cima ou chocando-se: *Aquele cara quase atropelou o cachorro sem querer.* [***Pron***] 2 empurrar-se: *Na saída, os meninos se atropelavam.* ➖ **atropelamento** ***S masc*** ação de atropelar.

atropelo ▼ a.tro.**pe**.lo ***S masc*** confusão; pressa: *Foi um atropelo. Cada um queria ser o primeiro.*

atuação a.tu:a.**ção** ***S fem*** 1 modo de fazer alguma coisa; desempenho: *O diretor observa muito a atuação de seus auxiliares.* 2 representação de um papel: *João teve excelente atuação no filme.*

atual a.tu.**al** ***Adj*** 1 do momento presente: *Essa foto do presidente não é atual.* 2 não ultrapassado; moderno: *A atriz vestia modelos muito atuais.*

atualidade a.tu:a.li.**da**.de ***S fem*** o momento presente: *Vários temas da atualidade estarão presentes na nova fase do programa.*

atuar a.tu.**ar** ***Vi*** **1** trabalhar: *O veterinário atuava no setor de produção de leite.* **2** desempenhar um papel como ator: *No espetáculo Diego também atua.* **3** jogar: *Zeca atua no gol.*

audição au.di.**ção** ***S fem*** sentido pelo qual se percebem os sons. **auditivo** ***Adj*** relativo à audição.

audiência au.di.**ên**.ci:a ***S fem*** **1** conjunto de pessoas que assistem a um programa: *A novela das seis está com boa audiência.* **2** recepção dada por qualquer autoridade a pessoas que lhe desejam falar: *Os descontentes moradores foram pedir uma audiência ao prefeito.*

audiovisual au.di:o.vi.su.**al** ***Adj*** relacionado com a visão e com a audição: *Hoje é comum o uso de recursos audiovisuais nas aulas.*

auditório au.di.**tó**.ri:o ***S masc*** local amplo, com acústica apropriada, onde as pessoas se reúnem para ouvir alguém: *A apresentação do coral foi no auditório do colégio.*

auge **au**.ge ***S masc*** ponto máximo: *Quando a festa estava no auge, um estranho bateu à porta.*

aula **au**.la ***S fem*** lição de uma disciplina: *Arnaldo dava aulas de Português.* ▶ pág 156 e 157.

aumentar au.men.**tar** ***Vt*** **1** acrescentar: *Quem conta um conto aumenta um ponto, diz o ditado.* **2** tornar maior: *A escola aumentou o número de cursos.* **3** tornar mais alto; elevar: *Começou a contar baixinho, depois foi aumentando o tom da voz.* ***Vi*** **4** ficar mais forte: *Naquele lugar o perigo e o medo aumentavam.* **aumento** ***S masc*** ação ou processo de aumentar. Ant: **diminuir**, **reduzir**.

aurora au.**ro**.ra ***S fem*** claridade que vem antes do nascer do sol no horizonte: *Os primeiros raios de sol tingiram a aurora do dia.*

ausência au.**sên**.ci:a ***S fem*** **1** afastamento temporário de uma pessoa de sua casa ou do lugar onde mora: *Os meninos sentiram muito a minha ausência.* **2** falta: *Ninguém se conformava com aquela ausência de conforto.* **ausente** ***Adj*** que não está presente.

autêntico au.**tên**.ti.co ***Adj*** verdadeiro; legítimo: *Não sabemos se este documento é autêntico.*

autoestima au.to:es.**ti**.ma ***S fem*** consideração ou estima de si mesmo: *A família e a escola têm de ajudar Soninha a elevar sua autoestima.*

autografar au.to.gra.**far** ***Vt*** pôr autógrafo ou assinatura em: *Ziraldo vai autografar seus livros.*

autógrafo au.**tó**.gra.fo ***S masc*** assinatura ou qualquer escrito assinado por alguém famoso: *Saiu para pedir autógrafo ao craque do seu time de futebol.*

automobilismo au.to.mo.bi.**lis**.mo ***S masc*** esporte que se pratica com automóveis: *Quem pratica automobilismo precisa usar capacete.*

automobilístico au.to.mo.bi.**lís**.ti.co ***Adj*** de automóvel: *Ele trabalha na indústria automobilística.*

automóvel au.to.**mó**.vel ***S masc*** veículo terrestre, com quatro rodas, acionado por motor a explosão; carro: *O pai levou os meninos a passear de automóvel.*

autonomia au.to.no.**mi**.a ***S fem*** liberdade para governar ou administrar: *O presidente teria autonomia.*

autor au.**tor** ***S masc*** **1** escritor de qualquer tipo de obra: *O autor de "Alice no país das maravilhas" é inglês.* **2** que pratica uma ação; que faz ou fez alguma coisa: *A polícia já prendeu os autores do roubo.*

autoria au.to.**ri**.a ***S fem*** condição de autor: *Lemos livros de autoria de Monteiro Lobato.*

autoridade au.to.ri.**da**.de ***S fem*** **1** direito ou poder de decidir, de ordenar, de agir, de se fazer obedecer: *O prefeito tentava recuperar sua autoridade.* **2** pessoa que passou a ter esse direito ou poder: *O desconhecido foi entregue às autoridades da vila.*

A B C D E F G H I J K L M N O P Q R S T U V W X Y Z

a b c d e f g h i j k l m n o p q r s t u v w x y z

autorização au.to.ri.za.**ção**
S fem 1 permissão: *O doente saiu sem autorização do médico.* 2 documento escrito de permissão: *As crianças tinham levado autorização e estavam entrando no ônibus para ir ao teatro.*

autorretrato au.tor.re.**tra**.to
S masc retrato de si mesmo: *O autorretrato do pintor Rubens é uma obra-prima.*

auxiliar au.xi.li.**ar** ***Vt***
1 facilitar: *Existem chás que auxiliam a digestão.* **S** 2 quem auxilia ou ajuda; ajudante: *O diretor tinha dois auxiliares.*

avalanche a.va.**lan**.che
S fem grande massa de neve, terra, etc. que rola das montanhas derrubando tudo na sua passagem: *A avalanche impediu a passagem.*
A forma **avalancha** também é usada.

avaliar a.va.li.**ar** ***Vt*** 1 calcular o valor: *A compradora avaliava a mercadoria.* 2 fazer ideia de: *Ele nem podia avaliar o perigo que corria.*
avaliação ***S fem*** ação de avaliar.

avançar a.van.**çar** ***Vt*** (+contra)
1 investir; atirar-se: *O peru avançava contra o patinho que gritava.* ***Vi*** 2 adiantar-se: *O urso urrava, avançando perigosamente.*
avanço ***S masc*** deslocamento para a frente.

avarento a.va.**ren**.to ***Adj***
1 apegado ao dinheiro: *O fazendeiro era um homem avarento.* ***S masc*** 2 pessoa apegada ao dinheiro: *Todos torciam para o avarento perder a aposta.*

ave a.ve ***S fem*** 1 animal vertebrado com dois pés, duas asas, boca em forma de bico e pele coberta com penas: *A ave fez seu ninho num buraco da rocha.* [***Pl***] 2 essa classe de animais: *A águia real é a mais nobre das aves.*

aveia a.**vei**.a ***S fem*** 1 planta de talos finos e longos, cujas sementes são usadas como alimento: *É lindo ver a aveia bem verde.* 2 as sementes dessa planta, descascadas, moídas ou cortadas em forma de lâminas, usadas como alimento: *Quinta-feira era dia de mingau de aveia.*

avelã a.ve.**lã** ***S fem*** fruto pequeno, de casca dura, contendo um caroço comestível: *Passaria o dia inteiro comendo avelãs.*
aveleira ***S fem*** árvore que produz a avelã.

aveludado a.ve.lu.**da**.do ***Adj***
1 com aparência de veludo: *Lá vinha uma aranha barriguda e aveludada.* 2 suave e macio como o veludo: *A garotinha tinha pele aveludada.* 3 agradável: *O mestre falava com voz aveludada.*

avenca a.**ven**.ca ***S fem*** planta de ramos frágeis, folhas miúdas e finas, recortadas, de vários tons da cor verde: *Os macacos comiam talos de avenca.*

avenida a.ve.**ni**.da ***S fem*** rua larga e movimentada, em geral com árvores: *Fomos passear numa avenida do centro da cidade.*

avental a.ven.**tal** ***S masc*** pedaço de pano, couro ou plástico que se usa sobre a roupa para protegê-la: *Papai sempre usa um avental enquanto assa o churrasco.*

aventura a.ven.**tu**.ra ***S fem*** ação arriscada: *Subir até o topo da montanha foi uma aventura para todos nós.*

aventurar-se a.ven.tu.**rar**-se
Vt (+em) arriscar-se: *Por que se aventurar num pântano daqueles?*

aventureiro a.ven.tu.**rei**.ro **Adj** 1 que gosta de aventuras: *Chegou à região um rapaz muito bonito e aventureiro, em busca de um tesouro.* **S masc** 2 pessoa que gosta de aventura: *Os três aventureiros viram uma tabuleta, mas seguiram em frente.*

avermelhado a.ver.me.**lha**.do **Adj** de tom vermelho; próximo da cor vermelha: *Os bois tinham o pelo avermelhado.*

avessas a.**ves**.sas **S fem** palavra só usada na expressão: **às avessas** que significa ao contrário: *O palhaço montava um jumento todo enfeitado, sentado às avessas, de frente para o rabo.*

avesso a.**ves**.so **S masc** lado oposto ao principal: *Tinha de pintar pelo lado avesso do papel.*

avestruz ▲ a.ves.**truz** **S masc** a maior das aves terrestres, com mais de 100 kg e mais de 2 m de altura, asas muito pequenas, veloz na corrida: *O avestruz não consegue voar.*

aviação a.vi:a.**ção** **S fem** sistema de navegação aérea realizada por aviões: *Mateus sempre foi fascinado por aviação.*

aviador a.vi:a.**dor** **S masc** 1 piloto de avião: *O príncipe era também um bom aviador.* **Adj** 2 que é piloto de avião: *Quem tem pai aviador pode viajar quando quer.*

avião a.vi.**ão** **S masc** aparelho que se move por si, mais pesado que o ar, e que é sustentado por meio de asas.

avisar a.vi.**sar** **Vt** fazer alguém ficar sabendo de alguma coisa; informar; comunicar: *Os meninos correram para avisar o avô.*

aviso a.**vi**.so **S masc** 1 ação de avisar: *Saíram sem aviso.* 2 informação de que está presente; advertência: *O navio entrou no porto e deu o tiro de aviso.* 3 qualquer comunicação feita por escrito: *Você poderá colocar um aviso convidando todos a participar da obra.*

avistar a.vis.**tar** **Vt** ver: *O bezerro avistou a mãe e correu para ela.*

avô a.**vô** **S masc** pai do pai ou da mãe: *Celina abriu a porta para o avô.*
1 Forma feminina correspondente: **avó**. **2** A forma **vovô** também é usada na linguagem familiar.
▶ pág 205.

avó a.**vó** **S fem** mãe do pai ou da mãe: *A avó costuma ficar com as crianças no domingo.*
1 No plural, pode indicar o casal avô e avó. **2** A forma **vovó** também é usada na linguagem familiar.

avulso a.**vul**.so **Adj** desligado da coleção ou do conjunto de que faz parte; separado: *Use uma folha avulsa.*

axé a.**xé** **S masc** música popular originária da Bahia: *O ritmo do axé é contagiante e cativa as pessoas.*

azar a.**zar** **S masc** má sorte: *Dizem que passar embaixo de escada traz azar.*

azarado ▼ a.za.**ra**.do **Adj** que tem azar: *Simba é um cavalo azarado, nunca ganhou uma corrida.*

azedo a.**ze**.do **Adj** ácido ao paladar ou ao olfato: *Laranja azeda só serve pra fazer doce.*

azeite a.**zei**.te **S masc** óleo extraído da azeitona e de outros vegetais.

azeitona a.zei.**to**.na **S fem** fruto pequeno, cuja cor varia do verde ao negro, carnoso, caroço pequeno, comestível quando posto em conserva e do qual se extrai um azeite.

azul a.**zul** **Adj** 1 da cor do céu sem nuvens: *Nosso uniforme era calça azul e blusa branca.* **S masc** 2 a cor azul: *O palhaço pintou o cabelo de azul.*
tudo azul tudo bem: *Ele me perguntou se estava tudo azul.*

azulejo a.zu.**le**.jo **S masc** ladrilho usado em revestimento de paredes: *Ainda faltavam os azulejos para o banheiro.*

A B C D E F G H I J K L M N O P Q R S T U V W X Y Z

Bb *Bb*

b ***S masc*** segunda letra do nosso alfabeto.

babá ba.**bá** ***S fem*** moça que cuida de crianças pequenas: *Luciana trabalhava de babá.*

baba **ba**.ba ***S fem*** **1** saliva que escorre da boca: *A enfermeira limpou a baba do doente.* **2** líquido grosso e viscoso existente em alguns vegetais: *Quiabo tem baba.*

babaçu ba.ba.**çu** ***S masc*** palmeira que chega até 20 m, de folhas com listras amarelas, muito explorada pelos frutos e sementes comestíveis.

babado ba.**ba**.do ***Adj*** **1** molhado de baba: *O garoto tinha um beijo babado.* ***S masc*** **2** tira de pano cheia de dobras usada para enfeitar roupas: *Tina queria um vestido com babado e renda.*

babar ba.**bar** ***Vi*** deixar escorrer baba: *Alguns bebês babam um pouco demais.*

bacalhau ba.ca.**lhau** ***S masc*** peixe grande e de corpo alongado, originário dos mares frios.
bacalhoada ***S fem*** comida preparada com esse peixe, azeite, batata, cebola, etc.

bacana ba.**ca**.na ***Adj*** que tem boa qualidade; que é bom, bonito ou que é agradável; legal: *O mais bacana é que pais e filhos podem brincar juntos.*

bacia ba.**ci**.a ***S fem*** **1** vaso redondo, raso, de bordas largas, de uso doméstico: *Primeiro, coloque água na bacia.* **2** conjunto de ossos da parte inferior do tronco: *A menina caiu e quase quebrou a bacia.* **3** conjunto de terras banhadas por um rio e por seus afluentes: *Vi no mapa a bacia do rio Amazonas.*

bactéria bac.**té**.ri:a ***S fem*** micro-organismo de uma única célula, que se reproduz dividindo-se em duas partes.

badalar ba.da.**lar** ***Vi*** **1** produzir som com pancada do badalo, que é uma peça de metal pendurada dentro do sino: *Ouvia o sino da igreja badalando.* ***Vt*** **2** fazer produzir som com o badalo: *Subiu à torre para badalar o sino.*
badalada ***S fem*** ação ou processo de badalar.

bafo **ba**.fo **S *masc*** **1** cheiro desagradável: *Deu uma gargalhada com bafo de bolo azedo.* **2** respiração: *Quase senti o bafo da onça no meu pescoço.*

bagagem ba.**ga**.gem **S *fem*** conjunto de objetos que os viajantes levam em malas e pacotes: *Na bagagem, o pintor trazia uma pilha de desenhos.*

bago **ba**.go **S *masc*** fruto pequeno e redondo de um cacho: *A raposa procurava bagos de uva.*

bagunça ba.**gun**.ça **S *fem*** barulheira; confusão; desordem: *Crianças em geral gostam de bagunça e algazarra.*

bagunçar ba.gun.**çar** ***Vt*** deixar em desordem: *Joãozinho jurou nunca mais bagunçar o quarto.*

bagunceiro ▲ ba.gun.**cei**.ro ***Adj*** **1** que deixa tudo em desordem: *Que casal bagunceiro! Nem a louça foi lavada!* **S *masc*** **2** pessoa que faz bagunça ou desordem: *Sou um grande bagunceiro!*

baía ba.**í**.a **S *fem*** pequeno golfo de entrada estreita: *Na entrada da baía foi construído um forte.*

baiana ba.i.**a**.na **S *fem*** vendedora de salgadinhos da culinária própria da Bahia, vestida de saia comprida e larga, blusão de renda, muitos colares e pulseiras, turbante.

baião bai.**ão** **S *masc*** dança popular nordestina, acompanhada de viola, sanfona e outros instrumentos: *Luiz Gonzaga divulgou o baião em todo o país.*

bailar bai.**lar** ***Vi*** dançar: *Casais vestidos com roupas caipiras bailam animadamente.*

bailarino bai.la.**ri**.no **S *masc*** dançarino: *O circo tem números com bailarinas.*
O feminino **bailarina** é muito mais usado. ▶ pág 112 e 113.

baile **bai**.le **S *masc*** reunião festiva, cujo fim principal é a dança ao som de música: *O rei só ofereceu o baile para arrumar uma esposa para o príncipe.*

baio **bai**.o ***Adj*** **1** da cor do ouro, mas sem brilho: *Vi um cavalo baio.* **S *masc*** **2** animal dessa cor: *O fazendeiro aproximou-se, montado em seu baio.*

bairro **bair**.ro **S *masc*** cada uma das regiões em que se divide uma cidade: *Morava num bairro novo.*

baixa **bai**.xa **S *fem*** perda: *Houve uma baixa no corpo dos guardas urbanos de São Paulo.*

baixar bai.**xar** ***Vt*** **1** movimentar para baixo; fazer descer. **2** dar a conhecer; publicar: *A rainha má baixou um decreto proibindo a saudade.* **3** colocar em posição de descanso: *Imediatamente os soldados baixaram as armas.* **4** dirigir ou voltar para baixo: *O filho baixou a cabeça numa tristeza danada.* ***Vi*** **5** acontecer; ocorrer: *Nenhuma atenção. Baixou a maior decepção.* **6** tornar-se mais baixo; diminuir: *A temperatura baixou.* **7** ficar mais barato: *A gasolina baixou.*
Cp: **abaixar**.

baixo **bai**.xo ***Adj*** **1** de pequena altura: *Existem árvores altas, baixas, grossas, finas.* **2** brando; fraco: *Quando a panela começar a chiar, coloque em fogo baixo.* **3** voltado para o chão: *Beatriz vinha de véu e olhos baixos.* **4** que não é alto; de estatura pequena: *Gilberto é mais baixo do que Luísa.* **5** pouco intenso: *Hoje a temperatura está mais baixa do que ontem.* **S *masc*** **6** cantor que tem a voz mais grave entre as vozes masculinas: *O pai de Leninha tem voz de baixo.* ***Adv*** **7** em voz baixa: *Laurinha encontrou suas duas amigas falando baixo.* **8** próximo ao chão: *O piloto voava baixo.*
de baixo inferior: *Alguns indígenas daquela tribo traziam o lábio de baixo furado.*
Ant: **alto**.

bala **ba**.la **S *fem*** **1** docinho duro ou macio, que se chupa: *Compramos dois pacotes de balas.* **2** pequena peça de chumbo usada em arma de fogo: *A velha arma estava enferrujada e sem balas.*

balaio ▼ ba.**lai**.o **S *masc*** cesto grande, de boca larga, feito de cipó, palha ou taquara: *Colocava as laranjas colhidas num balaio.*

balança ba.**lan**.ça **S *fem*** instrumento para determinar o peso dos corpos, registrado em quilogramas. ▶ pág 402 e 403.

balançar ba.lan.**çar** ***Vt*** **1** mover de um lado para outro: *A vaca balança o rabo e espanta as moscas.* **2** despertar o interesse de; atingir: *É um programa sério que está balançando os jovens espectadores.* ***Vi*** **3** mover-se de um lado para outro; oscilar: *Sentiu enjoo porque o barco balançava muito.*

balanço ba.**lan**.ço **S *masc*** **1** movimento contínuo: *Eu observava o balanço das ondas.* **2** aparelho que é um assento suspenso por cordas ou correntes, próprio para as pessoas se balançarem: *O parque tem vários balanços e um escorregador.*

balão ba.**lão** **S *masc*** **1** veículo de formato esférico, cheio de gás, que flutua no ar, e cuja direção de voo é determinada pelo vento: *O piloto controla o balão conforme a direção do vento.* **2** objeto feito geralmente de papel de seda, lançado ao ar durante as festas juninas, e que sobe por força do ar quente: *Soltar balões é proibido.* **3** espaço marcado e geralmente arredondado onde se escrevem as falas dos personagens de uma história: *Ao lado do porquinho há um balão para você escrever o que ele está dizendo.* **4** bola de borracha fina, que se enche de ar ou de gás: *Compraram muitos balões para a festa de Aninha.* ▶ pág 206.

balbuciar bal.bu.ci.**ar** ***Vi*** **1** falar de forma confusa: *Ele acordou assustado, balbuciando como um bebê.* ***Vt*** **2** pronunciar de modo confuso ou não perfeito: *Sua neta balbuciava as primeiras palavrinhas: – Gugu... dadá...*

balbúrdia bal.**búr**.di:a **S *fem*** algazarra; barulheira; confusão: *A balbúrdia era grande na festa.*

balcão ▼ bal.**cão** **S *masc*** móvel da altura de uma mesa ou um pouco mais alto, usado para atender clientes e também para expor mercadorias: *Pedro tomava lanche no balcão da lanchonete.* ➖ **balconista S** vendedor que atende no balcão das lojas.

balde **bal**.de **S *masc*** recipiente cilíndrico e aberto, com alça: *Ali perto havia um balde de tinta.* ▶ pág 328 e 329.

baldio bal.**di**:o ***Adj*** diz-se de terreno sem construção: *Jogavam bola num terreno baldio.*

balé ba.**lé** **S *masc*** **1** representação em que se combinam a música e a dança, principalmente: *A família toda foi assistir ao balé no teatro.* **2** curso de aprendizagem de dança clássica: *As filhas faziam balé.*

baleia ba.**lei**.a **S *fem*** animal mamífero marinho, que chega a pesar 150 toneladas, cabeça enorme, pele lisa, sem pelos. ▶ pág 302 e 303.

balsa **bal**.sa **S *fem*** embarcação grande e plana para travessia de carga e passageiros em rio ou braço de mar.

bambo **bam**.bo ***Adj*** **1** muito cansado; frouxo: *O herói já estava bambo.* **2** relaxado; mole: *Suas pernas ficaram bambas.*

bambu bam.**bu** **S *masc*** **1** planta de caule dividido em gomos lisos, lustrosos, de cor verde ou listrada de amarelo: *Foi cortar algumas varas de bambu.* **2** haste dessa planta: *Era uma armação feita de bambu entrelaçado.*

banal ba.**nal** ***Adj*** que pode acontecer a todo momento; muito comum.

banana ba.**na**.na **S *fem*** fruto tropical, longo, grosso e curvo, de casca amarela quando maduro, polpa macia e doce: *Macaco gosta de banana.* ▶ pág 188 e 189. ➖ **bananeira S *fem*** planta de caule mole, que produz a banana.

banca **ban**.ca **S *fem*** **1** balcão onde se pratica o comércio de determinados produtos: *Não havia movimento algum na banca de seu Toninho.* **2** mesa especial de uma oficina: *O homem trabalhava em sua banca de ferramentas.*

bancada ban.**ca**.da **S *fem*** **1** conjunto de bancos longos instalados em circos, estádios, etc.: *Uma das bancadas do estádio caiu.* **2** mesa grande, sobre a qual trabalham certos profissionais: *Sentado à bancada, o alfaiate costurava.*

bancário ban.**cá**.ri:o **S *masc*** **1** funcionário de banco[2]: *Os bancários se reuniram para protestar.* ***Adj*** **2** de banco[2] ou em banco[2]: *Criança não tem conta bancária.*

banco[1] **ban**.co ***S masc*** móvel usado como assento: *O banco lá da praça é para descansar.*

banco[2] **ban**.co ***S masc*** 1 estabelecimento de crédito, para operações com dinheiro ou papéis públicos ou particulares: *Abriram mais bancos e lojas.* 2 pequena ilha no meio do rio: *Quando as águas dos rios baixam, surgem bancos de areia.* ▶ pág 102 e 103.

banda[1] **ban**.da ***S fem*** lado: *As terras situadas na banda oriental seriam de Portugal.*

banda[2] **ban**.da ***S fem*** conjunto musical que toca instrumentos: *Lá vinha a banda de música alegre.*

bandeira ban.**dei**.ra ***S fem*** 1 pedaço de pano de uma ou mais cores, preso a uma haste, servindo para distinguir uma nação, Estado, clube, partido, etc.: *No mastro flutuava uma bandeira vermelha.* 2 expedição que entrava pelos sertões (século XVI a XVIII) a fim de capturar índios e descobrir minas. ▶ pág 156 e 157.

bandeirante ban.dei.**ran**.te ***S masc*** quem participa de bandeira (2).

bandeirinha ban.dei.**ri**.nha ***S*** no futebol, auxiliar do juiz: *Árbitro e bandeirinha entram no campo.*

bandeja ban.**de**.ja ***S fem*** tabuleiro para serviço de mesa e cozinha: *Dona Ema entra na sala com a bandeja de doces.* **de bandeja** com facilidade: *Ela não entrega nada de bandeja.*

bandido ban.**di**.do ***S masc*** 1 malfeitor; assaltante: *Da janela viram os dois bandidos escondidos.* ***Adj*** 2 de mau caráter: *Está ouvindo, urso bandido?*

bando **ban**.do ***S masc*** 1 grupo: *Os macacos vivem em bandos.* 2 quadrilha de malfeitores: *A fazenda foi invadida por um bando de cangaceiros.*

banguela ban.**gue**.la ***Adj*** sem os dentes da frente: *Tubarão não fica banguela.*

banha **ba**.nha ***S fem*** gordura: *Porco tem muita banha.*

banhado ba.**nha**.do ***S masc*** brejo: *Os exploradores se assustaram com os ratões do banhado.*

banhar ba.**nhar** ***Vt*** 1 estar junto de ou ao lado de: *O Oceano Atlântico banha toda a costa do Brasil.* ***Vi*** [***Pron***] 2 tomar banho: *Usavam aquela água para se banhar e para lavar roupa.*

banheira ▼ ba.**nhei**.ra ***S fem*** grande recipiente para banhos: *Brincavam dentro da banheira.*

banheiro ba.**nhei**.ro ***S masc*** parte da casa onde se toma banho: *A casa tinha quatro banheiros.* ▶ pág 76 e 77.

banho **ba**.nho ***S masc*** 1 mergulho total ou parcial do corpo em água ou outro líquido: *Lúcio dava banho no cachorro.* 2 exposição do corpo (a): *Está na hora do nosso banho de sol.* **banhista** ***S*** pessoa que se diverte em água de mar, de rio ou em piscina.

banqueiro ban.**quei**.ro ***S masc*** dono de banco[2]: *Banqueiros ingleses participaram do negócio.*

banquete ban.**que**.te ***S masc*** refeição oferecida a grande número de convidados: *O príncipe ofereceu um banquete aos banqueiros e aos empresários.*

baque **ba**.que ***S masc*** som de batida de alguma coisa que cai; choque: *A árvore caiu com um baque por causa do vento.*

bar ***S masc*** estabelecimento comercial onde se servem bebidas: *Comprou refrigerante no bar.*

baralho ba.**ra**.lho ***S masc*** 1 coleção de 52 cartas de jogar: *Camila ganhou um baralho.* 2 jogo de cartas: *Uns dançavam, outros jogavam baralho.*

barão ba.**rão** ***S masc*** título de nobreza inferior ao de visconde. Forma feminina correspondente: **baronesa**.

barata ba.**ra**.ta. ***S fem*** inseto de corpo achatado e oval, cor marrom e antenas compridas. **às baratas** abandonado: *Em pouco tempo os brinquedos ficaram entregues às baratas.*

barato ba.**ra**.to ***Adj*** **1** que tem preço baixo: *Temos transporte rápido e barato.* **2** banal; comum: *Você usou um truque barato.* ***S masc*** **3** coisa muito divertida ou que dá prazer: *Celso acha o maior barato estudar e aprender coisas novas na escola.* ▶ pág 256 e 257.
1 Em **3** é uso informal e muito comum quando se fala. **2** Ant de **1**: **caro**.

barba **bar**.ba ***S fem*** conjunto de pelos do rosto do homem.

barbante bar.**ban**.te ***S masc*** fio fino para atar: *O rolo de barbante está no armário.*

barbaridade bar.ba.ri.**da**.de ***S fem*** crueldade; maldade: *Destruíram com a maior barbaridade as cabanas.*
No sul do Brasil, é usado para expressar espanto ou surpresa: *Mas que barbaridade! O cão não podia ter fugido!*

bárbaro **bár**.ba.ro ***Adj*** **1** cruel: *Foi um crime bárbaro.* **2** extraordinário; maravilhoso: *Quando desenhava, era bárbaro! Sabia desenhar tudo.*

barbatana bar.ba.**ta**.na ***S fem*** órgão em forma de membrana característico de peixes e outros animais aquáticos.

barbeiro[1] bar.**bei**.ro ***S masc*** aquele que faz a barba e corta cabelo de outros homens: *O barbeiro adorava uma conversa.*
barbearia ***S fem*** local onde se faz a barba e/ou se corta o cabelo.

barbeiro[2] bar.**bei**.ro ***S masc*** inseto que transmite uma doença que pode matar: *O barbeiro causa uma doença no coração.*

barbudo bar.**bu**.do ***Adj*** de barba comprida e fechada: *Na caverna, morava um gigante barbudo.*

barca **bar**.ca ***S fem*** barco de fundo chato para passageiros e carga: *A barca era velha.*

barco **bar**.co ***S masc*** meio de transporte destinado a navegar sobre as águas; embarcação.

barqueiro bar.**quei**.ro ***S masc*** pessoa que controla um barco: *O barqueiro não acreditava no que diziam sobre o rio.*

barra **bar**.ra ***S fem*** **1** peça estreita e longa, de madeira, metal ou outro material sólido: *Carregava uma barra de ferro.* **2** traço oblíquo (/) usado para separar números e registrar abreviaturas: *21/12/07* **3** pequena porção que se vende envolvida em papel: *Dei uma mordida na barra de chocolate.* **4** borda de baixo das roupas: *Troquei o elástico e desci toda a barra do pijama a troco de quê?* **5** entrada estreita de um porto: *Entrou na barra com sua frota.* **6** dificuldade: *Pensou que Léo ia aliviar sua barra.*

barraca bar.**ra**.ca ***S fem*** **1** tenda de transporte fácil, feita em tecido e armações de metal: *Escoteiros acampam em barracas.* **2** construção fácil de carregar, montar e desmontar, feita de madeira ou metal e lona, usada pelos feirantes e ambulantes: *Juca é dono de uma barraca de artesanato.* ▶ pág 188 e 189.

barracão bar.ra.**cão** ***S masc*** construção ampla, sem divisões internas, aberta ou não em seus lados.

barraco bar.**ra**.co ***S masc*** pequena casa coberta com folhas de zinco ou palha: *Os barracos foram derrubados.*

barragem ▲ bar.**ra**.gem ***S fem*** construção num vale, fechando-o para represar a água de um rio; represa: *A barragem interrompe ou desvia o curso de um rio para formar um lago artificial.*

barranco bar.**ran**.co ***S masc*** escavação natural ou feita pelo homem: *A carroça caiu num barranco.*

barrar bar.**rar** ***Vt*** **1** impedir: *A senhora vai barrar o meu caminho?* **2** impedir (a entrada ou a participação de): *Um barão barrou a participação feminina na primeira olimpíada moderna, em 1896.*

barreira bar.**rei**.ra ***S fem*** **1** obstáculo que impede a passagem: *Ali a montanha formava uma barreira natural.* **2** dificuldade: *Os cães vão lutando contra a fome e outras barreiras da vida livre.*

barrento bar.**ren**.to ***Adj*** que tem barro: *O rio tinha águas barrentas.*

barriga bar.**ri**.ga ***S fem*** lugar, no homem e nos animais, onde ficam o estômago, os intestinos e outros órgãos; abdômen. **barrigudo** ***Adj*** que tem barriga grande.

barril bar.**ril** ***S masc*** vasilha mais larga no centro, de madeira, para guardar líquidos ou transportar mercadoria; tonel: *Um barril de vinho decorava a loja.*

barro **bar**.ro ***S masc*** **1** argila amassada com água usada para fazer utensílios: *As comidas ficam mais gostosas feitas em panela de barro?* **2** terra amolecida pelas chuvas: *A estrada estava cheia de barro e os buracos viraram poças.*

barulho ba.**ru**.lho ***S masc*** **1** conjunto de sons fortes: *Não conseguia trabalhar com aquele barulho.* **2** ruído: *Ouvia o barulho da chuva no telhado.* **3** confusão; agitação: *Desconfiada, ela chamou a turma do barulho.* **barulhento** ***Adj*** que faz barulho. **barulheira** ***S fem*** barulho muito intenso.

base **ba**.se ***S fem*** **1** aquilo que serve de apoio ou suporte: *Na base da estátua havia uma data.* **2** lugar preparado para o lançamento de foguetes ou aeronaves espaciais: *A família foi levar Etevaldo à base de lançamento.*

basear ba.se.**ar** ***Vt*** (...+em) **1** ter como base ou fundamento: *Carlos baseava sua alimentação em verduras.* [***Pron***] (+em) **2** tomar como base; apoiar-se: *O juiz baseia-se nas leis.*

básico **bá**.si.co ***Adj*** que serve de base; fundamental: *As crianças recebem informações básicas sobre o passeio.*

basquete bas.**que**.te ***S masc*** esporte disputado por duas equipes de cinco jogadores e cujo objetivo é somar o maior número de pontos, fazendo a bola entrar numa cesta pendurada ao alto. ▶ pág 170 e 171.

bastante bas.**tan**.te ***Adj*** **1** que basta; suficiente: *Há água bastante para o banho.* ***S masc*** **2** aquilo que basta; o suficiente: *Chega. Já comi o bastante.* ***Adv*** **3** muito: *Mário comeu bastante.*

bastão bas.**tão** ***S masc*** **1** pedaço de madeira longo, redondo, que se traz na mão: *Ele cutucava a cobra com um bastão.* **2** forma cilíndrica em que vários produtos são vendidos: *Na Inglaterra, há uma bala famosa, em forma de bastão comprido.*

bastar bas.**tar** ***Vi*** ser suficiente: *Só o título de vice-campeão não basta.*

bastidores bas.ti.**do**.res ***S masc pl*** parte dos fundos dos teatros onde ficam os técnicos e os artistas antes de entrar em cena: *A atriz voltou para os bastidores e estava furiosa.*

bata **ba**.ta ***S fem*** **1** blusa de mulher, larga e folgada, geralmente usada por cima da saia: *A baiana usa bata branca.* **2** veste longa e larga: *O monge usa bata e sandálias.*

batalha ba.**ta**.lha ***S fem*** **1** combate entre exércitos: *Os navios estavam preparados para a batalha.* **2** luta: *No verão, continua a batalha contra os pernilongos.*

batalhão ba.ta.**lhão** ***S masc*** **1** parte do exército: *Muitos batalhões levavam à frente a cruz de Cristo.* **2** grande número: *Surgiu um batalhão de duendes.*

batalhar ba.ta.**lhar** ***Vi*** esforçar-se por conseguir alguma coisa; lutar: *É bom saber que existem pessoas batalhando pras coisas mudarem!*

batata ba.**ta**.ta ***S fem*** raiz de forma alongada ou arredondada, casca fina e polpa amarelada, muito usada como alimento: *Comeram bife com batata frita.* ▶ pág 188 e 189.

batedeira ba.te.**dei**.ra ***S fem*** aparelho, manual ou elétrico, que bate massa, ovos, etc.

batente ba.**ten**.te ***S masc*** **1** parte fixa de porta, janela ou outra abertura que se pode fechar: *A avó apoiava os cotovelos no batente da janela.* **2** trabalho pesado: *Logo de manhã o pai já ia pro batente.*

bate-papo **ba**.te-**pa**.po ***S masc*** conversa: *Ficam todos no maior bate-papo até meia-noite.*

bater ba.**ter** ***Vt*** **1** fechar com força fazendo ruído: *Paulo saiu batendo*

a b c d e f g h i j k l m n o p q r s t u v w x y z

a porta do banheiro. **2** fazer soar: *O sacristão foi bater o sino.* **3** marcar com pancadas: *O relógio bateu seis horas.* **4** alcançar; obter: *"Fantasia" é um filme que bateu recordes de bilheteria.* (+em) **5** ir de encontro (a); chocar-se (com): *O carro do tricampeão bateu no muro.* **6** dar pancadas; surrar: *Você vai bater na cabrita de novo?* ***Vi*** **7** palpitar; pulsar: *O coraçãozinho do beija-flor já não batia.* **8** soar; tocar: *O sinal bateu para o recreio.*
bater (um) papo conversar: *Recebeu a reportagem do jornal para bater um papo.* **bater (uma) bola** jogar futebol: *Não vão à Copa, mas adoram bater uma bolinha com os amigos.*

bateria ba.te.**ri**.a ***S fem*** **1** conjunto de pilhas ligadas para fornecer corrente elétrica. **2** instrumento musical composto de pratos, caixa, etc.: *Dedé queria aprender a tocar bateria.* **3** conjunto de instrumentos de percussão: *Seu Joca tocava pandeiro na bateria de uma escola de samba.*

baterista ba.te.**ris**.ta ***S*** quem toca bateria (2): *Lourenço é o baterista da banda.*

batida ba.**ti**.da. ***S fem*** **1** golpe; pancada: *Ouviram uma batida na porta.* **2** chegada da polícia: *Parecia estar adivinhando a batida da polícia no morro.* **3** o pulsar (do coração): *Sentia as batidas do coração.*

batido ba.**ti**.do ***Adj*** **1** que se bateu; mexido: *Comeram ovos batidos com arroz.* **2** que foi pisado e espremido: *O chão era de terra batida e o teto, de palha.*

batina ba.**ti**.na ***S fem*** veste comprida, geralmente preta, usada por padres e estudantes de seminário: *A batina do padre não era apertada na barriga.*

batismo ba.**tis**.mo ***S masc*** **1** segundo a Igreja Católica, o primeiro dos sinais sagrados criados por Cristo para a salvação dos cristãos. **2** cerimônia em que alguém se torna membro de uma religião.

batizado ba.ti.**za**.do ***S masc*** cerimônia em que alguém se torna membro de uma religião.

batizar ba.ti.**zar** ***Vt*** **1** fazer o batizado de: *Estava mais do que na hora de batizar meus novos irmãozinhos.* **2** dar nome a; denominar: *Batizou a terra com o nome de São Salvador.*

batom ba.**tom** ***S masc*** produto de beleza para pintar os lábios: *De que cor é o seu batom?*

batucar ba.tu.**car** ***Vi*** fazer batuque: *A turma gosta de batucar.*
batucada ***S fem*** batuque.

batuque ba.**tu**.que ***S masc*** som que tem ritmo de tambores, pandeiros, etc.; batucada: *Ouvia-se um batuque.*

batuta ba.**tu**.ta ***S fem*** pequeno bastão com que os maestros regem orquestras e bandas: *O maestro ergue a batuta e a orquestra começa a tocar.*

baú ba.**ú** ***S masc*** caixa geralmente feita de madeira, com tampa arredondada: *Havia um pequeno baú de metal debaixo da cama.*

baunilha bau.**ni**.lha ***S fem*** **1** planta trepadeira, de folhas ovais, flores perfumadas, fruto com muitas sementes: *A baunilha cresce nos bosques.* **2** essência dessa planta: *Serviram sorvete de baunilha com cobertura.*

bauxita bau.**xi**.ta ***S fem*** mineral de que se tira o alumínio, encontrado debaixo da terra: *Durante anos, a bauxita foi explorada sem preocupação, principalmente na região da Floresta Amazônica.*

bêbado **bê**.ba.do ***Adj*** **1** perturbado pelo excesso de bebida alcoólica: *Bêbado não pode dirigir.* ***S masc*** **2** indivíduo que se embriaga: *O bêbado riu porque a vizinha perdeu os óculos.*

bebê be.**bê** ***S masc*** criança que nasceu há pouco tempo ou de poucos meses; nenê: *Dê água para o bebê.*

bebedouro be.be.**dou**.ro ***S masc*** **1** tanque onde se coloca água para os animais: *Na velha praça havia um bebedouro para os burros.* **2** aparelho com água encanada, que sai de um jato, do qual se aproxima a boca para beber: *Os alunos faziam fila para tomar água no bebedouro.*

beber be.**ber** ***Vt*** **1** engolir (líquido); tomar: *Precisamos beber água pura.* ***Vi*** **2** tomar bebidas alcoólicas: *Os homens se reuniam para beber.*
bebida ***S fem*** líquido que se bebe.

beco **be**.co *S masc* rua estreita e curta, por vezes sem saída: *Escondeu-se num beco ao lado da praça.*

bege **be**.ge *Adj* que tem uma cor entre o marrom-claro e o amarelo; amarelo desbotado: *Nos primeiros tempos, o Corinthians usava uma camisa bege, calções e meias pretas.*

begônia be.**gô**.ni:a *S fem* planta de jardim, de folhas grandes e coloridas e flores de diversas cores: *Para a festa ela vai precisar de begônia vermelha.*

beiço **bei**.ço *S masc* cada uma das partes de fora e carnudas que formam o contorno da boca: *O leão farejou a carne e está lambendo os beiços.*

beija-flor **bei**.ja-**flor** *S masc* ave pequenina, bico longo e fino, asas finas, plumagem de colorido com reflexos: *O beija-flor é o único pássaro capaz de voar para trás.*

beijar bei.**jar** *Vt* tocar com os lábios, em sinal de carinho ou respeito: *Sarita chegou e foi beijar a avó.*
beijo *S masc* ação de beijar.

beijoca bei.**jo**.ca *S fem* beijo leve: *Deu uma beijoca em Alice.*

beiju bei.**ju** *S masc* bolo feito de massa de mandioca ou biscoito doce e leve.

beira **bei**.ra *S fem* 1 borda; limite: *Os alunos sentaram na beira da calçada.* 2 margem: *Há casebres na beira do rio São Francisco.*
à beira (+de) perto, próximo: *Estava à beira de um ataque de nervos. Precisava dormir!*

beiral bei.**ral** *S masc* parte do telhado que protege uma parede externa: *O pombo fez ninho no beiral.*

beira-mar **bei**.ra-**mar** *S fem* faixa de terra banhada pelo mar; litoral.

beirar bei.**rar** *Vt* 1 caminhar à beira de: *Resolveram ir para casa a pé, beirando a praia.* 2 estar situado à beira de: *Havia cercas beirando a estrada.*

beisebol bei.se.**bol** *S masc* jogo praticado entre dois times, cada um com nove jogadores, e em que a bola é rebatida com um bastão: *Sempre pratiquei beisebol.*

belas-artes **be**.las-**ar**.tes *S fem pl* conjunto das artes que impressionam agradavelmente os sentidos, como a pintura, a escultura, a música.

beleza be.**le**.za *S fem* 1 qualidade do que é belo; aquilo que é muito bonito. 2 pessoa muito bonita: *Mariana é uma beleza.* 3 [*Pl*] paisagem muito bonita: *Admirava as belezas do lugar.*
Ant: **feiura**.

beliscar be.lis.**car** *Vt* 1 apertar a pele de parte do corpo de alguém com a ponta dos dedos e torcê-la: *Disfarçadamente beliscou a perna para ver se estava mesmo acordado.* *Vi* 2 comer muito pouco: *O jantar estava delicioso, mas João apenas beliscou.*
beliscão *S masc* ação de beliscar.

belo **be**.lo *Adj* 1 que tem forma perfeita e proporções harmoniosas; muito bonito: *Transformou-se num belo rapaz.* 2 muito bom; excelente: *Você teve uma bela ideia.* 3 sincero; verdadeiro: *Aquele era o começo de uma bela amizade.* 4 vigoroso; próspero; feliz: *Desejo um belo futuro para vocês.*
um belo dia certa ocasião; uma vez: *Um belo dia apareceram por lá dois mascates muito falantes.*
Ant para 1: **feio**.

bem *Adv* 1 com nitidez: *O rei enxergava bem.* 2 com elegância: *A princesa se vestia bem.* 3 com acerto; acertadamente: *O menino não agiu bem.* 4 em boas condições de saúde: *E sua mãe está bem?* 5 com atenção; atentamente: *O pai de Milu olhou bem o cachorro e nem o achou inteligente.* 6 bastante; muito: *O ventilador começou a girar bem devagar.* *S masc* 7 boa ação: *Deve-se fazer o bem sem olhar a quem.* 8 felicidade: *Todo pai só pensa no bem dos filhos.* [*Pl*] 9 fortuna; haveres; posses: *Seu Leôncio tem muitos bens.*
de bem bom; honesto: *Alberto era um homem de bem.* **por bem** sem violência: *Você vai sair da sala por bem.*
Ant de 1 a 4 e 7 e 8: **mal**.

bem-estar bem-es.**tar** *S masc* estado de perfeita satisfação física ou emocional; conforto: *Ele só pensava no bem-estar da família.*

bem-te-vi **bem**-te-**vi** *S masc* ave de bico longo e preto, plumagem parda no dorso, amarela ou vermelha no abdômen: *O bem-te-vi cantou: bem te viiii.*

bendito ben.**di**.to *Adj* **1** abençoado: *Bendito aquele que sonha!* **2** palavra usada para referir-se a alguma coisa de que se fala muito: *Vou perguntar aqui se alguém viu a bendita chave.*

beneficiamento be.ne.fi.ci:a.**men**.to *S masc* retirada da casca dos grãos de certos cereais, antes de ir para a venda e o consumo: *Muitos empregados trabalham no beneficiamento do arroz.*

beneficiar be.ne.fi.ci.**ar** *Vt* trazer benefício a; favorecer: *Essas iniciativas beneficiam as crianças.*

benefício be.ne.**fí**.ci:o *S masc* aquilo que se recebe como proveito; vantagem: *Poucos tinham acesso aos benefícios gerados pelo progresso.*
beneficente *Adj* que se destina ao benefício de alguém.

bengala ben.**ga**.la *S fem* pequeno bastão que serve de apoio ao caminhar: *Apoiava-se numa bengala.*

benzer ben.**zer** *Vt* **1** abençoar, fazendo um sinal em forma de cruz ou recitando certas orações: *O Papa levantou a mão direita para benzer os fiéis.* *Vi* [*Pron*] **2** fazer um sinal em forma de cruz, tocando a testa, o peito, o ombro esquerdo e o direito com a mão direita: *Tia Nastácia benzeu-se.*

berço **ber**.ço *S masc* **1** cama de bebê: *Ganhamos um berço para o bebê.* **2** local de origem: *A Grécia é o berço dos Jogos Olímpicos.* **3** época do nascimento: *Por causa da religião que pratica desde o berço, não acredita em Papai Noel.*
berçário *S masc* local onde ficam os recém-nascidos nas maternidades.

bermuda ber.**mu**.da *S fem* variedade de calça que vai quase até os joelhos: *Foi à praia de bermuda.*

berrar ber.**rar** *Vi* **1** soltar sua voz característica (boi, carneiro, cabrito): *O boi berrava no pasto.* **2** gritar: *A criançada saiu da classe berrando, feliz.*
berro *S masc* ação de berrar.

berreiro ber.**rei**.ro *S masc* choradeira: *Aí foi o Tadeu quem abriu o berreiro.*

besouro ▲ be.**sou**.ro *S masc* inseto de corpo coberto por uma casca grossa, de vários tamanhos e cores.

besta **bes**.ta *S fem* **1** animal quadrúpede, principalmente de grande tamanho: *Os camponeses usavam bestas de carga.* *Adj* **2** tolo; bobo: *E alguém é besta de falar, é?* **3** fora de propósito; fora de hora: *Já vem você com a mesma piadinha besta.*
besteira *S fem* bobagem, tolice.

beterraba be.ter.**ra**.ba *S fem* **1** planta com raiz arredondada, de cor vermelho-vinho, sabor meio doce: *Fomos à plantação de beterraba.* **2** a raiz dessa planta: *Já experimentou suco de beterraba?*

bexiga be.**xi**.ga *S fem* **1** órgão em que se acumula urina, situado na parte de baixo do abdômen: *Dos rins, a urina desce até a bexiga.* **2** bola de borracha colorida que se enche com ar ou com gás; balão: *O pessoal brincava com as bexigas.*

bezerro be.**zer**.ro *S masc* boi novo: *A vaca de Lili teve bezerro ontem.* ▶ pág 196 e 197.

bíblia **bí**.bli:a *S fem* conjunto de livros sagrados do Antigo e do Novo Testamento, aceitos pelas igrejas cristãs como revelação da palavra de Deus.
bíblico *Adj* referente à, localizado na ou pertencente à Bíblia.

biblioteca bi.bli:o.**te**.ca *S fem* **1** lugar onde se guardam grandes coleções de livros, que podem ser consultados no local ou levados por empréstimo: *A biblioteca que fica no centro de São Paulo recebe muitas crianças diariamente.* **2** local onde se acomodam estantes com livros, destinado ao estudo e à leitura: *Desde menino, passava horas lendo na biblioteca do avô.*
bibliotecário *S masc* profissional especializado que trabalha em bibliotecas.
▶ pág 156 e157.

bica ▲ **bi**.ca ***S fem*** condutor de água, feito de tubo, telha, etc.: *As crianças vão até uma bica de onde sai uma água limpinha.*

bicar bi.**car** ***Vt*** pegar ou picar com o bico: *O passarinho bica o milho.* ⊖ **bicada** ***S fem*** ação de bicar.

bicarbonato de sódio bi.car.bo.**na**.to de **só**.di:o ***S masc*** composto químico em pó, de cor branca, que se dissolve em água, usado como fermento em receitas de bolos e massas, etc. ☀ Também se usa apenas **bicarbonato**.

bicha **bi**.cha ***S fem*** **1** animal selvagem do sexo feminino, principalmente onça; fera: *A bicha estava furiosa, dava unhadas e patadas.* **2** lombriga, parasita do intestino: *Deram-lhe chá de hortelã porque achavam que ele estava atacado de bichas.*

bichano bi.**cha**.no ***S masc*** nome carinhoso para gato: *Sem mamãe perceber, soltei o lindo bichano.*

bicharada bi.cha.**ra**.da ***S fem*** grande quantidade de bichos: *Atrás das crianças veio a bicharada.*

bicho **bi**.cho ***S masc*** qualquer animal irracional: *Como você já percebeu, há bichos de todos os tipos.*

bicho de sete cabeças **bi**.cho de **se**.te ca.**be**.ças problema ou situação complicada e difícil: *Acho que você está fazendo desta história um bicho de sete cabeças!*

bicho-papão **bi**.cho-pa.**pão** ***S masc*** monstro imaginário com que se põe medo em criança: *Dizem que a cuca é um bicho-papão.*

bicicleta bi.ci.**cle**.ta ***S fem*** **1** veículo de duas rodas, alinhadas uma atrás da outra, com um assento especial e manobrado por guidão e pedais: *Ulisses ganhou do avô uma bicicleta com farol e buzina.* **2** no futebol, jogada em que o jogador, de costas para o gol, salta e chuta a bola para trás: *Leônidas encantou os europeus com a sua bicicleta, chute que ele inventou.* ▶ pág 88-89 e 338-339.

bico **bi**.co ***S masc*** **1** extremidade dura da boca das aves e outros animais: *A grande ave encostou o bico na testa de Henrique.* **2** extremidade; ponta: *Os dois garotos colocaram o bico do chuveirinho de volta.*

bicudo bi.**cu**.do ***Adj*** **1** que tem bico grande: *O tucano é bicudo.* **2** terminado em ponta: *Encontramos um bicho esquisito, de orelhas bicudas.*

bienal bi:e.**nal** ***S fem*** evento que acontece a cada dois anos: *Miró ganhou o prêmio de gravura da Bienal de Veneza.*

bife **bi**.fe ***S masc*** fatia de carne geralmente frita: *No almoço foi servido arroz, feijão e bife.*

bigode bi.**go**.de ***S masc*** **1** pelos que crescem sobre o lábio de cima dos homens: *Chegou um homem alto, de bigode preto.* **2** pelos ou fios do focinho de certos animais: *O gato lambeu o bigode.*

bijuteria bi.ju.te.**ri**.a ***S fem*** enfeite ou joia de imitação: *Posso dar pra mamãe uma bijuteria.*

bilboquê ▲ bil.bo.**quê** ***S masc*** brinquedo que consiste numa peça com um furo, ligada por um cordel a um bastãozinho fundo numa das extremidades e pontudo na outra, onde ela deve se encaixar, depois de atirada para o ar: *O bilboquê é um jogo muito antigo, encontrado em muitos países.*

bile **bi**.le ***S fem*** líquido amargo, amarelo ou esverdeado, produzido pelo fígado.

bilhete bi.**lhe**.te ***S masc*** **1** pequeno texto em forma de carta: *Ela jogou o bilhete por debaixo da porta.* **2** ingresso para cinema, teatro, etc.: *Entrei na fila para comprar um bilhete para o espetáculo.*

bilheteria ▼ bi.lhe.te.**ri**.a ***S fem*** **1** local onde se vendem bilhetes: *A fila estava enorme na bilheteria do cinema.* **2** quantia arrecadada na venda de ingressos: *O filme teve grande bilheteria.*

bimestre bi.**mes**.tre *S masc* período de dois meses seguidos: *Tony havia passado com boas notas naquele bimestre.* **bimestral** *Adj* relativo a bimestre.

bingo **bin**.go *S masc* jogo em que cada participante tem uma cartela, com números e letras, e marca os que vão sendo sorteados, vencendo quem primeiro preencher uma linha ou a cartela toda.

binóculo bi.**nó**.cu.lo *S masc* óculos duplos, para ver o que está longe: *Não vou ficar na multidão lá na frente, vou ficar longe, vou levar um binóculo.*

biodiversidade bi:o.di.ver.si.**da**.de *S fem* variedade de espécies vegetais e animais.

biografia bi:o.gra.**fi**.a *S fem* texto que conta a vida de pessoas famosas: *Um jornalista escreveu uma biografia do jogador Garrincha.* **biográfico** *Adj* referente à biografia.

biologia bi:o.lo.**gi**.a *S fem* conjunto de conhecimentos sobre os seres vivos e suas relações. **biológico** *Adj* relacionado com Biologia. **biólogo** *S masc* especialista em Biologia.

bípede **bí**.pe.de *Adj* que anda sobre dois pés: *O ser humano é um animal bípede.*

biquíni bi.**quí**.ni *S masc* roupa de banho feminina de duas peças, de tamanho diminuto: *No verão, quase todas as garotas usam biquíni.* pág 328 e 329.

bis *S masc* repetição de número artístico de canto, dança, etc.: *A galera uivava e pedia bis.*

bisavô bi.sa.**vô** *S masc* avô do pai ou da mãe em relação aos filhos destes: *O avô e o bisavô de Manuel tinham sido pintores.* pág 205.

biscoito bis.**coi**.to *S masc* massa doce ou salgada feita de farinha ou amido e ovos, cozida em forno até ficar bem seca; bolacha: *– Caveira não come biscoito – disse o menino.*

bisneto bis.**ne**.to *S masc* neto de filho ou filha: *Então você é bisneto do Gato de Botas?*

bissexto bis.**sex**.to *Adj* diz-se do ano de 366 dias, em que o mês de fevereiro tem 29 dias: *O ano de 2004 foi bissexto.*

blá-blá-blá blá-blá-**blá** *S masc* conversa sem conteúdo; conversa mole: *Que tanto blá-blá-blá é esse?*

bloco **blo**.co *S masc* **1** porção volumosa duma substância: *De repente, o bloco de gelo onde eu estava se soltou e foi me levando para bem longe da costa.* **2** caderno de papel com folhas que podem ser arrancadas: *Rubens abriu seu bloco de notas, pegou uma caneta e iniciou a entrevista.* **3** grupo carnavalesco: *No Carnaval o bloco preferido de Maria Luísa é o Ceroulinha.*

blog (blógue) *S masc* página na Internet que pode ser criada por qualquer pessoa, com conteúdo livre, geralmente pessoal, e que depende de autorização do criador para que os visitantes possam acrescentar comentários: *Confira no blog do jornal outros textos desse escritor.* Palavra tirada do inglês, da abreviatura de ***weblog***.

blusa **blu**.sa *S fem* peça de roupa feminina, que cobre o corpo do pescoço à cintura ou pouco abaixo: *Marina usava uma blusa verde.*

blusão blu.**são** *S masc* blusa larga, de tecido grosso; jaqueta: *Usa boné que combina com o blusão e o tênis.*

boato bo.**a**.to *S masc* notícia anônima que corre sem confirmação; fofoca: *Boato a gente ignora, não passa adiante.*

bobagem bo.**ba**.gem *S fem* **1** aquilo que não tem importância; asneira: *Já é tempo de largar essas bobagens e pensar no futuro.* **2** palavra inconveniente: *Deixe de dizer bobagens, menino!*

bobalhão bo.ba.**lhão** *S masc* pessoa muito boba; bobão: *O bobalhão tinha empurrado o menino menorzinho.*

bobeira bo.**bei**.ra *S fem* asneira; tolice: *Ninguém percebeu minha bobeira, ainda bem!*

bobina bo.**bi**.na *S fem* peça de madeira ou de outro material própria para enrolar qualquer tipo de fio, papel, tecido, etc.: *Eles vendiam bobinas de fios de ouro e de prata.*

bobo **bo**.bo ***Adj*** 1 que é ingênuo ou pouco esperto; tolo: *O galo, que de bobo não tinha nada, desconfiou logo da conversa da raposa.* 2 admirado; espantado: *Vera ficou boba de ver como é que a comida tinha sumido rápido.* 3 sem importância; insignificante: *Aquilo era um medo bobo.* ***S masc*** 4 pessoa muito simples ou sem juízo; pessoa tola: *Você quer ser esperto demais, mas não passa dum bobo.*
bobão ***Adj*** bem bobo. **bobinho / boboca** ***Adj*** um pouco bobo.
1 Modo de se dirigir a alguém em tom familiar: *– Saia daí, seu bobo, você está ficando louco?*
2 Ant para 1: **esperto**.

boca ▲ **bo**.ca ***S fem*** 1 abertura na parte de baixo da cabeça, pela qual o homem e outros animais ingerem os alimentos 2 abertura que serve para entrada e saída: *Àquela hora não havia mais formiga na boca do formigueiro.* 3 início; começo: *Já era boca da noite, e Dinda foi preparar o jantar.* 4 pessoa considerada como consumidora de alimento: *Nestes tempos difíceis uma boca a menos para comer é sempre bom.*
da boca pra fora sem intenção: *Isso a gente diz da boca pra fora.* **de boca aberta** boquiaberto; admirado ou espantado: *Hércules estava de boca aberta diante da esperteza daquela turminha.*
bucal ***Adj*** referente à boca; da boca.
Aum: **bocão** e **bocarra**.

boca de siri bo.ca de si.**ri** ***S fem*** 1 recomendação que se dá para que alguém fique calado e não revele um segredo: *– Psiu, boca de siri, isso não é assunto pra Zoé.* 2 ação de guardar segredo: *Se alguém viu o que aconteceu, fez boca de siri.*

bocado bo.**ca**.do ***S masc*** certa quantidade; um pouco: *Quem quer fazer robôs tem de estudar um bocado de Matemática.*

bocejar bo.ce.**jar** ***Vi*** inspirar pela boca quantidade de ar maior do que o normal, abrindo-a bastante, sem querer, por sono, cansaço, fome: *As feras rugiam, os cavalos relinchavam. Bocejavam os macacos. Era a mata acordando.*
bocejo ***S masc*** processo de bocejar.

bochecha bo.**che**.cha ***S fem*** parte saliente de cada uma das faces: *Cíntia dava beijocas carinhosas nas bochechas da amiga.*

bodas **bo**.das ***S fem pl*** 1 cerimônia de casamento; núpcias: *O reino festejou as bodas do casal.* 2 anos de duração de um casamento: *Amaro e Luci festejaram suas bodas de 25 anos de casamento.*

bode **bo**.de ***S masc*** 1 animal doméstico, quadrúpede, ruminante, de tamanho médio, chifres ocos, pelos grossos: *No dia seguinte, encontramos um bode velho preso no buraco.* 2 confusão; encrenca: *Nossa! Aquela reunião deu um bode!*
1 Forma feminina correspondente: **cabra**.
2 O sentido de 2 é de uso informal.

boêmio bo.**ê**.mi:o ***S masc*** quem tem o costume de sair muito à noite para beber e se divertir: *O funcionário do banco era um boêmio que só cantava samba.*

bofe **bo**.fe ***S masc*** conjunto das vísceras como pulmão, fígado, coração, etc.: *Gato gosta de comer bofe.*

boi ***S masc*** animal doméstico, quadrúpede, de grande tamanho, de grandes chifres, pelagem de cores variadas: *Lá no pasto um boi berrou.* pág 196 e 197.
boiada ***S fem*** conjunto de bois.
Forma feminina correspondente: **vaca**.

boia[1] **boi**.a ***S fem*** objeto que flutua na água e serve a vários fins: *Isauro, com aquela barriga imensa, flutuava como uma boia.* pág 328 e 329.

boia[2] **boi**.a ***S fem*** comida: *Mamãe já pôs a boia na mesa.*

boiadeiro boi:a.**dei**.ro ***S masc*** quem leva a boiada de um lugar a outro ou vende e compra bois: *Os boiadeiros enfrentavam caminhos difíceis.*

boia-fria ▼ **boi**.a-**fri**.a ***S*** trabalhador rural contratado por dia, que leva seu almoço em marmita e o come quando já está frio: *Os três boias-frias trabalhavam num canavial.*

a b c d e f g h i j k l m n o p q r s t u v w x y z

boiar boi.**ar** ***Vi*** flutuar sobre as águas: *É tão gostoso boiar na água!*

boitatá boi.ta.**tá** **S *masc*** mito indígena representado por uma cobra de fogo ou de luz com grandes olhos: *Alceu Valença fez versos para o boitatá.*

bola **bo**.la **S *fem*** **1** objeto redondo em toda a sua superfície; esfera: *A feiticeira ganhou uma bola de cristal.* **2** objeto esférico, maciço ou cheio de ar comprimido, usado em certos jogos ou esportes para ser chutado, batido ou lançado: *Eu preferia uma bola de couro, para jogar com os outros meninos.* ▶ pág 170 e 171.

bolacha bo.**la**.cha **S *fem*** bolinho chato e seco, feito com farinha; biscoito: *Comi bolacha de morango.*

bolar bo.**lar** ***Vt*** imaginar; inventar: *Vão ter que bolar muitos truques pra se defender.*

boldo **bol**.do **S *masc*** arbusto de folhas muito verdes cobertas por pelos curtos e macios, usadas como remédio: *O chá de boldo é bom para problemas no fígado.*

boletim bo.le.**tim** **S *masc*** documento escolar onde se registram notas e observações sobre o comportamento do aluno: *– Deixe-me ver o seu boletim.*

bolha **bo**.lha **S *fem*** **1** pequeno globo cheio de gás ou ar, que se forma em certas matérias quando estão se derretendo e fervendo; borbulha: *A bolha sobe, lentamente, e arrebenta na superfície.* **2** porção de pele que se enche de ar ou líquido: *Lorenzo estava com bolhas no pé.* **3** bola de líquido cheia de ar ou gás: *Brincamos com bolhas de sabão.*

boliche ♥ bo.**li**.che **S *masc*** jogo que consiste no lançamento de uma bola da extremidade de uma pista estreita e coberta de tábuas, para derrubar, na outra extremidade, dez objetos em formato de garrafas: *À tarde os trabalhadores iam jogar boliche.*

bolinho bo.**li**.nho **S *masc*** pequena porção de massa de forma arredondada, preparada com diversos ingredientes e geralmente frita: *Nara estava fritando bolinhos de milho.*

bolo **bo**.lo **S *masc*** **1** comida, doce ou salgada, assada, feita de farinha, manteiga e ovos: *Com toalha xadrez, sanduíche de queijo, suco e bolo, o piquenique durou o dia inteiro.* **2** maço; punhado: *Já completou seu álbum e ficou com um bolo de figurinhas repetidas.* **3** massa: *A língua empurra o bolo alimentar, que deve chegar ao estômago.* ▶ pág 206.

bolor bo.**lor** **S *masc*** fungo que se desenvolve, sob influência da umidade e do calor, em matérias por ele decompostas; mofo.

bolota bo.**lo**.ta **S *fem*** **1** pequena bola: *As crianças fizeram bolotas de argila.* **2** fruto de algumas árvores como o pinheiro, etc.: *Benedita colheu bolotas numa árvore e deu aos esquilos.*

bolsa **bol**.sa **S *fem*** **1** sacola de couro ou de outro material, em geral com alça e fecho na boca, usada para guardar objetos pessoais: *Dona Castália pegou sua bolsa e saiu.* **2** espaço que certas fêmeas de animais têm na barriga, para proteger os filhotes quando muito novos: *Os cangurus carregam seus filhotes numa bolsa.* **3** quantia que uma pessoa recebe para pagar seus estudos: *Vocês terão bolsa integral se quiserem estudar na escola de teatro.* ▶ pág 256 e 257.

bolsista bol.**sis**.ta **S** aluno que recebe bolsa de estudos: *O uniforme iguala alunos ricos e bolsistas.*

bolso **bol**.so **S *masc*** pequeno saco de pano costurado à roupa, e que serve para guardar objetos: *Ele tirou um pacote de figurinhas do bolso.*

bom ***Adj*** **1** que tem as qualidades que dele se espera; de qualidade: *O amor produz sempre bons resultados.* **2** correto em suas atitudes; educado: *Carlos Eduardo é um bom rapaz.* **3** adequado; apropriado: *Aquela esquina era um bom local para se abrir uma loja.* **4** bem de saúde; são: *Quando você ficar bom, a mamãe lhe dá sorvete.* **5** agradável: *Viajar é muito bom.* **6** que presta atenção; atento: *Siga as orientações do seu professor e seja um bom observador.* **7** que agrada ao paladar; nutritivo: *Logo viu que aquela galinha daria uma boa sopa.* **S *masc*** **8** pessoa de

comportamento correto: *Só os bons receberam elogios.*
Ant: **mau**.

bomba **bom**.ba **S *fem*** **1** objeto que contém carga explosiva e que provoca destruição: *Bombas são muito perigosas!* **2** objeto com carga de pólvora e mecha: *Era fraca aquela bomba de São João.* **3** máquina utilizada para movimentar fluido, gases ou líquidos: *O petróleo é puxado até a superfície por meio de bombas.* **4** canudo de metal ou de madeira para tomar o mate: *As pessoas usam a bomba para tomar o chimarrão.* **5** bolinho comprido coberto com uma camada de chocolate e recheado com creme ou chocolate: *A bomba atômica é muito ruim, mas existe a bomba de chocolate e a de creme.*

bombear bom.be.**ar** ***Vt*** **1** enviar: *O coração bombeia sangue para os músculos e para o cérebro.* **2** tirar por meio de bomba ou aparelho semelhante: *– Estamos afundando! Bombeiem a água!*
bombeado ***Adj*** que se bombeou. **bombeamento** **S *masc*** ação de bombear.

bombeiro bom.**bei**.ro **S *masc*** trabalhador encarregado de combater incêndios, salvar de perigos e socorrer acidentados: *Chamem logo os bombeiros, que a casa pegou fogo.*
Em alguns lugares do Brasil, o encanador também é chamado de bombeiro.

bombom bom.**bom** **S *masc*** docinho de chocolate, maior que uma bala, geralmente com recheio.

bondade bon.**da**.de **S *fem*** **1** disposição para tratar os outros com respeito e paciência: *Consegui tudo isto porque utilizei a fé e bondade no coração.* **2** delicadeza; gentileza: *É muita bondade sua, receber-me a esta hora em sua casa.* **3** gentileza: *Queira ter a bondade de me acompanhar.*
Ant para **1** e **2**: **maldade**.

bonde bon.de **S *masc*** veículo movido a eletricidade, fechado ou aberto, que corre sobre trilhos, para transporte urbano de passageiros ou de carga: *Aos poucos, os bondes foram substituídos por ônibus.*

bondoso bon.**do**.so ***Adj*** que tem bondade; bom: *Lia era bondosa e ajudava os amigos.*

boné bo.**né** **S *masc*** cobertura para a cabeça, de forma arredondada, com uma aba que protege os olhos: *O boné se tornou um acessório importante para alguns cantores.*

boneca bo.**ne**.ca **S *fem*** brinquedo de criança que imita uma forma feminina: *Lúcia deixou a boneca debaixo da jabuticabeira.*

boneco bo.**ne**.co **S *masc*** **1** brinquedo que imita uma forma masculina: *Perto dele estava um boneco preto de louça.* **2** representação de figura humana, geralmente maior que o comum: *Faziam enormes bonecos de neve.*

bonito bo.**ni**.to ***Adj*** **1** que agrada à vista; belo: *Viram no aquário um peixe muito bonito.* **2** interessante; muito bom: *Rute escreveu um bonito livro infantil.* **3** claro e com sol: *Foram passear a cavalo naquele dia bonito.* ***Adv*** **4** de forma agradável à audição: *Naquela manhã, até o galo cantou mais bonito.* ***Interj*** **5** expressa aprovação; bravo!: *– Bonito, vovó! – exclamou o menino entusiasmado.*
Ant para **1** a **4**: **feio**.

boquiaberto bo.qui:a.**ber**.to ***Adj*** de boca aberta por causa do espanto; muito admirado; espantado: *As crianças ficaram boquiabertas diante do espetáculo.*

borboleta bor.bo.**le**.ta **S *fem*** inseto de grandes asas muito finas e coloridas, que se desenvolve a partir de uma lagarta: *As borboletas são atraídas por flores de colorido intenso.*

borbulha bor.**bu**.lha **S *fem*** bolha: *Borbulhas estouravam e espirravam lama fervente.*

borbulhar bor.bu.**lhar** ***Vi*** produzir borbulhas: *A sopa começou a borbulhar.*
borbulhante ***Adj*** que borbulha.

borda **bor**.da **S *fem*** extremidade de uma superfície; margem: *Estavam quase na borda do precipício.*

bordado bor.**da**.do **S *masc*** **1** trabalho feito em tecido, com linha ou lã, fios de metal, etc.: *As meninas aprendiam bordados e artes.* ***Adj*** **2** que tem esse trabalho: *Todas as crianças estavam de paletó bordado.*

A B C D E F G H I J K L M N O P Q R S T U V W X Y Z

bordar bor.**dar** ***Vt*** fazer bordados em: *Para distrair a filha, a mãe bordava seus vestidos.*

bordo bór **bor**.do ***S masc*** espaço que acomoda as pessoas que viajam em navios ou aviões: *Foi levado para bordo dum navio.* **a bordo** no interior, dentro (de meio de transporte, principalmente barco e avião): *Colombo saiu do porto com cerca de cem tripulantes a bordo.*

borracha bor.**ra**.cha ***S fem*** **1** substância elástica feita do látex ou por processos industriais: *Os Estados Unidos compram café e borracha de outros países.* **2** objeto feito dessa substância, apropriado para apagar: *Cada aluno levava folhas brancas, lápis preto e borracha.*

bosque **bos**.que ***S masc*** pequena floresta: *Os visitantes entraram no bosque.*

bota **bo**.ta ***S fem*** calçado que envolve o pé e parte da perna: *Calçou a bota para manter os pés quentes.*

botânica bo.**tâ**.ni.ca ***S fem*** estudo das plantas.

botânico bo.**tâ**.ni.co ***Adj*** **1** relativo a plantas; de plantas. ***S masc*** **2** pessoa especializada em Botânica.

botão bo.**tão** ***S masc*** **1** a flor antes de abrir as pétalas: *A roseira estava carregada de botões.* **2** pequena peça, geralmente de formato redondo, que se prega em roupas, para fechar uma parte à outra ou como enfeite: *Liana já aprendeu a pregar botões.* **3** dispositivo para acionar um mecanismo, ligando ou desligando, ou para outros comandos: *Apertou o botão do elevador.*

botar bo.**tar** ***Vt*** **1** pôr para fora: *O beija-flor acaba de botar dois ovinhos.* **2** tirar; expulsar: *Queriam botar o rei João fora do trono.* **3** preparar: *Num instante **botaram** a mesa para o jantar.* **4** usar (vestir ou calçar): *Dona Zefa disse que não ia botar biquíni naquele verão porque ia completar 78 anos.* (...+em) **5** pôr; colocar: *Agora vamos **botar** estas coisas no lugar.* **botar a boca no mundo** começar a gritar: *Quando viu a trapalhada, Gabriela ficou apavorada e botou a boca no mundo.*

bote[1] **bo**.te ***S masc*** pequena embarcação a remo ou a vela: *O bote dirigia-se para o rochedo.*

bote[2] **bo**.te ***S masc*** salto de qualquer animal sobre a presa: *Se eu abrisse a porta, o lobo me agarrava em um bote.*

boto **bo**.to ***S masc*** animal da mesma família do golfinho, de água doce ou salgada: *O boto é um grande mamífero dos rios amazônicos.*

bovino bo.**vi**.no ***Adj*** **1** de boi: *Comiam carne bovina.* **2** da raça do boi: *José criava gado bovino.* ***S masc*** [***Pl***] **3** a espécie de animal a que pertence o boi: *A criação de bovinos é praticada nas estâncias do Sul.*

boxe cs **bo**.xe ***S masc*** jogo de ataque e defesa a socos, segundo certas regras: *Os dois eram fortes como lutadores de boxe.*

braçada bra.**ça**.da ***S fem*** **1** aquilo que se pode envolver com os braços; porção: *O rapaz foi arrancar uma grande braçada de capim.* **2** movimento dos braços em natação: *Maurício mergulhou, deu umas braçadas, saiu.*

braço **bra**.ço ***S masc*** **1** cada um dos membros superiores do corpo humano: *Dança exige muito dos braços e das pernas.* **2** parte estreita de porção de água: *A canoa estava escondida num braço de rio.* **3** trabalhador braçal: *No Brasil faltavam braços para a lavoura.* **de braços dados** com os braços entrelaçados: *As irmãs subiam e desciam, sempre de braços dados.* **braçal** ***Adj*** que usa os braços ou que depende dos braços.

bradar bra.**dar** ***Vt*** dizer em voz alta ou aos gritos: *– Meu Deus, que aconteceu? bradou Jô.* **brado** ***S masc*** grito.

braile **brai**.le ***S masc*** sistema de escrita com pontos em relevo que os cegos podem ler pelo tato, e que lhes permite também escrever.

branco **bran**.co ***Adj*** **1** da cor do leite; alvo: *No lago, um cisne branco.* **2** sem cor: *Ficou branco de susto.*

3 pertencente à raça humana cuja pele é clara: *O prisioneiro branco estava deitado na areia.* **S masc** 4 pessoa de pele clara: *As histórias falavam dos contatos entre índios e brancos.* 5 a cor branca: *O branco é a cor da paz.* 6 incapacidade de raciocinar ou de lembrar: *Fiquei nervoso e me deu um branco.*

brancura bran.**cu**.ra ***S fem*** a cor branca: *A brancura do Polo Norte é deslumbrante e encantadora.*

brando **bran**.do ***Adj*** 1 pouco intenso; fraco: *Ouviu um chorinho brando de criança.* 2 ameno; agradável: *Um vento brando soprava na tarde.*

brânquia **brân**.qui.a ***S fem*** cada um dos órgãos respiratórios dos peixes e de muitos anfíbios; guelra.

brasa **bra**.sa ***S fem*** carvão queimando: *A mulher tentou acertar o rato com a brasa do fogão, mas errou.*

bravo **bra**.vo ***Adj*** 1 cheio de raiva; zangado: *O vizinho ficou bravo.* 2 que enfrenta o perigo; corajoso: *Lancelote era um bravo cavaleiro.* 3 que ataca sempre; feroz: *O cão bravo atacou sem latir.* ***Interj*** 4 expressa aprovação; muito bem!: *Bravo, vovó! A senhora está demais!* ***S masc*** 5 pessoa valente; herói: *Seu filho foi um bravo na luta contra os invasores.*
Ant para 1 e 3: **manso**.

bravura bra.**vu**.ra ***S fem*** coragem; valentia: *No filme há muitas cenas de bravura.*

brecar bre.**car** ***Vi*** acionar os freios para parar o veículo: *O carro brecou atrás de nós.*

brejo ▲ **bre**.jo ***S masc*** terreno com alagado ou pântano: *Umas rãs novas divertiam-se no brejo.*

breque **bre**.que ***S masc*** freio mecânico de veículos: *Sai da frente que estou sem breque.*

breve **bre**.ve ***Adj*** 1 de pequena duração; rápido: *Aquela breve tarde juntos foi muito agradável.* ***Adv*** 2 dentro de pouco tempo; logo: *A maré já ia bem alta e breve engoliria o rochedo.*
até breve saudação de despedida: – *Não, nada de adeus, mas sim até breve.* **em breve** logo: *Bem, espero que volte em breve.*

brigadeiro[1] bri.ga.**dei**.ro ***S masc*** posto da hierarquia militar da Aeronáutica: *O brigadeiro Eduardo Gomes foi candidato a presidente de República.*

brigadeiro[2] bri.ga.**dei**.ro ***S masc*** doce em forma de bolinha feita de leite condensado e chocolate: *Em festa de criança não pode faltar brigadeiro nem cajuzinho.* ▶ pág 206.

brigar bri.**gar** ***Vi*** 1 bater-se corpo a corpo: *Lucas disse que não gosta de brigar.* 2 discutir: *As irmãs viviam brigando.*
briga ***S fem*** ato de brigar. **briguento** ***Adj*** que briga muito.

brilhante bri.**lhan**.te ***Adj*** 1 que brilha; cintilante: *Uma latinha brilhante apareceu na história.* 2 que se faz notar; admirável: *Jorge teve uma ideia brilhante.* ***S masc*** 3 diamante lapidado: *Ana tinha um anel de brilhantes no dedo.*
Em 3 é mais usado no plural.

brilhar bri.**lhar** ***Vi*** 1 lançar luz; tornar-se cintilante: *Vejam como estas escamas brilham ao sol.* 2 destacar-se; sobressair: *Quem mais brilhou foi a Neide, com seu sotaque de Taubaté.*

brilho **bri**.lho ***S masc*** 1 luz viva; cintilação: *De longe se percebia o brilho da fogueira.* 2 luz refletida; reflexo: *É uma ave de plumagem preta com brilho azul.*
brilhoso ***Adj*** que tem muito brilho.

brincadeira brin.ca.**dei**.ra ***S fem*** 1 brinquedo ou jogo; divertimento de criança: *Mocinho e bandido era a brincadeira de que eles mais gostavam.* 2 ação de fazer graça; zombaria: *Tudo começou como uma brincadeira, mas a graça não durou muito tempo.* ▶ pág 156 e 157.

brincalhão ♥ brin.ca.**lhão** ***Adj*** que gosta de fazer brincadeiras: *O país era governado por um rei brincalhão.*
Forma feminina correspondente: **brincalhona**.

A B C D E F G H I J K L M N O P Q R S T U V W X Y Z

brincar brin.**car** ***Vi*** **1** divertir-se: *A garotada brincava no pátio.* **2** entreter-se; distrair-se (com): *As meninas brincam de boneca.* **3** fazer zombaria: *Eu gosto quando meu pai brinca com a gente.* **4** fazer graça: *O delegado disse que não estava brincando.*

brinco **brin**.co ***S masc*** **1** enfeite que se usa preso à orelha: *O pirata usava um brinco de argola.* **2** coisa muito bonita: *Deixou a caverna um brinco de limpeza.*

brindar brin.**dar** ***Vt*** (+a) fazer um brinde: *Então eles brindaram à paz e à saúde de todos.*

brinde **brin**.de ***S masc*** **1** homenagem com bebida e palavras de saudação: *Vamos fazer um brinde aos noivos.* **2** presente: *Você pode levar um videogame de brinde!* ▶ pág 256 e 257.

brinquedo brin.**que**.do ***S masc*** objeto para divertimento de crianças: *As crianças corriam de um brinquedo para o outro, rindo.*

brinquedoteca brin.que.do.**te**.ca ***S fem*** espaço, nas escolas, onde ficam os brinquedos: *Na brinquedoteca havia atividades também aos sábados.* ▶ pág 156 e 157.

brisa **bri**.sa ***S fem*** vento brando, fraco: *A brisa da tarde balança suavemente as flores.*

broca **bro**.ca ***S fem*** **1** instrumento para abrir buraco: *Depois de algumas horas de trabalho, a broca perde o corte.* **2** inseto que destrói o interior de vegetais: *As brocas atacaram as laranjeiras, causando estrago nos frutos.*

broche ▶ **bro**.che ***S masc*** enfeite com alfinete e fecho, usado em roupa feminina: *Ganhei um broche.*

brócolis **bró**.co.lis ***S masc pl*** planta de horta, da família das couves, de folhas duras e botões em forma de buquê: *Jorge recusou, com muita educação, a salada de brócolis.* ▶ pág 188 e 189.

bromélia bro.**mé**.li:a ***S fem*** planta de folhas espinhosas e flores coloridas: *Se o beija-flor desaparecer, a reprodução das bromélias ficará prejudicada.*

bronca **bron**.ca ***S fem*** repreensão: *O Guigui é o que leva bronca.*

brônquio **brôn**.qui:o ***S masc*** cada um dos tubos que partem da traqueia levando o ar para os pulmões.

bronquite bron.**qui**.te ***S fem*** inflamação da mucosa da traqueia e dos brônquios.

bronze **bron**.ze ***S masc*** **1** mistura de metais de cor avermelhada ou dourada: *Enormes portas de bronze davam entrada à cidade.* **2** medalha que, numa competição, corresponde ao prêmio de terceiro colocado: *Edinho conseguiu bronze na competição de natação.*

brotar bro.**tar** ***Vi*** **1** nascer: *Depois das chuvas, as plantas brotam.* **2** aparecer; surgir: *As lágrimas brotaram em seus olhos castanhos.*

broto **bro**.to ***S masc*** órgão que brota nos vegetais e se desenvolve em ramos com folhas ou flores: *O vaso tinha uma planta linda, cheia de brotos.*

bruços **bru**.ços ***S masc pl*** forma que só se usa na expressão: **de bruços** de barriga para baixo: *Edu só dorme de bruços.*

brusco **brus**.co ***Adj*** **1** que se mostra sem carinho e grosseiro: *O soldado foi brusco com Pedrinho.* **2** rápido e inesperado: *Com um gesto brusco, ele jogou os livros no chão.*

bruto **bru**.to ***Adj*** **1** tal qual é encontrado na natureza: *O petróleo bruto vai para as refinarias.* **2** sem educação; grosseiro: *Esse era um homem muito bruto.* **3** muito grande; enorme: *Um bruto caminhão carregou os móveis.* ***S masc*** **4** indivíduo selvagem ou estúpido: *Nem sei como escapei desse bruto.*

bruxaria bru.xa.**ri**.a ***S fem*** prática de feitiçaria: *As ervas citadas nos livros de bruxaria vinham de lugares diferentes.*

bruxo **bru**.xo ***S masc*** feiticeiro: *O bruxo desfez a magia.* Muito mais usado no feminino.

bueiro bu.**ei**.ro ***S masc*** conjunto de caixa e tampa de barras de ferro pouco distantes uma da outra, localizado junto à calçada das ruas, por onde as águas da chuva escorrem: *Os jornais dizem que os bueiros estão entupidos.*

búfalo **bú**.fa.lo ***S masc*** boi selvagem, de cauda curta e chifres achatados: *Os **búfalos** são fortes.*
▶ pág 460 e 461.

bufar bu.**far** ***Vi*** respirar com dificuldade; fungar: *O rei chegou **bufando** de cansaço.*

bugio bu.**gi**.o ***S masc*** macaco de queixo com barba, pescoço volumoso, pelo de cor preta, ruiva ou amarelo-escura: *Um casal de **bugios** pulava de galho em galho.*

bula **bu**.la ***S fem*** impresso que acompanha medicamentos, contendo informações sobre sua composição e modo de usar: *Será que as **bulas** dos remédios mentem?*

bulbo **bul**.bo ***S masc*** **1** caule curto e grosso que fica debaixo da terra e é revestido de muitas folhas cheias de substâncias alimentícias: *Um **bulbo** de lírio precisa de muito sol para florescer.* **2** qualquer órgão de forma arredondada.

bule **bu**.le ***S masc*** recipiente com tampa, asa e bico, para bebidas quentes: *Colocou o chá no **bule**.*
▶ pág 76 e 77.

bumbo **bum**.bo ***S masc*** tambor de som grave e coberto de pele nas duas extremidades; zabumba: *Tio Bebeto estava trocando as duas peles de um **bumbo** furado.*
A forma **bombo** também é usada.

bumbum bum.**bum** ***S masc*** traseiro: *Levou umas palmadas no **bumbum**.*

bumerangue ▲ bu.me.**ran**.gue ***S masc*** arma de arremesso, comumente em forma de arco, feita de madeira, que, depois de fazer uma curva, volta às mãos de quem a lança se não atingir o alvo: *__Bumerangues__ são muito comuns na Austrália.*
A forma ***boomerang*** também é usada.

bunda **bun**.da ***S fem*** nádegas; traseiro: *Caiu sentado e sujou a **bunda** de lama.*

buquê bu.**quê** ***S masc*** porção de flores arrumadas: *A noiva entrou com um grande **buquê** de flores.*

buraco bu.**ra**.co ***S masc*** espaço vazio cavado numa superfície: *O bezerro caiu num **buraco**.*

burrice bur.**ri**.ce ***S fem*** asneira; estupidez: *O Major não entendeu nada. Era a **burrice** em pessoa.*

burrico bur.**ri**.co ***S masc*** burro pequeno: *Meu primo ganhou do pai um **burrico** muito engraçadinho.*

burro **bur**.ro ***S masc*** **1** quadrúpede doméstico de grande tamanho, pelo duro e de várias cores, orelhas grandes; asno: *O velho foi à feira vender seu cavalo e seu **burro**.* **Adj** **2** que não é inteligente; estúpido: *O garoto não era nada **burro**.*
pra burro muito; demais: *É um teste bom **pra burro**.*

buscar bus.**car** ***Vt*** **1** tratar de descobrir ou encontrar; procurar: *Pensei que o senhor tinha ido **buscar** ajuda.* **2** pegar para levar ou trazer: *Cada mãe vinha **buscar** seu filho.* **3** tentar; esforçar-se por: *Lutei como um condenado, **buscando** escapar à morte.*
busca ***S fem*** ação de buscar.

bússola **bús**.so.la ***S fem*** instrumento com agulha magnética que determina direções sobre a superfície terrestre.

buzina bu.**zi**.na ***S fem*** aparelho elétrico instalado em veículos e que produz som forte: *Beto tinha bicicleta com farol e **buzina**.*

buzinar bu.zi.**nar** ***Vi*** acionar a buzina: *O motorista **buzinou**, mas o cabrito não saiu.*

C c C c

c ***S masc*** terceira letra do nosso alfabeto.

caatinga ca.a.**tin**.ga ***S fem*** vegetação formada por arbustos, em geral espinhosos.

cabana ca.**ba**.na ***S fem*** pequena casa rústica: *Abrigou-se numa cabana.*

cabeça ca.**be**.ça ***S fem*** **1** parte de cima do corpo dos seres vivos bípedes e da frente dos demais vertebrados e invertebrados. **2** parte de dentro desse local do corpo onde se localizam as funções mentais; mente: *O que estava na cabeça de Filipe?* **3** inteligência: *Com aquela cabeça, só poderia vencer na vida!* ***S*** **4** chefe; líder: *A polícia prendeu o cabeça do bando.*
de cabeça de cor: *Fazia cálculos de cabeça.* **de cabeça para baixo** em bagunça; confuso: *Parecia-lhe que o mundo estava de cabeça para baixo.*

cabeçalho ca.be.**ça**.lho ***S masc*** **1** aquilo que vem impresso no alto de uma página, com a indicação do nome e endereço: *Antes do assunto da carta, coloque o cabeçalho.* **2** num trabalho escolar, informações iniciais sobre a escola, data e nome do aluno: *Escreva o cabeçalho no caderno.*

cabeceira ca.be.**cei**.ra ***S fem*** **1** lugar, na cama, em que se deita a cabeça: *O travesseiro estava na cabeceira da cama.* **2** região em que um rio nasce; nascente: *Onde fica a cabeceira do rio São Francisco?*

cabeleireiro ca.be.lei.**rei**.ro ***S masc*** profissional que cuida dos cabelos: *Olhe o que o cabeleireiro fez no meu cabelo!*

cabelo ca.**be**.lo ***S masc*** conjunto de pelos que cobrem a cabeça humana.

cabeludo ca.be.**lu**.do ***Adj*** **1** que tem muito cabelo ou pelo: *Ela tem a perna cabeluda.* **2** contrário à moral; grosseiro: *Uma mocinha sujando a boca com palavrões cabeludos?* **3** que tem pelos compridos: *No zoológico vimos bichos cabeludos.*

caber ca.**ber** ***Vt*** (+a) **1** ser da responsabilidade ou da incumbência de: *Cabe ao capataz zelar pelos negócios do sítio.* (+em) **2** poder ocupar um determinado espaço: *O tatu não cabia no buraco.*
não caber em si sentir alguma coisa em excesso: *Malu não cabia em si de encantamento.*

cabide ca.**bi**.de ***S masc*** peça de madeira ou plástico com um gancho para pendurar roupas no armário: *Os paletós estavam em cabides.*

cabine ca.**bi**.ne ***S fem*** **1** nos barcos e navios, pequeno compartimento para passageiros: *Havia conforto na cabine do barco.* **2** compartimento fechado de caminhões, máquinas e aviões, onde trabalham os pilotos, motoristas e pessoas que fazem essas máquinas funcionar: *Meu pai é comandante de avião e viajo na cabine dele.* **3** compartimento em que as pessoas fazem ligações telefônicas: *Mandou parar o carro numa cabine telefônica.*
A forma **cabina** também é usada.

cabo[1] **ca**.bo ***S masc*** posto acima de soldado, no Exército; do marinheiro de primeira classe, na Marinha, e de soldado de primeira classe, na Aeronáutica: *Ed era cabo do Exército.*

cabo[2] **ca**.bo ***S masc*** **1** ponta por onde se segura um objeto. **2** ponta de terra que avança pelo mar: *As naus tomaram o rumo do cabo da Boa Esperança.* **3** feixe de fios metálicos, que serve para conduzir eletricidade, impulsos telefônicos, sinais de televisão, etc.: *Os cabos telefônicos da rua caíram.*
de cabo a rabo do começo ao fim; de uma ponta a outra: *Temos de virar isso de cabo a rabo até encontrar o anel.*

caboclo ca.**bo**.clo ***S masc*** mestiço de branco e indígena.

cabra **ca**.bra ***S fem*** fêmea do bode: *Os meninos foram levar a cabra para pastar.*

cabrito ca.**bri**.to ***S masc*** filhote de cabra: *Pedrinho conseguiu pegar o cabrito por uma perna.*

caça **ca**.ça ***S fem*** **1** ação de caçar; caçada: *Os indígenas se dedicavam à pesca e à caça.* **2** perseguição; busca: *O policial saiu à caça do criminoso.* **3** animal selvagem; presa: *A onça só mata a caça para comer.*

caçar ca.**çar** ***Vi*** **1** perseguir animais para aprisionar ou matar: *Os indígenas saíram para caçar.* ***Vt*** **2** perseguir para aprisionar ou matar: *O gato caça ratos.* **3** buscar; procurar: *Pedrinho saiu caçando alguém para ajudá-lo.*
caçada ***S fem*** ação de caçar. **caçador** ***S masc*** aquele que caça.

cacarejar ca.ca.re.**jar** ***Vi*** soltar a sua voz (a galinha): *A galinha cacareja e bota ovo.*

cacau ca.**cau** ***S masc*** **1** fruto de casca amarela, polpa doce e grande número de sementes: *O cacau é um fruto amarelo por fora.* **2** pó feito com a semente torrada do cacau, usado na fabricação do chocolate: *Comprou cacau para fazer um bolo.*

cachaça ca.**cha**.ça ***S fem*** bebida alcoólica que se obtém com a fermentação do caldo de cana; pinga.

cachecol ca.che.**col** ***S masc*** tira de tecido quente que serve de agasalho para o pescoço.

cachimbo ca.**chim**.bo ***S masc*** objeto usado para fumar, com um buraco em que se põe fumo, e ao qual está adaptado um tubo por onde se aspira a fumaça.

cacho **ca**.cho ***S masc*** **1** conjunto de flores ou frutos que crescem em volta do mesmo raminho: *O macaco olhava o cacho de bananas.* **2** pequeno maço de cabelo enrolado em forma de caracóis: *Os cabelos de Alice têm cachos.*
cacheado ***Adj*** que tem cacho.

cachoeira ca.cho.**ei**.ra ***S fem*** grande quantidade de água que cai de certa altura, em rio que apresenta forte inclinação.

cachorro ca.**chor**.ro **S *masc*** animal doméstico de quatro patas, carnívoro, de pelo macio em cores diversas; cão: *O cachorro começou a latir.* ▶ pág 88 e 89.
⊖ **cachorrada S *fem*** grupo de cachorros.

cacique ca.**ci**.que **S *masc*** chefe de povo indígena: *O filho do cacique brincava com um porquinho.*

caco **ca**.co **S *masc*** pequeno pedaço de louça ou vidro quebrado: *Havia cacos de pratos pelo chão.*

caçoar ca.ço.**ar** ***Vt*** (+de) zombar: *Dirceu caçoava dos outros meninos.*

cacto ▼ **cac**.to **S *masc*** planta típica dos desertos, de vários tipos e tamanhos, caule cheio de espinhos, capaz de armazenar grande quantidade de água: *Os espinhos do cacto são um perigo!*

caçula ca.**çu**.la **S 1** filho mais novo: *Ficaram preocupados porque o caçula dizia bobagens.* ***Adj* 2** que é o mais novo: *Olha aí a minha filhinha caçula.*

cadáver ca.**dá**.ver **S *masc*** corpo de ser humano ou animal, após a morte: *As hienas se alimentam de cadáveres de outros animais.*
☀ Para ser humano, também se usa a palavra **defunto**.

cadeado ca.de.**a**.do **S *masc*** fechadura portátil que se coloca em correntes ou em orifícios nas partes móveis daquilo que se quer trancar: *As janelas foram trancadas com cadeados.*

cadeia ca.**dei**.a **S *fem* 1** edifício público onde se prendem os criminosos; prisão: *Você vai para a cadeia porque quebrou o telhado?* **2** rede de estações de rádio ou de TV ligadas entre si; rede: *A notícia foi transmitida pelas cadeias de televisão.* **3** conjunto de elementos ligados; sucessão: *Ao pé desta cadeia de montanhas há uma planície imensa.*

cadeia alimentar ca.**dei**.a a.li.men.**tar** **S *fem*** sequência que representa a forma como os alimentos passam de um ser vivo para outro.

cadeira ca.**dei**.ra **S *fem* 1** móvel que consiste num assento com encosto e, às vezes, com braços, para uma pessoa se sentar: *Compramos uma cadeira de balanço para a vovó.* [***Pl***] **2** quadris: *Luana chega dançando e balançando as cadeiras.* ▶ pág 370.

caderneta ca.der.**ne**.ta **S *fem*** pequeno caderno para anotações: *Sempre levo uma caderneta na bolsa.*

caderno ca.**der**.no **S *masc*** conjunto de folhas de papel, com ou sem linhas ou quadrinhos, coladas, costuradas ou presas por espiral, formando um livro de anotações. ▶ pág 405.

caduco ca.**du**.co ***Adj*** que perdeu um pouco do juízo por causa da idade: *O leão estava velho e já caduco.*
⊖ **caducar *Vi*** perder parte do juízo por causa da velhice.

café ca.**fé** **S *masc* 1** fruto pequeno, redondo, de casca fina e vermelha quando maduro: *O café secava em grandes áreas revestidas de cimento.* **2** bebida feita com a semente torrada e moída desse fruto: *O policial convida Ciro para um café.* **3** primeira refeição da manhã, que geralmente consta dessa bebida com leite, pão, etc.: *Bruno toma café para ir à escola.*
⊖ **cafeeiro S *masc*** árvore que produz o café. **cafezal S *masc*** plantação de pés de café. **cafezinho S *masc*** pequena xícara com café. ▶ pág 370.

cafuné ▲ ca.fu.**né** **S *masc*** carinho com os dedos na cabeça de alguém: *Gosto do cafuné que vovó faz.*

cágado **cá**.ga.do **S *masc*** réptil de corpo coberto por uma carapaça formada por placas duras e que vive em lagoas rasas e pântanos: *O cágado estava encolhidinho.*

caiapó cai.a.**pó** **S** indivíduo de um povo indígena que ocupa uma grande região entre os estados do Pará e Mato Grosso, ao longo do rio Xingu.

caipira cai.**pi**.ra ***Adj* 1** que vive na roça: *Tenho um amigo caipira que* *vem pouco à cidade.* **S 2** pessoa da roça; sertanejo: *Monteiro Lobato inventou o Jeca-Tatu, que era um caipira sem instrução.*

caipora cai.**po**.ra **S *masc*** personagem de uma lenda indígena, comum no Norte, que vive nas matas, protege os animais e traz má sorte a quem o encontra: *Caipora é o inimigo dos caçadores.*

cair ca.**ir** ***Vi*** **1** ir ao chão; vir abaixo: *Beto tropeçou e quase caiu.* **2** baixar; diminuir: *A temperatura caiu.* **3** soltar-se do lugar em que está: *Seus dentes de leite já começam a cair?* ***Vt*** (+em) **4** atirar-se; jogar-se: *Cedo, ela já está de pé, pronta para cair na água.* **cair em si** perceber o que está acontecendo: *Ele caiu em si e ficou vermelhinho.* **caída S *fem*** processo de cair; queda.

cais S *masc* parte da margem de um rio ou porto de mar em que param embarcações e se faz o embarque ou desembarque de pessoas ou mercadorias: *Ela ia sempre ao cais ver os marinheiros.*

caixa **cai**.xa **S *fem*** **1** recipiente para guardar ou transportar coisas: *Pegue na geladeira uma caixa de suco.* **2** seção de um banco ou casa comercial em que se fazem os recebimentos e os pagamentos: *Beto se pôs na fila da caixa pra pagar.* **S 3** pessoa cuja ocupação num banco ou casa comercial é receber ou pagar: *O caixa perguntou se eu queria notas ou moedas.* pág 256 e 257.

caixão cai.**xão** **S *masc*** **1** caixa grande. **2** caixa de madeira onde se colocam as pessoas mortas para serem enterradas: *O jeito é colocar o corpo no caixão para enterrar e isso é normal.*

caixote cai.**xo**.te **S *masc*** caixa grosseira feita de madeira e que serve de embalagem.

caju ca.**ju** **S *masc*** haste grossa do fruto do cajueiro, de cor amarela ou vermelha e suco abundante, doce e que provoca na boca sensação de alguma coisa que aperta ou comprime. **cajuada S *fem*** suco de caju. **cajueiro S *masc*** árvore que produz o caju.

cajuzinho ca.ju.**zi**.nho **S *masc*** docinho em forma de caju, feito de chocolate, leite condensado e amendoim moído: *Na festa havia muito cajuzinho.* pág 206.

cal S *fem* substância sólida e branca que se consegue pela queima de calcário, e usada em construção.

calado ca.**la**.do ***Adj*** **1** que não fala; quieto: *Ramiro é um sujeito sempre calado.* **2** sem falar: *O melhor era ficar calado.*

calafrio ca.la.**fri**:o **S *masc*** contração da pele, seguida de sensação de frio: *Caminhar por aquela estrada deserta dava calafrio.*

calamidade ca.la.mi.**da**.de **S *fem*** acontecimento muito ruim; grande desgraça: *A praga de gafanhotos foi uma calamidade para as roças.*

calar ca.**lar** ***Vi*** **1** ficar sem falar ou parar de falar: *A garota calou por um momento.* ***Vt*** **2** parar de produzir; ficar mudo: *A cigarra calou sua cantoria.*

calça **cal**.ça **S *fem*** peça de roupa que parte da cintura e, contornando o corpo, se fecha no centro junto às virilhas, dividindo-se em duas partes que contornam as pernas: *Antigamente, menino usava calça curta.*

calçada cal.**ça**.da **S *fem*** parte que fica ao lado de uma rua, coberta com pedras ou cimento e que serve para o uso dos pedestres: *As calçadas da avenida estavam lotadas de gente.* pág 88 e 89.

calçado cal.**ça**.do ***Adj*** **1** diz-se do chão que foi coberto com pedra, cimento, etc.: *O chão era todo calçado de tijolos de barro.* **2** protegido com sapato, bota, tênis, chinelo ou sandália: *Juca já estava calçado.* **S *masc*** **3** peça para cobrir e proteger os pés: *Foi direto a uma loja de calçados.* pág 256 e 257.

calçamento cal.ça.**men**.to **S *masc*** cobertura de cimento, pedra ou asfalto para o chão de lugares externos: *Celso morava numa rua sem calçamento.*

calcanhar cal.ca.**nhar** **S *masc*** parte de trás do pé humano: *Feri meu calcanhar nas pedras.*

calção cal.**ção** **S *masc*** calça curta que desce até os joelhos ou

a b c d e f g h i j k l m n o p q r s t u v w x y z

pouco acima deles, em geral com a cintura ajustada por um elástico: *Vou buscar o calção e o tênis.*
▶ pág 328 e 329.

calçar cal.**çar** ***Vt*** **1** colocar (calçados, meias, luvas, etc.) nos pés ou nas mãos: *Ari calçou as botas.* **2** fazer cobertura de ruas ou calçadas: *Calçaram as ruas do novo bairro.*

calcário cal.**cá**.ri:o ***S masc*** **1** tipo de rocha: *O solo é composto também de calcário, areia e argila.* ***Adj*** **2** de calcário: *Há vários tipos de cavernas formadas de rochas calcárias.*

calcinha cal.**ci**.nha ***S fem*** peça de roupa feminina, usada por baixo de outras roupas, que parte da cintura ou logo abaixo dela e vai até as virilhas ou às coxas.

cálcio **cál**.ci:o ***S masc*** elemento químico, prateado, mole e leve, que faz parte de rochas e também é importante na nutrição humana: *O leite tem cálcio e proteínas.*

calcular cal.cu.**lar** ***Vi*** **1** fazer cálculos ou contar: *Pedrinho sabia calcular de cabeça.* ***Vt*** **2** fazer o cálculo ou a conta de: *Ela calcula quanto deve dar de troco aos clientes.* **3** avaliar: *Calcula(-se) que existam no Brasil milhares de carvoeiros.*
calculadora ***S fem*** máquina que faz cálculo.

cálculo **cál**.cu.lo ***S masc*** **1** operação matemática; conta: *O problema foi resolvido com cálculo escrito.* **2** pedrinha que se forma na bexiga, na vesícula, etc.: *Ele tinha cálculos nos rins.*

calda **cal**.da ***S fem*** líquido grosso feito de açúcar e água fervidos juntos, com ou sem outros ingredientes como chocolate, frutas, etc.; xarope: *Gostava de sorvete com calda de morango.*

caldeirão cal.dei.**rão** ***S masc*** panela de metal ou barro, grande e redonda, com tampa, usada na cozinha: *O mingau fervia dentro de um caldeirão.*

caldo **cal**.do ***S masc*** **1** alimento líquido preparado ao se cozinhar carne e outras substâncias: *Deixe o caldo do cozido no forno até ferver.* **2** suco que se extrai de frutos ou outras partes de certas plantas: *O caldo de cana é vendido nas ruas.*

calendário ca.len.**dá**.ri:o ***S masc*** **1** folhinha com indicação dos dias, das semanas e dos meses do ano, as fases da Lua, as festas religiosas e os feriados nacionais: *Observe no calendário os feriados nacionais.* **2** tabela ou programação de eventos em datas determinadas: *Toda escola tem seu calendário.*

calha ▲ **ca**.lha ***S fem*** cano pelo qual passam as águas do telhado: *Não deixe água acumulada nas calhas do telhado.*

cálice[1] **cá**.li.ce ***S masc*** pequeno copo com pé, para bebidas: *A bebida era servida em cálices.*

cálice[2] **cá**.li.ce ***S masc*** parte de fora da flor, que envolve a corola e os órgãos sexuais.

caligrafia ca.li.gra.**fi**.a ***S fem*** letra escrita à mão: *A carta estava escrita numa caligrafia bonita.*

calma **cal**.ma ***S fem*** qualidade daquilo que é calmo ou tranquilo; tranquilidade: *Uma calma esquisita tomou conta deles.*
com calma devagar: *Vá com calma, vá com calma, menino.*
Ant: **irritação**.

calmante cal.**man**.te ***Adj*** **1** que acalma ou tranquiliza: *O maracujá tem propriedades calmantes.* ***S masc*** **2** remédio que se toma para ficar calmo: *À noite, tomou um calmante.*

calmaria cal.ma.**ri**.a ***S fem*** ausência de ventos ou do movimento das ondas do mar: *Depois das chuvas fortes, a calmaria vinha de novo.*

calmo **cal**.mo ***Adj*** **1** tranquilo: *Depois do susto ele ficou calmo.* **2** sem agitação: *O mar estava calmo.*
Ant: **agitado**; **nervoso**; **violento**.

calo **ca**.lo ***S masc*** parte dura da pele, que ficou assim por causa de atrito: *Tinha calos nas mãos.*

calor ca.**lor** ***S masc*** **1** temperatura elevada: *O calor do Sol aquece a água.* **2** temperatura: *O ferro é bom condutor de calor.* **3** animação: *O calor da torcida levantou o time.*
Ant: **frio**. ▶ pág 328 e 329.

caloria ca.lo.**ri**.a ***S fem*** unidade que indica o conteúdo de energia dos alimentos e as necessidades energéticas do organismo para manter o equilíbrio: *Na festa, haverá refrigerante com pouca caloria?*
calórico ***Adj*** relativo a caloria.

calota ▲ ca.**lo**.ta **S *fem*** peça de metal que se usa nas rodas dos veículos para proteger as peças que fixam essas rodas: *Perdi uma calota do meu automóvel.*

calúnia ca.**lú**.ni:a **S *fem*** invenção maldosa: *Dizer que a princesa tinha levado bronca era calúnia.*

calvo ▼ **cal**.vo ***Adj*** que não tem cabelo; careca: *Era um homenzinho meio calvo.*

cama **ca**.ma **S *fem*** móvel em que a pessoa se deita para descansar ou dormir. ▶ pág 225.

camada ca.**ma**.da **S *fem*** **1** porção de material colocado sobre uma superfície: *Pôs no canteiro uma camada de terra.* **2** porção; setor: *O Carnaval envolve todas as camadas sociais.*

camaleão ca.ma.le.**ão** **S *masc*** réptil que vive em árvores e muda de cor para adaptar-se ao ambiente.
Forma feminina correspondente: **camaleoa**.

câmara **câ**.ma.ra **S *fem*** **1** compartimento fechado: *Alguns pintores usavam uma espécie de câmara escura para copiar paisagens.* **2** assembleia que tem a função de fazer leis: *Esse projeto ainda não foi votado pela Câmara Municipal.*

camarada ca.ma.**ra**.da **S** **1** amigo; companheiro: *Vocês são bons camaradas.* ***Adj*** **2** simpático; agradável: *Lúcio tinha uns tios bem camaradas.*
camaradagem S *fem* companheirismo; amizade.

camarão ca.ma.**rão** **S *masc*** animal marinho, com dez patas, comestível: *Seu irmão pescava camarões.* ▶ pág 302 e 303.

camareiro ca.ma.**rei**.ro **S *masc*** empregado que arruma quartos: *Os camareiros do rei varriam tudo.*

camarim ▼ ca.ma.**rim** **S *masc*** compartimento nos teatros onde os atores se preparam para entrar em cena: *Ninguém entrava no camarim da linda Lívia Lívida.*

camarote ca.ma.**ro**.te **S *masc*** **1** compartimento especial das salas de espetáculos: *A família se acomodou no camarote.* **2** compartimento dos navios; cabine: *Vovó e eu ficamos no mesmo camarote.*

cambalhota cam.ba.**lho**.ta **S *fem*** exercício ou brincadeira que consiste em curvar o corpo para a frente até a cabeça atingir o chão e dar uma volta, rolando o corpo para frente ou para trás.

camburão cam.bu.**rão** **S *masc*** carro da polícia, para o transporte de presos.

camelo ca.**me**.lo **S *masc*** animal quadrúpede, cor amarelada, pescoço longo e duas corcovas no dorso: *O camelo é um animal adaptado ao deserto.*

camelô ca.me.**lô** **S *masc*** vendedor que expõe seus artigos nas calçadas: *Ele explicou que tinha ajudado um camelô.*

câmera **câ**.me.ra **S *fem*** aparelho para fotografar, filmar ou registrar imagens para televisão e cinema: *A câmera de filmagem bate 24 fotos por segundo.*

caminhada ca.mi.**nha**.da **S *fem*** **1** passeio a pé: *Meu avô faz caminhadas todas as tardes.* **2** ato de ir de um lugar a outro a pé: *A caminhada era difícil porque carregavam sacolas muito pesadas.* ▶ pág 338 e 339.

caminhão ca.mi.**nhão** **S *masc*** veículo de quatro ou mais rodas, para transporte de carga.
caminhoneiro S *masc* motorista profissional de caminhão.

caminhar ca.mi.**nhar** ***Vi*** **1** andar: *Melina caminhava com muita graça.* (+para) ***Vt*** **2** encaminhar-se; dirigir-se: *Os dois iam falando, enquanto caminhavam para a montanha.*

caminho ca.**mi**.nho **S *masc*** **1** lugar por onde se anda; estrada: *O garoto utilizou a lanterna para* *iluminar o caminho.* **2** caminhada; marcha: *Temos ainda boa parte do caminho.* **3** trajeto; percurso: *Os elevadores paravam no caminho.* **4** meio; jeito: *Iam estudar um caminho para tornar a vida mais feliz e tranquila.*

caminhonete ca.mi.nho.**ne**.te **S *fem*** veículo de quatro ou seis rodas, menor que um caminhão, para transporte de passageiros e pequenas cargas.

camisa ca.**mi**.sa **S *fem*** peça de roupa de mangas curtas ou compridas, que vai do pescoço à altura dos quadris: *O jogador brasileiro com a camisa número 7 é o Bebeto.*

camiseta ca.mi.**se**.ta **S *fem*** camisa sem gola, com mangas curtas ou longas, ou sem mangas, feita de tecido de malha: *Hoje, usamos camiseta de algodão.*

camisola ca.mi.**so**.la **S *fem*** peça de roupa feminina, geralmente de tecido leve, curta ou comprida, usada para dormir: *Denise gosta de camisola branca.*

campainha cam.pa.**i**.nha **S *fem*** aparelho instalado em portas ou portões, e que emite som alto quando acionado: *Rose tomou um susto quando a campainha tocou.*
▶ pág 88 e 89.

campanha cam.**pa**.nha **S *fem*** conjunto de ações ou esforços para se atingir determinado fim: *A garotada criava cartazes para a campanha do lixo separado.*

campeão cam.pe.**ão** **S *masc*** **1** vencedor de torneio esportivo: *Lino anunciou o campeão.* **2** vencedor de qualquer disputa: *O campeão da classe era Didi.* ***Adj*** **3** vencedor: *O São Paulo ganhou o título, é o time campeão.*
▶ pág 170 e 171.

campeonato cam.pe:o.**na**.to **S *masc*** prova esportiva cujo vencedor recebe o título de campeão; competição: *Desse jeito não vamos ganhar campeonato nenhum.*

camping câmpin **S *masc*** acampamento: *Em Itu, há áreas para camping.*
Palavra tirada do inglês.

campo **cam**.po **S *masc*** **1** extensão de terra sem mata: *O casal vivia numa cabana, no meio de um campo.* **2** terreno destinado à pastagem: *Os animais pastam soltos nos campos.* **3** local próprio para a prática de esportes: *O campo de futebol está encharcado.* **4** terreno plantado; plantação: *Vê lá longe os campos de trigo?*
▶ pág 170 e 171.
camponês **S *masc*** quem vive ou trabalha no campo.

camundongo ca.mun.**don**.go **S *masc*** pequeno rato doméstico.

cana **ca**.na **S *fem*** planta tropical de folhas longas e de caule com nós, de suco abundante e muito doce.
canavial **S *masc*** plantação de cana.
A forma **cana-de-açúcar** também é usada.

canal ca.**nal** **S *masc*** **1** abertura mais ou menos funda, estreita e comprida, por onde corre água: *O canal distribui pela plantação as águas vindas de um rio.* **2** estação de televisão para transmissão de imagens: *Essa história se passa num estúdio de um canal de televisão.*

canalização ca.na.li.za.**ção** **S *fem*** condução (de água, dejetos, etc.) por meio de tubos: *A canalização de esgotos urbanos evita doenças.*

canário ca.**ná**.ri:o **S *masc*** ave pequena, de penas de cor variada, bico escuro, apreciada pelo seu canto.

canção can.**ção** **S *fem*** composição musical; canto: *Ensaiaram uma canção de Natal.*

câncer **cân**.cer **S *masc*** doença em que algumas células aumentam muito em quantidade, causando um tumor, que é um crescimento fora do normal em uma ou mais partes do corpo, e que faz mal ao organismo.

candidatar-se can.di.da.**tar**-se ***Vt*** (+a) **1** apresentar-se ou declarar-se como candidato: *Naquela época as mulheres não podiam se candidatar a cargos políticos.* **2** inscrever-se; apresentar-se: *Entre todas as crianças que se candidataram ao papel, Dirceu foi o escolhido.*

candidato can.di.**da**.to **S *masc*** quem pretende ser eleito ou

escolhido para cargo ou função: *Edson foi candidato a prefeito duas vezes.*

caneca ca.**ne**.ca ***S fem*** recipiente alto e cilíndrico, com uma alça para encaixar o dedo e segurar.

canela[1] ca.**ne**.la ***S fem*** **1** árvore de grande tamanho, de casca de cheiro agradável. **2** tempero feito da casca dessa árvore em pequenas lascas ou pó: *O cravo e a canela davam lucro aos negociantes.*

canela[2] ca.**ne**.la ***S fem*** parte da perna entre o joelho e o pé.
canelada ***S fem*** golpe com a canela.

caneta ca.**ne**.ta ***S fem*** haste com um tubo carregado de tinta e ponta por onde sai a tinta para escrever, ou haste de madeira ou metal em que se adapta uma ponta metálica para se escrever.

cangaço can.**ga**.ço ***S masc*** movimento armado que se formou no sertão nordestino, com o objetivo de assaltar fazendas e vilas.
cangaceiro ***S masc*** bandido que fazia parte do cangaço.

canguru can.gu.**ru** ***S masc*** animal mamífero da Austrália, de cabeça muito pequena e com pernas traseiras muito desenvolvidas, o que lhe permite dar grandes saltos: *O canguru salta em duas patas.*

canhão ca.**nhão** ***S masc*** arma de guerra em forma de cano comprido, que atira balas grandes e arredondadas.

canhoto ca.**nho**.to ***Adj*** que tem mais facilidade para fazer as coisas com a mão esquerda do que com a direita: *Leonardo da Vinci era canhoto.*
Ant: **destro**.

canibal ca.ni.**bal** ***S*** quem come carne humana; antropófago: *Perguntaram ao canibal: – Como você se tornou comedor de carne humana? – Comecei roendo unha – ele disse.*

canil ca.**nil** ***S masc*** lugar para abrigo ou onde se criam cães: *Lassie estava longe de casa, num canil com mais trinta cães.*

canino ca.**ni**.no ***Adj*** **1** para cão: *Era uma espécie de abrigo canino duma pessoa de bom coração.* **2** diz-se de cada um dos quatro dentes laterais dos mamíferos, mais compridos que os outros e pontudos: *Os dentes caninos são pontudos e afiados.* ***S masc*** **3** nome dado a esses dentes: *Temos quatro caninos.*

canivete ca.ni.**ve**.te ***S masc*** pequena faca de lâmina que se fecha e se encaixa no cabo: *O pai tentava abrir a fechadura com o canivete.*

canja **can**.ja ***S fem*** **1** caldo de galinha com arroz: *Os doentes recebiam uma canja.* ***Adj*** **2** fácil: *Se encontrarmos o lugar certo para perfurar o poço, o resto é canja.*

cano **ca**.no ***S masc*** **1** tubo para condução de gases ou líquidos: *Um cano pingando desperdiça 80 litros por dia.* **2** parte do calçado, em forma de tubo, que cobre a perna ou parte dela: *Evite tênis com cano rígido.*

canoa ca.**no**.a ***S fem*** embarcação feita de uma só peça, comprida, movida a remo ou por motor de popa: *Os pescadores conversavam na canoa.*
canoagem ***S fem*** corrida de canoa sem motor em rio com cachoeiras.

cansaço can.**sa**.ço ***S masc*** estado físico de quem está sem energia ou sem forças por causa de muito esforço; fadiga: *Eles não mostraram cansaço.*

cansar can.**sar** ***Vi*** **1** causar cansaço: *– Como cansa ser artista!* ***Vt*** (+de) **2** tornar-se cansado: *Bolhinha (se) cansou de esperar e acabou pegando no sono.*
cansado ***Adj*** que sente cansaço.

cansativo can.sa.**ti**.vo ***Adj*** que causa cansaço: *O dia foi cansativo para as crianças.*

canseira can.**sei**.ra ***S fem*** cansaço: *O pobre Luisinho quase morria de canseira.*

cantar can.**tar** ***Vi*** **1** soltar a voz em forma de melodia: *Juliano canta em um conjunto de rock.* **2** produzir sons harmoniosos: *Os pássaros cantam.*
cantador/cantor ***S masc*** quem canta.

canteiro can.**tei**.ro ***S masc*** terreno cultivado de plantas, flores ou hortaliças: *Havia grande quantidade de pés de alface em cada canteiro.*

cantiga can.**ti**.ga **S *fem*** canção simples: *Já escutou a cantiga que as mães cantam pra criança?*

cantina can.**ti**.na **S *fem*** **1** restaurante ou lanchonete em escolas, hospitais, quartéis, etc.: *Comprei meu lanche na cantina da escola.* **2** restaurante que serve comida italiana e vinhos: *Domingo, almoçarei numa cantina.*

canto[1] **can**.to **S *masc*** ação de cantar: *O canto dos passarinhos acalma a gente.*

canto[2] **can**.to **S *masc*** **1** ponto ou área em que linhas e superfícies se encontram e formam ângulo: *No canto da cena vê-se a Bela Adormecida.* **2** lugar onde se fica; ponto: *Cada um arranjava um canto e se acomodava.*

cantoria can.to.**ri**.a **S *fem*** canto[1] que dura bastante tempo: *Será que ela gosta da cantoria do filho?*

canudo ca.**nu**.do **S *masc*** tubo fino e longo: *Sopravam a espuma com canudos para fazer bolhas.*

cão **S *masc*** animal doméstico de quatro patas, carnívoro, de pelo macio em cores diversas.
de cão difícil: – *Ai, que dia de cão!*
Forma feminina correspondente: **cadela**. Aum: **canzarrão**. Pl: **cães**.

capa **ca**.pa **S *fem*** **1** agasalho para proteger do frio ou da chuva: *Jorge agarrou Haroldo pela capa.* **2** cobertura que protege: *Finalmente Tina encontrou seu livro de capa verde.*

capacete ca.pa.**ce**.te **S *masc*** proteção para a cabeça: *Os pedreiros usavam botas, capacetes e luvas grossas.*

capacidade ca.pa.ci.**da**.de **S *fem*** **1** habilidade física ou mental de uma pessoa; aptidão: *Ariel só queria provar sua capacidade.* **2** possibilidade de conter em si; espaço que se pode ocupar; volume: *O estádio do Maracanã tem capacidade para mais de 150 000 pessoas.*

capataz ca.pa.**taz** **S *masc*** quem toma conta de fazenda; administrador: *O patrão chamou o capataz e disse-lhe que fosse atrás do boi desaparecido.*

capaz ca.**paz** ***Adj*** **1** que tem capacidade ou possibilidade: *Quando aparecem os primeiros dentes, a criança já é capaz de morder.* **2** com capacidade: *Aquele professor é um homem capaz.*

capela ca.**pe**.la **S *fem*** pequena igreja: *Os jesuítas ergueram a primeira capela em São Paulo.*

capim ca.**pim** **S *masc*** planta de haste fina, folhas delicadas e compridas, que cresce em moitas: *O gado mansamente ruminava seu capim macio.*

capital[1] ca.pi.**tal** **S *fem*** cidade que é sede da administração de um país ou de um estado: *Salvador foi a primeira capital do Brasil.*

capital[2] ca.pi.**tal** **S *masc*** dinheiro utilizado em uma atividade econômica: *No sistema de parceria, o proprietário da fazenda entrava com o capital e o imigrante com o trabalho.*

capitania ca.pi.ta.**ni**.a **S *fem*** cada uma das partes em que foi dividido o Brasil pelo rei de Portugal, entregando-a a um administrador ou donatário.
Eram chamadas capitanias hereditárias porque deveriam passar de pai para filho.

capitão ca.pi.**tão** **S *masc*** **1** comandante de navio: *Quando chegaram a bordo, o capitão estava dormindo.* **2** comandante; chefe: *Beto jogava como se fosse o capitão do time.*
Pl: **capitães**.

capítulo ca.**pí**.tu.lo **S *masc*** **1** cada uma das principais divisões de um texto: *Cada noite, à luz de velas, elas liam um capítulo do livro.* **2** cada um dos episódios de programa de rádio ou televisão apresentado em série: *Estavam gravando o último capítulo da novela.*

capivara ca.pi.**va**.ra **S *fem*** animal mamífero roedor, de patas da frente com quatro dedos e garras, e de trás com três dedos unidos por membranas: *Assustadas, as capivaras corriam.* ▶ pág 388 e 389.

capoeira ▲ ca.po.**ei**.ra ***S fem*** jogo de ataque e defesa, em que se usam as pernas: *Os meninos jogavam capoeira e participavam de um grupo de teatro.*

caprichar ca.pri.**char** ***Vt*** (+em) fazer alguma coisa com capricho: *Nino caprichava na letra.*

capricho ca.**pri**.cho ***S masc*** **1** grande cuidado na realização de qualquer tarefa: *Vovô fez o cabide com capricho.* **2** vontade que vem de repente, sem motivo: *Não havia capricho da filha que o pai não satisfizesse.*
➖ **caprichoso** ***Adj*** que tem capricho ou que é cheio de caprichos ou vontades.

capturar cap.tu.**rar** ***Vt*** prender: *A polícia capturou os bandidos.*
➖ **captura** ***S fem*** ação de capturar.

capuz ca.**puz** ***S masc*** peça de pano para proteger a cabeça, geralmente presa ao casaco ou à capa: *O menino cobria a cabeça com um capuz.*

caqui ca.**qui** ***S masc*** fruto do formato de tomate, vermelho-vivo quando maduro, de polpa doce.

cara **ca**.ra ***S fem*** **1** parte da frente da cabeça humana; rosto; face. **2** expressão demonstrada no rosto: *Na foto, estou com cara de zangado.* ***S masc*** **3** pessoa; indivíduo: *Não foi fácil convencer o cara.*
de cara logo no início; antes de mais nada: *Zeca apaixonou-se por Rosa e, de cara, pediu-a em casamento.*

cará ca.**rá** ***S masc*** planta trepadeira de raízes comestíveis: *Antes da chegada do português os habitantes da terra comiam feijão, milho, cará, mandioca.*

caracol ca.ra.**col** ***S masc*** **1** pequeno molusco de corpo mole e viscoso, sem pernas, com duas antenas na parte da frente do corpo e uma concha fina às costas: *Um pequeno caracol se arrastava pela praia.* **2** pequena porção de cabelo enrolado em espiral: *Alguns caracóis da garota caíam pela testa.*

característica ca.rac.te.**rís**.ti.ca ***S fem*** aquilo que é particular e diferencia uma pessoa, animal ou coisa de outra; propriedade: *Ter sangue frio é uma característica dos répteis.*

caracterizar ca.rac.te.ri.**zar** ***Vt*** dar um aspecto particular ou especial a; distinguir: *A Serra da Mantiqueira caracteriza a paisagem do sul de Minas Gerais.*

cara de pau **ca**.ra de **pau** ***S*** **1** pessoa fingida ou sem-vergonha: *Decididamente, Renato não está entendendo aquele cara de pau.* ***S fem*** **2** fingimento: *Foi até o ninho da coruja, olhou para os monstrinhos e disse com a maior cara de pau: Que belezinha!*

carambola ca.ram.**bo**.la ***S fem*** fruto em gomos abertos de cor amarelo-esverdeada quando maduro, casca fina e brilhante, suco ácido e perfumado.
▶ pág 188 e 189.

caramelo ca.ra.**me**.lo ***S masc*** **1** calda de açúcar levemente queimado para cobrir pudins e outras sobremesas: *Na cidade encantada, as telhas das casas eram de caramelo.* **2** bala feita com essa calda e outros ingredientes: *Peguei uns caramelos na cozinha.*

caramujo ▶ ca.ra.**mu**.jo ***S masc*** molusco que habita concha em espiral: *Miguel seguia os movimentos de um caramujo na pedra lisa.*

caranguejo ca.ran.**gue**.jo ***S masc*** animal marinho de corpo achatado e largo, coberto por uma carapaça e com cinco pares de pernas, sendo o par da frente terminado em pequenas garras: *Observava um caranguejo que tomava sol.*
▶ pág 302 e 303.

carapaça ca.ra.**pa**.ça ***S fem*** cobertura de osso que protege as costas de certos animais, como o cágado e o caranguejo: *A carapaça da tartaruga é bonita.*

carapuça ca.ra.**pu**.ça ***S fem*** gorro em forma de cone: *O vendedor de ovos usava uma carapuça.*

caratê ca.ra.**tê** ***S masc*** luta em que se usam as mãos e os pés sem nenhum tipo de arma: *Nas aulas de caratê, os caras dão sempre uns berros.*

caráter ca.**rá**.ter **S *masc*** modo de ser, de sentir e de agir de cada pessoa: *Ari sempre fora um menino de bom caráter.*

caravela ▲ ca.ra.**ve**.la **S *fem*** pequena embarcação antiga, movida a vela.

carbono car.**bo**.no **S *masc*** elemento químico cristalino capaz de formar cadeias de átomos

cardápio car.**dá**.pi:o **S *masc*** lista dos pratos servidos numa refeição: *No restaurante, era dia do cardápio especial.* ▶ pág 370.

cardíaco car.**dí**.a.co ***Adj*** do coração: *Com exercícios, os batimentos cardíacos aceleram.*

cardume car.**du**.me **S *masc*** grande quantidade de peixes: *A canoa parava sempre que eles viam cardumes.* ▶ pág 302 e 303.

careca ca.**re**.ca ***Adj*** **1** sem cabelo na cabeça: *Pensei ter visto um cara gordo e careca, de cueca, voando pela janela.* **2** gasto; usado: *Os pneus já estavam carecas.* **S *fem*** **3** cabeça sem cabelos: *Frida derrubou refrigerante na careca do Hilário.* **S 4** pessoa sem cabelo na cabeça: *Um careca sorriu pra mim.*

carecer ca.re.**cer** ***Vt*** (+de) precisar; necessitar: *Se chegar mais cedo, não carece de comer correndo e com pressa.*

carência ca.**rên**.ci:a **S *fem*** falta; ausência: *A carência de água faz a planta murchar.*
Ant: **abundância**.

carente ca.**ren**.te ***Adj*** que passa necessidade; pobre: *Os atores da peça foram selecionados em comunidades carentes.*

careta ca.**re**.ta **S *fem*** **1** contração dos músculos da face por dor ou para fazer graça: *Quando rimos ou fazemos caretas, mexemos músculos do rosto.* ***Adj*** **2** fora de moda: *Puxa! Que nome mais careta.*
Em **2** é uso informal.

carga **car**.ga **S *fem*** **1** aquilo que se transporta: *O burrinho estava levando uma carga pesada.* **2** quantidade; volume: *Seria possível diminuir a carga de trabalho?*

cargo **car**.go **S *masc*** **1** função dentro de uma empresa ou instituição: *O bom policial ganhou o cargo de guarda da rua.* **2** obrigação; responsabilidade: *Fica a cargo do avestruz macho proteger o ninho.*

carícia ca.**rí**.ci:a **S *fem*** gesto de carinho: *O cavalinho gostava das carícias da menina.*

caridade ca.ri.**da**.de **S *fem*** ação de ajuda a quem necessita.
caridoso *Adj* que faz caridade.

cárie **cá**.ri:e **S *fem*** destruição do dente por bactérias: *O açúcar favorece o aparecimento de cáries.*

carijó ca.ri.**jó** ***Adj*** que tem penas pintadas de branco e preto: *Era uma vez uma galinha carijó, / passava os dias fazendo co-ri-có-có.*

carimbo ca.**rim**.bo **S *masc*** **1** instrumento com que se marcam papéis de uso oficial ou particular: *Marcava os livros com um carimbo com seu nome.* **2** sinal produzido por esse instrumento: *Rominho viu a data do carimbo do correio.*
carimbar *Vt* marcar com carimbo.

carinho ca.**ri**.nho **S *masc*** **1** manifestação ou sentimento de afeto: *O adulto deve tratar a criança com carinho.* **2** cuidado; zelo: *Fazia tudo com carinho.*
carinhoso *Adj* que tem carinho para com alguém.

carnaval ▼ car.na.**val** **S *masc*** período de três dias de folia que acontece antes da Quarta-feira de Cinzas.
carnavalesco *Adj* relativo ao carnaval.

carne **car**.ne **S *fem*** **1** substância macia e com fibras que está entre a pele e os ossos do homem e dos animais: *O espinho penetrou na carne da coxa.* **2** parte dessa substância, de certos animais, usada como alimento: *Temos um pouco de carne e bastante batata para o almoço.* ▶ pág 402 e 403.

carne de sol **car**.ne de **sol** **S *fem*** carne fresca conservada em sal: *Matilde quis comprar farinha e carne de sol.*

carneiro car.**nei**.ro ***S masc*** animal domesticado, quadrúpede, chifres curvos, corpo coberto de lã.

carne-seca car.ne-**se**.ca ***S fem*** carne bovina cortada em pedaços, salgada e seca ao sol: *Nosso jantar era carne-seca, farinha de mandioca e pão.*
Em algumas partes do Brasil, é conhecida como **charque**.

carniça car.**ni**.ça ***S fem*** carne podre: *Urubu come carniça.*

carnívoro car.**ní**.vo.ro ***Adj*** **1** que se alimenta de carne: *Gatos são mamíferos carnívoros.* ***S masc*** [***Pl***] **2** animais mamíferos que se alimentam de carne: *Os carnívoros têm os dentes afiados.*

caro **ca**.ro ***Adj*** **1** de preço elevado: *"Abaporu", de Tarsila do Amaral, é um dos quadros mais caros da pintura brasileira?* **2** estimado; querido: *Esses quarenta bandidos vivem incomodando o meu caro Ali Babá.* ***Adv*** **3** com muito dinheiro: *Estavam dispostos a pagar caro para ter o produto.*
pág 256 e 257.
Ant para **1** e **3**: **barato**.

caroço ca.**ro**.ço ***S masc*** semente de vários frutos, com formato e tamanho variados: *Não se deve engolir caroço de jabuticaba.*

carona ca.**ro**.na ***S fem*** condução ou transporte gratuito em qualquer veículo: *Vou pegar um casaco. Quero aproveitar uma carona sua.*

carpinteiro car.pin.**tei**.ro ***S masc*** trabalhador que constrói, monta e conserta peças de madeira: *O carpinteiro fez uma bengala.*
carpintaria ***S fem*** trabalho de carpinteiro.

carrapato car.ra.**pa**.to ***S masc*** animal parasita que se gruda ao corpo dos animais ou das pessoas, sugando o sangue deles: *O pássaro come o carrapato que prejudica os bois.*

carrasco car.**ras**.co ***S masc*** antigamente, encarregado de matar as pessoas condenadas à morte.

carregador car.re.ga.**dor** ***S masc*** quem carrega alguma coisa: *Eram muito fortes aqueles carregadores de café.*

carregamento car.re.ga.**men**.to ***S masc*** carga: *Parte daquele carregamento era dos espanhóis.*

carregar car.re.**gar** ***Vt*** **1** levar de um lugar para outro; transportar: *Zoé carrega sua trouxinha.* **2** colocar carga em veículo para transporte: *Todo mundo ajudou a carregar o caminhão de mudança.* **3** colocar carga elétrica em: *Preciso carregar a bateria do meu celular.*

carreira car.**rei**.ra ***S fem*** **1** prática de uma determinada atividade; profissão: *Foi com um jornal na escola que comecei minha carreira de jornalista.* **2** fileira; fila; série: *Cada carreira de letras deve ser lida da esquerda para a direita.*

carretel car.re.**tel** ***S masc*** pequeno cilindro em que se enrola fio de aço ou linha de costurar: *Lucinha, vá me buscar um carretel de linha e uma agulha.*

carrinho car.**ri**.nho ***S masc*** **1** carro pequeno para transporte de bebês: *Só falta agora colocar o coelho num carrinho com chupeta e touca!* **2** carro pequeno para transporte de mercadoria, de objetos pequenos, etc.: *Estava empurrando um carrinho cheio de compras.* pág 188-189 e 402-403.

carro **car**.ro ***S masc*** **1** meio de transporte de rodas, puxado por animal, para levar carga ou pessoas: *Temos de respeitar a velocidade do carro de boi.* **2** meio de transporte para levar pessoas; automóvel.

carroça car.**ro**.ça ***S fem*** meio de transporte de duas ou quatro rodas, puxado por animal, para levar carga: *Lá ia para o mercado o sitiante em sua carroça.*

carrocinha car.ro.**ci**.nha ***S fem*** veículo para pegar cães que vivem na rua: *Será que mereço castigo por ter salvado os cachorros da carrocinha?*

carrossel car.ros.**sel** ***S masc*** brinquedo de parques de diversões, formado por cavalos de madeira, bancos, ou outras figuras que andam em círculo: *O carrossel vai girando sem parar.*

CASA (INTERIOR)

1. banheiro ▶ pág 49
2. bule ▶ pág 63
3. cortina ▶ pág 109
4. cozinha ▶ pág 110
5. escada ▶ pág 161
6. estante ▶ pág 174
7. lavanderia ▶ pág 253
8. liquidificador ▶ pág 260
9. mobília ▶ pág 282
10. morador ▶ pág 284
11. piso ▶ pág 330
12. poltrona ▶ pág 335
13. quarto ▶ pág 354
14. sala ▶ pág 386
15. suíte ▶ pág 411
16. tapete ▶ pág 417
17. vidraça ▶ pág 449
18. visitante ▶ pág 451

carruagem car.ru.**a**.gem ***S fem*** carro de quatro rodas, puxado por animais, para transporte de pessoas: *A princesa entrou na carruagem, que logo começou a rodar em direção ao castelo.*

carta **car**.ta ***S fem*** **1** comunicação escrita colocada em envelope com endereço: *Não se deve ler cartas de outras pessoas.* **2** documento escrito: *Cada donatário recebia uma carta de doação.* **3** cada uma das peças do baralho: *Cada jogador coloca uma carta por vez sobre a mesa.*

cartão car.**tão** ***S masc*** pedaço retangular de folha de papel grosso usado para várias finalidades: *Lenita sempre recebia vários cartões de Natal.*

cartaz car.**taz** ***S masc*** folha de diversos tamanhos, com escritos e/ou figuras, que é colocada em lugar público e serve para comunicar algo ou fazer propaganda: *Os dois correram para mudar as letras do cartaz para pôr na parede.*
em cartaz em exibição: *Uma comédia entrou em cartaz esta semana no cinema.*

carteira car.**tei**.ra ***S fem*** **1** pequena bolsa, com divisões internas para guardar dinheiro, cartões e documentos: *Quando pôs a mão no bolso, percebeu que a carteira tinha desaparecido.* **2** mesa para escrita, estudo ou desenho; escrivaninha: *No colégio de Aninha as salas tinham poucas carteiras.* **3** documento que contém licenças, autorizações e identificações: *A carteira de identidade é um importante documento oficial.*
▶ pág 256-257 e 405.

carteiro ▲ car.**tei**.ro ***S masc*** entregador de correspondência: *O carteiro tinha entregado todas as cartas.*

cartela car.**te**.la ***S fem*** **1** embalagem que contém mercadorias miúdas: *Bentinho acabou ganhando uma cartela de chicletes.* **2** cartão já impresso e pronto para ser preenchido, que se destina a vários fins: *Vence o jogo quem primeiro preencher toda a cartela do bingo.*

cartola car.**to**.la ***S fem*** chapéu masculino, alto e cilíndrico, de cor preta, para uso em ocasiões formais: *Miguel pôs na cabeça a cartola de seu pai.*

cartolina car.to.**li**.na ***S fem*** papel um pouco mais fino do que o usado em cartões, muito usado em trabalhos escolares: *Você poderá usar cartolina para colar os mapas.*

cartório car.**tó**.ri.o ***S masc*** lugar onde se pode registrar e emitir certos documentos: *Toda criança quando nasce deve ser registrada no cartório de registro civil.*

carvão car.**vão** ***S masc*** substância constituída pela queima de madeira.
carvoaria ***S fem*** lugar onde se faz ou se vende carvão. **carvoeiro** ***S masc*** pessoa que faz ou que vende carvão.

casa ▼ **ca**.sa ***S fem*** **1** construção feita para servir de moradia às pessoas: *A casa da fazenda era grande.* **2** lugar onde se mora com a família; lar: *Pegaram suas coisas e se prepararam para ir para casa.* **3** abertura por onde passa o botão: *De tanto sono, Marinho não acertava a casa do botão.* **4** estabelecimento comercial: *Valmir tem uma casa de chá.*
▶ pág 76-77 e 88-89.
casebre ***S masc*** casa pequena e pobre.
Aum: **casarão**.

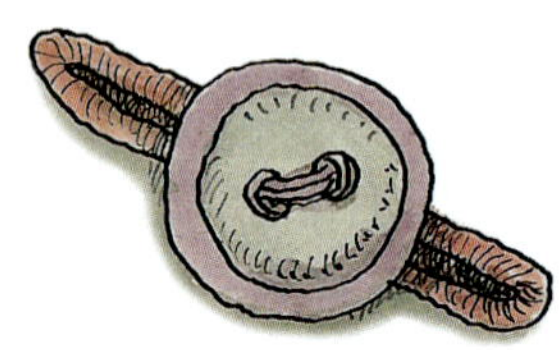

casaco ca.**sa**.co ***S masc*** peça de roupa de mangas longas, que se fecha à frente e que cobre o tronco ou que se usa sobre vestido ou terno.

casal ca.**sal** ***S masc*** **1** par composto de um homem e uma mulher: *O casal estava apaixonado.* **2** par composto de macho e fêmea da mesma espécie: *Na arca de Noé havia um casal de cada tipo de bicho.*

casamento ca.sa.**men**.to ***S masc*** união de um homem e uma mulher, segundo a lei, de modo que se estabeleça uma família legítima: *– Seu Genaro, venho pedir a mão de sua filha Catarina em casamento.*

casar ca.**sar** ***Vt*** (+com) unir(-se) em casamento: *Alexandre casou-se com uma moça de grande beleza.*

casca **cas**.ca ***S fem*** **1** camada externa que envolve os caules, ramos e alguns frutos: *Puseram as cascas de laranja numa bandeja.* **2** cobertura rígida de animais marinhos: *Havia muita casca de ostra no lixo.* **3** parte de fora do ovo, que envolve a gema e a clara.

cascata ▲ cas.**ca**.ta ***S fem*** queda-d'água natural ou artificial; cachoeira pequena: *Viram uma pequena cascata caindo entre as pedras, na mata.*

cascavel cas.ca.**vel** ***S fem*** cobra venenosa com losangos escuros ao longo do corpo e a cauda terminada em um pequeno chocalho ou guizo: *A cascavel bate o guizo quando está irritada.*
▶ pág 460 e 461.

casco **cas**.co ***S masc*** **1** unha de boi, cavalo e outros mamíferos: *O ferreiro arrumava a ferradura dos cascos dos cavalos.* **2** carapaça de certos animais: *A tartaruga pôs o pescoço para fora do casco.* **3** parte de baixo do corpo da embarcação: *As águas se chocavam contra o casco do navio.*

cascudo[1] cas.**cu**.do ***Adj*** de casca grossa ou pele dura: *Um bichinho cascudo entrou pela porta.*

cascudo[2] cas.**cu**.do ***S masc*** pancada na cabeça com os nós dos dedos: *Nunca levei cascudos.*

caseiro ca.**sei**.ro ***Adj*** **1** feito em casa: *Não prepare remédios caseiros sem orientação médica.* **2** que se faz em casa; de casa: *Edgar foi encarregado dos serviços caseiros.* ***S masc*** **3** pessoa que toma conta de casa: *A caseira serviu milho assado e café.*

caso **ca**.so ***S masc*** **1** aquilo que aconteceu; episódio: *A mãe não falou no caso.* **2** história: *Lucas ainda ficou na sala contando casos e piadas.* **3** questão; problema: *O melhor vencerá, e o caso fica resolvido da melhor forma.*

castanha cas.**ta**.nha ***S fem*** fruto da castanheira ou do cajueiro: *Na frente da casa passavam os vendedores de castanha.*
⊖ **castanheira** ***S fem*** árvore que produz a castanha comestível. **castanho** ***Adj*** que tem a cor da casca da castanha; marrom.

castanha-do-pará cas.**ta**.nha-do-pa.**rá** ***S fem*** fruto de uma árvore grande do norte do Brasil; tem grande valor nutritivo e é consumida crua ou assada ou em doces: *Coloque castanha-do-pará moída sobre o sorvete de creme.*

castelo cas.**te**.lo ***S masc*** residência real ou de outras pessoas ricas protegida por grandes muralhas: *A ideia era transformar o castelo num enorme parque de diversões.*

castigar cas.ti.**gar** ***Vt*** punir quem fez algo de errado: *O imperador prometeu castigar o responsável pelo crime.*
⊖ **castigo** ***S masc*** ação de castigar; punição dada a alguém que fez algo de errado.

casulo ▶ ca.**su**.lo ***S masc*** tubinho fechado onde fica a larva da borboleta: *Um tempo se passa, o casulo se abre e surge a borboleta.*

catálogo ca.**tá**.lo.go ***S masc*** **1** relação de produtos à venda: *Nair olhou o catálogo e fez o pedido.* **2** lista de filmes, livros, documentos, etc.: *Procurou o filme nos catálogos de todas as locadoras do bairro.*

catapora ca.ta.**po**.ra ***S fem*** doença contagiosa que causa febre e pintas vermelhas na pele.

catar ca.**tar** ***Vt*** **1** procurar; buscar: *Zoé gosta de catar pedrinhas lisas e coloridas.* **2** pegar: *Alexandre catou o dinheiro no chão.*

catarro ca.**tar**.ro ***S masc*** líquido grosso que escorre do nariz ou vem dos pulmões quando se tosse devido à gripe, bronquite, etc.

catástrofe ca.**tás**.tro.fe ***S fem*** acontecimento muito grave: *A enorme onda causou uma catástrofe na praia.*

cata-vento **ca**.ta-**ven**.to ***S masc*** **1** bandeirinha de metal presa em uma haste que se coloca nos lugares altos para indicar a direção do vento. **2** brinquedo feito de papel ou plástico fino em forma hélices, presas a uma haste de madeira, que giram com o sopro do vento: *As crianças agitavam os cata-ventos.*
▶ pág 338 e 339.

catedral ca.te.**dral** ***S fem*** igreja principal: *A missa foi celebrada na catedral do centro da cidade.*

categoria ca.te.go.**ri**.a ***S fem*** **1** conjunto de pessoas ou coisas que têm as mesmas características; classe: *Marcel já competia na categoria adulto.* **2** qualidade; nível: *A cidade reformou seu aeroporto, que se tornou de categoria internacional.*

catequizar ca.te.qui.**zar** ***Vt*** ensinar religião a: *Os jesuítas catequizavam os indígenas.*

cativar ca.ti.**var** ***Vt*** **1** ganhar a simpatia ou estima de: *Foi com estas flores que Daniela me cativou.* **2** prender; atrair: *O visitante começa a narrar uma história que cativa a atenção do rei.*

cativo ca.**ti**.vo ***Adj*** **1** escravo: *Os negros cativos divertiam-se com brincadeiras trazidas de Angola.* **2** permanente: *O cachorrinho tinha lugar cativo no coração de Laura.* ***S masc*** **3** prisioneiro: *Estavam dois cativos numa só cela.*
cativeiro ***S masc*** escravidão ou prisão.

católico ca.**tó**.li.co ***Adj*** **1** que segue o catolicismo, ou seja, um conjunto de princípios e crenças por parte dos cristãos que reconhecem a autoridade do Papa: *A França era um país católico.* ***S masc*** **2** quem segue o catolicismo: *Os católicos foram à missa de domingo.*

cauda ▶ **cau**.da ***S fem*** **1** parte fina e comprida que sai da parte de trás do corpo de alguns animais; rabo: *As sereias têm cauda de peixe e escamas.* **2** parte de trás de qualquer objeto: *Precisavam carregar a cauda do manto do rei para que não sujasse.*

caule **cau**.le ***S masc*** parte das plantas onde estão as folhas.

causa **cau**.sa ***S fem*** **1** aquilo que faz com que alguma coisa exista; motivo; explicação: *O egoísmo humano tem muitas causas.* **2** aquilo que se defende ou em que se crê: *D. Pedro passou a aderir à causa da nossa independência.*

causar cau.**sar** ***Vt*** fazer com que alguma coisa apareça; provocar: *O palhaço não tinha a intenção de causar medo nas crianças.*
causador ***S masc*** aquilo ou aquele que causa alguma coisa.

cavalaria ca.va.la.**ri**.a ***S fem*** conjunto de soldados, policiais, etc. que trabalham a cavalo.

cavalgar ca.val.**gar** ***Vi*** andar a cavalo: *Cavalgavam à tarde.*
cavalgada ***S fem*** passeio a cavalo.

cavalheiro ▶ ca.va.**lhei**.ro ***S masc*** homem muito educado e gentil: *É um perfeito cavalheiro.*

cavalo ca.**va**.lo ***S masc*** animal doméstico, quadrúpede, com pelo macio de cores diversas: *O belo moço passou a galope no seu cavalo.*
cavaleiro ***S masc*** homem que anda a cavalo.

cavalo-marinho ca.**va**.lo-ma.**ri**.nho ***S masc*** peixe de cor que varia entre o pardo e o verde; o corpo é revestido de anéis ósseos, e a cauda constitui quase a metade dele. ▶ pág 302 e 303.

cavar ca.**var** ***Vt*** abrir buraco em: *O homem cavava o chão para fazer um poço.*

caveira ca.**vei**.ra ***S fem*** esqueleto da cabeça: *Era uma vez uma caveira que se recusava a ser enterrada...*

caverna ca.**ver**.na ***S fem*** grande buraco no interior da terra: *Dentro da caverna havia uma feiticeira.*

cavidade ca.vi.**da**.de ***S fem*** **1** espaço vazio de um corpo ou de um órgão do corpo: *O coração tem quatro cavidades.* **2** espaço cavado; buraco: *A fera se escondia dentro de uma cavidade da rocha.*

caxumba ca.**xum**.ba ***S fem*** inflamação dolorosa das glândulas que produzem a saliva, situadas no pescoço.

CD ***S masc*** disco usado para gravação de música, imagens ou outros dados, de cerca de 12 cm de diâmetro, e que pode ser reproduzido em aparelho de som ou computador.
É abreviatura do inglês ***compact disc***.

cebola ce.**bo**.la ***S fem*** planta com raiz comestível, formada por camadas umas sobre as outras.

cebolinha ce.bo.**li**.nha ***S fem*** hortaliça de talos brancos e folhas verdes em forma de tubinhos ocos, usada como tempero: *O cheiro de cebolinha afasta os insetos.*

ceder ce.**der** ***Vt*** (+a/para) **1** pôr à disposição de: *A Secretaria da Educação cedeu dois professores para atender aos deficientes visuais.* ***Vi*** **2** sofrer deslocamento; mover--se: *De repente, a pista cedeu.*

cedo **ce**.do ***Adv*** **1** antes de o sol nascer; de manhã: *Amanhã bem cedo vou levar seu irmão ao trabalho.* **2** antes do que se esperava: *O lobo chegou cedo à casa da vovó.*
Ant: **tarde**.

cédula **cé**.du.la ***S fem*** papel que representa o dinheiro; nota: *Pegou cinco cédulas de dez reais.*

cegar ce.**gar** ***Vt*** **1** deixar cego; tornar cego: *Esse brilho forte pode até cegar as pessoas.* ***Vi*** **2** perder a visão; ficar cego: *Toda essa gente cegou por causa da luz forte.*

cego **ce**.go ***Adj*** **1** que não enxerga: *Fabiano era um menino cego.* ***S masc*** **2** pessoa que não enxerga: *Existe o alfabeto braile para cegos.*
cegueira ***S fem*** falta de visão.

cegonha ce.**go**.nha ***S fem*** ave de pernas compridas, de penas brancas e bico longo.

ceia **cei**.a ***S fem*** refeição da noite: *O barão convidou muitas pessoas para a ceia.*

cela **ce**.la ***S fem*** em uma prisão, lugar muito pequeno onde se coloca o preso: *O guarda abriu a cela e colocou os dois presos dentro.*
Cp: **sela**.

celebridade ce.le.bri.**da**.de ***S fem*** **1** qualidade do que é famoso: *D. Quixote saiu em busca da celebridade e do amor.* **2** pessoa famosa: *Artur fazia graça: "Virei celebridade!"*

célula **cé**.lu.la ***S fem*** parte muito pequena que forma os seres vivos.

celular ce.lu.**lar** ***Adj*** **1** relativo a célula; da célula: *Pode-se controlar a atividade celular.* ***S masc*** **2** telefone portátil que funciona por um sistema de rádio: *Susi falou comigo pelo celular.*

cemitério ce.mi.**té**.ri.o ***S masc*** lugar destinado ao enterro dos mortos.

cena **ce**.na ***S fem*** **1** ação que se passa no espaço alcançado pela vista da pessoa: *Lucila presenciou uma cena divertida.* **2** cada uma das sequências de ações ou situações que constitui um filme, uma novela, um romance, etc.: *Aconteceu numa cena que não estava combinada.*

cenário ce.**ná**.ri.o ***S masc*** conjunto de elementos do ambiente onde acontecem as cenas de uma apresentação: *O cenário acabou caindo sobre os atores.*

cenoura ce.**nou**.ra ***S fem*** hortaliça de talo comprido, raiz alongada de cor alaranjada.

censo **cen**.so ***S masc*** contagem da população: *No censo realizado em 2010 a população brasileira é de 190 milhões de habitantes.*
Cp: **senso**.

censura cen.**su**.ra ***S fem*** **1** não aprovação: *O doutor lançou um olhar de censura para Jorge.* **2** proibição total ou em parte de um espetáculo, livro, jornal, etc. por causa de seu conteúdo: *Por causa da censura, as pessoas não podiam discutir livremente a realidade do país.*

centauro cen.**tau**.ro ***S masc*** animal imaginário que tem metade homem e metade cavalo: *Danilo se encantou com a história dos centauros.*

centavo cen.**ta**.vo ***S masc*** centésima parte da unidade monetária do Brasil e de vários outros países: *Seu troco é de dez centavos.*

centena cen.**te**.na ***S fem*** quantidade equivalente a cem unidades.

centenário cen.te.**ná**.ri.o ***S masc*** **1** período de cem anos: *Em 2006, foi comemorado o centenário do primeiro voo de Santos Dumont.* ***Adj*** **2** que tem

cem anos: *No centro do parque há a árvore centenária.*

centímetro cen.**tí**.me.tro ***S masc*** unidade de medida de comprimento, equivalente à centésima parte do metro.

centopeia cen.to.**pei**.a ***S fem*** pequeno animal invertebrado, com o corpo comprido e muitas patas: *A centopeia estava machucada, mas equilibrou-se como pôde sobre as cinquenta patas boas.*

centro **cen**.tro ***S masc*** ponto ou parte no meio de uma superfície: *A reunião foi no centro da praça.*
central ***Adj*** relativo a centro; que fica no centro.

cera **ce**.ra ***S fem* 1** substância amarela e mole, produzida pelas abelhas. **2** substância semelhante a essa, usada para dar brilho, para fazer velas, etc.: *Passou cera no carro, que ficou brilhoso.*

cerâmica ce.**râ**.mi.ca ***S fem*** técnica de fabricar objetos de argila moldados e queimados: *Os indígenas já dominavam a técnica da cerâmica.*

cerca **cer**.ca ***S fem*** construção geralmente de madeira e arame que protege e limita terreno ou construção: *Os fugitivos foram beirando a cerca até perto do rio.*

cercado cer.**ca**.do ***Adj*** **1** protegido por cerca ou muro: *Quanto mede cada terreno cercado?* **2** rodeado: *Hoje nós estamos cercados de todos os lados.* ***S masc* 3** terreno fechado por cerca: *À tarde as ovelhas voltavam para o cercado.* ▶ pág 196 e 197.

cercar cer.**car** ***Vt* 1** estar colocado em torno de, para proteção: *Havia um portão no muro que cercava o castelo.* **2** ficar na frente de, para impedir a passagem: *Vou cercar os porcos do outro lado.*

cereal ▲ ce.re.**al** ***S masc*** qualquer tipo de grão usado na alimentação: *– Veja, Rafael, que bela plantação de cereais.*
Mais usado no plural.

cérebro **cé**.re.bro ***S masc*** principal órgão do sistema nervoso central e que fica dentro do crânio, na cabeça.
cerebral ***Adj*** relativo a cérebro; do cérebro.

cereja ce.**re**.ja ***S fem*** pequeno fruto de cor vermelho-escura, de sabor doce: *Quase engoli um caroço de cereja.*
cerejeira ***S fem*** árvore de casca dura e grossa, que dá cereja.

cerimônia ce.ri.**mô**.ni.a ***S fem*** reunião formal em comemoração a um acontecimento: *Poderíamos até realizar a cerimônia aqui na escola, para que todos participassem.*

cerrado cer.**ra**.do ***S masc*** região de vegetação com árvores de troncos retorcidos, arbustos e plantas rasteiras.

certeza cer.**te**.za ***S fem*** crença ou opinião firme a respeito de alguma coisa com base em provas ou razões íntimas: *Podem ter certeza de que farão um passeio divertido.*
Ant: **dúvida**.

certidão cer.ti.**dão** ***S fem*** documento que comprova certos dados ou fatos: *O nome dos pais deve constar na certidão de nascimento.*

certificar cer.ti.fi.**car** ***Vt* 1** dar certeza de; afirmar: *É o Ibama que certifica que os animais das lojas não foram roubados da natureza.* [***Pron***] (+de) **2** ter certeza; assegurar-se: *Para se certificar do acontecido, o delegado fez perguntas.*

certo **cer**.to ***Adj* 1** correto; verdadeiro: *Eu tentava encontrar o caminho certo para mim.* **2** exato; preciso: *Tudo tem seu tempo certo de acontecer.* ***Pron*** [Indefinido] **3** determinado; algum: *Caminhavam rápido, mas em certo momento pararam.* ***Adv*** **4** de maneira correta: *– Você está agindo certo, meu filho.*
Ant de **1** e **4**: **errado**.

cerveja cer.**ve**.ja ***S fem*** bebida alcoólica fermentada, feita de vários cereais.
cervejaria ***S fem*** fábrica de cerveja.

cessar ces.**sar** ***Vi* 1** parar: *Trabalhou sem cessar.* **2** acabar; interromper-se: *A destruição da mata cessou.*

cesta **ces**.ta ***S fem*** recipiente, geralmente de cipó, para guardar ou transportar mercadorias: *Na cesta havia meia dúzia de ovos.*
Cp: **sesta**.

cesta básica **ces**.ta **bá**.si.ca ***S fem*** conjunto de produtos considerados de primeira necessidade para o uso de uma família de quatro pessoas durante um mês: *Você sabe quais são os alimentos que fazem parte de uma cesta básica?*

cesto **ces**.to **S *masc*** cesta funda e sem alças, com tampa ou não: *A mandioca era posta num cesto.*

céu **S *masc*** **1** espaço sem limites onde se movem os astros: *Existem instrumentos especiais para observar o céu.* **2** o espaço acima de nossas cabeças: *As aves voam livres no céu.*
celeste / celestial *Adj* relativo a céu; do céu.

chá **S *masc*** qualquer tipo de bebida feita com folhas, flores ou cascas de plantas fervidas em água.

chácara **chá**.ca.ra **S *fem*** pequena propriedade no campo; pequeno sítio: *O escritor morava em uma chácara.*

chacoalhar cha.co:a.**lhar** ***Vt*** **1** agitar; sacudir: *Tadeu chacoalhou o cofre, mas só tinha uma moeda dentro.* ***Vi*** **2** produzir vibração: *O avião chacoalhava muito devido ao mau tempo.*

chafariz cha.fa.**riz** **S *masc*** fonte com uma ou mais bicas por onde jorra água: *Quando você chegar ao chafariz, dobre à direita.*

chaleira cha.**lei**.ra **S *fem*** vasilha arredondada com bico e tampa, para líquidos: *Ela coloca a água na chaleira, tampa-a e leva-a ao fogo.*

chama **cha**.ma **S *fem*** luz e fogo que sai daquilo que está queimando: *Olhou para a chama da vela.*

chamar cha.**mar** ***Vt*** **1** dizer o nome em voz alta para que alguém venha ou se apresente: *O bailarino foi correndo chamar Lindalva.* **2** buscar; procurar: *Renato fora chamar o médico para seu avô.* **3** atrair: *O barulho da bandeja caindo chamou a atenção de João.* [***Pron***] **4** ter por nome ou receber o nome de: *Tina achava que o cachorro devia se chamar Reno.*
chamado S *masc* ação de chamar.

chaminé cha.mi.**né** **S *fem*** tubo para dar passagem ao ar e saída à fumaça de certos fogões, lareiras, etc.: *Era uma casinha bonita, com chaminé e tudo.*

chance **chan**.ce **S *fem*** ocasião; oportunidade: *O pavão não perdia a chance de se gabar.*

chão **S *masc*** **1** qualquer superfície em que se pisa: *Não jogue o lixo no chão da quadra.* **2** extensão de terra; solo: *No chão havia muitas folhas secas.*

chapa **cha**.pa **S *fem*** **1** nome de qualquer peça lisa e fina, feita de metal, madeira ou vidro: *A armadura era feita de chapas de ferro.* **2** placa de automóvel: *Quem conseguiu ver a chapa do carro?* **3** peça plana, lisa e resistente ao calor, sobre a qual se cozinham alimentos: *A chapa do fogão estava muito quente.*

chapéu cha.**péu** **S *masc*** peça usada para cobrir a cabeça.

charada cha.**ra**.da **S *fem*** enigma com uma pergunta em que, seguindo as dicas, deve-se adivinhar a resposta, que quase nunca é o que parece ser: *Ele não era bom para resolver charadas.*

charme **char**.me **S *masc*** encanto; simpatia: *Aurora tinha muito charme.*
charmoso *Adj* cheio de charme.
É palavra tirada do francês.

charrete char.**re**.te **S *fem*** carro leve, de duas rodas, puxado por um ou dois cavalos: *Aqueles passeios de charrete eram para divertir a gente.*

charuto cha.**ru**.to **S *masc*** rolo de folhas secas de tabaco, preparado para se fumar: *Fumar charuto prejudica a saúde.*

chatear cha.te.**ar** ***Vt*** **1** causar aborrecimento; aborrecer: *Aqueles comentários me chatearam muito.* ***Vi*** [***Pron***] **2** aborrecer-se: *Na certa o convidado se chateou na festa e caiu fora.*
chateação / chatice S *fem* aborrecimento; amolação. **chateado *Adj*** aborrecido.

chato **cha**.to ***Adj*** **1** sem relevo; plano: *Marinho tem pé chato.*

2 monótono: *Vou embora, esta festa está muito chata.* 3 desagradável: *Você está tão chato hoje!* ***S masc*** 4 pessoa desagradável: *Ele era um chato.*

chave **cha**.ve ***S fem*** 1 objeto de metal que tranca ou abre a fechadura: *Perdi a chave da gaveta.* 2 peça com que se liga a corrente elétrica de certos motores: *A chave do carro já estava no lugar certo.* ▶ pág 88 e 89.

chaveiro cha.**vei**.ro ***S masc*** 1 objeto em que se prendem chaves. 2 pessoa que faz e vende chaves: *Encomendou três cópias de chaves ao chaveiro.*

chefe **che**.fe **S** 1 pessoa que ocupa um lugar de comando ou de direção: *O chefe dos piratas pensou, mas não respondeu nada.* 2 funcionário encarregado da supervisão de uma seção, departamento, etc.: *Foram se entender com o chefe da estação.*

chefiar che.fi.**ar** ***Vt*** comandar como chefe; ficar no comando de: *Nunca deixavam o Laerte chefiar as brincadeiras.*
chefia ***S fem*** ação de chefiar; comando.

chegada che.**ga**.da ***S fem*** 1 aproximação: *Ao perceber a chegada do gigante, a bruxa ficou com medo.* 2 início; começo: *O grupo esperava ansioso a chegada da neve.*

chegar che.**gar** ***Vi*** 1 ter seu início; começar: *A noite chegou.* 2 ser suficiente; bastar: *Dez reais não chegam.* 3 apresentar-se em determinado lugar: *Ele sempre chegou na hora!* ***Vt*** (+a) 4 atingir; alcançar: *A língua do tamanduá pode chegar a uns 40 cm.* 5 atingir ou alcançar (um ponto ou local): *Grande quantidade de imigrantes chegava às cidades.*

cheia **chei**.a ***S fem*** enchente de rio; inundação: *Certos peixes só aparecem durante as cheias.*

cheio ▼ **chei**.o ***Adj*** 1 que tem grande quantidade de coisas; lotado: *O porto estava sempre cheio de navios.* 2 dominado por: *O cacique ergueu-se cheio de orgulho.*
em cheio de modo completo: *A bola acertou em cheio o gol.*
Ant de 1: **vazio**.

cheirar chei.**rar** ***Vt*** 1 sentir o cheiro de, usando o sentido do olfato: *Pararam para cheirar as rosas.* (+a) 2 ter cheiro (de): *A sala cheirava fortemente a tangerina.*

cheiro **chei**.ro ***S masc*** odor que se percebe pelo olfato: *A casa toda tinha cheiro de bolo.*
cheiroso ***Adj*** que tem bom cheiro.

cheque **che**.que ***S masc*** documento fornecido por um banco a quem nele tem conta aberta, e que vale por dinheiro quando preenchido com uma quantia e assinado pelo dono da conta. ▶ pág 256 e 257.
Cp: **xeque**.

chiar chi.**ar** ***Vi*** 1 protestar: *A cada aumento o povo chia.* 2 fazer ruído agudo: *O trem chegou chiando e apitando na estação.*
chiado ***S masc*** som agudo.

chiclete chi.**cle**.te ***S masc*** goma de mascar: *Vive mascando chiclete.*
É marca registrada.

chicote chi.**co**.te ***S masc*** tira de couro com cabo, usada para bater: *Estalou o chicote no ar.*

chicotear chi.co.te.**ar** ***Vt*** bater com chicote em: *Emília – lept, lept! chicoteou o cavalinho.*

chifrar chi.**frar** ***Vt*** atacar com os chifres: *Essa vaca não chifra ninguém.*

chifre **chi**.fre ***S masc*** parte pontuda e curva que cresce na cabeça de certos animais: *Viu o chifre do veado disfarçado no meio das vacas.*

chilique chi.**li**.que ***S masc*** ataque de nervos: *A informação provocou um chilique na menina.*

chimarrão ▲ chi.mar.**rão** ***S masc*** bebida feita de mate e que se bebe quente e sem açúcar.

chimpanzé chim.pan.**zé** ***S masc*** grande macaco de corpo peludo, crânio pequeno, nariz chato, focinho longo, caninos salientes, braços muito longos: *O chimpanzé pesa cerca de 70 kg.*

chinelo chi.**ne**.lo ***S masc*** sandália, geralmente sem salto, para usar em casa.

chinês chi.**nês** ***Adj*** **1** natural ou habitante da China (Ásia): *O circo tinha um mágico chinês.* ***S masc*** **2** pessoa natural ou habitante da China: *Os chineses têm uma alimentação diferente da nossa?*

chip *chípi* ***S masc*** pequena lâmina que contém dispositivos que controlam a passagem da eletricidade e que recebem ou enviam informações que circulam nos computadores. Palavra tirada do inglês.

chique **chi**.que ***Adj*** elegante na maneira de se vestir: *Pôs um terno bem chique e belos sapatos.*

chiqueiro chi.**quei**.ro ***S masc*** lugar onde ficam os porcos: *Foi até o chiqueiro olhar os filhotes.*
pág 196 e 197.

chocalho cho.**ca**.lho ***S masc*** instrumento que contém grãos ou sementes que produzem som quando o sacudimos: *Dudu ganhou logo mamadeira, chupeta e chocalho.*

chocar[1] cho.**car** ***Vt*** **1** causar estranheza ou revolta a; abalar: *Aquele desastre chocou a população.* [***Pron***] (+contra) **2** dar de encontro: *O carro chocou-se contra o muro.*
choque ***S masc*** processo ou resultado de chocar(-se).

chocar[2] cho.**car** ***Vt*** cobrir (o ovo), aquecendo-o com o próprio corpo até que nasça o filhote: *A pata choca seus ovos.*
choca ***Adj*** diz-se de ave que está chocando.

chocolate cho.co.**la**.te ***S masc*** **1** alimento feito de cacau, açúcar e outros ingredientes variados como leite, castanhas, etc.: *A garotada adora sorvete de chocolate.* **2** bombom ou barra desse alimento: *Cada um ganhou uma barra de chocolate.*

choradeira cho.ra.**dei**.ra ***S fem*** choro que não para: *A mãe acabou com a choradeira das filhas.*

choramingar cho.ra.min.**gar** ***Vi*** chorar sem parar e sem causa; chorar baixinho: *Ana continuava choramingando pela casa.*

chorar cho.**rar** ***Vi*** derramar lágrimas sob o efeito de emoção ou de dor.
chorão ***Adj*** que chora facilmente ou que chora muito.
choro ***S masc*** ação de chorar; lamentação.

choupana chou.**pa**.na ***S fem*** casa muito simples; cabana: *Nasceu numa choupana.*

chover cho.**ver** ***Vi*** **1** cair água, em gotas, das nuvens: *Vai chover hoje à tarde.* **2** surgir em grande quantidade: *Na data combinada choveram apostas de todo lado.*

chuchu chu.**chu** ***S masc*** fruto em forma de pera, de casca fina verde, com ou sem espinhos: *Luís adora chuchu com arroz!*
pra chuchu muito: *O feijão está caro pra chuchu.*

chulé chu.**lé** ***S masc*** cheiro desagradável dos pés: *Puxa, parece que este tênis já veio com chulé.*

chumaço chu.**ma**.ço ***S masc*** certa quantidade de algodão ou outra matéria mole: *A nuvem parecia um chumaço de algodão.*

chumbo **chum**.bo ***S masc*** elemento metálico cinza-prateado, mole, muito pesado.

chupar chu.**par** ***Vt*** **1** puxar para a boca um líquido, movendo os lábios e a língua; sugar: *Todos estavam chupando laranjas.* **2** deixar derreter na boca: *Maurício chupou uma bala.*

chupeta chu.**pe**.ta ***S fem*** bico de borracha para o bebê chupar: *No carrinho, um bebê chupava chupeta.*

churrasco chur.**ras**.co ***S masc*** refeição que tem a carne assada sobre brasas como prato principal: *Luciana fez um churrasco domingo.*
churrasqueira ***S fem*** lugar onde se prepara churrasco.
churrascaria ***S fem*** restaurante que serve churrasco.
churrasqueiro ***S masc*** pessoa que assa o churrasco.

chutar chu.**tar** ***Vi*** **1** arremessar bola com o pé: *Foi o goleiro quem chutou.* ***Vt*** **2** dar chutes em: *Tenho vontade de chutar a canela do bandido.*
chute **S *masc*** ação de chutar.

chuteira chu.**tei**.ra **S *fem*** calçado próprio para jogar futebol: *Machucou o pé usando a chuteira nova pela primeira vez.*

chuva **chu**.va **S *fem*** conjunto de gotas de água que caem das nuvens.
chuvarada **S *fem*** grande quantidade de chuva. **chuvoso** ***Adj*** de chuva; com chuva.

chuveiro chu.**vei**.ro **S *masc*** objeto de metal ou de plástico com vários furos que, colocado na saída de um cano, espalha e pode esquentar a água para alguém tomar banho.

cicatriz ci.ca.**triz** **S *fem*** marca deixada na pele por ferida ou ferimento que já sarou: *Tenho uma cicatriz no pé.*

ciclismo ci.**clis**.mo **S *masc*** prática de andar de bicicleta ou esporte em que se disputa corrida de bicicleta.
ciclista **S** quem pratica ciclismo.

ciclo **ci**.clo **S *masc*** **1** série de fatos históricos marcados por certas características ou práticas: *Muitos foram para a Amazônia durante o ciclo da borracha.* **2** série de fenômenos ou fatos que se repetem de forma regular: *Conhece o ciclo da água na natureza?*

ciclone ci.**clo**.ne **S *masc*** tempestade que se desloca em círculos a grande velocidade: *O ciclone se formou no oceano.*

cidadania ci.da.da.**ni**.a **S *fem*** condição de quem aproveita seus direitos e cumpre suas obrigações na sociedade: *Vários programas têm por objetivo garantir a cidadania às crianças.*

cidadão ci.da.**dão** **S *masc*** **1** pessoa que aproveita seus direitos e cumpre suas obrigações na sociedade: *O cidadão deve conhecer a Constituição do país.* **2** pessoa; indivíduo: *Chico é um bom cidadão.*
Pl: **cidadãos**. pág 102 e 103.

cidade ci.**da**.de **S *fem*** lugar onde vive uma grande quantidade de pessoas, dentro de uma certa área, com muitas construções próximas umas das outras, que servem para moradia e atividades culturais, comerciais, industriais, etc.
pág 102 e 103.

ciência ci.**ên**.ci.a **S *fem*** **1** conjunto de conhecimentos sobre determinado assunto: *A humanidade deve muito aos mestres da ciência.* [***Pl***] **2** disciplina escolar que começa os estudos científicos: *O professor de ciências falava sobre a fotossíntese.*
científico ***Adj*** relacionado com a ciência; da ciência. **cientista** **S** especialista numa determinada ciência.

cigano ci.**ga**.no **S *masc*** **1** indivíduo pertencente a um povo que vive mudando de lugar: *O cigano trazia sua mochila às costas.* [***Pl***] **2** esse povo: *Mariana teria adquirido a sabedoria dos ciganos.*

cigarra ci.**gar**.ra **S *fem*** inseto de asas grandes e transparentes; produz um som agudo e forte: *A cigarra começou a tremer de frio.*

cigarro ci.**gar**.ro **S *masc*** tabaco picado fino e enrolado, para se fumar.

cilindro ci.**lin**.dro **S *masc*** corpo sólido alongado e roliço que tem o mesmo diâmetro em todo o seu comprimento, com duas bases circulares.
cilindríco ***Adj*** que tem forma de cilindro.

cílio **cí**.li.o **S *masc*** pelo da borda das pálpebras, nos olhos: *Quando entrou em casa, tinha lama até nos cílios.*
Muito usado no plural.

cima **ci**.ma **S *fem*** parte superior; alto.
de cima do alto: *Nessa hora Jaime jogou a latinha lá de cima.* **por cima** na parte superior: *Cortou os moranguinhos e pôs açúcar e creme por cima.* **pra cima** para o alto: *Olhei pra cima e vi duas pipas.* **em cima** sobre: *Os livros estão em cima da mesa.*

cimento ci.**men**.to **S** ***masc*** **1** pó cor de cinza, mistura de argila e cal, que, misturado com água, se usa ainda mole em construções, tornando-se duro como pedra após secar: *Na lata ainda havia cimento bem mole.* **2** piso feito com esse material: *O cimento da escada era áspero.*

cinema ci.**ne**.ma **S** ***masc*** **1** arte que se manifesta por imagens em movimento: *Tenho um primo que é artista de cinema.* **2** prédio ou sala de projeção de filmes: *O cinema fica dentro do* shopping center.
▶ pág 102 e 103.

cinta **cin**.ta **S** ***fem*** tira, geralmente de couro, para usar na cintura; cinto: *O homem tirou o facão da cinta e começou a cortar os galhos da árvore.*

cintilar cin.ti.**lar** ***Vi*** tornar-se brilhante; brilhar: *As escamas do lambari cintilavam.*
⊖ **cintilação S *fem*** estado daquilo que cintila. **cintilante *Adj*** que brilha.

cinto **cin**.to **S** ***masc*** tira de tecido ou couro que envolve a cintura a fim de prender a calça ou saia, ou como enfeite: *Adorava aquele cinto mesmo vivendo apertadíssimo nele.*
▶ pág 256 e 257.

cinto de segurança ▼ **cin**.to de se.gu.**ran**.ça **S** ***masc*** equipamento instalado em bancos de alguns meios de transporte que serve para segurar o passageiro em caso de parada brusca ou acidente.

cintura cin.**tu**.ra **S** ***fem*** **1** a parte geralmente mais fina do tronco humano, que separa tórax e abdômen. **2** parte das roupas que envolve esse lugar do corpo: *O vestido estava rasgado na cintura.*

cinza **cin**.za **S** ***fem*** **1** o que sobra da queima de certas substâncias: *O vulcão dava estouros e soltava fogo e cinza.* ***Adj*** **2** da cor da cinza: *Ela apareceu com cabelos cinza.*
⊖ **cinzento *Adj*** da cor da cinza.

cipó ci.**pó** **S** ***masc*** nome de plantas trepadeiras cujas hastes, longas e cilíndricas, pendem das árvores e nelas se enrolam.

ciranda ci.**ran**.da **S** ***fem*** brincadeira de roda: *As crianças brincavam de ciranda.*

circo **cir**.co **S** ***masc*** grande tenda de lona, com arquibancadas em torno de um picadeiro, onde se apresentam espetáculos de variedades: *Sonhava ser artista de circo.* ▶ pág 112 e113.
⊖ **circense *Adj*** relativo a circo.

circuito cir.**cui**.to **S** ***masc*** **1** pista com curvas em que se realizam corridas de carro, de moto, etc. *Marcelo é o campeão do circuito mineiro de* skate. **2** conjunto de condutores ligados uns aos outros, capazes de conduzir a corrente elétrica: *As partes de um circuito precisam estar ligadas umas às outras.*

circular cir.cu.**lar** ***Vt*** (+por) **1** ir de um lugar para outro: *Toninho pegou a bicicleta e circulou pelas ruas e pela pracinha.* ***Vi*** **2** ser distribuído: *Até o jornal local deixou de circular.* ***Adj*** **3** que tem a forma de círculo: *O poço tem boca circular.*
⊖ **circulação S *fem*** ação de circular.

circulatório cir.cu.la.**tó**.ri:o ***Adj*** relativo a circulação.

círculo **cír**.cu.lo **S** ***masc*** superfície limitada por uma circunferência: *Formavam um círculo grande em torno da fogueira.*

circunferência cir.cun.fe.**rên**.ci:a **S** ***fem*** linha curva, plana, fechada e cujos pontos têm a mesma distância do centro.

circunstância cir.cuns.**tân**.ci:a **S** ***fem*** situação, estado ou condição de alguém ou de alguma coisa num certo momento: *A criança em qualquer circunstância deve ser a primeira a ter socorro.*

cirurgia ci.rur.**gi**.a **S** ***fem*** corte no corpo para fazer melhorar ou retirar parte doente; operação: *Para colocar o osso no lugar foi necessária uma cirurgia.*
▶ pág 225.

ciscar ▲ cis.**car** ***Vi*** arranhar o solo em busca de alimento: *As galinhas ciscavam na terra.*

cisco **cis**.co **S** ***masc*** **1** lixo; sujeira: *Recolheram todo o cisco da cidade.* **2** partícula; pó: *Os cílios protegem o olho contra cisco.*

1. antena ▶ pág 30
2. bicicleta ▶ pág 55
3. cachorro ▶ pág 66
4. calçada ▶ pág 67
5. campainha ▶ pág 70
6. chave ▶ pág 84
7. degrau ▶ pág 119
8. garagem ▶ pág 211
9. gato ▶ pág 212
10. gramado ▶ pág 218
11. janela ▶ pág 244
12. jardim ▶ pág 244

⑬ parede ▶ pág 314

⑭ piscina ▶ pág 330

⑮ porta ▶ pág 337

⑯ portão ▶ pág 337

⑰ quintal ▶ pág 357

⑱ telha ▶ pág 419

⑲ varanda ▶ pág 444

⑳ vizinho ▶ pág 452

a b c d e f g h i j k l m n o p q r s t u v w x y z

cismar cis.**mar** ***Vt*** (+com)
1 implicar; desconfiar (de): *Se o pai dele cismar com a senhora, a senhora está perdida.* (+de/em)
2 pôr na cabeça; insistir; resolver: *No passeio, a menina cismou em ficar para trás.*
cismado ***Adj*** desconfiado.

cisne **cis**.ne **S *masc*** ave aquática de penas brancas ou negras, quando adulta, e de pescoço alongado. pág 338 e 339.

citar ci.**tar** ***Vt*** lembrar; mencionar: *Se citarem algo que você não conhece, peça que expliquem.*

ciúme ci.**ú**.me **S *masc***
1 preocupação causada por medo de perder uma pessoa querida: *Fabiano tinha ciúme da esposa.*
2 cuidado demais: *Eles têm ciúme de seus joguinhos.*
ciumento ***Adj*** que tem ciúme.

cívico **cí**.vi.co ***Adj*** **1** relativo ao cidadão que participa de uma comunidade: *Escreveu as ideias cívicas que poria em prática se fosse eleito.* **2** em honra da pátria: *No dia sete de setembro houve uma grande festa cívica.*

civil ci.**vil** ***Adj*** **1** que diz respeito às relações dos cidadãos; do cidadão: *Uma nova versão do código civil entrou em vigor em 2002.* **2** que não é militar: *Foi a polícia civil que atendeu ao acidente.*

civilização ci.vi.li.za.**ção** **S *fem*** organização social, política, econômica e cultural de um povo.

clara **cla**.ra **S *fem*** parte transparente do ovo, que envolve a gema: *Ele quebrou o ovo e separou a clara.*

clarão cla.**rão** **S *masc*** cintilação que acontece rápido; brilho: *De repente, houve um clarão de luz.*

clarear cla.re.**ar** ***Vt*** **1** iluminar: *Um brilho clareou a sala.* ***Vi*** **2** ficar claro: *O céu começou a clarear, mandando a escuridão embora.*
3 amanhecer: *Fiquem aqui até o dia clarear.*
Ant: **escurecer**.

clareza cla.**re**.za **S *fem*** aquilo que se pode entender bem: *Laura explicou tudo com clareza.*

claridade cla.ri.**da**.de **S *fem*** luz forte; brilho luminoso: *Os morcegos não suportam a claridade do sol.*
Ant: **escuridão**.

claro **cla**.ro ***Adj*** **1** que tem claridade; luminoso: *O céu está limpo e claro.* **2** fácil de entender: *Minha mãe deixou bem claro que tínhamos que voltar cedo.*
(é) claro palavra(s) usada(s) para confirmar com toda a certeza o que foi dito antes: *Todos morreram afogados, menos os peixes, claro.* **em claro** sem dormir: *Henrique se preparou para passar a noite em claro.*

classe **clas**.se **S *fem*** **1** conjunto de estudantes; turma: *Na minha classe todos adoravam a professora.*
2 sala de aula: *A porta da classe se abriu.* **3** conjunto de pessoas que têm as mesmas condições sociais e econômicas: *A indústria de eletrodomésticos crescia, levando o conforto aos lares das classes mais altas.* **4** bons modos; educação: *Sandro tem classe, não fala palavrão.*

clássico **clás**.si.co ***Adj***
1 tradicional: *Os contos de fadas são histórias clássicas.* **S *masc***
2 obra famosa e muito conhecida: *Pinóquio é um clássico da literatura infantil.*

classificar clas.si.fi.**car** ***Vt***
1 distribuir em classes ou em grupos: *Os cientistas tentam classificar os seres para melhor estudá-los.* ***Vi*** [**Pron**] **2** obter classificação ou posição em prova, concurso, campeonato, etc.: *A seleção não se classificou para as próximas olimpíadas.*
classificação **S *fem*** ação de classificar.

clicar cli.**car** ***Vi*** pressionar e soltar o botão do *mouse*, ao trabalhar no computador: *Clique no* link.

cliente cli.**en**.te **S** pessoa que procura sempre o mesmo profissional para consultas, compras, etc.: *O médico manda a cliente entrar e começa o exame.*
pág 256 e 257.

clima **cli**.ma **S *masc*** **1** conjunto de condições do tempo (pressão, temperatura, umidade, ventos, etc.): *Noite fria é comum no clima de São Paulo.* **2** conjunto de condições emocionais que envolve um local ou um momento: *Os dois se olharam. Começou o maior clima.*
climático ***Adj*** relacionado com clima.

clínica **clí**.ni.ca **S *fem*** lugar para tratamento de saúde: *Dona Inácia estava internada numa clínica.*

clipe **cli**.pe **S *masc*** pequeno objeto para prender papéis feito com um fio de metal dobrado várias vezes.

clonar clo.**nar** ***Vt*** copiar certo ser vivo, usando o mesmo material encontrado em sua célula.
⊖ **clonagem** ***S fem*** ação de clonar.

clone **clo**.ne ***S masc*** cópia de um ser vivo, feita por clonagem: *Os cientistas farão um clone do mamute?*

cloro **clo**.ro ***S masc*** elemento químico de cor esverdeada e cheiro muito forte, usado para purificar a água.

clorofila clo.ro.**fi**.la ***S fem*** substância que dá a cor verde das plantas.

clube **clu**.be ***S masc*** local apropriado para praticar esportes, para lazer, etc.: *Quem não podia pagar um clube, ia para o parque de diversões.*

coador co:a.**dor** ***S masc*** **1** vasilha com buraquinhos para deixar passar líquidos, mas que não deixa passar substâncias sólidas: *Coloquem quatro colheres de pó de café no coador com filtro de papel.* **2** saquinho para fazer café (bebida): *O cafezinho fresco, passado em coador de pano, os deliciava.*

coagular co:a.gu.**lar** ***Vi*** [***Pron***] tornar-se sólido (o sangue, o leite): *O sangue coagula-se em contato com o ar.*

coala ▶ co:**a**.la ***S masc*** animal da Austrália, da família dos cangurus, com cerca de 85 cm de comprimento, de pelo denso e macio; vive em árvores e se alimenta de folhas de eucalipto.

cobertor co.ber.**tor** ***S masc*** roupa de cama grossa, geralmente de lã: *A noite estava fria e precisei de um cobertor.*

cobertura co.ber.**tu**.ra ***S fem*** **1** aquilo que serve para cobrir ou proteger o corpo: *As penas são a cobertura das aves.* **2** revestimento: *Betinho já queria lamber a cobertura da torta.*

cobiça co.**bi**.ça ***S fem*** vontade forte de ter alguma coisa: *A riqueza despertou a cobiça dos ladrões.*

cobra **co**.bra ***S fem*** réptil de corpo fino e comprido, venenoso ou não; serpente: *Você não imagina o tamanho da cobra que quase me matou de susto!*

cobrar co.**brar** ***Vt*** exigir pagamento de: *Para transportar a mercadoria, cobrou R$ 23,00 a tonelada.*
⊖ **cobrança** ***S fem*** ação de cobrar.

cobre **co**.bre ***S masc*** metal castanho-avermelhado usado em fios elétricos, moedas, medalhas, etc.: *A dama sacudiu as pulseiras de cobre.*

cobrir co.**brir** ***Vt*** **1** esconder: *Ricardo cobriu a cabeça com o travesseiro.* **2** ocupar (uma superfície); estender-se por: *Um grupo de pinheiros cobria uma parte do morro.* **3** estar por cima de: *Elza tirou o pano que cobria o teclado do piano.*

cocada co.**ca**.da ***S fem*** doce de coco: *Todas as cocadas foram arrumadas numa caixa.*

cocar co.**car** ***S masc*** enfeite de penas usado pelos indígenas em volta da cabeça: *O cacique usava um lindo cocar colorido.*

coçar co.**çar** ***Vt*** **1** esfregar com as unhas ou com objeto áspero: *Se você coçar a ferida, a mão ficará contaminada.* ***Vi*** **2** ter sensação de coceira: *Já estava cansado, o olho coçava.*

cócega **có**.ce.ga ***S fem*** leve toque na pele que provoca uma sensação de riso, de prazer ou de irritação: *Fazendo cócegas nos pés a gente acorda.*

coceira co.**cei**.ra ***S fem*** sensação desconfortável que leva a pessoa a esfregar a pele: *Dirce começou a sentir uma terrível coceira no nariz.*

cocheira co.**chei**.ra ***S fem*** lugar onde se guardam cavalos e burros: *Puseram o burrinho dentro da cocheira.*

cocheiro co.**chei**.ro ***S masc*** condutor de veículo puxado por cavalo: *O cocheiro partiu.*

cochichar ▲ co.chi.**char** ***Vi*** falar em voz baixa: *Os meninos olhavam de longe, cochichavam.*

cochicho co.**chi**.cho ***S masc*** ação de cochichar. *Mamãe não gosta de cochichos.*

cochilar ▼ co.chi.**lar** ***Vi*** dormir levemente: *Francisco sentou na poltrona da sala e começou a cochilar, pois estava cansado.*
⊖ **cochilo** ***S masc*** processo de cochilar.

cocho **co**.cho ***S masc*** recipiente mais ou menos longo, em geral de madeira, onde se coloca água ou ração para animais: *Não havia ração nenhuma no cocho das vacas e das ovelhas.*

cocô co.**cô** ***S masc*** fezes: *O banco do quintal estava cheio de cocô de passarinho.*

coco **co**.co ***S masc*** grande fruto arredondado, de casca dura coberta de fibras, oco no meio, forrado de polpa branca e cheio de líquido.
⊖ **coqueiro** ***S masc*** palmeira que produz coco. ▶ pág 328 e 329.

código **có**.di.go ***S masc*** **1** coleção de leis: *O novo código civil entrou em vigor em 2002.* **2** conjunto de princípios e regras: *Segundo o código de honra dos samurais, mentir é uma falta grave.*

código de barras
có.di.go de **bar**.ras ***S masc*** sistema de representação por meio de barras paralelas que são lidas eletronicamente para dar informações sobre um produto, como seu preço, etc.: *Com o código de barras é mais rápido passar pelo caixa.*

coelho co.**e**.lho ***S masc*** pequeno animal mamífero de pelo macio, orelhas longas sempre para cima, cauda curta, conhecido pela rapidez: *Já vi mágico tirar coelho de cartola.*

cofre **co**.fre ***S masc*** caixa de ferro, que pode ser trancada, onde se guardam objetos de valor: *O dinheiro e os documentos ficaram no cofre.*

cogumelo ▲ co.gu.**me**.lo ***S masc*** fungo sem clorofila, macio, que quase sempre tem forma de guarda-chuva aberto; alguns são comestíveis, outros são venenosos: *O chão estava cheio de cogumelos.*

coice ▼ **coi**.ce ***S masc*** pancada dada com as patas traseiras ou com os pés: *Mesmo com as patas inchadas, o burrinho distribuía coices.*

coincidir co:in.ci.**dir** ***Vt*** (+com) **1** acontecer ao mesmo tempo: *A festa anual tinha de coincidir com o nascimento das rosas.* **2** ajustar-se; igualar-se: *Infelizmente, nem sempre as intenções de uma pessoa coincidem com as da outra.*
⊖ **coincidência** ***S fem*** aquilo que coincide.

coisa **coi**.sa ***S fem*** **1** termo usado para indicar aquilo cujo nome não se sabe, ou que não se sabe o que é: *O que é essa coisa grudenta?* **2** qualquer objeto sem vida: *Todas as crianças pegaram suas coisas.* **3** crise; acesso: *Diante daquela bagunça, Dona Odete quase teve uma coisa.*

coitado coi.**ta**.do ***Adj*** **1** infeliz; pobre: *O peru, coitado, medroso como era, tremia.* ***S masc*** **2** pessoa de quem se tem pena: *O coitado só poderia tremer de medo.* ***Interj*** **3** usada para expressar pena ou lamento: *Coitados! Estavam com uma cara!*

cola **co**.la ***S fem*** **1** substância viscosa que adere: *Comprei duas latas de cola.* **2** anotação usada ocultamente pelo estudante durante uma prova escrita: *O professor viu quando passaram a cola para Edu.*

colaborar co.la.bo.**rar** ***Vt*** (+com) **1** trabalhar com uma ou mais pessoas numa obra; tomar parte (em): *Todo o quarteirão colaborou com a limpeza das calçadas.* (+para) **2** contribuir: *Todos colaboraram para a vitória do time.*
⊖ **colaboração** ***S fem*** ação de colaborar. **colaborador** ***S masc*** quem colabora.

colagem co.**la**.gem ***S fem*** **1** ligação de objetos com cola: *É possível criar adesivos coloridos para colagem em janelas.* **2** trabalho artístico que consiste na união de vários materiais colados: *Fizemos uma colagem numa folha de cartolina.*

colar[1] co.**lar** ***Vt*** **1** pregar com cola; grudar: *Tia Dulce vai colar os brinquedos.* ***Vi*** **2** em uma prova, tentar copiar a resposta de um colega ou de um livro ou de outro lugar, de forma a enganar quem está aplicando essa prova: *Nunca colei, porque é feio.*

colar[2] co.**lar** **S *masc*** enfeite para o pescoço e a região do peito: *O colar era de ouro.*

colateral co.la.te.**ral** ***Adj*** situado no meio dos pontos cardeais.

colchão col.**chão** **S *masc*** grande almofada recheada em geral com espuma, que fica sobre o estrado da cama: *Pedro estava adormecido sobre um colchão sem forro.*

coleção co.le.**ção** **S *fem*** **1** conjunto de objetos do mesmo tipo: *Tadeu tinha uma coleção de bonés.* **2** conjunto de obras de um autor ou de obras de autores diversos que tratam do mesmo assunto, etc.

colecionador co.le.ci:o.na.**dor** **S *masc*** quem coleciona: *Lucas é colecionador de obras de arte.*

colecionar co.le.ci:o.**nar** ***Vt*** fazer coleção de; reunir: *Zeca e Isa colecionam botões.*

colega co.**le**.ga **S** pessoa que, em relação a outra, pertence à mesma escola ou ao mesmo lugar de trabalho: *Didi chamou os colegas para comer uns doces.* ▶ pág 405.

colégio co.**lé**.gi:o **S *masc*** lugar de ensino e aprendizagem: *Nesse horário ele está no colégio.*

coleira co.**lei**.ra **S *fem*** tira de couro ou outro material com fivela que se coloca no pescoço dos animais: *A coleira segurava o cão.*

cólera[1] ▲ **có**.le.ra **S *fem*** sentimento violento de revolta ou raiva; fúria: *Estava vermelho de cólera.*

cólera[2] **có**.le.ra **S** doença que causa séria infecção, forte diarreia, e pode levar à morte.

coleta co.**le**.ta **S *fem*** recolhimento: *A rede de coleta de esgotos atende a 64% da população.*

coletar co.le.**tar** ***Vt*** fazer coleta de; colher; recolher: *Pela Internet você pode coletar textos.*

colete co.**le**.te **S *masc*** **1** roupa sem mangas ou gola, abotoada na frente e de comprimento até a cintura, usada sobre camisa ou blusa: *O relógio estava guardado no bolso do colete.* **2** equipamento de segurança que cobre o tórax: *No barco havia coletes salva-vidas.*

coletivo co.le.**ti**.vo ***Adj*** **1** que é executado por muitas pessoas: *É legal fazer construção coletiva.* **2** que envolve muitas pessoas: *O processo de criação das músicas do grupo é coletivo.* **3** para todos: *Há falta de transportes coletivos nas grandes cidades.* **S *masc*** **4** palavra que indica um conjunto de seres ou coisas da mesma espécie: *Cardume é o coletivo de peixes.* Ant para **1**, **2** e **3**: **individual**.

colheitadeira co.lhei.ta.**dei**.ra **S *fem*** máquina usada para colher produtos agrícolas: *A colheitadeira é uma das máquinas mais utilizadas na agricultura.* ▶ pág 196 e 197.

colher é co.**lher** **S *fem*** **1** utensílio de mesa, que consiste numa peça com cabo e uma parte funda, que serve para levar os alimentos à boca, principalmente sopas e alimentos moles. **2** aquilo que cabe numa colher: *Misture um pouco de água morna com uma colher de fermento.*

colher ê co.**lher** ***Vt*** **1** tirar (frutos, flores, etc.) de seu caule ou da terra: *As crianças foram colher frutas.* **2** ter como resultado: *Ajudou a todos, agora colhe amigos.*
colheita **S *fem*** ação de colher. ▶ pág 196 e 197.

colmeia col.**mei**.a **S *fem*** casa de abelhas: *Descobri uma colmeia de abelhas lá num canto.*

colo **co**.lo **S *masc*** região que vai da barriga às coxas, quando se está sentado, ou o peito rodeado pelos braços, quando se está de pé: *Mamãe deu uma risada e me botou no colo.*
de colo que não anda: *As senhoras com bebês de colo não ficam na fila.*

colocar co.lo.**car** ***Vt*** **1** vestir: *Bete colocou sua capa e saiu.* (...+em) **2** pôr: *Ajudou a colocar os presentes nas caixas.*
colocação **S *fem*** ação de colocar(-se).

A B C D E F G H I J K L M N O P Q R S T U V W X Y Z

colônia[1] co.**lô**.ni:a ***S fem*** **1** território ocupado e administrado por um Estado que fica em outro território: *O Brasil foi colônia de Portugal.* **2** grupo de pessoas de mesma nacionalidade, que vive numa região de outro país: *O fotógrafo registrou o que acontecia na colônia japonesa da Liberdade.*

colônia[2] co.**lô**.ni:a ***S fem*** líquido cheiroso, feito com óleos e álcool especiais e que serve para perfumar o corpo: *Troquei o frasco pequeno de colônia por um maior.*

colonial co.lo.ni.**al** ***Adj*** em que o país era colônia: *Estudamos sobre o período colonial brasileiro.*

colonizar co.lo.ni.**zar** ***Vt*** transformar em colônia[1]: *A primeira tentativa dos portugueses de colonizar o Brasil foi o sistema de Capitanias Hereditárias.*
colonização ***S fem*** ação de colonizar. **colonizador** ***S masc*** quem coloniza.

colono co.**lo**.no ***S masc*** quem cultiva a terra de outra pessoa: *Os colonos plantaram uma lavoura com um pouco de cada produto.*

coloração co.lo.ra.**ção** ***S fem*** efeito ou sensação produzidos pelas cores; cor: *Existe um caranguejo de coloração azul.*

colorido co.lo.**ri**.do ***Adj*** **1** de uma ou de diversas cores: *Marcelo marcou cada palavra com lápis colorido.* ***S masc*** **2** coloração; cor: *As borboletas são atraídas por flores de colorido intenso.*

colorir co.lo.**rir** ***Vt*** dar cores a: *A galera mostrou criatividade para colorir o desenho do jornal.*

coluna co.**lu**.na ***S fem*** **1** suporte vertical que sustenta um teto: *Ele está escondido atrás de uma coluna.* **2** conjunto de vértebras: *A coluna é protegida por músculos.* **3** cada uma das divisões verticais de uma página de jornal, revista, dicionário, etc.: *O artigo ocupou duas colunas de jornal.*

comadre co.**ma**.dre. ***S fem*** a madrinha de uma pessoa em relação aos pais dessa pessoa ou a mãe de uma pessoa em relação aos padrinhos dessa pessoa.
Forma feminina correspondente: **compadre**.

comandar co.man.**dar** ***Vt*** **1** conduzir como chefe: *Você precisa vencer o rei que comanda as tropas adversárias.* **2** fazer funcionar: *Durante o jogo, ninguém precisa comandar os robôs.*
comando ***S masc*** ação de comandar. **comandante** ***S masc*** quem comanda.

combate com.**ba**.te ***S masc*** **1** guerra; luta: *Muitos soldados perderam a vida em combate.* **2** esforço para vencer ou acabar com praga, doença ou qualquer tipo de problema: *Havia um plano de combate à febre amarela.*

combater com.ba.**ter** ***Vt*** **1** destruir: *Os inseticidas combatem insetos em geral.* **2** lutar contra ou a favor de: *Sei como combater os inimigos.*
combatente ***S*** quem combate.

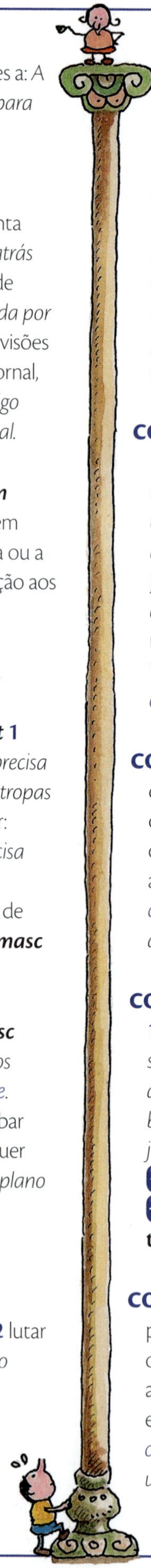

combinação com.bi.na.**ção** ***S fem*** **1** arranjo para se conseguir determinado efeito: *Faça uma combinação de números e letras para criar uma senha.* **2** acordo; acerto: *Feita a combinação, foram até Cabo Verde.* **3** união; ligação: *Os químicos sabem fazer prodígios com a combinação dos átomos.*

combinar com.bi.**nar** ***Vt*** **1** entrar em acordo sobre; ajustar: *Os noivos combinaram o casamento para o fim do ano.* (...+com) **2** associar ou juntar: *Ana resolveu combinar cada blusa com cada saia para ver como ficaria cada conjunto.* ***Vi*** **3** entender-se: *A gente combinava bem.*

combustível com.bus.**tí**.vel ***S masc*** aquilo que, quando queima, produz calor ou energia para fazer algo funcionar: *O petróleo é combustível indispensável para a produção de energia.*

começar co.me.**çar** ***Vt*** **1** dar início a; principiar: *Todos se uniram para começar a operação de libertar a borboleta.* ***Vi*** **2** ter início: *O jogo estava começando.*
começo ***S masc*** início.
Ant de **começar**: **terminar**.

comédia co.**mé**.di:a ***S fem*** peça teatral, filme, desenho ou novela que diverte pela apresentação de personagens e de situações engraçadas: *A comédia conta as confusões de uma menina.*

comemorar co.me.mo.**rar** ***Vt*** festejar (data ou ocasião especial): *Os dois foram tomar sorvete para comemorar o encontro.*
comemoração ***S fem*** ação de comemorar.

comentar co.men.**tar** ***Vt*** fazer comentários sobre; falar sobre: *As duas senhoras nem tiveram palavras para comentar o maravilhoso caso.*

comentário co.men.**tá**.ri:o ***S masc*** observação ou opinião sobre uma pessoa, um fato, etc.: *O comentário geral foi que ele estava querendo comprar aplausos com doces para as crianças.*

comer co.**mer** ***Vi*** **1** ingerir alimento; alimentar-se: *Catarina comeu tanto que quase estourou.* ***Vt*** **2** pôr na boca, mastigar e engolir: *Entraram num restaurante para comer uma bela feijoada.*

comércio co.**mér**.ci:o ***S masc*** atividade de compra e venda: *A diretora proibiu o vendedor de pipoca de fazer comércio ali.*
comerciante ***S*** quem se dedica ao comércio. **comercial** ***Adj*** relativo ao comércio.

comestível co.mes.**tí**.vel ***Adj*** que se pode comer: *Graças ao fogo o homem pôde tornar comestíveis muitos alimentos que não eram.*

cometa co.**me**.ta ***S masc*** astro de luminosidade fraca, formado por pequenas partículas sólidas e uma grande cauda.

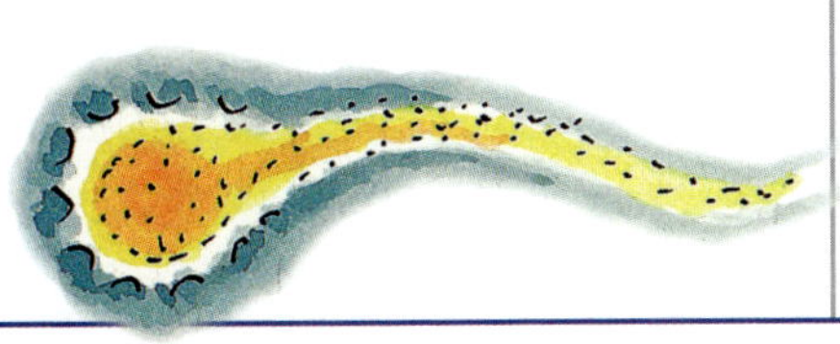

cometer co.me.**ter** ***Vt*** praticar; realizar: *Por que castigá-lo, se não cometeu nenhuma falta?*

comício co.**mí**.ci:o ***S masc*** reunião pública, geralmente ao ar livre, em que se fazem protestos ou críticas sociais ou em que algum político apresenta seus projetos ou ideias.

cômico **cô**.mi.co ***Adj*** engraçado; divertido; que faz rir: *O circo oferece vários números cômicos.*

comida co.**mi**.da ***S fem*** aquilo que se come; alimento: *Catarina foi para a cozinha fazer a comida.*

comigo co.**mi**.go ***Pron*** [***Pessoal***] **1** com a pessoa que fala: *Clarice é engraçada, conversa comigo e me distrai.* **2** em minha companhia: *Fui ao dentista e meu pai foi comigo.*

comilão co.mi.**lão** ***S masc*** quem come muito: *O barrigudinho era um comilão de primeira.*

comissão co.mis.**são** ***S fem*** grupo de pessoas encarregadas de tratar de determinado assunto: *Uma comissão proibiu a caça mundial das baleias.*

comitiva co.mi.**ti**.va ***S fem*** grupo de pessoas que acompanham uma autoridade: *D. Pedro e sua comitiva viajaram de Santos para São Paulo.*

como **co**.mo ***Conj*** **1** de que jeito; de que modo: *Ninguém sabe como essa história boba começou.* **2** do mesmo modo que; do mesmo jeito que: *Julguei que ele ia pagar alguma coisa, como faziam os seus clientes.* **3** igual a: *Não há nada como voltar pra casa.* ***Adv*** [***Interrogativo***] **4** de que jeito; de que forma: *E você, como ilustraria um texto cômico?*

cômoda **cô**.mo.da ***S fem*** móvel com gavetas para guardar roupas: *A gaveta da cômoda estava aberta.*

cômodo **cô**.mo.do ***Adj*** **1** que oferece conforto; confortável: *O micro-ondas era muito cômodo para esquentar o café.* ***S masc*** **2** qualquer parte de uma casa: *O capitão foi levado para um cômodo luxuoso.*

comover co.mo.**ver** ***Vt*** **1** causar forte emoção a; emocionar: *História de amor sempre comove a gente.* ***Vi*** [***Pron***] **2** sentir emoção; emocionar-se: *Era impossível não se comover com a alegria daquela gente.*
comovido ***Adj*** que se comoveu.

compacto com.**pac**.to ***Adj*** **1** que tem suas partes ou seus elementos firmemente unidos entre si; maciço: *As rochas são materiais duros e compactos.* **2** concentrado: *O CD é um disco compacto.*

compadre com.**pa**.dre ***S masc*** quem é padrinho de uma pessoa em relação aos pais dela ou quem é pai de uma pessoa em relação aos padrinhos dela: *Houve uma festa na casa do compadre.*
Forma feminina correspondente: **comadre**.

A B C D E F G H I J K L M N O P Q R S T U V W X Y Z

companheiro com.pa.**nhei**.ro
S masc pessoa que faz companhia ou que está sempre junto de alguém: *Esse companheiro nunca me abandonou.*
companheirismo *S masc* relacionamento entre companheiros.

companhia com.pa.**nhi**.a
***S fem* 1** presença que envolve amizade ou afeto: *Zé não queria perder a companhia do amigo.* **2** empresa industrial ou comercial: *A companhia aérea cuida muito bem de seus aviões.*

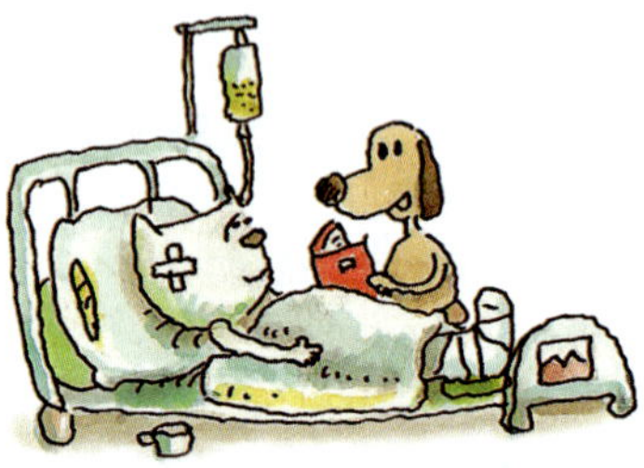

comparar com.pa.**rar** ***Vt***
(...+com/a) procurar descobrir se há semelhanças ou diferenças: *O autor compara as gotas de chuva com lágrimas.*
comparação *S fem* ação de comparar.

comparecer com.pa.re.**cer** ***Vt***
(+a) apresentar-se; aparecer: *Você deve comparecer a todos os ensaios da banda.*
comparecimento *S masc* ação de comparecer.

compartilhar com.par.ti.**lhar**
Vt dividir; repartir: *Todos compartilhamos nossas experiências com nossos amigos e familiares.*

compartimento
com.par.ti.**men**.to ***S masc*** cada uma das divisões de um espaço: *A areia começou a cair no compartimento de baixo da ampulheta.*

compasso com.**pas**.so ***S masc***
1 instrumento usado para traçar circunferência. **2** ritmo: *Basílio começou a sacudir o corpo ao compasso da valsa.*

compensação
com.pen.sa.**ção** ***S fem*** aquilo que anula os efeitos negativos de alguma coisa.
em compensação para compensar: *A casinha de bonecas não estava mais lá. Em compensação, havia um jogo de cozinha completo.*

compensar com.pen.**sar** ***Vt***
anular os efeitos de alguma coisa negativa: *Tomar muita água compensa a desidratação causada pela prática de exercício.*

competência com.pe.**tên**.ci:a
S fem capacidade de fazer alguma coisa de modo muito bom: *O diretor confiava na competência da orientadora.*
competente *Adj* que tem competência.

competir com.pe.**tir** ***Vi* 1** entrar em disputa; disputar: *As duas eram orgulhosas e competiam por qualquer coisa.* **2** tomar parte em competição: *Lá, as pipas voam com segurança e ainda podem competir.* ***Vt*** (+a) **3** ser da responsabilidade de; caber: *Competia ao feitor controlar o trabalho na lavoura.*
competição *S fem* ação de competir. pág 170 e 171.

complementar
com.ple.men.**tar** ***Vt* 1** servir de complemento ou de alguma coisa que completa; completar: *DVDs complementam os livros com jogos.* ***Adj* 2** que serve de complemento ou de alguma coisa que completa: *Lá naquela escola, há aulas complementares de arte.*
complemento *S masc* aquilo que serve para complementar ou que completa alguma coisa.

completar com.ple.**tar** ***Vt***
1 tornar completo; preencher totalmente: *Ele completou o álbum de figurinhas.* **2** terminar: *Dora completará o almoço.* **3** chegar a; atingir: *O casamento deles completou 25 anos.*

completo com.**ple**.to ***Adj* 1** a que não falta nada para estar como deveria: *Mande seu nome e endereço completo.* **2** que chega ao fim no espaço ou no tempo: *Para dar uma volta completa em torno do Sol, a Terra demora aproximadamente 365 dias.*

complexo com.**ple**.xo
***Adj* 1** que tem vários elementos; complicado: *A separação das células é um processo complexo.* ***S masc* 2** conjunto: *O parque temático é um complexo com hotéis, lojas, etc.*

complicar com.pli.**car** ***Vt***
1 tornar difícil: *Não complique a vida inutilmente.* ***Vi* 2** ficar difícil: *A coisa começou a complicar mesmo.*
complicado *Adj* que se complicou; que ficou difícil.
complicação *S fem* aquilo que é complicado; dificuldade.

componente com.po.**nen**.te
S masc aquilo que faz parte de um todo: *A água é componente do sangue.*

compor com.**por** ***Vt*** **1** produzir; criar: *Mozart compôs obras-primas.* **2** fazer parte de: *Muitas são as situações que compõem o cotidiano.*

comportado com.por.**ta**.do ***Adj*** que tem bom modo de agir: *Os meninos estavam comportados.*
Ant: **rebelde**.

comportamento com.por.ta.**men**.to ***S masc*** modo de comportar-se; modo de agir: *O comportamento de Cristina era bem discreto.*

comportar com.por.**tar** ***Vt*** **1** ser capaz de conter: *A cesta era pequena, não comportava muitas frutas.* ***Vi*** [***Pron***] **2** agir; proceder: *O netinho soube comportar-se muito bem na festa.*

composição com.po.si.**ção** ***S fem*** **1** modo como alguma coisa é formada ou se organiza: *Os cientistas estudam a composição da Terra.* **2** obra musical; música: *Quando se punha ao piano, saíam maravilhosas composições.*

compositor com.po.si.**tor** ***S masc*** pessoa que compõe músicas: *Milton é um famoso compositor.*

compra **com**.pra ***S fem*** **1** ato de adquirir um bem ou direito por meio de pagamento: *Os trabalhadores faziam suas compras no armazém.* **2** aquilo que se comprou: *Eliane foi guardar suas compras.*

comprar com.**prar** ***Vt*** adquirir algo em troca de dinheiro: *As moças compraram roupa nova para o grande dia.*
comprador ***S masc*** aquele que compra. pág 256 e 257.
Ant para **comprar**: **vender**.

compreender com.pre.en.**der** ***Vt*** **1** perceber o sentido de; entender: *Você compreendeu bem a explicação de seu colega?* **2** dar-se conta de; perceber: *Não compreendo como puderam enganar-se tanto.* **3** conter em si: *Um município compreende, normalmente, a área urbana e a rural.*

compreensão com.pre.en.**são** ***S fem*** **1** disposição para aceitar e respeitar os sentimentos dos outros: *Toda criança tem direito à compreensão.* **2** entendimento: *Os grandes avanços das técnicas facilitaram a compreensão do corpo humano.*

comprido com.**pri**.do ***Adj*** longo: *Vou indo porque o caminho é comprido até minha casa.*

comprimento com.pri.**men**.to ***S masc*** extensão de alguma coisa, de ponta a ponta: *O golfinho mede cerca de 2 metros de comprimento e pode viver de 25 a 30 anos.*
Cp: **cumprimento**.

comprimido com.pri.**mi**.do ***Adj*** **1** que sofreu compressão: *Dê exemplo do uso do ar comprimido no nosso dia a dia.* **2** apertado: *As pessoas estavam comprimidas no trem.* ***S masc*** **3** medicamento em pó firmemente unido por compressão: *Pedro engoliu o comprimido com água.*

comprimir com.pri.**mir** ***Vt*** **1** fazer pressão sobre; apertar: *Não use sapatos pequenos, pois eles comprimem os dedos.* ***Vi*** [***Pron***] **2** apertar-se: *O povo se comprimia no centro da praça.*
compressão ***S fem*** ação de comprimir.

comprometer com.pro.me.**ter** ***Vt*** **1** pôr em risco; prejudicar: *São só uns errinhos que não comprometem o valor da obra.* [***Pron***] (+a) **2** assumir compromisso (de): *Os bichos comprometeram-se a nunca se devorarem uns aos outros.*

compromisso com.pro.**mis**.so ***S masc*** acordo entre pessoas que se obrigam a fazer alguma coisa: *O moço já estava arrependido do compromisso.*

comprovação com.pro.va.**ção** ***S fem*** ato ou efeito de comprovar.

comprovar com.pro.**var** ***Vt*** servir como prova; confirmar: *A descoberta desses ossos comprova que esses répteis viveram no Brasil.*

computação com.pu.ta.**ção** ***S fem*** conjunto de técnicas referentes ao uso do computador: *Os alunos foram para a aula de computação.*

computador ▲
com.pu.ta.**dor** **S *masc*** aparelho eletrônico que funciona a partir de princípios matemáticos e pode ser programado para cumprir tarefas variadas como armazenar, organizar e fornecer informações.
▶ pág 405.

comum co.**mum** ***Adj*** **1** sem nada de especial; simples: *O fiscal chegou disfarçado de trabalhador comum.* **2** que existe em qualquer lugar: *O lambari é um peixinho muito comum nos rios.* **3** habitual; usual; que acontece sempre: *Não é comum ver homens gritando de medo de baratas.*
☼ Ant para **1** e **2**: **raro**; **singular**.

comunicação co.mu.ni.ca.**ção** **S *fem*** **1** mensagem para mandar a alguém: *Hoje manda-se uma comunicação daqui à China em alguns segundos.* **2** informação; aviso: *– Senhora, eu tenho uma importante comunicação a fazer.* **3** caminho de acesso; passagem: *Perceberam que o Castelo do Bosque tinha comunicação com o Castelo Subterrâneo.*

comunicar co.mu.ni.**car** ***Vt*** (...+a) **1** fazer saber; participar: *Caso encontrasse ouro, o minerador deveria comunicar o fato às autoridades.* [***Pron***] (+com) **2** pôr-se em contato com: *Lurdes disse que se comunica por carta com Francisca.*

comunidade co.mu.ni.**da**.de **S *fem*** conjunto de indivíduos que vivem no mesmo lugar e têm os mesmos hábitos, os mesmos interesses, a mesma história.

conceder con.ce.**der** ***Vt*** (...+a) dar como um favor ou como presente: *A fada concedeu a ele o dom de cantar.*

conceito con.**cei**.to **S *masc*** **1** entendimento que se tem sobre alguma coisa; noção: *Ele fazia experiência para comprovar conceitos científicos.* **2** avaliação de aproveitamento: *Eu acho que, pela minha participação, mereço conceito B.*

concentrar con.cen.**trar** ***Vt*** **1** reunir; acumular: *A rã, concentrando todas as forças, engoliu mais ar e foi-se estufando.* [***Pron***] (+em) **2** ficar junto; reunir-se: *Nas grandes cidades as indústrias se concentram na periferia.* ***Vi*** [***Pron***] **3** aplicar atenção ou energia num determinado assunto: *– Silêncio! Preciso me concentrar!*
⊖ **concentração** **S *fem*** ação de concentrar(-se).

concerto con.**cer**.to **S *masc*** **1** composição musical para ser tocada por orquestra: *Mozart compôs seu primeiro concerto aos cinco anos.* **2** espetáculo em que composições musicais são tocadas por um conjunto de instrumentos ou cantadas por músicos: *Os concertos atraem milhares de fãs.*
☼ Cp: **conserto**.

concha ▶ **con**.cha **S *fem*** **1** utensílio arredondado e fundo, com haste, usado para servir alimentos líquidos ou mais ou menos moles: *Serviu a sopa com uma concha.* **2** tipo de casca curva e dura de certos moluscos: *O caracol tem concha enrolada.*
▶ pág 328 e 329.

concluir con.clu.**ir** ***Vt*** chegar ao final de; terminar; acabar: *Precisamos concluir nossa tarefa.*
⊖ **conclusão** **S *fem*** ação de concluir; término.
☼ Ant: **iniciar**.

concordar con.cor.**dar** ***Vt*** (+com) **1** pôr-se de acordo: *– É, meninos... Vou ter que concordar com vocês.* (+em) **2** aceitar: *O rei concordou em receber o comandante da esquadra.*
☼ Ant: **discordar**.

concorrer con.cor.**rer** ***Vt*** (+a) **1** participar de concurso; competir (por): *Saiba como concorrer a prêmios.* **2** disputar: *Partido Vampiresco lançou uma candidata para concorrer às próximas eleições.*
⊖ **concorrente** **S** quem concorre; quem participa de concurso.

concreto con.**cre**.to **S *masc*** **1** massa usada em construções, feita com cimento, areia, pedra picada e água: *Carregava um balde cheio de concreto.* ***Adj*** **2** que existe em forma material, que se pode pegar, ver ou sentir: *Notei que aquele carro na minha garagem era concreto, não era só imaginação.*

concurso con.**cur**.so **S *masc*** prova em que as pessoas disputam entre si um prêmio, cargo ou vaga.

conde **con**.de **S *masc*** título de nobreza inferior ao de marquês e superior ao de visconde.
☼ Forma feminina correspondente: **condessa**.

condenar con.de.**nar** ***Vt***
1 acusar de alguma coisa: *Não me condenem sem saber o que aconteceu.* (...+a) **2** pronunciar julgamento em que reconhece a culpa do acusado e lhe impõe uma pena: *O juiz condenou o réu a 20 anos de prisão.*

condensado con.den.**sa**.do
Adj tornado grosso; concentrado: *Paula fez pudins de leite condensado e baunilha.*

condensar con.den.**sar** ***Vi***
1 tornar-se mais grosso: *Ferva bastante até o caldo condensar.* [***Pron***] **2** tornar-se líquido: *O vapor de água condensa-se em chuvas.*

condição con.di.**ção** ***S fem***
1 situação ou estado de coisas ou pessoas em determinado momento: *Só estou aqui na condição de advogado.* **2** exigência; requisito: *Jango permitiu que eu viesse à sua casa, com a condição de voltar ainda hoje.* **3** recurso financeiro (para): *Não tenho condição de comprar roupa bonita.*
condicionado ***Adj*** dependente de alguma condição.

condomínio con.do.**mí**.ni:o
S masc prédio ou área para moradia cuja propriedade está dividida entre os proprietários de apartamentos ou casas: *Construíram um grande condomínio ao lado do bosque.*

condução con.du.**ção**
S fem **1** ação de transportar de um lugar para outro: *Eles eram os responsáveis pela condução de gado.* **2** veículo para transporte: *Sua condução não deve demorar, espere mais um pouco.*

condutor con.du.**tor** ***S masc***
1 pessoa que dirige e controla veículos: *Toni só pensava em ser condutor do metrô!* **2** quem conduz ou leva algo para algum lugar: *Os tropeiros eram os condutores das tropas.* **3** dispositivo que transporta uma corrente elétrica: *As residências têm, de modo geral, três condutores elétricos.*

conduzir con.du.**zir** ***Vt***
1 orientar; guiar: *Nossa história conduz nossos passos.* (+a)
2 acompanhar alguém ou alguma coisa a algum lugar, guiando: *Sebastião conduziu o senhor Cândido à biblioteca.* **3** fazer chegar; ir dar (em): *Passamos pela estreita escada que conduzia ao sótão.*

cone **co**.ne ***S masc*** corpo sólido de base circular e terminado em ponta.
cônico ***Adj*** que tem forma de cone.

conectar co.nec.**tar** ***Vt*** (...+a)
1 fazer conexão ou ligação de; ligar: *Ele conectou o aparelho à tomada.* [***Pron***] (+a) **2** ligar-se: *Tendo computador, qualquer um pode conectar-se à Internet.*

conexão co.ne.**xão** ***S fem***
1 ligação: *O joelho é um lugar de conexão entre ossos e músculos.*
2 dispositivo que permite a ligação entre duas coisas: *O encanador usou uma conexão para ligar os canos.*

confecção con.fec.**ção** ***S fem***
realização: *Todos ajudaram na confecção dos mapas.*

confeccionar con.fec.ci:o.**nar**
Vt fabricar; fazer: *O avô de Carlos confeccionava batinas.*

conferência con.fe.**rên**.ci:a
S fem **1** palestra realizada para muitas pessoas: *O rei tinha escutado toda a conferência.*
2 reunião para debater assunto importante: *Terminada a conferência, o comandante voltou para o seu acampamento.*

conferir con.fe.**rir** ***Vt*** verificar para ver se está correto: *Um funcionário está conferindo o número de latas de leite em estoque.*

confessar con.fes.**sar** ***Vt***
1 revelar (alguma coisa que antes era segredo): *Alberto confessou que havia jogado as folhas no rio.* ***Vi***
2 declarar seus pecados ao padre: *Era católica e devia confessar.*

confiança con.fi.**an**.ça ***S fem***
1 força interior; segurança: *Os meninos demonstravam confiança.*
2 crença nas boas intenções de alguém; crédito: *O povo deposita sua confiança nos candidatos.*
confiante ***Adj*** cheio de confiança.

confiar con.fi.**ar** ***Vt*** (+em) ter confiança; acreditar: *Você não confia em mim?*
confiável ***Adj*** em que ou em quem se pode confiar.

confirmar con.fir.**mar** ***Vt*** dizer que é verdade ou que é exato: *Resolveu confirmar o que tinha ouvido.*

A B C D E F G H I J K L M N O P Q R S T U V W X Y Z

a b c d e f g h i j k l m n o p q r s t u v w x y z

confissão con.fis.**são** ***S fem*** declaração de culpa: *Era muito grave aquela confissão!*

conflito con.**fli**.to ***S masc*** **1** luta armada: *Esse conflito resultou em um grande número de mortos.* **2** choque: *A novela mostra um conflito entre o bem e o mal.*

conformar-se con.for.**mar**-se ***Vt*** (+com/em) aceitar alguma coisa com paciência: *O chefe teve de conformar-se com o resultado da votação.*

conforto con.**for**.to ***S masc*** **1** conjunto de coisas necessárias para viver bem, como casa, comida, etc.: *Verinha vivia no conforto.* **2** carinho; atenção: *Aquelas palavras de conforto alegraram a menina.*
confortável *Adj* que oferece conforto.

confraternização con.fra.ter.ni.za.**ção** ***S fem*** comemoração entre pessoas: *Houve uma bela confraternização entre brasileiros e italianos.*

confundir con.fun.**dir** ***Vt*** **1** entender mal; misturar: *Você confundiu as coisas.* [***Pron***] (+com) **2** ficar atrapalhado: *Ivã chegou atrasado porque se confundiu com os horários.*

confusão con.fu.**são** ***S fem*** desordem; bagunça: *No meio de toda aquela confusão achei minha amiga.*

confuso con.**fu**.so ***Adj*** **1** em desordem: *Não entendi aquele filme confuso.* **2** atrapalhado; desorientado: *João estava confuso.*

congelador con.ge.la.**dor** ***S masc*** parte da geladeira onde se produz o gelo: *Pus o resto do feijão no congelador.*

congelar con.ge.**lar** ***Vt*** **1** colocar em lugar muito frio para conservar: *Alice resolveu congelar os peixes.* ***Vi*** **2** tornar-se muito frio; ficar gelado ao ponto de endurecer: *O lago começou a congelar por causa do forte frio que fazia naquele inverno.*
congelamento *S masc* ação ou processo de congelar. **congelado *Adj*** que se congelou; gelado.

congestionamento
con.ges.ti:o.na.**men**.to ***S masc*** grande número de pessoas, veículos ou objetos dificultando a passagem: *Os congestionamentos são comuns em muitas cidades como São Paulo e Rio de Janeiro.*

congresso con.**gres**.so ***S masc*** **1** encontro de pessoas especializadas em determinado assunto, que se reúnem para apresentar e discutir suas pesquisas: *Vai haver um congresso de botânica em Minas Gerais.* **2** conjunto de pessoas (deputados e senadores) que trabalham no Poder Legislativo: *Haverá nova eleição para presidente do Congresso.*
Em **2**, escreve-se com inicial maiúscula.

conhecer co.nhe.**cer** ***Vt*** **1** ter relações de amizade com: *Manuel disse que já conhecia o carpinteiro.* **2** saber: *São uns versos que Tininha conhece de cor.* **3** saber quem é: *– Você conhece a minha filha?*
conhecedor *S masc* quem conhece bem alguma coisa.

conhecido co.nhe.**ci**.do ***Adj*** **1** que se conhece: *Eram lagoas e baías bastante conhecidas.* ***S masc*** **2** pessoa que se conhece: *Lino é um conhecido nosso.*
Ant para **2**: **estranho**.

conhecimento
co.nhe.ci.**men**.to ***S masc*** informação que se adquire por meio do estudo e da experiência.

conjunto con.**jun**.to ***S masc*** **1** agrupamento de várias coisas; grupo: *O Sistema Solar é um conjunto de planetas ligados entre si e o Sol.* **2** grupo de músicos: *Miro toca violino e anima o conjunto.* **3** traje composto de peças usadas juntas: *Então o Imperador vestiu o novo conjunto, uma peça de cada vez.*

conquista con.**quis**.ta ***S fem*** **1** dominação de algo usando armas: *Começaram as guerras pela conquista do território.* **2** ação de conseguir algo pelo esforço: *Pela conquista do título cada jogador recebeu 500 dólares.*

conquistador con.quis.ta.**dor**
S *masc* quem domina usando a força das armas: *Queriam proteger a região de outros conquistadores.*

conquistar con.quis.**tar** ***Vt***
1 dominar pelas armas: *Napoleão queria conquistar o mundo.*
2 conseguir a amizade, a simpatia, o amor de: *Pedro sabia como conquistar um cão.* **3** obter; conseguir: *O filme conquistou o primeiro lugar nas bilheterias.*

consciência cons.ci.**ên**.ci:a
S *fem* **1** estado em que uma pessoa percebe o que se passa à sua volta ou em sua mente: *Áurea foi recuperando a consciência aos poucos.* **2** julgamento interior que aprova ou reprova nossos atos: *O segredo pesava muito na consciência de Joca.*

consciente cons.ci:**en**.te ***Adj***
que tem consciência ou conhecimento (de determinados assuntos): *Essa experiência torna o adolescente mais consciente sobre o mundo em que vive.*

conscientizar cons.ci:en.ti.**zar**
Vt (...+a) **1** fazer perceber a necessidade (de): *Iniciaram um trabalho para conscientizar todos a separarem o lixo.* (...+de/sobre) **2** esclarecer: *Cartazes conscientizavam as pessoas da importância do documento de identidade.*
conscientização S *fem* ação de conscientizar.

conseguir con.se.**guir** ***Vt*** **1** ter como resultado; alcançar: *Nosso time finalmente conseguiu a vitória.*
2 sair em busca de; obter: *Não havia meios de conseguir alimentos naquele deserto.* **3** ter sucesso (na realização de alguma ação): *Veja se você consegue abrir esta caixa.*

conselho con.**se**.lho **S *masc***
1 advertência; aviso: *Só então foi que ele lembrou o conselho da mãe.*
2 opinião: *Vou pedir conselho ao meu pai.* **3** grupo de pessoas que se reúnem para discutir e decidir sobre algum assunto importante para a comunidade: *Os indígenas tinham o conselho dos anciãos.*

consequência ü
con.se.**quên**.ci:a **S *fem*** resultado; efeito: *A árvore caiu como consequência do vento.*

consertar con.ser.**tar** ***Vt***
recuperar (alguma coisa que estava estragada); restaurar: *Tia Dulce sozinha consertou a perna da cadeira.*
conserto S *masc* ação de consertar.
Cp: **concerto**.

conservação con.ser.va.**ção**
S *fem* ação de deixar algo sempre em bom estado: *Sempre aprendemos que a conservação do meio ambiente é fundamental para todos.*

conservar con.ser.**var** ***Vt***
1 manter em bom estado; preservar: *Fred não soube conservar as terras herdadas do pai.*
2 manter (de determinado jeito): *Carlos sempre conservou os bigodes bem compridos.* ***V lig*** [**Pron**]
3 manter-se em determinado estado; permanecer: *A montanha conservava-se em completa escuridão.*

consideração con.si.de.ra.**ção**
S *fem* respeito: *O visitante foi tratado com toda a consideração.*

considerar con.si.de.**rar** ***Vt***
1 levar em conta; pensar a respeito de: *Se você considerar a distância, abastecerá o carro.* **2** achar que é; julgar: *D. Benta considerou aquela resposta perfeitamente correta.*

consistência con.sis.**tên**.ci:a
S *fem* qualidade daquilo que é firme ou duro: *Só desligue o fogo quando o doce alcançar uma consistência cremosa.*

consistir con.sis.**tir** ***Vt*** (+de/em) ser formado; compor-se: *Os móveis consistiam de mesa e cadeiras.*

consoante con.so.**an**.te **S *fem***
som da fala pronunciado sempre com apoio numa das vogais.

consolar con.so.**lar** ***Vt*** trazer alívio a: *As tentativas de consolar a menina foram inúteis.*
consolação S *fem* ação de consolar. **consolo S *masc*** aquilo que consola.

constante cons.**tan**.te ***Adj***
1 que não para; contínuo; permanente: *A superfície da Terra está em constante transformação.*
2 que não muda; sempre o mesmo: *O volume total de água no planeta é constante.* **S *fem*** **3** aquilo que está sempre presente: *A presença do perigo era uma constante.*

constar cons.**tar** ***Vi*** **1** ser tido como certo ou verdadeiro: *Consta que o Imperador visitou a Itália.* ***Vt*** (+em) **2** estar escrito ou registrado: *Na carteira de identidade consta nosso nome completo.*

constatar cons.ta.**tar** ***Vt***
verificar; descobrir: *Ficaram surpresos ao constatar que a equipe rival era dirigida pela avó!*

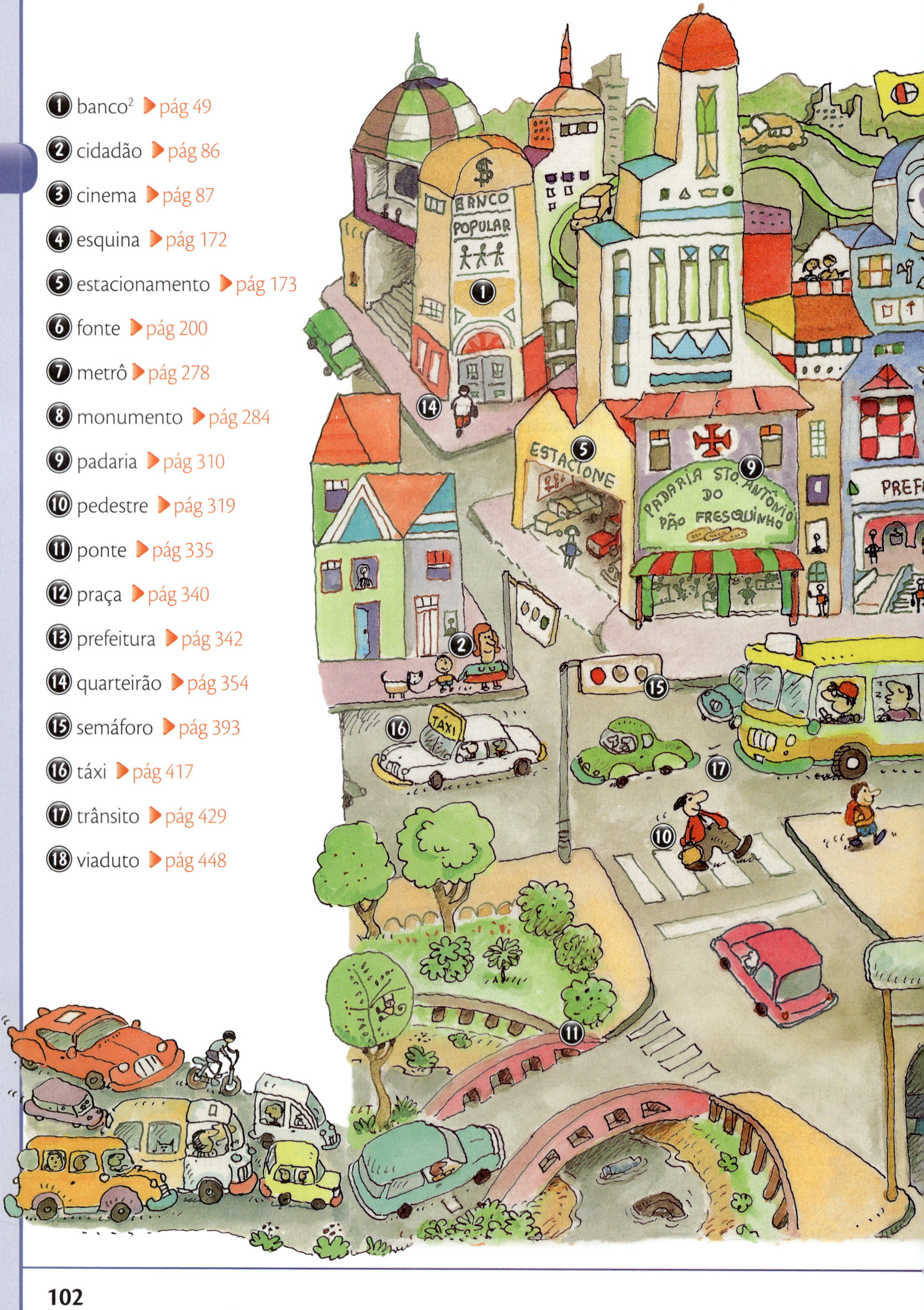
BANCO POPULAR
ESTACIONE
PADARIA STO. ANTÔNIO DO PÃO FRESQUINHO
PREF
TAXI

CIDADE

CORREIOS
ESCOLA MUNICIPAL
CINEPO DE PULAR
TÁXI
M
18
13
3
4
6
12
8
7

constelação ▲ cons.te.la.**ção** *S fem* grupo de estrelas que, se forem ligadas por linhas imaginárias, formam diferentes figuras no céu.

constituição cons.ti.tu.i.**ção** *S fem* lei mais importante que organiza politicamente um Estado. ☀ Escreve-se com inicial maiúscula.

constituir cons.ti.tu.**ir** *Vt* **1** formar; compor: *O espaço existente entre os astros constitui o Universo.* [**Pron**] (+de) **2** ser composto; ser formado: *A alimentação dos escravos constituía-se de milho, feijão, carne-seca e banana.*

construção cons.tru.**ção** *S fem* **1** ação de construir alguma coisa: *O dinheiro era gasto na construção de monumentos.* **2** qualquer obra construída: *O castelo era a mais bela construção da região.*

construir cons.tru.**ir** *Vt* **1** erguer obras de engenharia, como, por exemplo, casas, prédios, escolas, etc.: *Tentavam construir um labirinto gigante.* **2** criar; inventar: *Ele construía seus próprios brinquedos.*

construtor cons.tru.**tor** *S masc* quem se dedica à construção de obras: *Os construtores têm grandes máquinas de erguer peso.*

consulta con.**sul**.ta *S fem* **1** ação de pedir opinião sobre determinado assunto: *Senhor Presidente, vou fazer uma consulta sobre dois pontos.* **2** atendimento profissional, geralmente médico: *Quando disse o preço da consulta, ele levou um tremendo susto.*

consultar con.sul.**tar** *Vt* **1** pedir conselho ou opinião a: *No caso de dúvida, não deixe de consultar o seu professor.* **2** ler com atenção; examinar: *Para informar-se bem, é preciso consultar bons livros.*

consultório con.sul.**tó**.ri:o *S masc* local onde se dá atendimento (médico, dentário ou psicológico, principalmente): *Eles se encontraram no consultório do dentista.*

consumidor con.su.mi.**dor** *S masc* **1** quem compra alguma coisa para uso: *A propaganda procura chamar a atenção dos consumidores.* *Adj* **2** responsável pelo consumo: *Nas grandes cidades o mercado consumidor é enorme.*

consumir con.su.**mir** *Vt* **1** ingerir; comer: *Precisamos consumir alimentos variados.* **2** acabar com; destruir: *O terrível fogo se espalhava e consumia a aldeia.* **3** gastar: *Este carro consome muito combustível.*

consumo con.**su**.mo *S masc* uso; gasto: *Antes do consumo a água deve ser tratada.*

conta **con**.ta *S fem* **1** operação matemática; cálculo. **2** documento que é mandado para a casa da pessoa cobrando vários serviços como água, luz, telefone, etc.: *Ele pagou a conta de telefone.* **3** anotação de despesa feita em restaurante, hospital, hotel, etc.: *Que valor foi cobrado na conta?* **4** dívida; despesa: *Papai só se irritava na hora de pagar as contas.* **5** peça redonda, pequena e furada usada para fazer bordados, colares, etc.: *Fiz uma pulseira de contas coloridas para você.* ▶ pág 370. **por conta** furioso: *O homem ficou por conta!* **em conta** por bom preço; barato: *Seu Romão vende sua mercadoria mais em conta.*

contador con.ta.**dor** *S masc* **1** aquele que conta histórias, piadas, etc.: *Mestre Amaro era o maior contador de histórias do lugar.* **2** profissional encarregado de controlar a situação econômica de uma empresa: *Tentaram colocar uma máquina no lugar do contador, mas não deu certo.*

contagem con.**ta**.gem *S fem* ato de contar: *A cada dez anos há uma nova contagem da população.*

contagiar con.ta.gi.**ar** *Vt* **1** afetar; atingir: *Uma alegria infantil contagiava tudo ali.* *Vi* [**Pron**] **2** pegar doença: *Não use o mesmo lenço que eu. Você vai se contagiar!*
contagiante *Adj* que contagia.

contaminar con.ta.mi.**nar** *Vt* **1** tornar impuro ou ruim pela introdução de elementos que fazem mal à saúde: *Esse lixo pode contaminar o solo.* *Vi* [**Pron**] **2** pegar doença: *Sem lavar as mãos, Mirtes poderia se contaminar.*
contaminação *S fem* processo de contaminar.

contar con.**tar** ***Vt*** **1** relatar o que acontece ou aconteceu: *Os meninos contaram uma história muito longa.* **2** dizer: *Então ele contou que tocava flauta.* **3** fazer a contagem de; verificar a quantidade de: *Começaram então a contar os votos.*

contato con.**ta**.to ***S masc*** **1** situação em que dois objetos, seres, corpos, etc. se tocam; toque: *O açúcar se dissolve ao contato da água.* **2** comunicação: *O diretor entrou em contato com os pais.*

contemporâneo con.tem.po.**râ**.ne:o ***Adj*** **1** do tempo em que estamos; de hoje em dia: *O livro traz contos contemporâneos.* ***S masc*** **2** quem vive na mesma época em que outra pessoa.

contentar con.ten.**tar** ***Vt*** **1** satisfazer (desejo, exigência, etc.): *Quem quer contentar todo mundo, não contenta ninguém.* [**Pron**] (+com) **2** ficar satisfeito: *Maneco podia contentar-se com o que havia feito, mas não se contentou.* **contentamento *S masc*** satisfação; alegria.

contente con.**ten**.te ***Adj*** alegre; feliz: *Cícero estava tão contente que começou a dançar na chuva.*

conter con.**ter** ***Vt*** **1** impedir de ir em frente; segurar: *Foi um custo conter os garotos.* **2** ter em si; incluir: *A massa do bolo contém canela.* ***Vi*** [**Pron**] **3** controlar-se: *Ana estava ansiosa, mas se conteve.*

conteúdo con.te.**ú**.do ***S masc*** aquilo que está contido em algum lugar: *O conteúdo do pacote era segredo para todos.*

continente con.ti.**nen**.te ***S masc*** quantidade de terra cercada pelas águas dos oceanos.

continuação con.ti.nu:a.**ção** ***S fem*** ação de levar adiante, sem parar: *Ela estava ansiosa pela continuação da história de Peter Pan.*

continuar con.ti.nu.**ar** ***Vt*** **1** levar adiante; prosseguir em: *Continuei o bate-papo com aqueles caras.* ***Vi*** **2** prosseguir: *Mesmo depois dos jogos, a guerra continuava.* ***V lig*** **3** estar ainda; permanecer: *Por que é que você continua espantado?*

continuidade con.ti.nu:i.**da**.de ***S fem*** aquilo que tem continuação ou prosseguimento: *Era D. Pedro II que deveria dar continuidade ao governo do pai.*

contínuo con.**tí**.nu:o ***Adj*** que não para; sem interrupção: *Os movimentos da Terra são contínuos.*

conto **con**.to ***S masc*** narrativa escrita ou oral: *Hoje vamos ler outros contos.*

contornar con.tor.**nar** ***Vt*** **1** andar em volta de: *A menina contornou a praça.* **2** ficar em torno de: *Uma cerca de arame contornava o pasto.* **3** colocar em torno de: *Ele contornou a quadra com uma corda.*

contorno con.**tor**.no ***S masc*** linha que fecha ou limita um corpo ou um espaço: *Com um lápis, fez o contorno da figura.*

contra **con**.tra ***Prep*** palavra que relaciona duas partes da frase indicando **1** posição contrária: *As ondas estouram contra as rochas.* **2** oposição: *Essa fundação luta contra o trabalho infantil.*

contrair con.tra.**ir** ***Vt*** **1** fazer ficar mais curto ou diminuir o volume de; apertar: *Rute contraiu os lábios.* **2** adquirir; pegar: *Cuide-se para não contrair a doença.* ***Vi*** [**Pron**] **3** encolher-se: *Ao se contraírem, os músculos movimentam os ossos.* **contração *S fem*** ação ou processo de contrair(-se).

contrariar con.tra.ri.**ar** ***Vt*** ser ou ir contra: *Ninguém teve ânimo de contrariar a vontade do avô.*

contrário con.**trá**.ri:o ***Adj*** **1** que se opõe; que é diferente de: *O vento estava vindo no sentido contrário ao do destino da viagem.* ***S masc*** **2** o oposto; o inverso. Ant para **1**: **favorável**.

contratar con.tra.**tar** ***Vt*** **1** fazer contrato com: *Em breve, contrataremos seus serviços.* **2** empregar: *Contratou pedreiros para a reforma da casa.*

contrato con.**tra**.to ***S masc*** **1** acordo entre pessoas: *Acabou o nosso contrato. Cada um pro seu lado.* **2** documento em que é registrado esse acordo: *Com o contrato assinado nas mãos, voltou para casa.*

A B C D E F G H I J K L M N O P Q R S T U V W X Y Z

a b c d e f g h i j k l m n o p q r s t u v w x y z

contribuir con.tri.bu.**ir** ***Vt*** (+para) ter participação em determinado resultado; colaborar: *De que forma você contribui para economizar água em sua casa e na escola?*
– **contribuição** ***S fem*** ação de contribuir.

controlar con.tro.**lar** ***Vt*** **1** tomar conta de; fiscalizar: *O rei passou a controlar a exploração do ouro.* **2** dominar; segurar: *Você consegue controlar sua curiosidade?* ***Vi*** [***Pron***] **3** conter-se: *O mestre começou a se irritar, mas se controlou.*
– **controle** ***S masc*** ação ou resultado de controlar.

convencer con.ven.**cer** ***Vt*** (...+a) **1** fazer aceitar: *Convenceu o pai a aumentar a mesada.* [***Pron***] (+de) **2** passar a acreditar; aceitar: *Patrícia convenceu-se de que deve estudar.*
– **convincente** ***Adj*** que convence.

convencido con.ven.**ci**.do ***Adj*** cheio de si; orgulhoso: *Se eu sou convencida, você é intrometido.*

conversar con.ver.**sar** ***Vi*** **1** trocar palavras ou ideias sobre qualquer assunto; bater papo: *Entrem, vamos conversar um pouco.* ***Vt*** (+com) **2** falar: *As crianças fizeram fila para conversar com Papai Noel.*
– **conversa** ***S fem*** ação de conversar.

converter con.ver.**ter** ***Vt*** (...+a) fazer mudar de religião, de opinião ou de costumes: *O objetivo dos jesuítas era converter os indígenas à religião católica.*

convés ▼ con.**vés** ***S masc*** piso de cima do navio, sobre a cobertura do casco: *No convés, senti o vento.*

convidado con.vi.**da**.do ***S masc*** quem recebeu convite: *Os convidados chegaram.*
▶ pág 206.

convidar con.vi.**dar** ***Vt*** (...+para) chamar alguém (para comparecer a algum lugar ou participar de algo): *Lauro convidou Fernando para sua festa de aniversário.*

convir con.**vir** ***Vi*** ser apropriado: *Não convém que você fique sozinho em casa.*
– **conveniente** ***Adj*** que convém.

convite con.**vi**.te ***S masc*** **1** ação de pedir que alguém compareça a algum lugar ou participe de um evento: *O homem ficou feliz com o convite para o banquete.* **2** mensagem escrita ou bilhete que representa o ato de convidar: *Para entrar é preciso mostrar o convite.*
▶ pág 206.

conviver con.vi.**ver** ***Vt*** (+com) viver junto: *Praticando esportes aprende-se a conviver com os outros.*
– **convivência** ***S fem*** vida em comum.

convívio con.**ví**.vi:o ***S masc*** convivência: *O gato foi afastado do convívio dos irmãos.*

convocar con.vo.**car** ***Vt*** chamar para determinada reunião ou outra obrigação: *Imediatamente a diretora convocou os professores.*

coordenar co.or.de.**nar** ***Vt*** **1** dispor segundo certa ordem; organizar. **2** controlar: *O sistema nervoso é responsável por coordenar os movimentos, os pensamentos e as atitudes.*
– **coordenador** ***S masc*** que coordena. **coordenação** ***S fem*** ação ou processo de coordenar.

copa[1] **co**.pa ***S fem*** parte da casa perto da cozinha onde se fazem refeições: *Na copa, o almoço nos esperava.*

copa[2] ▲ **co**.pa ***S fem*** parte arredondada e de cima dos ramos das árvores: *O passarinho se escondeu na copa da mangueira.*

copeiro co.**pei**.ro ***S masc*** empregado que serve à mesa: *O copeiro derrubou a bandeja.*

cópia **có**.pi:a ***S fem*** **1** reprodução de um escrito ou desenho: *As cópias do desenho estavam numa gaveta.* **2** reprodução exata de um objeto: *Mandou fazer mais uma cópia das chaves do carro.*

copiar co.pi.**ar** ***Vt*** fazer cópia de; reproduzir: *O menino copiou a poesia numa folha.*

copo co.po **S *masc*** **1** recipiente pequeno, cilíndrico, sem tampa, usado para beber. **2** o conteúdo de um copo: *Carlos bebeu o copo todo de limonada.*

coque co.que **S *masc*** penteado em que se prende o cabelo todo enrolado no alto da cabeça: *Ema prendia o cabelo num coque.*

cor ô **S *fem*** resultado que vemos quando a luz se reflete sobre os corpos: *O verde é uma das cores de nossa bandeira.*

cor ó **S *masc*** palavra antiga para coração, hoje só usada na expressão:
de cor de memória: *Meu pai sabe de cor os nomes dos jogadores da seleção do Brasil.*

coração co.ra.**ção** **S *masc***
1 órgão localizado no tórax, e que distribui o sangue pelo corpo. **2** parte central; centro: *Os urros vinham do coração da floresta.* **3** lugar onde se diz que estão os sentimentos e as emoções: *Vocês vão ficar sempre no meu coração.* **4** sentimento: *Seu Alfredo era pessoa de bom coração.*

coragem co.**ra**.gem **S *fem*** atitude firme ao enfrentar situações difíceis: *Não perca a coragem, senão a missão falhará.*
corajoso **Adj** que tem coragem.

coral[1] co.**ral** **S *masc*** substância dura, vermelha, rosa ou branca, deixada por certos animais marinhos, formando grandes blocos.

coral[2] co.**ral** **S *masc*** grupo de pessoas que cantam juntas: *Vou para o ensaio do coral.*

coral[3] co.**ral** **S *fem*** cobra venenosa cujo corpo é vermelho ou amarelado com anéis pretos: *Há um soro para anular o veneno da coral.*

corante co.**ran**.te **S *masc*** tinta usada para dar cor: *Com pau-brasil, produzia-se corante vermelho.*

corar co.**rar** **Vi** ficar com o rosto rosado (de raiva ou de vergonha): *Laura corou com o elogio.*

corcova cor.**co**.va **S *fem*** parte alta e curva formada de carne e gordura nas costas dos camelos e alguns animais da família do boi: *As corcovas do camelo armazenam gordura.*

corda **cor**.da **S *fem*** **1** objeto comprido e flexível, formado de fios vegetais ou arames, unidos e torcidos. **2** fio esticado que produz o som em alguns instrumentos musicais: *Falta uma corda no violão.*

cordão cor.**dão** **S *masc*** **1** corda fina e curta: *O maquinista puxou um cordão e o trem apitou.* **2** barbante com que se amarra calçado: *Tetê amarrou o cordão do tênis.*

cordeiro cor.**dei**.ro **S *masc*** filhote de ovelha: *O cordeiro bebia água quando chegou um lobo.*

cordel cor.**del** **S *masc*** **1** corda muito fina; barbante: *Puxou o cordel, mas a armadilha não funcionou.* **2** poesia popular do Nordeste, divulgada em caderninhos: *A história do homem que livra uma cidade dos ratos ganhou uma versão em cordel.*

cordilheira cor.di.**lhei**.ra **S *fem*** conjunto de montanhas uma próxima da outra.

corneta cor.**ne**.ta **S *fem*** instrumento musical de sopro, feito de metal e em forma de cone: *Os soldados acordam ao toque de corneta.*

coro **co**.ro **S *masc*** **1** grupo de pessoas que cantam juntas; coral[2]: *Em vez de orquestra havia um coro de cantores.* **2** conjunto de vozes: *Soou logo um coro de reclamações.*

coroa co.**ro**.a **S *fem*** **1** enfeite de forma circular usado na cabeça como sinal de nobreza: *Prenderam os ladrões da coroa do rei.* **2** governo português no tempo em que o Brasil era colônia de Portugal: *Toda a população deveria contribuir para saldar a dívida com a Coroa.*
Em **2**, escreve-se com inicial maiúscula.

A B C D E F G H I J K L M N O P Q R S T U V W X Y Z

coroar co.ro.**ar** ***Vt*** pôr coroa em: *Fizeram uma festa para coroar a rainha.*
➖ **coroação** ***S fem*** ação de coroar.

corola ▼ co.**ro**.la ***S fem*** corpo da flor, formado por pétalas.

coronel co.ro.**nel** ***S masc*** **1** alto cargo ou posto da Aeronáutica ou do Exército: *O coronel foi recebido com palmas.* **2** chefe político do interior do Brasil: *Os coronéis eram donos de terras.*

corpo **cor**.po ***S masc*** **1** parte física do homem ou do animal: *A baleia tem um corpo imenso.* **2** qualquer objeto natural que se vê no céu: *As estrelas são corpos luminosos.* **3** grupo de pessoas que têm a mesma atividade: *Chamem o corpo de bombeiros!*
➖ **corporal** ***Adj*** relativo a corpo.
☀ Pl: **c[ó]rpos**.

correção cor.re.**ção** ***S fem*** **1** aplicação de castigo: *Antigamente a palmatória era instrumento de correção.* **2** ação de corrigir; ação de tirar os erros: *O texto ainda estava sem correção.*

corredor cor.re.**dor** ***S masc*** **1** passagem estreita e comprida dentro de uma casa ou edifício: *O banheiro ficava no fundo do corredor.* **2** quem compete em corridas: *Dênis era um famoso corredor de Fórmula 1.* **3** quem corre: *A barata é ótima corredora.*
▶ pág 402 e 403.

córrego **cór**.re.go ***S masc*** pequeno curso de água; riacho: *Um bando lavava roupa num córrego ali perto.*

correio cor.**rei**.o ***S masc*** **1** serviço público que recebe, envia e entrega a correspondência: *Os funcionários do correio ficaram preocupados e entregaram logo a carta.* **2** serviço de entrega de correspondência: *Daniel recebeu uma carta pelo correio.*

correio eletrônico cor.**rei**.o e.le.**trô**.ni.co ***S masc*** serviço para enviar e receber mensagens pelo computador.

corrente cor.**ren**.te ***S fem*** **1** série de argolas de metal, ligadas entre si: *As argolas eram presas por meio de correntes de ferro.* **2** ar em movimento: *Não tenho receio dos tigres, mas tenho horror das correntes de ar.* **3** grande quantidade de água que segue uma determinada direção: *A frota seguia a direção das correntes marítimas.* ***Adj*** **4** que corre: *Os rios são cursos de água corrente.*

correnteza ▼ cor.ren.**te**.za ***S fem*** movimento das águas de um rio: *Nadar contra a correnteza não é fácil.*

correr cor.**rer** ***Vi*** **1** andar ou mover-se rapidamente: *Francisco correu para se proteger da chuva.* **2** deslizar; deslocar-se: *Pedrinho foi pescar lambaris no ribeirão que corre pelo sítio.* ***Vt*** **3** mover de um lado a outro: *Miguel correu os olhos em torno e viu Diná.* (+de) **4** fugir; afastar-se: *A garota é medrosa, corre até de barata.*

correria cor.re.**ri**.a ***S fem*** **1** corrida sem ordem e barulhenta; corre-corre: *A bicharada saiu em correria.* **2** pressa; atropelo: *Todos estavam na maior correria por causa das provas.*

correspondência cor.res.pon.**dên**.ci.a ***S fem*** **1** troca de cartas ou *e-mail*: *Dona Zefa tem mania de correspondência.* **2** conjunto de cartas ou *e-mails* que uma pessoa recebe ou envia: *Murilo foi pegar a correspondência no portão.*

correspondente cor.res.pon.**den**.te ***Adj*** que corresponde; que tem relação (com): *Ele assinalou com um X o quadrinho correspondente à resposta correta.*

corresponder cor.res.pon.**der** ***Vt*** (+a) **1** equivaler: *O ano do planeta Netuno corresponde a 165 anos dos nossos da Terra.* **2** ser do jeito que se espera: *A aparência delicada de Vera não correspondia ao seu jeito sério de dirigir a escola.* [***Pron***] (+com) **3** comunicar-se por meio de cartas ou *e-mail*: *Liliana correspondia-se com um poeta.*

correto cor.**re**.to ***Adj*** **1** sem erro; certo: *Sua resposta está correta.* **2** preciso; exato: *Agora só faltava descobrir o caminho correto.* **3** honesto: *O pai lhe ensinou a ser correto e bom.*
☀ Ant de **1** e **2**: **errado**.

corrida cor.**ri**.da ***S fem*** **1** ação de correr: *O cachorro não conseguiu alcançar o gato na corrida.* **2** competição de velocidade: *Para a corrida de bicicletas havia uma pista especial.* ▶ pág 170 e 171.

corrigir cor.ri.**gir** ***Vt*** dar forma correta a: *Consegui corrigir todas as falhas do trabalho.*

corrimão cor.ri.**mão** ***S masc*** peça que fica ao longo de escada, ponte ou outro local de perigo e que serve de apoio e segurança: *O jovem desceu as escadas segurando firme no corrimão.*

corrupção cor.rup.**ção** ***S fem*** qualquer atividade ilegal; roubo: *Além de toda a corrupção, o povo ainda tinha de aguentar a vaidade do rei.*

cortar cor.**tar** ***Vt*** **1** dividir; separar: *A moça começou a cortar as fatias de pão.* **2** deixar mais curto; aparar: *Alda preferiria perder a cabeça a ter de cortar seu lindo cabelo.* **3** interromper: *Ficou bravo por terem cortado sua conversa.*
cortador ***S masc*** quem ou qualquer objeto que corta.
cortante ***Adj*** que corta; afiado.
cortado ***Adj*** que se cortou.

corte ô **cor**.te ***S fem*** o rei ou o imperador de um país, seus ministros e as pessoas nobres que o acompanham: *Estavam presentes ao banquete as pessoas mais importantes da corte.*

corte ó **cor**.te ***S masc*** **1** ação de cortar: *Já começou o corte da cana-de-açúcar.* **2** resultado de cortar ou aparar: *Haroldo chegou com um corte de cabelo esquisito.* **3** lado afiado de um instrumento que corta: *Depois dumas horas de trabalho, a serra perde o corte.*

cortesão cor.te.**são** ***S masc*** quem pertence à corte: *A rainha mandou um cortesão procurar seu marido.*
Pl: **cortesãos**.

cortesia cor.te.**si**.a ***S fem*** delicadeza de maneiras; boa educação: *O tenente cumprimentou os presentes com cortesia.*

cortiço cor.**ti**.ço ***S masc*** habitação coletiva em bairros pobres: *Alguns cortiços foram derrubados.*

cortina cor.**ti**.na ***S fem*** peça de pano pendurada em janelas, portas ou num palco, utilizada para impedir a entrada de luz, vento, poeira, etc. ou para impedir a visão. ▶ pág 76 e 77.

coruja co.**ru**.ja ***S fem*** ave caçadora noturna, com bico curvado e grandes olhos redondos: *A coruja, em cima do toco, nem se mexia.*

corvo **cor**.vo ***S masc*** ave de tamanho médio, de cor preta, brilhante, com bico escuro e voz forte: *Um corvo apareceu e o rato fugiu de medo.*

coser co.**ser** ***Vt*** costurar: *Ela mesma comprou a fazenda e coseu o vestido.*

cosmético ▶ cos.**mé**.ti.co ***S masc*** produto que serve para deixar o corpo ou partes do corpo humano mais bonito(s): *Amélia trabalha numa indústria de cosméticos.*

cósmico **cós**.mi.co ***Adj*** relativo ao cosmo, ou seja, ao Universo; do Universo: *Novas pesquisas sobre o espaço cósmico nos aproximam de outros planetas e estrelas.*

costa **cos**.ta ***S fem*** **1** região do mar próxima da terra; litoral: *O barco não se afastou muito da costa.* [***Pl***] **2** parte de trás do tronco humano; dorso: *Armando sentia dores nas costas.*

costeiro cos.**tei**.ro ***Adj*** relativo à costa; perto do litoral: *O iate serve para navegação costeira.*

costela cos.**te**.la ***S fem*** cada um dos ossos longos e curvos do tórax.

costume cos.**tu**.me ***S masc*** aquilo que se pratica quase sempre; comportamento que é hábito: *É costume comer peru no Natal.*

costumeiro cos.tu.**mei**.ro ***Adj*** que é comum ou frequente; que é hábito: *Fred se aproximou para ouvir o sermão costumeiro do pai.*

costura cos.**tu**.ra ***S fem*** **1** ação de unir com pontos de agulha à mão ou à máquina: *Alice trabalhava numa oficina de costura.* **2** tecido ou peça que se cose: *Largue essa costura e pegue no lápis.*

costurar cos.tu.**rar** ***Vt*** unir com pontos de agulha; coser: *Quero que você costure um vestido.*

A B C D E F G H I J K L M N O P Q R S T U V W X Y Z

a b c d e f g h i j k l m n o p q r s t u v w x y z

costureiro cos.tu.**rei**.ro **S *masc*** pessoa que costura por profissão e que também cria novas roupas: *Os dois costureiros estrangeiros tinham feito um belo manto para o rei.*

cotidiano co.ti.di.**a**.no ***Adj*** que se tem todos os dias; diário: *Ali, a vida cotidiana era muito sossegada.*

cotovelo co.to.**ve**.lo **S *masc*** parte de fora do braço, na união entre a parte de cima e a de baixo.

couro **cou**.ro **S *masc* 1** pele de certos animais: *O rinoceronte tem couro muito grosso.* **2** pele de certos animais preparada: *Bolsa de couro custa caro.*

couve **cou**.ve **S *fem*** planta de horta de caule reto, folhas lisas e macias: *Comemos couve com feijão.* ▶ pág 188 e 189.

couve-flor **cou**.ve-**flor** **S *fem*** couve de caule curto em cujo centro há um buquê de flores brancas comestíveis: *Na nossa horta também plantamos couve-flor.*

cova **co**.va **S *fem* 1** buraco na terra onde o animal se esconde; toca: *O lagarto entrou na cova.* **2** buraco: *A tartaruga bota à noite em cova aberta na areia.*

covarde co.**var**.de ***Adj* 1** sem coragem; medroso: *Mirinho não era covarde, tomou a injeção sem reclamar.* **S 2** pessoa medrosa: *Se não lutasse faria o papel de covarde.*
Ant: **valente**.

coxa **co**.xa **S *fem*** parte da perna que vai das virilhas ao joelho.

cozinha co.**zi**.nha **S *fem* 1** parte da casa onde se preparam os alimentos. **2** conjunto dos pratos da culinária, característicos de um lugar: *A cozinha brasileira é muito variada.* ▶ pág 76 e 77.

cozinhar ▼ co.zi.**nhar** ***Vt*** **1** preparar comidas usando fogo ou calor: *A água usada para cozinhar legumes fica rica em vitaminas.* ***Vi*** **2** ficar sob o fogo ou no calor até chegar ao ponto ideal para ser comido: *O feijão ainda não cozinhou.*

cozinheiro co.zi.**nhei**.ro **S *masc*** pessoa que cozinha como profissão; pessoa que sabe cozinhar: *Meu pai é o maior cozinheiro do mundo!* ▶ pág 370.

crânio **crâ**.ni.o **S *masc* 1** caixa óssea que encerra o cérebro. **2** quem é muito inteligente: *Melvin era o crânio da escola.*

craque **cra**.que **S *masc* 1** jogador famoso por sua habilidade em jogar: *Os craques entraram em campo muito animados.* **2** pessoa muito habilidosa ou esperta: *Lau é um craque para adivinhar as coisas.* ***Adj* 3** habilidoso em fazer alguma coisa: *Meu avô é craque em pipoca com caramelo.*

cratera cra.**te**.ra **S *fem* 1** abertura larga e circular por onde sai a lava e fumaça de um vulcão. **2** buraco grande: *As chuvas abriram uma cratera na rua.*

cravo[1] **cra**.vo **S *masc*** flor de pétalas recortadas e em diversas cores: *O cravo é cheiroso.*

cravo[2] **cra**.vo **S *masc*** botão da flor de uma árvore chamada craveiro da Índia, usado como tempero: *O cravo e a canela são usados principalmente em doces.*

creche **cre**.che **S *fem*** lugar onde se cuida de crianças pequenas, dando a elas alimentação, carinho, atenção, etc.: *As creches cuidam de crianças das mães que trabalham fora de casa.*

crédito **cré**.di.to **S *masc*** autorização para pagar a conta depois: *Foi concedido crédito aos agricultores.*

credo **cre**.do **S *masc* 1** oração católica iniciada, em latim, pela palavra *credo* (=creio). **2** fé religiosa; crença: *Ninguém é melhor do que outro por causa de cor ou credo.* ***Interj* 3** expressa espanto: *– Credo! Que coisa sem graça!*

creme **cre**.me **S *masc* 1** alimento mais ou menos mole feito com leite, maisena, sal ou açúcar, etc., usado para rechear e/ou cobrir bolos e outros doces ou para comer puro ou junto com outra(s) comida(s): *Gosta de creme de espinafre?* **2** produto com a aparência desse creme, usado para limpar os dentes, ajudar a fazer a barba, deixar a pele macia, etc.: *Ana passou creme no rosto.*
cremoso ***Adj*** que tem creme ou que se parece com creme.

crença **cren**.ça **S *fem* 1** fé religiosa; religião: *O rei então mudou de crença e tornou-se cristão.* **2** aquilo em que se acredita e que pode ser verdadeiro ou não: *Há muita crença sobre os morcegos.*

crendice cren.**di**.ce ***S fem*** aquilo em que o povo acredita, mesmo sem ter explicação baseada em fatos reais: *Beber três golinhos de água para parar o soluço é crendice.*

crer ***Vt*** **1** pensar; achar: *Creio que vamos ter problema, dona Nilce.* (+em) **2** levar em conta; acreditar: *Vossa Majestade não deve crer em tudo o que escrevem.*

crescer cres.**cer** ***Vi*** **1** desenvolver-se aumentando em tamanho, altura, comprimento: *Seu corpo estava crescendo.* **2** aumentar: *A tempestade cresceu de repente.* ⊖ **crescimento** ***S masc*** processo de crescer. **crescido** ***Adj*** que cresceu. **crescente** ***Adj*** que cresce; que aumenta sempre.

crespo **cres**.po ***Adj*** cheio de pequenos cachos; encaracolado: *Damião tem cabelos crespos.*

cria **cri**.a ***S fem*** filhote de animal: *Seu Nicola comprou cinco vacas, três já com crias.*

criação cri:a.**ção** ***S fem*** **1** origem, começo dos seres e das coisas: *Todas as religiões falam da criação?* **2** trabalho de imaginação e invenção: *Aquele vestido de noiva foi criação exclusiva de Leonor.* **3** fundação: *O governo ajudou na criação do museu.* **4** conjunto de animais criados em casa: *Seu Pedro foi dar comida à criação.*

criado cri.**a**.do ***Adj*** **1** que se criou: *Alexandre era um menino cheio de vontades, criado no luxo.* ***S masc*** **2** pessoa que presta serviços domésticos; empregado: *O criado entrou com a bandeja de café.*

criado-mudo ▶ cri.**a**.do-**mu**.do ***S masc*** mesinha que fica ao lado da cabeceira da cama.

criador cri:a.**dor** ***Adj*** **1** próprio de quem sabe criar alguma coisa: *Cláudio nasceu com espírito criador.* ***S masc*** **2** quem cria animais para abate: *Lau era um criador de porcos.* **3** quem cria algo: *A professora perguntou quem era o criador daquele projeto.*

criança cri.**an**.ça ***S fem*** **1** ser humano de pouca idade. ***Adj*** **2** novo; de pouca idade: *Dina me acompanha desde criança.* ▶ pág 156 e 157.

criançada cri:an.**ça**.da ***S fem*** grupo de crianças: *Aos poucos a criançada se reuniu no pátio.*

criar cri.**ar** ***Vt*** **1** dar existência ou origem a: *Muitos acreditam que Deus criou a Terra.* **2** imaginar; inventar: *Naná criava incríveis receitas de bolos.* **3** manter e tratar (animal) por gosto: *Sarita criava um porquinho.* **4** alimentar e educar: *A gente tem que criar os filhos para o mundo.*

criatividade cri.a.ti.vi.**da**.de ***S fem*** capacidade de criar alguma coisa usando a imaginação e o talento: *Há exercícios que estimulam a criatividade.* ⊖ **criativo** ***Adj*** que tem criatividade.

criatura cri:a.**tu**.ra ***S fem*** qualquer ser vivo: *A baleia é uma linda criatura!*

crime **cri**.me ***S masc*** qualquer atividade contra a lei e que prejudica alguém: *Quem comete crime tem de ser preso.* ⊖ **criminoso** ***Adj*** que comete ou cometeu crime.

crina **cri**.na ***S fem*** pelos do pescoço e da cauda do cavalo e outros animais parecidos: *Alex alisava a crina do cavalo.*

crise **cri**.se ***S fem*** **1** alteração numa doença, para pior, e que acontece de repente: *Ele teve uma crise de asma.* **2** período de dificuldade econômica; situação difícil: *A guerra deixou vários países em crise.*

crista **cris**.ta ***S fem*** parte de carne dura na cabeça das aves: *Um belo galo de crista vermelha estava num galho.*

cristal cris.**tal** ***S masc*** **1** mineral transparente e sem cor. **2** vidro muito transparente e puro, de alta qualidade: *Lu quebrou um copo de cristal de sua mãe.*

cristalino cris.ta.**li**.no ***Adj*** **1** muito limpo; transparente: *Nadaram num riacho de águas cristalinas.* ***S masc*** **2** parte do olho que fica atrás da pupila. ☼ Em **2**, o nome científico preferido é **lente**.

cristão cris.**tão** ***Adj*** **1** que segue o cristianismo: *Constantino foi o primeiro imperador cristão.* ***S masc*** **2** pessoa que segue o cristianismo:

A B C D E F G H I J K L M N O P Q R S T U V W X Y Z

No início os cristãos foram muito perseguidos.
Pl: **cristãos**.

cristianismo cris.ti:a.**nis**.mo ***S masc*** conjunto das religiões baseadas nos ensinamentos, na pessoa e na vida de Jesus Cristo.

critério cri.**té**.ri:o ***S masc*** aquilo que serve para julgar, comparar ou dar opinião sobre alguma coisa: *A cor da pele não é critério para avaliar ninguém.*

criticar cri.ti.**car** ***Vt*** **1** analisar algo e dar sua opinião sobre aquilo: *Os alunos criticaram o livro que leram nas férias.* **2** avaliar de forma negativa: *Parece que só sabe criticar o que os outros fazem.*

crítico **crí**.ti.co ***Adj*** **1** de avaliação: *No fim do ano foi feita uma análise crítica do nosso ensino.* **2** muito sério; muito complicado: *Há muito a situação de nossa fauna já é crítica.* ***S masc*** **3** quem faz avaliação de obras: *Um crítico de cinema acabou com o último filme daquele ator.*

crochê cro.**chê** ***S masc*** trabalho feito à mão com uma agulha que tem um gancho na ponta: *Júlia participou de um concurso de crochê para jovens.*

crocodilo ▶ cro.co.**di**.lo ***S masc*** grande réptil carnívoro, com pele grossa e dentes afiados: *O Capitão Gancho se apavorava cada vez que o crocodilo surgia.* ▶ pág 460 e 461.

CIRCO

crosta cros.ta ***S fem*** camada dura que envolve uma superfície: *O frio era tão forte que a crosta de gelo estalava.*

cru ***Adj*** que não foi cozido nem assado: *Não gosto de carne crua.*

cruel cru.**el** ***Adj*** perverso; mau: *Hagar era o nome do cruel domador de animais.*
− **crueldade** ***S fem*** perversidade; maldade.

cruz ***S fem*** **1** símbolo de algumas religiões cristãs, em forma de duas peças de madeira, uma atravessada sobre a outra. **2** qualquer desenho que tenha a forma desse símbolo: *Os alunos deviam fazer uma cruz na resposta correta.*

cruzado cru.**za**.do ***Adj*** **1** em forma de cruz: *Ele estava com os dedos cruzados.* **2** que vem de direções contrárias: *Enfrentaram o fogo cruzado do inimigo.*

cruzamento cru.za.**men**.to ***S masc*** lugar em que duas ou mais ruas, ferrovias, etc. se encontram: *Obedeça à faixa de pedestres no cruzamento das ruas.*

cruzar cru.**zar** ***Vt*** **1** colocar (braços, pernas, dedos, etc.) um

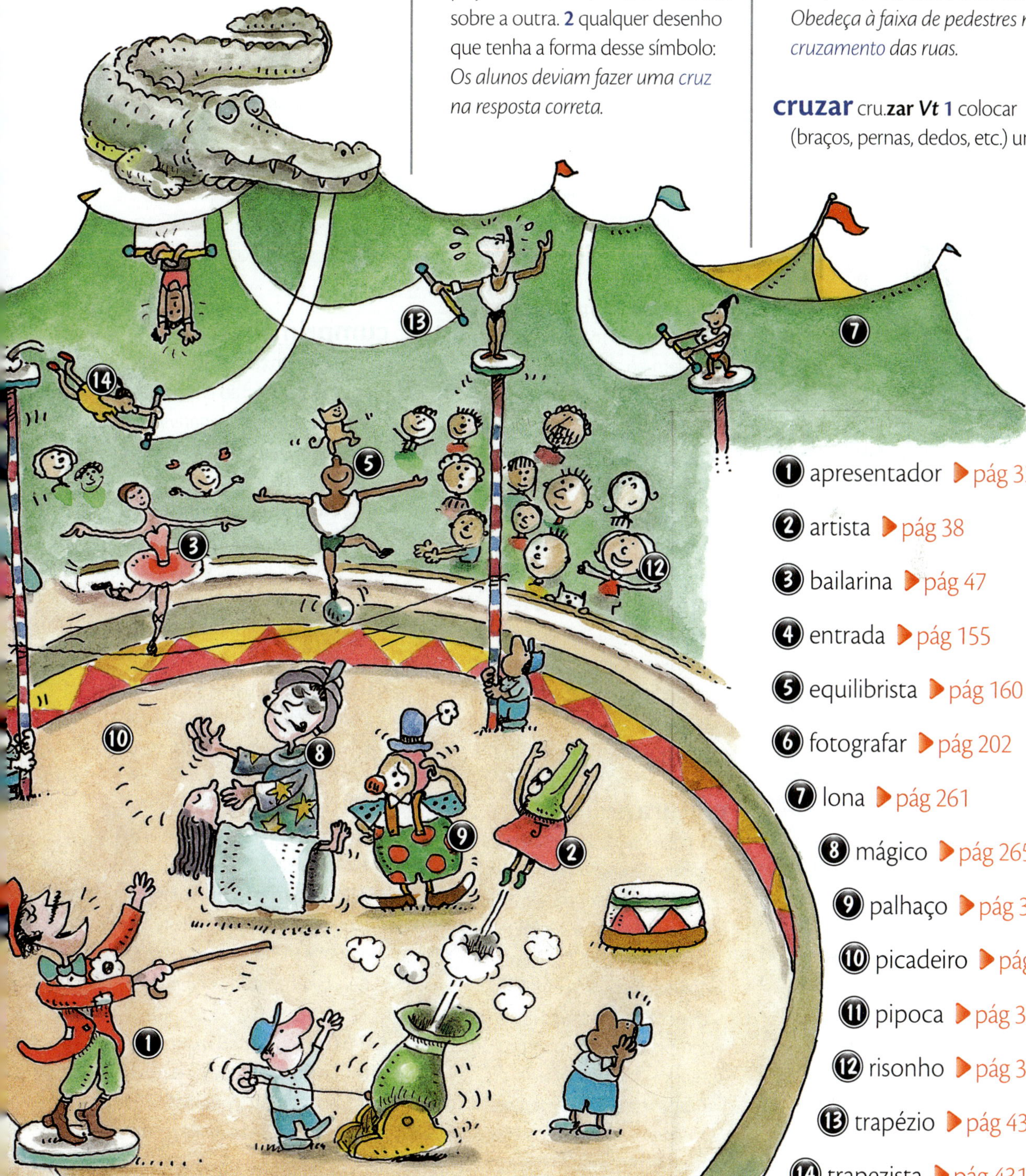

1 apresentador ▶pág 33
2 artista ▶pág 38
3 bailarina ▶pág 47
4 entrada ▶pág 155
5 equilibrista ▶pág 160
6 fotografar ▶pág 202
7 lona ▶pág 261
8 mágico ▶pág 265
9 palhaço ▶pág 311
10 picadeiro ▶pág 325
11 pipoca ▶pág 330
12 risonho ▶pág 379
13 trapézio ▶pág 430
14 trapezista ▶pág 431

sobre o outro em forma de cruz: *Ana sentou-se e cruzou as pernas.* **2** ir além de; atravessar: *Vou cruzar essa ponte para chegar à cidade.* (+com) **3** encontrar, vindo de sentidos contrários: *Zé cruzou com o mascate já perto da porteira.*

cruzeiro cru.**zei**.ro **S *masc*** **1** viagem de navio de passageiros, em visita a vários portos: *Eu vivia sonhando com um cruzeiro pela costa do Brasil.* **2** nome antigo do dinheiro brasileiro.

cubo ▲ **cu**.bo **S *masc*** figura sólida com seis faces quadradas.

cuca **cu**.ca **S *fem*** bicho-papão: *E da cuca você já ouviu falar?*

cueca cu.**e**.ca **S *fem*** peça de roupa masculina, usada por baixo de outras roupas, que parte da cintura ou logo abaixo dela e vai até às virilhas ou às coxas.

cuia **cui**.a **S *fem*** utensílio feito da casca dura de um fruto de forma oval, sem a polpa e cortada ao meio: *O feijão com farinha era servido em cuias.*

cuidado cui.**da**.do **S *masc*** **1** medida que se toma para evitar estrago, perigo ou problema: *Milu segurou a latinha com todo o cuidado.* **2** atenção especial: *João viu que o bezerrinho precisava de seus cuidados.*
cuidadoso Adj que tem cuidado.
Ant para **1**: **negligência**.

cuidar cui.**dar** ***Vt*** (+de) dar atenção (a); tomar conta: *A pata resolveu que ia cuidar desse patinho feio como cuidava dos outros filhotes.*

culinária cu.li.**ná**.ri:a **S *fem*** preparação de comida: *A mandioca faz parte da culinária indígena.*

culpar cul.**par** ***Vt*** (...+por) dizer de quem é a culpa; dizer que é o responsável pelo que aconteceu: *Nenhum dos passageiros culpou o motorista pelo acidente.*
culpa S *fem* responsabilidade por dano ou mal que se causa a alguém ou alguma coisa.

cultivar cul.ti.**var** ***Vt*** plantar e cuidar para que desenvolva: *Ele cultivava as mais lindas flores.*
cultivo S *masc* ação de cultivar.

culto **cul**.to **S *masc*** **1** cerimônia de adoração a divindades: *Os escravos faziam seus cultos às escondidas.* **Adj** **2** instruído: *Clara casou-se com um homem muito culto e gentil.*

cultura cul.**tu**.ra **S *fem*** **1** conjunto das ações necessárias para o desenvolvimento de animais ou plantas; cultivo: *Em Pernambuco desenvolveu-se a cultura da cana.* **2** conjunto de conhecimentos acumulados por um povo através dos tempos, tais como crenças, artes, modos de comportar-se, etc.: *É forte a presença da cultura africana na Bahia.* **3** conjunto de conhecimentos de uma pessoa; saber: *Era um homem de cultura, e queria que o filho estudasse.*
cultural Adj relativo a cultura.

cume ▼ **cu**.me **S *masc*** o ponto mais alto de um monte ou montanha: *A montanha tinha cume arredondado.*

cumprimentar cum.pri.men.**tar** ***Vt*** dizer ou fazer cumprimento(s) ao encontrar alguém; saudar: *Armandinho entrou na sala e cumprimentou todo mundo.*
cumprimento S *masc* gestos, palavras ou escritos, ditos ou feitos quando se encontra alguém; saudação.
Cp: **comprimento**.

cumprir cum.**prir** ***Vt*** pôr em prática; executar; realizar: *O povo teve de cumprir sua parte no combinado.*
cumprido Adj que se cumpriu.

cupim cu.**pim** **S *masc*** inseto roedor que destrói madeira, papel e outros materiais: *Parte do teto tinha sido comida por cupins.*

cupom cu.**pom** **S *masc*** cartão ou papel que dá direito a descontos ou a prêmios a seu dono: *Lia tirou o cupom premiado.*

curandeiro cu.ran.**dei**.ro *S masc* pessoa que cura doentes por meio de rezas e chás: *O curandeiro receitou um chá, mas a criança não sarou.*

curar cu.**rar** *Vt* fazer sarar de doença: *Lalau é médico, me curou.* ➖ **cura** *S fem* ato ou efeito de curar; tratamento.

curativo cu.ra.**ti**.vo *S masc* remédio, algodão, etc. que se coloca no local de um machucado: *Joana fez um curativo na perna de seu irmão que caiu da bicicleta.* ▶ pág 225.

curiosidade ▶ cu.ri.o.si.**da**.de *S fem* interesse por ficar sabendo de alguma coisa: *A curiosidade do público se manifestou por meio de perguntas.*

curioso cu.ri.**o**.so *Adj* **1** que desperta interesse; interessante: *Na gruta encontraram curiosos cristais.* **2** que se interessa por saber ou conhecer coisas novas; interessado: *Estavam curiosos para saber o que tinha acontecido.* *S masc* **3** grupo de pessoas que se aproximam de um lugar onde aconteceu alguma coisa: *O guarda afastava os curiosos.*

curral cur.**ral** *S masc* lugar onde se recolhem animais: *À tarde os animais se recolhem no curral.* ▶ pág 196 e 197.

cursar cur.**sar** *Vt* seguir estudos de; estudar: *Eu estava cursando o quarto ano.*

curso **cur**.so *S masc* **1** programa para formação em determinado assunto com uma série de lições ou matérias: *Mariano entrou num curso de redação.* **2** movimento numa direção: *O curso das águas foi desviado para formar uma represa.*

curtição cur.ti.**ção** *S fem* prazer; diversão: *A festa de aniversário de Nando foi a maior curtição.*

curtir cur.**tir** *Vt* **1** divertir-se com; aproveitar bem: *Pedro sabia curtir uma brincadeira.* **2** gostar muito de: *Dudu e Clarinha curtiam muito os avós.* **3** preparar (o couro) para que não fique podre e possa ser usado para fazer roupas, sapatos, bolsas, etc.: *O processo de curtir couro é demorado.*

curto **cur**.to *Adj* **1** de comprimento reduzido: *Juliano tinha cabelos loiros e curtos.* **2** de pequena duração: *Em outubro os dias são mais curtos.*

curupira ▼ cu.ru.**pi**.ra *S masc* ser fantástico das lendas do Norte, descrito como um anão de cabelos vermelhos e pés ao contrário, para deixar pegadas que confundem os caçadores, protegendo, assim, as árvores e os bichos.

curva **cur**.va *S fem* aquilo que tem forma de arco, que muda de direção sem formar canto: *Na curva da estrada, viram uma casa abandonada.*

curvar cur.**var** *Vt* **1** tornar curvo; dobrar: *Celso teve de curvar o corpo para falar com a avó.* **2** inclinar; abaixar: *A pobre criatura curvou a cabeça.*

curvo **cur**.vo *Adj* que não é reto, mudando de direção sem formar canto; que se apresenta em forma de arco: *O corredor era meio curvo.*

cuspir cus.**pir** *Vi* botar saliva pra fora da boca: *Não se deve cuspir no chão.*

custar cus.**tar** *Vt* **1** ter o preço de; valer: *O metro de veludo custa R$ 10,00 naquela loja.* (+a) **2** ser difícil: *Custou muito a Pedro despedir o vendedor.* **3** demorar: *Esperava cartas que custavam a chegar.*

custo **cus**.to *S masc* **1** demora; complicação: *Foi um custo botar ordem no armário.* **2** preço; valor: *O custo da cesta básica subiu.*

cutia cu.**ti**.a *S fem* animal roedor mamífero de pequeno tamanho, pelo marrom e patas curtas. ▶ pág 388 e 389.

cutucar cu.tu.**car** *Vt* **1** tocar de leve para chamar a atenção: *Ana cutucou o namorado com o cotovelo.* **2** pôr o dedo ou algo pontudo dentro do nariz, da orelha, etc.: *Que é isso, menino? Pare de cutucar o nariz!* ➖ **cutucão/catucão** *S masc* e **cutucada** *S fem* ação de cutucar.

A B C D E F G H I J K L M N O P Q R S T U V W X Y Z

Dd Dd

d ***S masc*** quarta letra do nosso alfabeto.

dado[1] **da**.do ***Adj*** **1** que se deu; oferecido: *O texto complementa as explicações dadas na aula.* **2** preso um ao outro; unido: *Todos formam uma roda, de mãos dadas.*

dado[2] **da**.do ***S masc*** pequeno cubo marcado em cada uma das faces com pontos de 1 a 6 e que se usa em certos jogos: *Quem tirar o número maior no dado começa jogando.*

dama **da**.ma ***S fem*** **1** mulher fina e educada: *Clara é uma dama, não fala palavrão.* **2** jogo, em tabuleiro, com 12 peças pretas e 12 brancas: *Nos jogos oficiais de damas, o tabuleiro tem 100 casas.*

danado da.**na**.do ***Adj*** **1** muito grande, forte ou intenso: *É impossível viver no Sol porque lá faz um calor danado.* **2** irritado; furioso: *Ficou danado e foi embora batendo os pés.* **3** que é muito agitado; inquieto: *Eu era muito danado.* **4** esperto; inteligente: *O rapaz era danado para entender as coisas.*

danar-se da.**nar**-se ***Vi*** sair-se mal; ficar prejudicado: *Quem não é sabido se dana todo.*

pra danar muito; bastante: *A casa do primo era longe pra danar.*

dança **dan**.ça ***S fem*** série de movimentos feitos com o corpo para acompanhar uma música: *Os namorados rodopiavam na dança mais leve do mundo.*

dançar dan.**çar** ***Vi*** **1** executar passos e outros movimentos com o corpo, ao som de uma música; bailar: *Tinha vontade de sair dançando ao ouvir aquela música contagiante.* ***Vt*** **2** executar os passos de: *As pessoas dançam quadrilha nas festas juninas.*

▶ pág 206.

dançarino ***S masc*** pessoa que dança. **dançante** ***Adj*** próprio para dançar ou que dança.

danificar da.ni.fi.**car** ***Vt*** causar dano a; estragar: *As rochas danificaram o casco do navio.*

dano **da**.no ***S masc*** estrago; prejuízo: *O vírus causa danos no computador.*

daninho ***Adj*** que causa dano.

dar *Vt* **1** produzir: *As abelhas dão mel.* **2** completar; fazer: *Os atletas deram uma volta no estádio.* **3** promover; organizar: *O governador deu uma festa no palácio.* (+em) **4** ter como consequência; resultar: *Todo o nosso esforço não deu em nada.* (...+a) **5** entregar como presente: *Depois que o quadro ficar pronto, você poderá dá-lo a sua família.* **6** passar às mãos de; entregar: *Fernando deu uma cópia do documento a cada aluno.* **7** transmitir; informar: *Os dois irmãos deram o recado ao primo.* **dar de cara com** encontrar inesperadamente; topar: *Ao virar a esquina, meu tio deu de cara com um cachorro peludo.*

dardo ▲ **dar**.do *S masc* haste de madeira, curta e com ponta afiada de ferro, que se joga à distância: *Pedro acertou todos os dardos no alvo.*

data **da**.ta *S fem* época determinada; dia, mês e/ou ano: *O calendário ajuda a não esquecer as datas, importantes ou não.* **datar** *Vt* registrar ou identificar uma data.

de *Prep* palavra que relaciona dois termos da frase, indicando **1** origem ou afastamento: *Saíram de casa.* **2** causa: *Danilo tremia de medo.* **3** meio: *Você já viajou de trem?* **4** posse: *O carro do patrão é novo.* **5** conteúdo: *Tomou um copo de leite.* **6** matéria: *O príncipe encontrou um sapatinho de cristal.*

debater de.ba.**ter** *Vt* (...+com) **1** trocar opiniões sobre; discutir: *O sábio nem pôde debater ciência com os dois escritores.* *Vi* [*Pron*] **2** agitar o corpo ou os membros: *O inseto fica preso e se debate.* **debate** *S masc* troca de ideias; discussão.

debochar de.bo.**char** *Vt* (+de) fazer pouco caso; caçoar: *Será que iam debochar dele, se contasse que estava apaixonado?* **deboche** *S masc* desprezo; ironia.

debruçado de.bru.**ça**.do *Adj* inclinado; curvado: *O menino estava no quarto, debruçado sobre o caderno, escrevendo sem parar.*

debruçar-se ▼ de.bru.**çar**-se *Vt* (+em/sobre) ficar inclinado; curvar-se: *Debruçando-se na janela, as crianças espiaram dentro do saco.*

década **dé**.ca.da *S fem* **1** período de dez anos: *O lugar ficou várias décadas fechado.* **2** cada um dos períodos de dez anos numerados e contados a partir do primeiro ano do século: *A igreja da Pampulha foi construída no início da década de 40 do século XX.*

decadência de.ca.**dên**.ci:a *S fem* diminuição da importância; declínio: *Com as novas tecnologias, muitas profissões entraram em decadência.*

decente de.**cen**.te *Adj* **1** que não faz nada errado; digno; correto: *Gritava que seu avô era um homem decente e não podia ir para a prisão.* **2** que está de acordo com o esperado; adequado: *Muitos não têm a oportunidade de uma vida decente.*

decepção de.cep.**ção** *S fem* desapontamento por não se ter conseguido o que se esperava: *Santiago tentou disfarçar a decepção com o presente recebido.*

decepcionar de.cep.ci:o.**nar** *Vt* **1** causar decepção a: *Juquinha ficou com medo de esquecer alguma coisa e decepcionar sua mãe.* *Vi* [*Pron*] **2** ter decepção: *O menino se decepcionou, pois só conseguiu pescar um peixinho.* **decepcionado** *Adj* que sofreu decepção.

decidido de.ci.**di**.do *Adj* **1** que sabe o que quer; firme; seguro: *Mônica era uma criança decidida.* **2** que tomou uma decisão; resolvido; determinado: *A família mostrou-se decidida a ajudar.*

decidir de.ci.**dir** *Vt* **1** resolver: *Decidiu não gravar a canção.* **2** escolher; selecionar: *Ele não decidiu a carreira profissional.* *Vi* [*Pron*] **3** tomar uma decisão; resolver-se: *Quando se decide, Joana cumpre.*

decifrar de.ci.**frar** *Vt* descobrir o código de; interpretar: *Quis tentar decifrar a mensagem secreta.*

decimal de.ci.**mal** ***Adj*** que tem por base o número dez.

decisão de.ci.**são** ***S fem*** **1** aquilo que se decide; resolução: *Juscelino não voltava atrás de suas decisões.* **2** partida final de um campeonato: *O estádio ficou lotado no dia da decisão do campeonato.*

decisivo de.ci.**si**.vo. ***Adj*** **1** que decide ou define; de decisão: *Ela manteve o voto decisivo do menino.* **2** que determina um resultado: *A influência dos portugueses foi decisiva na cultura do Brasil.*

declaração de.cla.ra.**ção** ***S fem*** **1** ação de declarar ou anunciar; proclamação: *Portugal reagiu à declaração da independência do Brasil.* **2** afirmação; esclarecimento: *Os amigos acreditaram na declaração de inocência de Roberto.* **3** confissão; revelação: *Recebi uma declaração de amor.*

declarar de.cla.**rar** ***Vt*** (...+a) **1** fazer saber; informar; anunciar: *Henrique declarou ao médico que a dor havia passado.* **2** fazer confissão de; revelar: *O príncipe declarou todo o seu amor a Marcela.*

declínio de.**clí**.ni:o ***S masc*** **1** queda; diminuição: *A queda nos preços provocou o declínio nos lucros.* **2** diminuição da importância; perda do valor: *Portugal já passou por dificuldades financeiras devido ao declínio do comércio oriental.*

declive de.**cli**.ve ***S masc*** inclinação para baixo; desnível: *É possível plantar nos terrenos com declive.*

decolar de.co.**lar** ***Vi*** levantar voo: *O avião decolou no horário.* **decolagem** ***S fem*** ação de decolar.

decompor de.com.**por** ***Vt*** **1** separar os elementos componentes de; separar em partes: *Flávia decompôs 25 em 10+10+5.* **2** fazer apodrecer; estragar: *Os fungos e as bactérias decompõem os alimentos.* ***Vi*** [**Pron**] **3** apodrecer; estragar-se: *O corpo do animal morto vai se decompondo.* **4** desfazer-se; desmanchar-se: *Um chiclete leva cinco anos para se decompor na natureza.*

decomposição de.com.po.si.**ção** ***S fem*** **1** separação em partes: *É possível a decomposição da luz nas cores do arco-íris.* **2** processo de decompor-se; apodrecimento: *Na terra existem restos de animais e vegetais em decomposição.* **decompositor** ***Adj*** que decompõe.

decorar[1] de.co.**rar** ***Vt*** enfeitar; arranjar: *Liloca decorou a torta com cerejas.* **decoração** ***S fem*** ação de decorar. **decorador** ***S masc*** quem trabalha em decoração.

decorar[2] de.co.**rar** ***Vt*** guardar na memória; memorizar: *Jorge decorou a tabuada.*

decorativo de.co.ra.**ti**.vo ***Adj*** que enfeita; de decoração: *Fez desenhos decorativos para o quarto e para a sala.*

decote de.**co**.te ***S masc*** abertura na roupa, que deixa nua parte do peito ou parte das costas: *As mulheres usavam vestidos longos com grandes decotes.*

decrescente de.cres.**cen**.te ***Adj*** que se torna mais baixo ou menor; que diminui: *Escreva os números de 0 a 10, do maior para o menor, em ordem decrescente.*

decretar de.cre.**tar** ***Vt*** **1** estabelecer por decreto: *O candidato prometeu decretar o fim dos impostos.* **2** afirmar; declarar: *"Às vezes você é muito confuso", decretou Ana.*

decreto de.**cre**.to ***S masc*** determinação escrita, com força de lei: *O Brasil adotou o uso do selo por decreto de D. Pedro II.*

dedal de.**dal** ***S masc*** peça que se encaixa no dedo para empurrar a agulha, quando se costura.

dedão de.**dão** ***S masc*** o dedo polegar: *Segurei a medalha entre o dedão e o indicador.*

dedicação de.di.ca.**ção** ***S fem*** **1** afeição profunda; cuidado: *Ele reconheceu a dedicação dos pais.* **2** aplicação; empenho: *Nada atrapalha sua dedicação aos treinos.*

a b c d e f g h i j k l m n o p q r s t u v w x y z

dedicar de.di.**car** ***Vt*** (...+a) **1** utilizar ou empregar (em alguma atividade); destinar: *Louis Pasteur dedicou grande parte de sua vida à pesquisa de vacinas.* **2** oferecer como homenagem: *As crianças dedicaram a canção à mãe.* [***Pron***] (+a) **3** aplicar-se; ocupar-se (com): *Passaram a se dedicar ao comércio.*

dedo **de**.do **S** ***masc*** cada uma das extremidades articuladas das mãos e dos pés ou dos membros de animais vertebrados.
a dedo com cuidado; de modo minucioso: *Os escravos domésticos eram escolhidos a dedo pelo senhor.*

dedo-duro **de**.do-**du**.ro **S** quem conta o que outra pessoa fez de errado; quem denuncia: *O dedo-duro foi contar à mãe a travessura do irmão.*

deduzir de.du.**zir** ***Vt*** chegar à conclusão; concluir: *O trem não se movia e deduzi que havia problemas.*

defeito de.**fei**.to **S** ***masc*** **1** ausência de perfeição; falha: *O doutor só tinha um defeito: era sério demais.* **2** mau funcionamento: *A balança da farmácia devia estar com defeito.*
defeituoso ***Adj*** que tem defeito.
Ant: **qualidade**; **virtude**.

defender de.fen.**der** ***Vt*** **1** fazer a defesa de: *Quis um advogado para defendê-la.* **2** ser favorável a; apoiar: *Muitos fazendeiros passaram a defender o fim da monarquia.*

defensor ▶ de.fen.**sor** **S** ***masc*** **1** quem defende ou preserva; protetor: *Todos devemos ser defensores da natureza.* **2** quem apoia; quem é favorável (a): *Chico é um grande defensor da reciclagem do lixo.*

defesa de.**fe**.sa. **S** ***fem*** **1** ação de defender; proteção: *Dolores era a nova professora de defesa pessoal.* **2** aquilo que serve como proteção: *As tocas são a melhor defesa dos cupins contra os inimigos.*

deficiência de.fi.ci.**ên**.ci:a **S** ***fem*** **1** aquilo que não é suficiente; insuficiência: *Percebi uma deficiência na audição.* **2** falta; carência: *É preciso repor a deficiência de sal no organismo.*

deficiente de.fi.ci.**en**.te ***Adj*** **1** que apresenta deficiência: *O teatro foi preparado para receber pessoas deficientes.* **S** **2** quem apresenta deficiência: *Os cães são guias para deficientes visuais.*

definido de.fi.**ni**.do ***Adj*** **1** que foi determinado; fixado: *Saiu com uma tarefa definida.* **2** estabelecido com precisão; delimitado: *A história acontece em um tempo definido.*

definir de.fi.**nir** ***Vt*** **1** estabelecer com precisão; determinar: *Jane é uma pessoa que sabe definir seus objetivos.* **2** apresentar o significado ou as características de: *O professor pediu ao aluno para definir o que era fração.*
definição **S** ***fem*** apresentação do significado ou das características de alguma coisa.

definitivo de.fi.ni.**ti**.vo ***Adj*** **1** que define: *O Carnaval brasileiro tem contribuição definitiva dos ritmos africanos.* **2** final: *Escreva a versão definitiva do seu texto.* **3** que não muda; permanente: *Os dentes definitivos crescem no lugar dos dentes de leite.*
Ant: **provisório**.

deformado de.for.**ma**.do ***Adj*** que sofreu mudança na forma; que perdeu a forma: *Gostava do velho e deformado chapéu de palha.*

defunto de.**fun**.to **S** ***masc*** pessoa que morreu; cadáver: *O defunto foi enterrado.*

degrau de.**grau** **S** ***masc*** cada uma das divisões de uma escada: *Para chegar ao Cristo Redentor, era preciso enfrentar 220 degraus.*
▶ pág 88 e 89.

degredado de.gre.**da**.do **S** ***masc*** quem foi expulso da pátria por ter cometido um crime; exilado: *Muitos degredados vieram de Portugal na época da colonização.*

deitar dei.**tar** ***Vt*** **1** estender ao comprido; colocar horizontalmente: *Deitaram o bebê no berço e ele dormiu.* ***Vi*** **2** estender-se ao comprido: *A porquinha (se) deitou no meio da rua, parando o trânsito.* **3** ir para a cama; ir dormir: *Quando vou deitar, meu cachorrinho vai junto.*

deixar dei.**xar** ***Vt*** **1** ir para longe de; afastar-se de; abandonar: *A estudante juntou suas coisas e deixou as companheiras.* **2** ir embora de; sair de: *O pintor deixou a Holanda em 1938.* **3** não criar obstáculos para; dar permissão

A B C D E F G H I J K L M N O P Q R S T U V W X Y Z

para: *Marisa sempre deixa o irmão usar o celular dela.* **4** fazer ficar em determinado lugar, estado ou condição: *Uma doença deixou Helena totalmente surda.*
⊖ **deixar na mão** abandonar: *Minha mãe sempre cuidou bem de mim e nunca me deixou na mão.*

dejeto de.**je**.to **S masc** matéria sólida ou líquida eliminada pelo organismo: *Antigamente, jogavam-se no mar os dejetos domésticos.*
☼ Mais usado no plural.

delegacia de.le.ga.**ci**.a **S fem** repartição pública que recebe denúncia de crimes e prende criminosos: *Não havia espaço na pequena delegacia para colocar os pescadores ilegais.*

delegado ▼ de.le.**ga**.do **S masc** autoridade que chefia a atividade policial numa cidade: *O delegado tem dez suspeitos de participação no crime.*

deletar de.le.**tar** **Vt** apagar; eliminar: *O vírus estava deletando os arquivos do computador.*

delgado del.**ga**.do **Adj** **1** que não é grosso; fino: *Um ramo delgado era usado para castigar os alunos no passado.* **2** magro: *A noiva tinha o corpo delgado e elegante.*
☼ Ant para **1**: **grosso**.

delicadeza de.li.ca.**de**.za **S fem** **1** gentileza; cortesia: *Luizinho ofereceu ajuda com a maior delicadeza.* **2** leveza: *A flauta tocava com delicadeza.*

delicado de.li.**ca**.do **Adj** **1** amável: *Ela era muito delicada para falar com os filhos.* **2** que não tem proteção ou força; frágil: *Nossos olhos são delicados.* **3** que exige cuidado; difícil: *A família decidiu que aquele assunto delicado seria discutido após o jantar.*

delícia de.**lí**.ci.a **S fem** **1** grande prazer; satisfação: *Como é bom voar e sentir as delícias de ser livre – pensou o pássaro.* **2** comida saborosa: *Retire os biscoitos do forno, espere esfriar e coma as delícias.*

deliciar de.li.ci.**ar** **Vt** **1** causar prazer a; deixar satisfeito: *Os refrescos deliciaram os dois meninos.* **Vi** [**Pron**] **2** sentir prazer; satisfazer-se: *As férias chegaram e Marcelo ia deliciar-se em passeios de bicicleta.*

delicioso de.li.ci.**o**.so **Adj** **1** muito gostoso; saboroso: *O delicioso bolo de chocolate ganhou o concurso.* **2** que causa prazer; agradável: *As tardes de verão na fazenda eram deliciosas.*

delimitar de.li.mi.**tar** **Vt** marcar os limites de: *Cercas delimitavam os terrenos.*
⊖ **delimitação** **S fem** ação de delimitar. **delimitado** **Adj** de limites bem marcados.

delirar de.li.**rar** **Vi** **1** ver, sentir ou ouvir coisas que não existem; ter perturbações mentais: *Cacá deve estar delirando por causa da febre!* **2** ficar excessivamente entusiasmado: *O público delirava quando a bailarina fazia seu número.*

delírio ▼ de.**lí**.ri.o **S masc** **1** confusão da mente: *Ficou às gargalhadas, como se tivesse entrado em delírio.* **2** entusiasmo excessivo: *A galera foi ao delírio com o show da banda.*

demarcar de.mar.**car** **Vt** marcar os limites de: *Os ursos machos demarcam seu território.*
⊖ **demarcação** **S fem** ação de marcar limites.

demitir de.mi.**tir** **Vt** **1** dispensar de um cargo; despedir: *O dono da fábrica demitiu todos os funcionários.* [**Pron**] (+de) **2** abandonar (um cargo); deixar (emprego): *A família teve que se demitir de todos os postos que ocupava na prefeitura.*
⊖ **demissão** **S fem** ação de demitir ou dispensar (de um cargo).

democracia de.mo.cra.**ci**.a **S fem** regime político, baseado no princípio da igualdade entre todos os cidadãos, em que o povo elege seus representantes para governar o país, os estados e municípios.
⊖ **democrático** **Adj** que segue os princípios da democracia.

demolir de.mo.**lir** ***Vt*** desmanchar; destruir: *O rei queria demolir o velho moinho.*
demolição ***S fem*** ato de desmanchar ou derrubar; destruição.

demônio de.**mô**.ni:o ***S masc*** 1 espírito do mal; diabo. 2 pessoa má ou muito levada: *É um demônio, quase destruiu a sala lá de casa.*

demonstração de.mons.tra.**ção** ***S fem*** 1 manifestação; mostra: *Os habitantes fizeram uma demonstração de protesto.* 2 prova: *O cientista repetiu a demonstração da existência do planeta.* 3 apresentação; exibição: *Os campeões fizeram demonstrações no festival de pipas.*
demonstrativo ***Adj*** que (se) demonstra.

demonstrar de.mons.**trar** ***Vt*** 1 mostrar; revelar: *Quem chora demonstra que é sensível.* 2 provar por meio de dados ou provas; comprovar: *Copérnico demonstrou que a Terra gira em torno do Sol.*

demora de.**mo**.ra ***S fem*** período longo de permanência ou atraso: *O congestionamento contribuiu para a demora da nossa chegada.*

demorar de.mo.**rar** ***Vt*** 1 levar (tempo); requerer: *Brasília demorou vários meses para ficar pronta.* (+em) 2 ficar (por certo tempo); permanecer: *Não demore muito no banho.* ***Vi*** 3 levar muito tempo; custar: *A doença demorou para se manifestar.*

dengoso den.**go**.so ***Adj*** que quer atrair as atenções; cheio de manha: *O menino andava muito dengoso.*
dengo ***S masc*** manha.

dengue **den**.gue ***S fem*** doença infecciosa produzida por um vírus e transmitida em geral pelo mosquito *Aedes aegypti.*

denominador de.no.mi.na.**dor** ***S masc*** em Matemática, termo que indica em quantas partes se divide o número inteiro.

denominar de.no.mi.**nar** ***Vt*** dar nome a; chamar: *O navegador denominou a ilha de Trindade.*

denso **den**.so ***Adj*** 1 que não é fino; espesso; grosso: *A cauda do tamanduá tem pelos densos.* 2 em que não há espaços livres; fechado: *Uma densa vegetação cercava o castelo.* 3 que tem muito peso em relação ao volume: *O petróleo é menos denso que a água.*
densidade ***S fem*** propriedade do que é denso.

dentada den.**ta**.da ***S fem*** corte feito com os dentes; mordida: *A menina deu uma dentada na maçã e mastigou bem.*

dentadura den.ta.**du**.ra ***S fem*** conjunto de dentes artificiais: *Ele abriu a boca e a dentadura caiu.*

dente **den**.te ***S masc*** 1 osso pequeno preso na maxila e na mandíbula. 2 ponta fina de ferramentas ou máquinas: *As mãos seguravam um grande garfo de três dentes.*
dental / dentário ***Adj*** relativo a dente; de dente.

dente de leite **den**.te de **lei**.te ***S masc*** dente provisório da primeira dentição.

dentição den.ti.**ção** ***S fem*** conjunto dos dentes: *A dentição permanente é composta de 32 dentes.*

dentista ▼ den.**tis**.ta ***S*** profissional que trata dos dentes: *Se um dente dói, o melhor é ir ao dentista.*

dentro **den**.tro ***Adv*** no interior: *O tatu estava dentro do buraco.*
Ant: **fora**.

dentuço den.**tu**.ço ***Adj*** 1 que tem os dentes muito grandes ou pontudos: *Este menino dentuço é a cara da mãe.* ***S masc*** 2 pessoa ou animal que tem os dentes grandes ou pontudos: *Entre os dentuços famosos estão Sansão, o coelhinho da Mônica, e Tambor, o amigo de Bambi.*

denunciar de.nun.ci.**ar** ***Vt*** contar o que alguém fez de errado; apontar; acusar: *Denuncie o tráfico de animais silvestres!*
denúncia ***S fem*** acusação; revelação.

departamento de.par.ta.**men**.to ***S masc*** seção; setor: *Foi criado um departamento para fazer a propaganda da empresa.*

dependência de.pen.**dên**.ci:a ***S fem*** relação necessária: *Há dependência entre os seres vivos.*
No plural, refere-se aos

cômodos ou divisões de um prédio: *Os pais fizeram uma visita às dependências da escola.*

depender de.pen.**der** ***Vt*** (+de) **1** estar na dependência; precisar do apoio: *Não posso depender de minha mãe a vida inteira.* **2** estar relacionado (com); derivar: *O peso do avião depende do tamanho.*

depoimento de.po:i.**men**.to ***S masc*** declaração sobre algum fato ou acontecimento; testemunho: *Em seu depoimento, o senhor Ariosto lembra do seu tempo de criança.*

depor de.**por** ***Vi*** falar sobre algum fato ou acontecimento; dar testemunho: *O acusado depôs ontem na sede da polícia federal.*

depositar de.po.si.**tar** ***Vt*** (...+em) **1** pôr; colocar: *As abelhas depositam o mel nos favos.* **2** pôr em depósito; colocar em conta bancária: *Paulo depositou várias notas de cem reais no banco.*

depósito ▼ de.**pó**.si.to ***S masc*** **1** ação de depositar ou colocar: *Após fazer o depósito, ficou sem dinheiro na carteira.* **2** conjunto de materiais que se acumulam; reserva: *Os depósitos de petróleo são encontrados em diferentes profundidades no mar.* **3** lugar onde se guarda alguma coisa: *O porão era usado como depósito para coisas velhas.*

depressão de.pres.**são** ***S fem*** **1** parte mais baixa de uma superfície: *As águas das chuvas acumularam nas depressões das rochas.* **2** forma de relevo entre 100 e 500 metros de altitude, com suave inclinação. **3** abatimento físico ou moral: *O doente só curou a depressão com medicamentos.*

deprimido de.pri.**mi**.do ***Adj*** muito triste; angustiado: *Quando ela perdeu sua mãe, ficou deprimida.*

deputado de.pu.**ta**.do ***S masc*** membro das Assembleias Legislativas dos Estados ou da Câmara Federal.

derivar de.ri.**var** ***Vt*** (+de) ser resultado; vir: *Alguns acreditam que o tênis deriva de um jogo romano.*
⊖ **derivado** ***Adj*** que deriva de outro.

derramar der.ra.**mar** ***Vt*** **1** deixar cair (líquido); derrubar: *Aprontou confusão derramando água no chão.* **2** ***Vi*** cair; espalhar-se: *O óleo derramou pelo chão.*
⊖ **derramamento** ***S masc*** vazamento.

derreter der.re.**ter** ***Vt*** **1** fazer passar do estado sólido para o líquido ou pastoso: *Aprenderam a derreter chocolate.* ***Vi*** **2** passar do estado sólido para o líquido ou pastoso: *As geleiras estão (se) derretendo.* **3** ficar cheio de ternura; comover-se: *Derreteu(-se) com o elogio.* **4** desmanchar; desfazer-se: *O pudim derrete na boca.*
⊖ **derretimento** ***S masc*** passagem do estado sólido para líquido ou pastoso.

derrotar der.ro.**tar** ***Vt*** ter vitória sobre; vencer: *A torcida queria que seu time derrotasse o adversário.*
⊖ **derrota** ***S fem*** perda; fracasso.
☼ Ant para **derrota**: **vitória**.

derrubar der.ru.**bar** ***Vt*** **1** fazer cair ou deixar cair; provocar a queda de: *Laurinha não derrubou o pote de leite.* **2** destruir; demolir: *A chuva derrubou várias casas.* **3** pôr abaixo; cortar; abater: *Foi preciso derrubar algumas árvores que estavam cheias de cupim.*

desabafar de.sa.ba.**far** ***Vt*** **1** contar com sinceridade; revelar: *Daniel desabafou tudo.* **2** dizer em tom de queixa; reclamar: *"Trilha de bicicleta é fogo!", desabafou Ana Clara.*

desabar de.sa.**bar** ***Vi*** **1** vir abaixo; desmoronar: *A casa de palha do porquinho desabou.* **2** cair com violência; despencar: *A chuva desabou forte.*
⊖ **desabamento** ***S masc*** desmoronamento; queda.

desabitado ▲ de.sa.bi.**ta**.do ***Adj*** que não tem habitantes: *O cientista queria fazer a experiência numa ilha desabitada.*

desabrigado de.sa.bri.**ga**.do ***Adj*** **1** que não tem abrigo ou moradia: *As chuvas deixaram muitas pessoas desabrigadas.* ***S masc*** **2** quem não tem moradia: *Procuramos ajudar os desabrigados.*

desacordado de.sa.cor.**da**.do *Adj* que perdeu os sentidos; desmaiado: *Pedro estava desacordado.*

desafiar de.sa.fi.**ar** ***Vt*** **1** provocar; desrespeitar: *Os rebeldes desafiaram a autoridade do imperador.* (...+a/para) **2** propor desafio a: *Desafiou o amigo a jogar com ele na Internet.*
desafiador ***Adj*** que desafia.

desafinar de.sa.fi.**nar** ***Vi*** sair fora do tom musical: *Mandaram a menina cantar e ela desafinou.*

desafio de.sa.**fi**.o **S** ***masc*** **1** jogo; competição: *Empinar pipa era tão popular que todos assistiam aos desafios.* **2** provocação para que alguém realize uma tarefa difícil: *O desafio era criar um suco diferente para o verão.* **3** situação ou tarefa difícil; dificuldade: *Teremos de enfrentar muitos desafios.*

desaforo de.sa.**fo**.ro **S** ***masc*** **1** comportamento sem respeito; atrevimento: *O chefe ficou muito ofendido com o desaforo de lhe baterem o telefone na cara.* **2** dito sem respeito; insulto: *Pedro disse-lhe um desaforo e saiu correndo.*

desagradável de.sa.gra.**dá**.vel ***Adj*** que não agrada; incômodo: *A viagem por mar foi muito desagradável, pois o herói enjoou.*

desaguar de.sa.**guar** ***Vt*** (+em) despejar as águas: *O rio São Francisco deságua no mar.*

desajeitado de.sa.jei.**ta**.do ***Adj*** **1** sem jeito; atrapalhado: *Os garotos sentiam-se desajeitados com aquelas fantasias.* **2** que não é elegante; desengonçado: *Seu corpo desajeitado aumentou de tamanho.*

desamarrar de.sa.mar.**rar** ***Vt*** **1** soltar as cordas ou qualquer outra coisa que amarre: *O marinheiro desamarrou as velas do navio.* **2** desfazer nó ou laço de: *Desamarrou o cordão do tênis.*

desandar de.san.**dar** ***Vi*** não ter sucesso; fracassar: *O plano desandou.*

desanimar de.sa.ni.**mar** ***Vt*** **1** fazer perder o ânimo ou a coragem: *A queda do time para a segunda divisão desanimou os torcedores.* ***Vi*** **2** perder o ânimo ou a coragem; desistir: *O primeiro homem a voar não desanimava nunca.*
desânimo **S** ***masc*** falta de coragem; abatimento.

desaparecer de.sa.pa.re.**cer** ***Vi*** **1** ir-se embora; sumir: *O Curupira aparece e desaparece de repente.* **2** deixar de existir; acabar-se: *Infelizmente, muitas espécies de animais estão desaparecendo.* **3** deixar de ser visto; tornar-se oculto: *Vemos o sol nascer sempre na mesma direção e desaparecer no lado oposto.*
desaparecimento **S** ***masc*** sumiço; fim.

desapontar de.sa.pon.**tar** ***Vi*** **1** ficar frustrado ou decepcionado: *Pedrinho desapontou quando soube que o planeta era desabitado.* ***Vt*** **2** fazer ficar decepcionado: *O rapaz não contou nada sobre sua partida, com medo de desapontar as garotas.*
desapontamento **S** ***masc*** decepção; frustração.

desarmar de.sar.**mar** ***Vt*** **1** deixar sem ação: *Carmem começou a inventar mentiras, mas Laura a desarmava a cada frase.* **2** desmontar: *A meninada desarmou a barraca.* **3** tirar as armas de: *O comandante deu ordem para que os soldados desarmassem o inimigo.*

desarrumar de.sar.ru.**mar** ***Vt*** tirar da ordem: *Para achar o boné, Luís desarrumou tudo.*

desastrado de.sas.**tra**.do ***Adj*** **1** que não foi bem-sucedido: *A experiência desastrada serviu de lição.* **2** desajeitado; atrapalhado: *Ele era um ajudante de cozinha desastrado, nem sabia cortar uma cenoura.*

desastre de.**sas**.tre **S** ***masc*** **1** acidente grave: *Os balões podem provocar desastres de avião.* **2** destruição; estrago: *A chuva provocou um desastre na plantação.* **3** fracasso: *Tal foi o desastre da loja que o dono acabou botando o gerente na rua.*
desastroso ***Adj*** que causa desastre.

desbotar des.bo.**tar** ***Vt*** **1** fazer perder a cor: *As lágrimas desbotaram a gravura.* ***Vi*** **2** perder a cor ou o brilho: *A camisa desbotou porque não era de boa qualidade.*

descalço des.**cal**.ço ***Adj*** que não tem calçados nos pés: *João gostava de andar descalço na praia.*

A B C D E F G H I J K L M N O P Q R S T U V W X Y Z

descansar ▶ des.can.**sar** ***Vi***
1 ficar em repouso para recuperar as energias: *O pássaro descansava à sombra da árvore.* **2** parar de agir; sossegar: *O chefe não descansava enquanto não terminava o serviço.* **3** ficar sem mexer por algum tempo: *Coloque o milho numa tigela, cubra com água e deixe descansar até o dia seguinte.*
➖ **descanso *S masc*** repouso; folga.

descarga des.**car**.ga ***S fem***
1 bomba ou válvula que regula a saída de água: *Aperte a descarga do vaso sanitário.* **2** liberação ou passagem (de eletricidade): *Os raios causam descargas elétricas.*

descarregar des.car.re.**gar** ***Vt***
1 tirar a carga de: *Ocupei o resto do dia em descarregar a jangada.* **2** fazer diminuir; aliviar: *Exercício é bom para descarregar a tensão.*

descartar des.car.**tar** ***Vt*** **1** deixar de lado; excluir: *Descartei logo a possibilidade de usar o local, pois era muito pequeno.* **2** nos jogos de baralho, rejeitar (uma carta que não serve): *Nesse jogo, sempre que pega uma carta, o jogador deve descartar outra.*
➖ **descartável *Adj*** que se usa uma única vez e depois se joga fora.

descascar des.cas.**car** ***Vt*** **1** tirar a casca de: *O rapaz descascou uma laranja.* ***Vi*** **2** soltar-se; desprender-se: *A pele fica vermelha e depois começa a descascar.*

descaso des.**ca**.so ***S masc***
modo de agir de quem não dá atenção; desprezo: *Ninguém gosta de ser tratado com descaso.*

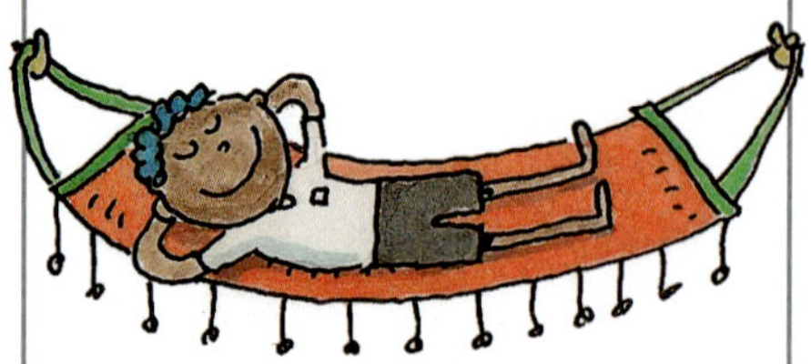

descendente des.cen.**den**.te
S **1** quem vem da mesma família; quem provém: *Muitos descendentes de africanos trabalharam nos canaviais de Pernambuco.* ***Adj*** **2** pertencente à mesma família; parente: *A cidade concentra muitas pessoas descendentes de japoneses.*
➖ **descendência *S fem*** série de pessoas que vêm de um mesmo ramo familiar.

descer des.**cer** ***Vt*** **1** ir para o ponto mais baixo de; percorrer de cima para baixo: *Os grevistas desceram a ladeira em protesto.* (+de) **2** sair de cima; desmontar ou desembarcar: *O motorista desceu do caminhão.* **3** vir de cima para baixo: *O gelo desce rapidamente das montanhas.*
☼ Ant: **subir**.

descida des.**ci**.da ***S fem*** **1** vinda para baixo: *Todos montaram em seus cavalos e a descida começou.* **2** inclinação para baixo; declive: *A alameda tinha descidas suaves.*
☼ Ant: **subida**.

descoberta des.co.**ber**.ta ***S fem***
1 chegada a um resultado mediante observação, pesquisa ou dedução: *Dia após dia fazemos novas descobertas sobre o sistema solar.* **2** invenção; criação: *A descoberta do radar também foi importante para os arqueólogos.* **3** encontro: *Em 1695, ocorreu a primeira descoberta importante de ouro no Brasil.* **4** chegada a um lugar pela primeira vez; descobrimento: *A notícia da descoberta da América virou a Espanha de pernas para o ar.* **5** objeto importante que foi encontrado; achado: *A exposição reúne descobertas arqueológicas do Peru.*

descobrir des.co.**brir** ***Vt*** **1** ficar sabendo; tomar conhecimento de: *Carol morria de medo que o namorado descobrisse seu verdadeiro nome.* **2** notar; perceber: *Tudo muda quando Luciana descobre o valor da amizade.* **3** chegar a um resultado por meio de observação, pesquisa ou dedução: *Galileu descobriu que Vênus, Marte e Júpiter eram outros planetas.* **4** encontrar; achar: *A menina descobriu um vírus no computador.* **5** chegar pela primeira vez a: *Os reis descobriram terras nunca exploradas.*
➖ **descobrimento *S masc*** chegada a um lugar pela primeira vez; descoberta (4).

descolar des.co.**lar** ***Vt*** **1** fazer soltar o que estava colado; separar: *Descole a etiqueta.* ***Vi*** **2** desgrudar; soltar-se: *A sola do tênis descolou todinha.*
☼ Em linguagem informal, significa **arranjar**; **conseguir**: *Descolei uma roupa nova para ir à festa.*

desconfiar des.con.fi.**ar** ***Vt***
1 supor; imaginar: *Nem o juiz desconfiou que Daniel veio sozinho.* (+de) **2** não ter confiança (em); duvidar; suspeitar: *Os marujos desconfiaram de nós ao primeiro olhar.*
➖ **desconfiança *S fem*** falta de confiança; suspeita.

desconforto des.con.**for**.to
S masc falta de conforto; incômodo: *A equipe a bordo da nave espacial ficou espremida e aguentou muito desconforto.*

desconhecer des.co.nhe.**cer**
Vt não ter conhecimento de; ignorar: *Muitas crianças desconhecem os riscos de brincar em águas contaminadas.*

descontente des.con.**ten**.te
Adj **1** que não está satisfeito: *O dono da loja estava muito descontente.* **S 2** quem não está satisfeito: *Os fazendeiros queriam acalmar os descontentes.*
descontentamento *S masc* insatisfação; desgosto.

desconto des.**con**.to ***S masc***
retirada de parte de um total; redução; abatimento: *Quando chegavam atrasados, os trabalhadores sofriam desconto nos salários.* pág 256 e 257.

descontração des.con.tra.**ção**
S fem falta de tensão; relaxamento: *Num clima de descontração, os vencedores se reuniram para comemorar.*

descrever des.cre.**ver** ***Vt***
1 apresentar os detalhes de; representar: *As crianças não souberam descrever os bairros onde moravam.* **2** contar em detalhes: *O pai descreveu suas viagens e aventuras.*

descrição des.cri.**ção** ***S fem***
apresentação das características; indicação dos detalhes: *Pela descrição que o mendigo fez, o delegado identificou o local.*
Cp: **discrição**, em **discreto**.

descuidar des.cui.**dar** ***Vt*** (+de)
1 deixar de cuidar; não dar atenção (a): *A babá não descuidava de seus deveres.* ***Vi*** [***Pron***] **2** não prestar atenção; distrair-se: *Foi só eu me descuidar para que o coelho saísse correndo.*
descuido *S masc* falta de atenção.

desculpa des.**cul**.pa ***S fem***
1 justificativa falsa; pretexto: *Para não ir ao jantar, Mariana deu a desculpa de que estava com febre.* **2** perdão: *Achava difícil pedir desculpa pelos erros que cometia.*

desculpar des.cul.**par** ***Vt*** **1** dar perdão a; perdoar: *Ivã desculpou Gabi por não ir a sua festa.* **2** não levar em conta; relevar: *Aí, desculpe a bobagem que falei.* [***Pron***] (+com) **3** pedir perdão (a); justificar-se: *O homem desculpou-se com todos pela falta de educação.*
Muito usado como sinal de boa educação quando se faz ou diz algo inconveniente, quando se interrompe alguém, ou para pedir licença: *Desculpe, mas acho que o senhor se enganou.*

desdentado des.den.**ta**.do ***Adj***
que não tem dentes: *O tatu e o tamanduá são desdentados.*

desdobrar des.do.**brar** ***Vt***
desfazer as dobras de; abrir: *Desdobrava o jornal e lia as notícias do dia.*

desejar de.se.**jar** ***Vt*** **1** ter a intenção de; pretender: *Jorge desejava fazer uma surpresa à prima.* **2** ter muita vontade de; querer: *Os escravos desejavam a liberdade.* (...+a/para) **3** fazer votos (de que algo aconteça): *O diretor desejou um feliz fim de semana para os alunos.*

desejo de.**se**.jo ***S masc***
1 vontade: *Marina manifestou desejo de ter um relógio.*
2 intenção; ambição: *Seu desejo secreto era ser pintor.*

desembaraçar
de.sem.ba.ra.**çar** ***Vt*** livrar; soltar: *Mário estava tentando desembaraçar a linha da pipa.*
desembaraço *S masc* qualidade ou comportamento de quem não é tímido.

desembarcar de.sem.bar.**car**
Vi **1** saltar em terra; descer de meio de transporte: *O capitão do navio resolveu desembarcar numa ilha.* ***Vt*** **2** fazer sair de um meio de transporte: *O pessoal já estava desembarcando a bagagem do ônibus.*
desembarque *S masc* saída ou retirada (de pessoa ou objeto) de um meio de transporte.

desembestar de.sem.bes.**tar**
Vi sair correndo: *O bando desembestou pelas escadas.*

desempenhar de.sem.pe.**nhar**
Vt **1** realizar; executar: *As crianças desempenhavam várias atividades, auxiliando os adultos.* **2** ter (uma função); cumprir: *A música desempenha um papel importante na vida das pessoas.*

desempenho de.sem.**pe**.nho
S masc **1** resultado; rendimento: *As crianças precisam estar bem alimentadas para ter um bom desempenho escolar.* **2** realização; execução: *A função dos braços é o desempenho do trabalho.*

A B C D E F G H I J K L M N O P Q R S T U V W X Y Z

desemprego de.sem.**pre**.go
S *masc* falta de emprego: *A população enfrenta o desemprego, pois o número de trabalhadores é maior que a oferta de trabalho.*

desencantar de.sen.can.**tar**
Vt **1** desfazer ou tirar o encantamento de: *O bruxo não queria desencantar o reino.* ***Vi*** **2** perder o encanto ou encantamento: *Dizem que lobisomem só desencanta se for ferido com bala de prata.* [***Pron***] **3** ficar decepcionado: *O pescador ficou feliz, mas logo se desencantou, pois sua mulher não estava nada satisfeita.*

desengonçado
de.sen.gon.**ça**.do ***Adj*** que não é elegante; desajeitado: *Os filhotes da coruja eram feios e desengonçados.*

desenhar de.se.**nhar** ***Vt*** **1** fazer a figura ou o desenho de: *Frederico começou a desenhar astronautas.* ***Vi*** **2** praticar a arte do desenho: *O rapaz tinha um estilo diferente de desenhar.*
desenhista S quem desenha por profissão.

desenho de.**se**.nho **S *masc***
1 figura feita com lápis, caneta, etc.: *Lulu desenhou vários bichos e pintou os desenhos com lápis de cor.* **2** desenho-animado: *O desenho deve ir ao ar ainda esta semana.* **3** arte ou técnica de fazer figuras com lápis, caneta, etc.: *Guilherme nunca estudou desenho.*

desenho-animado
de.**se**.nho-a.ni.**ma**.do **S *masc*** filme baseado na fotografia de uma série de desenhos em movimento.

desenrolar de.sen.ro.**lar** ***Vt***
1 abrir; estender: *O bombeiro mandou desenrolar a mangueira.* ***Vi*** **2** acontecer; desenvolver-se: *Muita ação vai desenrolar na história.* **3** perder a forma de rolo; estender-se: *O cabelo da mulher começou a desenrolar sozinho.* **S *masc*** **4** desenvolvimento: *É preciso paciência para acompanhar o desenrolar daquele romance.*

desentendimento
de.sen.ten.di.**men**.to **S *masc*** falta de acordo; briga: *O mago teve um desentendimento com a fada.*

desenterrar de.sen.ter.**rar**
Vt tirar de debaixo da terra ou de um túmulo: *Os cientistas desenterraram restos de um dinossauro.*

desenvolver de.sen.vol.**ver**
Vt **1** fazer melhorar ou crescer; aumentar: *Fazer teatro desenvolve a concentração.* **2** realizar; executar: *A fundação desenvolve trabalhos para crianças.* **3** criar; construir: *O ser humano vem desenvolvendo uma série de máquinas.* ***Vi*** [***Pron***] **4** tornar-se melhor ou maior; progredir: *A indústria quase não se desenvolveu.* **5** crescer: *As crianças se desenvolviam com saúde e energia.*

desenvolvimento
de.sen.vol.vi.**men**.to **S *masc***
1 criação; invenção: *As pesquisas estão permitindo o desenvolvimento de novas vacinas.* **2** realização; execução: *O desenvolvimento de um projeto toma tempo.* **3** crescimento; progresso: *As fotos mostram o desenvolvimento de uma semente.*

desequilibrar de.se.qui.li.**brar**
Vt **1** fazer perder o equilíbrio: *A indústria do petróleo desequilibra o ciclo do carbono no planeta.* ***Vi*** [***Pron***] **2** perder o equilíbrio: *Celso se desequilibrou e quase caiu.*
desequilíbrio S *masc* falta de equilíbrio ou firmeza.

deserto de.**ser**.to **S *masc***
1 região muito quente, com vegetação adaptada à falta de chuva: *No deserto, a temperatura pode chegar a 50 graus.* ***Adj*** **2** que não é habitado: *Bruna queria mudar para uma ilha deserta.* **3** sem ninguém; vazio: *A estrada estava deserta.*

desesperar de.ses.pe.**rar** ***Vt***
1 causar grande aflição a: *Aquele barulho sem fim desespera qualquer um.* ***Vi*** **2** ficar muito aflito; angustiar-se: *Ao ver o filho doente, a mãe (se) desesperou.*
desespero S *masc* grande aflição ou angústia.

desfazer des.fa.**zer** ***Vt***
1 desmanchar; anular: *A firma se negou a desfazer o acordo.* **2** desamarrar: *Emília desfez o nó e soltou o burro.* **3** pôr fim a; resolver; esclarecer: *Com muita habilidade, a moça desfez a confusão.* [***Pron***] (+de) **4** separar-se ou livrar-se:

Carolina teve de se desfazer da chupeta. **Vi** [**Pron**] **5** ficar em pedaços ou derretido; desmanchar-se: *O navio se desfez como bolha de sabão por causa da tempestade.*

desfiar des.fi.**ar** ***Vt*** **1** desmanchar em fios ou soltar fios (de tecido); desfazer: *O gato desfiou a meia.* ***Vi*** **2** desmanchar-se em fios; desfazer-se: *O chapéu desfiou nas pontas, de tão velho que era.*

desfilar des.fi.**lar** ***Vi*** **1** exibir-se diante de júri ou plateia: *As modelos desfilavam alegres.* **2** participar de desfile: *A primeira escola de samba mirim desfilou em 1984.*
desfile **S *masc*** ação de desfilar.

desgastar des.gas.**tar** ***Vt*** **1** destruir lentamente; gastar: *As chuvas e os ventos desgastam a rocha.* **2** tornar fraco; abater: *Provocar briga por motivo bobo iria desgastar a família.* ***Vi*** [**Pron**] **3** tornar-se gasto; destruir-se: *As células novas substituem as que se desgastaram.*
desgaste **S *masc*** destruição lenta.

desgosto des.**gos**.to **S *masc*** mágoa; aborrecimento: *As filhas nunca deram o menor desgosto.*

desgraça des.**gra**.ça **S *fem*** **1** miséria; sofrimento: *Muitas desgraças do mundo vêm da inveja.* **2** acontecimento infeliz; tragédia: *O telegrama anunciava uma desgraça.*

desgraçado des.gra.**ça**.do ***Adj*** **1** maldoso; desprezível: *Aquele rato desgraçado me enganou.* **2** excessivo; extraordinário: *Com o calor desgraçado, o sorvete derrete.* **S *masc*** **3** pessoa de má sorte: *O desgraçado tinha de carregar sacos pesados.* **4** pessoa ruim ou desprezível.
Tem tom grosseiro.

desgrudar des.gru.**dar** ***Vt*** **1** fazer desprender-se; descolar: *Não consegui desgrudar o adesivo.* (+de) **2** separar-se; afastar-se: *Minhas irmãs não desgrudam do computador.*
não desgrudar os olhos olhar fixamente: *Lucas não desgrudava os olhos da TV.*

desidratação de.si.dra.ta.**ção** **S *fem*** **1** perda excessiva de água do organismo: *Beba bastante líquido para evitar a desidratação.* **2** retirada da água de uma substância ou alimento: *Com a desidratação do leite, obtemos o leite em pó.*
desidratado ***Adj*** que perdeu água; que passou por desidratação.

designar de.sig.**nar** ***Vt*** **1** indicar; denominar: *"Tupi" designava povos que habitavam o litoral no século XVI.* **2** indicar para um cargo ou uma função; nomear: *A professora designou uma aluna como ajudante.*

desigual ▶ de.si.**gual** ***Adj*** **1** que apresenta diferença; variado: *A distribuição de água no planeta é desigual.* **2** que é injusto, por apresentar desequilíbrio: *Começou uma luta desigual e terrível entre o cão e o urso.*
desigualdade **S *fem*** diferença; desequilíbrio.

desistir de.sis.**tir** ***Vt*** (+de) **1** não pretender mais; deixar (de fazer algo): *Laura desistiu de viajar no feriado.* **2** deixar de querer: *Nivaldo disse que ainda não desistiu de mim.*

desleal des.le.**al** ***Adj*** **1** que não é fiel; traiçoeiro: *O cão não foi desleal com o seu dono.* **2** que não é honesto: *O homem desleal deu uma moeda falsa à menina.*

desligado des.li.**ga**.do ***Adj*** **1** que não presta atenção; distraído: *A gata dormia, roncando bem desligada.* **2** que não está funcionando: *A televisão ficou desligada.*

desligar des.li.**gar** ***Vt*** **1** fazer parar de funcionar: *Esta tecla desliga a calculadora.* [**Pron**] (+de) **2** afastar-se; separar-se: *Não é fácil para uma criança desligar-se dos adultos.* **3** deixar de prestar atenção (a): *Beto se desliga do mundo quando começa a ler.*

deslizar des.li.**zar** ***Vi*** **1** escorregar: *O inseto deslizou e caiu numa poça.* ***Vt*** (...+sobre) **2** fazer mover-se; conduzir; passar: *Deslizou a mão sobre os pacotes.*
deslizamento **S *masc*** ação ou processo de deslizar.

deslocar des.lo.**car** ***Vt*** **1** tirar do lugar; mover: *As descargas elétricas dos raios deslocam o ar.* [**Pron**] (+de... para) **2** dirigir-se; mudar: *Muitos animais se deslocam de lugares frios para quentes.* ***Vi*** [**Pron**] **3** movimentar-se; locomover-se: *Os*

meios de transporte se deslocam nas principais vias.
⊖ deslocamento ***S masc*** ida de um lugar para outro; movimentação.

deslumbrar des.lum.**brar** ***Vt*** 1 causar grande admiração ou encantamento a; fascinar: *As festas no palácio deslumbravam o mundo.* [**Pron**] 2 ficar fascinado; encantar-se: *Vicente deslumbrou-se com as paisagens da cidade.*
⊖ deslumbramento ***S masc*** grande admiração; encantamento. **deslumbrante** ***Adj*** que causa grande admiração; encantador.

desmaiar des.mai.**ar** ***Vi*** ficar inconsciente; perder os sentidos.
⊖ desmaio ***S masc*** perda da consciência ou dos sentidos.

desmanchar des.man.**char** ***Vt*** 1 desfazer; desmontar: *O rei queria desmanchar o castelo.* ***Vi*** [**Pron**] 2 desfazer-se; desmontar: *Num instante o barco se desmanchou.* 3 perder a forma; dissolver-se: *Com a água, o papel pode desmanchar-se.*

desmatamento des.ma.ta.**men**.to ***S masc*** derrubada das matas; corte da vegetação.
⊖ desmatar ***Vt*** derrubar a mata.

desmentir des.men.**tir** ***Vt*** 1 negar as afirmações de; dizer o contrário: *O vice-presidente não conseguiu desmentir o senador.* 2 negar (o que disse): *Galileu desmentiu tudo o que vinha afirmando.*

desmontar des.mon.**tar** ***Vt*** 1 desfazer, separando as partes componentes; desarmar: *Desmontou o quebra-cabeças.* (+de) 2 descer (de um animal); apear: *O jovem desmontou do seu cavalo.*

desmoronar des.mo.ro.**nar** ***Vi*** 1 vir abaixo; desabar: *A casa de palha desmoronou.* 2 ficar arruinado: *Todos os seus negócios foram (se) desmoronando.*
⊖ desmoronamento ***S masc*** queda violenta.

desnível des.**ní**.vel ***S masc*** diferença de nível em uma superfície plana: *Quando um rio encontra um grande desnível, forma-se uma queda-d'água.*

desobedecer de.so.be.de.**cer** ***Vt*** (+a) deixar de seguir; não obedecer: *Não se deve desobedecer a essas regras.*
⊖ desobediente ***Adj*** que não obedece. **desobediência** ***S fem*** ação de desobedecer.

desocupado de.so.cu.**pa**.do ***Adj*** 1 vago; vazio; livre: *O prédio está desocupado.* 2 vadio; vagabundo: *Não tenho tempo a perder com conversas de moleque desocupado.* 3 que não tem trabalho: *Com a falta de empregos, havia grupos de pessoas desocupadas.* ***S masc*** 4 pessoa sem ocupação; vagabundo: *Aquilo era brincadeira de um desocupado.*

desodorante de.so.do.**ran**.te ***S masc*** produto que evita cheiro desagradável no corpo.

desordem de.**sor**.dem ***S fem*** 1 confusão; tumulto: *A desordem tomou conta das ruas.* 2 falta de organização: *A casa estava em inteira desordem.*

desordenado de.sor.de.**na**.do ***Adj*** 1 que está em desordem; sem organização: *Os papéis ficaram desordenados.* 2 confuso: *Chegamos tarde por causa do trânsito desordenado.* 3 que não tem controle; irregular: *As cidades cresciam de maneira desordenada.*

desorientado de.so.ri.en.**ta**.do ***Adj*** 1 que não sabe para onde ir; sem rumo: *A cadela ficou desorientada, perdida.* 2 confuso; atrapalhado: *Os homens estavam desorientados, falando sozinhos.*

desova de.**so**.va ***S fem*** ação de pôr ovos: *As tartarugas realizam a desova nas praias.*

despachar des.pa.**char** ***Vt*** 1 mandar embora; dispensar: *Alonso despachou seus ajudantes.* (...+para) 2 enviar; remeter: *Belisário despachou o envelope para a cidade vizinha.*

despedaçar des.pe.da.**çar** ***Vt*** 1 fazer em pedaços; partir: *Um raio despedaçou a árvore.* ***Vi*** [**Pron**] 2 fazer-se em pedaços; partir-se: *O pote caiu de cima da mesa e despedaçou-se.* 3 sentir grande dor ou aflição: *Quando o príncipe anunciou seu casamento, o coração da sereiazinha se despedaçou.*

despedida des.pe.**di**.da ***S fem*** **1** ação de dizer adeus: *A despedida de Elliot e seu amigo ET é uma cena emocionante do cinema.* **2** saudação final: *Termine a carta com uma despedida bem simpática e lembre-se de assiná-la.*

despedir des.pe.**dir** ***Vt*** **1** mandar embora do emprego; demitir: *O patrão ameaçou despedir o funcionário.* [***Pron***] (+de) **2** saudar quando se vai embora; dizer adeus (a): *Ele se despediu do vizinho.*

despejar des.pe.**jar** ***Vt*** **1** expulsar de casa: *O maldoso despejou os moradores.* (...+em) **2** colocar (líquido); derramar: *A mulher despejou o suco nos potes.* **3** lançar; jogar: *Despejar o esgoto no mar não é solução.*
despejo ***S masc*** ação de despejar.

despencar des.pen.**car** ***Vi*** **1** vir abaixo; tombar: *O guarda-roupa parecia que ia despencar.* ***Vt*** (+de) **2** cair (do alto): *Um grande cacho despencou do alto da bananeira.*

despensa des.**pen**.sa ***S fem*** cômodo da casa onde se guardam alimentos: *Os dois ratos estavam na despensa, comendo comidas gostosas.*

despercebido des.per.ce.**bi**.do ***Adj*** que não é notado; ignorado: *Nada passava despercebido aos olhos de Tia Marina.*

desperdiçar des.per.di.**çar** ***Vt*** **1** gastar em excesso: *E ainda há pessoas que desperdiçam água!* **2** perder; não aproveitar: *João desperdiçou a chance de entrar para a associação.*
desperdício ***S masc*** gasto inútil ou exagerado.

despertador des.per.ta.**dor** ***S masc*** relógio com mecanismo ajustado para dar alarme em hora determinada: *Tocou o despertador e meu pai veio me chamar.*

despertar des.per.**tar** ***Vt*** **1** fazer acordar: *A ave encostou o bico na testa de Henrique e o despertou.* ***Vi*** **2** sair do sono; acordar: *Amanhecia quando o pescador despertou.*

despesa des.**pe**.sa ***S fem*** aquilo que se gasta; gasto: *O pai ensinou o menino a controlar suas despesas.*

despir des.**pir** ***Vt*** **1** tirar a roupa de: *A mãe despiu o bebê e colocou-o na banheira.* **2** tirar do corpo; remover: *O advogado despiu o casaco.*

despistar des.pis.**tar** ***Vt*** **1** fazer perder a pista; enganar: *Para despistar os inimigos, usavam sandálias que deixavam um rastro ao contrário.* ***Vi*** **2** esconder uma pista; disfarçar: *Paulo despista, diz que é muito cedo para tocar no assunto.*

desprender des.pren.**der** ***Vt*** **1** lançar de si; soltar: *O bom carvão não desprende muita fumaça quando aceso.* [***Pron***] (+de) **2** soltar-se; separar-se: *A nave se desprendeu do foguete.*

despreocupado des.pre:o.cu.**pa**.do ***Adj*** sem preocupação; tranquilo: *Todos estavam despreocupados, apreciando a brincadeira das crianças.*

desprezar des.pre.**zar** ***Vt*** **1** não levar em conta; não dar importância a: *Os atletas cuidavam do corpo, mas não desprezavam o espírito.* **2** não ter consideração por; desrespeitar: *Todas as criaturas desprezavam o patinho porque ele era feio.*
desprezível ***Adj*** que merece desprezo.

desprezo des.**pre**.zo ***S masc*** **1** falta de consideração ou de respeito: *O orgulhoso passou por todos com olhar de desprezo.* **2** falta de amor ou de carinho: *O povo mostrava desprezo pela vida luxuosa.*

desprotegido des.pro.te.**gi**.do ***Adj*** **1** que não tem proteção: *Solos desprotegidos são carregados pelas chuvas.* **2** que não conta com ajuda de ninguém; abandonado: *Áurea se sentia muito só e desprotegida e isso deixou-a triste.*

desprovido des.pro.**vi**.do ***Adj*** que não tem ou não possui: *Animal desprovido de abrigo é presa fácil.*

desrespeitar des.res.pei.**tar** ***Vt*** **1** tratar sem respeito; não ter consideração com: *Ela ousou desrespeitar a visitante.* **2** não levar em conta; ignorar: *Alguns fazendeiros desrespeitavam os limites das terras indígenas.* **desrespeito** **S *masc*** falta de respeito ou de consideração.

destacar des.ta.**car** ***Vt*** **1** tirar de onde está; arrancar: *Destaquei as folhas do calendário.* **2** apontar como o principal; salientar: *Guilherme fez questão de destacar o trabalho dos colegas.* ***Vi*** [***Pron***] **3** ser importante; sobressair: *Na hora de tocar música, o violinista se destacava.* **4** chamar a atenção; ficar bem visível: *Sobre a roupa, destacava-se um colar de ouro muito brilhante.*

destampar des.tam.**par** ***Vt*** tirar a tampa de; abrir: *A cozinheira destampou a panela.* A forma **destapar** também é usada.

destaque des.**ta**.que **S *masc*** **1** posição importante: *A notícia ganhou destaque nos jornais.* **2** quem ou aquilo que se apresenta como o mais importante: *O quadro virou o destaque da sala.*

destemido des.te.**mi**.do ***Adj*** **1** que não tem medo; corajoso: *A destemida garota participou da escalada.* **S *masc*** **2** quem não tem medo: *Somente os mais destemidos montavam aquele cavalo bravo.*

destinar des.ti.**nar** ***Vt*** (...+a/para) reservar (para um fim); determinar: *Os professores destinaram o dia para reuniões.* **destinatário** **S *masc*** pessoa a quem se envia ou se destina alguma coisa.

destino des.**ti**.no **S *masc*** **1** força que muitas pessoas acreditam que controla os acontecimentos; sorte: *Ele disse que o sucesso da banda é coisa do destino.* **2** lugar para onde se vai: *O avião chegou ao destino.* **3** aquilo que acontece com alguém: *Antigamente, o destino dos vencidos na guerra era a escravidão.*

destro ê **des**.tro ***Adj*** **1** que possui mais habilidade com o lado direito do corpo: *Os canhotos têm dificuldade para usar materiais escolares feitos para pessoas destras.* **2** que tem muita habilidade: *Meu amigo é destro em limpar peixes.* **S *masc*** **3** quem tem mais habilidade com o lado direito do corpo: *Certos objetos, como a tesoura, são feitos para os destros.* **destreza** **S *fem*** habilidade. Ant: **canhoto**.

destroços ó des.**tro**.ços **S *masc pl*** pedaços ou restos que sobram de acidente ou destruição: *Os destroços do navio flutuavam nas águas.*

destruir des.tru.**ir** ***Vt*** **1** acabar com; eliminar ou estragar: *A seca destruiu as plantações.* **2** derrubar o que estava construído; arruinar: *Os terremotos podem destruir cidades inteiras.* **destruição** **S *fem*** demolição; ruína. **destruidor** ***Adj*** que destrói. Ant para **destruir**: **preservar**.

desvantagem des.van.**ta**.gem **S *fem*** **1** falta de vantagem; situação inferior: *Os jacarés ficam em desvantagem porque não conseguem se esconder dos inimigos.* **2** aquilo que causa problemas: *A desvantagem de ser adulto é que eu já não ligo muito para revistinhas.*

desvendar des.ven.**dar** ***Vt*** pôr à mostra; revelar: *Maria desvendou os segredos do livro.*

desviar des.vi.**ar** ***Vt*** **1** fazer mudar de direção: *Os ventos desviaram os navios.* (...+de) **2** afastar; separar: *Soraia desviou de Miguel os olhos verdes.* **3** tirar de maneira ilegal; roubar: *Os diretores impediram que os funcionários desviassem dinheiro do zoológico.* [***Pron***] **4** mudar de direção; afastar-se: *Chapeuzinho prometeu nunca mais se desviar do caminho.*

desvio des.**vi**.o **S *masc*** **1** mudança de rumo ou destino: *A excursão fez um desvio para o oeste.* **2** retirada ilegal; roubo: *Havia suspeitas de desvio de ouro e diamantes.* **3** caminho secundário: *No caminho da volta, entrou por um desvio e se perdeu.*

detalhe de.**ta**.lhe **S *masc*** **1** pequeno elemento: *Ela terminou o quadro, mas talvez mude algum detalhe.* **2** parte de um objeto que se destaca: *No desenho, pode-se ver um detalhe do interior da caravela.*

detectar de.**tec**.tar ***Vt*** identificar; descobrir: *Um exame de sangue pode detectar a presença da bactéria.*

detector de.tec.**tor** ***S masc*** aparelho que identifica ou que descobre: *As malas passaram por detectores de metais.*

deter de.**ter** ***Vt*** **1** fazer parar; interromper: *Nenhum homem poderia deter uma tempestade.* [***Pron***] ***Vi*** **2** ficar parado: *O doutor deteve-se por alguns momentos, refletindo.*
detentor ***Adj*** que detém.

detergente de.ter.**gen**.te ***S masc*** produto de limpeza usado para lavar louças.

determinação de.ter.mi.na.**ção** ***S fem*** **1** ordem que deve ser cumprida: *Seguindo as determinações da corte, D. João voltou a Portugal.* **2** força de vontade; firmeza: *Fez seu curso com muita determinação.*

determinar de.ter.mi.**nar** ***Vt*** **1** definir ou identificar com precisão; indicar: *Os técnicos determinaram o melhor local para a construção.* **2** decidir; resolver: *Naquela época, o pai determinava a profissão dos filhos.*
determinado ***Adj*** que se determinou.

detestar de.tes.**tar** ***Vt*** ter horror a; não suportar; odiar: *Nosso vizinho detesta barulhos.*
Ant: **apreciar**; **adorar**.

detetive de.te.**ti**.ve ***S*** pessoa que investiga crimes, mistérios ou a vida de outras pessoas.

detonar de.to.**nar** ***Vi*** **1** fazer grande sucesso: *O aluno trouxe uma pipa maravilhosa, para detonar.* ***Vt*** **2** fazer explodir. **3** devorar: *Detonar um ovo imenso de chocolate na Páscoa pode ser um risco para a saúde.* **4** ser muito melhor que; superar muito: *O novo CD detona os dois discos anteriores.*

detrito de.**tri**.to ***S masc*** sobra de qualquer substância; resto: *Os caranguejos vão em busca de detritos deixados pela maré.*

deus ***S masc*** **1** ser considerado pelas religiões como superior à natureza e aos homens: *Muitos povos consideravam que o Sol era um deus.* **2** ser infinito, perfeito, criador do Universo.
Em **2**, escreve-se sempre com inicial maiúscula.

devagar de.va.**gar** ***Adv*** **1** de modo lento: *As águas foram subindo devagar.* **2** sem pressa: *Calma, conte tudo bem devagar!*

devastar de.vas.**tar** ***Vt*** destruir; arrasar: *Os lobos devastaram o rebanho.*
devastação ***S fem*** destruição; estrago.

dever de.**ver** ***Vt*** **1** ter necessidade de; ser necessário: *Devíamos chegar sempre cedo à escola.* **2** ser possível: *Você já deve ter ouvido falar em Hércules.* (...+a) **3** estar obrigado a pagamento: *Devia 15 reais à minha sogra.* **4** ter como obrigação; estar obrigado a: *Ricardo devia uma explicação ao chefe.* **5** atribuir: *Nosso time deve a vitória à sua disposição.* ***S masc*** **6** trabalho que se faz por obrigação ou não; tarefa: *Não deixe de fazer seus deveres escolares.* **7** obrigação; compromisso: *É meu dever avisar vocês todos.*

devolver de.vol.**ver** ***Vt*** (...+a/para) **1** trazer novamente: *O ar da montanha devolverá a saúde à menina.* **2** levar ou mandar de volta: *João devolveu os filmes para Carina.*

devorar de.vo.**rar** ***Vt*** **1** comer com grande desejo: *O jovem devorou os bolinhos.* **2** destruir rapidamente; consumir: *O incêndio devorou as casas.* **3** ler rapidamente: *Galileu devorava livros.*

dezembro de.**zem**.bro ***S masc*** décimo segundo mês do ano civil.

dezena de.**ze**.na. ***S fem*** **1** unidade de segunda ordem no sistema de numeração. **2** conjunto de dez: *A professora já corrigiu uma dezena de cadernos.*

dia **di**.a ***S masc*** **1** tempo que vai desde o nascer até o pôr do Sol. **2** temperatura; tempo: *O dia estava quente.* **3** ocasião; época: *Certo dia, um homem sumiu.*
dia e noite sem parar: *Os fornos funcionam dia e noite.*
no dia de são nunca nunca; jamais: *Parecia que só encontraria a casa no dia de são nunca.*

dia a dia **di**.a a **di**.a ***S masc*** conjunto de ações que se realizam todos os dias: *As pessoas de várias profissões usam o computador no seu dia a dia.*

diabo di.**a**.bo ***S masc*** **1** espírito do mal; demônio. **2** pessoa muito má: *Não há maldade que esse diabo não tenha feito.* **3** dificuldade; problema: *O diabo é termos de subir pelo coqueiro acima.*
dos diabos infernal; exagerado: *Os sapos e as rãs estavam fazendo*

A B C D E F G H I J K L M N O P Q R S T U V W X Y Z

a b c d e f g h i j k l m n o p q r s t u v w x y z

uma barulheira dos diabos.
o diabo uma porção de coisas; e outras coisas: *O garoto repetia sem parar tudo o que via na telinha – atores, cantores, heróis de desenhos-animados... o diabo!*

diabólico di:a.**bó**.li.co ***Adj***
1 próprio do diabo; horrível: *Sua risada diabólica transformou-se numa careta de terror.* **2** que causa o mal: *Este relógio diabólico retira a magia da vida.*

diagnóstico di:ag.**nós**.ti.co
S masc **1** identificação de doenças ou de suas causas: *Os raios-X são utilizados na medicina para diagnóstico.* **2** avaliação; análise: *Os técnicos fizeram o diagnóstico do caso.*

diagonal di:a.go.**nal** ***S fem*** **1** em Geometria, linha inclinada que une vértices que não ficam no mesmo lado de uma figura. **2** linha inclinada ou transversal: *Nos seus trabalhos, o pintor não usava as diagonais e curvas.* ***Adj*** **3** inclinado; transversal: *Coloque a linguiça no pão em sentido diagonal.*

diagrama di:a.**gra**.ma ***S masc*** representação por meio de figuras geométricas; gráfico.

diálogo ▲ di.**á**.lo.go ***S masc***
1 conversa entre duas pessoas: *Narizinho estava escutando o diálogo entre Emília e D. Benta.* **2** troca de ideias; debate: *Os pais têm um diálogo aberto com os filhos.* **3** fala dos personagens de uma narrativa: *A história estava sem os diálogos.*
⊖ **dialogar** ***Vt*** conversar; trocar ideias.

diamante di:a.**man**.te ***S masc*** a mais dura pedra preciosa.

diâmetro di.**â**.me.tro ***S masc***
1 linha reta que passa pelo centro de uma circunferência, dividindo-a no meio. **2** a medida dessa linha: *Um buraco de seis metros de diâmetro engoliu o ônibus.*

dianteira di:an.**tei**.ra ***S fem***
1 parte da frente: *A dianteira do carro amassou no choque com o ônibus.* **2** liderança; frente: *O cavalo branco correu o tempo todo na dianteira.*
☼ Ant: **traseira**.

dianteiro di:an.**tei**.ro ***Adj*** da frente: *Lassie tinha a pata dianteira ferida.*
☼ Ant: **traseiro**.

diária di.**á**.ri:a ***S fem*** importância que se paga por dia: *A diária do quarto do hotel era de 45 reais.*

diário di.**á**.ri:o ***Adj*** **1** que se realiza ou que acontece todos os dias; cotidiano: *As pessoas tinham suas atividades diárias, além de momentos de lazer.* **2** que é publicado todos os dias: *Você vai ler a história em capítulos diários.* **3** de cada dia: *Cada aluno relatou o seu cardápio diário.* **4** por dia: *Os jogadores tinham várias horas diárias de treino.* ***S masc*** **5** obra em que se registram todos os dias acontecimentos, impressões, confissões: *Os navegantes registravam em diários suas aventuras.*

diarreia di:ar.**rei**.a ***S fem*** eliminação frequente de fezes moles ou líquidas; distúrbio intestinal.

dica **di**.ca ***S fem*** informação; sugestão: *Ele deu dicas sobre a reciclagem de papel.*
☼ Uso informal.

dicionário di.ci:o.**ná**.ri:o ***S masc*** obra que contém uma lista de vocábulos de uma língua, dispostos por ordem alfabética, com suas definições ou seus equivalentes e principais propriedades, na mesma língua ou em outra.

didático di.**dá**.ti.co ***Adj*** que é usado para ensinar; educativo: *Este é um ótimo livro didático.*

diesel *dízel* ***S masc*** óleo usado para fazer funcionar certos motores: *O caminhão era movido a diesel.*
☼ Palavra tirada do inglês.

diet *dáit* ***Adj*** que não contém substâncias como açúcar, gorduras, etc., que favorecem o aumento de peso.
☼ Palavra tirada do inglês.

dieta di.**e**.ta ***S fem*** **1** aquilo que se come normalmente: *Cada região do mundo tem uma dieta básica.* **2** regime alimentar: *Dietas que reduzem muito a quantidade de açúcar podem prejudicar o crescimento das crianças.*

diferença di.fe.**ren**.ça ***S fem***
1 falta de igualdade; distinção: *Não deve haver diferença salarial entre pessoas que realizam o*

mesmo trabalho. **2** mudança; transformação: *Assim que Laurinha voltou para a escola, sentiu a diferença.* **3** resultado de uma operação de subtração: *A diferença entre o número de atletas das duas escolas é quatro.*
Ant: **semelhança**.

diferenciar di.fe.ren.ci.**ar** ***Vt*** (...+de) **1** tornar diferente: *O talento de piloto o diferenciava dos outros.* **2** perceber a diferença; distinguir: *Ninguém conseguia diferenciar uma gêmea da outra.*

diferente di.fe.**ren**.te ***Adj*** **1** que não é igual; diverso: *Alice era diferente de todas as mulheres que conhecia.* **2** que não é comum; estranho: *Logo depois, um som diferente começou.* **3** variado; diverso: *Os peixes eram de diferentes cores.*
Ant: **semelhante**.

diferir di.fe.**rir** ***Vt*** (+de) ser diferente: *Esta notícia difere da outra que ouvimos ontem.*

difícil di.**fí**.cil ***Adj*** **1** que exige esforço; complicado: *É difícil fazer biscoitos.* **2** que apresenta problemas, perigo ou risco: *A família unida resolveu uma situação difícil.* ***Adv*** **3** de modo complicado ou requintado: *Por que você fala tão difícil?*
Ant: **fácil**.

dificuldade di.fi.cul.**da**.de ***S fem*** **1** tudo aquilo que é difícil; problema; obstáculo: *Os imigrantes passavam por muitas dificuldades.* **2** falta de capacidade ou de possibilidade: *Um dos sintomas da doença é a dificuldade em movimentar o pescoço.*
dificultar ***Vt*** tornar difícil.
Ant: **facilidade**.

difundir di.fun.**dir** ***Vt*** (...+a/para) tornar conhecido; divulgar: *Monteiro Lobato difundiu o Saci para as crianças.*

digerir di.ge.**rir** ***Vt*** transformar os alimentos em substâncias que o organismo aproveita ou elimina: *Existem pessoas que não conseguem digerir leite muito bem.*
digestão ***S fem*** processo de digerir.

digestório di.ges.**tó**.ri.o ***Adj*** que realiza a digestão.

digital di.gi.**tal** ***Adj*** **1** relativo aos dedos; dos dedos: *As impressões digitais são únicas.* **2** que utiliza algarismos para mostrar a hora: *A criança prefere relógio digital.* **3** que utiliza números para enviar e receber informações em aparelhos eletrônicos: *Caroline registrou as cenas com a máquina digital.*

digitar di.gi.**tar** ***Vt*** escrever utilizando um teclado de computador: *Terminei de digitar meu texto.*

dignar-se dig.**nar**-se ***Vt*** ter a bondade ou a gentileza (de): *O garoto nem se dignou (a) responder.*

digno **dig**.no ***Adj*** **1** honrado; decente: *O trono tinha de ser ocupado pelo mais digno dos homens.* **2** que está à altura; que merece: *A generosidade de Judite era digna de elogios.* **3** que está de acordo com o esperado; adequado: *Todos merecem moradia digna.*
dignidade ***S fem*** honra.

dilema di.**le**.ma ***S masc*** **1** situação em que se apresentam duas opções: *Caio ficou num dilema para escolher o seu presente.* **2** situação difícil; problema: *O mundo dos adultos parece cheio de dilemas.*

dilúvio di.**lú**.vi.o ***S masc*** **1** segundo a Bíblia, castigo imposto por Deus aos homens, sob a forma de inundação que cobriu toda a Terra: *O objetivo da arca de Noé era salvar os animais do dilúvio.* **2** chuva muito forte; aguaceiro: *O dilúvio daquela tarde inundou toda a várzea.*

dimensão di.men.**são** ***S fem*** **1** extensão; tamanho: *Os lagos podem ter dimensões variadas.* **2** medida que define o tamanho: *As dimensões do desenho foram reduzidas.* **3** valor; importância: *Uma pequena explosão pode ganhar a dimensão de uma bomba.*

diminuir di.mi.nu.**ir** ***Vt*** **1** tornar menor; reduzir: *Os morcegos ajudam a diminuir o número de insetos.* **2** reduzir a intensidade ou grau de: *O banho morno diminuiu minha irritação.* ***Vi*** **3** tornar-se menor ou menos intenso; reduzir-se: *O número de animais que vivem livremente diminuiu.*
diminuição ***S fem*** redução.
Ant para **diminuir**: **aumentar**.

dinâmico di.**nâ**.mi.co ***Adj*** **1** que tem muita energia, iniciativa ou atividade: *As aulas do Professor Dias são bastante dinâmicas.*

A B C D E F G H I J K L M N O P Q R S T U V W X Y Z

a b c d e f g h i j k l m n o p q r s t u v w x y z

2 que não para; que está sempre em mudança: *A ciência é dinâmica e alimenta-se das descobertas.*

dinastia di.nas.**ti**.a ***S fem*** série de soberanos pertencentes à mesma família: *Durante séculos o Japão foi governado por reis da mesma dinastia.*

dinheiro di.**nhei**.ro ***S masc***
1 nota ou moeda que serve para pagar algo: *A prefeitura precisa de muito dinheiro para essas obras.* **2** moeda de um país: *No Brasil o dinheiro usado não foi sempre o real.* ▶ pág 256 e 257.
dinheirama ***S fem*** grande quantidade de dinheiro.
No diminutivo, refere-se a uma pequena quantidade de notas ou moedas: *No fim do mês, Dona Ondina dá sempre um dinheirinho para a filha.*

dinossauro di.nos.**sau**.ro ***S masc*** réptil que viveu na pré-história.

diploma di.**plo**.ma ***S masc***
1 documento que comprova que se terminou um curso: *Se você não tem diploma, não pode trabalhar como médico.* **2** documento em que se reconhece o merecimento de alguém: *Bárbara recebeu um diploma por sua participação como primeira leitora da biblioteca.*

direção di.re.**ção** ***S fem*** **1** lado para o qual alguma coisa ou alguém se dirige; rumo: *Marquem no chão a direção da sombra do aluno.* **2** conjunto de diretores; diretoria: *A direção do zoológico comunicou a morte do velho leão.* **3** em Matemática, a posição de um ponto no espaço em relação a outro. **4** na realização de filmes, programas de televisão, peças de teatro, etc., condução dos trabalhos: *Saldanha assumiu a direção do segundo filme lançado este ano.*

direcionar di.re.ci:o.**nar** ***Vt*** (...+para) fazer tomar um determinado rumo ou direção; orientar: *Ligue a lanterna e direcione o facho de luz para o globo.*

direita di.**rei**.ta ***S fem*** lado direito: *Ligue os nomes da lista da esquerda aos da direita.*
Ant: **esquerda**.

direito di.**rei**.to ***Adj*** **1** que fica do lado do corpo humano que é, em geral, mais forte e mais ágil: *Aproximadamente nove em cada dez pessoas preferem usar a mão direita.* **2** correspondente a esse lado para um observador colocado em frente a um objeto: *Há duas árvores do lado direito do prédio.* **3** certo; correto: *Até aí o que você escreveu está direito.* ***S masc*** **4** aquilo que deve ser permitido ou garantido a uma pessoa por lei: *O direito à educação deve ser garantido a todos.* **5** ciência que trata das leis e regras: *Fernando quer se especializar em Direito Ambiental.* ***Adv*** **6** de modo correto ou apropriado; bem: *O cão está ficando velho e não enxerga direito.*
1 Em **5**, escreve-se com inicial maiúscula. **2** Ant para **1** e **2**: **esquerdo**.

direto di.**re**.to ***Adj*** **1** que não envolve outros elementos ou pessoas; muito próximo; imediato: *Os alunos ficavam sob o comando direto de um assistente de direção.* **2** sem rodeios; franco: *O padrasto evitou uma resposta direta.* ***Adv*** **3** sem parar ou se desviar: *A bola vai direto ao gol.* **4** sem perda de tempo; imediatamente: *Tiramos os tênis e colocamos os pés direto na água.* **5** sem passar por outros elementos ou pessoas: *Carolina disse que pediu o presente direto para o Papai Noel.*

diretor di.re.**tor** ***S masc*** pessoa que dirige: *O exame final era aplicado pelo diretor da escola.* ▶ pág 156 e 157.

diretoria di.re.to.**ri**.a ***S fem***
1 grupo de pessoas encarregadas de dirigir alguma coisa: *Um aluno pediu uma reunião com a diretoria.* **2** sala destinada a diretor: *A porta da diretoria estava aberta.* ▶ pág 156 e 157.

dirigir di.ri.**gir** ***Vt*** **1** comandar; orientar: *O treinador soube muito bem dirigir seus jogadores.* **2** conduzir; pilotar: *Germano dirigia uma caminhonete azul.* [***Pron***] (+a/para) **3** ir (na direção de); encaminhar-se: *Os tropeiros dirigiam-se para a feira de Sorocaba.*
dirigente **S** quem dirige ou chefia.

dirigível ▼ di.ri.**gí**.vel **S *masc***
1 grande balão movido a motor, com hélices e lemes, que se pode dirigir; zepelim: *Santos Dumont deu a volta em torno da Torre Eiffel com seu dirigível.* ***Adj*** **2** que se pode dirigir: *Ganhei um barco dirigível por controle remoto.*

discar dis.**car** ***Vt*** **1** selecionar, girando o disco ou apertando as teclas do telefone: *Vi o menino discar os números do telefone da mãe.* (+para) **2** dar um telefonema: *Basta discar para o restaurante e esperar a comida chegar.*

disciplina dis.ci.**pli**.na **S *fem***
1 comportamento que segue os princípios da ordem e da obediência: *Ficou encantada com a disciplina das crianças.* **2** matéria escolar: *O professor preocupava-se em aproximar as disciplinas do dia a dia dos estudantes.*

discípulo dis.**cí**.pu.lo **S *masc***
1 quem segue os ensinamentos ou as ideias (de um líder ou mestre); seguidor: *Os grandes artistas deixaram muitos discípulos.* **2** aluno; aprendiz: *Galileu discutia as ideias com os discípulos mais chegados.*

disco **dis**.co **S *masc*** **1** placa circular e achatada na qual se gravam sons: *Essa canção era a do disco que quebrou.* **2** qualquer objeto circular e achatado.
O diminutivo **disquete** refere-se a pequeno disco usado para gravar dados e programas de computador.

discordar dis.cor.**dar** ***Vt*** (+de) ter opinião diferente; não concordar (com): *Tapuia discordou da ideia de Celso.*
discórdia **S *fem*** falta de acordo; desentendimento.

disco voador ▲ **dis**.co vo:a.**dor** **S *masc*** objeto em forma de disco que voa muito rápido e que, segundo se acredita, vem do espaço.

discreto dis.**cre**.to ***Adj*** **1** que não revela nem quer saber segredos dos outros; prudente: *Mamãe foi discreta, não comentou nada.* **2** que não chama a atenção; modesto: *A jovem usava maquilagem discreta.*
discrição **S *fem*** qualidade de quem é discreto.

discriminação dis.cri.mi.na.**ção** **S *fem*** atitude de quem tem preconceito contra outras pessoas: *Todo tipo de discriminação é ruim.*

discriminar dis.cri.mi.**nar** ***Vt*** **1** tratar com preconceito: *A professora nunca discriminou seus alunos.* **2** identificar: *Na lista de compras, discriminou os itens essenciais.*

discursar dis.cur.**sar** ***Vi*** falar em público; fazer discurso: *O presidente discursou na TV.*

discurso dis.**cur**.so **S *masc***
1 fala de caráter oficial ou solene; mensagem oral: *Fazia o discurso com entusiasmo.* **2** modo de falar: *Os guias utilizam um discurso próprio para atrair as crianças.*

discussão dis.cus.**são** **S *fem***
1 troca de opiniões; debate: *Achei importante a discussão sobre a situação do país.* **2** troca de palavras agressivas entre pessoas que discordam: *Houve uma discussão entre Jô e Fred.*

discutir dis.cu.**tir** ***Vt*** **1** trocar ideias sobre; debater: *Nas reuniões todos discutiam os assuntos mais importantes da época.* **2** apresentar ou mostrar em detalhes; comentar: *O artigo discute a situação do zoológico.* (+com) **3** trocar palavras agressivas; brigar: *Um rapaz educado não discute com as pessoas mais velhas.*
Em **1**, pode ser seguido de **sobre**: *Os alunos discutiram sobre o tema Amizade.*

disfarçar dis.far.**çar** ***Vt*** **1** não demonstrar; esconder: *O menino tentou disfarçar a tristeza.* **2** mudar para não ser reconhecido; modificar: *Joana disfarçou a voz ao telefone.*

disfarce ▲ dis.**far**.ce **S *masc***
1 tentativa de ocultar um sentimento ou intenção; fingimento: *Para dizer a verdade sem disfarces, aquele enfeite no nariz não causava bom efeito.* **2** aquilo que se usa para não ser

reconhecido: *A peruca ruiva é um disfarce do detetive.*

disparar dis.pa.**rar** ***Vt*** **1** fazer funcionar; acionar: *Os policiais devem evitar disparar armas de fogo.* **2** lançar; atirar: *Dispararam as flechas na direção do alvo.* ***Vi*** **3** sair correndo: *A corredora dispara na frente a toda velocidade.* **4** começar a funcionar de repente: *O alarme disparou no apartamento.* **5** movimentar-se de modo rápido: *Com o susto, o coração disparou.*
disparo ***S masc*** tiro.

dispensar dis.pen.**sar** ***Vt*** **1** não querer; recusar: *Tininha dispensava agradecimentos.* **2** não necessitar de: *Um gesto de carinho às vezes dispensa as palavras.* (...+a) **3** dar; dedicar: *Os pais dispensavam atenção a todos os filhos.* (...+de) **4** deixar livre; liberar: *A orientadora me dispensou da aula de ginástica.*

dispersar dis.per.**sar** ***Vt*** **1** fazer espalhar-se em várias direções: *Uma forte tempestade dispersou o navio.* ***Vi*** [***Pron***] **2** espalhar-se: *As nuvens se dispersavam.*
disperso ***Adj*** que se dispersou.

disponível dis.po.**ní**.vel ***Adj*** **1** de que se pode dispor; que se pode usar: *O alimento disponível nos oceanos deixou de ser suficiente.* **2** livre; desocupado: *Todos os homens disponíveis puseram-se a caminho.*
disponibilidade ***S fem*** qualidade do que está disponível.

dispor dis.**por** ***Vt*** (+em) **1** colocar numa certa posição ou ordem; arrumar: *Disponha as caixinhas na caixa maior.* (+de) **2** contar (com); ter: *O cavalo dispõe de assistência veterinária.* [***Pron***] (+a) **3** estar pronto; decidir-se: *Ricardo dispôs-se a auxiliar Roberto.*

disposição dis.po.si.**ção** ***S fem*** **1** animação; vontade: *Àquela hora ninguém tinha mais disposição para caminhadas longas.* **2** distribuição ordenada; arranjo: *A disposição das casas na aldeia era circular.*
à disposição pronto para ser usado ou para ajudar: *A energia solar está à disposição na natureza.*

dispositivo dis.po.si.**ti**.vo ***S masc*** peça de uma máquina que tem uma função especial: *Usa o computador por meio de um dispositivo portátil com teclas.*

disposto dis.**pos**.to ***Adj*** **1** determinado; decidido: *Jacinta está sempre disposta a perdoar.* **2** arrumado; organizado: *Os objetos estavam dispostos em fila.* **3** que sente animação; ativo: *Serginho acordava disposto de manhã.*

disputar dis.pu.**tar** ***Vt*** **1** tentar conseguir; lutar por: *Os dois países disputam um mesmo território.* **2** tentar vencer; competir em: *Preparava-se para disputar o torneio mais decisivo de sua carreira.*
disputa ***S fem*** ação de disputar.

disseminar dis.se.mi.**nar** ***Vt*** fazer espalhar-se em várias direções: *O vento dissemina as sementes da planta.*
disseminação ***S fem*** ação ou processo de disseminar.

dissolver dis.sol.**ver** ***Vt*** **1** desfazer em líquido; desmanchar: *Com o tempo, a água da chuva dissolveu a rocha.* ***Vi*** [***Pron***] **2** desfazer-se; desmanchar-se: *As nuvens se dissolveram.*

distância dis.**tân**.ci:a ***S fem*** **1** espaço que separa dois pontos de referência: *O canhão lançava balas a quilômetros de distância.* **2** afastamento; separação: *Catarina quer distância do rio.*

distanciar-se dis.tan.ci.**ar**-se ***Vt*** (+de) tornar-se distante; afastar-se: *Os bairros mais novos vão se distanciando do centro.*

distante dis.**tan**.te ***Adj*** **1** que se situa longe; afastado: *Muitas pessoas acreditavam que viviam dragões em terras distantes.* **2** separado no tempo; remoto: *Recordou um passado distante.* **3** que não é íntimo; frio; reservado: *O filme começa com uma relação distante entre pai e filho.* **4** que tem uma relação de parentesco indireta: *Um parente distante quer cuidar dos órfãos.*
Ant: **próximo**.

a b c d e f g h i j k l m n o p q r s t u v w x y z

distinguir dis.tin.**guir** ***Vt***
1 perceber pelos sentidos; identificar: *Pelo nariz, podemos distinguir se os cheiros são agradáveis.* [***Pron***] (+de)
2 destacar-se; sobressair: *Baio se distinguia dos outros cavalos.*
distinção ***S fem*** diferença; separação.

distração dis.tra.**ção** ***S fem***
1 divertimento; lazer: *O pai achou que o menino precisava de distração e levou-o ao jardim zoológico.*
2 falta de atenção; descuido: *Aproveitando-se de um momento de distração dos guardas, o prisioneiro saiu correndo.*

distrair dis.tra.**ir** ***Vt*** **1** desviar a atenção de: *Enquanto eu distraio Antônia, você sai pela porta da frente.* **2** divertir; entreter: *O rei chamava o bobo da corte para distrair o príncipe.* ***Vi*** [***Pron***]
3 deixar de prestar atenção; descuidar-se: *Seu Toninho se distraiu no papo de futebol e perdeu hora.*

distribuir dis.tri.bu.**ir** ***Vt*** (...+em)
1 dispor; arranjar: *O chefe distribuiu os escoteiros nas barracas.* (...+a/para) **2** atribuir; dar: *O governo distribuía cestas básicas a famílias de baixa renda.* (...+por) **3** lançar em muitas direções; espalhar: *O vento distribuía o pólen pela terra.* (...+entre) **4** repartir; dividir: *Distribua as barras de chocolate entre as crianças.*

distrito dis.**tri**.to ***S masc***
1 cada uma das partes em que se divide o território administrativo de uma cidade: *A pesquisa foi realizada no distrito de Posse, localizado no município de Petrópolis.* **2** repartição responsável pelas questões policiais de um determinado setor da cidade; delegacia: *O senhor vai nos acompanhar até o Distrito Policial pra ter uma conversinha com o delegado!*

distúrbio dis.**túr**.bi:o ***S masc***
1 perturbação; problema: *Naquele laboratório pesquisam-se os distúrbios do sono.* **2** confusão; agitação: *Havia uma lei para evitar distúrbios durante a noite.*

ditado di.**ta**.do ***S masc*** **1** frase curta que contém uma lição ou conselho; provérbio: *É como diz o ditado, "Uma andorinha só não faz verão".* **2** texto que uma pessoa diz em voz alta para outra(s) escrever(em): *No ditado, escreveu "pq" em vez de "por que".*

ditador di.ta.**dor** ***S masc*** governante que tem poder total: *O ditador ficou no poder até sua morte.*

ditadura di.ta.**du**.ra ***S fem*** forma de governo em que todos os poderes ficam nas mãos de uma pessoa ou de um grupo.

ditar di.**tar** ***Vt*** (...+a/para) **1** dizer em voz alta para que alguém escreva: *Ditou um bilhete para o neto.* **2** impor; determinar: *A gerente ditou normas a todos os funcionários.*

dito **di**.to ***S masc*** **1** ditado; provérbio: *"Não cutuque onça com vara curta" é um dito popular.*
2 aquilo que alguém diz; frase: *Todos se entusiasmaram com o dito de Guilherme.*

dito-cujo **di**.to-**cu**.jo ***S masc*** pessoa que já foi mencionada: *A dita-cuja só podia ser D. Lalau.*

ditongo di.**ton**.go ***S masc*** grupo formado pelo encontro de duas vogais na mesma sílaba: *Usa-se s após ditongos: coisa, deusa, lousa.*

diurno di.**ur**.no ***Adj*** **1** que se realiza durante o dia: *O garçom preferia o trabalho diurno.*
2 que realiza a maior parte de suas atividades durante o dia: *O homem é um animal diurno.*
Ant: **noturno**.

diversão di.ver.**são** ***S fem***
1 aquilo que se faz para passar o tempo; divertimento: *Para diversão, nada como uma boa peça de teatro!* **2** aquilo que serve para divertir: *O cão tornou-se a diversão da casa.* pág 328 e 329.

diversidade di.ver.si.**da**.de ***S fem*** conjunto variado; variedade: *O Brasil possui uma grande diversidade de animais.*

diverso di.**ver**.so ***Adj*** **1** que não é igual; diferente: *As pessoas tinham funções diversas das de hoje.* [***Pl***] ***Pron*** [***Indefinido***] **2** indica quantidade indefinida; vários; muitos: *Diversas instituições lutam pelo bem-estar das crianças.*

divertido di.ver.**ti**.do ***Adj***
1 que faz rir; engraçado: *Os dois palhaços são muito divertidos.*
2 que dá prazer; alegre: *Dançar é uma brincadeira bem divertida.*

A B C D E F G H I J K L M N O P Q R S T U V W X Y Z

divertir di.ver.**tir** ***Vi*** [***Pron***] **1** passar o tempo; distrair-se: *As crianças se divertiam brincando.* ***Vt*** **2** fazer rir; alegrar: *Essas histórias são criadas para divertir o leitor.*
divertimento ***S masc*** diversão.

dívida **dí**.vi.da ***S fem*** **1** obrigação de pagar uma quantia em dinheiro: *João tem um salário suficiente para mantê-lo livre das dívidas.* **2** quantia que se deve: *A dívida do país diminuiu.* **3** compromisso; obrigação: *Promessa é dívida!*

dividendo di.vi.**den**.do ***S masc*** em Matemática, número que é dividido por outro.

dividido di.vi.**di**.do ***Adj*** **1** separado (em partes): *O mapa mostra o estado dividido em regiões.* **2** separado (em tipos); classificado: *Os alimentos estão divididos em seis grupos.*

dividir di.vi.**dir** ***Vt*** **1** desfazer a união de: *Um grande conflito dividiu o país.* (...+em) **2** separar (em partes): *Meu pai resolveu dividir nossa chácara em lotes.* **3** separar (por tipos); classificar: *A Biologia divide os seres vivos em reinos.* (...+entre) **4** distribuir: *Entre os indígenas, o trabalho é realizado dividindo as tarefas entre homens e mulheres.* (...+com) **5** repartir; compartilhar: *A menina dividiu a goiaba com o colega.* (+por) **6** em Matemática, efetuar a divisão de. ***Vi*** [***Pron***] **7** separar-se (em partes); partir-se: *Essa célula se divide várias vezes.*
divisível ***Adj*** que pode ser dividido.

divindade di.vin.**da**.de ***S fem*** ser divino: *O altar foi erguido em homenagem a alguma divindade.*

divino di.**vi**.no ***Adj*** **1** que vem de Deus ou que se refere a Deus. **2** extraordinário; maravilhoso: *Lelena beliscou uns pasteizinhos divinos.*

divisa di.**vi**.sa ***S fem*** fronteira; limite: *O litoral norte de Alagoas vai até a divisa com Pernambuco.*

divisão di.vi.**são** ***S fem*** **1** ato de dividir; distribuição: *A dona da casa era a responsável pela divisão do trabalho entre as empregadas.* **2** separação em partes: *Faça a divisão das palavras em sílabas.* **3** em Aritmética, operação que consiste em descobrir quantas vezes um número está contido em outro. **4** cada uma das partes de um todo: *O pulmão direito possui três divisões.*

divisor di.vi.**sor** ***S masc*** **1** aquilo que divide ou separa: *Este planalto serve como um divisor de águas, separando os rios.* **2** em Matemática, número que divide um outro.

divulgar di.vul.**gar** ***Vt*** **1** fazer saber; tornar conhecido ou público: *A empresa não divulgou o nome dos compradores.* **2** fazer propaganda de; promover: *A turma fez cartazes para divulgar a exposição.*
divulgação ***S fem*** ação de divulgar.

dizer di.**zer** ***Vt*** **1** expressar por meio de palavras: *Paulo não saberia dizer por que escolheu esse nome para o cão.* **2** contar; narrar: *A lenda dizia que um casal vivia numa cabana torta.* **3** declarar; afirmar: *Como dizia o autor inglês, as histórias são todas iguais.* ***Vi*** **4** falar; expressar-se: *"Pôr do Sol" é um modo de dizer, pois o Sol não se põe nunca.*

dj dijei ***S*** pessoa responsável pela apresentação de músicas gravadas, em programas de rádio ou televisão, em festas em geral, etc.
Abreviação do inglês ***disc jockey***.

dó ***S masc*** pena; piedade: *O médico sentiu um grande dó do infeliz prisioneiro.*
sem dó nem piedade de maneira rigorosa ou cruel: *Se o rapaz fracassasse, seria despedido sem dó nem piedade.*

doar do.**ar** ***Vt*** (...+a/para) oferecer de graça; dar: *Bruna doou brinquedos para crianças carentes.*
doação ***S fem*** ação de doar.

dobra **do**.bra ***S fem*** ruga que se forma entre duas partes de um papel ou tecido: *As crianças se escondiam entre as dobras da cortina.*

dobrado do.**bra**.do ***Adj*** **1** que tem dobras ou pregas: *Usava um chapéu com abas dobradas.* **2** curvado: *Nesse salto, o quadril do atleta fica dobrado.* **3** multiplicado por dois: *Judite fez a receita com as quantidades dobradas.*

dobradura do.bra.**du**.ra ***S fem*** **1** técnica de formar figuras dobrando pedaços de papel: *André ensina dobradura para crianças.* **2** figura formada por meio dessa técnica: *Cole suas dobraduras num caderno.*

dobrar do.**brar** ***Vt*** **1** fazer curvar-se; inclinar: *Tente andar sem dobrar as pernas.* **2** fazer dobras ou pregas em; virar uma parte por cima da outra: *Dobre a folha de papel ao meio.* **3** multiplicar por dois; duplicar: *Para um bolo maior, dobre a receita.* ***Vi*** **4** multiplicar-se por dois; duplicar-se: *O número de trabalhadores dobrou.* **5** curvar-se; inclinar-se: *As articulações do cotovelo só (se) dobram num sentido.*

dobro **do**.bro ***S masc*** quantidade ou medida que equivale a duas vezes uma outra.

doce **do**.ce ***S masc*** **1** alimento feito à base de açúcar ou adoçante: *Meu doce preferido é quindim.* ***Adj*** **2** que tem gosto de açúcar: *O sorvete de chocolate é muito doce.* **3** meigo; amável: *Sempre havia uma palavra doce.*
▶ pág 402 e 403.
doceiro ***S masc*** quem faz ou vende doces.
Ant para **2**: **amargo**.

docência do.**cên**.ci:a ***S fem*** atividade de quem dá aula; exercício da profissão de professor: *O professor Luís se orgulha de exercer a docência há mais de 30 anos.*
docente ***S*** professor ***Adj*** que ensina; que se presta ao ensino.

dócil **dó**.cil ***Adj*** que não é feroz; manso: *Esses macacos são muito dóceis, não se preocupe.*
Ant: **rebelde**.

documentário do.cu.men.**tá**.ri:o ***S masc*** filme que informa: *Vi um documentário sobre o Brasil.*

documento do.cu.**men**.to ***S masc*** **1** registro escrito: *A Carta de Pero Vaz de Caminha é um importante documento da História do Brasil.* **2** papel escrito que serve como registro de dados pessoais ou relativos a bens: *A certidão de nascimento é o nosso primeiro documento.* **3** cartão que identifica uma pessoa: *Na viagem, leve documento de identidade.*
documentação ***S fem*** conjunto de documentos.

doçura do.**çu**.ra ***S fem*** **1** propriedade do que é doce: *Os meninos saboreavam a doçura do mel.* **2** meiguice; delicadeza: *A mãe falava com muita doçura na voz.*

doença do.**en**.ça ***S fem*** estado não normal de saúde; moléstia.
Ant: **saúde**.

doente do.**en**.te. ***Adj*** **1** que não tem saúde; que tem uma doença: *Rodrigo faltou à escola porque estava doente.* ***S*** **2** pessoa que tem doença: *Há umas manchas no corpo do doente.*
Ant para **1**: **saudável**; **sadio**; **são**.

doer do.**er** ***Vt*** **1** causar dor ou sofrimento: *Essas notícias tristes me doem o coração.* ***Vi*** **2** estar ou ficar dolorido: *A barriga doeu a semana inteira.*
doído ***Adj*** que dói; que apresenta ou que causa dor.

doido **doi**.do ***Adj*** **1** que tem perturbação mental; louco; maluco: *Quando o viram em cima da mangueira, os vizinhos pensaram que ele estava doido.* **2** muito intenso; exagerado: *O povo do bosque ficou numa alegria doida.* **3** apaixonado; entusiasmado: *Gérson era doido por música.* **4** ansioso; sem paciência: *Letícia estava doida para a festa começar.* ***S masc*** **5** pessoa louca: *Começou a pular e gritar feito um doido.*
doido varrido quem é completamente louco: *Lá vem o doido varrido!*
doidice ***S fem*** ação ou fala de quem é doido.

dólar **dó**.lar ***S masc*** unidade de dinheiro dos Estados Unidos da América do Norte e de outros países como Austrália, Canadá e Nova Zelândia.

dolorido do.lo.**ri**.do ***Adj*** **1** que tem ou apresenta dor: *O atleta não se incomoda com os músculos doloridos.* **2** que causa dor: *Meus irmãos morriam de medo das doloridas injeções.*

doloroso do.lo.**ro**.so ***Adj*** **1** que causa dor: *O pernilongo tem uma picada dolorosa.* **2** que apresenta ou manifesta dor ou sofrimento: *O gato soltou um miado doloroso.* **3** triste: *É uma história dolorosa.*

dom¹ ***S masc*** qualidade especial; talento: *Os jovens mostraram dons artísticos.*

dom² ***S masc*** forma de tratamento dada a reis, príncipes, nobres, etc.: *O Brasil era governado pelo imperador Dom Pedro II.*
Escreve-se com inicial maiúscula.

A B C D E F G H I J K L M N O P Q R S T U V W X Y Z

domar do.**mar** ***Vt*** fazer ficar manso ou domesticar; treinar.
domador ***S masc*** quem faz ficar manso ou quem treina.

domesticar do.mes.ti.**car** ***Vt*** acostumar a conviver com os homens: *Dizem que as bruxas domesticavam onças.*
domesticação ***S fem*** ação de domesticar.

doméstico do.**més**.ti.co ***Adj*** **1** referente à casa ou à vida da família; familiar: *A mãe tinha a responsabilidade sobre os assuntos domésticos.* **2** que convive com o homem; que se cria ou vive em casa: *O gato é um animal doméstico.* **3** que faz os serviços de uma casa (limpeza, cozinha, cuidados com roupas, etc.): *Os empregados domésticos trabalhavam bem.*

domicílio do.mi.**cí**.li:o ***S masc*** casa onde uma pessoa mora; residência; habitação: *Os domicílios estão ligados à rede de abastecimento de água.*
em / a domicílio **1** que entrega produtos ou presta serviços na casa do comprador: *Encomendei o buquê num florista a domicílio.* **2** diz-se desse tipo de entrega: *Almoço com entrega em domicílio.*
domiciliar ***Adj*** que se refere a domicílio.

dominar do.mi.**nar** ***Vt*** **1** obter poder sobre; conquistar; vencer: *O filme é sobre um cientista maluco que pretende dominar o planeta.* **2** controlar; conter: *Minha tia não consegue dominar o medo que tem de borboletas.* **3** ter conhecimento profundo de; saber: *Os tupis dominavam a técnica da cerâmica.*
dominação ***S fem*** ação de dominar.

domingo do.**min**.go ***S masc*** primeiro dia da semana: *Vou ao parque domingo de manhã.*

domínio do.**mí**.ni:o ***S masc*** **1** poder de governar ou dirigir; controle: *O reino estava sob o domínio de uma mulher inteligente.* **2** território que alguém possui ou controla: *Um estranho penetrou em nossos domínios.* **3** conhecimento profundo: *Sempre é bom ter domínio de uma língua estrangeira.*

dominó do.mi.**nó** ***S masc*** jogo com 28 peças retangulares, divididas em duas metades, que podem estar vazias ou com pontos marcados de um a seis.

dona **do**.na ***S fem*** tratamento respeitoso para dirigir-se a uma mulher: *Não se aflija, Dona Olga.*

dona de casa **do**.na de **ca**.sa ***S fem*** mulher que executa ou administra as funções domésticas em seu lar.

donatário do.na.**tá**.ri:o ***S masc*** pessoa a quem era dada uma capitania hereditária no Brasil colonial.

dono **do**.no ***S masc*** **1** quem possui; proprietário: *A dona do gato chegou.* **2** quem controla; quem domina: *O desejo de ser dono de tudo pode destruir uma pessoa.*

dor ***S fem*** **1** sofrimento físico: *Estou com dor de cabeça.* **2** sofrimento moral; pesar: *A dor da saudade foi ficando forte.*

dorminhoco dor.mi.**nho**.co ***Adj*** **1** que dorme demais: *A gata dorminhoca já estava cochilando.* ***S masc*** **2** quem dorme demais: *Diz a lenda que o Saci puxa os pés dos dorminhocos.*
Fem: **dorminh[ó]ca**.

dormir dor.**mir** ***Vi*** **1** descansar em estado de sono; ficar adormecido: *Os ursos dormem durante o inverno.* **2** passar ao estado de sono; adormecer: *Fecharam os olhos e dormiram.* ***Vt*** (+em) **3** passar a noite; pousar: *Vinícius sempre vai dormir na casa de amigos.*
dormir no ponto perder uma oportunidade: *Ele não dorme no ponto, faz cursos para garantir a profissão.*
Ant para **1** e **2**: **acordar.**

dormitório dor.mi.**tó**.ri:o ***S masc*** lugar onde se dorme; quarto: *Passei a noite sozinho num dormitório cheio de camas vazias.*

dorso **dor**.so ***S masc*** **1** parte de trás do tronco, que vai dos ombros à altura dos rins; costas: *O dorso do nadador estava queimado de sol.*

2 parte de cima ou de trás do corpo dos animais: *Os elefantes levavam macacos em seus dorsos.* 3 parte de cima ou de trás: *Havia neve no dorso das montanhas.*

dose **do**.se **S *fem*** 1 quantidade determinada; porção; medida: *A primeira dose da vacina deve ser tomada cedo.* 2 qualquer quantidade: *Possuir um animal envolve uma boa dose de responsabilidade.*

dotar do.**tar** ***Vt*** (...+de) fazer adquirir: *Os estudos dotaram o médico de grande preparo.*
dotado ***Adj*** que possui dom ou talento.

dourado dou.**ra**.do ***Adj*** 1 revestido por leve camada de ouro ou que imita ouro: *Ganhei fivela dourada.* 2 da cor do ouro: *No aquário havia um peixinho dourado.* 3 levemente queimado; corado: *Retire os biscoitos do fogo quando estiverem dourados.* 4 de felicidade ou sucesso; maravilhoso: *Ser princesa era seu sonho dourado.* **S *masc*** 5 a cor do ouro: *A menina não gostava de dourado.*

doutor dou.**tor** **S *masc*** 1 médico: *Antes de tratar do doente o doutor pedia exames.* 2 título que se dá a certos profissionais, reconhecidos como autoridades: *Doutor Eduardo, o delegado, deu ordem de prisão.*

download daunlôud
S *masc* transferência de dados de uma rede para um computador: *O livro está disponível para download.*
Palavra tirada do inglês.

draga **dra**.ga **S *fem*** aparelho para retirar areia ou lixo do fundo dos rios e dos lagos: *As dragas retiram lixo e areia do rio Tietê.*

dragão dra.**gão** **S *masc*** monstro fabuloso com cauda de serpente, garras e asas, que solta fogo pelas ventas: *O dragão soltou urros de fazer tudo tremer.*

drama **dra**.ma **S *masc*** 1 peça de teatro, filme ou novela que apresenta situações graves ou complicadas: *O filme era um drama.* 2 situação muito difícil ou sofrida: *O drama da separação dos pais muitas vezes afeta os filhos.* 3 acontecimento que provoca morte ou destruição; fato desastroso: *O drama das chuvas teve consequências tristes.*

dramatizar dra.ma.ti.**zar** ***Vt*** dar forma de peça teatral a; representar; encenar: *A turma vai dramatizar histórias sobre uma família.*
dramatização **S *fem*** representação em forma de peça teatral.

dramaturgo dra.ma.**tur**.go **S *masc*** autor de peças de teatro.

driblar dri.**blar** ***Vt*** 1 no futebol, mover o corpo de modo a enganar o adversário e continuar com a bola: *O garoto corre, dribla um, dois e chuta forte.* 2 escapar de; evitar: *Bento conseguiu driblar o cachorro e fugir.*
drible **S *masc*** ação de driblar.

droga **dro**.ga **S *fem*** 1 substância química de uso medicinal: *O químico estava moendo umas drogas num pilãozinho de ferro.* 2 substância química de efeitos tóxicos: *O traficante de drogas foi preso.* 3 coisa sem valor; aquilo que é ruim; porcaria: *Não jogo mais nessa droga de time!*

dromedário dro.me.**dá**.ri:o **S *masc*** animal quadrúpede, de cor amarelada, pescoço curto e uma corcova no dorso; é adaptado à vida no deserto.

dublar du.**blar** ***Vt*** 1 gravar as falas de um personagem em filme de animação: *Maurício dublou Bidu no filme da turma da Mônica.* 2 substituir a parte falada por gravação (em outra língua): *Uma empresa dublou todos os filmes em português.*
dublagem **S *fem*** gravação de falas em um filme.

duelo é du.**e**.lo **S *masc*** 1 combate ou luta com armas iguais: *Antes dos duelos de espadas, os adversários faziam uma saudação.* 2 desafio; competição: *As atividades começarão com duelos de magia.*

duende du.**en**.de **S *masc*** pequeno ser sobrenatural, que faz travessuras: *O tesouro do arco-íris é guardado por um duende.*

duna **du**.na ***S fem*** monte de areia formado pelo vento: *Caminhamos pelas dunas.*

dupla **du**.pla ***S fem*** **1** conjunto de duas pessoas que atuam em comum: *Tôni e Clóvis formaram uma dupla de palhaços.* **2** conjunto de dois; par: *A carruagem era levada por duas duplas de cavalos.*

duplicar du.pli.**car** ***Vi*** **1** tornar-se multiplicado por dois; dobrar: *O número de micos-leões duplicou.* ***Vt*** **2** multiplicar por dois; dobrar: *Pretende-se duplicar o tamanho da escola.*

duplicata du.pli.**ca**.ta ***S fem*** **1** objeto idêntico ou semelhante a um outro; cópia: *A moça estava descontente na festa porque o vestido de uma amiga era uma verdadeira duplicata do seu.* **2** documento que alguém assina como promessa de pagamento de uma dívida: *O comerciante tem várias duplicatas para pagar no fim do mês.*

duplo **du**.plo ***Num*** que equivale a duas vezes outro: *Carolina pediu um sorvete duplo com calda de chocolate.*

duque **du**.que ***S masc*** título de nobreza logo abaixo do de príncipe: *Guilherme enjoou de ser apenas duque e quis ser rei.*
Forma feminina correspondente: **duquesa**.

durante du.**ran**.te ***Prep*** palavra que relaciona dois termos da frase, indicando duração no tempo: *Fizeram uma viagem durante os dias de férias.*

durar du.**rar** ***Vi*** **1** existir ou acontecer por um determinado tempo; persistir: *O piquenique durou o dia inteiro.* **2** permanecer em bom estado; conservar-se: *Os ovos de chocolate com recheio duram, em média, quinze dias.*
duração ***S fem*** tempo de existência ou de conservação.

durável du.**rá**.vel ***Adj*** que dura muito; resistente: *Fernanda só compra eletrodomésticos duráveis, de boa qualidade.*

durex du.**rex** ***S masc*** fita adesiva: *As meninas entregaram um envelope todo colado com durex.*
De **Durex**, marca registrada.

dureza du.**re**.za ***S fem*** **1** resistência que um material oferece à pressão; propriedade do que é duro: *Eliana machucou os pés na dureza das pedras.* **2** crueldade; rigor: *A formiga expulsou a cigarra com dureza.* **3** dificuldade: *Para Graciliano, aprender a dirigir foi uma dureza.*

duro **du**.ro ***Adj*** **1** que oferece resistência à pressão; firme; resistente: *As ferramentas eram pedaços de rochas duras.* **2** severo; cruel; rigoroso: *Os avós não conseguiam ser duros para com os netos.* **3** difícil: *As mãos fortes indicam o duro trabalho no campo.* ***Adv*** **4** de modo dedicado; sem descanso: *Vicente trabalha duro.*
no duro com certeza: *Não sei se a história aconteceu no duro.*
1 Ant para **1** e **2**: **mole**. **2** Em linguagem informal, significa **1** sem dinheiro: *Não posso pagar porque estou duro, minha filha.* **2** imóvel: *O homem ficou parado, duro de medo.*

dúvida **dú**.vi.da ***S fem*** **1** dificuldade para se decidir: *Roberto ficou em dúvida entre o tênis e a natação.* **2** questão a esclarecer: *Eu posso resolver suas dúvidas.* **3** falta de certeza sobre a realidade de um fato ou a verdade de uma afirmação; desconfiança: *A moça prometeu ajudá-lo, mas Rodrigo tinha suas dúvidas.*
duvidoso ***Adj*** **1** que oferece dúvida **2** que não mostra confiança.
Ant: **certeza**.

duvidar du.vi.**dar** ***Vt*** (+de) **1** não estar convencido; não acreditar: *O veterinário duvidou (de) que a égua sobreviveria.* **2** ter suspeitas; desconfiar: *Vocês estão duvidando de mim?*
Ant: **acreditar**; **confiar**.

dúzia **dú**.zi:a ***S fem*** conjunto de doze objetos da mesma espécie.
meia dúzia pequena quantidade indeterminada; uns poucos: *No cinema havia meia dúzia de pessoas.*

DVD ***S masc*** **1** disco digital usado para gravar som e imagem: *De tanto alugar o mesmo filme, a mãe achou mais vantajoso comprar o DVD.* **2** aparelho que reproduz esse disco: *Maurício comprou um DVD portátil.*
É abreviatura das palavras inglesas ***digital video disk***.
pág 405.

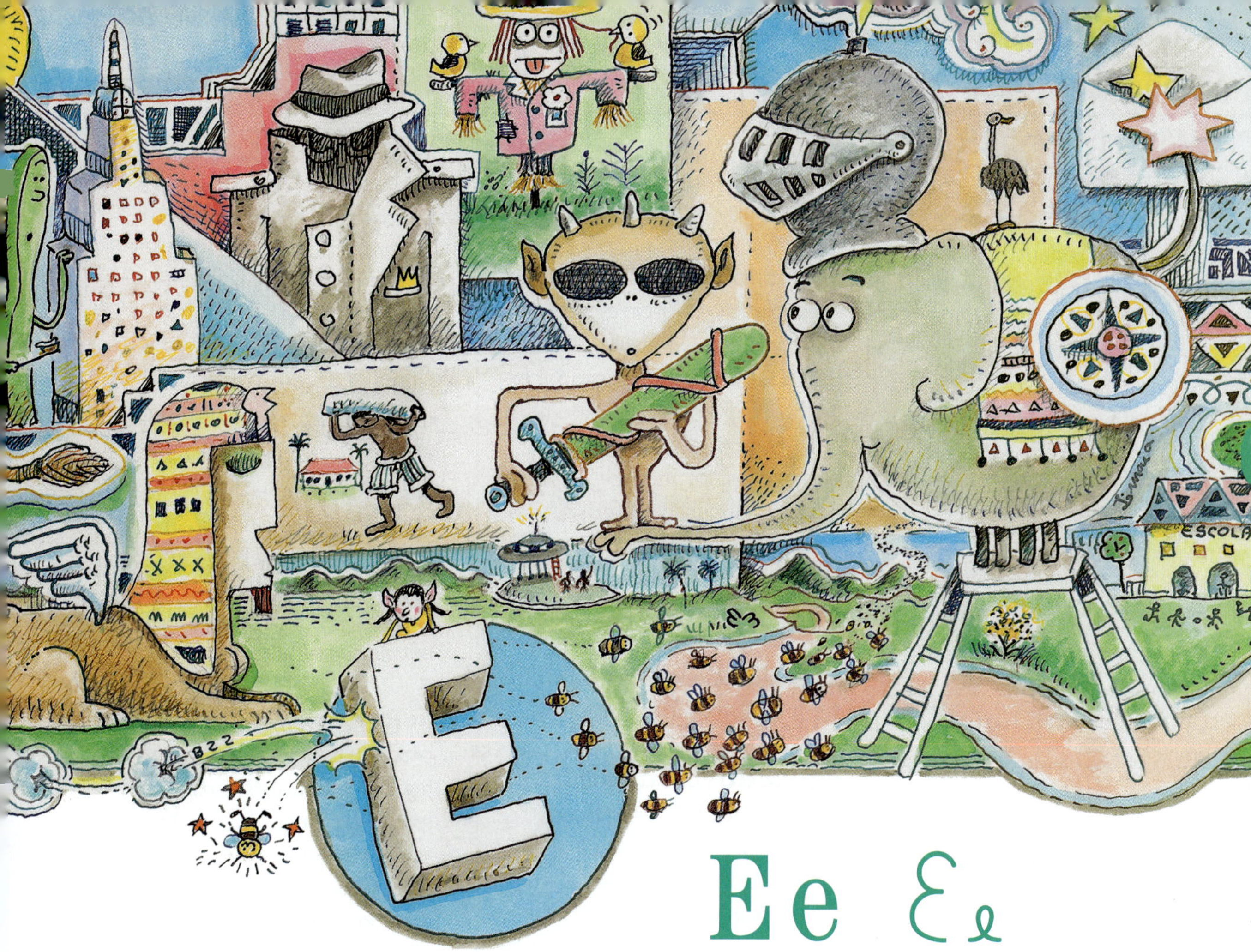

Ee

e[1] ***S masc*** quinta letra do nosso alfabeto.

e[2] ***Conj*** **1** palavra que liga duas frases em que a segunda se segue à primeira, no tempo: *Entrou no quarto e deitou-se.* **2** palavra que liga duas partes de uma frase indicando adição: *Comprei peras e bananas.*

ebulição e.bu.li.**ção** ***S fem*** **1** transformação de um líquido em vapor, sob a forma de bolhas; fervura. **2** grande agitação: *Antes do banquete, a cabeça do chefe de cozinha estava em ebulição.*

eclipse e.**clip**.se ***S masc*** fenômeno em que um astro celeste deixa de ser visível, totalmente ou em parte, porque outro astro se coloca entre ele e quem o observa.

eclusa e.**clu**.sa ***S fem*** construção feita numa parte estreita de um rio ou canal, com portões nas extremidades, em que o nível da água pode mudar para fazer subir ou descer embarcações.

eco **e**.co ***S masc*** som que se repete porque encontra um obstáculo: *A risada se repetiu como um eco.*

ecoar e.co.**ar** ***Vi*** fazer eco: *O canto do pássaro ecoava na mata.*

ecologia e.co.lo.**gi**.a ***S fem*** **1** parte da Biologia que se ocupa das relações entre os seres vivos e o meio ambiente em que vivem. **2** defesa ou preservação do meio ambiente: *Você é a favor da ecologia?*
ecológico ***Adj*** relacionado com o meio ambiente. **ecologista** **S** especialista em Ecologia.

economia e.co.no.**mi**.a ***S fem*** **1** modo como um país ou região controla a produção, distribuição e uso dos bens materiais: *O café era o principal setor da economia brasileira.* **2** controle para evitar gastos excessivos; poupança: *O segredo para sobreviver é a economia de água.* [***Pl***] **3** reservas de dinheiro ou poupança: *Os irmãos compraram o presente da mãe com suas economias.*

econômico e.co.**nô**.mi.co ***Adj*** **1** que tem o hábito de economizar: *Meu avô era econômico.* **2** que gasta pouco: *O gás natural é uma forma econômica de energia.*

economizar e.co.no.mi.**zar** ***Vt*** **1** controlar os gastos de; poupar: *Se não economizarmos água, ela poderá faltar.* **2** deixar de gastar: *Os aparelhos eletrodomésticos economizam tempo.*

ecossistema e.cos.sis.**te**.ma ***S masc*** conjunto de relações entre os diversos elementos (animais, plantas, etc.) de um meio ambiente.

edição e.di.**ção** ***S fem*** **1** preparo e publicação (de uma obra escrita, vídeos, etc.): *Estela era a responsável pela edição de livros naquela editora.* **2** exemplar de obra editada: *Recebi uma edição especial da revista.*
editor ***S masc*** quem edita obra escrita.

edificação e.di.fi.ca.**ção** ***S fem*** **1** criação de prédio, ponte, edifício, etc., de acordo com um projeto; construção: *A cidade de Natal foi construída dois anos após a edificação do Forte dos Reis Magos.* **2** edifício; prédio; casa: *As edificações muito antigas precisam de cuidados especiais.*

edifício e.di.**fí**.ci:o ***S masc*** **1** construção limitada por paredes e teto; prédio: *Fez a decoração de vários edifícios.* **2** prédio de muitos andares: *Os edifícios tornam-se cada vez mais altos.*

editora e.di.**to**.ra ***S fem*** estabelecimento ou organização que edita livros, revistas, etc.: *O livro foi publicado por uma editora especializada em obras para crianças.*
editorial ***Adj*** relativo à edição e publicação de obras escritas.

educação ▼ e.du.ca.**ção** ***S fem*** **1** desenvolvimento das habilidades humanas: *Os exercícios de educação física fazem bem à saúde.* **2** formação; orientação: *Os adultos são os responsáveis pela educação das crianças.* **3** boas maneiras; cortesia: *Com muita educação, convidou-nos para jantar.*
educacional ***Adj*** relativo ou destinado à educação.

educado e.du.**ca**.do ***Adj*** **1** que demonstra boas maneiras; gentil: *Cumprimentou a vizinha, todo educado.* **2** que estudou; que recebeu educação: *Era um menino educado na Europa.*
Ant para **1**: **malcriado**.

educar e.du.**car** ***Vt*** **1** promover a educação de; desenvolver as habilidades de; instruir: *A professora educou muitos imigrantes.* **2** treinar; ensinar: *Vamos educar os filhotes de cachorro.*
educador ***S masc*** quem educa. **educativo** ***Adj*** que se destina à educação; pedagógico.

efeito e.**fei**.to ***S masc*** **1** resultado de uma ação ou de uma causa: *Os bonés diminuíam os efeitos do calor.* **2** sensação; impressão: *A linha reta inclinada produz efeito de profundidade nos desenhos.*

efeito estufa e.**fei**.to es.**tu**.fa ***S masc*** aumento da temperatura da Terra provocado pelo excesso de gases, especialmente gás carbônico.

efetivar e.fe.ti.**var** ***Vt*** fazer realizar-se; efetuar: *O governo efetivou as mudanças propostas.*
efetivo ***Adj*** que funciona; eficiente.

efetuar e.fe.tu.**ar** ***Vt*** fazer; realizar: *Geoclésio efetua os pagamentos nas datas determinadas.*

eficiente e.fi.ci.**en**.te ***Adj*** **1** que produz o efeito desejado; que tem resultado positivo: *O fio dental fino tem limpeza mais eficiente.* **2** que age com rapidez e de maneira prática; que atinge os objetivos: *O dono do castelo tinha um criado fiel e eficiente.*
eficiência ***S fem*** propriedade do que é eficiente.

egípcio e.**gíp**.ci:o ***Adj*** **1** que nasceu ou mora no Egito: *Acharam tesouros do faraó egípcio.* **2** do Egito: *Na cidade egípcia de Alexandria foi erguida uma famosa biblioteca.* ***S masc*** **3** quem nasceu ou mora no Egito, país do norte da África: *Os antigos egípcios eram governados por faraós.*

egoísta e.go.**ís**.ta ***Adj*** **1** que só pensa em seus próprios interesses: *Uma cobra egoísta não queria repartir nada com ninguém.* **2** próprio de quem só pensa em si mesmo: *Desperdiçar água é uma atitude egoísta.*
egoísmo ***S masc*** sentimento ou atitude de quem é egoísta; interesse apenas em si mesmo.

égua **é**.gu:a ***S fem*** fêmea do cavalo: *A égua relinchou de contente.*

eixo **ei**.xo ***S masc*** **1** linha reta, real ou imaginária, que atravessa o centro de um corpo: *A Terra gira em torno de seu próprio eixo.* **2** peça em torno da qual giram as rodas de um veículo ou de uma máquina: *Meu caminhão tem cinco eixos.*

elaborar e.la.bo.**rar** ***Vt*** **1** preparar com cuidado; fazer. **2** fazer a organização de: *Cada equipe vai elaborar uma apresentação.*
elaboração ***S fem*** ação de elaborar. **elaborado** ***Adj*** preparado.

elástico e.**lás**.ti.co ***Adj*** **1** que pode esticar ou encolher; flexível: *As roupas de ginástica são feitas de tecidos elásticos.* ***S masc*** **2** tira ou cordão feito de borracha: *Ana prendeu o cabelo com um elástico.*

ele *ele* **e**.le ***Pron*** **[*Pessoal*]** indica a pessoa ou o assunto de que se trata.

elefante e.le.**fan**.te ***S masc*** animal mamífero de grande porte, de focinho prolongado em forma de tromba, de grandes orelhas e dentes curvos de marfim, chamados presas. pág 460 e 461.

elegante e.le.**gan**.te ***Adj*** **1** que se veste bem: *As mulheres elegantes foram ao baile.* **2** em que se nota bom gosto: *Comprei um vestido elegante.*
elegância ***S fem*** propriedade do que é elegante.

eleger e.le.**ger** ***Vt*** **1** escolher por meio de votos. **2** escolher; determinar: *Os bichos elegeram a coruja para juiz.*

eleição e.lei.**ção** ***S fem*** escolha feita por meio de votos: *Escolheram o representante da classe por meio de uma eleição.*

eleito e.**lei**.to ***Adj*** **1** que foi escolhido por meio de votos: *O prefeito eleito quer melhorar a cidade.* ***S masc*** **2** pessoa que foi escolhida por voto: *O futuro está nas mãos dos eleitos.*
eleitor ***S masc*** quem elege. **eleitoral** ***Adj*** relativo a eleição.

elemento e.le.**men**.to ***S masc*** **1** parte necessária e fundamental: *Os ambientes da Terra são formados por muitos elementos.* **2** membro; componente: *Cada elemento do grupo vai entrevistar duas pessoas.* **3** substância química formada por uma só espécie de átomo: *O ouro e a prata são elementos químicos.*

elenco e.**len**.co ***S masc*** conjunto de atores ou de pessoas famosas: *Participei do elenco da novela.*

eletricidade e.le.tri.ci.**da**.de ***S fem*** forma de energia usada para produzir calor e luz, mover motores, etc.; energia elétrica.
elétrico ***Adj*** produzido por eletricidade ou que conduz eletricidade.

eletricista e.le.tri.**cis**.ta ***S*** quem é especialista em eletricidade ou em aparelhos elétricos: *O eletricista usou fios e lâmpadas para fazer a iluminação do jardim.*

eletrizante e.le.tri.**zan**.te ***Adj*** que provoca emoção: *Andar de kart é uma diversão eletrizante.*

eletrodoméstico e.le.tro.do.**més**.ti.co ***S masc*** **1** aparelho elétrico usado nas atividades da casa: *A geladeira é um eletrodoméstico.* ***Adj*** **2** diz-se desses aparelhos: *Comprei aparelhos eletrodomésticos para a cozinha.*

eletrônico e.le.**trô**.ni.co ***Adj*** **1** que funciona por meio de circuitos elétricos: *As televisões são elétricas e eletrônicas.* **2** que utiliza o computador como suporte: *Enviei os convites por correio eletrônico.*

elevação e.le.va.**ção** ***S fem*** **1** aumento; subida: *Com o aquecimento global, haveria uma elevação do nível dos mares.* **2** parte mais alta de um terreno; morro: *Havia uma elevação no quintal.*

elevado e.le.**va**.do ***Adj*** **1** de alto nível; superior: *Apesar da sua linguagem elevada, estamos entendendo o que ele ensina.* **2** muito alto; excessivo: *As especiarias tinham preço elevado.* **3** que está em posição superior: *A capital foi construída em local elevado.*

A B C D E F G H I J K L M N O P Q R S T U V W X Y Z

a b c d e f g h i j k l m n o p q r s t u v w x y z

elevador e.le.va.**dor** ***S masc*** máquina que transporta pessoas e objetos para os andares de um prédio, subindo ou descendo.
▶ pág 256 e 257.

elevar e.le.**var** ***Vt*** **1** levantar; erguer: *Eleve os braços e você alcançará o livro na estante.* **2** fazer subir ou crescer; aumentar: *Os vidros fechados elevam a temperatura interna do carro.*

eliminar e.li.mi.**nar** ***Vt*** **1** excluir; remover: *A lágrima elimina poeira dos olhos.* **2** acabar com; matar: *Mamãe quer eliminar cupins.* **3** fazer sair; expulsar: *O organismo humano elimina muita água.*
eliminação ***S fem*** ação ou processo de eliminar.

elite e.**li**.te ***S fem*** a parte mais rica e poderosa da sociedade: *O futebol foi praticado, inicialmente, em colégios e clubes que reuniam os jovens da elite.*

elixir e.li.**xir** ***S masc*** **1** líquido usado como medicamento: *O viajante tomou gotas de um elixir para enjoo.* **2** bebida que possui virtudes mágicas: *Talvez o elixir pudesse ressuscitar o cãozinho.*

elmo **el**.mo ***S masc*** capacete da armadura.

elo **e**.lo ***S masc*** **1** cada um dos anéis de uma corrente: *Um dos elos da pulseira arrebentou.* **2** elemento de ligação: *Os seres vivos estão unidos por elos naturais.*

elogiar e.lo.gi.**ar** ***Vt*** fazer elogios a; louvar: *Todos elogiaram o trabalho.*
Ant: **criticar**.

elogio e.lo.**gi**.o ***S masc*** expressão de admiração: *Júlia ouviu elogios por sua atitude.*

em ***Prep*** palavra que relaciona duas partes de uma frase, indicando: **1** lugar: *Daniela trabalha em uma biblioteca.* **2** tempo: *Diz a lenda que, em certa noite da semana, não se deve pescar.* **3** modo: *Todos falavam em voz baixa.*

ema **e**.ma ***S fem*** ave corredora, de pernas longas: *A ema não voa.*

emagrecer e.ma.gre.**cer** ***Vi*** ficar mais magro; perder peso: *Marcelo faz exercícios porque quer emagrecer.*
Ant: **engordar**.

e-mail *imêil* ***S masc*** correio eletrônico conectado à Internet para envio e recebimento de mensagens.
Palavra tirada do inglês.

embaçar em.ba.**çar** ***Vt*** **1** fazer perder a transparência: *A chuva embaça os vidros da janela.* ***Vi*** **2** perder a transparência: *Toda vez que eu tomo banho, o espelho do banheiro embaça.*

embaixada em.bai.**xa**.da ***S fem*** representação do governo de um país junto a outro.

embaixador em.bai.xa.**dor** ***S masc*** representante de um governo junto a outro; chefe de embaixada.
1 Fem: **embaixadora**. **2** A forma **embaixatriz** refere-se à esposa de um embaixador.

embalagem ▶ em.ba.**la**.gem ***S fem*** aquilo que é usado para guardar produtos; pacote: *O leite era vendido em embalagens de plástico.*

embalar[1] em.ba.**lar** ***Vt*** colocar em embalagem; empacotar: *Trouxeram caixotes para embalar tudo.*

embalar[2] ▲ em.ba.**lar** ***Vt*** **1** provocar sensação agradável em; encantar: *A música vai embalar os casais no filme.* **2** balançar suavemente para fazer adormecer: *As babás embalam as crianças.*

embalo em.**ba**.lo ***S masc*** **1** movimento envolvente; balanço: *A menina adormeceu no embalo da rede.* **2** impulso: *Júlio se ajeitou na bicicleta e desceu a ladeira no embalo.*

embaraçar em.ba.ra.**çar** ***Vt*** **1** criar obstáculo para; dificultar: *Uma rocha na estrada embaraçava a passagem.* **2** confundir; atrapalhar: *A prova embaraçou os alunos.* (...+em) **3** enrolar; prender: *Os corredores podiam embaraçar a linha nos pés.* [***Pron***] (...+em) **4** ficar confuso; atrapalhar-se: *Era a primeira vez que se embaraçava numa resposta.*
embaraço ***S masc*** **1** obstáculo. **2** perturbação.

embaralhar em.ba.ra.**lhar** ***Vt*** **1** misturar (as cartas para um jogo): *Dois jogadores embaralhavam as cartas.* ***Vi*** [***Pron***] **2** misturar-se; confundir-se: *As letras pareciam se embaralhar na tela do cinema.* **embaralhado** ***Adj*** que se embaralhou; misturado.

embarcação em.bar.ca.**ção** ***S fem*** meio de transporte destinado a navegar sobre águas: *Não seria bom navegar no oceano numa embarcação pequena e frágil.*

embarcar em.bar.**car** ***Vt*** **1** colocar em meio de transporte para enviar; despachar: *O dono do circo embarcou as bagagens para a capital.* (+em) **2** entrar (em meio de transporte) para viajar; tomar condução: *Os turistas embarcaram no navio.* **embarque** ***S masc*** ação de embarcar.

embeber em.be.**ber** ***Vt*** **1** deixar penetrar; absorver; beber: *A terra seca embebeu a água.* (...+em) **2** molhar completamente; encharcar: *A enfermeira embebia o algodão na água.*

embelezar em.be.le.**zar** ***Vt*** deixar bonito; enfeitar: *Formosas árvores embelezavam os jardins.*

emblema em.**ble**.ma ***S masc*** figura que simboliza uma sociedade, um clube, uma nação, etc.: *Muitos países adotaram a águia como emblema.*

embolorado em.bo.lo.**ra**.do ***Adj*** cheio de bolor; com mofo: *O pão estava embolorado.*

emboscada em.bos.**ca**.da ***S fem*** espera em lugar escondido, para atacar alguém: *A polícia armou uma emboscada para o ladrão e conseguiu pegá-lo.*

embrenhar-se em.bre.**nhar**-se ***Vt*** (+em/por) entrar; penetrar: *O bandeirante embrenhou-se na mata.*

embriagar em.bri:a.**gar** ***Vt*** deixar bêbado: *Certas bebidas embriagam as pessoas.*

embrião em.bri.**ão** ***S masc*** **1** ser vivo nas primeiras fases de desenvolvimento. **2** organismo primitivo que se forma no interior da semente: *O embrião do feijão é formado por uma pequena raiz branca.*

embrulhar em.bru.**lhar** ***Vt*** **1** enrolar; embalar: *Vovó embrulhou as balas de coco.* **2** enganar: *O homem capaz de me embrulhar ainda não nasceu.* ***Vi*** **3** ficar enjoado: *Meu estômago embrulhava(-se).*

embrulho em.**bru**.lho ***S masc*** **1** objeto que se embrulhou; pacote: *Juliano tira do armário um embrulho estranho.* **2** embaraço; confusão: *Ele entrou num embrulho ao contar que não ia à festa da amiga.*

emburrar em.bur.**rar** ***Vi*** ficar de mau humor; magoar-se: *Ana emburrou porque os amigos caçoaram dela.* **emburrado** ***Adj*** que emburrou; magoado.

emendar e.men.**dar** ***Vt*** **1** unir; juntar: *As mulheres emendaram os cipós para fazer um cesto.* **2** tirar os defeitos de; consertar: *Conseguiu emendar o vestido que tinha rasgado.* (+com) **3** ficar unido; ligar-se: *A cidade cresceu e um bairro emendou(-se) com o outro.* ***Vi*** [***Pron***] **4** corrigir-se: *Se Fred não se emendasse, ia ficar de castigo.* **emenda** ***S fem*** ação ou resultado de emendar.

emergência e.mer.**gên**.ci:a ***S fem*** **1** situação grave que deve ser resolvida com rapidez: *Em caso de emergência, chame uma ambulância.* **2** necessidade de solução rápida: *Aproveitou para resolver coisas de maior emergência.*

emigrar e.mi.**grar** ***Vt*** (+de...para) sair (de um país ou de uma região para outra); transferir-se: *A família emigrou do Brasil para a Itália.* **emigração** ***S fem*** ação de emigrar. **emigrante** ***S*** quem emigra.
Cp: **imigrar**.

emissário e.mis.**sá**.ri:o ***S masc*** pessoa enviada para cumprir uma missão; mensageiro: *Um emissário transmitia a mensagem oralmente.*

emissora e.mis.**so**.ra ***S fem*** estação que transmite programação de rádio ou televisão: *A emissora de TV transmitia tudo ao vivo.*

emitir e.mi.**tir** ***Vt*** **1** lançar alguma coisa para fora de si; soltar: *Os motores emitiam fumaça.* **2** pôr em circulação: *O governo emitiu mais moedas de 25 centavos.* **3** expressar; manifestar: *As crianças escreveram parágrafos emitindo suas opiniões.* **emissão** ***S fem*** ação de emitir.

emoção e.mo.**ção** ***S fem*** reação breve e forte a um fato; sentimento forte: *Na partida final, sentiu grande emoção.*
emocional ***Adj*** relativo à emoção. **emocionante** ***Adj*** que causa emoção.

emocionar e.mo.ci:o.**nar** ***Vt*** **1** causar emoção a; comover: *O conto de Natal emociona o leitor.* ***Vi*** [***Pron***] **2** sentir emoção; comover-se: *Ele se emocionou ao receber a carta do tio.*

empacar em.pa.**car** ***Vi*** não prosseguir; parar: *Começou a contar a história, mas de repente empacou.*

empacotar em.pa.co.**tar** ***Vt*** colocar em maço ou pacote; embrulhar; embalar: *As máquinas empacotam as balas em sacos com 25 unidades.*

empada em.**pa**.da ***S fem*** salgadinho feito de massa com recheio de carne, camarão ou palmito, geralmente assado em fôrmas pequenas para consumo individual: *Olha, eu trouxe a empada de que você gosta.*
Mais usado no diminutivo. No aumentativo, refere-se a torta recheada e assada em fôrma grande: *Não resisto a empadão de frango.*

empanturrar-se em.pan.tur.**rar**-se ***Vi*** encher o estômago; fartar-se: *O menino se empanturrou com os quitutes da festa.*

empatar em.pa.**tar** ***Vt*** (+com) igualar em resultado de competição: *O Palmeiras empatou com o Atlético Paranaense.*
empate ***S masc*** resultado igual em competição.

empenado em.pe.**na**.do ***Adj*** que perdeu a forma; encurvado: *As tábuas estavam empenadas.*

empenhar-se em.pe.**nhar**-se ***Vt*** (+em) dedicar-se; esforçar-se: *Toda a corte se empenhava em decifrar o mistério.*
empenho ***S masc*** dedicação; esforço.

emperrado em.per.**ra**.do ***Adj*** que não avança; preso: *O casco do barco estava emperrado na areia.*

empilhar em.pi.**lhar** ***Vt*** formar pilha(s); amontoar: *Jô empilhou a louça.*

empinar em.pi.**nar** ***Vt*** **1** fazer elevar-se; erguer: *O passarinho empinou o peito.* **2** fazer subir aos ares: *As crianças empinavam pipas.* ***Vi*** **3** erguer-se; levantar-se: *O cavalo parou antes de empinar.*

empoeirado em.po:ei.**ra**.do ***Adj*** coberto de pó: *O museu tinha um depósito com coisas empoeiradas.*

empoleirado em.po.lei.**ra**.do ***Adj*** **1** que está sobre poleiro: *As galinhas dormiam empoleiradas.* **2** que se acomodou em lugar alto: *Os moleques estavam empoleirados nas janelas.*

empolgar em.pol.**gar** ***Vt*** **1** fazer ficar entusiasmado; fazer vibrar: *As festas juninas empolgam crianças e adultos.* ***Vi*** [***Pron***] **2** ficar entusiasmado; vibrar: *Ana se empolgou com a viagem.*
empolgação ***S fem*** animação; entusiasmo.

empregado em.pre.**ga**.do ***S masc*** quem trabalha em troca de salário: *A tenda do circo era armada pelos empregados.*

empregar em.pre.**gar** ***Vt*** **1** dar emprego a; contratar: *A construção civil é um dos setores que mais empregam trabalhadores.* (...+em) **2** gastar; aplicar: *O prefeito empregou muito dinheiro em obras.* ***Vi*** [***Pron***] (+em) **3** conseguir emprego: *O imigrante tentou se empregar na fábrica.*

emprego em.**pre**.go ***S masc*** **1** trabalho que se faz em troca de salário; ocupação: *Zélia conseguiu um emprego.* **2** lugar onde se exerce algum trabalho: *Ela vai para o seu emprego de manhã.* **3** uso; aplicação: *O emprego da bússola facilitou a navegação.*

empresa em.**pre**.sa ***S fem*** organização que produz ou oferece bens e serviços; firma: *Aquela empresa brasileira exporta aviões para a Europa.*

empresário em.pre.**sá**.ri:o *S masc* 1 quem é dono de empresa: *O direito dos trabalhadores foi reconhecido pelos empresários.* 2 profissional que se ocupa dos interesses de outros profissionais, como cantores, atores, etc.: *Na nova fábula, a formiga se transforma em empresária da cigarra.*

emprestado em.pres.**ta**.do *Adj* 1 tomado por empréstimo: *A menina sentia-se ridícula com as roupas emprestadas.* 2 cedido por empréstimo: *Esqueci de pedir de volta as coisas emprestadas.*

emprestar em.pres.**tar** *Vt* (...+a/para) 1 deixar que outra pessoa use por algum tempo; fazer empréstimo de: *A mãe emprestou um broche para a filha.* (...+de) 2 tomar por empréstimo: *Emprestei de meu amigo a bicicleta.*

empréstimo em.**prés**.ti.mo *S masc* permissão de uso de bem ou quantia em dinheiro para devolver mais tarde: *O banco fez um empréstimo para o agricultor.*

empurrar em.pur.**rar** *Vt* 1 fazer movimentar-se para a frente: *Antônio empurrou a porta.* (...+para) 2 fazer deslocar-se; conduzir: *Os ventos empurravam o navio para o alto mar.* **empurrão** *S masc* ação de movimentar para a frente, com força.

emudecer e.mu.de.**cer** *Vi* ficar mudo ou em silêncio; calar-se: *O público emudeceu de emoção!*

enamorado e.na.mo.**ra**.do *Adj* 1 que tem paixão; apaixonado: *Ao ouvir o nome de Lúcia, o coração enamorado de Diego disparou.* *S masc* 2 quem é apaixonado: *Os enamorados nunca ficavam distantes um do outro.*

encabulado en.ca.bu.**la**.do *Adj* acanhado; sem graça: *Rosa ficou encabulada quando lhe pediram para tocar violão.*

encaixar en.cai.**xar** *Vt* (...+em) 1 pôr dentro (de); colocar: *É preciso encaixar uma peça na outra para montar o brinquedo.* [*Pron*] (+em) 2 adaptar-se: *Há palavras que não se encaixam nas regras de ortografia.*

encaminhar en.ca.mi.**nhar** *Vt* (...+a/para) 1 enviar; remeter: *Alguns alunos encaminharam os pedidos para o vereador.* [*Pron*] (+para) 2 ir caminhando; dirigir-se: *João encaminhou-se para a igreja.* 3 passar-se; caminhar: *Tudo estava se encaminhando para um final feliz.*

encanado en.ca.**na**.do *Adj* 1 que circula por um cano: *É bom ter água encanada.* 2 que circula por abertura estreita: *Havia um vento encanado no corredor.*

encanador en.ca.na.**dor** *S masc* profissional especializado em serviços de encanamento: *O encanador instalou a lavadora.*

encanamento en.ca.na.**men**.to *S masc* conjunto de canos que compõem rede de água, gás e esgoto: *A água da caixa é distribuída por meio dos encanamentos.*

encantado en.can.**ta**.do *Adj* 1 que sofreu encantamento; que foi enfeitiçado: *A princesa dormia encantada.* 2 maravilhoso; mágico: *Lia histórias de mundos encantados.* 3 atraído; fascinado: *Fernando bateu palmas encantado.*

encantamento en.can.ta.**men**.to *S masc* 1 feitiço; encanto: *O rapaz a livrou do encantamento da bruxa.* 2 deslumbramento; fascinação: *Seus olhos brilhavam de encantamento.*

encantar en.can.**tar** *Vt* 1 fazer alguém ter alegria e prazer; cativar: *O filme encantou crianças e adultos.* 2 transformar pessoa, animal ou coisa em outra, usando poderes mágicos: *Uma fada má encantou o príncipe, transformando-o em sapo.* [*Pron*] (+com) 3 ficar fascinado; deslumbrar-se: *O pintor se encantou com tudo o que viu.* **encantador** *Adj* que encanta.

encanto en.**can**.to *S masc* 1 feitiço: *Para quebrar o encanto, basta receber um beijo.* 2 beleza; fascínio: *Muitos acreditam que o futebol perdeu seu encanto.* 3 aquilo que agrada muito: *Se fosse consertar o mundo, deixava tudo um encanto.*

A B C D E F G H I J K L M N O P Q R S T U V W X Y Z

a b c d e f g h i j k l m n o p q r s t u v w x y z

encaracolado en.ca.ra.co.**la**.do ***Adj*** **1** enrolado; crespo: *A boneca tinha cabelos encaracolados.* **2** enrolado em espiral: *A menina atou um laço de fita na cauda encaracolada do leitão.*

encarar en.ca.**rar** ***Vt*** **1** olhar de frente; olhar fixamente: *A menina não parava de encarar o sabiá.* **2** enfrentar; combater: *A melhor maneira de lidar com o medo é encará-lo.*

encardido en.car.**di**.do ***Adj*** manchado por sujeira; sujo: *O homem usava uma camisa encardida.*

encarnado en.car.**na**.do ***Adj*** **1** que tem cor vermelha: *Seu Matias usava casaco encarnado.* **2** que encarnou (2): *Muitos acreditavam num espírito encarnado em um animal.*

encarnar en.car.**nar** ***Vt*** **1** fazer o papel de; representar: *É muito difícil encarnar um personagem com a perfeição exigida.* (+em) **2** dominar; integrar-se a: *A lenda diz que o espírito do rei encarnou em um touro.*

encarregado en.car.re.**ga**.do ***Adj*** **1** que se encarrega; que tem a tarefa: *O professor estava encarregado de cuidar dos alunos no ônibus.* ***S masc*** **2** quem se encarrega; pessoa que tem a tarefa: *Eu era a encarregada de abrir as janelas.*

encarregar en.car.re.**gar** ***Vt*** (...+de) **1** mandar cuidar; dar a responsabilidade: *O rei encarregou o príncipe da missão.* [**Pron**] (+de) **2** cuidar; tratar: *Prefiro me encarregar de tudo pessoalmente.*

encarte en.**car**.te ***S masc*** conjunto de folhas que acompanha jornais, livros e revistas: *O livro traz como encarte um caderno de atividades.*

encéfalo en.**cé**.fa.lo ***S masc*** parte do sistema nervoso que fica dentro do crânio.

encenar en.ce.**nar** ***Vt*** pôr em cena; preparar e apresentar: *Encenava peças com fantoches em pequenos teatros de papelão.*
➖ **encenação** ***S fem*** representação teatral.

encerrar en.cer.**rar** ***Vt*** **1** concluir; finalizar: *Assim que encerrou o trabalho, o pintor saiu para encontrar os amigos.* **2** pôr fim a; interromper: *Os operários encerraram a greve.* ***Vi*** [**Pron**] **3** acabar; terminar: *As inscrições se encerram amanhã.*
➖ **encerramento** ***S masc*** fim; conclusão; término.

encharcar en.char.**car** ***Vt*** molhar inteiramente; deixar ensopado: *A água encharcou o chão da cozinha.*

enchente ▲ en.**chen**.te ***S fem*** grande quantidade de água que transborda de um rio, lago, etc.; inundação: *As chuvas podem provocar enchentes.*

encher en.**cher** ***Vt*** **1** ocupar totalmente a capacidade de; lotar: *A água encheu o copo.* **2** aborrecer demais; amolar: *Vá dormir, em vez de ficar enchendo todo mundo.* (...+de) **3** dar em grande quantidade: *A mãe vivia enchendo a menina de abraços.* [**Pron**] (+de) ficar repleto; ficar cheio: *Sua cabeça encheu-se de ideias.*

enciclopédia en.ci.clo.**pé**.di.a ***S fem*** obra que contém informação sobre diversas áreas de conhecimento: *Lino procurou as informações sobre as rãs numa enciclopédia.*

encobrir en.co.**brir** ***Vt*** **1** impedir a visão de; cobrir: *Uma forte neblina encobria a manhã.* **2** evitar que seja notado ou descoberto; esconder: *Nilda puxou os aplausos para encobrir os erros dos atores.*

encolher en.co.**lher** ***Vt*** **1** puxar (parte do corpo) para ocupar menos espaço; recolher: *O jabuti encolheu a cabeça.* ***Vi*** **2** ficar menor; diminuir de tamanho: *O terno encolheu depois de lavado.*

encomenda en.co.**men**.da ***S fem*** **1** objeto que deve ser entregue a alguém: *Guardaram a encomenda no porão.* **2** aquilo que se pede para alguém trazer ou fazer; pedido: *Para atender à encomenda, a costureira comprou retalhos.*

encomendar en.co.men.**dar** ***Vt*** pedir para alguém trazer ou fazer: *Encomendou doces para o lanche das crianças.*

encontrar en.con.**trar** ***Vt*** **1** achar como resultado de busca; recuperar: *Quem encontrasse a carteira ganharia recompensa.* **2** descobrir: *Queriam encontrar um* *caminho mais curto.* 3 dar com; achar: *Encontramos as prateleiras vazias.* [***Pron***] (+com) 4 ir ao encontro (de): *Foi se encontrar com a amiga.* (+em) 5 estar (em um lugar); localizar-se: *O morcego ainda se encontrava no mesmo lugar de ontem.*

encontro en.**con**.tro ***S masc*** 1 contato entre duas ou mais pessoas, por acaso ou combinado: *O primeiro encontro dos portugueses com os habitantes do lugar causou grande surpresa.* 2 reunião: *No encontro, foi discutido um plano para salvar o planeta.* 3 união: *O encontro das águas do rio com as do oceano forma uma enorme onda.*

encorajar en.co.ra.**jar** ***Vt*** (...+a) dar apoio ou coragem a; estimular: *O pai encoraja o filho a estudar.*

encosta en.**cos**.ta ***S fem*** parte inclinada; rampa: *A favela ficava na encosta do morro.*

encostar en.cos.**tar** ***Vt*** (+em) 1 apoiar-se; amparar-se: *Juca encostou na árvore.* 2 estacionar; parar: *O ônibus acaba de encostar no ponto.* (...+em) 3 colocar (junto de); aproximar; tocar: *O cão encostou o focinho na minha mão.*
⊖ **encostado** ***Adj*** que se encostou. **encosto** ***S masc*** lugar ou objeto em que alguém ou alguma coisa pode encostar.

encrenca en.**cren**.ca ***S fem*** 1 situação difícil; confusão; problema: *Nós nos metemos numa encrenca por algo que não fizemos.* 2 falta de acordo; conflito; briga: *Sempre surgia alguma encrenca entre Daniel e a cozinheira.*
⊖ **encrenqueiro** ***S masc*** quem arranja confusão ou briga.

encruzilhada en.cru.zi.**lha**.da ***S fem*** 1 ponto onde dois caminhos se cruzam: *Chegando à encruzilhada, o viajante foi pela direita.* 2 momento de difícil decisão: *A vida tem suas encruzilhadas.*

encurralar ▼ en.cur.ra.**lar** ***Vt*** prender em local sem saída: *O cão encurralou o gato no canto.*

encurtar en.cur.**tar** ***Vt*** 1 tornar (mais) curto; diminuir: *Atravessei a praça para encurtar caminho.* 2 tornar mais rápido; abreviar: *O vizinho tratou de encurtar a conversa com Eva.*
Ant: **alongar**; **prolongar**.

encurvado en.cur.**va**.do ***Adj*** curvado em forma de arco; inclinado: *O detetive estava encurvado, examinando as pegadas.*

endereçar en.de.re.**çar** ***Vt*** 1 pôr endereço em: *Não se esqueçam de endereçar os envelopes.* (...+a) 2 encaminhar; enviar: *Os participantes deverão endereçar os trabalhos à Sandra.*

endereço en.de.**re**.ço ***S masc*** 1 inscrição contendo a indicação do local de uma casa, apartamento, etc.: *Devo ter perdido o endereço.* 2 local determinado: *A escola sempre funcionou no atual endereço.*

endireitar en.di.rei.**tar** ***Vt*** 1 tornar direito ou reto: *O aluno largou a mochila e endireitou a coluna.* 2 dar boa direção a; corrigir; acertar: *Nós, crianças, precisamos endireitar o mundo.* ***Vi*** 3 tomar boa direção; corrigir-se: *Com a nova direção as coisas na firma (se) endireitarão.*

endividado en.di.vi.**da**.do ***Adj*** que tem dívida: *O fazendeiro endividado vendeu parte das terras.*

endoidar en.doi.**dar** ***Vi*** perder o juízo; ficar doido: *O pobre homem endoidou, dizia absurdos.*

endurecer en.du.re.**cer** ***Vt*** 1 tornar duro ou sólido: *O calor endurece a argila.* ***Vi*** 2 tornar-se duro ou sólido: *Coloque o creme no congelador e espere endurecer.*
Ant: **amolecer**.

energia e.ner.**gi**.a ***S fem*** 1 propriedade dos corpos de produzir um trabalho ou desenvolver uma força. 2 força física; vigor: *Frederico nadou com toda a sua energia.* 3 qualidade de quem é severo ou rigoroso; firmeza: *O policial tratou o assunto com energia.*
⊖ **energético** ***Adj*** relacionado com energia.

enfadonho en.fa.**do**.nho ***Adj*** monótono; cansativo: *Que filme enfadonho!*

A B C D E F G H I J K L M N O P Q R S T U V W X Y Z

enfaixado en.fai.**xa**.do ***Adj*** envolvido com faixa: *Léo apareceu na escola com o joelho enfaixado.*

enfatizar en.fa.ti.**zar** ***Vt*** dar destaque a; salientar: *A série de tevê enfatiza a amizade e o afeto.* **ênfase** ***S fem*** ação ou resultado de enfatizar.

enfeitar en.fei.**tar** ***Vt*** **1** servir como enfeite para; decorar: *Uma boneca enfeitava o quarto.* **2** colocar enfeites em: *D. Luísa enfeitou o bolo.* **enfeitado** ***Adj*** que tem enfeites.

enfeite en.**fei**.te ***S masc*** aquilo que serve para tornar mais bonito; adorno: *Joia falsa é um enfeite sem valor.*

enfeitiçar en.fei.ti.**çar** ***Vt*** **1** lançar feitiço em: *Dizem que as sereias eram capazes de enfeitiçar os marinheiros.* **2** atrair; encantar: *Os olhos da moça enfeitiçaram o jovem.*

enfermeiro en.fer.**mei**.ro ***S masc*** pessoa especializada em cuidar de doentes. ▶ pág 225.

enferrujar en.fer.ru.**jar** ***Vt*** **1** fazer criar ferrugem. ***Vi*** **2** criar ferrugem: *O pedaço de ferro enferrujou.* **3** perder a facilidade de movimentos; travar: *Sentia que seus músculos enferrujavam.*

enfezar-se en.fe.**zar**-se ***Vi*** ficar irritado; aborrecer-se: *Acabou se enfezando com a brincadeira sem graça.*

enfiar en.fi.**ar** ***Vt*** (...+em) **1** colocar; vestir: *O garoto enfiou uma camisa de time de futebol no cachorro.* **2** fazer entrar; introduzir: *Igor enfiou a mão no aquário.* [***Pron***] (+em) **3** meter-se; entrar: *O coelho se enfiou em uma moita.*

enfileirar en.fi.lei.**rar** ***Vt*** **1** colocar em fila; alinhar: *Enfileirou as latinhas de refrigerante na mesa.* ***Vi*** [***Pron***] **2** formar fila; dispor-se em fila: *As cinco meninas enfileiraram-se atrás de Rosa.*

enfim en.**fim** ***Adv*** **1** em conclusão: *A poluição de rios, lagos e oceanos, enfim, da natureza, ameaça a vida do próprio homem.* **2** depois de um longo tempo; finalmente: *O povo da floresta enfim teve paz.*

enforcar en.for.**car** ***Vt*** matar na forca; estrangular: *O rei de Portugal mandou enforcar Tiradentes.*

enfraquecer en.fra.que.**cer** ***Vt*** **1** tornar fraco; fazer perder a força ou o ânimo: *A doença enfraqueceu Edu.* ***Vi*** **2** perder a força; tornar-se fraco: *Na seca, os animais enfraquecem e adoecem.* Ant: **fortalecer**.

enfrentar en.fren.**tar** ***Vt*** **1** pôr-se frente a frente, para combater ou competir: *O atleta se prepara para enfrentar seus adversários.* **2** sofrer; experimentar: *O lugar enfrenta problemas com os mosquitos.*

enfurecer en.fu.re.**cer** ***Vt*** **1** fazer ficar furioso; irritar muito: *Essas palavras enfureceram Ana.* ***Vi*** [***Pron***] **2** tornar-se furioso; irritar-se muito: *O pastor, notando a falta de várias ovelhas, enfureceu-se.*

enganar en.ga.**nar** ***Vt*** **1** levar a erro: *A caça enganou o caçador e escapou.* **2** satisfazer por um curto espaço de tempo; distrair: *Comeu dois biscoitos para enganar a fome.* ***Vi*** [***Pron***] **3** cometer erro; iludir-se: *Engana-se quem acha que para ser ator basta ser bonito.* **engano** ***S masc*** ato incorreto; erro. **enganado** ***Adj*** que cometeu erro; errado.

engarrafamento en.gar.ra.fa.**men**.to ***S masc*** grande número de veículos (carros, caminhões, ônibus, etc.) que impede a circulação; congestionamento do trânsito.

engasgado en.gas.**ga**.do ***Adj*** **1** que se engasgou; sufocado: *O sapo engoliu uma pedrinha e ficou engasgado.* **2** com dificuldade para falar; mudo: *Ao ver minha mãe, fiquei engasgada.*

engasgar en.gas.**gar** ***Vi*** **1** ficar com a passagem da garganta fechada; sufocar-se: *O cão engasgou com um osso.* **2** ficar sem palavras; não conseguir falar: *Não soube o que responder e engasgou.*

engatinhar ▲ en.ga.ti.**nhar** ***Vi*** mover-se apoiado nas mãos e nos joelhos: *O bebê já engatinhava.*

engenharia en.ge.nha.**ri**.a ***S fem*** conjunto de conhecimentos relacionados com as técnicas de planejamento, execução e controle de máquinas, construções, etc.
engenheiro ***S masc*** profissional de engenharia.

engenho en.**ge**.nho ***S masc*** **1** propriedade agrícola onde se planta a cana e se fabrica o açúcar: *Precisavam transportar o açúcar do engenho até o porto.* **2** conjunto de máquinas e aparelhos destinados à fabricação do açúcar: *Os engenhos de açúcar eram movidos pela força de bois e cavalos.*

engenhoca en.ge.**nho**.ca ***S fem*** máquina ou equipamento considerado estranho ou incomum: *Eles andam de trem, apesar de já terem engenhocas voadoras.*

engessado en.ges.**sa**.do ***Adj*** envolvido com gesso: *O bezerro estava com a pata engessada.*
▶ pág 225.

engolir en.go.**lir** ***Vt*** **1** fazer descer (comida ou bebida) da garganta para o estômago: *O avestruz engole tudo o que vê.* **2** conter; segurar: *José engoliu as lágrimas.* **3** aceitar; tolerar: *Sílvia engoliu o desaforo.*

engordar en.gor.**dar** ***Vt*** **1** tornar gordo; fazer ganhar peso: *O fazendeiro queria engordar mais bois.* ***Vi*** **2** ganhar peso; tornar-se gordo: *O bebê engordou.*
Ant: **emagrecer**.

engraçado en.gra.**ça**.do ***Adj*** **1** que tem ou provoca graça; cômico: *Aquele era um filme engraçado.* **2** curioso; estranho: *De repente, tive uma sensação engraçada.* **3** usado para expressar surpresa ou indignação: *Que engraçado, uma onça sem pintas!*
No diminutivo, significa **gracioso**; **bonito**.

engraxar en.gra.**xar** ***Vt*** dar brilho com graxa: *José ganhava alguns trocados engraxando sapatos.*
engraxate ***S*** quem engraxa calçados.

engrenagem ▲ en.gre.**na**.gem ***S fem*** conjunto de peças que movimentam um motor, uma máquina, etc.

engrossar en.gros.**sar** ***Vt*** **1** tornar mais grosso ou espesso: *Deve-se engrossar o molho na panela.* ***Vi*** **2** tornar-se mais grosso ou espesso: *O caldo era colocado nos tachos, nos quais engrossava.*

enguia en.**gui**.a ***S fem*** peixe com forma de serpente, de cor escura.

enguiçado en.gui.**ça**.do ***Adj*** que não funciona; emperrado: *O carro não anda com a roda enguiçada.*

enigma e.**nig**.ma ***S masc*** problema de difícil solução; mistério: *Os participantes da gincana tinham de resolver cinco enigmas.*

enigmático e.nig.**má**.ti.co ***Adj*** **1** misterioso: *O fantasma era um personagem enigmático da história.* **2** que contém enigma: *Outro dia eu decifrei uma carta enigmática.*

enjoado en.jo.**a**.do ***Adj*** **1** que foi atacado de enjoo: *Estou ficando com o estômago enjoado.* **2** cansado; aborrecido: *Todo mundo estava enjoado de ficar dentro de casa.* **3** muito exigente; cheio de manias: *Meu padrasto não era enjoado para comer.*

enjoar en.jo.**ar** ***Vt*** **1** causar enjoo: *O balanço do navio enjoou João.* (+de) **2** ficar cansado; aborrecer-se: *O rei enjoava de ficar sozinho.* ***Vi*** **3** sentir enjoo: *Comi os bombons até que enjoei.*

enjoo en.**jo**.o ***S masc*** sensação desagradável no estômago, que pode ser seguida de vômito; náusea: *Durante a viagem de navio, muitos passageiros sentiram enjoo.*

enlouquecer en.lou.que.**cer** ***Vi*** ficar louco; perder a razão.

enorme e.**nor**.me ***Adj*** **1** de tamanho acima do normal; muito grande: *Uma enorme onda derrubou o muro.* **2** muito sério ou grave: *Cometi um erro enorme.* **3** muito importante: *A contribuição dos imigrantes foi enorme.* **4** muito amplo; vasto:

A agilidade dos gatos é enorme.
Ant: **pequeno**.

enraivecido en.rai.ve.**ci**.do *Adj* com muita raiva; furioso: *Seu amigo está enraivecido.*

enrascada en.ras.**ca**.da *S fem* situação muito difícil; encrenca: *Durante a tempestade, jurei nunca mais pôr os pés em outro navio, se escapasse daquela enrascada.*

enredo en.**re**.do *S masc* série de acontecimentos que formam uma história; trama.

enriquecer en.ri.que.**cer** *Vt* **1** tornar rico; dar riqueza a: *A exploração da borracha na Amazônia enriqueceu muita gente.* **2** melhorar a qualidade de; aperfeiçoar: *Essa experiência enriqueceu meu aprendizado de atriz.* **3** aumentar em número e/ou qualidade: *Os imigrantes enriqueceram a culinária brasileira.* *Vi* **4** adquirir riquezas; tornar-se rico: *Os fazendeiros foram enriquecendo com o café.*

enrolado ▼ en.ro.**la**.do *Adj* **1** em forma de rolo: *Beiju é um biscoito enrolado.* **2** que forma rolo; crespo: *Os cachos de seu cabelo eram muito enrolados.* **3** passado (em volta de); preso (em torno de): *A cobra estava enrolada no galho.* **4** embrulhado: *Aninha adormeceu enrolada em cobertores.* **5** complicado; confuso: *A irmã contou uma história meio enrolada.*

enrolar en.ro.**lar** *Vt* **1** dar a forma de rolo a: *A cozinheira enrolava as rosquinhas.* (...+em/com) **2** passar (em volta de); prender (em torno de): *O menino enrolou no pulso a tira de couro.* **3** envolver; embrulhar: *A mãe enrolou os pãezinhos em uma toalha vermelha.* *Vi* **4** demorar para fazer algo; adiar: *Conta logo, sem enrolar!* [**Pron**] **5** ficar embaraçado; atrapalhar-se: *Gabi morria de vergonha de dar telefonemas e se enrolava toda.*
4 e **5** são usos informais.

enroscar en.ros.**car** *Vt* (...+em) **1** prender; embaraçar: *Pedro enroscou o pé nas raízes.* [**Pron**] (+em) **2** ficar preso; embaraçar-se: *Os chifres do boi enroscaram-se nos cipós.*

enrugar en.ru.**gar** *Vt* **1** encher de rugas; franzir: *Emília enrugou a testa.* *Vi* **2** ficar com rugas ou pregas: *As pétalas de rosa secaram sem enrugar.*

ensaboar en.sa.bo.**ar** *Vt* passar sabão em: *Marcelo ensaboou o corpo cinco vezes.*

ensaiar en.sai.**ar** *Vt* treinar; exercitar: *Cada um ensaiará suas falas para o teatro.*

ensaio en.**sai**.o *S masc* treino para uma apresentação pública: *Foi para o ensaio do coral.*

enseada en.se.**a**.da *S fem* pequena baía; angra: *Os navios entraram numa enseada tranquila.*

ensinamento en.si.na.**men**.to *S masc* **1** transmissão de conhecimento; ensino: *Contar histórias era um ensinamento simples.* **2** aquilo que é ensinado; lição: *Os livros trazem muitos ensinamentos.*

ensinar en.si.**nar** *Vt* **1** dar aula de; lecionar: *O professor ensinava geografia.* **2** dar aulas a; educar: *As famílias ricas contratavam professores para ensinar as crianças em casa.* (...+a) **3** tornar conhecido; fazer saber: *Você poderá ensinar a brincadeira a seus amigos.*
▶ pág 405.
ensinado *Adj* que se ensina ou que se ensinou.

ensino en.**si**.no *S masc* **1** transmissão de conhecimento: *A professora usava o ábaco para o ensino de matemática.* **2** instrução; educação: *Os pobres tinham dificuldade de acesso ao ensino.*

ensolarado en.so.la.**ra**.do *Adj* cheio de sol: *A manhã de primavera estava ensolarada.*

ensopado ▲ en.so.**pa**.do *Adj* **1** muito molhado; encharcado: *Mesmo com capa e guarda-chuva, quem saía para a rua ficava ensopado.* **2** cozido com molho: *O frango ensopado estava uma delícia.* *S masc* **3** prato feito de frango, carne bovina ou peixe em pedaços, com legumes e molho: *Servi um ensopado de carne.*

entalar en.ta.**lar** *Vt* (+em) ficar preso: *Um pássaro entalou na chaminé da sala.*

entardecer en.tar.de.**cer** ***Vi***
1 cair a tarde; chegar a noite: *Como já ia entardecendo, fui embora.* ***S masc*** **2** início da noite: *É lindo o entardecer no sertão.*

ente **en**.te ***S masc*** **1** indivíduo; pessoa: *Desejamos que todos sejam felizes ao lado de seus entes queridos.* **2** entidade; ser: *O cão é um ente como outro qualquer.*

entediado en.te.di.**a**.do ***Adj*** cansado; aborrecido: *O filme era cansativo e fiquei entediado.*

entender en.ten.**der** ***Vt***
1 perceber o sentido de; compreender: *Estudar essas criaturas ajuda a entender o mistério da vida.* **2** concluir com base em algo que foi dito ou explicado; perceber: *A criança entende que cada texto tem uma função.* (+de)
3 ter conhecimento; saber: *Você entende muito de futebol.*

entendido en.ten.**di**.do ***Adj***
1 especialista: *Você é entendida no assunto "cães".* ***S masc*** **2** quem é especialista: *Lucas é o entendido em música nesta casa.*

entendimento
en.ten.di.**men**.to ***S masc*** **1** opinião; avaliação: *Explique, de acordo com o seu entendimento, por que o cliente reagiu assim.* **2** percepção; compreensão: *Certas coisas estão acima do meu entendimento.*
3 acordo; combinação: *Após muita discussão, chegaram a um entendimento.*

enterrado en.ter.**ra**.do ***Adj***
1 colocado embaixo da terra: *A moeda estava enterrada no pomar.*
2 colocado em túmulo; sepultado: *O corpo do bandeirante está enterrado num campo.* **3** afundado; preso: *A estátua estava enterrada na areia.*

enterrar en.ter.**rar** ***Vt*** **1** colocar embaixo da terra: *Os agricultores enterram as sementes.* **2** colocar em túmulo; sepultar: *As crianças enterraram o peixinho.* (...+em)
3 enfiar; fincar: *Joaquim enterrou os dentes na manga.*
enterro ***S masc*** cerimônia que se realiza quando alguém é enterrado.

entidade en.ti.**da**.de ***S fem*** associação beneficente: *Arrecadaremos brinquedos para entidades de apoio à infância.*

entonação en.to.na.**ção** ***S fem*** variação de altura no tom de voz, quando se produz uma frase: *Faça a leitura com a entonação correta.*

entortar en.tor.**tar** ***Vt*** **1** deixar torto; curvar: *A pancada do martelo entortou o prego.* ***Vi*** **2** ficar torto; curvar-se: *A haste dos óculos entortou.*

entrada en.**tra**.da ***S fem***
1 passagem para dentro; ingresso: *O acordo facilitou a entrada de mercadorias no país.* **2** primeiro prato servido numa refeição: *A mãe serviu cenoura como entrada.* **3** bilhete que permite entrar; ingresso: *Santiago ganhou entradas para o circo.*
▶ pág 112 e 113.

entranhas en.**tra**.nhas ***S fem pl***
1 órgãos de dentro do corpo, como o estômago, os intestinos, etc. **2** parte de dentro; parte mais funda: *O ouro e as pedras preciosas eram tirados das entranhas da terra.*

entrar en.**trar** ***Vt*** (+em) **1** passar de fora para dentro; introduzir-se: *Cada um que chegasse entrava na sala.* **2** fazer o acesso (a); conectar-se (a): *Você pode entrar na Internet.* **3** ser aceito; ingressar: *A criança entra na escola aos 6 anos.*

entre **en**.tre ***Prep*** palavra que relaciona duas partes de uma frase, indicando **1** no meio de: *Ariel viveu muito tempo entre os índios.*
2 tempo aproximado: *Esta menina deve ter entre 7 e 8 anos.*

entreaberto en.tre:a.**ber**.to ***Adj*** que não se abriu por completo; meio aberto: *A porta estava entreaberta.*

entregador en.tre.ga.**dor**
S masc quem faz entregas: *O entregador de pizzas não demorou.*

entregar en.tre.**gar** ***Vt*** (...+a/para)
1 passar (às mãos de alguém); dar: *Meu pai comprava os presentes e eu entregava para minha mãe.* **2** passar (uma tarefa ou responsabilidade); confiar: *A mãe entregou a Camila os cuidados com a cozinha.* **3** acusar; denunciar: *Pensou em entregar os criminosos à polícia.* [***Pron***] (+a)
4 render-se; submeter-se: *Candinho se entregou à polícia sem resistência.*
Vi [***Pron***] **5** deixar-se dominar; desistir: *Os peixes que caem na rede resistem, não se entregam.*
entregar os pontos dar-se por vencido: *O inimigo entregou os pontos.*
entrega ***S fem*** aquilo que se entrega ou que se entregou.

entrelaçar en.tre.la.**çar** ***Vt*** prender ou ligar um no outro: *Maria Júlia entrelaçou as mãos.*
entrelaçado ***Adj*** preso; unido. **entrelaçamento** ***S masc*** ação ou resultado de entrelaçar.

ESCOLA

1 aula ▶ pág 43
2 bandeira ▶ pág 49
3 biblioteca ▶ pág 54
4 bibliotecário ▶ pág 54
5 brincadeira ▶ pág 61
6 brinquedoteca ▶ pág 62
7 criança ▶ pág 111
8 diretor ▶ pág 134

- ⑨ diretoria ▶ pág 134
- ⑩ exercício ▶ pág 179
- ⑪ faxineiro ▶ pág 187
- ⑫ fila ▶ pág 194
- ⑬ ginásio ▶ pág 215
- ⑭ merenda ▶ pág 277
- ⑮ pingue-pongue ▶ pág 327
- ⑯ recreio ▶ pág 364
- ⑰ secretaria ▶ pág 391
- ⑱ turma ▶ pág 437
- ⑲ uniforme ▶ pág 439
- ⑳ *van* ▶ pág 444

A B C D E F G H I J K L M N O P Q R S T U V W X Y Z

entreter en.tre.**ter** ***Vt*** **1** desviar a atenção de; distrair: *O comandante mandou entreter Aldo para que ele não percebesse o que acontecia.* **2** proporcionar momento de divertimento: *O bom artista entretém o público.* ***Vi*** [***Pron***] **3** preencher ou passar o tempo; distrair-se: *Bete se entretinha cuidando de suas plantas.*
entretenimento ***S masc*** diversão; distração.

entrevista en.tre.**vis**.ta ***S fem*** **1** matéria divulgada nos meios de comunicação, em forma de perguntas e respostas: *Os alunos leram uma entrevista sobre trabalho infantil.* **2** sessão de perguntas e respostas, geralmente para divulgação nos meios de comunicação: *O escritor deu uma entrevista para o jornal.*

entrevistado en.tre.vis.**ta**.do ***Adj*** **1** que responde a perguntas de entrevista: *As pessoas entrevistadas contaram um sonho importante.* ***S masc*** **2** quem responde a perguntas de entrevista: *O entrevistado deverá ser um ex-aluno.*

entrevistar en.tre.vis.**tar** ***Vt*** fazer entrevista; fazer perguntas ou ouvir opiniões: *A reportagem entrevistou o bombeiro que salvou a menina.*

entristecer en.tris.te.**cer** ***Vt*** **1** deixar triste; magoar: *Não contou a má notícia para não entristecer o marido.* ***Vi*** **2** tornar-se triste, sombrio: *O compositor (se) entristeceu ao ver que estava quase surdo.*
Ant: **alegrar**.

entulho en.**tu**.lho ***S masc*** restos de construção; material que não se aproveita: *No lugar onde antes ficava a casa, agora só existe um monte de entulho.*

entupir en.tu.**pir** ***Vt*** **1** fechar a passagem (por dentro de algo); tapar: *O óleo entupiu a rede de esgoto.* **2** fazer ficar cheio; lotar: *A turista entupia a mala de lembranças.* **3** interromper o trânsito de: *Uma fila de caminhões entupiu a rodovia.* [***Pron***] (+de) **4** comer ou beber em excesso; empanturrar-se: *Entupir-se de doces não é bom para a saúde.* ***Vi*** **5** ter a passagem fechada: *O cano da pia entupiu.* ***Vt*** (+de) **6** ficar cheio: *A praia entupiu de gente vendendo sorvete.*

enturmar-se en.tur.**mar**-se ***Vt*** (+com) fazer amizade; integrar-se: *Logo que chegaram os convidados, Bruno foi se enturmando com todos.*

entusiasmar-se en.tu.si.as.**mar**-se ***Vi*** ficar animado: *O vovô entusiasmou-se com os jogos de adivinhação.*
entusiasmado ***Adj*** cheio de entusiasmo; animado.

entusiasmo en.tu.si.**as**.mo ***S masc*** **1** animação; vivacidade: *A moça trabalhava com muito entusiasmo.* **2** grande alegria; excitação: *A ideia foi recebida com entusiasmo.*

enumerar e.nu.me.**rar** ***Vt*** **1** citar um após o outro; contar um a um: *O mágico enumerou seus truques e chegou a cem.* **2** fazer uma lista de; relacionar: *A tia enumerou as obrigações da sobrinha.*

enunciado e.nun.ci.**a**.do ***S masc*** texto em que se apresenta uma questão ou um problema; exposição: *O aluno não respondeu à questão porque não soube interpretar o enunciado.*

envelhecer en.ve.lhe.**cer** ***Vi*** tornar-se ou parecer velho: *O cavalo não era o mesmo, envelheceu!*

envelope en.ve.**lo**.pe ***S masc*** peça de papel ou plástico, própria para guardar cartas, documentos, etc.: *A carta estava dentro de um envelope com meu nome.*

envenenar en.ve.ne.**nar** ***Vt*** **1** provocar intoxicação com veneno: *O vazamento de gás poderia envenenar o povo da vila.* **2** contaminar com veneno: *O inseticida envenenou os alimentos.* **3** causar dano a: *A maldade envenena as pessoas.*
envenenamento ***S masc*** contaminação ou intoxicação com veneno.

envergonhar en.ver.go.**nhar** ***Vt*** **1** causar vergonha a; embaraçar: *Sua mentira envergonhou a família.* [***Pron***] (+de) **2** sentir vergonha: *Jô se envergonhava das suas lágrimas.*

enviar en.vi.**ar** ***Vt*** (...+a/para) mandar; remeter: *Gabriela enviou uma carta para o jornal.*
envio ***S masc*** ação de enviar.
Ant: **receber**.

envolvente en.vol.**ven**.te *Adj* que desperta a atenção ou o interesse; atraente: *Todos se admiraram com seu jeito envolvente de falar.*

envolver en.vol.**ver** *Vt* **1** ficar em volta de; rodear ou cobrir: *Uma camada de ar chamada atmosfera envolve a Terra.* **2** incluir: *O projeto envolve os alunos e as crianças carentes.* (...+em) **3** fazer tomar parte; comprometer: *Duca envolve os melhores amigos na sua aventura de detetive.* **4** embrulhar; enrolar: *Envolva os ovos de chocolate em papel alumínio.* **envolvimento** *S masc* ação de envolver(-se).

envolvido en.vol.**vi**.do *Adj* **1** que participa: *Morgana estava envolvida nos preparativos do grande baile.* **2** enrolado; embrulhado: *O viajante estava envolvido num manto negro.* *S masc* **3** quem tomou parte; quem se comprometeu: *Os envolvidos no crime foram presos.*

enxada en.**xa**.da *S fem* instrumento para trabalhar a terra, com cabo de madeira e lâmina de ferro ou aço: *Os trabalhadores arrancam ervas daninhas com as enxadas.*

enxaguar en.xa.**guar** *Vt* tirar sabão ou outro produto de limpeza com água, após lavar: *Abra a torneira apenas na hora de enxaguar os dentes.*

enxame en.**xa**.me *S masc* conjunto de abelhas: *O urso correu e o enxame voou atrás dele.*

enxergar en.xer.**gar** *Vt* **1** perceber pela visão; avistar: *Do alto, o piloto conseguia enxergar os telhados e as janelas.* **2** perceber; notar: *Vocês não estão enxergando a verdade!* *Vi* **3** ter a capacidade da visão; ver: *Os filhotes de onça só enxergam após duas semanas de vida.*

enxerido en.xe.**ri**.do *S masc* **1** quem é intrometido; atrevido: *Daniel se livrou do enxerido que não parava de perguntar.* *Adj* **2** que é intrometido; atrevido: *Menino enxerido! Não mexa aí!*

enxofre en.**xo**.fre *S masc* elemento químico amarelo, cristalino, com cheiro forte.

enxotar en.xo.**tar** *Vt* pôr para fora ou afastar de algum lugar; expulsar: *Os mais velhos enxotavam as crianças, dizendo que aquilo não era conversa para elas.*

enxugar en.xu.**gar** *Vt* **1** retirar a água ou a umidade de; secar: *Enxugava as mãos no avental.* **2** retirar; secar: *Vítor estava disfarçando e enxugando uma lágrima.* **enxugamento** *S masc* ação de enxugar ou secar. Ant para **1**: **molhar**.

enxurrada en.xur.**ra**.da *S fem* **1** água das chuvas que corre com grande força: *A enxurrada rolava montanha abaixo.* **2** grande quantidade: *A TV apresenta uma enxurrada de desenhos de manhã.*

enxuto en.**xu**.to *Adj* **1** sem água; seco: *O piso da sala já estava quase enxuto.* **2** que não tem nada em exagero; de tamanho reduzido: *Não será fácil escrever um livro enxuto.* Ant para **1**: **úmido**; **molhado**.

epidemia e.pi.de.**mi**.a *S fem* doença que ataca muitas pessoas da mesma região, ao mesmo tempo.

epiderme e.pi.**der**.me *S fem* **1** camada mais externa e transparente da pele: *As cobras trocam toda a epiderme.* **2** camada que cobre o corpo de alguns animais invertebrados: *Nas lesmas, a cobertura do corpo é formada por uma camada de células chamada epiderme.*

episódio e.pi.**só**.di.o *S masc* **1** aquilo que aconteceu; acontecimento: *Hugo lembrou um episódio da época em que era aluno do Circo Escola Picadeiro.* **2** parte de uma obra em série; divisão.

época **é**.po.ca *S fem* **1** período na história marcado por acontecimentos muito importantes ou que se repetem: *A caravela foi muito utilizada na época das grandes navegações.* **2** ocasião ou momento determinados: *A primavera representa a época do renascimento da vida.*

A B C D E F G H I J K L M N O P Q R S T U V W X Y Z

equador e.qua.**dor** ***S masc*** linha imaginária que divide a esfera terrestre em duas metades, chamadas de Hemisfério Norte e Hemisfério Sul.
➖ **equatorial** ***Adj*** que fica próximo ao equador.

equilibrado e.qui.li.**bra**.do ***Adj*** **1** em que não há brigas ou conflitos; harmonioso: *Os elementos do ambiente permitem o convívio equilibrado dos seres vivos.* **2** que não é louco; sensato: *Era um tipo esquisito, não parecia muito equilibrado.*

equilibrar e.qui.li.**brar** ***Vt*** **1** pôr em posição de equilíbrio; deixar estável: *O garçom equilibrava os copos na bandeja.* (...+com) **2** pôr em situação de igualdade; harmonizar: *Edinho aprendeu a equilibrar seu mundo com o mundo dos adultos.*

equilíbrio e.qui.**lí**.bri.o ***S masc*** **1** posição ou situação estável: *Perdeu o equilíbrio e caiu de costas no chão.* **2** situação de igualdade: *Não é fácil manter o equilíbrio entre a razão e o coração.* **3** controle: *À medida que os parentes chegavam, papai foi recuperando seu equilíbrio interior.*
➖ **equilibrista** ***S*** artista que se mantém em equilíbrio em corda, arame, bicicleta, etc.
▶ pág 112 e 113.

equino 💬 ü e.**qui**.no ***Adj*** **1** da família do cavalo. ***S masc*** **2** animal da família do cavalo.

equipado e.qui.**pa**.do ***Adj*** **1** que possui o equipamento necessário: *Os hospitais estão muito bem equipados.* **2** que possui; dotado: *O colégio possui duas salas equipadas com DVD.*

equipamento equi.pa.**men**.to ***S masc*** **1** conjunto de instrumentos necessários para um trabalho: *Qualquer sujeira pode danificar os equipamentos de informática.* **2** material necessário para praticar um esporte: *Marcela providenciou o equipamento necessário para andar de* skate.

equipe ▲ e.**qui**.pe ***S fem*** **1** grupo de pessoas organizado para uma tarefa determinada: *Os sanduíches eram o almoço da equipe que gravava a novela.* **2** grupo de pessoas que toma parte numa competição esportiva; time esportivo: *Em algumas competições de golfe, as equipes misturam crianças e adultos.*

equitação e.qui.ta.**ção** ***S fem*** técnica ou exercício de montar a cavalo.

equivalente e.qui.va.**len**.te ***Adj*** **1** que tem o mesmo valor, tamanho, força, etc.; que equivale; correspondente: *O Insano é um escorregador com altura equivalente a 14 andares de um prédio.* ***S masc*** **2** aquilo que tem o mesmo valor; correspondente: *Esses macacos são capazes de comer o equivalente a 30% do peso de seu corpo em um único dia.*

equivaler e.qui.va.**ler** ***Vt*** (+a) ser igual; corresponder: *Cem reais equivalem a dez cédulas de dez reais.*
➖ **equivalência** ***S fem*** igualdade; correspondência.

era **e**.ra ***S fem*** **1** divisão por períodos; fase: *No museu ficam reproduções de alguns animais da era do gelo.* **2** período de tempo marcado por um fato importante: *Santos Dumont iniciou a era da aviação.*

erguer er.**guer** ***Vt*** **1** colocar em ponto mais alto; levantar: *João ergueu o garoto e colocou-o nos ombros.* **2** construir: *Muitos trabalhadores ajudaram a erguer a capital.* **3** dirigir para o alto: *O garoto ergueu seus olhos.* ***Vi*** [***Pron***] **4** levantar-se: *O relógio despertou, Nana ergueu-se e espreguiçou-se.*

eriçado e.ri.**ça**.do ***Adj*** arrepiado; levantado: *O cão estava com o pelo eriçado na frente do lagarto.*

erosão e.ro.**são** ***S fem*** destruição ou desgaste causado pela água ou pelo vento.

errado er.**ra**.do ***Adj*** **1** que contém erro; incorreto: *Emília achou que os versos estavam errados.* **2** que cometeu erro; enganado: *O tempo provou que o cientista não estava errado.* **3** que não é apropriado; inconveniente: *Não há alimentos vilões, e sim pessoas que se alimentam de forma errada.* ***Adv*** **4** de um modo que não é correto: *O senhor está agindo muito errado.*
☀ Ant: **certo**; **correto**.

errar er.**rar** ***Vt*** **1** deixar de acertar; enganar-se (em algo): *João não errava uma adivinhação.* **2** não acertar em; não atingir: *A flecha errou o alvo.* (+de) **3** trocar; confundir: *O operário errou de endereço.* ***Vi*** **4** cair em erro ou engano; falhar: *Adulto também erra.*
☀ Ant: **acertar**.

erro er.ro **S *masc*** **1** julgamento ou opinião que não é correta; engano: *Foi um erro imaginar que Laura voltaria.* **2** aquilo que não está correto em um texto: *Apagou os erros com uma borracha.*
Ant: **acerto**.

erupção e.rup.**ção** **S *fem*** lançamento de matérias como lava, cinza e fumaça: *Dois vulcões entraram em erupção quase ao mesmo tempo.*

erva **er**.va **S *fem*** **1** planta de tamanho pequeno, que tem o caule sempre verde e tenro: *O rato do campo comia ervas.* **2** esse tipo de planta, usado no preparo de medicamentos: *Curou as feridas usando ervas medicinais.* **3** esse tipo de planta, usado como tempero: *O cozinheiro fez pato com ervas especiais.*

ervilha er.**vi**.lha **S *fem*** **1** planta trepadeira, cujos frutos são vagens, com muitas sementes comestíveis. **2** semente dessa planta, em forma de pequeno grão verde: *Toda criança gosta de ervilha na manteiga.*

esbaforido es.ba.fo.**ri**.do ***Adj*** que respira com dificuldade; sem fôlego: *Mamãe não tinha tempo a perder e, de tanta correria, acabava esbaforida e esgotada.*

esbarrar es.bar.**rar** ***Vt*** (+em) **1** dar de encontro (com): *A tia esbarrou na mesa e lá se foi o bule de café.* **2** tocar; encostar: *O telhado parecia esbarrar nas nuvens.*

esboçar es.bo.**çar** ***Vt*** **1** fazer o desenho inicial de: *Kátia esboçava desenhos.* **2** começar a fazer, sem chegar ao fim; iniciar: *O jovem sorriu sem esboçar um gesto.*
esboço **S *masc*** desenho inicial; rascunho.

esborrachar es.bor.ra.**char** ***Vt*** **1** achatar; esmagar: *Uma laranja caiu sobre o besouro e esborrachou-o no cimento.* (+em) [***Pron***] **2** cair; estender-se: *Tropeçou e se esborrachou no chão.*

esbranquiçado es.bran.qui.**ça**.do ***Adj*** **1** sem cor; quase branco: *A carne era coberta por um molho esbranquiçado.* **2** grisalho: *O homem tinha barbas compridas e esbranquiçadas.*

esbugalhado ▶ es.bu.ga.**lha**.do ***Adj*** diz-se do olho muito saliente ou aberto: *O macaco tinha os olhos esbugalhados de medo.*

esburacado es.bu.ra.**ca**.do ***Adj*** cheio de buracos: *Nos trechos esburacados do caminho, as rodas da carroça eram substituídas.*

escada es.**ca**.da **S *fem*** série de degraus por onde se sobe ou desce: *Edinho subiu as escadas do avião.* ▶ pág 76 e 77.
escadaria **S *fem*** escada muito grande.

escada-rolante es.**ca**.da-ro.**lan**.te **S *fem*** esteira em degraus que se move automaticamente, para cima ou para baixo de um pavimento: *Gil desceu a escada-rolante do metrô.*

escala es.**ca**.la **S *fem*** **1** representação em tamanho menor. **2** linha graduada que indica a relação entre o tamanho real e o que aparece num mapa ou diagrama: *Todo mapa deve conter uma escala.* **3** parada de um meio de transporte coletivo por um tempo determinado: *Esse voo faz escala em Brasília.*

escalar es.ca.**lar** ***Vt*** **1** subir ao ponto mais alto de: *Um sapato com sola especial ajuda o alpinista a escalar rochas.* **2** escolher para uma tarefa ou função; indicar: *Escalaram Aristides para dar um curso de teatro.*
escalada **S *fem*** subida ao ponto mais alto de montanha, rocha, parede, etc.

escama es.**ca**.ma **S *fem*** lâmina que reveste o corpo de répteis ou de peixes: *A cascavel tem o corpo coberto por escamas.*

escancarar es.can.ca.**rar** ***Vt*** **1** abrir completamente ou com exagero: *A primeira coisa que a enfermeira fazia ao entrar numa sala era escancarar as janelas.* ***Vi*** [***Pron***] **2** abrir-se completamente: *A porta do alçapão se escancarou de repente.*
escancarado ***Adj*** que se escancarou.

escândalo es.**cân**.da.lo **S *masc*** **1** tumulto; muitos gritos: *Se você não sair imediatamente da minha casa, vou fazer um escândalo.* **2** fato vergonhoso ou que choca: *Votando corretamente, o eleitor pode ajudar a impedir escândalos políticos.*

escangalhar es.can.ga.**lhar** ***Vt*** **1** destruir; arruinar: *Cuidado para não escangalhar a fantasia.* ***Vi*** [***Pron***] **2** ficar destruído; estragar-se; arruinar-se: *Se o Sol desaparecer, os planetas rolarão pelo espaço, sem direção, até se escangalharem.*

escapamento es.ca.pa.**men**.to ***S masc*** tubo por onde saem gases de motores de automóveis: *Devemos dar preferência aos carros que possuem filtros no escapamento.*

escapar es.ca.**par** ***Vt*** (+de) **1** evitar, afastando-se; fugir: *A zebra desde cedo já sabe escapar de leões.* **2** salvar-se; sobreviver (a): *Os animais precisam de ajuda para escapar da inundação.* **3** ficar livre; safar-se: *Escapamos no último minuto de uma grande encrenca.*

escapulir es.ca.pu.**lir** ***Vt*** (+de) **1** fugir; escapar: *Os três amigos escapuliram escondidos do internato.* **2** livrar-se; evitar: *De vez em quando, conseguia escapulir dos deveres domésticos.*

escarpa es.**car**.pa ***S fem*** parte inclinada de um terreno.
escarpado ***Adj*** que tem escarpas.

escasso es.**cas**.so ***Adj*** **1** que não existe em grande quantidade; pouco: *Nos desertos, a vegetação é escassa.* **2** que não é intenso; fraco: *Junto do viajante queimava um fogo escasso.*
Ant: **abundante**.

escavação ▶ es.ca.va.**ção** ***S fem*** **1** abertura de buracos ou cavidades: *Durante a escavação, o arqueólogo recolhe todos os objetos que estão no solo.* **2** local de onde se tira a terra; cavidade: *O menino desceu por uma grande escavação na mina de ouro.*

escavar es.ca.**var** ***Vt*** abrir, removendo terra ou rocha; cavar: *A primeira ideia foi escavar um poço.*

esclarecer es.cla.re.**cer** ***Vt*** **1** deixar claro; explicar: *A mulher esclareceu que seu marido não era jogador, mas vendedor.* **2** resolver; solucionar: *O projeto esclarece dúvidas a respeito dos animais.* (...+sobre) **3** fazer ver com clareza; orientar; informar: *Muitas campanhas têm sido feitas para esclarecer adultos sobre essas doenças.*
esclarecimento ***S masc*** explicação; informação.

escoar es.co.**ar** ***Vt*** **1** fazer passar por uma abertura; fazer escorrer: *Algumas pedras no fundo do vaso ajudam a escoar a água.* **2** fazer a distribuição (de produtos); transportar: *A rodovia estadual para escoar o feijão ia ser construída.* (...+para) **3** fazer partir; enviar: *O porto ganhou maior destaque, escoando as riquezas para Portugal.* ***Vi*** **4** passar por uma abertura; escorrer: *A areia na ampulheta levou uma hora para escoar.*
escoamento ***S masc*** processo de escoar.

escola es.**co**.la ***S fem*** **1** estabelecimento de ensino coletivo. **2** conjunto dos membros de um estabelecimento de ensino: *As escolas de Paraty participaram da feira literária.* ▶ pág 156 e 157.

escola de samba es.**co**.la de **sam**.ba ***S fem*** associação que promove festas e desfiles, especialmente durante o carnaval.

escolar es.co.**lar** ***Adj*** **1** da escola: *Para participar do time, é preciso ser craque nas matérias escolares.* **2** usado na escola: *Já comprei meu material escolar.*
escolaridade ***S fem*** grau de instrução.

escolher es.co.**lher** ***Vt*** **1** dar preferência (a alguma coisa ou pessoa); fazer opção por: *É possível escolher várias matérias, como Física e Química, para ser astronauta.* **2** indicar pelo voto; eleger: *A população escolhe o presidente pelo voto.*
▶ pág 402 e 403.
escolha ***S fem*** ação ou resultado de escolher.

escoltar ▲ es.col.**tar** ***Vt*** acompanhar para guardar ou defender: *Uma tropa de soldados escoltava o general.*
escolta ***S fem*** grupo que acompanha uma pessoa importante ou algo valioso, para proteção.

esconde-esconde es.**con**.de-es.**con**.de ***S masc*** jogo infantil em que uma criança procura outras, que se esconderam: *Leonardo brincava de esconde-esconde no armário do quarto.*

esconder es.con.**der** ***Vt*** **1** pôr em lugar oculto; colocar onde ninguém pode encontrar: *Meu pai trancou o escritório e escondeu a chave.* **2** impedir de ver; encobrir: *A neve escondia os campos.* **3** não deixar perceber; disfarçar: *Os super-heróis escondem sua verdadeira identidade.* (...+de) **4** não contar; não revelar: *Júlio percebeu que estavam escondendo algum segredo dele.* ***Vi*** [***Pron***] **5** ficar oculto; desaparecer: *O sol esconde-se por trás de inúmeros arranha-céus.*
Ant: **revelar**; **mostrar**.

esconderijo es.con.de.**ri**.jo ***S masc*** lugar onde se esconde algo ou alguém: *O mapa do tesouro indica o esconderijo de joias e diamantes.*

escorar es.co.**rar** ***Vt*** **1** pôr apoio ou escora para que não caia: *Construíram uma cerca e a escoraram por dentro.* (...+em) **2** encostar para que não caia; apoiar: *O homem escorou o cano na parede.*
escora ***S fem*** peça que ampara ou apoia, geralmente de madeira ou de ferro.

escorpião es.cor.pi.**ão** ***S masc*** animal que tem duas pinças e com cauda terminada em ferrão, por onde introduz o veneno: *Quando o escorpião pica, usa a cauda.*

escorregador es.cor.re.ga.**dor** ***S masc*** brinquedo que tem de um lado uma escada e do outro uma superfície inclinada por onde se escorrega: *Colocou a mão no escorregador para ver se estava quente.* pág 338 e 339.

escorregar es.cor.re.**gar** ***Vi*** **1** perder o equilíbrio e deslizar por um curto espaço, podendo ou não cair: *Ao descer, Pedro escorregou e rolou pela escada.* **2** fazer alguém ou algo deslizar: *Quando a pista está molhada, escorrega mais.* ***Vt*** (+em) **3** deslocar-se (sobre uma superfície lisa ou molhada); deslizar: *Taís brincava de escorregar na neve.*
escorregadio ***Adj*** que escorrega; liso.

escorrer es.cor.**rer** ***Vt*** **1** separar do líquido: *Para fazer essa receita, é preciso cozinhar e escorrer o feijão.* (+de) **2** sair em gotas ou em fios: *A água da chuva escorria das folhas da planta.*

escoteiro es.co.**tei**.ro ***S masc*** membro de uma unidade de escotismo: *Alimentos, roupas e remédios foram arrecadadas por um grupo de escoteiros para as vítimas das enchentes.*

escotismo es.co.**tis**.mo ***S masc*** movimento mundial que tem por objetivo o desenvolvimento físico e moral das crianças e dos jovens: *O escotismo nasceu na Inglaterra em 1908.*

escova es.**co**.va ***S fem*** peça em que se fixam pelos ou fios, de metal ou plástico, e que serve para limpeza, para pentear os cabelos, etc.: *Essa escova é macia e não machuca a gengiva.*

escovar es.co.**var** ***Vt*** limpar com escova; passar escova em: *Escovou as paredes da caixa d'água.*

escravatura es.cra.va.**tu**.ra ***S fem*** sistema em que algumas pessoas são tratadas como propriedade de outras, tendo de trabalhar para elas sem ganhar nada por isso.

escravidão es.cra.vi.**dão** ***S fem*** **1** sistema em que algumas pessoas são donas de escravos; escravatura: *No dia 13 de maio de 1888, a escravidão foi abolida.* **2** transformação de alguém em escravo; situação de escravo: *Os africanos e seus descendentes não aceitaram a escravidão.*
Ant: **liberdade**.

escravizar es.cra.vi.**zar** ***Vt*** transformar em escravo: *Tentaram escravizar os indígenas para o trabalho nos canaviais.*

escravo es.**cra**.vo ***S masc*** **1** quem é propriedade de outra pessoa, tendo de trabalhar para ela sem ganhar nada por isso: *Como o escravo não recebia salário, nada podia comprar.* ***Adj*** **2** que é propriedade de outra pessoa: *O menino escravo não tinha padrinhos.* **3** dependente; prisioneiro: *Muitos homens são escravos do dinheiro.*

escrever es.cre.**ver** ***Vt*** **1** representar por letras e/ou números: *Todos escreveram o nome dos objetos nos cadernos.* **2** produzir; compor: *Toquinho escreveu canções para crianças.* (...+para) **3** enviar (texto escrito): *Muitos leitores escrevem cartas para a revista.* ***Vi*** **4** utilizar sinais como letras, números, etc. para

A B C D E F G H I J K L M N O P Q R S T U V W X Y Z

representar a linguagem: *Manuel ficou escrevendo por algum tempo.*

escrita es.**cri**.ta ***S fem*** **1** técnica de representar a linguagem por meio de sinais como letras, números, etc.: *A escrita dos documentos antigos às vezes é diferente da nossa.* **2** atividade de escrever: *Cris já lia muito bem, mas tinha problemas com a escrita.* **3** arte de escrever (contos, livros, poesia, etc.): *Júlio Verne dedicou-se somente à escrita.*

escrito es.**cri**.to ***Adj*** **1** representado ou expresso por meio de letras e/ou números; que não é oral: *A letra da música estava escrita na capa do caderno.* ***S masc*** **2** qualquer documento, artigo, livro, etc. que se escreveu: *Os estudantes encontraram antigos escritos.*

escritor es.cri.**tor** ***S masc*** quem escreve artigos, poesias, peças de teatro, livros, etc.: *O escritor usou suas lembranças no livro que escreveu.*

escritório es.cri.**tó**.ri:o ***S masc*** **1** compartimento de uma casa onde uma pessoa lê, escreve, estuda, etc.; gabinete: *Correu para o escritório, para ver se havia mensagem no computador.* **2** lugar onde se trata de negócios ou se recebem clientes; sede de trabalho: *Luís examinava uns papéis que trouxe do escritório.* **3** empresa; firma: *O pai de Clara trabalha num grande escritório de economia e pesquisas.*

escritura es.cri.**tu**.ra ***S fem*** **1** documento escrito: *Na exposição, pode-se ver as primeiras escrituras em pedras e cerâmicas.* **2** documento que comprova a propriedade de um imóvel: *Os compradores da fazenda vieram trazer o dinheiro e passar a escritura no dia seguinte.*
Com inicial maiúscula, refere-se à Bíblia e é mais usado no plural.

escrivaninha es.cri.va.**ni**.nha ***S fem*** móvel próprio para escrever: *José sentou-se à sua escrivaninha para escrever uma carta ao tio.*

escudo es.**cu**.do ***S masc*** **1** peça larga, geralmente feita de metal, que protege o corpo de golpes: *O herói ia defender-se com um escudo redondo.* **2** figura que representa os símbolos de uma associação, de uma nação, de uma família nobre, etc.; emblema: *Marcos desenhou o escudo do seu time.*

esculpir es.cul.**pir** ***Vt*** produzir (figuras sólidas), trabalhando uma matéria dura: *O Aleijadinho esculpia estátuas em pedra.*
escultor ***S masc*** quem faz esculturas.

escultura es.cul.**tu**.ra ***S fem*** **1** figura sólida produzida com materiais como pedra, madeira, metal ou barro: *Existem esculturas com movimento?* **2** arte ou técnica de produzir figuras sólidas com matéria dura: *Povos antigos cultivavam a escultura.*

escurecer es.cu.re.**cer** ***Vt*** **1** tornar escuro; tirar a claridade de: *Uma grande sombra escureceu tudo à nossa volta.* ***Vi*** **2** tornar-se escuro; perder a claridade: *Quando a Lua está entre o Sol e a Terra, o dia escurece.* **3** tornar-se noite; anoitecer: *Quando escureceu, as crianças recolheram as pipas.*
Ant: **clarear**.

escuridão es.cu.ri.**dão** ***S fem*** falta de luz: *O gato sumiu na escuridão da noite.*
Ant: **claridade**.

escuro es.**cu**.ro ***Adj*** **1** em que não há luz; sem claridade: *Um filhote de urso dormia na parte escura da caverna.* **2** que tem cor preta, quase preta ou marrom: *Formou-se uma nuvem escura e choveu.* ***S masc*** **3** falta de luz; escuridão: *O escuro da noite assustava os mais novos.*
Ant: **claro**.

escutar es.cu.**tar** ***Vt*** **1** perceber ou entender os sons pelo sentido da audição; ouvir: *Podia-se escutar ao longe um som estranho.* **2** seguir (o que alguém diz); aceitar: *Saber escutar os conselhos e as ideias dos outros também tem seu valor.* ***Vi*** **3** ter o sentido da audição: *Com um ano, Helena ficou doente e deixou de escutar.*
escuta ***S fem*** ação de escutar.

esfarelar es.fa.re.**lar** ***Vt*** **1** transformar em farelo: *Alexandre esfarelou o pão e deu para os passarinhos.* ***Vi*** **2** ficar reduzido a farelo; desmanchar-se: *As rochas iam aos poucos (se) esfarelando.*

esfarrapado es.far.ra.**pa**.do ***Adj*** **1** vestido com roupas rasgadas: *Parecia impossível que aqueles dois sujeitos esfarrapados fossem nobres.* **2** gasto; rasgado: *Era um quarto miserável, sem lareira, com roupas de cama esfarrapadas.* **3** que não tem lógica: *Beto cansou de ouvir desculpas esfarrapadas.*

esfera es.**fe**.ra ***S fem*** objeto ou corpo que tem a forma de uma bola; globo: *A visão da Lua ao telescópio demonstra que ela não é uma esfera lisa e perfeita.*
esférico ***Adj*** que tem forma de esfera.

esfinge es.**fin**.ge ***S fem*** **1** monstro com cabeça humana, corpo de leão e asas: *Édipo conseguiu decifrar a charada da esfinge.* **2** estátua dessa criatura, especialmente a que fica perto das pirâmides, no Egito: *A esfinge ficou coberta de areia até 1925.*
Nas lendas da antiga Grécia, a esfinge devorava os viajantes que não conseguiam decifrar seus enigmas.

esfirra es.**fir**.ra ***S fem*** prato da culinária árabe, feito de massa recheada com carne moída: *Levaram para casa as esfirras embrulhadas em guardanapos de papel.*
A forma **esfiha** também é usada.

esfolar es.fo.**lar** ***Vt*** **1** tirar a pele ou o couro de: *Esfolaram o boi para curtir o couro.* **2** ferir na pele; arranhar: *O menino caiu e esfolou o joelho.*

esfomeado es.fo.me.**a**.do ***Adj*** **1** que tem muita fome: *A comida não era suficiente para alimentar dezesseis homens esfomeados.* ***S masc*** **2** quem tem muita fome: *O cozinheiro deu comida aos esfomeados.*

esforçar-se es.for.**çar**-se ***Vt*** (+para) fazer o máximo possível; empenhar-se: *O chefe se esforçava para ter uma ideia e salvar todos.*

esforço es.**for**.ço ***S masc*** uso de todas as forças ou recursos para determinado fim; empenho: *O mensageiro ainda não estava refeito do grande esforço da corrida.*
Pl: **esf[ó]rços**.

esfregar es.fre.**gar** ***Vt*** **1** limpar, passando um instrumento de limpeza: *Ela esfregou as tábuas do chão.* **2** passar a mão várias vezes por; coçar: *Sentou-se na cama, esfregando os olhos.* (...+em) **3** passar (alguma coisa em outra) com força: *Cansou de esfregar um pauzinho no outro e nada obter – nem fumaça.*

esfriar es.fri.**ar** ***Vi*** **1** ficar frio; perder o calor: *Assim que o bolo esfria, coloca-se a cobertura.* **2** fazer frio: *Vá logo, antes que chova e esfrie.* ***Vt*** **3** tornar frio; fazer perder o calor: *Pulou na água para esfriar o corpo.*
esfriar a cuca acalmar-se: *Pedro foi pescar para esfriar a cuca.*
Ant: **esquentar**.

esganiçar es.ga.ni.**çar** ***Vi*** gritar ou cantar com voz forte e fina: *Um colorido palhaço esganiçava à frente da banda.*
esganiçado ***Adj*** muito forte e fino; agudo; estridente.

esgotamento es.go.ta.**men**.to ***S masc*** **1** término; fim: *Com o esgotamento do ouro, a exploração de ferro foi incentivada.* **2** grande fraqueza ou cansaço: *O maracujá é usado contra o esgotamento nervoso.*

a b c d e f g h i j k l m n o p q r s t u v w x y z

esgotar es.go.**tar** ***Vt*** **1** deixar fraco ou muito cansado: *Todo aquele trabalho esgotou os operários.* **2** gastar; consumir: *A plantação de um só tipo de planta esgota a terra.* ***Vi*** **3** acabar; terminar: *O prazo dado para o pagamento estava (se) esgotando.*

esgoto es.**go**.to ***S masc*** **1** conjunto de canos que recebem águas usadas e detritos, despejando-os em lugar afastado. **2** águas usadas e detritos: *Muitas vezes, o esgoto é jogado nos mares e rios.*

esguicho ▲ es.**gui**.cho ***S masc*** **1** peça que serve para espirrar água: *O esguicho afundava na grama do canteiro.* **2** jato (de líquido): *O esguicho do petróleo subiu a 180 metros de altura!*

esguio es.**gui**:o ***Adj*** comprido e fino: *Os pinheiros são árvores altas e esguias.*

esmagar es.ma.**gar** ***Vt*** achatar ou despedaçar por força de pressão ou choque violento: *A pedra caiu em cima do pé dele e quase lhe esmagou os dedos.*

esmalte es.**mal**.te ***S masc*** **1** tinta para pintar unhas: *Luana já queria usar batons e esmaltes.* **2** camada branca e dura que protege o dente: *O esmalte dos dentes é a substância mais resistente do corpo humano.*

esmeralda es.me.**ral**.da ***S fem*** pedra preciosa transparente e geralmente verde.

esmola es.**mo**.la ***S fem*** dinheiro que se dá aos pobres por caridade: *Viram um senhor pedindo esmola.*

esôfago e.**sô**.fa.go ***S masc*** órgão em forma de tubo que leva os alimentos da faringe ao estômago.

espaço es.**pa**.ço ***S masc*** **1** lugar reservado para determinado fim; local: *A exposição ocupa todo o espaço de quatro salas.* **2** região onde ficam o sistema solar, as estrelas e as galáxias: *Marcos Pontes tornou-se o primeiro brasileiro a ir ao espaço.* **3** capacidade (para abrigar ou guardar algo); acomodação: *O computador tem muito espaço.* **4** área vazia entre dois pontos; vão: *Entre os arranha-céus, há ainda espaço para um pátio.*
⊖ **espacial** ***Adj*** relativo ao espaço.

espaçonave es.pa.ço.**na**.ve ***S fem*** foguete destinado a viagens pelo espaço: *Uma nova espaçonave acaba de ser lançada para Marte.*

espaçoso es.pa.**ço**.so ***Adj*** que tem muito espaço; grande; amplo: *Os quartos espaçosos tinham muitas janelas e poucos móveis.*

espada es.**pa**.da ***S fem*** arma de lâmina comprida, pontuda e afiada: *Segundo a lenda, Artur tirou de uma pedra a espada mágica e se tornou rei da Inglaterra.*

espalhar es.pa.**lhar** ***Vt*** **1** contar para muita gente; anunciar: *Os fofoqueiros logo espalharam a novidade.* (...+por) **2** colocar ou jogar em diferentes lugares; esparramar: *O garoto espalhava seus brinquedos pela calçada.* [***Pron***] (+em/por) **3** ir em diferentes direções; distribuir-se: *O pó se espalhava pela casa.* **4** chegar a mais lugares ou pessoas: *A doença espalhou-se por toda a região vizinha.*

espanador ▼ es.pa.na.**dor** ***S masc*** objeto feito de um conjunto de penas ou de tiras de pano presas a um cabo, que se usa para limpeza: *Teia de aranha é bom limpar com espanador.*

espancar es.pan.**car** ***Vt*** dar pancadas em; surrar: *Nunca se deve espancar uma criança.*

espantalho es.pan.**ta**.lho ***S masc*** boneco que se coloca, geralmente em plantação, para espantar pássaros ou roedores: *Apareceram bandos de pássaros famintos e o espantalho pouco ajudou.* ▶ pág 196 e 197.

espantar es.pan.**tar** ***Vi*** [***Pron***] **1** ficar admirado ou surpreso: *Bolinha experimenta a água do mar e se espanta com o gosto.* ***Vt*** **2** causar espanto a; surpreender: *As palavras do príncipe espantaram os convidados.* **3** fazer fugir; afastar: *Os fazendeiros haviam feito de tudo para espantar a raposa.* **4** acabar com; livrar-se de: *O vizinho canta para espantar a solidão.*

espanto es.**pan**.to ***S masc*** 1 admiração; surpresa: *Para espanto de todos, a bola era um tatuzinho.* 2 medo; susto: *O espanto foi imenso ao dar com o bicho esquisito.*
espantoso ***Adj*** que causa surpresa ou susto.

esparadrapo es.pa.ra.**dra**.po ***S masc*** fita adesiva para prender curativos: *Emília queria usar esparadrapo para consertar a perna quebrada do Visconde.* pág 225.

esparramar es.par.ra.**mar** ***Vt*** (+em) 1 colocar em diferentes lugares; espalhar: *Lia esparramou as moedas no chão.* [**Pron**] (+por) 2 estar distribuído; espalhar-se: *Na linha do horizonte, nuvens cinzentas se esparramam pelo céu.* (+em) 3 sentar-se ou deitar-se sem cuidado: *Ivã se esparramou na poltrona.*

espatifar ▲ es.pa.ti.**far** ***Vt*** 1 quebrar em vários pedaços; despedaçar: *Os moleques espatifaram a vara de pescar.* ***Vi*** 2 ficar em pedaços; despedaçar-se: *Os óculos caíram e (se) espatifaram.*

especial es.pe.ci.**al** ***Adj*** 1 que tem um objetivo determinado; específico: *Pero Vaz de Caminha veio na caravela com a missão especial de observar e contar tudo o que acontecesse.* 2 próprio para determinadas pessoas; exclusivo: *Os idosos têm atendimento especial na academia.* 3 que não é comum; particular: *Essa foto registra um momento especial para as famílias: uma reunião de Natal.*

especialidade es.pe.ci:a.li.**da**.de ***S fem*** 1 atividade em que alguém se destaca: *A especialidade da tia era bordar toalhas de linho.* 2 prato típico ou especial: *O macarrão é uma das especialidades da cozinha italiana.*

especialista es.pe.ci:a.**lis**.ta ***S*** 1 quem conhece profundamente um assunto: *Os especialistas preveem que haverá um aumento no consumo de água.* ***Adj*** 2 que conhece profundamente um assunto: *A clínica contratou um médico especialista em problemas dos ossos.*

especializado es.pe.ci:a.li.**za**.do ***Adj*** 1 que se especializou; especialista: *O parque tem monitores especializados em escalada.* 2 que realiza tarefas determinadas: *A firma especializada deu jeito nos ratos.*

especializar-se es.pe.ci:a.li.**zar**-se ***Vt*** (+em) tornar-se especialista; aperfeiçoar-se: *O cientista formou-se e especializou-se em Geologia.*

especiaria es.pe.ci:a.**ri**.a ***S fem*** erva ou parte de planta aromática (cravo, canela, pimenta, etc.) usada como tempero.
Mais usado no plural.

espécie es.**pé**.ci:e ***S fem*** 1 tipo; variedade: *Osmar fazia qualquer espécie de serviço.* 2 grupo de animais ou plantas da mesma família ou que têm as mesmas características: *Todas as espécies animais vivem muito bem sem recorrer ao fogo, menos o homem.*

específico es.pe.**cí**.fi.co ***Adj*** 1 que não é geral; particular: *No futuro, é provável que algum robô seja programado para explicar assuntos específicos, como matemática e física.* 2 próprio; especial; exclusivo: *O modelo de carteira é específico para uso infantil.* 3 diferenciado: *Cada cor na tabela representa um tipo específico de alimento.*
Ant: **genérico**.

espectador es.**pec**.ta.dor ***S masc*** quem assiste (a uma cena, um acontecimento, ou um espetáculo): *Em alguns momentos o filme prende a atenção do espectador.* pág 170 e 171.

espelhar es.pe.**lhar** ***Vt*** reproduzir como num espelho: *A metade do desenho deve espelhar a outra.*

espelho es.**pe**.lho ***S masc*** 1 lâmina de vidro ou cristal, recoberta com metal, que reflete as imagens. 2 reflexo; cópia: *A novela é um espelho da realidade do país?*

esperança es.pe.**ran**.ça ***S fem*** 1 aquilo que alguém deseja que aconteça ou acredita que vá acontecer; expectativa: *Entrou quietinha, na esperança de não incomodar.* 2 confiança em coisa boa; fé: *Apesar da preocupação com a doença, Luísa não perdia as esperanças.*
esperançoso ***Adj*** cheio de esperança.

esperar es.pe.**rar** ***Vt*** (+em) **1** não agir até que alguém chegue ou algo aconteça; aguardar: *Mário teve de esperar na fila do banco.* **2** ter esperança de; contar (com algo); desejar: *As crianças sempre esperam ganhar presentes de Natal.* **3** imaginar; prever: *Ninguém esperava que Juca cantasse tão bem.* ▶ pág 402 e 403.
espera ***S fem*** condição de alguém que está esperando ou o período de tempo que alguém espera.

espermatozoide es.per.ma.to.**zoi**.de ***S masc*** célula sexual masculina.

espernear es.per.ne.**ar** ***Vi*** agitar as pernas; sacudir as pernas: *No colo, o cão esperneou até se soltar.*

esperteza es.per.**te**.za ***S fem*** qualidade de quem é esperto; astúcia: *O rato venceu o gato com a esperteza.*

esperto es.**per**.to ***Adj*** **1** vivo; inteligente: *Esperto e atento, não se enganava com facilidade.* ***S masc*** **2** quem é astuto ou manhoso: *O imperador queria separar os espertos dos tolos.*
Ant: **tolo**; **bobo**.

espesso es.**pes**.so ***Adj*** **1** que não é fino; grosso: *Os tapetes eram tão espessos que a gente andava sem fazer barulho.* **2** em que não há espaços livres; fechado; denso: *A vegetação naquele trecho do litoral é abundante e espessa.*
espessura ***S fem*** qualidade de espesso; grossura.

espetáculo ▲ es.pe.**tá**.cu.lo ***S masc*** apresentação pública de teatro, música, dança, circo, etc.
um espetáculo aquilo que chama a atenção ou se destaca: *Os bigodes do jardineiro eram um espetáculo!*
espetacular ***Adj*** muito bom; sensacional.

espetado es.pe.**ta**.do ***Adj*** **1** que se feriu em algo pontudo; furado: *O cachorro saiu da moita de espinhos com o focinho espetado.* **2** voltado para cima; em pé: *O cabelo espetado mais parecia um espanador.*

espetar es.pe.**tar** ***Vt*** **1** pegar, furar ou atravessar com espeto ou instrumento pontudo: *Dizem que São Jorge espetou um dragão.* (...+em) **2** prender; fixar: *O pescador espetou a minhoca no anzol.* **3** ferir (em objeto pontudo): *Rosa espetou o dedo num espinho.*

espeto es.**pe**.to ***S masc*** vara de madeira ou ferro em que se enfia carne ou outros alimentos para assar: *Luna levou os espetos para fazer churrasco.*

espevitado es.pe.vi.**ta**.do ***Adj*** animado; assanhado: *A menina, muito espevitada, continuava a falar.*

espião es.pi.**ão** ***S masc*** quem consegue informações secretas de inimigo ou adversário: *Os piratas mandaram espiões para descobrir o esconderijo.*

espiar es.pi.**ar** ***Vt*** **1** observar; olhar: *Pelo vidro, espiavam o movimento lá fora.* **2** examinar; verificar: *Todos os dias as duas amigas espiavam os horizontes, mas nada de Pedrinho voltar.*
espiada / espiadinha ***S fem*** ação de olhar rapidamente.

espichar es.pi.**char** ***Vt*** **1** estender; esticar: *Emília espichou o braço para pegar uma empada.* **2** voltar para determinada direção: *O sitiante espichou os olhos para ver o passarinho.* [***Pron***] (+em) **3** pôr-se ao comprido; deitar-se: *Espicharam-se na cama e adormeceram.* ***Vi*** **4** crescer; aumentar: *Com o tempo, as crianças vão espichando.*

espiga es.**pi**.ga ***S fem*** parte de certas plantas onde se prendem os grãos: *Compraram espigas de milho.*

espinafre es.pi.**na**.fre ***S masc*** planta comestível, de folhas verdes e flores pequenas e verdes.

espingarda es.pin.**gar**.da ***S fem*** arma de fogo portátil de cano longo.

espinha es.**pi**.nha ***S fem*** **1** inflamação na pele, que forma uma pequena bolha vermelha ou amarela: *Durante a adolescência, podem aparecer espinhas.* **2** coluna vertebral: *D. Benta sentiu um frio na espinha.* **3** osso fino e pontudo do esqueleto dos peixes: *As espinhas da sardinha podem ser mastigadas.*

espinheiro es.pi.**nhei**.ro **S masc** pequena árvore de casca fina, cinzenta, e ramos com espinhos.

espinho es.**pi**.nho **S masc** **1** ponta fina e afiada: *Cuidado com as roseiras cheias de espinhos.* **2** problema; dificuldade: *Sentiu que a tarefa era cheia de espinhos.* ▬ **espinhento Adj** que tem muitos espinhos.

espinhoso es.pi.**nho**.so **Adj** **1** que tem espinhos: *A vegetação é formada por plantas espinhosas.* **2** que apresenta dificuldades; complicado: *Não apareceu nenhum interessado no espinhoso cargo.*

espiral ▲ es.pi.**ral** **S fem** **1** curva que gira em torno de um eixo central: *Descascamos laranjas formando uma tira em espiral.* **2** aquilo que tem a forma dessa curva: *A espiral do caderno incomoda quem escrever com a mão esquerda.*

espírito es.**pí**.ri.to **S masc** **1** parte não física das pessoas, ligada aos sentimentos e à inteligência: *Papai segurava minhas mãos, fortalecendo o meu espírito.* **2** fantasma; assombração: *Tinha pavor de filmes de espíritos.* **3** modo de ser; temperamento; ânimo: *A identificação da banda com o público infantil vem do espírito jovem que os músicos têm.* **4** ideia principal; sentido: *Ninguém entendeu o espírito da brincadeira.* ▬ **espiritual Adj** relativo a espírito.

espirrar es.pir.**rar** **Vt** **1** lançar em diferentes direções; espalhar: *A máquina espirrava óleo.* (...+em) **2** fazer sair em jato, por uma abertura; esguichar: *A cabeleireira espirrou água no meu cabelo.* (+de) **3** sair em jato; esguichar: *Espirrou leite da mamadeira.* **Vi** **4** soltar ar pelo nariz, com força e com ruído; dar espirro: *Pôs a mão na boca e espirrou.* ▬ **espirro S masc** expulsão de ar pelo nariz, com força e ruído.

esplêndido es.**plên**.di.do **Adj** **1** que tem brilho; luminoso: *A atmosfera estava clara e o sol, esplêndido.* **2** agradável; muito bonito: *O dia prometia ser esplêndido.* **3** excelente; luxuoso: *Habitavam numa casa esplêndida, de muitos andares.*

esplendor es.plen.**dor** **S masc** **1** brilho; claridade: *O horizonte brilhava com o esplendor do pôr do sol.* **2** grau máximo; grandeza: *Clóris queria aparecer em todo o esplendor de sua beleza.* ▬ **esplendoroso Adj** que tem esplendor.

esponja es.**pon**.ja **S fem** **1** objeto macio que absorve líquidos: *Carol começou a esfregar o leitão com uma esponja.* **2** animal, marinho ou de água doce, que tem no corpo pequenas aberturas, ou poros, por onde entra e sai a água: *Viu bosques de esponjas vivas.* ▶ pág 302 e 303.

espontâneo es.pon.**tâ**.ne:o **Adj** **1** realizado de livre vontade; voluntário: *A ida das pessoas aos postos de vacinação foi espontânea.* **2** que não é artificial; sincero: *Com seu jeito espontâneo, Maria decidiu acabar com a situação.*

espora es.**po**.ra **S fem** **1** instrumento de metal, com pontas, que o cavaleiro prende no calçado e passa na barriga do cavalo, para fazê-lo ir mais rápido: *O cavalo galopou sem precisar de esporas ou chicote.* **2** parte saliente da pata de certas aves: *O peru macho tem esporas.*

esporte es.**por**.te **S masc** **1** exercício praticado individualmente ou em equipes, de acordo com certas regras: *O futebol não é um esporte silencioso.* **2** divertimento; passatempo: *Antigamente, só os nobres caçavam por esporte.* ▶ pág 170 e 171. ▬ **esportista S** quem pratica esportes.

esportivo es.por.**ti**.vo **Adj** **1** relativo a esporte: *Bicicleta não serve apenas para a prática esportiva.* **2** próprio para esportes: *Para andar de kart, tem que usar roupa esportiva.*

esposo es.**po**.so **S masc** homem com quem uma mulher é casada; marido: *Ela e seu esposo fugiram num barco de pesca.*

espreguiçar es.pre.gui.**çar** **Vt** **1** esticar; estender: *As aves espreguiçavam as asas.* **Vi** **2** esticar o corpo, especialmente os membros: *O cachorro do zelador estava (se) espreguiçando no sofá.*

espreitar es.prei.**tar** **Vt** observar sem que ninguém veja: *A meninada espreitava o barracão.*

espremer es.pre.**mer** **Vt** fazer pressão sobre; apertar: *O elástico da calça parecia espremer a barriga.*

ESPORTES

1. árbitro ▶ pág 34
2. arquibancada ▶ pág 35
3. basquete ▶ pág 51
4. bola ▶ pág 58
5. campeão ▶ pág 70
6. campo ▶ pág 70
7. competição ▶ pág 96
8. corrida ▶ pág 109
9. espectador ▶ pág 167
10. futebol ▶ pág 208
11. gol ▶ pág 216
12. goleiro ▶ pág 216
13. handebol ▶ pág 224
14. natação ▶ pág 290
15. passe ▶ pág 316
16. pista ▶ pág 330
17. pódio ▶ pág 333
18. técnico ▶ pág 418
19. tênis ▶ pág 420
20. torcida ▶ pág 426
21. troféu ▶ pág 435
22. vôlei ▶ pág 452

espuma es.**pu**.ma ***S fem***
1 conjunto de bolhas que se formam sobre um líquido: *As ondas do mar batiam na praia e levantavam espuma.* **2** massa de bolhas formada por uma substância química: *O creme dental formou uma espuma branca.* **3** material macio, usado em colchões, travesseiros, forros, etc.: *As crianças atiram bolas de espuma num enorme cesto.*

espumar es.pu.**mar** ***Vi*** **1** formar espuma: *Uma onda avançou pela praia, espumando.* **2** soltar espuma; babar: *O porco selvagem veio correndo, a boca espumando.* **3** ficar furioso: *O chefe dos piratas espumou de raiva.*
espumante ***Adj*** que contém ou produz bolhas. **espumoso** ***Adj*** com espuma; cheio de espuma.

esquadra es.**qua**.dra ***S fem***
conjunto de navios de guerra de um país: *Pedro Álvares Cabral foi o comandante da esquadra portuguesa que chegou ao Brasil em 1500.*

esquadrinhar es.qua.dri.**nhar**
Vt **1** examinar com cuidado; investigar: *O detetive esquadrinhou o local, mas não encontrou nenhuma pista do crime.* **2** estudar; analisar: *Para entender bem um texto é preciso esquadrinhá-lo com muita atenção.*

esquadro es.**qua**.dro ***S masc***
instrumento usado para formar ou medir ângulos.

esquecer es.que.**cer** ***Vt*** **1** deixar sair da memória; não lembrar: *Não podemos esquecer os personagens da cultura popular.* **2** deixar de lado; abandonar: *O escritor nunca esqueceu seus amigos.* **3** deixar sem querer: *A senhora esqueceu um pacote no ônibus.*
Ant: **lembrar**.

esquecimento
es.que.ci.**men**.to ***S masc***
1 abandono; não reconhecimento: *O trabalho do pintor ficou no esquecimento por mais de 300 anos.* **2** falha de memória: *O professor deixou a caixa no laboratório por esquecimento.*

esqueleto es.que.**le**.to ***S masc***
conjunto de ossos dos vertebrados.

esquema es.**que**.ma ***S masc***
1 representação simplificada de um objeto ou de um processo por meio de uma figura: *O professor mostrou um esquema dos cômodos de uma casa.* **2** plano; programação: *Para o ator poder estudar, fizeram um esquema especial.*
esquemático ***Adj*** relativo a esquema.

esquentar es.quen.**tar**
Vt **1** tornar quente; aquecer: *Esquentava a comida no micro-ondas.* ***Vi*** **2** ficar quente; aquecer-se: *A brasa da churrasqueira foi esquentando.*

esquerda es.**quer**.da ***S fem*** lado esquerdo: *O vizinho da esquerda mudou-se.*
Ant: **direita**.

esquerdo es.**quer**.do ***Adj*** **1** que fica do lado do corpo oposto ao direito: *Pedro acabou enroscando o pé esquerdo e ficou preso.*
2 correspondente a esse lado para um observador colocado em frente a um objeto: *Nas mesas da fileira esquerda, sentavam-se as garotas.*
Ant: **direito**.

esqui es.**qui** ***S masc*** **1** cada uma das pranchas estreitas, alongadas e com as pontas dianteiras curvas que se prendem aos pés para deslizar sobre a neve ou a água: *Lívia achou difícil controlar os esquis.* **2** esporte praticado com esqui: *Conheci uma estação de esqui na Itália.*

esquiar ▼ es.qui.**ar** ***Vi*** deslizar sobre esquis: *As duas primas nunca esquiaram na neve.*

esquilo es.**qui**.lo ***S masc*** animal roedor que vive em árvores, de cauda comprida e peluda: *De vez em quando um esquilo saltava de trás de um tronco e passava correndo.*

esquimó es.qui.**mó** ***S*** **1** quem nasceu ou mora nas regiões próximas do Polo Norte (Groenlândia, Canadá e Alasca). ***Adj*** **2** de quem nasceu ou mora nessas regiões: *Daniela leu uma lenda esquimó.*

esquina es.**qui**.na ***S fem*** canto formado pelo cruzamento de duas ruas. ▶ pág 102 e 103.

esquisito es.qui.**si**.to ***Adj***
1 estranho; diferente: *Sempre achei o Candinho meio esquisito.* **2** difícil de entender: *O pessoal também complicava demais, escrevia cada carta esquisita!* ***Adv*** **3** de maneira estranha ou difícil de entender: *A domadora falava esquisito e os animais pareciam obedecer a tudo.*

essência es.**sên**.ci:a ***S fem***
1 aquilo que é mais importante: *A água é a essência da vida.* **2** ideia principal: *Ela entendeu imediatamente a essência da questão.* **3** óleo aromático retirado de certos vegetais: *Muitos perfumes são produzidos a partir de essências extraídas de plantas.*

essencial es.sen.ci.**al** ***Adj*** **1** que é necessário; principal: *Carolina pegou uma sacola e pôs nela o que era essencial.* **2** muito importante; que não se pode dispensar: *A leitura é essencial para adquirir vocabulário.* ***S masc*** **3** ponto mais importante: *O essencial é ser feliz e fazer o bem.*

estabanado es.ta.ba.**na**.do ***Adj*** que é agitado ou sem cuidado; desajeitado: *O cachorro era muito estabanado, veio escorregando pelo chão.*

estabelecer es.ta.be.le.**cer** ***Vt***
1 criar; formar: *O que importa é estabelecer relações de amizade.* **2** determinar; fixar: *Os seus pais devem estabelecer um horário para você tomar banho.* [**Pron**] (+em) **3** ir morar; fixar-se: *O artista se estabeleceu na Austrália.*

estabelecimento
es.ta.be.le.ci.**men**.to ***S masc***
1 prédio onde funciona uma empresa ou firma: *O número de estabelecimentos comerciais aumentou.* **2** local que serve para a realização de atividades coletivas; instituição: *Os alunos conheceram o diretor do estabelecimento escolar.* **3** fixação; determinação: *Os elementos da natureza também podem ser utilizados como critério para o estabelecimento de regiões.*

estábulo es.**tá**.bu.lo ***S masc*** local onde se abrigam bois, cavalos, e outros animais.

estaca es.**ta**.ca ***S fem*** peça comprida e fina, de madeira, aço ou concreto, que serve para suporte: *O empregado do sítio bateu estacas no chão para prender a tela do galinheiro.*

estação es.ta.**ção** ***S fem*** **1** lugar onde um meio de transporte estaciona para o embarque e desembarque de passageiros: *Na enorme estação, trens partiam e chegavam o dia inteiro.* **2** centro que transmite programação de rádio ou televisão; emissora: *Foi a uma estação de rádio e fez um anúncio da loja.* **3** cada um dos quatro períodos do ano que constam de três meses: *A primavera é a estação das flores.*

estacionar es.ta.ci:o.**nar** ***Vt***
1 deixar parado em local próprio para isso: *Os donos da escola estacionavam seus carros embaixo da árvore.* ***Vi*** **2** parar; encostar: *O táxi estacionou em frente ao hotel.*
estacionamento ***S masc*** local próprio para deixar um veículo parado por um tempo.
▶ pág 102 e 103.

estádio ♥ es.**tá**.di:o ***S masc*** lugar próprio para a realização de jogos ou provas esportivas: *O futebol continua atraindo milhares de pessoas aos estádios.*

estado es.**ta**.do ***S masc***
1 condição; situação: *Um antigo templo foi descoberto, em perfeito estado de conservação.* **2** modo de ser ou de existir: *Existe água em estado sólido, o gelo.* **3** cada uma das divisões de certos países: *As batatas vêm do estado de Minas Gerais.*

estadual es.ta.du.**al** ***Adj*** **1** que faz parte de um estado (divisão de um país): *A região aumentou sua participação na indústria estadual.* **2** que representa um estado: *O deputado estadual faz leis nos estados.*

estágio es.**tá**.gi:o ***S masc*** treinamento ou prática no aprendizado de uma profissão: *Lucas conseguiu um estágio de 15 dias no clube de futebol e vai jogar na posição de goleiro.*

estalar es.ta.**lar** ***Vt*** **1** fazer produzir estalos ou ruídos: *Lambuzavam-se de geleia, lambiam os beiços, estalavam a língua.* ***Vi*** **2** produzir estalos ou ruídos: *O chicote estalou no ar.*
num estalar de dedos com grande rapidez: *Rita fez os biscoitos num estalar de dedos!*

estalo es.**ta**.lo ***S masc*** **1** som breve e seco produzido por quebra ou atrito: *Ouviram-se estalos e várias trancas se abriram.* **2** ideia brilhante e súbita; inspiração: *Carlos teve um estalo e achou a solução.*

estampa es.**tam**.pa ***S fem*** figura impressa: *As camisetas radicais têm até estampas de caveira!*

estampado es.tam.**pa**.do ***Adj***
1 que tem figuras ou desenhos:

Bela fechou sua sombrinha estampada. **2** impresso; gravado: *Havia várias estrelas brancas estampadas na lona azul do circo.*

estância es.**tân**.ci:a **S *fem***
1 cidade dotada de clima especial ou águas medicinais, onde se permanece para cura ou repouso. *Foi passar as férias numa estância.* **2** no Rio Grande do Sul, fazenda para criação de gado: *A estância era utilizada para abrigar muitos bois.*
estancieiro S *masc* proprietário de fazenda de gado; fazendeiro.

estandarte es.tan.**dar**.te **S *masc*** bandeira com o símbolo de um país, uma escola, uma associação, etc.: *Os estandartes enfeitavam a festa.*

estande es.**tan**.de **S *masc*** local para exposição e venda de produtos ou serviços: *Um dos estandes da feira terá livros de autores cearenses.*

estante es.**tan**.te **S *fem*** móvel com prateleiras onde geralmente se guardam livros ou se colocam objetos de decoração: *Helga tirou o atlas do alto da estante.*
pág 76 e 77.

estar es.**tar** ***V lig*** **1** apresentar-se: *A noite estava agradável.* **2** permanecer: *Todos estavam calados.* **3** achar-se em determinado estado ou condição: *O doente já está bem.* **4** achar-se vestido: *Mara estava de azul.* ***Vt*** (+com) **5** ter: *Dona Alice estava com 70 anos.* (+em) **6** localizar-se no espaço; encontrar-se: *Nesta hora ela já devia estar na escola.* (+com) **7** ter a companhia de: *Hoje de manhã estivemos com tio Afonso.*
estada S *fem* permanência.

estatelar-se es.ta.te.**lar**-se ***Vt*** [***Pron***] (+em) cair estendido: *A bruxa caiu da vassoura e se estatelou em cima de uma moita!*

estátua es.**tá**.tu:a **S *fem*** figura feita de matéria dura que representa uma pessoa, um animal, etc: *Quem chega ao Rio de Janeiro logo vê a estátua do Cristo Redentor.*

estatura es.ta.**tu**.ra **S *fem*** altura de uma pessoa: *Sua estatura de 1 metro e 80 centímetros aos 13 anos de idade a levou a jogar basquete.*

estatuto es.ta.**tu**.to **S *masc*** lei ou conjunto de leis: *O estatuto diz que a criança tem direito à educação.*

estável es.**tá**.vel ***Adj*** **1** que não varia; que não muda: *O preço da cesta básica permanece estável.* **2** firme; seguro: *A construção parecia muito estável.*

esteira es.**tei**.ra **S *fem*** **1** tapete ou forro feito de palha ou de outros vegetais trançados: *À noite, os escravos dormiam sobre esteiras de palha.* **2** mecanismo que se move automaticamente e transporta pessoas ou bagagem: *Finalmente a mala surgiu na esteira de bagagens.* pág 328 e 329.

estender es.ten.**der** ***Vt*** **1** tornar maior ou mais longo; ampliar; aumentar: *O imperador desejava estender seu poder.* **2** fazer avançar; esticar: *O animal estendeu as pernas e se curvou.* (...+para) **3** apresentar; dar: *Priscila estendeu a mão para a visita.* [***Pron***] (+por) **4** estar espalhado; distribuir-se: *A grama estendia-se por todo o campo.*

esterco es.**ter**.co **S *masc*** fezes de animal usadas como adubo: *Adubou as mudas com esterco de vaca.*

estiagem es.ti.**a**.gem **S *fem*** falta de chuva; seca que dura muito tempo: *Em períodos de estiagem, deve-se tomar bastante líquido.*

esticar es.ti.**car** ***Vt*** **1** estender; puxar: *Luís segurou as duas pontas, esticando o barbante.* **2** fazer avançar ou levantar; espichar: *O cão esticou o focinho e farejou.* (+em) **3** pôr-se ao comprido; deitar-se: *Depois do almoço, as amigas (se) esticaram na cama de Sílvia.* ***Vi*** **4** aumentar de tamanho; ficar maior ou mais largo: *Essa roupa estica no corpo.*

estilingue es.ti.**lin**.gue **S *masc*** instrumento de madeira em forma de Y, com um elástico preso nas pontas, que serve para atirar pedras: *Arremessaram pedras nas latinhas com seus estilingues.*

estilo es.**ti**.lo **S *masc*** **1** modo de se expressar: *Os dois trechos apresentam estilos de linguagem diferentes.* **2** tipo; variedade: *A exposição reúne aquários de*

a b c d e f g h i j k l m n o p q r s t u v w x y z

vários *estilos* e tamanhos. **3** modo; maneira: *Os turistas desrespeitavam o estilo de vida dos nativos.*

estimar es.ti.**mar** ***Vt*** **1** gostar muito de ou ter muito respeito por: *O professor era querido e as crianças o estimavam.* **2** ficar feliz; alegrar-se: *Estimo (em) saber que você está melhor.*
estima ***S fem*** afeição ou consideração.

estimativa es.ti.ma.**ti**.va ***S fem*** cálculo aproximado; avaliação: *Segundo estimativa da prefeitura, cerca de 50 famílias estão com suas casas em áreas de risco.*

estimular es.ti.mu.**lar** ***Vt*** **1** provocar estímulo em; ativar: *As vitaminas estimulam o apetite.* (...+a) **2** dar ânimo; encorajar: *D. Benta estimulava Pedrinho a ler as notícias do jornal.*
estímulo ***S masc*** ação de estimular.

estojo es.**to**.jo ***S masc*** caixa para guardar objetos: *Guarda sua coleção de borrachas num estojo.*

estômago es.**tô**.ma.go ***S masc*** **1** órgão da digestão dos alimentos. **2** a parte externa do corpo, correspondente à região do estômago; barriga: *Marco sentiu uma pancada no estômago e caiu para trás.*

estopa es.**to**.pa ***S fem*** **1** tecido grosseiro: *Os ladrões saíam do palácio carregando sacos de estopa.* **2** maço de fios grossos e macios: *Para lavar o carro, o certo é usar balde e flanela ou estopa.*

estoque ▼ es.**to**.que ***S masc*** **1** quantidade armazenada; reserva: *2% é o estoque de água existente em geleiras ou grandes profundidades.* **2** conjunto de mercadorias guardadas para uso ou venda no futuro: *O sapateiro era pobre e não tinha estoque de material.*

estourar es.tou.**rar** ***Vt*** **1** fazer rebentar com barulho: *As crianças estouraram as bexigas.* **2** quebrar com violência; partir: *O boi estourou a cerca e fugiu.* ***Vi*** **3** arrebentar com barulho; explodir: *O balão estourou, assustando o nenê.*
estouro ***S masc*** explosão barulhenta.

estraçalhar es.tra.ça.**lhar** ***Vt*** fazer em pedaços; destruir: *O cachorro estraçalhou a barra da calça do Edu.*

estrada es.**tra**.da ***S fem*** caminho para o trânsito de meios de transporte entre cidades: *O caminhão logo desapareceu na curva da estrada.*

estrada de ferro es.**tra**.da de **fer**.ro ***S fem*** sistema ou conjunto de trilhos por onde circulam os trens; ferrovia.

estrado es.**tra**.do ***S masc*** suporte para colchão, feito geralmente de madeira: *A cama, com estrado de madeira e um colchão de crina, ficava no outro quarto.*

estragar es.tra.**gar** ***Vt*** **1** deixar em mau estado; danificar: *Rosa não dançou para não estragar os seus sapatos.* **2** prejudicar; atrapalhar: *Ficou bem quieto para não estragar a surpresa.* ***Vi*** **3** ficar em mau estado; quebrar: *A bicicleta de Pedro estragou.*
estrago ***S masc*** processo ou resultado de estragar.

estrangeiro es.tran.**gei**.ro ***Adj*** **1** que é de outro país: *As crianças estrangeiras haviam chegado da Itália na véspera.* **2** diz-se de país que não é o nosso: *O gato tinha nascido num país estrangeiro.* ***S masc*** **3** pessoa de outro país: *Os estrangeiros que desembarcam no Rio ficam encantados com a paisagem.* **4** país que não é o nosso: *O dono da firma mandou vir máquinas do estrangeiro.*

estrangular es.tran.gu.**lar** ***Vt*** apertar o pescoço até sufocar: *O macaco agarrou Celso pelo pescoço e quase o estrangulou.*

estranhar es.tra.**nhar** ***Vt*** **1** achar diferente ou estranho: *Nino estranhou o gosto da sopa.* **2** não se acostumar com: *Marcos ainda estranha o aparelho nos dentes.*

estranheza es.tra.**nhe**.za ***S fem*** **1** surpresa; espanto: *Olhavam Maria com estranheza.* **2** aquilo que é estranho; coisa que não é comum: *A exposição reunia um monte de estranhezas.*

estranho es.**tra**.nho ***Adj*** **1** fora do comum; diferente: *O suco tinha uma aparência estranha.* **2** que não é conhecido: *Não se aproxime de bichos estranhos.* ***S masc*** **3** quem não é conhecido: *Os moradores acharam que não tinham nada a* *temer dos estranhos.* **4** fato que não é comum: *O estranho é que o príncipe não beijou a princesa adormecida.* Ant para **2** e **3**: **conhecido**.

estrear es.tre.**ar** ***Vt*** **1** apresentar ao público pela primeira vez: *O canal vai estrear novos capítulos da série.* **2** usar pela primeira vez: *Chegou o dia em que Sílvio ia estrear seu carro novo.* ***Vi*** **3** ser apresentado ao público pela primeira vez; iniciar as apresentações: *O filme estreia logo nos cinemas do Brasil.* **4** iniciar sua atividade: *Muitos times vão estrear nesta Copa.*
estreia ***S fem*** primeira apresentação pública. **estreante** ***Adj*** que se apresenta pela primeira vez ou inicia uma atividade.

estrebaria es.tre.ba.**ri**.a ***S fem*** abrigo para cavalos: *O pônei descansava dentro da estrebaria.*

estreito es.**trei**.to ***Adj*** **1** que tem pouca largura; fino ou apertado: *Os viajantes passaram por uma ponte estreita.* **2** próximo; íntimo: *Os seres humanos mantêm uma estreita relação com o ambiente.* ***S masc*** **3** canal natural que une dois mares ou duas partes do mesmo mar: *O Mar Mediterrâneo se liga ao Oceano Atlântico pelo Estreito de Gibraltar.*
Ant para **1**: **largo**.

estrela es.**tre**.la ***S fem*** **1** astro que tem luz própria: *Era uma noite dessas em que as estrelas brilham no céu como diamantes.* **2** figura ou desenho que tem, geralmente, cinco ou seis pontas: *A camisa da seleção já tem cinco estrelas.* **3** pessoa muito importante ou famosa: *Uma atriz de 21 anos é a estrela do novo musical.*
estelar ***Adj*** relativo às estrelas.

estrela-do-mar es.**tre**.la-do-**mar** ***S fem*** animal marinho que tem forma de estrela e várias cores.

estremecer es.tre.me.**cer** ***Vt*** **1** causar tremor a; fazer tremer: *O fiscal deu um grito de estremecer o quarteirão.* ***Vi*** **2** ficar trêmulo; agitar-se: *Os animais estremeceram de medo.*

estresse es.**tres**.se ***S masc*** perturbação causada por problemas, pressões ou cansaço: *Engana-se quem pensa que o estresse só ataca adultos.*
estressado ***Adj*** com estresse.

estridente es.tri.**den**.te ***Adj*** agudo; fino: *A cigarra produz um som estridente.*

estripulia ▲ es.tri.pu.**li**.a ***S fem*** travessura; desordem: *Ele vive inventando estripulias, não para!*

estrofe es.**tro**.fe ***S fem*** grupo de versos em que se dividem algumas poesias ou canções.

estrondo es.**tron**.do ***S masc*** ruído muito forte: *A escada balançou e de repente caiu com estrondo.*

estrondoso es.tron.**do**.so ***Adj*** **1** que causa estrondo; barulhento: *Um raio iluminou a sala, seguido de um estrondoso trovão!* **2** que causa sensação; que chama a atenção: *Esse filme fez um sucesso estrondoso.*

estrutura es.tru.**tu**.ra ***S fem*** **1** conjunto de elementos unidos que sustentam alguma coisa para que não caia; armação: *O primeiro avião tinha estrutura de madeira e lona.* **2** conjunto de elementos básicos; base: *Todos os acampamentos têm boa estrutura de lazer.* **3** arranjo das partes que formam um todo: *O cientista estava estudando a estrutura familiar indígena.*

estudante es.tu.**dan**.te ***S*** **1** quem estuda ou frequenta uma escola: *O estudante ia a pé para a escola.* ***Adj*** **2** que frequenta uma escola: *Os colegas estudantes observavam tudo.*
estudantil ***Adj*** de estudantes.

estudar es.tu.**dar** ***Vi*** **1** frequentar uma escola: *Estudo num colégio público.* ***Vt*** **2** aprender (uma matéria), sozinho ou frequentando um curso: *Os alunos estavam estudando História do Brasil.* **3** examinar com atenção; analisar: *Os representantes do povo estudaram o assunto e apresentaram uma solução.*

estúdio es.**tú**.di.o ***S masc*** **1** local para gravações de som ou imagem: *O cantor procurava um estúdio para gravar seu CD.* **2** oficina: *Adriano iniciou seus estudos de arte no estúdio de seu pai.*

estudioso es.tu.di.**o**.so ***S masc*** **1** quem é especialista num campo de estudo: *Grande parte dos estudiosos pensa que Plutão não é um planeta.* ***Adj*** **2** que estuda muito; aplicado nos estudos: *A menina sempre foi filha comportada e estudiosa.*

estudo es.**tu**.do ***S masc*** 1 atividade para aprender: *Arrume um local adequado para o estudo.* 2 exame detalhado; pesquisa: *O sábio andava fazendo um estudo sobre animais.* 3 instrução em escola; aprendizagem na escola: *Lígia concluiu seus estudos em Paris.*

estufa es.**tu**.fa ***S fem*** construção com telhado e partes laterais de vidro onde as plantas se conservam aquecidas: *O palácio tinha estufas para flores raras.*

estufar es.tu.**far** ***Vt*** 1 fazer aumentar o volume de; fazer inchar: *O coelhinho estufou as bochechas.* 2 levantar; empinar: *Ao ouvir o elogio, Miguel estufou o peito.* ***Vi*** 3 aumentar; inchar-se: *Luís comeu tanto que sua barriga estufou.*

estupendo es.tu.**pen**.do ***Adj*** 1 muito bom; excelente: *Emília teve uma ideia estupenda.* 2 espantoso; incrível: *Ganhou uma bicicleta por sua estupenda vitória no concurso.*

estúpido es.**tú**.pi.do ***Adj*** 1 que não é inteligente; burro: *Queria descobrir se o vizinho era estúpido ou sem competência.* 2 bruto; grosseiro: *O homem estúpido estava maltratando a cadela.* 3 monstruoso; violento: *Ele morreu numa guerra estúpida.*
estupidez ***S fem*** propriedade do que é estúpido.

esvaziar es.va.zi.**ar** ***Vt*** 1 fazer ficar vazio: *Márcia esvaziou todos os potes com água parada.* ***Vi*** [***Pron***] 2 ficar vazio: *Em poucos minutos, o parque se esvaziou.*
Ant: **encher**.

esverdeado es.ver.de.**a**.do ***Adj*** de cor que se aproxima do verde; verde-claro: *As praias chamam a atenção pela variação do tom das águas, ora esverdeadas, ora de um intenso azul.*

esvoaçar es.vo.a.**çar** ***Vi*** 1 voar, batendo as asas com força: *Um morcego esvoaçava em volta da figueira.* 2 mover-se de um lado para o outro; agitar-se: *As bandeiras esvoaçavam ao vento.*

ET ***S masc*** ser que pertence a outro mundo; extraterrestre: *Cecília tinha medo de ser raptada por um ET.*
Sigla do inglês ***extra-terrestrial***. A forma **E.T.** também é usada.

etapa e.**ta**.pa ***S fem*** parte de um processo ou de uma atividade; fase; estágio: *A primeira etapa do plano foi um sucesso.*

etc etcétera ***Conj*** palavra que indica que uma lista não terminou.
Abreviação do latim *et coetera*, que significa **e outras coisas**.

eternidade e.ter.ni.**da**.de ***S fem*** 1 duração ou período sem começo nem fim: *Por toda a eternidade os planetas giram em torno do Sol.* 2 período muito longo: *Demorou 35 minutos para encher os balões, tempo que pareceu uma eternidade para a galera!*

eterno e.**ter**.no ***Adj*** 1 que não tem princípio nem fim; que dura sempre: *Peter Pan gritou que era eterno e invencível.* 2 sem fim; infinito: *Queriam alcançar a vida eterna.*
Ant: **passageiro**.

ética **é**.ti.ca ***S fem*** conjunto de princípios de bom comportamento que todo homem deve seguir: *A ética inicia-se na infância, principalmente com o exemplo.*

etiqueta e.ti.**que**.ta ***S fem*** 1 rótulo de identificação: *Colaram etiquetas nos vidros com os nomes das sementes.* 2 conjunto de regras de boa educação: *É contra a etiqueta bocejar na frente do rei.*

etnia et.**ni**.a ***S fem*** grupo humano que apresenta semelhança cultural e biológica: *Pessoas de várias etnias formam a nação brasileira.*
étnico ***Adj*** relativo a etnia.

eu ***Pron*** [***Pessoal***] refere-se a quem fala: *Eu estava no jardim quando a ventania começou.*

eucalipto eu.ca.**lip**.to ***S masc*** árvore grande, com o caule liso e de cor acinzentada; a madeira é usada principalmente na fabricação de papel.

europeu eu.ro.**peu** ***Adj*** 1 que nasceu ou mora na Europa: *Um grupo de cientistas europeus anunciou o achado de um planeta.* 2 da Europa: *A Polônia é um país do Leste Europeu.* ***S masc*** 3 pessoa que nasceu ou mora na Europa: *O pau-brasil foi a primeira riqueza encontrada pelos europeus em nossas terras.*

evaporar e.va.po.**rar** ***Vt*** **1** transformar em vapor ou gás: *O sol evapora as gotas de orvalho.* ***Vi*** **2** tornar-se vapor ou gás: *Ao ser aquecida, a água evapora.*
evaporação ***S fem*** passagem do estado líquido para o gasoso; transformação em vapor.

evento e.**ven**.to ***S masc*** **1** festa; comemoração: *O Carnaval é um evento antigo.* **2** competição; torneio: *Assisti a um grande evento de futebol.* **3** acontecimento: *A vida é cheia de eventos interessantes.*

evidência e.vi.**dên**.ci.a ***S fem*** **1** prova: *Os robôs procuravam evidências de água em Marte.* **2** posição de destaque: *A festa era uma oportunidade para Cléo se colocar em evidência.*
evidente ***Adj*** que se percebe com facilidade; visível.

evidenciar e.vi.den.ci.**ar** ***Vt*** tornar evidente; pôr em destaque; mostrar: *Os meios de comunicação evidenciaram o problema ecológico.*

evitar e.vi.**tar** ***Vt*** **1** não permitir; impedir: *Deve-se beber bastante água para evitar a desidratação.* **2** manter-se longe de: *Evite lugares onde os escorpiões possam esconder-se.* **3** tentar não (fazer algo); deixar de: *A mãe evita proteger demais o filho.*

evolução e.vo.lu.**ção** ***S fem*** **1** desenvolvimento; transformação; mudança: *O homem está sempre em evolução.* **2** conjunto de movimentos executados por um grupo de dançarinos: *Quem dança frevo usa uma sombrinha nas evoluções.* **3** progresso; melhoramento: *O garoto teve boa evolução no esporte.*

evoluir e.vo.lu.**ir** ***Vi*** passar por transformação; desenvolver-se: *O mundo está evoluindo muito.*

exagerar e.xa.ge.**rar** ***Vi*** **1** apresentar como maior, menor, melhor ou pior do que realmente é: *Para chamar a atenção, o menino exagerou, aumentou as histórias.* ***Vt*** (+em) **2** ir além do normal; passar dos limites: *Não é bom exagerar no açúcar.*
exagero ***S masc*** ação de exagerar; excesso; abuso.

exame ▲ e.**xa**.me ***S masc*** **1** análise ou teste para descobrir possíveis doenças: *Somente com um exame de sangue pode-se descobrir a doença.* **2** avaliação de conhecimento; prova: *Ricardo prestou o exame vestibular.* **3** avaliação; teste: *Os professores têm levado crianças para fazer exame de vista.* ▶ pág 225.

examinar e.xa.mi.**nar** ***Vt*** fazer exame em; avaliar ou testar: *O detetive iria examinar o local do crime.*

exato e.**xa**.to ***Adj*** **1** certo; correto: *O aluno achou a resposta exata.* **2** que ocorre em um tempo determinado; preciso: *Nesse exato momento o macaco saltou da árvore.* **3** perfeitamente igual (a algo): *As botas tinham a forma exata dos pés.*
exatidão ***S fem*** propriedade do que é exato ou correto; precisão.
Ant para **exato**: **incorreto**.

exausto e.**xaus**.to ***Adj*** muito cansado: *Exaustos da viagem, todos foram dormir.*

exceção ex.**ce**.ção ***S fem*** aquilo que não é comum: *Muitos rios do Nordeste passam a maior parte do ano sem água, mas o São Francisco é uma exceção.*

exceder ex.ce.**der** ***Vt*** **1** ir além de; ultrapassar: *A carga excedia as forças do burro.* [**Pron**] (+em) **2** ultrapassar o limite; cometer excessos: *Era comum as pessoas se excederem na comida.*

excelência ex.ce.**lên**.ci.a ***S fem*** qualidade superior; perfeição: *A gráfica é famosa pela excelência de seus serviços.*
Com inicial maiúscula, é usado para dirigir-se a pessoas de alta categoria: *Ora, Excelência! E o senhor acreditou?*

excelente ex.ce.**len**.te ***Adj*** de muito boa qualidade; muito bom: *Estava cheio de excelentes ideias e queria colocá-las em prática logo.*

excesso ex.**ces**.so ***S masc*** **1** ação que passa dos limites normais; abuso: *Infelizmente, algumas pessoas cometem excessos no Carnaval.* **2** número ou quantidade muito elevada; aquilo que é demais: *Água em excesso pode fazer a planta apodrecer.*
excessivo ***Adj*** sem controle ou limite; exagerado.
Ant para **2**: **moderação**.

exceto ex.**ce**.to ***Prep*** palavra que relaciona dois termos da frase indicando algo que ficou de fora; fora: *Todos estavam contentes, exceto os mexicanos.*

excitação ex.ci.ta.**ção** ***S fem*** grande animação ou entusiasmo; agitação: *As crianças estavam em grande excitação com a viagem.* ⊖ **excitado** ***Adj*** muito entusiasmado ou agitado.

exclamação ex.cla.ma.**ção** ***S fem*** grito, palavra ou frase que expressa uma forte emoção: *As borboletas azuis arrancavam exclamações de admiração das crianças.*

exclamar ex.cla.**mar** ***Vi*** dizer com muita emoção; dizer em tom de exclamação: – *Que desaforo!* – *exclamou* Narizinho, *indignada. Quer dizer que as mulheres nesse país não eram gente?*

excluído ex.clu.**í**.do ***Adj*** **1** que é deixado de lado: *A escola não permitia que nenhuma criança se sentisse excluída.* ***S masc*** **2** quem fica de fora; quem é deixado de lado: *A esperança sempre esteve presente na vida dos excluídos.*

excluir ex.clu.**ir** ***Vt*** (...+de) deixar fora; eliminar; cortar: *O pequeno detetive excluiu seus pais da lista de suspeitos.* ⊖ **exclusão** ***S fem*** ato de eliminar ou de deixar de fora.

exclusividade ex.clu.si.vi.**da**.de ***S fem*** aquilo que só uma pessoa ou poucas pessoas possuem: *Antigamente, os mapas eram exclusividade dos reis e pessoas muito ricas.*

exclusivo ex.clu.**si**.vo ***Adj*** **1** que é feito especialmente para alguém; especial: *A roupa era criação exclusiva para a noiva.* **2** único: *Tinha o direito de ser a dona exclusiva do dinheiro que ganhasse.*

excreção ex.cre.**ção** ***S fem*** processo de eliminação de substâncias não aproveitadas do organismo.

excursão ◀ ex.cur.**são** ***S fem*** **1** viagem em grupo, para estudo ou lazer: *Ande logo, para não perder a excursão com a escola.* **2** passeio; ida: *Queriam fazer uma excursão à montanha.* **3** viagem para diversos lugares, para apresentações artísticas ou esportivas; turnê: *O cantor fez uma excursão pela Europa.*

executar e.xe.cu.**tar** ***Vt*** **1** fazer; realizar: *As máquinas executam tarefas que exigem força.* **2** tocar: *O conjunto musical executa sambas.* **3** tirar a vida de; matar: *O rei mandou executar os traidores.* ⊖ **execução** ***S fem*** ação de executar.

executivo e.xe.cu.**ti**.vo ***Adj*** **1** diz-se do Poder da República que se encarrega de fazer cumprir as leis: *O Poder Executivo é exercido pelo Presidente da República, governadores e prefeitos.* ***S masc*** **2** diretor ou alto funcionário de uma empresa: *O estresse é um mal que atinge executivos.*

exemplar e.xem.**plar** ***Adj*** **1** que serve como exemplo; excelente: *Renata é mãe exemplar.* ***S masc*** **2** cada revista, livro, etc. impresso: *Cada grupo trouxe para a aula o exemplar de um jornal.*

exemplificar e.xem.pli.fi.**car** ***Vt*** **1** explicar ou esclarecer com exemplo: *Deveriam exemplificar suas respostas.* **2** ser exemplo: *A história exemplifica que certas brincadeiras podem virar acidentes.*

exemplo e.**xem**.plo ***S masc*** **1** aquilo que deve ser seguido ou imitado; modelo: *Aquela instituição é um exemplo por seu trabalho.* **2** aquilo que mostra ou explica o que se diz: *O texto traz um exemplo de fada que se comportou como bruxa.*

exercer e.xer.**cer** ***Vt*** **1** praticar; realizar: *Estas famílias exercem uma atividade econômica que não traz muitos lucros.* (...+sobre) **2** ter: *As cidades maiores exercem influência sobre as menores.*

exercício e.xer.**cí**.ci:o ***S masc*** **1** atividade para melhoramento físico: *Nas aulas de balé, há exercícios para fortalecer os músculos.* **2** treinamento: *Assistir a filmes é um importante exercício para compreender o passado.* **3** tarefa para fixar matérias escolares: *Juliana preenche os exercícios do livro.* ▶ pág 156 e 157.

exercitar e.xer.ci.**tar** ***Vt*** **1** desenvolver atividade física ou mental: *Exercitar o corpo é importante para o crescimento.* **2** treinar; praticar: *O mágico estava exercitando alguns truques.*

exército e.**xér**.ci.to ***S masc*** **1** parte das tropas militares que luta em terra: *Vários grupos, apoiados pelo Exército, se revoltaram contra o governo.* **2** grupo de soldados que combatem em terra: *Os dois*

A B C D E F G H I J K L M N O P Q R S T U V W X Y Z

exércitos marchavam para a luta. **3** grande grupo ou conjunto: *Antes da invenção da eletricidade, havia um exército de pessoas para acender lampiões nas ruas.* Em **1**, escreve-se com inicial maiúscula.

exibido e.xi.**bi**.do ***Adj*** que gosta de mostrar-se; metido: *O Filipe dançava todo exibido.*

exibir e.xi.**bir** ***Vt*** **1** apresentar; ter: *Seus olhos exibiam um brilho.* (...+a/a) **2** mostrar; expor: *Bárbara exibiu o anel a todo mundo.* ***Vi*** [***Pron***] **3** chamar atenção sobre si: *Miguel é muito tímido e não gosta de se exibir.* **exibição** ***S fem*** ação de (se) exibir.

exigir e.xi.**gir** ***Vt*** **1** mandar; ordenar: *O pai exigiu que Marina contasse tudo.* **2** necessitar de: *Viajar pelo espaço exige muita tecnologia.* **3** pedir (algo a que se tem direito); reclamar: *O povo saiu às ruas para exigir mudanças.* **exigência** ***S fem*** aquilo que é exigido. **exigente** ***Adj*** que exige muito; rigoroso.

exilado e.xi.**la**.do ***S masc*** **1** quem foi expulso ou obrigado a sair de sua pátria: *A bailarina vivia como exilada.* ***Adj*** **2** que foi expulso ou obrigado a sair de sua pátria: *As pessoas exiladas puderam retornar.*

exílio e.**xí**.li:o ***S masc*** **1** expulsão da pátria: *Deodoro da Fonseca determinou o exílio da família de Dom Pedro II.* **2** lugar onde fica o exilado: *A família foi obrigada a viver no exílio.*

existência e.xis.**tên**.ci:a ***S fem*** período em que algo existe; duração: *A livraria tem cem anos de existência.*

existir e.xis.**tir** ***Vi*** **1** ter vida; viver: *Existiram no Brasil lagartos com asas.* **2** ser real; ter existência: *Será que Papai Noel existe?* **existente** ***Adj*** que existe.

êxito **ê**.xi.to ***S masc*** bom resultado; sucesso: *Os marinheiros agradeceram pelo êxito de sua aventura.*

exótico e.**xó**.ti.co ***Adj*** estranho; diferente: *Foi premiada a pipa mais exótica da competição.*

expandir ex.pan.**dir** ***Vt*** **1** tornar mais amplo ou maior; aumentar: *O rei queria expandir seu império.* [***Pron***] (+por) **2** alcançar mais lugares; espalhar-se; distribuir-se: *A revolta se expandiu por toda a região.* ***Vi*** [***Pron***] **3** tornar-se mais amplo ou maior; aumentar: *Quando a água congela, ela pode também se expandir, aumentando seu volume.* **expansão** ***S fem*** aumento; ampliação.

expectativa ex.pec.ta.**ti**.va ***S fem*** **1** esperança de que algo vá acontecer: *Neco falou sobre suas expectativas para o Ano Novo.* **2** espera: *Todos ficaram na expectativa do que ia acontecer.*

expedição ex.pe.di.**ção** ***S fem*** **1** viagem de um grupo para pesquisa, exploração ou conquista de determinada região: *Na primeira etapa da expedição, especialistas percorreram trechos da floresta.* **2** grupo de pessoas que pesquisam ou exploram uma região: *A expedição ia seguir viagem.*

expediente ex.pe.di.**en**.te ***S masc*** **1** período de trabalho: *Vamos ter de trabalhar após o expediente normal.* **2** meio; recurso: *O expediente que Hércules usaria para vencer era simples.*

expelir ex.pe.**lir** ***Vt*** lançar fora de si; pôr para fora: *Os vulcões expelem lava e cinzas.*

experiência ex.pe.ri.**ên**.ci:a ***S fem*** **1** trabalho científico para testar ou provar algo; experimento: *O cientista repetiu a experiência e descobriu a vacina.* **2** acontecimento ou atividade que influi na vida de alguém: *Participar de um teatro foi uma experiência e tanto.* **3** conhecimento adquirido através da prática: *O diretor tem experiência com crianças.* **experiente** ***Adj*** que tem experiência.

experimental ex.pe.ri.men.**tal** ***Adj*** **1** que tem por objetivo a realização de uma experiência: *Ia ao laboratório para fazer os testes experimentais com a máquina.* **2** que está em experiência ou teste: *No Jardim Botânico havia plantações experimentais de chá.*

experimentar ex.pe.ri.men.**tar** ***Vt*** **1** provar ou vestir para ver se serve: *Sílvia experimentou umas vinte sandálias.* **2** submeter à prova; testar: *Nosso grupo teve a tarefa de experimentar as novas escovas dentais.* ▶ pág 256 e 257.
experimento ***S masc*** estudo científico para verificar ou testar um fenômeno; experiência.

expirar ex.pi.**rar** ***Vi*** fazer sair o ar dos pulmões.
expiração ***S fem*** ação de soltar o ar dos pulmões.

explicação ex.pli.ca.**ção** ***S fem*** **1** aquilo que se diz para fazer alguém entender; esclarecimento: *Dava a explicação científica sobre tudo.* **2** aquilo que se diz para justificar um erro e pedir desculpas; justificativa: *Deu explicações para o atraso.* **3** causa; motivo: *Sentiu uma tristeza sem explicação.*

explicar ▲ ex.pli.**car** ***Vt*** (...+a) **1** tornar claro; fazer entender: *Explicou o plano aos colegas.* **2** apresentar o motivo; justificar: *Como explicar que tinham vendido o cavalo?* ***Vi*** [***Pron***] **3** prestar esclarecimentos; justificar-se: *Explicou-se, dizendo que a moda era usar brinco.*
explicativo ***Adj*** que explica; que orienta.

explodir ex.plo.**dir** ***Vt*** **1** fazer arrebentar em pedaços; estourar: *Os estudiosos explodiram a bomba num buraco.* ***Vi*** **2** ficar muito irritado; perder a paciência: *A mulher explodiu e gritou.* **3** estourar; arrebentar: *O balão explodiu.*

explorador ex.plo.ra.**dor** ***Adj*** **1** que aproveita com fins de lucro: *As regiões exploradoras de petróleo estão aumentando.* **2** de observação para estudo ou descoberta: *No dia seguinte, a excursão exploradora continuou.* ***S masc*** **3** quem faz viagens de estudo ou descobrimento: *O explorador trouxe provas da descoberta.*

explorar ex.plo.**rar** ***Vt*** **1** tirar proveito de: *Deveríamos explorar mais nossas tradições.* **2** ganhar dinheiro com; ter lucro com: *O dono da fazenda explorava o rio que cortava suas terras.* **3** observar para estudo ou conhecimento: *Os escoteiros exploraram as cavernas.*
exploração ***S fem*** ação de explorar.

explosão ▼ ex.plo.**são** ***S fem*** **1** ação ou resultado de explodir; estouro. **2** manifestação ou aparecimento repentino: *Uma explosão de luz quase cegou Henrique.*

explosivo ex.plo.**si**.vo ***Adj*** **1** que se irrita ou perde a paciência com facilidade: *Aquela gente era de gênio explosivo.* **2** que provoca explosão ou estouro: *Mandou todos se afastarem, pois o pó podia ser explosivo.* ***S masc*** **3** substância que provoca explosão: *Foram inventando explosivos cada vez mais fortes.*

expor ex.**por** ***Vt*** **1** pôr à mostra; exibir: *Os alunos fizeram um cartaz para expor na sala.* (+a) **2** deixar sem proteção (contra algo): *O lixo não tratado expõe as pessoas a doenças.* (+para) **3** apresentar; explicar: *O cientista expôs suas conclusões para os colegas.*

exportar ex.por.**tar** ***Vt*** enviar para fora do país como venda: *A China exporta brinquedos.*
exportação ***S fem*** venda feita para fora do país.

exposição ex.po.si.**ção** ***S fem*** **1** apresentação; explicação: *O secretário fez uma exposição de suas ideias.* **2** conjunto de objetos ou de animais para mostra; exibição: *A universidade organizou uma exposição sobre os dinossauros.* **3** período de tempo em que se fica sob a ação (de algo): *A exposição exagerada ao sol faz mal.*
em exposição posto à mostra: *Na banca havia várias revistas em exposição.*

expressão ex.pres.**são** ***S fem*** **1** manifestação (de pensamentos e sentimentos): *Todos tinham direito à expressão de suas opiniões.* **2** modo como o rosto mostra os sentimentos; ar: *Percebeu a expressão assustada de Joana.* **3** palavra ou grupo de palavras com significado particular: *As garotas usaram expressões que eu nunca tinha ouvido.*

expressar ex.pres.**sar** ***Vt*** **1** fazer conhecer; manifestar; revelar: *Os dançarinos expressam sentimentos com os movimentos do corpo.* ***Vi*** [***Pron***] **2** comunicar-se; falar: *O jovem logo aprendeu a língua estrangeira e passou a se expressar bem.*
expressivo ***Adj*** importante.

a b c d e f g h i j k l m n o p q r s t u v w x y z

expresso ex.**pres**.so ***Adj*** **1** mostrado; declarado: *Os sentimentos expressos no poema são positivos.* **2** de trânsito rápido: *O carro pegou uma via expressa e desapareceu.* ***S masc*** **3** trem que vai ao seu destino praticamente sem parar: *No filme, o expresso polar sai em busca do Papai Noel.*

exprimir ex.pri.**mir** ***Vt*** **1** revelar; mostrar: *O estilo do artista exprimia a sua angústia.* ***Vi*** [**Pron**] **2** comunicar-se; falar: *O jardineiro se exprimia com certa dificuldade.*

expulsar ▲ ex.pul.**sar** ***Vt*** (...+de) pôr para fora; fazer sair: *Os portugueses conseguiram expulsar os invasores da colônia.* ⊖ **expulsão** ***S fem*** ação de expulsar. **expulso** ***Adj*** posto para fora; eliminado.

extensão ex.ten.**são** ***S fem*** **1** tamanho; dimensão: *Só restam uns 6% da extensão original da Mata Atlântica.* **2** comprimento: *As crianças estavam espalhadas por toda a extensão da praia.* **3** aparelho telefônico ligado a um outro, que é o principal: *Vocês andaram ouvindo minhas conversas na extensão?*

extenso ex.**ten**.so ***Adj*** **1** de tamanho grande: *O Brasil é um país muito extenso.* **2** comprido: *Uma das estradas mais extensas do mundo é a Rodovia Panamericana.* **por extenso** sem abreviação; completo: *Não escrevi o número da casa por extenso no envelope da carta.*

exterior ex.te.ri.**or** ***Adj*** **1** de fora; externo: *As estátuas ficam na parte exterior do museu.* **2** estrangeiro; internacional: *O produto era voltado para o comércio exterior.* ***S masc*** **3** qualquer país estrangeiro: *Muitos animadores brasileiros acabaram indo trabalhar no exterior.*

exterminar ex.ter.mi.**nar** ***Vt*** acabar com; matar. ⊖ **extermínio** ***S masc*** matança; destruição.

externo ex.**ter**.no ***Adj*** **1** que fica ou vem do lado de fora; exterior: *É proibido colocar varais na parte externa do prédio.* **2** relativo a países estrangeiros: *A política externa também mudou muito nos últimos anos.* **3** que se aplica sobre o corpo: *Esse creme é para uso externo.*

extinguir ex.tin.**guir** ***Vt*** **1** fazer desaparecer; acabar com: *Ninguém conseguiu extinguir o fogo.* ***Vi*** [**Pron**] **2** desaparecer; sumir: *Os mamutes se extinguiram há muito tempo.* ⊖ **extinção** ***S fem*** ação ou processo de extinguir(-se).

extintor ex.tin.**tor** ***S masc*** aparelho que serve para acabar com incêndios: *O bombeiro ia com o extintor de incêndios na mão.*

extra **ex**.tra ***S masc*** **1** cena complementar de uma gravação: *O DVD traz extras mostrando a criação dos personagens.* ***Adj*** **2** complementar; extraordinário: *O pagamento da hora extra dobrou.*

extrair ex.tra.**ir** ***Vt*** **1** arrancar; remover: *É melhor saber a época certa para extrair esse dente.* (...+de) **2** retirar: *Deveria extrair da natureza apenas o necessário.* ⊖ **extração** ***S fem*** ação de extrair.

extraordinário ex.tra.or.di.**ná**.ri:o ***Adj*** **1** que é fora do comum: *Naquela cidade extraordinária, no verão fazia frio.* **2** muito grande ou intenso: *Desde criança, mostrava força extraordinária.* **3** muito bom; excelente: *Manuel Bandeira foi um poeta extraordinário.* **4** que não acontece sempre: *Fizeram uma reunião extraordinária.*

extraterrestre ex.tra.ter.**res**.tre ***S masc*** **1** ser que é de fora da Terra: *Já pensou se um extraterrestre vem fazer contato com a gente?* ***Adj*** **2** que é de fora da Terra: *Há quem acredite que seres extraterrestres caçaram dinossauros.*

extravagante ex.tra.va.**gan**.te ***Adj*** **1** que é estranho; esquisito: *Zé Mico tinha as ideias mais extravagantes.* **2** que foge ao comum; original: *As atrizes usavam roupas extravagantes.*

extremidade ex.tre.mi.**da**.de ***S fem*** ponta: *Corte a extremidade da unha de forma reta.*

extremo ex.**tre**.mo ***Adj*** **1** muito forte; enorme: *O escritor sempre sentiu extrema curiosidade.* **2** mais distante: *Os postes ficavam nos cantos extremos da praça.* **3** máximo: *Os abusos chegaram a um grau extremo.* ***S masc*** **4** ponto mais distante; limite: *A equipe chegou ao extremo sul da Terra.*

exuberante e.xu.be.**ran**.te ***Adj*** **1** abundante; rico: *É exuberante a fauna do Pantanal.* **2** que tem vigor: *A grama crescia exuberante por causa das chuvas e do calor.*

Ff *Ff*

f ***S masc*** sexta letra do alfabeto.

fã **S** quem tem forte admiração por alguém ou alguma coisa: *O escritor recebia muitas cartas de fãs.*

fábrica **fá**.bri.ca ***S fem*** **1** estabelecimento ou lugar onde se fabrica alguma coisa. **2** fabricação; produção: *A torneira veio com defeito de fábrica.*

fabricar fa.bri.**car** ***Vt*** **1** transformar matéria-prima em produto; produzir em fábrica: *A madeira é usada para fabricar móveis.* **2** fazer; elaborar: *Fabricou um brinquedo.* **3** produzir naturalmente; gerar: *As aranhas fabricam a teia.* ⊖ **fabricação** ***S fem*** ação de fabricar. **fabricante** **S** quem fabrica ou produz algo.

fábula **fá**.bu.la ***S fem*** história que contém uma lição educativa. ⊖ **fabulista** **S** quem escreve fábulas.

fabuloso fa.bu.**lo**.so ***Adj*** **1** muito grande; enorme: *A riqueza do país é fabulosa.* **2** maravilhoso; admirável: *Sua tia é fabulosa, num instante resolve tudo.* **3** que parece imaginário; incrível: *A história tem animais fabulosos.*

faca **fa**.ca ***S fem*** instrumento que corta, formado de lâmina e cabo. ⊖ **facada** ***S fem*** golpe com faca.

façanha fa.**ça**.nha ***S fem*** **1** aquilo que alguém consegue realizar; grande feito: *Todos admiraram a façanha dos jogadores.* **2** trabalho difícil ou extraordinário: *Sair deste buraco será uma façanha.*

facão fa.**cão** ***S masc*** faca grande e larga: *O facão era próprio para abrir caminho na mata.*

face **fa**.ce ***S fem*** **1** cada um dos lados do rosto: *Tinha uma cicatriz na face esquerda.* **2** parte da frente da cabeça: *Os ossos da face dão forma ao rosto.* **3** superfície: *Na face do planeta iluminada pelo sol é dia.* **4** lado: *O cartão postal tem duas faces.* ↻ **face a face** diante de: *Ficou face a face com o cão.*

fachada fa.**cha**.da ***S fem*** parte de uma construção que em geral fica virada para a rua.

facho fa.cho ***S masc*** conjunto de raios: *Ligue a lanterna e vire o facho de luz para a esquerda.*

fácil **fá**.cil ***Adj* 1** que não é complicado; simples: *A vida naqueles tempos não era fácil.* ***Adv* 2** sem dificuldade: *Este fósforo acende fácil.*
Ant: **difícil**.

facilidade fa.ci.li.**da**.de ***S fem* 1** falta de obstáculo ou dificuldade: *Os pássaros vivem com mais facilidade no verão.* **2** talento natural; habilidade: *Helena demonstrou facilidade em ler e escrever.* **3** rapidez de movimentos: *O doente conseguiu virar o corpo com facilidade.*
Ant: **dificuldade**.

facilitar fa.ci.li.**tar** ***Vt* 1** tornar mais fácil: *Os agricultores usam máquinas para facilitar o trabalho.* (+com) **2** deixar de tomar cuidado; descuidar-se: *Era melhor não facilitar com os ladrões.*

faculdade fa.cul.**da**.de ***S fem* 1** curso de nível superior que se faz após o ensino médio. **2** capacidade; habilidade: *A fome enfraquece nossas faculdades.* **3** estabelecimento onde se faz curso de nível superior: *Vai direto da faculdade para casa.*

fada **fa**.da ***S fem*** criatura fantástica, com poderes mágicos e influência no destino dos homens.

fadiga fa.**di**.ga ***S fem*** cansaço muito grande: *Depois de trabalhar muito, o camponês sentiu fadiga.*

fagulha fa.**gu**.lha ***S fem*** partícula luminosa; faísca: *Saíam fagulhas pela chaminé.*

faísca fa.**ís**.ca ***S fem*** partícula luminosa que salta de algo que está queimando ou em atrito; fagulha: *Os homens aprenderam a produzir faíscas, batendo duas pedras uma na outra.*

faiscar fa.is.**car** ***Vi* 1** cintilar; brilhar: *Os olhos brilhantes faiscavam no escuro.* **2** soltar faíscas: *Os cascos dos cavalos faiscavam nas pedras do caminho.*
faiscante ***Adj*** que brilha ou que solta faíscas.

faixa **fai**.xa ***S fem* 1** tira de pano, plástico ou papel, estreita e comprida, com mensagens: *O grupo fez faixas para divulgar a campanha.* **2** tira de pano estreita; fita: *Luana amarrou uma faixa na cintura.* **3** superfície estreita e comprida; área: *Na faixa costeira, o turismo está explodindo.*

fala **fa**.la ***S fem* 1** capacidade de falar: *Certas pessoas têm deficiências da fala.* **2** expressão oral; discurso: *O texto apresenta construções próprias da fala.* **3** modo de falar: *A fala da Márcia é diferente da nossa.*
falação ***S fem*** fala de muitas pessoas ao mesmo tempo.

falado fa.**la**.do ***Adj* 1** em que há fala: *Patrícia gostava de assistir ao jornal falado.* **2** que se fala: *O português falado no Brasil tem várias influências.*

falador fa.la.**dor** ***Adj* 1** que fala muito; tagarela: *Havia no reino um papagaio muito falador.* **2** que fala mal dos outros: *A vizinha era muito faladeira.*
Forma feminina correspondente: **faladeira**.

falante fa.**lan**.te ***Adj* 1** que é capaz de falar: *Os personagens da peça são animais falantes.* **2** que fala muito; tagarela: *A garota é muito falante e me explicou tudo.*

falar fa.**lar** ***Vi* 1** comunicar-se em uma língua: *Bicho não fala!* **2** usar da palavra; discursar: *Um personagem fala, o outro responde.* ***Vt* 3** comunicar-se oralmente (em uma língua): *Cada povo fala sua própria língua.*
Ant para **1** e **2**: **calar**.

falecer fa.le.**cer** ***Vi*** deixar de viver; morrer.
falecimento ***S masc*** morte.

falência fa.**lên**.ci:a ***S fem*** suspensão do pagamento das dívidas: *A falência ocorre quando não há dinheiro para pagar todas as dívidas.*

falha **fa**.lha ***S fem* 1** erro; engano: *O xerife não queria saber de falha de seus homens.* **2** defeito; deficiência: *Que falha você vê em mim?* **3** aquilo que falta: *Havia uma falha nos pelos do cão.*

falhar fa.**lhar** ***Vi* 1** deixar de funcionar ou funcionar mal: *O motor falhou no início da corrida.* **2** deixar de se realizar ou cumprir: *Às vezes as previsões falham.* **3** interromper-se; parar: *Sua respiração chegou a falhar.*
falho ***Adj*** que falhou.

falir fa.**lir** ***Vi*** sofrer falência: *Quando Gustavo soube que a loja ia falir, resolveu ajudar a dona.*

falso **fal**.so ***Adj*** **1** que não é verdadeiro. **2** que não é sincero; fingido: *Amizade por interesse é falsa.* **3** que imita ou copia algo verdadeiro: *Era uma joia falsa.* **4** que não é natural; artificial: *A barba falsa era de algodão.* ***S masc*** **5** pessoa fingida ou mentirosa. ⊖ **falsidade** ***S fem*** fingimento. Ant: **verdadeiro**.

falta **fal**.ta ***S fem*** **1** o fato de não existir: *Um dos problemas é a falta de melhores condições de vida.* **2** o fato de não estar presente; ausência ou desaparecimento: *O fazendeiro havia dado pela falta do boi.* **3** desobediência a regras: *Quando um jogador é derrubado, o juiz marca falta.*

faltar fal.**tar** ***Vi*** **1** deixar de existir: *Bolo de mandioca não falta no dia de São João.* **2** não existir em quantidade suficiente; tornar-se raro: *Está faltando água!* **3** ser necessário (para completar algo): *Faltava uma peça do jogo.* ***Vt*** (+a) **4** deixar de estar presente; deixar de comparecer: *Ela nunca falta à aula.*

fama **fa**.ma ***S fem*** situação de quem é muito conhecido; importância: *O pintor Portinari ganhou fama internacional.* ⊖ **famoso** ***Adj*** que tem fama; muito conhecido.

família fa.**mí**.li:a ***S fem*** **1** grupo de pessoas que têm parentesco: *Há três gerações da família na foto.* **2** grupo que é composto por pai e/ou mãe e seus filhos: *Crianças podem ajudar suas famílias.* **3** grupo de elementos que têm uma propriedade comum; classe: *Escreva outras palavras da família de "dançar".* ▶ pág 205.

familiar fa.mi.li.**ar** ***Adj*** **1** da família ou de família: *Os produtos eram para o consumo familiar.* **2** que se pode reconhecer ou identificar; conhecido: *Essa rua é um lugar familiar.* ***S*** **3** membro da família: *Quando os familiares se reúnem, lembram de histórias divertidas do passado.*

familiarizar-se fa.mi.li:a.ri.**zar**-se ***Vt*** (+com) ficar acostumado; habituar-se: *Logo que mudou para a Alemanha, Eunice se familiarizou com a nova língua.*

faminto ▼ fa.**min**.to ***Adj*** **1** que tem muita fome: *Crocodilos famintos atacaram o barco.* ***S masc*** **2** quem tem muita fome: *Duvido que possamos dar alimento a todos os famintos.* Ant: **satisfeito**.

fanático fa.**ná**.ti.co ***Adj*** **1** que é apaixonado; muito entusiasmado: *Na casa de Carolina, todo mundo é fanático por futebol.* ***S masc*** **2** pessoa muito apaixonada por algo: *Um grupo de fanáticos pretendia trazer de volta a Monarquia.* ⊖ **fanatismo** ***S masc*** entusiasmo, paixão ou crença exagerada.

fantasia fan.ta.**si**.a ***S fem*** **1** imaginação; criação: *Nas suas histórias, misturava a fantasia à realidade.* **2** roupa que imita tipos ou personagens: *Os amigos vieram à festa com fantasias de tigre.*

fantasiar fan.ta.si.**ar** ***Vt*** **1** idealizar; inventar: *Seu coração fantasiava uma viagem pelo mar.* (+de) [***Pron***] **2** vestir-se com fantasia: *Todo ano meu tio se fantasiava de Papai Noel.* ⊖ **fantasiado** ***Adj*** que usa fantasia. **fantasioso** ***Adj*** que só existe na imaginação; irreal.

fantasma fan.**tas**.ma ***S masc*** suposto espírito de um morto que aparece sob forma não definida; assombração: *Tinha medo de topar com fantasmas no escuro.*

fantástico fan.**tás**.ti.co ***Adj*** **1** extraordinário; maravilhoso: *O computador é uma máquina fantástica.* **2** sobrenatural; irreal: *Muita gente garante que nas matas habitam criaturas fantásticas.*

fantoche fan.**to**.che ***S masc*** boneco que alguém movimenta por fios ou com as mãos; marionete.

faraó fa.ra.**ó** ***S masc*** rei do antigo Egito, país do nordeste da África: *A múmia do faraó está no museu.*

farda **far**.da ***S fem*** roupa usada por uma classe de pessoas; uniforme. ⊖ **fardado** ***Adj*** que veste farda.

fardo **far**.do ***S masc*** **1** embrulho ou pacote grande e pesado: *Sebastião trazia um grande fardo com alimentos.* **2** aquilo que é

a b c d e f g h i j k l m n o p q r s t u v w x y z

difícil de suportar: *A saudade do avô era um fardo para Clara.*

farejar fa.re.**jar** ***Vt*** **1** descobrir ou seguir pelo faro; sentir o cheiro de: *Uma das onças farejou caça.* **2** aspirar o cheiro de; cheirar: *O urso farejou o tronco da árvore em busca do mel.*

farelo fa.**re**.lo **S *masc*** **1** restos de cereais moídos: *O burro carregava sacos de farelo.* **2** pedaço pequeno; migalha: *Lúcia gosta de dar farelo de pão aos pássaros.*

faringe fa.**rin**.ge **S *fem*** órgão em forma de funil, que começa na boca e vai até a laringe e o esôfago.

farinha fa.**ri**.nha **S *fem*** pó que se obtém a partir de cereais, sementes ou raízes e que é usado para preparar vários tipos de alimentos.

farmácia far.**má**.ci.a **S *fem*** estabelecimento onde se preparam ou se vendem remédios.

faro **fa**.ro **S *masc*** **1** sentido pelo qual os animais percebem o cheiro; olfato dos animais: *Os cães possuem bom faro.* **2** capacidade para perceber; intuição: *Emília tinha faro para perceber mentiras.*

farofa fa.**ro**.fa **S *fem*** farinha de mandioca ou de milho temperada e passada no óleo ou na manteiga, que pode também ter ovos, carne, legumes, etc.

farol fa.**rol** **S *masc*** **1** torre com sinal luminoso, usado para orientar as embarcações: *O farol do antigo porto tinha 140 metros de altura.* **2** aparelho que orienta o trânsito pela mudança da cor de luzes; sinal: *Antes de atravessar, devemos ficar atentos ao farol.* **3** lâmpada que fica na frente de um veículo; lanterna: *O motorista dirigia o carro com os faróis apagados.*

farra **far**.ra **S *fem*** **1** folia; desordem: *A turma fez muita farra.* **2** festa; diversão: *O jogo foi uma farra. Todos se divertiram.*

farrapo far.**ra**.po **S *masc*** pedaço de pano rasgado ou muito usado; trapo: *A saia parece um farrapo.*

farsante far.**san**.te **S** quem engana os outros; mentiroso: *Meu sócio é um farsante.*

fartar-se far.**tar**-se ***Vt*** (+de) **1** enjoar; cansar-se: *Todos se fartaram da cantoria.* **2** comer muito; saciar-se: *Caetano se fartou de cerejas.* ***Vi*** **3** ficar satisfeito: *Juquinha tomou água até se fartar.*

farto **far**.to ***Adj*** **1** que existe em grande quantidade; abundante: *O passarinho tinha água e comida farta.* **2** que se fartou; cansado: *O padeiro estava farto de trabalhar de madrugada.*

fartura far.**tu**.ra **S *fem*** **1** quantidade mais do que suficiente; abundância: *Nas feiras havia fartura de produtos.* **2** grande quantidade de bens ou de alimentos; riqueza: *A família sempre viveu na fartura.*

fascinar fas.ci.**nar** ***Vt*** atrair; encantar: *O jogo de xadrez fascina a humanidade.*
fascínio S *masc* atração; encantamento. **fascinação S *fem*** atração; encantamento. **fascinado *Adj*** atraído; encantado.

fase **fa**.se **S *fem*** **1** etapa; período: *Era uma fase de profunda felicidade.* **2** período em que a Lua e alguns planetas aparecem sob diferentes aspectos ao fazer sua órbita.

fatal fa.**tal** ***Adj*** **1** que não é possível evitar; que acontece com certeza: *Ao passarem por algum rio, era fatal uma parada para pescar.* **2** que leva à morte; mortal: *Uma queda do telhado pode ser fatal, por isso, tome cuidado.*

fatia fa.**ti**.a **S *fem*** pedaço cortado em forma de lâmina: *A torta foi cortada em oito fatias.*

fatiar fa.ti.**ar** ***Vt*** cortar em fatias: *Leila fatiou a cebola num instante.*

fato **fa**.to **S *masc*** **1** aquilo que acontece; evento: *O livro é sobre um fato passado.* **2** verdade; realidade: *Não sei se isso é um fato ou não.*
de fato na realidade; de verdade: *A cidade está, de fato, mudada.*

fator fa.**tor** **S *masc*** **1** elemento que faz parte de um todo; componente: *A água e o ar são fatores de um ambiente.* **2** em Matemática, cada elemento que entra na operação de multiplicação.

faturar fa.tu.**rar** ***Vt*** **1** receber como pagamento; ganhar: *Aquele* *piloto de Fórmula 1 faturava 20 milhões por ano.* **2** conseguir; receber: *A peça faturou um prêmio no festival de teatro.*

fauna **fau**.na **S *fem*** conjunto dos animais de uma região: *Os leões não pertencem à fauna do Brasil.*

fauno **fau**.no **S *masc*** na mitologia grega, divindade com corpo humano, mas chifres e pés de cabra.

favela fa.**ve**.la **S *fem*** conjunto de casas muito simples construídas pelos próprios moradores com diversos tipos de material e que em geral não conta com bons serviços de água, esgoto, luz, etc.

favo ▲ **fa**.vo **S *masc*** pequeno depósito feito de cera onde as abelhas colocam o mel.

favor fa.**vor** **S *masc*** aquilo que se faz para auxiliar alguém; ajuda: *Mamãe lembrou de agradecer o favor.*
por favor/faça o favor usado para pedir algo educadamente: *Por favor, um copo de água!*

favorável fa.vo.**rá**.vel ***Adj*** **1** que favorece; apropriado: *A semente precisa de condições favoráveis.* **2** que aprova; que não é contrário: *Muitos eram favoráveis à libertação dos escravos.*
Ant: **contrário**.

favorecer fa.vo.re.**cer** ***Vt*** **1** beneficiar; ajudar: *Dizem que a sorte só favorece quem tem talento.* **2** contribuir para; tornar mais fácil: *Os alimentos ricos em proteínas favorecem o crescimento.*

favorito fa.vo.**ri**.to ***Adj*** **1** mais querido; preferido: *Qual é seu brinquedo favorito?* **2** que tem maior chance de vencer: *Ela era a atleta favorita.* **S *masc*** **3** quem é preferido ou recebe favores especiais: *José era o favorito do chefe.* **4** aquele que tem mais chance de vencer: *O Brasil era o favorito ao título.*

fax *facs* **S *masc*** aparelho capaz de enviar ou receber imagem impressa, por meio de linha telefônica: *A comunicação por fax é realizada por um satélite.*
É palavra tirada do inglês.

faxina fa.**xi**.na **S *fem*** limpeza geral: *A casa precisava de faxina.*
faxineiro **S *masc*** quem faz faxina. ▶ pág 156 e 157.

fazenda fa.**zen**.da **S *fem*** grande propriedade rural: *Naquela região existiam muitas fazendas de café.*
fazendeiro **S *masc*** quem é dono de fazenda. ▶ pág 196 e 197.

fazer fa.**zer** ***Vt*** **1** montar ou formar utilizando vários elementos; construir: *Vamos fazer outra pipa.* **2** preparar: *Nastácia faz bolinhos muito bons.* **3** produzir: *O aparelho fazia um barulho de avião.* **4** executar; realizar: *O cavalo fez meia volta.* **5** passar por; percorrer: *A capivara faz sempre a mesma trilha.* **6** marcar: *O atacante fez cinco gols.* **7** completar (aniversário): *Pipo faria três anos.*
fazer de conta fingir; imaginar: *Faz de conta que a gente viajava pra Lua.* **fazer figa** torcer para que alguma coisa aconteça: *– Boa sorte! Vou fazer figa.* **fazer pouco caso** desprezar: *Não estou fazendo pouco caso do presente.*

fé **S *fem*** **1** crença religiosa; religião. **2** confiança; crédito: *Ninguém perdeu a fé no herói.* **3** esperança: *Tenho fé de encontrar emprego.*

febre **fe**.bre **S *fem*** **1** estado de doença em que a temperatura do corpo aumenta e o pulso acelera: *A dengue provoca febre alta.* **2** mania; moda: *Ter celular é a febre do momento.*
febril ***Adj*** que tem febre.

febre amarela **fe**.bre a.ma.**re**.la **S *fem*** doença causada por vírus e transmitida por um mosquito.

fechado fe.**cha**.do ***Adj*** **1** que não está aberto: *Não consegui entrar no quarto fechado.* **2** que não permite a entrada livre; cercado: *Cresce o número de condomínios fechados.* **3** que não funciona: *O parque fica fechado no inverno.* **4** sem sol: *O tempo fechado indicava temporal.*

fechadura ▼ fe.cha.**du**.ra **S *fem*** peça de metal que fecha portas, gavetas, etc.

FEIRA

1 abacate ▶ pág 9
2 abacaxi ▶ pág 9
3 alface ▶ pág 23
4 artesanato ▶ pág 37
5 assobio ▶ pág 39
6 banana ▶ pág 48
7 barraca ▶ pág 50
8 batata ▶ pág 51
9 brócolis ▶ pág 62
10 carambola ▶ pág 73
11 carrinho ▶ pág 75
12 couve ▶ pág 110
13 feirante ▶ pág 190
14 fruta ▶ pág 207

15 graviola ▶ pág 220

16 oferta ▶ pág 300

17 pagamento ▶ pág 310

18 pastel ▶ pág 317

19 sacola ▶ pág 385

20 tomate ▶ pág 425

21 troco ▶ pág 434

22 uva ▶ pág 441

23 vendedor ▶ pág 446

24 verdura ▶ pág 447

fechar fe.**char** ***Vt* 1** tampar a abertura de: *Emília não conseguiu fechar o baú.* **2** impedir ou suspender o funcionamento de: *O fiscal quis fechar a loja.* **3** juntar partes que estão separadas: *A borboleta fechou as asas.* **Vi 4** suspender as atividades; deixar de funcionar: *A empresa fechou.*
fechar a cara ficar sério ou zangado: *Fechou a cara e foi embora.*
fechamento *S masc* ação de fechar.
Ant para **fechar**: **abrir**.

fecho fe.cho ***S masc*** peça que serve para fechar: *Gabriela tinha uma bolsa com fecho de mola.*

fecundar fe.cun.**dar** ***Vt*** tornar fértil; fazer produzir ou reproduzir.
fecundação *S fem* ação ou processo de fecundar.

fedelho fe.**de**.lho ***S masc*** pessoa de pouca idade; criança: *Espere aí, fedelho.*

federação fe.de.ra.**ção** ***S fem* 1** associação de estados que são controlados por um governo central nas questões nacionais: *Tocantins é o mais novo estado da federação.* **2** associação; união: *No ano de 1904, foi criada uma federação internacional de futebol.*

federal fe.de.**ral** ***Adj* 1** que pertence à federação; da federação: *O Brasil tem rodovias federais.* **2** que representa os interesses dos estados numa federação: *A maioria dos deputados federais votou.*

federativo fe.de.ra.**ti**.vo ***Adj*** que tem estados controlados por um governo central nas questões nacionais: *O Brasil é uma república federativa.*

fedido fe.**di**.do ***Adj*** que tem mau cheiro: *A gata estava fedida.*
1 Uso informal. **2** Ant: **cheiroso**.

fedor fe.**dor** ***S masc*** mau cheiro: *Eu não aguento esse fedor de alho!*
fedorento *Adj* que tem mau cheiro; fedido.
Uso informal.

feição fei.**ção** ***S fem* 1** aparência; aspecto: *Viam-se pássaros de toda feição.* **2** conjunto de traços do rosto: *Sua feição ficou séria.*

feijão fei.**jão** ***S masc* 1** planta trepadeira, com frutos em forma de vagem. **2** semente ou grão dessa planta: *Feijão tem ferro.* **3** comida preparada com os grãos dessa planta: *No almoço, comi arroz e feijão.*

feijoada fei.jo.**a**.da ***S fem*** prato típico brasileiro preparado com feijão-preto, toucinho, carne-seca, linguiça, etc., que se serve acompanhado de couve e de farinha de mandioca.

feio **fei**.o ***Adj* 1** desagradável à vista; sem beleza: *Aquelas eram casas muito feias.* **2** que merece censura; vergonhoso: *Enganar os outros é feio.* **3** que preocupa; difícil: *A coisa está ficando feia para o nosso lado.* **4** que mostra aborrecimento; zangado: *Não faça cara feia e coma tudo direitinho.* ***S masc* 5** quem ou aquilo que não é belo: *O artista mostra o feio e o bonito em sua obra.* **Adv 6** de modo vergonhoso: *O time perdeu feio.*
feioso *Adj* um tanto feio.
Ant: **belo**; **bonito**.

feira **fei**.ra ***S fem* 1** lugar público onde se expõem e se vendem mercadorias: *Vovó comprou bananas na feira.* **2** lugar de exposição e venda temporária de produtos: *Os fazendeiros vendiam seu gado nas feiras.* **3** exposição; mostra: *Eles ganharam o prêmio da Feira de Ciências.*
feirinha *S fem* lugar público onde se expõem e vendem produtos de artesanato. **feirante *S*** pessoa que trabalha em feira (1).
▶ pág 188 e 189.

feitiçaria fei.ti.ça.**ri**.a ***S fem*** feitiço: *Aquela bruxinha comprou um livro sobre feitiçaria.*

feiticeiro fei.ti.**cei**.ro ***S masc* 1** quem faz feitiço; bruxo: *A feiticeira transformou os príncipes em leitões.* **2** chefe espiritual dos indígenas; pajé: *O feiticeiro preparou uma poção e deu ao guerreiro.*

feitiço fei.**ti**.ço ***S masc*** obra de feiticeiro; bruxaria: *O feitiço transformou Branca numa garça.*

feitio fei.**ti**.o ***S masc*** formato; figura: *As árvores eram cortadas em feitio de bichos.*

feito **fei**.to ***Adj* 1** que se realizou; elaborado: *Não aceito projetos feitos às pressas.* **2** pronto para ser usado: *Ele abriu uma loja de roupas* *feitas.* **S *masc* 3** aquilo que alguém faz; realização: *Seu feito mereceu aplausos.*

feitor fei.**tor** **S *masc*** quem toma conta de trabalhadores: *Trabalhavam sob as ordens de um feitor.*

feiura fei.**u**.ra **S *fem*** característica do que é feio: *A feiura do boneco era grande.*
Ant: **beleza**.

feixe **fei**.xe **S *masc* 1** conjunto de objetos unidos: *O trabalhador agarrou um feixe de lenha.* **2** conjunto (de raios); facho: *Um feixe de luz ligava as duas varinhas mágicas.*

felicidade fe.li.ci.**da**.de **S *fem*** **1** qualidade de feliz; alegria: *O jovem não escondia sua felicidade.* **2** boa sorte; sucesso: *O rei desejou felicidade ao jovem príncipe.*

felino fe.**li**.no **S *masc* 1** nome dos animais mamíferos carnívoros de cauda longa, pelo macio e unhas afiadas. ***Adj* 2** típico de animal dessa família de mamíferos: *A agilidade felina é enorme.*

feliz fe.**liz** ***Adj* 1** satisfeito; alegre. **2** que tem sorte; sortudo: *João foi o feliz ganhador da loteria.* **3** que tem bom resultado: *A história não tem final feliz.*
felizardo **S *masc*** pessoa que tem muita sorte.

felizmente fe.liz.**men**.te ***Adv*** por sorte: *Felizmente, você chegou a tempo.*

feltro **fel**.tro **S *masc*** tecido feito de lã e pelos: *O homem pendurou o chapéu de feltro no cabide.*

fêmea **fê**.me:a **S *fem* 1** animal do sexo feminino: *Jabota é a fêmea do jabuti.* ***Adj* 2** do sexo feminino: *As borboletas fêmeas põem ovos em plantas.*
Forma correspondente do masculino: **macho**.

feminino fe.mi.**ni**.no ***Adj* 1** de mulheres: *O quadro mostrava figuras femininas.* **2** para mulheres: *Esses sapatos femininos vêm do Rio Grande do Sul.*
Ant: **masculino**.

fêmur **fê**.mur **S *masc*** osso da coxa: *O fêmur é o maior osso do corpo humano.*

fenda **fen**.da **S *fem*** buraco; abertura: *O coelho enfiou a cabeça numa fenda do chão.*

feno **fe**.no **S *masc*** erva cortada e seca, usada para alimentar animais: *O pônei comia o seu feno.*

fenômeno fe.**nô**.me.no **S *masc*** **1** tudo o que acontece: *Os raios são fenômenos da natureza.* **2** aquilo que pode ser observado e explicado pelas ciências: *O fenômeno da atração entre os corpos não é segredo.* **3** pessoa ou objeto que se destaca; prodígio: *Ele é um fenômeno do tênis.*

fera **fe**.ra **S *fem* 1** animal selvagem, carnívoro e agressivo. **2** pessoa que se destaca numa atividade: *Uma fera dos videogames testou o jogo.* **3** pessoa muito rigorosa ou brava: *O pai da namorada é uma fera.*

feriado fe.ri.**a**.do **S *masc*** tempo de descanso, em geral de um dia: *1º de maio é feriado.*

férias **fé**.ri:as **S *fem pl*** período destinado a descanso após um certo tempo de trabalho ou estudo.

ferida fe.**ri**.da **S *fem*** **1** machucado; lesão: *Os marinheiros tinham feridas nas mãos.* **2** tristeza; sofrimento: *A morte do avô deixou na família uma ferida profunda.*

ferido fe.**ri**.do ***Adj* 1** que recebeu ferimentos; machucado: *Ninguém saiu ferido do acidente.* **2** magoado; ofendido: *Ele se sentiu ferido pelas críticas.* **S *masc* 3** pessoa que recebeu ferimentos ou que se machucou: *Um grande hospital abrigava os feridos.*

ferimento fe.ri.**men**.to **S *masc*** **1** ação ou resultado de ferir: *O acidente causou ferimentos em quatro pessoas.* **2** ferida; machucado: *Os meninos passaram o remédio no ferimento do tio.*

ferir fe.**rir** ***Vt* 1** provocar lesão ou machucado em: *Um acidente feriu o capitão.* **2** magoar; ofender: *As palavras duras feriram Toni.* ***Vi*** [**Pron**] **3** receber ferimento; machucar-se: *Se você se ferir, limpe o local.*

fermentação fer.men.ta.**ção** **S *fem*** transformação que é causada pela ação de fungos.

fermentar fer.men.**tar** ***Vt*** **1** fazer passar pelo processo de fermentação: *Os homens inventaram o álcool fermentando o caldo de certas plantas.* ***Vi*** **2** sofrer fermentação: *A bebida começava a fermentar.*

fermento fer.**men**.to **S *masc*** na culinária, substância que faz crescer as massas: *A massa de pão aumenta de volume quando colocamos fermento.*

feroz fe.**roz** ***Adj*** **1** que tem natureza de fera; bravo: *As florestas estavam cheias de animais ferozes.* **2** que faz maldade; cruel: *O herói derrotou o cavaleiro feroz.*
Ant: **manso**.

ferradura fer.ra.**du**.ra. **S *fem*** peça de ferro que se prende nos cascos de animais de montaria para protegê-los: *Os cavalos batiam com as ferraduras no chão.*

ferragem fer.**ra**.gem **S *fem*** peça ou objeto de ferro ou outro metal: *Comprei uma pá na loja de ferragens.*

ferramenta fer.ra.**men**.ta **S *fem*** **1** instrumento usado em trabalho manual: *Vovô tirou um martelo da caixa de ferramentas.* **2** recurso; instrumento: *A Internet pode ser uma ferramenta útil nas pesquisas.*

ferrão fer.**rão** **S *masc*** órgão em forma de agulha com o qual certos insetos picam: *A abelha só usa seu ferrão quando é atacada.*

ferrar fer.**rar** Vt **1** picar: *A vespa ferrou Narizinho na língua.* ***Vi*** [**Pron**] **2** levar a pior: *Se der uma de medroso, aí mesmo é que você se ferra.*
Usado em linguagem informal e em **2** tem tom grosseiro.

ferreiro fer.**rei**.ro **S *masc*** quem faz, vende ou conserta objetos de ferro: *Um ferreiro criou a bicicleta.*

ferro **fer**.ro **S *masc*** **1** metal cinza, duro, que tem várias utilidades. **2** sal mineral importante para a saúde: *A carne fornece-nos ferro.* **3** instrumento para passar roupas: *Minha mãe passava as roupas com um ferro.*
de ferro muito forte: *Quem quiser se aventurar no mar deve ter saúde de ferro.*

ferroada fer.ro.**a**.da **S *fem*** picada de inseto: *As abelhas atacaram o urso a ferroadas.*

ferrovia ▲ fer.ro.**vi**.a **S *fem*** via por onde passam trens; estrada de ferro: *A ferrovia vai até o porto.*

ferroviário fer.ro.vi.**á**.ri:o ***Adj*** **1** de trem: *O trem parou na estação ferroviária.* **2** por meio de trem: *Hoje, o transporte ferroviário é pouco usado no Brasil.* **S *masc*** **3** quem trabalha em estrada de ferro: *Ele trabalhava como ferroviário na estação da Luz.*

ferrugem fer.**ru**.gem **S *fem*** camada de cor entre o vermelho e o laranja que se forma sobre metais que ficam expostos à umidade, estragando-os com o passar do tempo.

fértil **fér**.til ***Adj*** **1** que produz com facilidade; rico: *Os adubos tornam o solo mais fértil.* **2** criativo; inventivo: *Galileu tinha imaginação fértil para inventos.*

fertilidade fer.ti.li.**da**.de **S *fem*** capacidade de produzir muito: *O adubo dá fertilidade ao solo.*

fertilizante fer.ti.li.**zan**.te **S *masc*** produto que melhora a qualidade dos solos.

ferver fer.**ver** ***Vt*** **1** esquentar (líquidos) até formar bolhas e soltar vapor; fazer entrar em ebulição: *É importante filtrar ou ferver a água antes de tomá-la.* ***Vi*** **2** formar bolhas e soltar vapor; entrar em ebulição: *A cozinheira deixou a água ferver.*
fervente ***Adj*** que ferve.

fervura fer.**vu**.ra **S *fem*** **1** estado de um líquido que ferve: *Lina levou o leite ao fogo até atingir a fervura.* **2** ação ou processo de ferver: *Mesmo depois da fervura, as roupas ainda cheiravam mal.*

festa **fes**.ta **S *fem*** **1** reunião para divertimento: *Plínio nunca faltava às festas do irmão.* **2** cerimônia para comemorar uma data ou um evento: *Fui a uma festa de batizado.* **3** diversão: *A vida era uma festa.* ▶ pág 206.

festejar fes.te.**jar** ***Vt*** comemorar com festa: *Todos os povos festejam o nascimento das crianças.*
festejo **S *masc*** festa; comemoração.

festival fes.ti.**val** **S *masc*** **1** espetáculo com diferentes apresentações, muitas vezes com prêmios: *A peça recebeu um prêmio no festival de teatro.* **2** grande quantidade; série: *Foi um festival de abraços!*

festividade fes.ti.vi.**da**.de ***S fem*** festa; comemoração: *Participei da festividade do Dia da Árvore.*

festivo fes.**ti**.vo ***Adj*** **1** de festa: *Minha mãe sempre fazia torta de nozes em datas festivas.* **2** alegre; animado: *A recepção aos parentes foi muito festiva.*

feto **fe**.to ***S masc*** ser humano ou animal, depois que já tem corpo e antes de nascer.

fevereiro fe.ve.**rei**.ro ***S masc*** segundo mês do ano civil: *O período de chuvas vai até fevereiro.*

fezes **fe**.zes ***S fem pl*** restos de alimentos, que os animais e as pessoas eliminam.
Sin informal: **cocô**.

fiação fi.a.**ção** ***S fem*** **1** trabalho de transformar em fios: *A fiação de algodão ocupava parte do dia das mulheres.* **2** conjunto de fios: *As chaves eram ligadas à fiação do motor.*

fiapo fi.**a**.po ***S masc*** pequeno fio: *No montinho de lixo, Emília achou uns fiapos de pano.*

fiar fi.**ar** ***Vt*** **1** transformar em fio: *As crianças ajudavam as mães a fiar algodão.* ***Vi*** **2** tecer fios: *A pastora fiava enquanto o rebanho pastava.*

fiasco fi.**as**.co ***S masc*** mau resultado; fracasso: *A experiência acabou num fiasco.*
Ant: **sucesso**.

fibra **fi**.bra ***S fem*** parte do tecido vegetal, animal ou mineral, em forma de fio: *A boa alimentação inclui fibras vegetais.*

ficar fi.**car** ***V lig*** **1** tornar-se: *A madeira lixada ficou lisa.* **2** passar a ter: *Após a cambalhota, ficou com dor nas costas.* **3** permanecer: *O cão não pode ficar sozinho.* **4** estar situado; localizar-se: *A biblioteca fica no bairro.* ***Vt*** (+com) **5** comprar ou pegar: *A moça não ficou com o vestido.* (+para) **6** ser adiado; passar: *O resto da história ficou para outro dia.*
ficar por dentro/por fora estar (ou não) sabendo de: *Ficou por fora da aula porque não leu o livro.* **ficar frio** acalmar-se: *Fica frio que nada de ruim vai acontecer.*

ficção fic.**ção** ***S fem*** história que associa elementos reais e imaginários: *Os detetives, na ficção, podem ser até bichos.*

ficção científica fic.**ção** ci:en.**tí**.fi.ca ***S fem*** história de descobertas imaginárias da ciência.

ficha **fi**.cha ***S fem*** **1** peça, geralmente redonda, para apostar ou marcar pontos em jogos: *Ganha o jogo quem tiver mais fichas.* **2** peça de metal ou papel que faz funcionar máquinas: *Uma ficha ligava a máquina.* **3** cartão em que se anotam dados: *Na ficha, o médico anota o peso e a altura do bebê.*

fichário fi.**chá**.ri:o ***S masc*** **1** coleção de fichas de anotações: *Formou um fichário sobre animais.* **2** arquivo com fichas: *Ela organizou o fichário.* **3** caderno escolar de folhas avulsas: *Comprei um fichário de seis matérias.*

fictício fic.**tí**.ci:o ***Adj*** **1** falso: *Carlota usa um nome fictício em seus livros.* **2** que não existe; imaginário: *O escritor Júlio Verne criou mundos fictícios.*
Ant: **real**; **verdadeiro**.

fiel fi.**el** ***Adj*** **1** que não muda; exato: *A peça é uma adaptação fiel do livro.* **2** que não trai; leal: *O cão é fiel a seu dono.* **3** comum; habitual: *Ele é seu companheiro fiel de festas.* ***S*** **4** quem segue uma religião.
fidelidade ***S fem*** qualidade de fiel.

figa **fi**.ga ***S fem*** **1** objeto em forma de mão fechada com o polegar entre o indicador e o médio, que algumas pessoas acreditam que afasta o azar ou o mal. **2** sinal em forma desse objeto, para afastar o mal ou o azar: *Samuca se concentrou, fez figa e chutou direto para o gol.*

fígado **fí**.ga.do ***S masc*** **1** glândula que produz a bile, líquido que auxilia na digestão das gorduras. **2** prato preparado com essa glândula, tirada de animal: *Armandinho gostava de comer fígado no almoço.*

figo **fi**.go ***S masc*** fruto doce, com casca roxa e polpa vermelha, estreito perto do cabo e arredondado na parte de baixo.
figueira ***S fem*** árvore que produz figo.

a b c d e f g h i j k l m n o p q r s t u v w x y z

figura fi.**gu**.ra **S *fem***
1 representação visual de uma forma: *O tema favorito do pintor foram as figuras humanas.* **2** gravura; ilustração: *Ganhou um livro com muitas figuras.* **3** ser; personagem: *O saci é uma das figuras mais conhecidas do folclore brasileiro.*
figurão S *masc* pessoa muito importante.

figurante fi.gu.**ran**.te **S** quem faz papel sem importância, em geral sem falas, em filme, novela, etc.

figurinha fi.gu.**ri**.nha **S *fem*** pequeno cartão com gravura, para colar em álbum: *Pedro colecionava figurinhas de animais.*

fila **fi**.la **S *fem*** série de pessoas ou coisas colocadas uma atrás da outra ou lado a lado; fileira: *Os motoristas enfrentaram filas na volta do feriado.* pág 156 e 157.

filamento fi.la.**men**.to **S *masc*** fio muito fino e mole: *Parte do cogumelo é formada por filamentos.*

filé fi.**lé** **S *masc* 1** carne de boi, porco, carneiro, etc., tirada da região do lombo: *Paulo comprou filé para o jantar.* **2** bife dessa carne: *As crianças adoravam filés com fritas e* ketchup.

fileira fi.**lei**.ra **S *fem*** série; fila: *As andorinhas voaram por trás de uma fileira de pinheiros.*

filho **fi**.lho **S *masc* 1** uma pessoa, em relação a seus pais: *Pai, mãe e filhos trabalham juntos.* **2** pessoa que nasceu (em certo local): *O indígena era filho da mata.* **3** resultado; produto: *Carinho é filho do amor.* pág 205.

filhote fi.**lho**.te **S *masc* 1** cria de animal: *Após saírem dos ovos, os filhotes de tartaruga correm para o mar.* **2** forma carinhosa de tratar um filho ou uma criança: *Filhote, o papai volta já.* pág 196 e 197.

filial fi.li.**al** ***Adj* 1** próprio de filho: *Ajudar a mãe se devia ao amor filial.* **S *fem* 2** estabelecimento que depende de outro, chamado matriz: *Em Santa Catarina há uma filial da famosa escola de balé da Rússia.*

filmar fil.**mar** ***Vt*** gravar em filme: *Os repórteres queriam filmar os garotos.*
filmagem S *fem* elaboração de um filme (especialmente as gravações de cenas).

filme **fil**.me **S *masc* 1** rolo de fita especial que se utiliza para registrar imagens: *Ele levou dois filmes de 36 fotos.* **2** história que é representada e gravada em fita especial: *Morcego aparece no filme de vampiro.*

filosofia fi.lo.so.**fi**.a **S *fem*** conjunto de conhecimentos sobre a natureza das coisas e sobre o sentido da vida humana
filosófico *Adj* relativo à filosofia. **filósofo S *masc*** quem estuda a filosofia.

filtrar fil.**trar** ***Vt* 1** fazer passar por filtro para limpar: *Era preciso filtrar a água.* **2** tornar limpo; purificar: *O rim filtra o sangue.* **3** diminuir a força de: *As cortinas filtravam a luz do sol.*

filtro **fil**.tro **S *masc* 1** aparelho para deixar a água pura: *O filtro estava ligado à torneira.* **2** aquilo que diminui a força ou impede a passagem (de raios solares, som, etc.): *Proteja a pele com filtro solar.*

fim **S *masc* 1** momento ou ponto em que algo acaba: *A cantora fez muito sucesso no fim do século.* **2** modo como algo acaba; conclusão: *Papai não quis contar o fim da história.* **3** desaparecimento; término: *A organização luta pelo fim da violência.*
a fim de com intenção de; para: *Chico voltou para casa a fim de tomar banho.* **estar a fim de** ter interesse em: *Acho que aquela menina está a fim de você.*
Ant: **início**.

final fi.**nal** ***Adj* 1** do fim; último: *Iam gravar a cena final do filme.* **2** que termina ou conclui algo: *Esperava a solução final do problema.* **S *masc* 3** fim; conclusão: *Quase no final do ano, Ciça tirou férias.* **S *fem* 4** jogo, partida ou disputa que termina um campeonato ou concurso: *Na final, a Holanda perdeu.*

finalidade fi.na.li.**da**.de **S *fem*** aquilo que se pretende alcançar; objetivo: *A finalidade da excursão era descobrir por que a montanha brilhava.*

finalista fi.na.**lis**.ta **S 1** quem ou aquilo que chega à decisão final numa disputa ou concurso: *Edu e o primo foram os finalistas da Feira de Ciências.* ***Adj* 2** que chega à decisão final numa competição ou concurso: *Descobriram que um dos textos finalistas era cópia da Internet.*

finalizar fi.na.li.**zar** ***Vt* 1** pôr fim a; terminar: *Depois de finalizar o experimento, os alunos levaram os sapos de volta.* ***Vi* 2** chegar ao fim: *A votação para escolher o vencedor do prêmio está finalizando.*

financeiro fi.nan.**cei**.ro ***Adj*** **1** de negócios ou de comércio: *São Paulo é uma grande capital financeira.* **2** relativo a dinheiro ou gastos: *O capitão andava em dificuldades financeiras.*

financiar fi.nan.ci.**ar** ***Vt*** pagar as despesas de: *A agência financiava a viagem do trabalhador.*

fincar fin.**car** ***Vt*** (...+em) **1** enterrar; enfiar: *Os alunos fincaram o mastro no solo.* **2** colocar ou apoiar com força: *Débora fincou os cotovelos no colchão.*

findar fin.**dar** ***Vi*** chegar ao fim; acabar: *A festa findou cedo.*
findo ***Adj*** que chegou ao fim; acabado.

fingir fin.**gir** ***Vi*** **1** esconder os sentimentos: *Tapuia fingiu bem e fez cara de tristeza.* ***Vt*** [***Pron***] (+de) **2** demonstrar algo que não é verdade: *A raposa fingiu-se de morta.*
fingimento ***S masc*** ação de fingir.

fino **fi**.no ***Adj*** **1** que não é grosso; delgado: *A cobra não venenosa tem a cauda fina.* **2** de boa qualidade; excelente: *A mulher usava botas de fino couro.* **3** estridente; agudo: *O homem ouviu uma vozinha fina.* **4** que tem bons modos; educado: *Marlene é muito culta e fina.*
finura ***S fem*** propriedade do que é fino.
Ant para **1**: **grosso**.

fio **fi**.o ***S masc*** **1** linha ou fibra torcida: *Marina bordou a blusa com fio de lã.* **2** condutor de eletricidade, geralmente protegido por capa plástica: *O papagaio de papel ficou preso no fio telefônico. Que perigo!*

firma **fir**.ma ***S fem*** empresa: *O pai conseguiu uma promoção na firma onde trabalha.*

firmamento fir.ma.**men**.to ***S masc*** espaço celeste que se pode ver; céu: *As estrelas brilhavam no firmamento.*

firmar fir.**mar** ***Vt*** **1** tornar firme; fixar: *Coloque as plantas na terra, firmando-as bem.* ***Vi*** [***Pron***] **2** tornar-se firme ou estável; estabelecer-se: *A companhia de petróleo firmou-se por primeiro.*

firme **fir**.me ***Adj*** **1** seguro; fixo: *A corda do arco estava bem firme.* **2** que não se desmancha; sólido: *O pudim ficou firme e bem cozido.* **3** que não muda; constante: *Você já tem namorada firme?* ***Adv*** **4** com firmeza: *Ana segurou firme na corda e pulou.*

firmeza fir.**me**.za ***S fem*** **1** segurança; energia: *Os padrinhos garantiram com firmeza o nome do menino.* **2** força; vigor: *Com a firmeza duma rocha, Hércules resistiu.*

fiscal fis.**cal** ***S*** quem controla a execução de normas; quem fiscaliza: *O fiscal está encarregado de conferir as chegadas e partidas dos ônibus.*

fiscalizar fis.ca.li.**zar** ***Vt*** verificar se as normas são seguidas; controlar: *O administrador da fazenda veio fiscalizar o serviço.*
fiscalização ***S fem*** ação de fiscalizar.

fisga **fis**.ga ***S fem*** instrumento pontudo usado em pesca: *O tridente é uma fisga com três pontas.*

fisgar fis.**gar** ***Vt*** **1** apanhar com fisga ou anzol; pescar: *Fisgava peixes com anzol.* **2** atrair; conquistar: *A indústria de doces sabe fisgar as crianças.* **3** prender; morder: *Nenhum peixe fisgou o anzol.*
fisgada ***S fem*** ação de fisgar.

físico **fí**.si.co ***S masc*** **1** corpo: *Os exercícios desenvolvem o físico das crianças.* ***Adj*** **2** que se relaciona com as leis da natureza; material: *O estado físico da água pode mudar de líquido para sólido.* **3** do corpo; corporal: *Usando a inteligência, os meninos conseguiam enfrentar a força física.*

fisionomia fi.si.o.no.**mi**.a ***S fem*** **1** conjunto de traços do rosto; feição: *Com a fisionomia radiante, carregava o gato no colo.* **2** conjunto de características; aspecto: *O prefeito mudou a fisionomia da cidade.*

FAZENDA

1. bezerro ▶ pág 54
2. boi ▶ pág 57
3. cercado ▶ pág 82
4. chiqueiro ▶ pág 85
5. colheita ▶ pág 93
6. colheitadeira ▶ pág 93
7. curral ▶ pág 115
8. espantalho ▶ pág 166
9. filhote ▶ pág 194
10. gado ▶ pág 209
11. galinha ▶ pág 210
12. galinheiro ▶ pág 210
13. leite ▶ pág 254
14. morada ▶ pág 284
15. pato ▶ pág 317
16. peru ▶ pág 324
17. plantação ▶ pág 332
18. trator ▶ pág 431

18
17
6
5
8
12
16
11
15
10
2

fita fi.ta *S fem* **1** tira de tecido mais ou menos estreita e comprida que serve para prender ou enfeitar. **2** tira estreita de material flexível: *O menino pegou uma fita métrica para medir o ovo.* **3** tira magnética onde se registra o som ou a imagem: *A mãe entregou a Nino um pacote de fitas de vídeo.* **4** fingimento; manha: *Papai logo viu que aquele choro era fita.*

fitar fi.**tar** *Vt* fixar os olhos em; olhar com atenção: *O rapaz fitou a esposa.*

fivela fi.**ve**.la *S fem* **1** utensílio para prender objetos de couro ou material sintético: *Os gêmeos usavam cintos com fivela dourada.* **2** prendedor de cabelos: *A menina prendeu o cabelo com uma fivela.*

fixar cs fi.**xar** *Vt* **1** estabelecer; determinar: *Paulo fixou um prêmio para quem encontrasse o cão.* (...+em) **2** prender; segurar: *Ela fixou o cartaz na parede.*
fixação *S fem* ação ou processo de fixar.

fixo cs fi.**xo** *Adj* **1** que não é temporário; regular: *As pessoas tinham emprego fixo e um salário bom.* **2** que não muda nem varia; estabelecido com antecedência: *Por um preço fixo, você pode brincar o dia todo no parque.* *Adv* **3** com atenção: *O senhor estava olhando fixo para o rodapé.*

flamingo fla.**min**.go *S masc* ave com pernas longas, de penas rosadas no corpo e vermelhas na ponta das asas: *Os flamingos caminhavam entre as plantas na margem do rio.*

flanela fla.**ne**.la *S fem* tecido macio de lã ou de algodão: *Ivã passou uma flanela na bicicleta.*

flash *fléch* *S masc* **1** clarão breve e forte produzido por lâmpada de máquina fotográfica: *De repente, um flash iluminou seu rosto.* **2** essa lâmpada: *Eram tantas as fotos e tamanho o brilho dos flashes que ele começou a ficar tonto.*
Palavra tirada do inglês.

flauta **flau**.ta *S fem* instrumento musical de soprar, feito de um tubo oco, com pequenas aberturas ou chaves: *De dentro da mata saía o som de uma flauta tocando.*
flautista *S* pessoa que toca flauta.

flecha **fle**.cha *S fem* haste fina e comprida, de madeira ou de metal, com ponta afiada: *Os arcos lançaram as flechas muito longe.*

flechar fle.**char** *Vt* ferir com flecha: *Os indígenas flechavam pequenos peixes na água.*

flexão cs fle.**xão** *S fem* **1** movimento que consiste em dobrar o corpo ou os membros: *Os bailarinos precisam ter músculos fortes para fazer movimentos de flexão.* **2** exercício físico feito com as mãos apoiadas no chão, erguendo e baixando o corpo esticado: *Fazia flexões antes do café da manhã.*

flexível cs fle.**xí**.vel *Adj* que se dobra ou que se curva com facilidade: *Um bom tênis deve ser macio e flexível.*

fliperama fli.pe.**ra**.ma *S masc* máquina de jogos eletrônicos: *As crianças jogavam no fliperama da sorveteria.*

floco **flo**.co *S masc* **1** conjunto de fios ou pelos. **2** pequena massa leve e macia: *Camila esperava a chegada dos primeiros flocos de neve com impaciência.* **3** pedaço pequeno e fino (de cereal): *Como flocos de milho com leite de manhã.*

flor *S fem* parte mais colorida das plantas, com pétalas, da qual se desenvolvem as sementes ou os frutos. pág 402 e 403.
floração *S fem* desenvolvimento de flor.

flora **flo**.ra *S fem* **1** conjunto da vegetação de uma região. **2** conjunto de bactérias e fungos que vivem em certas regiões do organismo: *As bactérias da flora intestinal aumentam as defesas do organismo.*

florescer flo.res.**cer** *Vi* cobrir-se de flores: *As roseiras tinham florescido rapidamente.*

floresta flo.**res**.ta *S fem* conjunto de árvores próximas umas das outras; mata.
florestal *Adj* **1** que cuida ou trata de florestas.

floricultura flo.ri.cul.**tu**.ra *S fem* lugar onde se vendem flores: *Foi à floricultura comprar rosas.*

florido flo.**ri**.do ***Adj*** **1** coberto de flores; com flores: *O lugar era todo cercado por bosques floridos.* **2** estampado ou enfeitado com flores: *Ana usava um vestido de tecido florido.*

florista flo.**ris**.ta **S** vendedor de flores: *A florista montou vários buquês muito lindos.*

fluido **flui**.do **S *masc*** **1** substância líquida ou gasosa. ***Adj*** **2** que é líquido ou gasoso: *No interior da Terra há uma substância fluida que se chama magma.*

fluir flu.**ir** ***Vi*** estar em movimento; circular; correr: *A corrente elétrica flui pelos fios do aparelho.*

flúor **flú**.or **S *masc*** substância química que fortalece os dentes: *Aplicou flúor em meus dentes.*

fluorescente flu:o.res.**cen**.te ***Adj*** que produz luz branca e forte.

flutuar flu.tu.**ar** ***Vi*** **1** ficar na superfície; boiar: *Um barquinho de papel flutuava na água.* **2** ficar suspenso (no ar): *Numa viagem espacial, os astronautas flutuam.*
flutuante *Adj* que flutua.

fluvial flu.vi.**al** ***Adj*** **1** por meio de rio: *A navegação fluvial se desenvolveu muito.* **2** de rio: *A farinha acompanha quase todos os pratos de peixes fluviais.*

fluxo ꭥ **flu**.xo **S *masc*** **1** movimento; corrente: *Flutuando numa boia, acompanhava o fluxo da água.* **2** passagem; circulação: *O som do apito é produzido por um fluxo de ar.*

foca **fo**.ca **S *fem*** animal mamífero marinho de cor escura brilhante, focinho comprido e membros achatados, próprios para nadar.

focinho fo.**ci**.nho **S *masc*** parte da frente da face dos animais mamíferos, onde ficam a boca e o nariz: *A raposa quis meter o focinho no buraco.*
focinheira S *fem* peça que prende o focinho do animal para que não possa morder as pessoas nem outros animais.

foco **fo**.co **S *masc*** **1** ponto onde a luz é mais forte; facho: *Um foco de luz iluminava a entrada.* **2** ponto em que se forma a melhor imagem através de uma lente: *Arrumei o foco do microscópio e vi os micro-organismos.* **3** local de onde algo se espalha ou se reproduz: *Lançavam jatos de água, na tentativa de apagar os focos de incêndio.*

fofo **fo**.fo ***Adj*** **1** macio e leve: *A bota é fofa por dentro.* **2** bonito; gracioso: *Aquela menina fofa tinha jeito de boneca.*
fofura S *fem* qualidade de fofo.

fofoca fo.**fo**.ca **S *fem*** aquilo que é comentado em segredo sobre alguém: *Nunca repita fofocas.*
fofoqueiro S *masc* quem faz fofoca.

fogão fo.**gão** **S *masc*** aparelho usado para cozinhar, que funciona com gás, lenha ou eletricidade.

fogareiro fo.ga.**rei**.ro **S *masc*** pequeno fogão portátil: *No barraco só havia um fogareiro a gás.*

fogaréu fo.ga.**réu** **S *masc*** fogo muito forte; grande fogueira.

fogo **fo**.go **S *masc*** **1** calor e luz que se soltam ao mesmo tempo de alguma coisa que queima; chama: *A menina ficou olhando o fogo na lareira.* **2** peça que se queima para produzir explosões ou jogos de luzes coloridas: *Vamos queimar fogos coloridos hoje.* **3** fogueira: *Os dois dormiam encolhidos, junto ao fogo.* **4** incêndio: *Não foi possível apagar o fogo que queimava a floresta.*
ser fogo ser difícil ou complicado: *O jogo contra o time do outro bairro foi fogo!*
fogoso *Adj* difícil de controlar; inquieto.
Pl: **f[ó]gos**.

fogueira fo.**guei**.ra **S *fem*** pilha de material que queima; fogo: *Todos dançaram à luz das fogueiras.*

foguete fo.**gue**.te **S *masc*** **1** objeto em forma de tubo que estoura no ar: *Omar foi recebido com grande quantidade de foguetes.* **2** máquina ou veículo em forma de tubo que envia objetos ou naves ao espaço: *A viagem à Lua começou com o lançamento de um foguete que carregava a nave.*

foice **foi**.ce **S *fem*** ferramenta com lâmina curva, usada para cortar capim, grama, etc.: *Os trabalhadores cortavam a cana com foices.*

folclore fol.**clo**.re ***S masc*** conjunto de tradições, conhecimentos ou crenças populares: *Quando o assunto é folclore, logo lembramos de saci-pererê, mula sem cabeça, curupira.*
folclórico *Adj* relativo ao folclore. **folclorista S** quem é especialista em folclore.

fôlego **fô**.le.go ***S masc*** **1** ar que se inspira e expira; respiração: *A menina segurou o fôlego de medo de assustar o peixinho.* **2** força; resistência: *É preciso ter fôlego para a caminhada.*

folga **fol**.ga ***S fem*** **1** descanso: *Hoje é a noite de folga da babá.* **2** grande vantagem: *Didi venceu o jogo com folga.* **3** falta de respeito; atrevimento: *Achou que era muita folga entrar sem nem pedir licença.*

folgar fol.**gar** ***Vt*** **1** ficar contente; alegrar-se: *Folgo muito que você guarde na cabeça as coisas que conto.* ***Vi*** **2** deixar de trabalhar ou estudar por um período; tirar folga: *Em junho, Ulisses folgava.*

folha **fo**.lha ***S fem*** **1** parte da planta achatada e fina, que cresce nos galhos ou nos caules. **2** pedaço de papel de forma quadrada ou retangular e de tamanhos variados: *A professora distribuiu as folhas com as perguntas da prova.*
folhagem *S fem* conjunto das folhas de uma planta.

folhear fo.lhe.**ar** ***Vt*** olhar folha por folha de livros, revistas, álbuns, etc.: *A menina folheava os gibis.*

folheto fo.**lhe**.to ***S masc*** folha avulsa com anúncio ou informações: *Maria lia os folhetos de turismo.*

folhinha fo.**lhi**.nha ***S fem*** calendário com folhas que se arrancam todos os dias ou meses: *A vida continuava a passar, como as datas da folhinha.*

folia fo.**li**.a ***S fem*** **1** brincadeira barulhenta; farra: *O cachorro estava também no meio da folia.* **2** festa animada e alegre: *No Carnaval, o clube terá programação nos quatro dias de folia.*

folião fo.li.**ão** ***S masc*** quem dança no Carnaval: *Os foliões não cansam.*
Fem: **foliona**.

fome **fo**.me ***S fem*** **1** vontade de comer: *Como estavam com muita fome, acharam melhor almoçar primeiro.* **2** falta de alimentação: *Era época de fome, não havia comida suficiente para todos.* **3** desejo; vontade: *Romeu tinha fome de aprender.*

fone **fo**.ne ***S masc*** parte do aparelho telefônico que se leva à orelha: *Colocou o fone no gancho.*

fonte **fon**.te ***S fem*** **1** lugar de onde brota água; mina: *Na natureza, é possível obter água limpa nas fontes.* **2** pessoa, coisa ou lugar que fornece ou causa algo: *Para os indígenas, a terra sempre foi a maior fonte de riqueza.* **3** construção com uma ou mais bicas por onde sai água; chafariz: *O rei mandou construir um parque com fontes.* pág 102 e 103.

fora **fo**.ra ***Adv*** **1** do lado externo: *O cão dormia do lado de fora da casa.* **2** em lugar diferente daquele onde se mora: *Hilda não gosta de dormir fora.* **3** em país estrangeiro; no exterior: *O Brasil vende muitos produtos para conseguir o que precisa lá fora.*

foragido fo.ra.**gi**.do ***Adj*** que foge ou se esconde de perseguição: *Alguns bandeirantes dedicavam-se à captura de escravos foragidos.*

forca **for**.ca ***S fem*** instrumento que mata estrangulando.

força **for**.ça ***S fem*** **1** poder físico: *João perdeu a força e não conseguia carregar as ferramentas.* **2** aquilo que faz algo mover-se; impulso: *As caravelas navegavam aproveitando a força do vento.* **3** esforço: *Se uma história for difícil, você deve fazer força para entendê-la.* **4** energia elétrica: *A companhia de eletricidade avisou que ia faltar força.*
à força contra a vontade: *A pobre senhora foi levada à força para o hospital.*
forçudo *Adj* que tem muita força.

forçado for.**ça**.do ***Adj*** **1** que se faz contra a vontade; obrigatório: *A médica falou que não seria bom uma dieta forçada.* **2** que não é natural; artificial: *Luísa achou as piadas forçadas e sem graça.*

forçar for.**çar** ***Vt*** **1** fazer força ou pressão sobre: *Ronaldo forçou a porta até que ela abriu.* **2** levar a esforço exagerado: *Os tênis de rodinhas forçam os joelhos.* (...+a) **3** obrigar: *Ele forçou Maria a se sentar.*

forma ó for.ma **S fem**
1 aspecto externo dos corpos; figura: *O chapéu tem a forma de um triângulo.* **2** modo; maneira; jeito: *Titia percebeu que tinha começado tudo da forma errada.* **3** tipo; variedade: *Emília viu uma grande quantidade de formas de vida.*
formal Adj relativo à forma.

fôrma fôr.ma **S fem 1** molde que dá formato a algo líquido ou pastoso que depois endurece: *Em cada fôrma, cabem 6 picolés.* **2** recipiente para assar; assadeira.

formar for.**mar Vt 1** tomar forma de: *A água congela e forma gelo.* **2** organizar; constituir: *Os alunos formaram grupos para fazer o trabalho.* **3** criar; montar: *Formamos frases com as palavras.*
formação S fem ação ou processo de formar. **formador Adj** que forma.

formato for.**ma**.to **S masc** forma exterior; figura: *O tapete tinha o formato de um peixe.*

formatura for.ma.**tu**.ra **S fem** cerimônia que marca o fim de um curso.

formidável for.mi.**dá**.vel **Adj**
1 muito bom; excelente: *Lilo era um cozinheiro formidável.* **2** muito agradável: *Seria formidável fazer uma excursão ao alto da montanha.*

formiga for.**mi**.ga **S fem**
pequeno inseto terrestre, de corpo fino e alongado, com antenas na cabeça; vive em grupos organizados.
formigueiro S masc lugar onde vivem as formigas.

formoso for.**mo**.so **Adj** bonito; belo: *Ele casou-se com a formosa moça.*
formosura S fem beleza.

fórmula fór.mu.la **S fem**
1 expressão composta de letras, símbolos e números, usada para resolver problemas em Física, Matemática, Química, etc. **2** método; meio: *Júlia tem a sua fórmula para driblar a preguiça.* **3** composição de um produto ou remédio: *O xampu tem fórmula suave, que não irrita os olhos.*

formular for.mu.**lar Vt** elaborar e apresentar; propor: *Ele formulou perguntas e as enviou ao ator.*

formulário for.mu.**lá**.ri.o **S masc** papel impresso com espaços em branco para serem preenchidos com informações: *A criança deve preencher um formulário para participar do concurso.*

fornalha for.**na**.lha **S fem**
1 forno grande. **2** lugar muito quente: *Cada estrela é uma fornalha.*

fornecer for.ne.**cer Vt** (...+a)
1 oferecer; entregar: *A vizinha forneceu água a todos.* **2** produzir; gerar: *Uma das funções dos alimentos é fornecer energia ao organismo.*
fornecedor S masc aquele que oferece ou produz. **fornecimento S masc** ação de fornecer.

forno for.no **S masc 1** construção de forma arredondada, usada para assar alimentos ou cozinhar objetos de cerâmica: *Depois de moldadas, as peças de cerâmica são colocadas em um forno.* **2** aparelho usado para assar, aquecer ou cozinhar alimentos: *Prefiro fazer arroz no forno de micro-ondas.* **3** parte do fogão onde se fazem os assados: *Tem bolo assando no forno!*
Pl: **f[ó]rnos**.

forrar for.**rar Vt** cobrir com forro: *O jardineiro forrou o fundo dos vasos com pedrinhas.*

forro ô **for**.ro **S masc 1** aquilo que serve para cobrir ou revestir: *Ela esticou o forro da mesa.* **2** camada interna do teto: *O papa quis que Michelangelo pintasse o forro da capela.* **3** camada que reveste roupas ou calçados por dentro: *As capas eram pretas com forro vermelho.*

forró for.**ró S masc** baile popular ou música popular com origem no Nordeste brasileiro.

a b c d e **f** g h i j k l m n o p q r s t u v w x y z

fortalecer for.ta.le.**cer** ***Vt***
1 tornar forte; reforçar: *A conversa ajudou a fortalecer a amizade.*
Vi [***Pron***] **2** tornar-se forte ou vigoroso: *Comendo mais, o doente começou a se fortalecer.*
fortalecimento ***S masc*** processo de fortalecer-se.
fortalecido ***Adj*** que se fortaleceu.
Ant de **fortalecer**: **enfraquecer**.

fortaleza for.ta.**le**.za ***S fem*** construção usada para defesa militar; forte.

forte **for**.te ***Adj*** **1** que não quebra ou estraga com facilidade; resistente. **2** intenso: *O cheiro estava cada vez mais forte.* **3** que tem muita força; robusto: *O cão era forte.* **4** que se destaca; excelente: *O ponto forte do time é a união.* ***S masc*** **5** construção militar para proteger um lugar; fortaleza: *Para se proteger de ataques, a cidade era defendida por fortes.* ***Adv*** **6** com força; com intensidade: *Chovia forte.*
Ant para **1** a **4**: **fraco**; **frágil**.

fortificar for.ti.fi.**car** ***Vt*** tornar forte ou protegido; dar mais força a: *Acreditavam que o remédio fortificava os músculos.*
fortificação ***S fem*** construção para proteger um lugar.

fortuna for.**tu**.na ***S fem*** **1** grande quantidade de dinheiro: *Há coleções de selos que valem uma fortuna.* **2** conjunto dos bens e dinheiro que alguém possui; riqueza: *Perdeu a fortuna durante a guerra.*

fosforescente fos.fo.res.**cen**.te ***Adj*** que brilha no escuro: *Vi o brilho de um peixe fosforescente.*

fósforo **fós**.fo.ro ***S masc*** palito com uma ponta que pega fogo quando é esfregada em algo áspero: *Luís riscava o fósforo e logo apagava, com um sopro.*

fossa **fos**.sa ***S fem*** **1** cova; buraco: *O menino e o cão chegaram a um túnel cheio de fossas.* **2** abatimento moral; tristeza: *Quando viu o problema, Carlos caiu na fossa.*
Em **2**, é uso informal.

fóssil ▲ **fós**.sil ***S masc*** restos de seres que viveram há muito tempo, transformados em pedra: *Nas rochas encontramos fósseis de plantas e animais.*
fossilizado ***Adj*** que se transformou em fóssil.

fosso **fos**.so ***S masc*** **1** buraco fundo no solo: *O bode caiu num fosso.* **2** espaço cavado e cheio de água em volta de uma construção: *Há castelos cercados de fossos cheios de água.*

fotocópia fo.to.**có**.pi.a ***S fem*** reprodução fotográfica de documentos; xerox.

fotogênico fo.to.**gê**.ni.co ***Adj*** que sai bem em fotografias: *A modelo era muito fotogênica.*

fotografar fo.to.gra.**far** ***Vt*** **1** reproduzir (uma imagem) pela fotografia: *A mãe fotografou o bebê.* ***Vi*** **2** tirar fotografia: *Meu celular não fotografa.*
▶ pág 112 e 113.
fotógrafo ***S masc*** quem faz ou tira fotografias.

fotografia fo.to.gra.**fi**.a ***S fem*** **1** imagem obtida através de uma câmera; retrato: *Era uma fotografia do gerente abraçando a família.* **2** atividade de produzir essas imagens: *Sebastião tem talento para a fotografia.*
fotográfico ***Adj*** relativo à fotografia; de fotografia.
A forma **foto** também é usada.

fotossíntese fo.tos.**sín**.te.se ***S fem*** transformação de gás carbônico e água em alimento nas plantas, sob a ação da luz.

foz ***S fem*** ponto onde um rio lança suas águas em outro rio ou no mar: *O barco passou pela foz.*

fração fra.**ção** ***S fem*** **1** número que representa em quantas partes um inteiro foi dividido; número fracionário. **2** parte de um todo: *Uma fração das crianças comprou sanduíches para o lanche.*

fracassar fra.cas.**sar** ***Vi*** não ter bom resultado; ter fracasso: *A máquina do tempo fracassou.*

fracasso fra.**cas**.so ***S masc*** mau resultado: *Ele ficou triste com o fracasso do feitiço.*
Ant: **sucesso**.

fracionar fra.ci.o.**nar** ***Vt*** dividir (um todo) em partes: *Fracionaram o bolo em partes iguais.*
fracionário ***Adj*** que tem forma de fração ou que representa uma fração.

fraco **fra**.co ***Adj*** **1** sem força; sem vigor: *Depois de correr, Paulo sentia as pernas fracas.* **2** que não é bom; ruim: *O plano era muito fraco.* **3** pouco intenso: *Alguns terremotos são fracos.* ***S masc*** **4** pessoa sem força: *Os cavaleiros juravam proteger os fracos.*
Ant: **forte**.

frade **fra**.de ***S masc*** religioso que faz obras de caridade.
Forma feminina correspondente: **freira**.

frágil **frá**.gil ***Adj*** **1** que pode quebrar ou estragar: *O copo é de cristal frágil.* **2** fraco; delicado: *Dora era frágil, ficava doente fácil.*
fragilidade ***S fem*** propriedade do que é frágil.
Ant: **forte**; **resistente**.

fragmento frag.**men**.to ***S masc*** **1** pequeno pedaço de uma coisa partida ou quebrada: *O espelho rachou em seis fragmentos.* **2** pequena porção: *O professor leu um fragmento da história.*

fralda **fral**.da ***S fem*** peça de tecido de algodão macio ou material sintético que envolve a barriga e as nádegas, em geral dos bebês: *As crianças estavam vestidas só com fraldas.*

framboesa fram.bo.**e**.sa ***S fem*** pequena fruta vermelha comestível: *Sofia foi colher framboesas.*

francês fran.**cês** ***Adj*** **1** que nasceu ou mora na França, país da Europa: *Estudei com uma professora francesa.* ***S masc*** **2** quem nasceu ou mora na França: *A história da Bela Adormecida foi escrita por um francês.* **3** língua falada na França: *Como falam francês tão bem se não nasceram na França?*

franco **fran**.co ***Adj*** **1** que diz o que pensa; sincero: *Para ser franco, não sei nada disso.* **2** gratuito; que não precisa ser pago: *A entrada do festival é franca.*
franqueza ***S fem*** qualidade de quem é franco.

frango **fran**.go ***S masc*** **1** filhote da galinha, já quase adulto: *Os pintinhos viraram frangos.* **2** a carne do frango: *O frango está na geladeira.* **3** gol que teria sido fácil de defender: *O goleiro engoliu um frango.*
Em **3**, é uso informal.

franja **fran**.ja ***S fem*** **1** ponta dum tecido, com fios soltos ou cheios de nós: *O vestido tinha uma franja de fios de seda.* **2** parte do cabelo que cai lisa sobre a testa: *A garota tirou a franja dos olhos.*

franzino fran.**zi**.no ***Adj*** pequeno e frágil: *Carlos tem o corpo franzino, com pernas finas.*

franzir fran.**zir** ***Vt*** apertar ou contrair, formando vincos ou rugas: *Ao ouvir a notícia, franziu a testa.*

fraque **fra**.que ***S masc*** roupa de cerimônia para homens, bem justa, curta na frente e com longas abas atrás: *O mágico entrou no palco de cartola e fraque.*

fraqueza fra.**que**.za ***S fem*** **1** falta de força: *O cachorro começou a tremer de fraqueza e fome.* **2** falta de resistência ou de firmeza: *Ele achava que, como era soldado, não podia demonstrar fraqueza.*

frasco **fras**.co ***S masc*** recipiente de vidro, cristal, etc.: *Tina tomou umas gotas do líquido do frasco.*

frase **fra**.se ***S fem*** palavra ou grupo de palavras que forma uma ideia completa.

fraterno fra.**ter**.no ***Adj*** próprio de irmão ou de amigo; harmonioso: *Temos de preparar uma sociedade mais fraterna para o futuro.*
fraternidade ***S fem*** relação de paz; harmonia.

fratura fra.**tu**.ra ***S fem*** quebra de um osso: *A fratura na perna pôs o carteiro fora de serviço.*

fraturar fra.tu.**rar** ***Vt*** quebrar (osso): *Joana caiu e fraturou o braço.*

fraude **frau**.de ***S fem*** ação que tem o objetivo de enganar alguém: *Misturar água no leite que vai ser vendido é um exemplo de fraude.*

frear fre.**ar** ***Vt*** **1** fazer diminuir a velocidade ou parar; brecar: *É bom frear o carro um pouquinho antes das curvas.* **2** fazer diminuir; controlar: *É preciso agir já para frear a destruição das matas.* ***Vi*** **3** diminuir a velocidade ou parar; brecar: *O trem veio freando e chiando.*

freezer *frízer* ***S masc*** aparelho para conservar comida congelada.
Palavra tirada do inglês.
pág 402 e 403.

a b c d e f g h i j k l m n o p q r s t u v w x y z

freguês fre.**guês** ***S masc*** pessoa que sempre faz compras em um lugar ou que usa os serviços de um estabelecimento; cliente: *O freguês veio trazer um rádio para consertar.*

freguesia fre.gue.**si**.a ***S fem*** **1** conjunto de fregueses: *O padeiro distribuía os pães para a freguesia.* **2** lugar; povoado: *A cigarra foi cantar em outra freguesia.*

frei ***S masc*** membro de ordem religiosa: *A escola era dirigida por um frei.*

freio **frei**.o ***S masc*** **1** dispositivo para atrasar ou parar o movimento de qualquer mecanismo ou veículo: *É importante ver se os freios da bicicleta estão em ordem.* **2** peça metálica presa às rédeas de cavalos, burros, etc., usada para guiá-los: *Segurou os cavalos pelos freios.* **3** controle; limite: *A imaginação do inventor disparava sem freio.*

freira **frei**.ra ***S fem*** mulher que pertence a uma ordem religiosa. Forma masculina correspondente: **frade**.

frenético fre.**né**.ti.co ***Adj*** **1** muito entusiasmado; forte: *Os aplausos frenéticos surpreenderam o orador.* **2** agitado; inquieto: *A dança do frevo tem um ritmo frenético.*

frente **fren**.te ***S fem*** **1** parte dianteira: *Quem senta no banco da frente controla o rádio da perua escolar.* **2** grande quantidade de ar: *O ar de uma frente fria avança para cá. Amanhã fará frio.*

frequência ü fre.**quên**.ci:a ***S fem*** **1** número de vezes que algo acontece: *Qual é a frequência com que você lê histórias?* **2** ato de frequentar: *A frequência à escola é importante.*
com frequência muitas vezes: *Elas não se encontravam com frequência, pois moravam longe.*

frequentar ü fre.quen.**tar** ***Vt*** **1** ir várias vezes a: *Costumo frequentar um restaurante de comida chinesa.* **2** cursar; estudar em: *Já era hora de Helô frequentar a escola.*
frequentador ***S masc*** quem frequenta algum lugar. **frequente** ***Adj*** que ocorre com frequência.

fresco **fres**.co ***Adj*** **1** um pouco frio: *A brisa fresca era agradável.* **2** de temperatura agradável; próprio para beber: *O cavalo bebe água fresca.* **3** que acabou de ser produzido: *Tem biscoitos frescos em casa.*

frescor fres.**cor** ***S masc*** **1** propriedade do que é fresco: *O frio ajuda a conservar o frescor dos alimentos.* **2** sensação causada por algo quase frio: *Caminhando pela rua, sentia o frescor do vento.*

frescura fres.**cu**.ra ***S fem*** **1** frescor: *Debaixo das árvores havia uma frescura deliciosa.* **2** excesso de vontades ou cuidados: *Ele não tem frescura, come qualquer coisa.*
Em **2**, é uso informal.

fresta **fres**.ta ***S fem*** pequena abertura; fenda: *Pela fresta da janela entrava um pouco de sol.*

frevo **fre**.vo ***S masc*** música de carnaval de origem africana, de ritmo rápido, dançada com sombrinhas coloridas abertas, típica de Pernambuco.

frigideira fri.gi.**dei**.ra ***S fem*** panela rasa, usada para fritar alimentos: *O peixe fritava na frigideira.*

frio **fri**:o ***Adj*** **1** de baixa temperatura; sem calor: *A noite foi fria, era inverno.* **2** que não sente ou não mostra emoção: *O dono da fábrica deu aos visitantes um tratamento frio.* ***S masc*** **3** temperatura muito baixa: *O pelo grosso do cão serviria de boa proteção contra o frio.* **4** sensação produzida pela baixa temperatura: *Juliano tremia de medo e de frio.*
frieza ***S fem*** propriedade de frio. **friorento** ***Adj*** que sente muito frio.
Ant para **1** e **2**: **quente**; para **3** e **4**: **calor**.

fritar fri.**tar** ***Vt*** cozinhar em substância oleosa como manteiga ou óleo quente: *Fritei o peixe.*

frito **fri**.to ***Adj*** **1** que se fritou: *O feijão é servido com linguiça frita.* **2** em má situação; em dificuldades: *Dina e Dino não podem escutar o que vou contar, senão estamos fritos.*

FAMÍLIA

FESTA

1 balão ▶ pág 48

2 bolo ▶ pág 58

3 brigadeiro ▶ pág 61

4 cajuzinho ▶ pág 67

5 convidado ▶ pág 106

6 convite ▶ pág 106

7 dançar ▶ pág 116

8 música ▶ pág 288

9 presente ▶ pág 343

10 refrigerante ▶ pág 367

fritura fri.**tu**.ra ***S fem*** comida frita: *Comer muitas frituras na mesma refeição não faz bem.*

frondoso fron.**do**.so ***Adj*** que tem muitos ramos; de grande copa: *A árvore era frondosa.*

fronteira fron.**tei**.ra ***S fem*** **1** linha que separa dois territórios; divisa: *Atravessou a fronteira e entrou no reino vizinho.* **2** limite; barreira: *A leitura ajuda a ultrapassar fronteiras e aperfeiçoar a escrita.*

frota **fro**.ta ***S fem*** **1** conjunto de embarcações que têm uma função comum: *Depois de abastecida, a frota retornou.* **2** conjunto de veículos de transporte: *A fábrica testará uma bateria na frota de peruas.*

frouxo **frou**.xo ***Adj*** **1** que não é apertado nem esticado: *Esse nó está muito frouxo.* ***S masc*** **2** pessoa covarde e medrosa: *Aquele bando de frouxos! Nunca iam ter a coragem do comandante!*

frustração frus.tra.**ção** ***S fem*** decepção; insatisfação: *Sentiu frustração quando foi demitido.*

frustrado frus.**tra**.do ***Adj*** decepcionado; insatisfeito: *Sentiu-se frustrado por não encontrar o anel.*

fruta **fru**.ta ***S fem*** fruto comestível, que em geral tem sabor doce. ▶ pág 188 e 189.

fruteira ▶ fru.**tei**.ra ***S fem*** **1** prato ou cesto onde se colocam frutas: *A mesa tinha uma fruteira com laranjas.* ***S masc*** **2** quem vende frutas: *Os fruteiros montam suas barracas na feira.*

frutífero fru.**tí**.fe.ro ***Adj*** que dá frutos: *A Chácara do Sol tem muitas árvores frutíferas.*

fruto **fru**.to ***S masc*** parte da planta que sai da flor e que tem as sementes.

fubá fu.**bá** ***S masc*** farinha feita de milho: *Os meninos levaram bolo de fubá para a pescaria.*

fuçar fu.**çar** ***Vt*** **1** farejar ou remexer com o focinho: *O porquinho fuçava a terra.* **2** mexer em; revistar: *Um dia, fuçando uns papéis, encontrou um bilhete.* **3** procurar alguma coisa com atenção: *Você não acha a chave nem se fuçar debaixo do tapete.* ☀ Em **2** e **3** é uso informal.

fugir fu.**gir** ***Vt*** (+de) **1** desviar-se; escapar: *Escondeu-se só para fugir do banho.* ***Vi*** **2** afastar-se rapidamente do lugar em que está: *Quando perceberam os caçadores, as capivaras fugiram.* ⊖ **fuga** ***S fem*** ação de fugir. **fugitivo** ***S masc*** quem fugiu ou foge.

fujão ◀ fu.**jão** ***Adj*** **1** que foge ou que fugiu: *O rato fujão acabou voltando ao queijo.* ***S masc*** **2** quem foge ou quem fugiu: *Não demorou e alcançamos os dois fujões.* ☀ Forma feminina correspondente: **fujona**.

fulano fu.**la**.no ***S masc*** palavra usada no lugar de um nome de pessoa que não sabemos ou não queremos dizer: *A história começa assim: Fulano tinha um cachorro...*

fuligem fu.**li**.gem ***S fem*** substância preta e fina que é produzida por alguma coisa que queima.

fumaça fu.**ma**.ça ***S fem*** nuvem de gases cor de cinza que sobe de coisa queimada.

fumar fu.**mar** ***Vi*** aspirar e depois soltar a fumaça de cigarros, cachimbos, etc.: *Ele parou de fumar.*

função fun.**ção** ***S fem*** **1** atividade própria de alguém ou de alguma coisa: *Cada órgão do corpo tem uma função.* **2** atividade própria de um emprego, trabalho ou cargo: *Vicente tem a função de zelador.*

funcionar fun.ci:o.**nar** ***Vi*** **1** realizar uma atividade; trabalhar: *O forno funcionava dia e noite.* **2** ter função: *A borracha funciona como isolante.* ⊖ **funcionamento** ***S masc*** processo de funcionar.

funcionário fun.ci:o.**ná**.ri:o ***S masc*** quem tem emprego, em geral em firma ou órgão do governo; empregado: *Nossos funcionários são os melhores – dizia o prefeito.* ▶ pág 256 e 257.

a b c d e f g h i j k l m n o p q r s t u v w x y z

fundamental fun.da.men.**tal** ***Adj*** **1** que serve de base ou fundamento; básico: *Marina é professora do ensino fundamental.* **2** muito importante; essencial: *As vitaminas são fundamentais para o organismo.*

fundamento fun.da.**men**.to ***S masc*** **1** aquilo que serve de apoio; base: *Será que séries como "Jornada nas estrelas" têm fundamentos científicos?* **2** razão de ser; motivo: *Há muitas crenças sem fundamento sobre como se proteger dos relâmpagos.*

fundar fun.**dar** ***Vt*** dar início a; criar: *Para facilitar suas atividades, os religiosos fundaram vários colégios.*
fundação ***S fem*** ação de fundar. **fundador** ***S masc*** quem funda ou cria alguma coisa.

fundição fun.di.**ção** ***S fem*** ação de derreter pelo calor: *Tião trabalhava na fundição de metais.*

fundo **fun**.do ***Adj*** **1** que não é raso; que tem profundidade: *Os dois caíram numa valeta funda.* ***S masc*** **2** parte mais afastada da superfície: *Havia um tesouro no fundo do rio.* **3** parte de trás de um edifício ou construção: *O ladrão fugiu por uma porta dos fundos.* ***Adv*** **4** com força: *Zuzu suspirou fundo.*

fúnebre **fú**.ne.bre ***Adj*** que se refere à morte e aos mortos: *Só os adultos foram à cerimônia fúnebre.*

fungar fun.**gar** ***Vi*** fazer movimentos de aspirar o ar com as narinas, fazendo ruído: *Zezé fungava e espirrava.*

fungo **fun**.go ***S masc*** organismo vivo que cresce sobre plantas ou em lugares úmidos e pode causar doenças da pele ou dos pulmões: *As formigas cultivam fungos dentro dos formigueiros.*

funil fu.**nil** ***S masc*** utensílio em forma de cone, com um tubo na parte de baixo, para passar substâncias de um recipiente para outro.

funk fãnc ***Adj*** que tem ritmo bem marcado, vigoroso e repetitivo: *Cada vez mais as quadrilhas são dançadas ao som de música sertaneja e música funk.*
Palavra tirada do inglês.

fura-bolos **fu**.ra-**bo**.los ***Adj*** diz-se do dedo indicador: *O palhaço molhou o dedo fura-bolos na boca e apontou para cima.*

furacão fu.ra.**cão** ***S masc*** vento de velocidade maior que 119 quilômetros por hora.

furar fu.**rar** ***Vt*** **1** abrir furo em: *Cuidado, assim você fura o tapete.* ***Vi*** **2** passar a ter furo: *Uma bola que furou não tem mais jeito.*
furar a fila passar na frente de outras pessoas numa fila: *Um cidadão, dizendo ser general, furou a fila.*
furação ***S fem*** ação de furar.

furgão fur.**gão** ***S masc*** pequeno caminhão fechado: *Um furgão de entregas parou perto deles.*

fúria **fú**.ri.a ***S fem*** **1** raiva forte: *O cão rosnava com fúria para os visitantes.* **2** com força; com pressa: *Os pescadores remaram com fúria para chegar antes da tempestade.*
furioso ***Adj*** com muita raiva.

furo **fu**.ro ***S masc*** **1** abertura; orifício: *Descobri um pequeno furo no meu paletó.* **2** notícia dada em jornal, noticiário, etc., antes dos outros: *O jornal deu um furo de reportagem.*

furor fu.**ror** ***S masc*** raiva forte; fúria: *O monstro explodiu num violento acesso de furor.*

furtar fur.**tar** ***Vt*** **1** tirar sem autorização. (...+de) **2** tomar; tirar: *Depois que furtou os óculos da bruxa, ninguém mais viu o guri.*
furto ***S masc*** ação de furtar.

fusão fu.**são** ***S fem*** **1** passagem do estado sólido para o líquido: *No princípio nossa Terra não passava duma bola de matéria em fusão.* **2** reunião; união: *Nessa história, há fusão da ficção com a realidade.*

futebol fu.te.**bol** ***S masc*** jogo disputado por dois times, de 11 jogadores cada um, com uma bola de couro, num campo com um gol em cada uma das extremidades.
pág 170 e 171.

futuro fu.**tu**.ro ***S masc*** **1** aquilo que ainda está por vir: *Sabe-se lá o que pode acontecer no futuro.* ***Adj*** **2** que está por vir: *Vamos nos preocupar com a vida das futuras gerações.*
Ant: **passado**.

Gg Gg

g ***S masc*** sétima letra do alfabeto.

gabar-se ga.**bar**-se ***Vt*** (+de) falar em tom de elogio; contar vantagem: *Didi gabava-se de sua coleção.*

gabinete ga.bi.**ne**.te ***S masc*** sala de trabalho; escritório: *Vovô trabalhava em seu gabinete.*

gado **ga**.do ***S masc*** conjunto de animais criados no campo; rebanho: *A criação é de gado leiteiro.* ▶ pág 196 e 197.

gafanhoto ga.fa.**nho**.to ***S masc*** inseto de asas e pernas longas, que voa em grupos e destrói plantações: *O gafanhoto jovem ainda não tem asas.*

gagá ga.**gá** ***Adj*** confuso por causa da idade avançada; caduco: *Será que ele está gagá?*

gago **ga**.go ***Adj*** **1** que gagueja, falando com dificuldade, repetindo ou separando sílabas: *Está gago de medo.* ***S masc*** **2** pessoa que gagueja: *É difícil um gago discursar.* ⊖ **gagueira** ***S fem*** dificuldade de fala.

gaguejar ga.gue.**jar** ***Vi*** **1** falar com dificuldade, repetindo ou separando sílabas: *O poeta gaguejou e o verso não saiu.* ***Vt*** **2** dizer com insegurança: *A tia gaguejou uma resposta.*

gaiola gai.**o**.la ***S fem*** **1** armação de arame onde se colocam aves ou pequenos animais: *Ao ver a ave na gaiola, o imperador mandou soltá-la.* **2** armação gradeada onde se prendem animais ou pessoas; jaula: *Ao acordar, João viu que estava numa gaiola, bem preso.*

gaita **gai**.ta ***S fem*** instrumento musical de soprar, com furos, que se passa por entre os lábios.

gaivota gai.**vo**.ta ***S fem*** ave de cor branca e cinza, que vive geralmente no litoral e se alimenta de peixes: *As gaivotas voam sobre o oceano.* ▶ pág 328 e 329.

gala **ga**.la ***S fem*** grande elegância; luxo: *Os soldados vestiam roupas de gala.*

galã ga.**lã** ***S masc*** 1 ator que representa papel de namorado: *Ana encontrou o galã da novela.* 2 homem que namora muito: *Nas cartas de amor o galã não fala de assuntos tristes.* 3 homem bonito e elegante: *Ciça disse a Diego que ele era o maior galã do pedaço.*

galão ga.**lão** ***S masc*** 1 unidade de medida de capacidade que equivale a 3,785 litros. 2 vasilha usada para líquidos, ainda que não tenha exatamente essa medida: *O homem carregava galões de leite.*

galáxia cs ga.**lá**.xi:a ***S fem*** conjunto de muitas estrelas: *A nossa galáxia tem bilhões de estrelas.*

galera ga.**le**.ra ***S fem*** 1 grupo de amigos; turma: *A galera da escola fez uma festa.* 2 conjunto de torcedores de um clube esportivo; torcida: *Histórias de futebol fazem a alegria da galera.*
Uso informal.

galeria ga.le.**ri**.a ***S fem*** 1 lugar onde se expõem obras de arte: *A tela está exposta na Galeria Nacional.* 2 loja que expõe e vende obras de arte: *Os quadros estão à venda numa galeria.* 3 corredor ou canal aberto na terra ou rocha: *As minhocas cavam galerias no solo.*

galho **ga**.lho ***S masc*** ramo de planta: *Nos galhos do pinheiro nasceram folhas novas.*

galinha ga.**li**.nha ***S fem*** 1 ave doméstica, de tamanho pequeno, com penas de várias cores e crista vermelha; fêmea do galo. 2 carne dessa ave: *Vovó não gosta de galinha com quiabo.*
pág 196 e 197.

galinheiro ga.li.**nhei**.ro ***S masc*** lugar onde se prendem aves como as galinhas. pág 196 e 197.

galo **ga**.lo ***S masc*** 1 ave de crista vermelha, asas curtas e largas. 2 inchaço na testa ou cabeça, provocado por pancada: *O capitão tinha um galo na testa.*
Forma feminina correspondente: **galinha**.

galocha ga.**lo**.cha ***S fem*** calçado de borracha que se usa por cima dos sapatos para se proteger contra umidade: *O moço vestiu um macacão alaranjado com galochas verdes.*

galopar ga.lo.**par** ***Vi*** 1 montar animal que corre: *Ivan queria galopar como o Zorro.* 2 andar muito rápido; andar a galope: *A égua galopava pelos campos.*
galopada ***S fem*** passo muito rápido de alguns animais; galope.

galope ga.**lo**.pe ***S masc*** 1 passo muito rápido de alguns animais; corrida: *O cavalo retomou o galope no rumo indicado.* 2 corrida veloz: *O galope doido do cavaleiro chamou a atenção.*

galpão gal.**pão** ***S masc*** construção coberta, usada como abrigo, depósito ou para fins industriais: *A fábrica funcionava num velho galpão.*

gambá gam.**bá** ***S masc*** animal quadrúpede selvagem, de pelo cinza e rabo comprido e fino.
pág 460 e 461.

game guêimi ***S masc*** jogo eletrônico: *Ganhei um game divertido.*
Palavra tirada do inglês.

gamela ga.**me**.la ***S fem*** vasilha rasa de madeira ou barro: *O ouro era colocado em gamelas.*

ganância ga.**nân**.ci:a ***S fem*** 1 desejo muito grande de ter ganhos; ambição exagerada: *A ganância levou à escravidão.* 2 desejo sem controle: *A princesa tinha ganância por joias.*
ganancioso ***Adj*** que tem ganância; muito ambicioso.

gancho **gan**.cho ***S masc*** 1 instrumento curvo e pontudo para agarrar, suspender ou prender: *O chaveiro tinha cinco ganchos.* 2 suporte de aparelho telefônico: *O cientista tirou o fone do gancho.*

gangorra gan.**gor**.ra ***S fem*** brinquedo feito de uma tábua, com apoio no centro, em cujas pontas as crianças se sentam, subindo e descendo: *Henrique caiu da gangorra.*
pág 338 e 339.

gangue **gan**.gue ***S fem*** grupo de pessoas que fazem desordens; grupo de criminosos.
Palavra tirada do inglês.

ganhador ga.nha.**dor** **S *masc*** quem ganha (competição, concurso, etc.): *João foi o ganhador do concurso de pipas.*

ganhar ga.**nhar** ***Vi*** **1** ter vantagens; lucrar: *Todos saíram ganhando com a troca de informações.* ***Vt*** **2** receber em pagamento: *Ganha apenas um salário mínimo por mês.* **3** vencer: *Assim não tem graça, você ganha todas as partidas!* **4** receber como presente: *Os meninos ganharam um jogo.*
ganhar a vida sustentar-se: *Os peões ganham a vida participando de rodeios.*

ganho **ga**.nho ***Adj*** **1** que se ganhou: *A cada ponto ganho, recebia uma ficha.* **S *masc*** **2** lucro; vantagem: *A colheita deu um bom ganho.* **3** aumento: *Leve o cão ao veterinário se ocorrer ganho de peso.*
Ant: **perda**.

ganir ga.**nir** ***Vi*** falando-se de cães, produzir uma espécie de gemido: *Rex andava triste, ganindo baixinho.*
ganido **S *masc*** gemido do cão.

ganso **gan**.so **S *masc*** ave semelhante ao pato, porém maior, de pescoço longo e bico curto: *Os gansos são ótimos nadadores.*

garagem ga.**ra**.gem **S *fem*** **1** parte de um edifício onde se guardam os carros; abrigo de automóveis: *Tirou o carro da garagem e saiu com cuidado.* **2** oficina de conserto de automóveis: *A garagem estava precisando de um mecânico.*
pág 88 e 89.
garagista **S** quem cuida de garagem.

garantia ga.ran.**ti**.a **S *fem*** **1** aquilo que dá segurança; certeza: *Uma boa safra é garantia de alimentos.* **2** responsabilidade assumida pelo vendedor por qualquer defeito do produto vendido: *O jogo tem garantia de seis meses.*

garantir ga.ran.**tir** ***Vt*** **1** ser o responsável por: *O pai garantia o sustento da casa.* **2** conseguir; conquistar: *Os nadadores garantiram vagas nas Olimpíadas.* **3** dizer com certeza; afirmar: *Os ingleses garantem que o chá alivia o calor.* (...+a) **4** tornar seguro; assegurar: *O documento garante vários direitos à criança.*

garapa ga.**ra**.pa **S *fem*** caldo de cana: *As crianças gostavam de beber garapa.*

garça **gar**.ça **S *fem*** ave que vive perto da água, alimenta-se de peixes e tem pernas longas, bico comprido, pescoço longo e fino: *A garça velha não conseguia mais pescar.*

garçom gar.**çom** **S *masc*** profissional que serve comida e bebida em restaurantes, festas, etc.: *As bandejas pareciam grudadas nas mãos dos garçons.*
Forma feminina correspondente: **garçonete**. pág 370.

garfo **gar**.fo **S *masc*** **1** objeto com pontas que serve para segurar o alimento ou levá-lo à boca: *Os servos comiam sem garfo nem faca.* **2** pessoa que come bem; comilão: *Jorge é um bom garfo, comeu todos os bolinhos.*

gargalhar gar.ga.**lhar** ***Vi*** rir em voz alta: *O palhaço fez todo mundo gargalhar.*
gargalhada **S *fem*** risada demorada e alta.

gargalo gar.**ga**.lo **S *masc*** parte mais estreita de garrafa ou outra vasilha: *O homem colocou a mensagem dentro da garrafa e enfiou a rolha no gargalo.*

garganta gar.**gan**.ta **S *fem*** **1** parte da frente do pescoço: *Essa espécie de pavão tem a garganta vermelha.* **2** órgão da voz; laringe: *As crianças detestam o palito usado para examinar a garganta.*

gari ga.**ri** **S** pessoa que varre rua: *O gari todos os dias remove o lixo acumulado nas ruas.*

garimpo ga.**rim**.po **S *masc*** **1** lugar onde se buscam pedras ou metais preciosos: *Procuram diamantes naquele garimpo.* **2** atividade de busca de pedras e metais preciosos: *Nesse rio, fazem o garimpo de ouro.*
garimpeiro **S *masc*** pessoa que trabalha na busca de metais ou pedras preciosas.

a b c d e f g h i j k l m n o p q r s t u v w x y z

garnisé gar.ni.**sé** **S *masc*** raça de galo de tamanho muito pequeno: *Os garnisés são valentes.*

garoa ga.**ro**.a **S *fem*** chuva fina e miúda, que cai por muito tempo: *Uma garoa fininha começou.*

garoto ga.**ro**.to **S *masc*** criança; menino: *A grade era alta para um garoto pular.*
garotada **S *fem*** grupo de garotos. **garotão** **S *masc*** rapaz bonito e forte.

garra **gar**.ra **S *fem*** **1** unha pontuda de animais como as feras e certas aves: *A onça possui garras afiadas.* **2** forte interesse; disposição: *A torcida confia na garra do clube.* [***Pl***] **3** domínio; controle: *No livro, Denise tem de salvar o mundo das garras do bruxo.*

garrafa gar.**ra**.fa **S *fem*** **1** objeto de vidro ou plástico, com gargalo estreito, para guardar líquidos. **2** o conteúdo desse objeto: *Os dois atacaram a geladeira e beberam cinco garrafas de suco.*

garrancho gar.**ran**.cho **S *masc*** letra malfeita, difícil de ler: *Escreveu o bilhete com garranchos.*

garupa ▼ ga.**ru**.pa **S *fem*** **1** parte de trás do lombo de animal: *Meus primos me puseram na garupa do burrico.* **2** parte de trás de um meio de transporte: *Daniel prendeu o pacote na garupa da bicicleta.*

gás **S *masc*** **1** substância fluida, nem líquida nem sólida: *O oxigênio é um gás.* **2** substância tirada do petróleo e usada como combustível: *Antes de viajar, desligue o gás.* [***Pl***] **3** mistura do ar que engolimos com vapores produzidos no estômago e nos intestinos: *Chás são usados contra gases intestinais.*
gasoso ***Adj*** de gás.

gasolina ga.so.**li**.na **S *fem*** líquido derivado do petróleo e usado como combustível em motores.

gastar gas.**tar** ***Vt*** **1** utilizar; consumir: *Não podiam gastar dinheiro com bobagens.* **2** acabar com; desgastar: *João gastou a grafite do lápis.* **3** demorar; levar: *De São Paulo a Curitiba, gastamos seis horas.*

gasto **gas**.to ***Adj*** **1** que se gastou: *A energia gasta em exercícios é reposta com descanso.* **2** que se estragou pelo uso: *As chuteiras estavam gastas.* **S *masc*** **3** despesa: *O fazendeiro pagava os primeiros gastos do imigrante.* **4** consumo; uso: *O maior gasto de energia elétrica foi com a geladeira.*

gatilho ga.**ti**.lho **S *masc*** peça da arma de fogo pela qual se dispara.

gato **ga**.to **S *masc*** **1** animal doméstico, quadrúpede, carnívoro, de pelos macios: *Os gatos são muito dorminhocos.* **2** pessoa jovem e bonita: *Nando era o maior gato da classe.*
Em **2**, é uso informal.
▶ pág 88 e 89.

gatuno ga.**tu**.no **S *masc*** quem rouba; ladrão: *Um gatuno levou os maracujás.*

gaveta ga.**ve**.ta **S *fem*** caixa sem tampa, que fica dentro de um móvel, e que se abre puxando para fora.
gaveteiro **S *masc*** móvel com gavetas.

gavião ga.vi.**ão** **S *masc*** ave caçadora que tem hábitos diurnos: *Um gavião pegou os filhotes.*

gaze **ga**.ze **S *fem*** **1** tecido leve e transparente: *O vestido era de gaze muito fina.* **2** tecido empregado em curativos: *O enfermeiro cobriu a ferida com gaze.*

geada ▲ ge.**a**.da **S *fem*** orvalho congelado que forma uma camada branca: *A geada acabou com o cafezal.*

gel **S *masc*** substância gelatinosa de vários tipos: *O Lipe passou gel nos cabelos.*

geladeira ge.la.**dei**.ra **S *fem*** aparelho eletrodoméstico em forma de grande caixa, onde se conservam alimentos em baixa temperatura.

gelado ge.**la**.do ***Adj*** **1** muito frio: *Nada melhor do que matar a sede com água de coco gelada.* **2** coberto de gelo: *Os flocos de neve continuavam a cair sobre a montanha gelada.* **3** que formou gelo; congelado: *A raposa viu o lago gelado.*

gelar ge.**lar** ***Vt*** **1** tornar gelado; esfriar muito: *Carol gelou o quindim.* ***Vi*** **2** tornar-se muito frio, por medo ou emoção: *Quando Lucas telefonou, a mão de Carol gelou.* **3** transformar-se em gelo; congelar: *O inverno está chegando e o lago vai gelar.* **4** ficar imóvel de medo ou emoção: *Quando viu que tinha esquecido o presente, Eugênio gelou.*

gelatina ge.la.**ti**.na ***S fem*** doce gelado, entre sólido e líquido, que se prepara com substância dissolvida em água quente.
gelatinoso ***Adj*** que tem o aspecto de gelatina; mole como gelatina.

geleia ge.**lei**.a ***S fem*** pasta de fruta cozida com açúcar: *O bolo era recheado com geleia de amoras.*

geleira ▼ ge.**lei**.ra ***S fem*** grande massa de gelo formada pela neve: *As águas que derretem das geleiras vão para o oceano.*

gelo **ge**.lo ***S masc*** água em estado sólido: *Certas regiões são cobertas por gelo.*
um gelo muito frio; gelado: *De repente, a água do chuveiro ficou um gelo.*

gema **ge**.ma ***S fem*** **1** parte amarela do ovo: *A cozinheira fazia doces com as gemas.* **2** pedra preciosa: *O colar era de ouro com uma gema.*
gemada ***S fem*** gema (1) batida com açúcar e leite ou vinho.

gêmeo **gê**.me:o ***Adj*** **1** que nasceu com outro, no mesmo parto: *Joel e João eram irmãos gêmeos.* ***S masc*** **2** cada um dos filhos que nascem do mesmo parto: *Minha mãe cuidava dos gêmeos.*

gemer ge.**mer** ***Vi*** **1** soltar som de lamento: *Flávia ouviu um gatinho gemendo.* **2** produzir som parecido com lamento: *O vento gemia passando pelos galhos das árvores.*
gemido ***S masc*** som de lamento.

general ge.ne.**ral** ***S masc*** oficial que tem alta posição de comando no exército.

generalizar ge.ne.ra.li.**zar** ***Vt*** **1** tornar amplo ou comum; estender: *O governo quer generalizar o uso de computadores nas escolas públicas.* ***Vi*** [***Pron***] **2** tornar-se comum; espalhar-se: *O hábito de cumprimentar com um aperto de mão se generalizou no mundo todo.*

genérico ge.**né**.ri.co ***Adj*** que não é particular; geral: *Os colonizadores deram aos povos nativos o nome genérico de índios.*
Ant: **específico**.

gênero **gê**.ne.ro ***S masc*** **1** grupo de animais ou vegetais que têm características semelhantes: *Os pombos podem transmitir a bactéria do gênero* Salmonella. **2** tipo; espécie: *Fui a um festival de cinema do gênero infantil.* **3** em Gramática, classe em que se dividem os nomes, como masculino ou feminino: *É comum as pessoas terem dúvida sobre o gênero da palavra alface.* [***Pl***] **4** produtos; mercadorias: *Se um comerciante tentar vender gêneros estragados, pode ser multado.*

generoso ge.ne.**ro**.so ***Adj*** **1** que ajuda os outros sem querer nada em troca: *Um empresário generoso doou dinheiro para o hospital.* **2** amável; bondoso: *O coração de Pedro era generoso demais para ter inveja.* **3** em grande quantidade; abundante: *Jorge colocou generosas porções de sobremesa nos pratos.*
generosidade ***S fem*** qualidade de generoso.

gengibre gen.**gi**.bre ***S masc*** raiz aromática usada como tempero, como remédio, etc.: *Gengibre é bom para dor de garganta.*

gengiva gen.**gi**.va ***S fem*** parte da boca em que os dentes ficam presos: *Essa escova não machuca a gengiva.*

genial ge.ni.**al** ***Adj*** muito inteligente e criativo: *Estavam encantados com as geniais ideias da Emília.*
genialidade ***S fem*** propriedade de gênio.

gênio ▲ **gê**.ni:o ***S masc*** **1** pessoa muito inteligente e criativa: *Quem inventou o macarrão é um gênio.* **2** modo de ser; temperamento: *Rafael tinha gênio bondoso e amável.* **3** nas lendas, espírito com poderes mágicos que em geral vive numa garrafa ou lâmpada: *Aladim pegou* *a lâmpada para chamar o gênio.* **genioso** ***Adj*** que tem temperamento difícil.

genital ge.ni.**tal** ***Adj*** **1** relativo à reprodução. ***S masc pl*** **2** órgãos ligados à reprodução: *Certas doenças podem provocar feridas nos genitais.*

genro **gen**.ro ***S masc*** marido da filha, em relação aos pais dela. pág 205.

gente **gen**.te ***S fem*** **1** ser humano: *Emília era uma boneca de pano que virou gente.* **2** pessoas em geral: *Muita gente sonha acordada.* **3** povo; população: *O poeta escreveu sobre a gente brasileira.* **a gente** nós: *Tem uma coisa que a gente pode fazer.*

gente grande **gen**.te **gran**.de ***S fem*** pessoa adulta; adulto: *Quem achou que a feira de livros fosse só para gente grande se enganou.*

gentil gen.**til** ***Adj*** amável; delicado: *Quem não for gentil, não pode viver no meio dos outros.* **gentileza** ***S fem*** delicadeza.

geografia ge:o.gra.**fi**.a ***S fem*** conjunto de conhecimentos sobre a superfície da Terra, seus aspectos físicos, e sobre as relações entre o meio natural e o homem. **geógrafo** ***S masc*** especialista em Geografia. **geográfico** ***Adj*** relativo à Geografia

geologia ge:o.lo.**gi**.a ***S fem*** conjunto de conhecimentos sobre a origem, a composição e as transformações da Terra. **geólogo** ***S masc*** especialista em Geologia. **geológico** ***Adj*** relativo à Geologia.

geometria ge:o.me.**tri**.a ***S fem*** parte da Matemática que trata das propriedades e medidas das linhas, ângulos, superfícies e sólidos. **geométrico** ***Adj*** relativo à Geometria.

geração ge.ra.**ção** ***S fem*** **1** ação de gerar; produção; formação: *Era preciso ampliar a geração de energia.* **2** período que vai do nascimento de uma pessoa até o nascimento de seu filho: *Essa família tem mais mulheres há muitas gerações.* **3** conjunto das pessoas nascidas na mesma época: *As histórias foram esquecidas pela nova geração.*

gerador ge.ra.**dor** ***Adj*** **1** que gera ou que produz: *Junto à represa, ficam as máquinas geradoras de energia elétrica.* ***S masc*** **2** aparelho que produz eletricidade: *Do gerador, a energia é transmitida por cabos e fios até os lugares onde ela vai ser consumida.*

geral ge.**ral** ***Adj*** **1** que se refere a um todo ou a um conjunto: *Quando Vanda voltou para casa, foi uma tristeza geral.* **2** que é chefe; superior: *O gerente geral da fábrica resolveu dar uma folga aos funcionários.* ***S fem*** **3** parte de um circo, estádio, etc. onde ficam os lugares mais baratos: *Lico foi ao circo e sentou na geral.* **em geral** de modo habitual ou amplo: *Em geral, as pessoas colocam o lixo em sacos plásticos.* Ant para **1**: **particular**.

gerânio ge.**râ**.ni:o ***S masc*** planta com flores em pequenos cachos de cor rosa, branca, vermelha ou roxa: *A casa de tijolinhos tinha gerânios nas janelas.*

gerar ge.**rar** ***Vt*** **1** produzir; dar: *O turismo gera empregos.* **2** dar origem a; causar: *Todos procuravam não gerar confusão.* **3** dar existência a: *Uma coelha gera muitos filhotes de uma só vez.*

gerente ge.**ren**.te ***S*** quem dirige uma empresa ou negócio; chefe: *A gerente da loja diz que os carrinhos elétricos são os preferidos dos meninos.* pág 256 e 257.

germe **ger**.me ***S masc*** ser que só pode ser visto em microscópio, capaz de causar doenças; micróbio: *A água da praia estava contaminada por germes.*

germinar ger.mi.**nar** ***Vi*** começar a desenvolver-se; brotar: *Depois que as sementes germinam, o pé de feijão vai crescendo.* **germinação** ***S fem*** processo de germinar; início do desenvolvimento.

gesso **ges**.so ***S masc*** **1** massa branca usada para modelar, para revestir ou para envolver partes do corpo que têm um osso quebrado: *Uma cabeça de gesso ficava em cima do piano.* **2** aquilo que é feito dessa massa: *Quando Leninha quebrou o braço, suas amigas assinaram o gesso.*

gestação ges.ta.**ção** ***S fem*** período de tempo em que se desenvolve um animal ou bebê antes de nascer: *O filhote dessa baleia nasce após uma gestação de uns onze meses.*

gesto ges.to *S masc* 1 movimento do corpo, principalmente das mãos, para expressar algo: *Durante a peça, os atores se comunicam por gestos.* 2 maneira de agir; ato: *Plantar uma árvore é um gesto de amor.*

gibi gi.**bi** *S masc* revista com história em quadrinhos.
gibiteca *S fem* lugar onde se guardam gibis, que podem ser lidos no local ou emprestados para ler em outro lugar.

gigante gi.**gan**.te *S* 1 ser fantástico de tamanho muito grande: *Diziam que um gigante tomava conta daquele lugar.* 2 homem muito alto: *No pequeno palco, o ator parece um gigante.* *Adj* 3 muito grande; gigantesco: *O navegador enfrentou ondas gigantes.*
gigantesco *Adj* muito grande; enorme.
Ant: **anão**.

ginásio gi.**ná**.si:o *S masc* construção onde se praticam exercícios de ginástica ou outros esportes: *No ginásio, acontecia uma partida de vôlei.*
pág 156 e 157.

ginasta gi.**nas**.ta *S* pessoa que pratica ginástica: *A ginasta gostava da aula de educação física.*

ginástica gi.**nás**.ti.ca *S fem* conjunto de exercícios físicos realizados com o objetivo de competir ou de melhorar a agilidade do corpo e a saúde: *Larissa faz ginástica numa academia.*

gincana gin.**ca**.na *S fem* competição entre equipes, com tarefas que devem ser realizadas em um período de tempo determinado: *Uma das provas da gincana é arrecadar alimentos.*

gingar gin.**gar** *Vi* andar ou movimentar-se balançando o corpo de um lado para outro: *Lá se foi o pavão, gingando.*
gingado *S masc* ação de gingar.

girafa gi.**ra**.fa *S fem* animal mamífero de tamanho grande, com pernas longas e finas, pescoço comprido e corpo amarelado com grandes pintas pretas.
pág 460 e 461.

girar gi.**rar** *Vi* 1 movimentar-se dando uma ou mais voltas; virar: *As rodas do carro começaram a girar.* *Vt* 2 fazer virar: *O menino girava a bola na mão.*
giratório *Adj* que gira.

girassol gi.ras.**sol** *S masc* 1 planta com grandes flores amarelas que se voltam para o Sol: *O girassol cresce em direção à luz.* 2 semente dessa planta, da qual se extrai óleo: *Temperei a comida com óleo de girassol.*

gíria **gí**.ri:a *S fem* palavra, expressão ou linguagem especial usada por certos grupos de pessoas: *Quando a repórter usou gírias antigas, as jovens não entenderam.*

girino gi.**ri**.no *S masc* larva de anfíbios como o sapo: *O girino se transformou numa rã.*

giro **gi**.ro *S masc* 1 ação de andar; caminhada; passeio: *Bela tarde para um giro pelo jardim!* 2 movimento de dar uma ou mais voltas: *A bailarina fez vários giros rápidos.*

giz *S masc* bastão feito de pó de rocha, usado para escrever ou desenhar.

giz de cera **giz** de **ce**.ra *S masc* bastão feito de cera, usado para desenhar ou colorir.

glacê ▲ gla.**cê** *S masc* cobertura de bolo feita com açúcar: *Leila colocou o glacê sobre o bolo.*

glacial gla.ci.**al** *Adj* muito frio; gelado: *Uma grande era glacial cobriu a Terra de gelo.*

gladiador gla.di:a.**dor** *S masc* homem que lutava com outros homens ou com feras, na Roma antiga.

glândula **glân**.du.la *S fem* órgão, célula ou grupo de células que produzem substâncias que controlam certas funções do organismo: *O suor é produzido por glândulas.*

glicose gli.**co**.se *S fem* substância que fornece energia, encontrada no sangue e em diversas plantas.

global glo.**bal** *Adj* da Terra; mundial: *O aquecimento global pode causar vários danos ao planeta.*

globalização glo.ba.li.za.**ção** ***S fem*** troca de mercadorias, serviços e informações que aproxima diferentes países: *Uma das causas da globalização é a rapidez dos meios de comunicação.*

globo **glo**.bo ***S masc*** **1** o planeta em que habitamos; a Terra: *As mudanças de clima fazem parte da história do globo.* **2** representação da Terra em forma de bola: *Tistu girou o globo terrestre e apontou para um país.* **3** tudo que tem forma de bola: *Os postes terminavam em globos de vidro.* pág 405.

glória **gló**.ri:a ***S fem*** **1** honra; orgulho: *Vencer nos jogos olímpicos é uma grande glória.* **2** fama que uma pessoa consegue por suas qualidades ou feitos: *Nos livros, os heróis quase sempre alcançam a glória.*
glorioso ***Adj*** que tem ou dá glória.

glossário glos.**sá**.ri:o ***S masc*** lista de palavras com o seu significado, que vem, em geral, no fim de um livro ou de um capítulo: *No final há um glossário que explica termos da obra.*

gnomo **gno**.mo ***S masc*** nas lendas, espírito que vive no interior da Terra e guarda tesouros.

goela go.**e**.la ***S fem*** garganta: *O hipopótamo tinha uma enorme goela vermelha.*
Uso informal.

gogó go.**gó** ***S masc*** órgão que produz a voz; garganta: *Ele afinou o gogó para cantar.*
Uso informal.

goiaba goi.**a**.ba ***S fem*** fruto arredondado de casca enrugada, verde ou amarela, com polpa branca ou avermelhada: *Chico se encheu de goiabas deliciosas.*
goiabeira ***S fem*** árvore que produz a goiaba. **goiabada** ***S fem*** doce de goiaba em pasta.

gol ***S masc*** **1** no futebol e em outros esportes, espaço por onde a bola deve entrar, para que se marque um ponto: *Ronaldo chutou para o gol.* **2** no futebol e em outros esportes, ponto que se consegue quando a bola passa pela trave do adversário: *O time tinha de ganhar de 3 gols de diferença.*
golaço ***S masc*** gol marcado com muita habilidade.
O plural de **gol**, **gols**, é uma forma inglesa. pág 170 e 171.

gola **go**.la ***S fem*** parte da roupa que fica junto ao pescoço ou em volta dele: *Arrume a gola da camisa.*

gole **go**.le ***S masc*** porção de líquido que se engole de uma vez: *Bebi o último gole de suco.*

goleiro go.**lei**.ro ***S masc*** jogador de futebol ou de outros esportes que defende o gol para impedir que a bola entre: *O goleiro pode pegar a bola com a mão, no futebol.* pág 170 e 171.

golfe **gol**.fe ***S masc*** jogo em que se deve colocar, com tacos especiais, uma bolinha dentro de buracos no chão, num parque gramado.
golfista ***S*** quem joga golfe.

golfinho gol.**fi**.nho ***S masc*** animal mamífero que vive no mar e tem o focinho comprido, pele lisa e brilhante, parte de cima do corpo escura e peito branco. pág 302 e 303.

golfo **gol**.fo ***S masc*** porção de mar que entra pela terra: *Havia vários navios na entrada do golfo.*

golpe **gol**.pe ***S masc*** **1** pancada com instrumento que machuca ou corta: *Com um golpe, Luís cortou o galho doente.* **2** ação ou movimento rápido: *Ele rasgou o envelope num só golpe.* **3** pancada: *Guga deu um forte golpe na bolinha.*

goma **go**.ma ***S fem*** **1** substância gelatinosa e transparente produzida por certas árvores. **2** substância branca e sem gosto encontrada em certos vegetais; amido: *O beiju é feito com goma de mandioca.* **3** bala feita com amido: *Dona Luísa enfeitou o bolo com gomas.*

gomo **go**.mo ***S masc*** **1** espaço entre dois nós de um tronco: *A planta era cheia de gomos.* **2** cada uma das partes em que se dividem certas frutas: *Descascou a tangerina e separou os gomos.*

gongo gon.go **S *masc*** qualquer aparelho que produz um sinal para marcar o início ou fim de uma tarefa ou disputa: *O gongo soou no salão, chamando para o jantar.*

gordo gor.do ***Adj*** **1** que tem muito tecido gorduroso; que não é magro: *O cão estava gordo.* **2** grande; graúdo: *A mangueira estava carregada de mangas gordas.* **S *masc*** **3** quem tem muito tecido gorduroso: *Resolveram jogar uma partida de futebol dos gordos contra os magros.*
gorducho ***Adj*** um pouco gordo.
Ant para **gordo**: **magro**.

gordura gor.**du**.ra **S *fem*** **1** tecido que se forma sob a pele do homem e do animal: *As focas têm sob a pele uma reserva de gordura que evita a perda de calor.* **2** material retirado de certos animais ou vegetais e usado na culinária e indústria; banha: *O restaurante fritava as batatas em gordura vegetal.* **3** excesso de peso: *Beto não estava contente com sua gordura e resolveu emagrecer.*
gorduroso ***Adj*** que tem gordura.

gorila go.**ri**.la **S *masc*** **1** macaco de tamanho grande, sem cauda: *Um gorila pode pesar 160 quilos.* **2** homem grande, forte e, geralmente, peludo: *A segurança do clube era feita por seis gorilas.*
Em **2**, é uso informal e pode ser ofensivo.

gorjear gor.je.**ar** ***Vi*** produzir sons de canto; cantar: *O pássaro gorjeia e alegra a todos que o ouvem.*
gorjeio **S *masc*** ação de gorjear.

gorjeta gor.**je**.ta **S *fem*** dinheiro extra que se dá a alguém por um bom serviço: *Alexandre juntava as gorjetas que os fregueses do restaurante lhe davam.*

gororoba go.ro.**ro**.ba **S *fem*** comida malfeita: *O vaqueiro almoçou uma gororoba.*
Uso informal.

gorro **gor**.ro **S *masc*** chapéu feito de lã ou malha que se ajusta à cabeça, podendo cobrir as orelhas: *Dizem que o gorro do Saci tem poderes mágicos.*

gosma **gos**.ma **S *fem*** matéria gelatinosa e grudenta: *O caldo virou uma gosma verde.*
gosmento ***Adj*** que tem gosma ou que parece gosma.

gostar gos.**tar** ***Vt*** (+de) **1** achar bom ou agradável; apreciar: *As corujas não gostam de sol.* **2** ter afeição ou carinho por: *A menina gostava de seu irmão.* **3** achar o gosto bom: *Elias gosta de ensopado.*
Ant: **detestar**.

gosto **gos**.to **S *masc*** **1** preferência; opinião: *Há passeios para todos os gostos e idades.* **2** sabor: *A água estava com um gosto estranho.* **3** sentido pelo qual se percebe o sabor; paladar: *Rodrigo tentava perceber muitas coisas pelo gosto.* **4** prazer; satisfação: *Marcela sempre estudou com gosto.*

gostoso gos.**to**.so ***Adj*** **1** que tem gosto bom; saboroso: *A salada ficou muito gostosa.* **2** que dá prazer; agradável: *Brincar é gostoso.*
gostosura **S *fem*** delícia; prazer.

gota **go**.ta **S *fem*** pequena porção de líquido com forma arredondada; pingo: *O menino tomou uma vacina em forma de gotas.*

goteira go.**tei**.ra **S *fem*** **1** pequeno buraco num telhado de onde pinga água quando chove: *Para encontrar a goteira, quase derrubaram o telhado!* **2** água da chuva que pinga por um buraco no telhado: *Acordaram com goteiras pingando na cabeça.*

governador go.ver.na.**dor** **S *masc*** quem governa um Estado: *O Distrito Federal tem um governador.*

governanta go.ver.**nan**.ta **S *fem*** mulher que toma conta da casa de outra pessoa: *A governanta já tinha mandado arrumar a mesa para o almoço.*

governar go.ver.**nar** ***Vt*** **1** dirigir como chefe; administrar: *O rei governou o país muito bem, dando anos de paz ao povo.* **2** controlar; orientar: *Conseguiu governar o barco.*
governante **S** quem governa.

governo go.**ver**.no **S *masc***
1 ação de governar; administração: *Deverão escolher o candidato que apresentar a melhor proposta de governo.* **2** conjunto de pessoas que governam: *O governo tomou algumas atitudes.* **3** espaço de tempo durante o qual alguém governa: *Durante os dois governos, houve mudanças nas escolas.* **4** comando; controle: *O avião ficou sem governo e caiu.*
governamental ***Adj*** relativo a governo; do governo.

gozação go.za.**ção** **S *fem*** ação de caçoar; zombaria: *Não comece com gozação!*

gozar go.**zar** ***Vt*** **1** tirar prazer ou proveito de; aproveitar: *Mal temos tempo de gozar a vida.* (+de) **2** ter; possuir: *João goza de excelente saúde.* **3** fazer zombaria (com); caçoar: *Ele gozou da bermuda do Chico.*

graça **gra**.ça **S *fem*** **1** qualidade de engraçado ou divertido; interesse: *Festa sem o Jaime não tinha a menor graça.* **2** brincadeira; piada: *O palhaço começou a fazer graça.* **3** delicadeza e leveza: *A jovem se movia com muita graça.*
de graça sem pagamento: *A loja distribuiu os livros de graça.* **sem graça** com vergonha; acanhado: *A moça ficou sem graça com os elogios.* **graças a** por causa de: *A cidade foi salva graças à esperteza de uma mulher.*

gracioso gra.ci.**o**.so ***Adj*** que tem graça; delicado: *Ninguém tinha o pé tão gracioso quanto Cinderela.*

grade **gra**.de **S *fem*** **1** conjunto de barras de metal que serve para fechar ou proteger: *Juquinha espiava a rua pelas grades do jardim.* [**Pl**] **2** prisão; cadeia: *O preso sonhava com o mundo fora das grades.*

graduado gra.du.**a**.do ***Adj***
1 que tem divisão em graus: *No laboratório da escola havia vasos graduados.* **2** que ocupa grau elevado; importante: *A autoridade mais graduada mandou o turista parar.*

gradual gra.du.**al** ***Adj*** que acontece aos poucos: *A mudança é gradual e demora vários dias.*

grafar gra.**far** ***Vt*** escrever: *Ágata grafou as palavras de maneira correta.*

grafia gra.**fi**.a **S *fem*** forma de escrever uma palavra: *Patrícia confundiu a grafia de algumas palavras.*

gráfica **grá**.fi.ca **S *fem*** lugar onde são feitos serviços de impressão de textos e imagens em papel: *Aquela gráfica imprime livros e revistas.*

gráfico **grá**.fi.co ***Adj*** **1** que trabalha ou se relaciona com desenho, pintura, etc.: *Um artista gráfico desenhou a capa do livro.* **2** de impressão de textos e imagens em papel: *Os vendedores ficavam na porta das oficinas gráficas, esperando para receber os pacotes de jornais.* **3** relativo à ortografia: *Estudei as regras de acentuação gráfica.*
S *masc* **4** figura que representa informações que são resultado de cálculos ou pesquisas: *O gráfico mostrava como a água está distribuída no planeta.*

grafitar gra.fi.**tar** ***Vt*** desenhar ou escrever com *spray* de tinta (sobre paredes, muros, etc.): *O artista plástico iniciou sua carreira grafitando muros.*
grafiteiro **S *masc*** quem faz grafites.

grafite gra.**fi**.te **S *fem***
1 material cor de chumbo de que é feito o miolo do lápis de escrever. **S *masc*** **2** técnica de grafitar: *As crianças participaram de oficinas de grafite.* **3** desenho feito com essa técnica: *Os grafites do muro eram sobre a natureza.*
Em **2** também se usa **grafitagem**.

gralha **gra**.lha **S *fem*** ave de cor escura e brilhante, da família dos corvos: *A gralha perdeu as penas.*

grama[1] **gra**.ma **S *fem*** erva baixa, de cor verde, plantada em jardins, parques, campos de futebol ou de golfe, etc.: *A grama do jardim estava muito alta.* pág 338 e 339.

grama[2] **gra**.ma **S *masc*** medida de peso que vale um milésimo do quilo: *Um morcego da Tailândia pesa dois gramas.*

gramado gra.**ma**.do **S *masc***
1 terreno coberto de grama[1]: *O cachorro corre pelo gramado.* ***Adj*** **2** forrado de grama[1]: *O jardim estava todo gramado.*
pág 88 e 89.

gramática gra.**má**.ti.ca ***S fem***
1 conjunto de conhecimentos sobre os princípios ou regras que controlam o funcionamento de uma língua: *Na aula de hoje, estudamos Gramática.* **2** livro que registra e explica esses princípios ou regras: *Olhando a gramática, o menino viu que faltava estudar três classes de palavras.*
gramático ***S masc*** especialista em Gramática.

gramíneas gra.**mí**.ne:as ***S fem pl*** família de plantas de que fazem parte os capins e bambus.

grampo **gram**.po ***S masc***
1 gancho de metal para prender os cabelos: *A mulher ajeitou os cabelos com alguns grampos.*
2 fio de metal fino e duro, com as pontas dobradas, usado para prender papéis: *As folhas do livro eram presas com grampos de metal dourado.*

grana **gra**.na ***S fem*** dinheiro: *Carmem estava sem grana para pagar o cinema.*
Uso informal.

grande **gran**.de ***Adj*** **1** que tem quantidade ou tamanho maior que o normal: *O elefante é um animal muito grande.* **2** que é muito forte: *Uma grande tempestade caiu.*
3 que é muito bom ou importante; principal: *Os grandes campeões começaram cedo.* **4** crescido; desenvolvido: *Minhas filhas estão grandes.* **5** muito querido: *Miguel tem grandes amigos.*
Ant: **pequeno**.

grandeza gran.**de**.za ***S fem*** propriedade do que é grande: *Do alto do prédio vê-se a grandeza da cidade.*

grandioso gran.di.**o**.so ***Adj*** **1** de grandes dimensões; muito grande: *Os reis construíram palácios grandiosos.* **2** que causa admiração: *Até as pequenas esculturas feitas por esse artista são grandiosas.*
grandiosidade ***S fem*** propriedade do que é grandioso.

granizo ▲ gra.**ni**.zo ***S masc*** chuva que cai em forma de pedras de gelo.

granja **gran**.ja ***S fem*** pequena propriedade onde se criam animais como galinhas, frangos, etc.: *Essa granja produz cem dúzias de ovos por dia.*

granulado gra.nu.**la**.do ***Adj***
1 que tem forma de grãos: *Marina passou os brigadeiros no chocolate granulado.* ***S masc*** **2** chocolate em forma de grãos: *O cereal vem com granulado.*

grão ***S masc*** semente de certas plantas: *Após a colheita, os grãos de trigo são moídos.*
Pl: **grãos**.

gratidão gra.ti.**dão** ***S fem*** reconhecimento por ajuda ou favores recebidos: *Para demonstrar gratidão à enfermeira, deu-lhe uma caixa de bombons.*

gratificação gra.ti.fi.ca.**ção** ***S fem*** dinheiro ou presente que se dá a alguém por algum serviço ou favor: *O homem devolveu o cachorro e não quis gratificação.*

gratificante gra.ti.fi.**can**.te ***Adj*** que dá satisfação: *Foi gratificante ver a alegria das crianças.*

grátis **grá**.tis ***Adj*** feito ou dado sem pagamento; gratuito: *O espetáculo era grátis.*

grato **gra**.to ***Adj*** que sente gratidão; agradecido: *As pessoas devem ser gratas a boas ações.*

gratuito gra.**tui**.to ***Adj*** feito ou dado sem pagamento; grátis: *Haverá um curso gratuito de surfe.*

grau ***S masc*** **1** posição ou ponto de uma classificação; nível: *O imperador possuía inteligência em grau elevado.* **2** unidade de medida de temperatura, de ângulos, etc.: *Na Groenlândia, os termômetros atingem até 50 graus abaixo de zero.*

graúdo gra.**ú**.do ***Adj*** de bom tamanho; grande: *As pitangas estavam graúdas.*
Ant: **miúdo**.

gravação gra.va.**ção** ***S fem***
1 registro de som em disco ou fita: *A orquestra já realizou a gravação de vários CDs.* **2** registro de imagem em filme: *Estava tudo pronto para a gravação da novela.* **3** material gravado em disco ou fita: *O professor trouxe uma gravação do canto de uma ave.*

gravador gra.va.**dor** ***S masc*** aparelho que grava e reproduz sons: *O repórter registrou a entrevista num gravador.*

gravar gra.**var** ***Vt*** **1** fixar sons ou imagens: *No desenho animado, primeiro gravamos as vozes.*
2 guardar (na memória); decorar:

Ana gravou o número do ônibus. (...+em) **3** imprimir; fixar: *Paulo mandou gravar os nomes nas alianças.*

gravata gra.**va**.ta ***S fem*** peça de roupa para homens, que consiste numa tira comprida amarrada em volta do pescoço formando nó com pontas ou laço na parte da frente.

grave **gra**.ve ***Adj*** **1** sério; difícil: *O país passou por graves problemas.* **2** que pode trazer resultados ruins ou até a morte: *A dengue é uma doença grave.* **3** que não é agudo; grosso: *A voz do menino ficou mais grave.*

graveto ▼ gra.**ve**.to ***S masc*** pequeno galho ou pedaço de madeira: *Esse pássaro constrói seu ninho com gravetos.*

gravidade gra.vi.**da**.de ***S fem*** **1** propriedade do que é grave: *Ainda não tinha entendido a gravidade da questão.* **2** força que atrai todas as coisas para a Terra: *A gravidade age sobre todos os corpos.*

gravidez gra.vi.**dez** ***S fem*** estado das mulheres ou das fêmeas de animais que têm um filho ou filhote se desenvolvendo dentro delas.
grávida ***Adj*** em estado de gravidez.

graviola gra.vi.**o**.la ***S fem*** fruto grande, de casca com espinhos e polpa branca: *Lurdes gosta de suco de graviola.* ▶ pág 188 e 189.

gravura gra.**vu**.ra ***S fem*** **1** arte ou técnica de impressão em material duro: *O artista fez gravuras em madeira.* **2** figura impressa ou desenhada; ilustração: *O livro de história traz gravuras.*

graxa **gra**.xa ***S fem*** **1** mistura usada para dar brilho ao couro: *O pai passou graxa nos sapatos.* **2** substância oleosa usada para facilitar o funcionamento de máquinas: *A roupa do mecânico estava manchada de graxa.*

grego **gre**.go ***Adj*** **1** que nasceu ou mora na Grécia (país da Europa): *O enorme cavalo de madeira escondia dentro soldados gregos.* **2** da Grécia ou de quem nasceu na Grécia: *É tradição grega quebrar os pratos depois das refeições.* ***S masc*** **3** quem nasceu ou mora na Grécia: *Os antigos gregos usavam o navio como meio de transporte.*

greve **gre**.ve ***S fem*** suspensão do trabalho para conseguir um benefício: *Os pedreiros fizeram uma greve por melhores salários.*
grevista ***S*** pessoa que participa de greve.

grifar gri.**far** ***Vt*** traçar uma linha embaixo de; sublinhar: *Leu o texto e grifou palavras desconhecidas.*

grife **gri**.fe ***S fem*** marca de um artigo de luxo: *Luana não ligava para roupas caras, de grife.*
Palavra tirada do francês.

grilo **gri**.lo ***S masc*** inseto que salta e produz som alto e forte: *Ouviram o barulho dos grilos.*

grinalda ▲ gri.**nal**.da ***S fem*** coroa feita de flores, pedras, etc.: *A noiva usava grinalda de pérolas.*

gringo **grin**.go ***S masc*** pessoa estrangeira.
Uso informal e que indica desprezo.

gripe **gri**.pe ***S fem*** doença causada por vírus, que causa febre e indisposição.
gripado ***Adj*** que tem gripe.

grisalho gri.**sa**.lho ***Adj*** **1** que tem fios brancos misturados aos de outra cor: *Lourenço tinha a barba grisalha.* **2** que tem os cabelos com fios brancos: *Tia Selene era uma senhora grisalha.*

gritar gri.**tar** ***Vt*** **1** falar em voz alta; berrar: *Os homens gritaram o nome do chefe.* (+com) **2** chamar a atenção em voz alta: *O duque gritou com o dono do canil.* ***Vi*** **3** soltar um som muito alto; berrar: *Ao ouvir o barulho, as crianças gritaram de pavor.*

grito **gri**.to ***S masc*** **1** voz forte e alta; berro: *Um grito atravessou o ar.* **2** voz dos animais: *O grito do cachorro acordou o homem.* **3** aquilo que se diz em voz alta: *D. Pedro é famoso pelo grito: "Independência ou Morte!"*

groselha gro.**se**.lha **S *fem*** 1 fruta vermelha, aromática e doce: *Ana fez uma calda de groselhas para pôr no sorvete.* 2 suco ou xarope de groselha: *O menino encheu um copo de leite com groselha.*

grosseiro gros.**sei**.ro **Adj** 1 de má qualidade; ordinário: *Vestiam roupas de algodão grosseiro.* 2 que não é delicado; rude: *Marília não foi grosseira.*
grosseria S *fem* falta de educação ou de delicadeza.

grosso **gros**.so **Adj** 1 que não é fino ou estreito: *Havia uma grossa camada de gelo sobre a terra.* 2 espesso; denso: *Mara mexeu a calda até ficar bem grossa.* 3 sério; grande: *Isso vai acabar em encrenca grossa.* 4 que não é bem educado; grosseiro: *Aquele príncipe era grosso!*
grossura S *fem* propriedade do que é grosso.
1 Em 3 e 4, é uso informal.
2 Ant 1 e 2: **delgado**; **fino**.

grudar gru.**dar** **Vt** (...+em) 1 fazer colar; fixar: *Rui grudou os adesivos na janela.* (+em) 2 ficar junto (de); agarrar-se: *A irmã grudou no Marco feito chiclete.* 3 ficar colado ou preso: *A calda de chocolate grudou na panela.*
grudento Adj que gruda.
Uso informal.

grunhido gru.**nhi**.do **S *masc*** 1 voz de certos animais, como o porco: *O porquinho deu um grunhido.* 2 som semelhante ao de certos animais; resmungo.

grunhir gru.**nhir** **Vi** 1 soltar grunhidos: *Os dois porcos grunhiam.* **Vt** 2 falar entre dentes, como num grunhido; resmungar: *Raul concordou, grunhindo qualquer coisa.*

grupo **gru**.po **S *masc*** 1 conjunto de seres ou coisas reunidas: *O Japão é formado por um grupo de ilhas.* 2 conjunto de pessoas que se reúnem para um fim: *O grupo musical fez uma apresentação.* 3 antiga escola da primeira etapa do ensino fundamental: *Dona Edite dava aulas no grupo escolar.*

gruta **gru**.ta **S *fem*** espaço cavado nas rochas de modo natural ou artificial; caverna: *As águas haviam formado uma gruta na pedra.*

guache **gua**.che **Adj** 1 diz-se de tinta pastosa que se dissolve na água: *Pedro pintou a embalagem com tinta guache.* **S *masc*** 2 essa tinta: *Jandira pintou o desenho com guache.*

guará ▼ gua.**rá** **S *masc*** animal mamífero selvagem parecido com o lobo, com pelos alaranjados e focinho e patas negros: *O guará vive no cerrado.*
Também se diz **lobo-guará**.

guaraná gua.ra.**ná** **S *masc*** 1 arbusto que dá fruto com casca vermelha e sementes negras, usadas para fazer refrigerante e remédios. 2 refrigerante fabricado com a semente do guaraná: *Era dia de comer sanduíche e beber guaraná.*

guarani gua.ra.**ni** **S *masc*** 1 quem pertence a um grupo indígena que vive no Brasil, na Bolívia e no Paraguai: *O guarani não estava acostumado com abraços.* [**Pl**] 2 esse grupo indígena: *Kairi-Mirim era um representante indígena da comunidade dos guaranis.*

guarda **guar**.da **S *fem*** 1 proteção; cuidados: *Meu irmão ficou sob a guarda do avô.* 2 grupo que faz o serviço de vigiar ou proteger: *A guarda do rei foi prender a bruxa.* **S *masc*** 3 pessoa encarregada de vigiar algo; sentinela: *O guarda abriu a cela.*
em guarda em posição de defesa: *Em guarda, homens! Nossa caverna foi invadida!*

guarda-chuva **guar**.da-**chu**.va **S *masc*** armação com varetas, coberta de tecido ou plástico, usada para proteger contra a chuva ou o sol: *A chuva era forte e o guarda-chuva não adiantou nada.*

guardanapo guar.da.**na**.po **S *masc*** peça de pano ou papel, geralmente quadrada, para proteger as roupas e/ou limpar os lábios ou as mãos, durante as refeições. ▶ pág 370.

guardar guar.**dar** **Vt** 1 tomar conta de; proteger: *Uma pessoa guardava o poço.* 2 conservar na memória; gravar: *Pedrinho guardou os nomes dos campeões.* 3 juntar; economizar: *Guardei dinheiro para comprar uma casa.* (...+para) 4 reservar; deixar: *Guardou um pedaço de bolo para Edu.* (...+em) 5 pôr (em lugar próprio): *Jaime guardou a lata na geladeira.*
guardador S *masc* quem guarda ou toma conta.

guarda-roupa **guar**.da-**rou**.pa **S *masc*** armário onde se guardam roupas: *O guarda-roupa tinha porta de espelho.*

guardião guar.di.**ão** **S *masc*** quem guarda ou protege: *Ele se tornou o guardião daquele reino.* Fem: **guardiã**.

guaxinim ▲ gua.xi.**nim** **S *masc*** pequeno animal mamífero de pelos cinza e patas brancas: *O guaxinim adapta-se bem a lugares úmidos.*

guelra **guel**.ra **S *fem*** órgão de respiração dos peixes; brânquia.

guepardo gue.**par**.do **S *masc*** animal mamífero de cabeça pequena, pernas longas e corpo magro, com pelos amarelos e pintas pretas: *O guepardo é o mamífero mais rápido do mundo.* ▶ pág 460 e 461.

guerra **guer**.ra **S *fem*** **1** luta armada; conflito militar: *Os dois países estavam em guerra.* **2** esforço para acabar com algo ruim; luta: *O prefeito resolveu iniciar uma guerra contra a sujeira.*

guerrear guer.re.**ar** ***Vt*** **1** fazer guerra contra: *Os outros países estavam guerreando a Alemanha.* (+com) **2** opor-se (a); brigar: *O rapaz não queria guerrear com o patrão.*

guerreiro guer.**rei**.ro **S *masc*** **1** quem participa de guerra: *O rei chegou com todos os guerreiros.* ***Adj*** **2** que luta na guerra: *Joana foi uma moça guerreira.* **3** de guerra: *Partiram numa missão guerreira.*

guia **gui**.a **S** **1** pessoa que acompanha visitantes ou turistas, com a intenção de ajudá-los: *A guia do museu ajudou as estudantes.* **2** pessoa ou animal que conduz: *Os cães são guias para quem tem problemas de visão.* **S *fem*** **3** orientação: *A enciclopédia serve de guia para os pais.* **S *masc*** **4** livro que contém informações sobre um local ou sobre determinado assunto: *Antes de viajar a um país estrangeiro, compre um guia de viagem.*

guiar gui.**ar** ***Vt*** **1** dirigir: *Paulo pediu para guiar o carro.* **2** dar direção a; orientar: *A sabedoria sempre guiou Celina.* (...+até) **3** levar; acompanhar: *O tio guiou os três amigos até a torre.*

guidão ▼ gui.**dão** **S *masc*** barra de metal que controla a roda da frente de bicicletas e motocicletas: *O guidão da bicicleta não virava mais.*

guilhotina gui.lho.**ti**.na **S *fem*** instrumento que corta fora a cabeça, por meio de uma lâmina que cai sobre o pescoço da vítima.

guinchar guin.**char** ***Vi*** **1** soltar guinchos: *De repente, o leitão guinchou.* **2** produzir som semelhante a um guincho: *O seu colega não canta, ele guincha!*

guincho **guin**.cho **S *masc*** **1** grito forte e fino: *A ave soltava guinchos.* **2** som alto e fino: *Ouviu-se o guincho de um carro.*

guindaste guin.**das**.te **S *masc*** máquina para levantar e transportar grandes pesos.

guitarra gui.**tar**.ra **S *fem*** instrumento musical de cordas, semelhante ao violão: *De repente, um som forte de guitarra fez todo mundo pular.*
guitarrista **S** pessoa que toca guitarra.

guizo **gui**.zo **S *masc*** **1** pequeno globo metálico, com bolinhas dentro, que produz ruído ao ser agitado: *Ele usava um chapéu cheio de guizos.* **2** ponta da cauda da cascavel, formada por vários anéis que fazem barulho como o de um chocalho quando ela está irritada: *No zoo, as cascavéis sacudiam os guizos.*

gula **gu**.la **S *fem*** vontade exagerada de comer e beber: *Para emagrecer, é preciso controlar a gula.*
guloso ***Adj*** que tem gula.

gulodice gu.lo.**di**.ce **S *fem*** **1** comida muito gostosa; guloseima: *A merenda tinha uma porção de gulodices.* **2** gula: *A menina esqueceu a gulodice e saiu sem comer nada.*

guloseima gu.lo.**sei**.ma **S *fem*** comida muito gostosa, em geral doce; quitute: *Bete colocou guloseimas numa cesta para as crianças pobres.*

guri gu.**ri** **S *masc*** criança pequena; menino: *Quando eu era guri, usava calça curta.*
gurizada **S *fem*** grupo de guris; criançada.

Hh *Hh*

h ***S masc*** oitava letra do alfabeto.

hábil **há**.bil ***Adj*** que tem jeito para fazer as coisas; habilidoso: *O cachorro é um hábil nadador.*

habilidade ha.bi.li.**da**.de ***S fem*** jeito especial para fazer bem alguma coisa; destreza: *Ele escreveu um livro e mostrou suas habilidades de escritor.*
habilidoso ***Adj*** que tem habilidade; jeitoso.

habilitado ha.bi.li.**ta**.do ***Adj*** que está em condições de realizar alguma coisa; que tem experiência; capacitado: *A fabricação do açúcar exigia pessoal habilitado.*

habitação ha.bi.ta.**ção** ***S fem*** lugar onde se mora; residência: *No museu, os visitantes observam a habitação indígena.*

habitante ha.bi.**tan**.te ***S*** morador; residente: *Os índios foram os primeiros habitantes do Brasil.*

habitar ha.bi.**tar** ***Vt*** **1** residir; morar: *A princesa habitava um castelo.* **2** viver (em algum lugar): *Apesar do frio rigoroso, muitos animais habitam as áreas próximas aos polos.*

habitat ***S masc*** conjunto de condições favoráveis à vida e desenvolvimento de determinada espécie: *Existem animais e plantas que vivem no habitat aquático.*
Palavra tirada do latim.

hábito **há**.bi.to ***S masc*** aquilo que se faz com frequência; costume: *Tinha o hábito de arrumar a cama.*

habitual ha.bi.tu.**al** ***Adj*** que acontece ou se faz por hábito; frequente: *Todo domingo faz o passeio habitual.*

habituar ha.bi.tu.**ar** ***Vt*** (...+a) **1** criar o hábito de: *A professora tentava habituar seus alunos a ler.* [***Pron***] (+com) **2** acostumar-se: *O gato engordou, foi se habituando com o novo dono.*

hálito **há**.li.to ***S masc*** cheiro que vem da boca: *Escove os dentes para não ter mau hálito.*

handebol han.de.**bol** ***S masc*** jogo parecido com o futebol de salão, com a diferença de ser jogado com as mãos.
É palavra tirada do inglês.
pág 170 e 171.

harmonia har.mo.**ni**.a ***S fem***
1 arranjo bem-ordenado entre as partes de um todo: *Há harmonia entre o homem e a natureza?*
2 tranquilidade; paz: *Era bom ver mãe e filho em harmonia.*

harmonioso har.mo.ni.**o**.so ***Adj*** **1** bem equilibrado; agradável: *A bailarina executa movimentos harmoniosos.* **2** em que há acordo, entendimento: *Havia convívio harmonioso entre professores e alunos.*

harmonizar har.mo.ni.**zar** ***Vt*** (...+com) fazer ficar de acordo; combinar: *A mãe procura harmonizar uma refeição saudável com o gosto dos filhos.*

haste **has**.te ***S fem*** **1** vara reta e comprida: *A bandeira do time estava presa numa haste.* **2** parte do vegetal que sustenta os ramos, as folhas e as flores; caule: *Lá havia árvores com hastes muito delicadas.* **3** parte longa de um objeto ou de uma figura: *A haste da pá era muito fraca.*

haver ha.**ver** ***Vt*** **1** existir: *Há canções muito bonitas no repertório do cantor.* **2** acontecer; ocorrer: *A partir de 1930, houve uma grande mudança na sociedade brasileira.*

hectare hec.**ta**.re ***S masc*** unidade de medida de área, que equivale a dez mil metros quadrados: *Um hectare é igual à área de um campo de futebol.*

hélice **hé**.li.ce ***S fem*** peça formada por um eixo e hastes que giram: *A hélice move o barco.*

helicóptero he.li.**cóp**.te.ro ***S masc*** aparelho capaz de voar tanto no sentido horizontal como vertical: *O helicóptero levantou voo, fazendo muito barulho.*

hélio **hé**.li:o ***S masc*** o mais leve dos gases raros da natureza.

hemisfério he.mis.**fé**.ri:o ***S masc*** cada uma das duas metades em que a Terra é (de modo imaginário) dividida: *Você mora no Hemisfério Sul ou no Hemisfério Norte?*

hemorragia he.mor.ra.**gi**.a ***S fem*** derramamento de sangue para fora dos vasos por onde ele passa: *A pessoa com febre amarela apresenta hemorragia.*

herança he.**ran**.ça ***S fem***
1 conjunto de bens que se deixa para outra pessoa ao morrer: *O filho gastou a herança do pai viajando.* **2** tudo que se deixa para as gerações futuras: *Sua sabedoria é herança do avô.*

herbívoro her.**bí**.vo.ro ***Adj*** que se alimenta de ervas: *O hipopótamo é um animal herbívoro.*

herdar her.**dar** ***Vt*** (...+de)
1 receber como herança: *José herdou uma casa dos pais.*
2 receber por influência hereditária: *Herdei de minha mãe esses cabelos lisos.*

herdeiro her.**dei**.ro ***S masc***
1 pessoa que recebe herança: *O herdeiro nem sabia que tinha um tio rico.* ***Adj*** **2** que recebe herança, títulos ou características das gerações passadas: *O príncipe herdeiro assumiu o trono com a morte do pai.*

hereditário he.re.di.**tá**.ri:o ***Adj*** que se transmite de pais a filhos: *Ele tem uma doença hereditária.*

herói he.**rói** ***S masc*** **1** pessoa que se destaca por sua coragem ou por ter feito alguma coisa extraordinária: *Tiradentes é considerado herói nacional.*
2 personagem principal de um romance, filme, etc.: *Todo herói de novela é moço e bonito.*
Forma feminina correspondente: **heroína**.

heroico he.**roi**.co ***Adj*** que é próprio de herói: *Na vida real, pessoas comuns praticam ações heroicas.*

hesitar he.si.**tar** ***Vt*** (+em) deixar de tomar uma decisão; vacilar: *Lena não hesitou em dizer sim ao pedido.*
hesitação ***S fem*** ação de hesitar; indecisão.

hexágono z he.**xá**.go.no ***S masc*** polígono de seis lados e seis ângulos: *No favo de mel podemos observar hexágonos.*
hexagonal ***Adj*** que tem seis ângulos.

a b c d e f g h i j k l m n o p q r s t u v w x y z

HOSPITAL

1. ambulância ▶ pág 26
2. cama ▶ pág 69
3. cirurgia ▶ pág 87
4. curativo ▶ pág 115
5. enfermeiro ▶ pág 152
6. engessado ▶ pág 153
7. esparadrapo ▶ pág 167
8. exame ▶ pág 178
9. injeção ▶ pág 236
10. médico ▶ pág 274
11. muleta ▶ pág 287
12. raio X ▶ pág 359
13. remédio ▶ pág 371
14. soro ▶ pág 408

a b c d e f g h i j k l m n o p q r s t u v w x y z

hidrelétrica hi.dre.**lé**.tri.ca ***S fem*** usina de energia elétrica.

hiena hi.**e**.na ***S fem*** animal selvagem carnívoro do tamanho de um lobo, que vive em bandos e dá uivos que parecem risadas: *A hiena é um animal feroz.*

hierarquia hi:e.rar.**qui**.a ***S fem*** ordem existente entre militares, padres, etc.: *Na hierarquia da cozinha, os chapéus brancos foram adotados para identificar o chefe.*

hífen **hí**.fen ***S masc*** sinal gráfico (-) que serve para ligar duas palavras: *Couve-flor é escrita com hífen.*

higiene hi.gi.**e**.ne ***S fem*** limpeza: *Muitas doenças estão ligadas à falta de higiene.*

higiênico hi.gi.**ê**.ni.co ***Adj*** que tem por fim a conservação da saúde; saudável: *Os cuidados higiênicos com o bebê incluem trocar fralda com frequência.* Ant: **sujo**.

hilário hi.**lá**.ri:o ***Adj*** que faz rir; engraçado; divertido: *Assisti a um filme hilário.*

hino **hi**.no ***S masc*** poema ou canto de louvor: *O Hino Nacional do Brasil é muito bonito.*

hipermercado hi.per.mer.**ca**.do ***S masc*** supermercado muito grande.

hipismo ▶ hi.**pis**.mo ***S masc*** conjunto de esportes praticados a cavalo: *Rodrigo Pessoa ajudou a trazer a primeira medalha do hipismo brasileiro.*

hipopótamo hi.po.**pó**.ta.mo ***S masc*** grande mamífero africano, de pele grossa, que vive em rios e lagos: *O hipopótamo se alimenta de plantas aquáticas.*
▶ pág 460 e 461.

hipótese hi.**pó**.te.se ***S fem*** suposição; possibilidade: *A polícia tem duas hipóteses para o caso das mortes de animais no zoológico.*

história his.**tó**.ri:a ***S fem*** **1** conjunto de conhecimentos do que aconteceu no passado: *Hoje tenho aula de História do Brasil.* **2** narração de acontecimentos reais ou imaginários: *Vovó sempre conta histórias de sua infância.* **3** conversa sem finalidade; mentira: *Essa conversa de assombração é pura história.*
histórico ***Adj*** relacionado com história.
Em **1**, escreve-se com inicial maiúscula.

historiador his.to.ri:**a**.dor ***S masc*** pessoa que se dedica a escrever o que acontece na História: *Tiradentes enfrentou a forca com "tranquila dignidade", escreveu o historiador.*

hoje **ho**.je ***Adv*** no dia em que se está: *Ninguém sai de casa hoje.*
hoje em dia nos tempos atuais: *Um tema discutido hoje em dia é a questão ambiental.*

homem **ho**.mem ***S masc*** **1** ser humano em geral; indivíduo da espécie humana: *O homem se distingue dos animais pela inteligência.* **2** ser humano do sexo masculino.
Forma feminina correspondente: **mulher**.

homenagear ho.me.na.ge.**ar** ***Vt*** demonstrar respeito e admiração por: *No segundo domingo de maio homenageamos as mães.*

homenagem ho.me.**na**.gem ***S fem*** demonstração de respeito e apreciação: *A canção é uma homenagem aos heróis brasileiros.*

honesto ho.**nes**.to ***Adj*** digno de confiança; honrado: *O presidente tem de ser honesto.*

honra **hon**.ra ***S fem*** **1** qualidade moral que torna a pessoa respeitada pelos outros: *É um homem de honra.* **2** demonstração de respeito e consideração; glória: *O craque teve a honra de levantar a taça.*

honrar hon.**rar** ***Vt*** (...+com) **1** prestar honras: *Você me honra com esse pedido.* **2** respeitar: *Todos devemos honrar pai e mãe.* **3** cumprir; manter: *Juro honrar minha palavra.*
honrado ***Adj*** honesto; digno.

hora **ho**.ra ***S fem*** **1** unidade de medida de tempo, que equivale a sessenta minutos: *O trabalho estará pronto em uma hora.* **2** instante; momento: *Nessa hora ele estará em casa.* **3** momento certo: *Você chegou bem na hora.*

horário ho.**rá**.ri:o ***Adj*** 1 de ou relativo a hora. ***S masc*** 2 período de tempo: *Qual é o horário de funcionamento do escritório?* 3 hora combinada: *Por favor, cheguem no horário.*

horizonte ho.ri.**zon**.te ***S masc*** linha na qual parece que o céu se encontra com a terra: *O sol desaparece no horizonte.*
horizontal ***Adj*** no sentido da linha do horizonte.
Ant para **horizontal**: **vertical**.

hormônio hor.**mô**.ni:o ***S masc*** substância química produzida no organismo e que tem efeito específico sobre a atividade de certo órgão ou estrutura.

horóscopo ho.**rós**.co.po ***S mas*** previsão sobre a vida ou sobre o que pode acontecer com alguém, baseada na posição dos astros na hora de seu nascimento.

horrível hor.**rí**.vel ***Adj*** 1 que causa muito medo ou sofrimento: *Um incêndio horrível atingiu a mata.* 2 que é muito feio: *Era a história de um monstro horrível, mas gentil.*

horror hor.**ror** ***S masc*** sentimento de muito medo; pavor: *Todo mundo gritou de horror.*
horroroso ***Adj*** muito feio; horrível.

horta **hor**.ta ***S fem*** terreno em que se cultivam plantas que servem de alimento: *Plantei legumes na horta.*

hortaliça hor.ta.**li**.ça ***S fem*** nome dos vegetais que servem de alimento ao homem, geralmente cultivados em horta: *As hortaliças estão em ponto de colher.*

hortelã hor.te.**lã** ***S fem*** planta de folhas pequenas, verdes e aromáticas: *Chá de folhas de hortelã faz bem para o estômago.*

hortênsia hor.**tên**.si:a ***S fem*** planta de flores brancas, meio azuis e rosadas reunidas em cachos: *A hortênsia floresce bem em lugares frios.*

hospedar hos.pe.**dar** ***Vt*** 1 receber (pessoas) em casa como hóspede: *Dona Benta hospedava os netos nas férias.* [**Pron**] (+em) 2 instalar-se como hóspede em: *Os netos hospedavam-se no sítio.*

hóspede ▶ **hós**.pe.de ***S*** pessoa de fora que é recebida, por algum tempo, em casa que não é a sua ou em hotel: *O hóspede chegou carregado de malas.*

hospício hos.**pí**.ci:o ***S masc*** hospital para tratamento de loucos: *O hospício tem muros altos.*

hospital hos.pi.**tal** ***S masc*** estabelecimento onde se tratam doentes ou pessoas que precisam de ajuda médica: *Saiu do hospital no dia seguinte ao nascimento do bebê.* ▶ pág 225.

hospitalizar hos.pi.ta.li.**zar** ***Vt*** colocar em hospital para tratamento: *O médico não hospitalizou o menino por causa da tosse.*

hotel ho.**tel** ***S masc*** estabelecimento com quartos ou apartamentos onde as pessoas se hospedam mediante pagamento de diárias: *O hotel fica no centro da cidade.*

humanidade hu.ma.ni.**da**.de ***S fem*** 1 o conjunto dos seres humanos: *Qual é a obra mais antiga da humanidade?* 2 sentimento de boa vontade para com os outros; bondade: *Ali, todos são tratados com muita humanidade.*

humano hu.**ma**.no ***Adj*** 1 relativo ao homem: *Representou o corpo humano na obra.* 2 bondoso; bom: *O diretor é muito humano.* ***S masc*** [***Pl***] 3 os homens: *Há animais que têm medo dos humanos.*

humilde hu.**mil**.de ***Adj*** que é modesto; simples; pobre: *Era filho de um humilde sapateiro.*
humildade ***S fem*** qualidade de quem é humilde.

humilhar hu.mi.**lhar** ***Vt*** 1 tratar com pouco caso; envergonhar: *O gerente humilhou o funcionário.* ***Vi*** [**Pron**] 2 colocar-se em atitude humilde: *Humilhou-se e pediu perdão.*
humilhação ***S fem*** vexame; vergonha.

humor hu.**mor** ***S masc*** 1 estado de espírito: *Ela está sempre de bom humor.* 2 capacidade de fazer rir: *Suas histórias têm muito humor.*

Ii *Ii*

i ***S masc*** nona letra do alfabeto.

iate i.**a**.te ***S masc*** barco usado para diversão ou para regata: *Sonhava com uma viagem de iate.*
iatismo ***S masc*** navegação ou corrida de iate.

içar i.**çar** ***Vt*** levantar; erguer: *Os marinheiros içaram as velas do barco.*

iceberg *aissberg*
S masc grande bloco de gelo que se soltou de geleira polar: *A tripulação dos navios enfrenta muitos perigos como icebergs e tempestades.*
Significa "montanha de gelo" em inglês, língua de que tomamos a palavra por empréstimo.

ícone **í**.co.ne ***S masc*** **1** figura usada para representar coisas abstratas; símbolo: *Um pombo é um ícone para paz.* **2** figura na tela do computador que representa um programa, comando ou arquivo: *Clique o ícone que é um disquete para salvar seu trabalho no computador.*

ida **i**.da ***S fem*** movimento de saída de onde se está para outro lugar: *A ida a Santos foi adiada.*
Ant: **volta**.

idade i.**da**.de ***S fem*** **1** tempo de vida: *Era uma vez uma bruxa que tinha 3 mil anos de idade.* **2** idade avançada; velhice: *Com a idade, a mãe foi ficando mais baixa.* **3** período determinado de tempo: *Os filhos estão em idade escolar.*

ideal i.de.**al** ***Adj*** **1** considerado perfeito; muito adequado: *Tânia achou o lugar ideal para viver.* ***S masc*** **2** aquilo que alguém deseja muito: *O ideal de Teresa é ser professora.* **3** aquilo que é melhor ou mais adequado: *O ideal é ir à praia entre oito e dez horas da manhã.*

idealizar i.de.a.li.**zar** ***Vt*** **1** criar na ideia; imaginar: *Um famoso cantor idealizou um mundo sem guerras.* **2** fazer planos; planejar: *A família idealiza uma viagem ao sul do Brasil.*

ideia i.**dei**.a ***S fem*** **1** representação de alguma coisa na mente; pensamento: *Que ideia devia estar naquela cabecinha?* **2** plano; projeto: *Emília teve a ideia de* *escrever um livro.* **3** noção; suposição: *Não temos ideia de como isso aconteceu!*

idêntico i.**dên**.ti.co ***Adj*** **1** perfeitamente igual: *Os cientistas conseguiram fazer uma cópia idêntica da ovelha.* **2** quase igual; que é muito semelhante: *Bianca tem o cabelo idêntico ao da mãe.* **3** diz-se de gêmeos nascidos de um mesmo óvulo: *As duas são gêmeas idênticas.*

identidade i.den.**ti**.da.de ***S fem*** **1** aquilo que faz duas (ou mais) coisas serem iguais. **2** conjunto de características que distinguem pessoa ou coisa: *Para fazer o concurso é preciso provar a identidade.*

identificar i.den.ti.fi.**car** ***Vt*** **1** estabelecer a identidade de: *As crianças vão identificar as árvores raras do pátio.* **2** distinguir os traços característicos de; reconhecer: *Muito cedo os bebês identificam a voz da mãe.*
identificação ***S fem*** reconhecimento das características de uma pessoa.

idioma i.di.**o**.ma ***S masc*** língua falada por uma nação ou povo: *O idioma do brasileiro é o português.*

ídolo **í**.do.lo ***S masc*** **1** estátua, imagem ou figura que representa uma divindade: *Muitos povos adoravam ídolos.* **2** pessoa a quem se dedica grande estima ou admiração: *Depois daquele gol, tornou-se o ídolo da torcida.*

idoso i.**do**.so **1** ***Adj*** que tem bastante idade; velho. **2** ***S masc*** pessoa que tem muitos anos: *Os idosos são pessoas mais experientes.*

igarapé i.ga.ra.**pé** ***S masc*** na Amazônia, pequeno rio que penetra pela floresta.

ignorar ig.no.**rar** ***Vt*** **1** não tomar conhecimento de; não se importar com: *Muitos pescadores ignoram as leis e pescam fora da época.* **2** não saber; desconhecer: *Fantasma não existe, como você não ignora.*
ignorância ***S fem*** estado daquele que ignora; falta de estudo.
Ant para **2**: **saber**; para **ignorância**: **sabedoria**.

igreja i.**gre**.ja ***S fem*** **1** lugar considerado sagrado para algumas religiões cristãs, onde se reza, se realizam cerimônias religiosas, etc. **2** conjunto das pessoas que seguem uma religião: *A igreja toda compareceu ao aniversário do padre.*

igual i.**gual** ***Adj*** que tem a mesma aparência, tamanho, quantidade, natureza; idêntico: *A mãe dividia a torta em partes iguais.*

igualar i.gua.**lar** ***Vt*** **1** tornar igual; colocar no mesmo nível: *Osório quis igualar os pés da cadeira.* [***Pron***] **2** ser igual; tornar-se igual a: *Não ande com más companhias, você pode igualar-se a elas.*
igualdade ***S fem*** qualidade daquilo que é igual a outra coisa; identidade.

iguana i.**gua**.na ***S masc*** grande lagarto de pele escura e crista parecida com uma serra.

iguaria i.gua.**ri**.a ***S fem*** comida saborosa; guloseima: *A pamonha é iguaria feita de milho.*

ilegal i.le.**gal** ***Adj*** que é contrário à lei: *Retirar madeira das florestas é ilegal.*

ilha i.lha ***S fem*** porção de terra cercada de água por todos os lados: *Cabral pensou que o Brasil fosse uma ilha.*

iludir i.lu.**dir** ***Vt*** **1** enganar: *A raposa sabia iludir os cães fingindo-se morta.* ***Vi*** [***Pron***] **2** cometer um erro; enganar-se: *Quantas vezes me iludi ao fazer contas!*

iluminação i.lu.mi.na.**ção** ***S fem*** ação de iluminar; encher de luz (um lugar ou um objeto): *Antigamente a iluminação das ruas era feita por lampiões.*

iluminar i.lu.mi.**nar** ***Vt*** **1** encher de luz: *A lua iluminava o jardim.* **2** colocar luz em: *As crianças iluminaram a árvore de Natal.* **3** aparecer de repente em; brotar em: *Uma ideia iluminou sua cabecinha.*

ilusão i.lu.**são** ***S fem*** **1** engano ao interpretar um fato; aparência enganosa: *No circo, tenho a ilusão de que a moça é serrada ao meio.* **2** sonho; esperança: *Ele tinha a ilusão de uma vida melhor na cidade.*

ilustração i.lus.tra.**ção** ***S fem*** desenho, gravura ou imagem que acompanha texto: *Este dicionário contém ilustrações.*

ilustrar i.lus.**trar** ***Vt*** **1** colocar figuras ou fotos para enfeitar ou para que se compreenda melhor o texto: *Cada aluno ilustra sua história.* **2** tornar mais claro; esclarecer: *Um dos maiores problemas ambientais é a erosão, como bem ilustra a foto do jornal.*

ilustre i.**lus**.tre ***Adj*** **1** que se distingue por qualidades que merecem admiração; notável: *Osvaldo Cruz foi um ilustre médico.* **2** nobre: *No passado, o sorvete era servido apenas para visitantes ilustres.*

ímã **í**.mã ***S masc*** objeto feito à base de ferro que atrai o ferro e outros metais: *O enfeite da geladeira tinha ímã.*

imagem i.**ma**.gem ***S fem*** **1** tudo que se vê refletido (num espelho, na água, etc.): *Viu sua imagem no espelho.* **2** escultura ou figura que representa um santo: *Ele tem uma imagem de São José.* **3** tudo que se vê (na tela de cinema, televisão, computador, etc.): *Ficou feliz quando viu na TV a própria imagem.*

imaginação i.ma.gi.na.**ção** ***S fem*** capacidade de imaginar, de criar imagens na mente: *Sua imaginação criava amigos com quem conversar.*

imaginar ▶ i.ma.gi.**nar** ***Vt*** **1** criar alguma coisa na mente; sonhar: *Imaginava ser um doutor.* **2** supor; julgar: *Imagine um mundo sem guerras.*
imaginário ***Adj*** que só existe por nossa capacidade de imaginar.

imaturo i.ma.**tu**.ro ***Adj*** que ainda não é adulto: *A pessoa imatura não decide sobre seu futuro.*

imbatível im.ba.**tí**.vel ***Adj*** impossível de ser vencido: *Super-Homem é imbatível.*

imbecil im.be.**cil** ***Adj*** **1** que não tem bom senso; tolo: *Suas perguntas nunca são imbecis.* ***S*** **2** pessoa tola.

imbuia im.**bui**.a ***S fem*** árvore de tronco grosso, que fornece boa madeira para fazer móveis.

imediato i.me.di.**a**.to ***Adj*** que acontece logo; rápido: *Ubaldo precisava de uma ajuda imediata.*
de imediato: na mesma hora: *De imediato as crianças reconheceram a senhora.*

imenso i.**men**.so ***Adj*** muito grande; enorme: *Havia filas imensas para comprar os ingressos.*
imensidão ***S fem*** espaço muito grande.

imigrar i.mi.**grar** ***Vt*** (+de...para) vir de sua terra para estabelecer-se em outro lugar: *Seus avós imigraram da Itália para o Brasil.*
imigração ***S fem*** ação de imigrar. **imigrante** ***S*** quem imigra.
Cp: **emigrar**.

imitar i.mi.**tar** ***Vt*** fazer exatamente o que outro faz; copiar: *Os homens sempre quiseram imitar os pássaros e voar.*
imitação ***S fem*** ação de imitar; reprodução exata ou semelhante de alguma coisa.

imóvel ▲ i.**mó**.vel ***Adj*** **1** sem movimento; sem reação; parado: *O cão ficou imóvel.* ***S masc*** **2** propriedade como casa, terreno, etc.: *O pai não quer vender os imóveis da família.*

impacto im.**pac**.to ***S masc*** **1** choque de uma coisa com outra: *Com o impacto, o carro foi para fora da estrada.* **2** impressão ou sensação muito forte: *O acidente causou impacto na cidade.*

ímpar **ím**.par ***Adj*** não par: *Onze é número ímpar.*

imparcial im.par.ci.**al** ***Adj*** que não se manifesta favorável a uma das partes; justo: *O juiz deve ser imparcial.*

impedir im.pe.**dir** ***Vt*** **1** evitar; livrar: *O capacete impediu que se machucasse.* **2** não permitir a passagem por: *A enchente impediu a rua.* **3** tornar difícil; dificultar: *Nos polos, o frio impede a presença do ser humano.*
impedimento ***S masc*** ação de impedir.
Ant para **1** e **3**: permitir.

imperador ♥ im.pe.ra.**dor** ***S masc*** pessoa que governa uma nação com poder absoluto; monarca: *O Brasil já foi governado por imperador.*
☼ Forma feminina correspondente: **imperatriz**.

imperial im.pe.ri.**al** ***Adj*** referente a império ou a imperador: *No Brasil imperial havia escravos.*

império im.**pé**.ri:o ***S masc*** nação governada por um imperador com poder acima de qualquer autoridade; reinado: *O Brasil já foi um império.*

impermeável im.per.me.**á**.vel ***Adj*** que não deixa passar nenhum líquido: *Uma capa impermeável é útil em dias de chuva.*

impertinente im.per.ti.**nen**.te ***Adj*** que aborrece, que incomoda: *Ele era um rapaz impertinente.*

implantar im.plan.**tar** ***Vt*** colocar dentro; introduzir: *O jeito era implantar um dente no lugar daquele que perdi.*
⊖ **implantação** ***S fem*** ação de implantar; introdução.

implicar im.pli.**car** ***Vt*** (+com) agir com antipatia; amolar; irritar: *Não vale a pena implicar com as crianças por coisa à toa.*
⊖ **implicante** ***S*** que implica; que aborrece os outros.

implorar im.plo.**rar** ***Vt*** (+por) pedir com insistência; suplicar: *O pobre implorou por ajuda.*

imponente im.po.**nen**.te ***Adj*** majestoso; grandioso: *Era enorme, a árvore mais imponente da floresta.*
⊖ **imponência** ***S fem*** qualidade do que é imponente; majestade.

impor im.**por** ***Vt*** (...+a) forçar (alguém a fazer alguma coisa); obrigar: *O pai impõe ao filho a educação.*

importado im.por.**ta**.do ***Adj*** **1** comprado fora do país: *Meu pai tem um carro importado.* ***S masc*** **2** mercadoria comprada fora do país: *Os importados pagam mais imposto.*

importância im.por.**tân**.ci:a ***S fem*** **1** valor; mérito: *Todos conhecem a importância da educação.* **2** quantia em dinheiro: *A importância a pagar era alta demais.*

importante im.por.**tan**.te ***Adj*** **1** que tem grande valor ou interesse: *Cite uma importante descoberta científica.* **2** que merece consideração; que tem fama: *Vi uma fotografia de um importante fotógrafo brasileiro.* ***S masc*** **3** aquilo que tem importância; que é de valor: *O importante é ser feliz.*

importar im.por.**tar** ***Vt*** **1** comprar (mercadoria de outro país): *O Brasil importa brinquedos da China.* [***Pron***] (+com) **2** dar importância; considerar: *O cantor se importa com sua imagem.* ***Vi*** **3** ter importância; interessar: *Para o professor, não importa se o aluno é pobre ou rico.*
⊖ **importação** ***S fem*** ato de comprar mercadorias de outro país.

impossível im.pos.**sí**.vel ***Adj*** **1** que não é possível ou que é muito difícil de fazer ou acontecer: *É impossível dormir com esses gritos lá fora.* ***S masc*** **2** tudo o que não pode acontecer ou acontece com muita dificuldade: *Dona Benta faz o impossível para resolver os problemas de todos.*

imposto im.**pos**.to ***Adj*** **1** que se foi obrigado a aceitar: *A criança não aceita ordens impostas sem explicação.* ***S masc*** **2** dinheiro pago ao governo para que possa realizar certos serviços como saúde, educação, construção de ruas, etc. para os cidadãos.
☼ Pl: **imp[ó]stos**.

impressão im.pres.**são** ***S fem*** **1** ação de imprimir páginas, textos, livros, etc. através de máquina: *A revista teve um problema na impressão.* **2** texto, imagem, livro, etc. impressos: *Ana recortou a impressão da foto.* **3** marca deixada (em algum lugar): *Aqui há impressão de pisadas na areia.*

impressionar im.pres.si:o.**nar** ***Vt*** **1** causar forte emoção em; comover: *A visão do mar impressionou o menino.* [***Pron***] (+com) **2** sentir-se abalado; comover-se: *Ele se impressionou com a beleza do mar.*

impresso im.**pres**.so ***Adj*** **1** em que se imprimiu algo; gravado: *No chão havia um folheto impresso em letras grandes.* ***S masc*** **2** papel em que se imprimiu algo: *Preencha o impresso da matrícula.*

A B C D E F G H I J K L M N O P Q R S T U V W X Y Z

impressora ▲ im.pres.**so**.ra *S fem* máquina que imprime: *A escola recebeu uma impressora.*

imprevisto im.pre.**vis**.to *Adj* **1** que não se pode prever; inesperado: *Um problema imprevisto atrasou a chegada.* *S masc* **2** aquilo que acontece sem previsão: *O pneu furado foi um imprevisto.*

imprimir im.pri.**mir** *Vt* fazer a impressão na gráfica de; gravar com tinta no papel ou outro material: *O candidato mandou imprimir folhetos com sua foto.*

impróprio im.**pró**.pri:o *Adj* que não é adequado: *Gabriela não riu naquele lugar impróprio.*

improvisar im.pro.vi.**sar** *Vt* fazer ou preparar algo às pressas, sem ter tudo de que precisa: *Foi preciso improvisar camas para todas as visitas.*

impulso im.**pul**.so *S masc* força natural para agir: *Com um impulso, o cão se lançou na água.*

impuro im.**pu**.ro *Adj* que contém elementos estranhos; que está contaminado: *Não beba água impura.*

imundo i.**mun**.do *Adj* muito sujo: *Brincou na terra e voltou imundo.*
⊖ **imundície** *S fem* qualidade do que é imundo; sujeira.

inacreditável i.na.cre.di.**tá**.vel *Adj* em que é difícil acreditar; incrível: *As aranhas têm uma inacreditável agilidade para fazer a teia.*

inadequado i.na.de.**qua**.do *Adj* que não é adequado; impróprio: *O vestido é inadequado para a festa.*

inauguração ▲ i.nau.gu.ra.**ção** *S fem* cerimônia que marca o início de funcionamento de (loja, estrada, etc.): *Houve fogos na inauguração do campo de futebol.*

incapaz in.ca.**paz** *Adj* que não consegue fazer determinada coisa; sem capacidade: *O pinguim é uma ave incapaz de voar.*
⊖ **incapacidade** *S fem* falta de capacidade.

incendiar in.cen.di.**ar** *Vt* **1** pôr fogo em; fazer queimar: *Os balões podem incendiar casas.* *Vi* **2** pegar fogo; queimar-se: *O canavial incendiou(-se).*

incêndio in.**cên**.di:o *S masc* fogo violento que se espalha: *Um balão pode provocar incêndios.*

incentivar in.cen.ti.**var** *Vt* dar força a; estimular: *Nossa ideia é incentivar a leitura.*

inchar in.**char** *Vt* **1** fazer aumentar o volume de modo fora do normal: *A dor de dente inchou sua face.* *Vi* **2** aumentar de volume de modo fora do normal: *Com a picada seu nariz inchou.*
⊖ **inchaço** *S masc* aumento fora do normal (de alguma coisa).

incidente in.ci.**den**.te *S masc* acontecimento que não se espera: *A viagem ocorreu sem incidentes.*

incisivo in.ci.**si**.vo *S masc* dente da frente e que serve para cortar.

inclinação in.cli.na.**ção** *S fem* **1** posição ou situação de algo que se inclina para um lado: *O morro tinha forte inclinação.* **2** disposição natural; tendência: *Mateus sente inclinação pela Matemática.*

inclinar in.cli.**nar** *Vt* **1** fazer sair da posição vertical ou horizontal; pender: *O doente inclinou a cabeça.* [*Pron*] (+para) **2** sair da posição vertical ou horizontal: *O navio começou a inclinar-se para o lado.*

incluir in.clu.**ir** *Vt* **1** ter em si: *A região sul do Brasil inclui 3 Estados.* (...+em) **2** juntar; acrescentar: *Ana incluiu seu nome na lista.*

inclusive in.clu.**si**.ve *Adv* além disso; também: *Ele me deu tudo, inclusive a coleção de pedras.*

incomodar ▼ in.co.mo.**dar** *Vt* **1** perturbar; aborrecer: *Meu canto incomoda todo mundo.* [*Pron*] (+com) **2** aborrecer-se: *Os vizinhos se incomodam com os latidos.*

incômodo in.**cô**.mo.do ***Adj*** que incomoda; que não é confortável: *Os sapatos novos são incômodos.*

incompleto in.com.**ple**.to ***Adj*** a que falta algo; não completo: *A resposta não deve estar incompleta.*

incomum in.co.**mum** ***Adj*** que não é comum ou frequente; raro: *É incomum ver carroças nessas ruas.*

inconsciente in.cons.ci.**en**.te ***Adj*** que está desmaiado; sem sentidos.

inconveniente in.con.ve.ni.**en**.te ***Adj*** que não convém; inadequado: *Não fazer a troca de óleo no carro é inconveniente.*
inconveniência *S fem* fato inadequado.

incorporar in.cor.po.**rar** (...+a) ***Vt*** unir como em um só corpo; juntar (uma coisa a outra): *A cozinheira incorporou queijo ralado à receita e ficou ótimo.*

incorreto in.cor.**re**.to ***Adj*** que não está correto; errado: *A soma está incorreta.*
Ant: **exato**.

incrédulo in.**cré**.du.lo ***Adj*** que não acredita facilmente: *– Você fez isso? – perguntei incrédulo.*

incrível in.**crí**.vel ***Adj*** que é difícil de se acreditar; extraordinário: *É incrível a velocidade de rotação da Terra.*

incumbência in.cum.**bên**.ci:a ***S fem*** tarefa; serviço: *Tem a incumbência de apagar o quadro-negro.*

incurável in.cu.**rá**.vel ***Adj*** que não tem cura: *Hoje há remédio para doenças que eram incuráveis.*

indagar in.da.**gar** ***Vt*** procurar saber; perguntar: *Curioso, Guilherme indaga tudo.*

indeciso ▲ in.de.**ci**.so ***Adj*** que não sabe o que fazer; em dúvida: *– Que fazer? pensa Adílson, indeciso.*

indefeso in.de.**fe**.so ***Adj*** sem defesa; sem proteção: *Os filhotes de passarinho nascem indefesos.*

indenização in.de.ni.za.**ção** ***S fem*** dinheiro dado a alguém para reparar um prejuízo: *Ele quer indenização por ter ficado preso, sendo inocente.*

independência in.de.pen.**dên**.ci:a ***S fem*** faculdade de governar com as próprias leis; liberdade: *A Independência do Brasil ocorreu em 1822.*

independente in.de.pen.**den**.te ***Adj*** que não depende de ninguém; livre: *Um país independente é aquele que não é controlado por outro.*

indesejável in.de.se.**já**.vel ***Adj*** que não é bem-aceito; não querido: *Cuidado com os hóspedes indesejáveis como moscas e ratos.*

indeterminado in.de.ter.mi.**na**.do ***Adj*** que não é definido; não estabelecido: *Ele saiu em viagem por tempo indeterminado.*

indicador in.di.ca.**dor** ***Adj*** **1** que é usado para indicar (alguma coisa): *Na estrada há placas indicadoras de direção.* ***S masc*** **2** segundo dedo da mão, depois do polegar.

indicar in.di.**car** ***Vt*** **1** mostrar com o dedo; apontar: *O porteiro indicou onde ficava o elevador.* **2** dar informação; recomendar: *O guia indica o melhor restaurante da cidade.* **3** escolher (alguém) para determinado cargo, tarefa, etc.: *O dono da bola é quem indica o capitão do time.*
indicação *S fem* ação de indicar; orientação.

índice **ín**.di.ce ***S masc*** **1** lista dos capítulos de um livro: *Então Luís olhou no índice e chegou à página certa.* **2** marca ou medida: *O professor se alegra com o alto índice de boas notas.*

indiferença in.di.fe.**ren**.ça ***S fem*** **1** falta de interesse: *João ouvia a conversa com indiferença.* **2** falta de atenção; distração: *Luís nunca faz a tarefa com indiferença.*
Ant: **interesse**.

indígena ▼ in.**dí**.ge.na ***Adj*** **1** relativo a índio: *As lendas indígenas são cheias de imaginação.* ***S*** **2** primeiro habitante da América; índio.

A B C D E F G H I J K L M N O P Q R S T U V W X Y Z

a b c d e f g h i j k l m n o p q r s t u v w x y z

indignação in.dig.na.**ção** ***S fem*** sentimento de revolta: *Sentia indignação ao ver criança sem escola.*

índio **ín**.di:o ***S masc*** primeiro habitante da América; indígena: *O índio plantava milho e mandioca.*

indireta in.di.**re**.ta ***S fem*** modo de falar disfarçado, vago, feito em tom de censura ou zombaria: *Aquelas palavras eram alguma indireta para ele.*

indiscreto in.dis.**cre**.to ***Adj*** que não tem discrição: *Não seja indiscreto.*

indiscriminado in.dis.cri.mi.**na**.do ***Adj*** que não se faz com discriminação; em que não há preocupação em fazer distinção: *Devido à caça indiscriminada, poucos tigres vivem hoje.*

indispensável in.dis.pen.**sá**.vel ***Adj*** que não se pode dispensar; obrigatório: *O leite é indispensável para a formação de dentes e ossos.*

indisposição in.dis.po.si.**ção** ***S fem*** perturbação das funções orgânicas; incômodo: *Faz chás que curam qualquer tipo de indisposição.*

individual in.di.vi.du.**al** ***Adj*** próprio de uma pessoa; particular: *Cada aluno deve ter seu material individual.*
Ant: **coletivo**.

indivíduo in.di.**ví**.du:o ***S masc*** pessoa: *Sem o mosquito, o vírus não é transmitido a outros indivíduos.*

índole **ín**.do.le ***S fem*** caráter; temperamento: *João e Guilherme são garotos de boa índole.*

indústria in.**dús**.tri:a ***S fem*** **1** conjunto de técnicas e atividades econômicas de produção: *A indústria vem crescendo.* **2** estabelecimento que faz produtos industriais; fábrica: *A indústria em que trabalha fica longe.*

industrial in.dus.tri.**al** ***Adj*** **1** da indústria; relativo à indústria: *O distrito industrial fica em bairro afastado.* ***S*** **2** dono de indústria: *O industrial mantém uma escola para os operários.*

inédito i.**né**.di.to ***Adj*** que ainda não foi feito ou divulgado: *O cantor apresentou músicas inéditas.*

inesperado i.nes.pe.**ra**.do ***Adj*** que não se espera; imprevisto: *A boa história tem um final inesperado.*

inesquecível i.nes.que.**cí**.vel ***Adj*** que não se pode esquecer: *Foi uma festa inesquecível!*

inevitável i.ne.vi.**tá**.vel ***Adj*** que não se pode evitar; fatal: *Um palavrão causaria inevitável bronca.*

infalível in.fa.**lí**.vel ***Adj*** que não falha; que sempre atinge o objetivo: *Ela sempre tinha um remédio infalível para as dores.*

infância in.**fân**.ci:a ***S fem*** período de crescimento do homem, que vai do nascimento até o início da adolescência: *Adorava a fazenda onde tinha passado a infância.*

infantil in.fan.**til** ***Adj*** da criança; relativo à criança: *Jogos infantis são úteis para a educação.*

infantojuvenil in.fan.to.ju.ve.**nil** ***Adj*** da ou relativo à infância e à juventude: *Na biblioteca há uma sala só para livros infantojuvenis.*

infecção in.fec.**ção** ***S fem*** presença de micróbios (bactérias, vírus, fungos) causadores de doenças infecciosas no organismo animal.
infeccioso ***Adj*** que tem infecção; contaminado.

infeliz in.fe.**liz** ***Adj*** que não é feliz; triste: *A falta de filhos tornou o casal infeliz.*
infelicidade ***S fem*** estado do que é infeliz.
Ant: **alegre**.

inferior in.fe.ri.**or** ***Adj*** de qualidade mais baixa, de menor valor, etc.: *Sua nota não foi inferior à de Pedro.*
Ant: **superior**.

inferno in.**fer**.no ***S masc*** **1** lugar, segundo algumas religiões cristãs, para onde vão as almas dos pecadores. **2** tormento; aflição:

O barulho dos vizinhos de cima tornou sua vida um inferno.
infernal ***Adj*** que é próprio do inferno; horrível.

infinito in.fi.**ni**.to ***S masc*** **1** aquilo que não tem limites; extensão sem fim. ***Adj*** **2** profundo; imenso: *Olhar pela janela do avião deu a ela uma infinita alegria.*
infinidade ***S fem*** qualidade do que é infinito.

inflamação in.fla.ma.**ção** ***S fem*** reação do organismo contra aquilo que lhe causa dano (como micróbios, por exemplo): *Na inflamação, o local incha, dói, fica vermelho e quente.*

inflamar in.fla.**mar** ***Vi*** ficar inchado, com inflamação: *O corte inflamou.*

inflável in.**flá**.vel ***Adj*** que pode ser cheio de ar: *O salão estava enfeitado com bolas infláveis.*

inflexível in.fle.**xí**.vel ***Adj*** que não é flexível, que não se dobra.

influência in.flu.**ên**.ci:a ***S fem*** poder que uma coisa ou pessoa tem sobre outra: *As fases da Lua têm influência na pesca.*

influir in.flu.**ir** ***Vt*** (+em) exercer influência; ter importância: *Vários fatores influem no clima.*

informação in.for.ma.**ção** ***S fem*** **1** notícia: *Há canais de TV que só dão informações.* **2** instrução; orientação: *O fabricante é obrigado a dar informações sobre o produto.* **3** conhecimento; saber: *A criança de hoje tem mais acesso à informação.*

informar in.for.**mar** ***Vt*** **1** dar uma notícia (a alguém); dar uma informação: *O jornal procura informar bem o leitor.* (...+a) **2** comunicar; avisar: *Placas informam aos motoristas a velocidade permitida.* [***Pron***] (+sobre) **3** tomar informação: *As crianças se informarão sobre as férias.*

informática in.for.**má**.ti.ca ***S fem*** ciência que se ocupa dos modos de utilizar e guardar informações nos computadores.

ingênuo in.**gê**.nu:o ***Adj*** sem malícia; inocente: *Não seja ingênuo, não fale com estranhos.*
Ant: **malicioso**.

ingerir in.ge.**rir** ***Vt*** beber ou comer; tomar: *Marta começou a ingerir o leite bem devagar.*
ingestão ***S fem*** ação de engolir.

inglês in.**glês** ***Adj*** **1** que é natural ou habitante da Inglaterra: *O menino inglês admira o Cristo Redentor.* **2** da ou relacionado à Inglaterra: *O clima inglês é frio.* ***S masc*** **3** quem é natural ou habitante da Inglaterra: *O primeiro tênis foi inventado pelos ingleses.* **4** língua falada na Inglaterra, nos Estados Unidos, na Austrália e em diversos outros países: *O inglês é uma língua muito falada.*

ingrato in.**gra**.to ***Adj*** que não reconhece o benefício que recebeu: *Ele foi ingrato com quem o hospedou.*
ingratidão ***S fem*** qualidade do que é ingrato; falta de reconhecimento.

ingrediente in.gre.di.**en**.te ***S masc*** tudo aquilo que entra na preparação de uma comida, de uma bebida, de um remédio, etc.: *A doceira não diz que ingredientes põe na torta.*

íngreme **ín**.gre.me ***Adj*** que tem forte inclinação: *A estrada íngreme cansou o viajante.*

ingressar in.gres.**sar** ***Vt*** (+em) ser admitido; entrar: *Gostaria de ingressar em uma faculdade.*
ingresso ***S masc*** bilhete de entrada em teatro, cinema, etc.; entrada.

inhame i.**nha**.me ***S masc*** **1** planta de folhas grandes e cujas raízes são usadas na alimentação: *O agricultor plantou inhame.* **2** a raiz dessa planta: *Na mesa havia mandioca, inhame e milho assado.*

inicial i.ni.ci.**al** ***Adj*** **1** que está no começo: *Pegou o livro e começou a ler o capítulo inicial.* ***S fem*** **2** primeira letra de uma palavra: *Brasil se escreve com inicial maiúscula.*

iniciar i.ni.ci:**ar** ***Vt*** **1** dar início a; começar: *Muitos se mudaram para a América, onde iniciaram nova vida.* (...+em) **2** fazer aprender: *Desde cedo iniciou o filho na profissão.* [***Pron***] (+em) **3** passar a ter as primeiras noções: *Esta era a chance de ele se iniciar na profissão de escritor.*
Ant: **terminar**; **concluir**.

A B C D E F G H I J K L M N O P Q R S T U V W X Y Z

iniciativa i.ni.ci:a.**ti**.va ***S fem*** firmeza e rapidez nas ações: *Cláudia teve iniciativa e reclamou.*

início i.**ní**.ci:o ***S masc*** começo; abertura: *Vivemos no início do século XXI.*
Ant: **fim**.

inimigo i.ni.**mi**.go ***Adj*** **1** que é contrário; adversário: *O time inimigo ganhou.* **2** que prejudica; nocivo: *Há insetos que são inimigos do homem.* ***S masc*** **3** aquilo que destrói ou prejudica: *Entre os inimigos encontrados na areia, há o bicho geográfico.* **4** quem é contrário (a alguém); adversário.
Ant: **amigo**.

injeção in.je.**ção** ***S fem*** **1** aplicação de medicamento no corpo por meio de seringa com agulha: *A injeção vai doer?* **2** o líquido aplicado no corpo com seringa e agulha: *A dor passou com a injeção.* pág 225.

injetar in.je.**tar** ***Vt*** aplicar; introduzir: *Se o mosquito injetar o vírus, a pessoa pode pegar a doença.*

injusto in.**jus**.to ***Adj*** que é contrário à justiça: *Ele se queixou da decisão injusta.*
injustiça ***S fem*** falta de justiça.

inocência i.no.**cên**.ci:a ***S fem*** **1** ausência de culpa: *O réu disse que ia provar sua inocência.* **2** modo simples de agir; pureza: *Você pode observar inocência nas crianças!*
inocente ***Adj*** sem culpa.

inofensivo i.no.fen.**si**.vo ***Adj*** que não faz mal; saudável: *Cuidado com cogumelos, muitas espécies que parecem inofensivas são muito venenosas.*

inovação i.no.va.**ção** ***S fem*** produção de novidades; renovação: *O segredo da moda é a inovação.*

inquieto in.qui:**e**.to ***Adj*** agitado; ansioso; aflito: *O garoto estava inquieto.*
inquietação ***S fem*** agitação; ansiedade.
Ant: **tranquilo**.

insatisfeito in.sa.tis.**fei**.to ***Adj*** que não está satisfeito; que não está contente: *O treinador está insatisfeito com o time.*
insatisfação ***S fem*** falta de satisfação; descontentamento.

inscrever ins.cre.**ver** ***Vt*** (...+em) fazer participar (de): *A mãe inscreveu o filho no concurso.*

inscrição ins.cri.**ção** ***S fem*** **1** ato de se candidatar em concurso, vestibular, etc.: *Faça inscrição no local uma hora antes.* **2** aquilo que está inscrito ou gravado: *Conseguiram decifrar a inscrição na pedra.*

inseguro in.se.**gu**.ro ***Adj*** sem segurança; em perigo: *Todos se sentiram muito inseguros ali.*
insegurança ***S fem*** falta de segurança; falta de proteção.

inseparável in.se.pa.**rá**.vel ***Adj*** que está sempre junto; que não se separa: *Eram amigos inseparáveis.*

inserir in.se.**rir** ***Vt*** (+em) **1** colocar dentro (de); introduzir: *Tenho dificuldade para inserir fotos no meu arquivo.* [**Pron**] **2** colocar-se dentro; meter-se: *O malandro inseriu-se na multidão e fugiu.*

inseticida in.se.ti.**ci**.da ***S masc*** produto para matar inseto: *Alguns mosquitos não morrem com o inseticida!*

inseto in.**se**.to ***S masc*** animal cujo corpo é dividido em cabeça, com um par de antenas, e tórax com três pares de patas; pode ou não ter asas: *– Ai, picada de inseto dói!*

insignificante in.sig.ni.fi.**can**.te ***Adj*** que tem pouco valor; sem importância: *Não devo me preocupar com coisas tão insignificantes.*
insignificância ***S fem*** falta de importância.

insinuar in.si.nu.**ar** ***Vt*** dar a entender; sugerir: *Ela insinuou que queria fazer parte da equipe.*

insistir in.sis.**tir** ***Vt*** (+em) continuar a fazer algo, sem desistir; teimar: *Milton insistia em falar com o diretor.*
insistência ***S fem*** ação de insistir.

insônia in.**sô**.ni:a ***S fem*** falta de sono; dificuldade em dormir: *Você tem insônia?*

inspecionar ins.pe.ci:o.**nar** ***Vt*** olhar com atenção; examinar: *Inspecionei o interior do castelo.*
inspeção ***S fem*** observação; exame.

inspiração ins.pi.ra.**ção** ***S fem*** **1** movimento pelo qual o ar entra nos pulmões: *Na inspiração, puxa-se o oxigênio para os pulmões.* **2** trabalho do pensamento para criar coisa nova: *Vovó tem inspiração e cria belas histórias.*

inspirar ins.pi.**rar** ***Vt*** (...+em) **1** fazer surgir; fazer nascer: *O apoio dos pais inspira confiança nos filhos.* [***Pron***] (+em) **2** receber inspiração (de): *O ator conta que se inspirou em livros.* ***Vi*** **3** introduzir ar nos pulmões.

instalação ins.ta.la.**ção** ***S fem*** **1** colocação; montagem: *Mateus encarregou-se da instalação elétrica do cinema.* **2** inauguração; abertura: *Aconteceu a instalação de nova loja na cidade.*

instalar ins.ta.**lar** ***Vt*** **1** pôr em funcionamento: *Júlio instalou o fogão.* (...+em) **2** colocar; pôr: *O prefeito instalou bancos na praça.* [***Pron***] (+em) **3** fixar-se; estabelecer-se: *O imigrante se instalou no Sul.*

instantâneo ins.tan.**tâ**.ne:o ***Adj*** imediato: *Assim que viu a amiga, o sorriso foi instantâneo.*

instante ins.**tan**.te ***S masc*** espaço de tempo bem pequeno: *Num instante ela estava pronta para sair.*

instinto ins.**tin**.to ***S masc*** tendência hereditária da espécie; impulso natural: *As aves fogem do frio por instinto.*
instintivo ***Adj*** guiado pelo instinto.

instituição ins.ti.tu:i.**ção** ***S fem*** estabelecimento com determinado objetivo, que pode ser educacional, de saúde, etc.; organização social: *Tinha um jeito sério de dirigir a instituição.*

instruir ins.tru.**ir** ***Vi*** **1** dar instrução; transmitir conhecimentos: *Os livros instruem.* [***Pron***] **2** receber instrução; adquirir conhecimentos: *Quem não lê não se instrui.* ***Vt*** (...+a) **3** dar notícia; informar: *Instruiu seu novo endereço aos amigos.* **4** recomendar; orientar: *A mãe instrui o filho a voltar direto para casa.*
instrução ***S fem*** ação ou resultado de instruir.

instrumento ins.tru.**men**.to ***S masc*** **1** aparelho, objeto ou utensílio que serve para fazer alguma coisa: *O dentista limpa muito bem seus instrumentos.* **2** aparelho que produz sons musicais: *O conjunto canta e toca instrumentos.*

instrutor ▼ ins.tru.**tor** ***S masc*** aquele que ensina: *Flávia é uma ótima instrutora de natação.*

insuficiente in.su.fi.ci.**en**.te ***Adj*** que não satisfaz; que não é bastante: *O dinheiro é insuficiente para comprar as entradas.*
insuficiência ***S fem*** falta; carência.

insultar in.sul.**tar** ***Vt*** lançar ofensas; ofender: *Não insulte ninguém!*
insulto ***S masc*** ação de insultar; ofensa.

insuportável in.su.por.**tá**.vel ***Adj*** impossível ou difícil de suportar: *Era uma dor insuportável!*

intacto in.**tac**.to ***Adj*** que não foi tocado; que não sofreu alteração: *A comida intacta continuou ali.*

integral in.te.**gral** ***Adj*** **1** total; completo: *Filipe recebeu bolsa integral durante o ano.* **2** que não sofreu modificação: *O atleta só bebe leite integral.*

integrante in.te.**gran**.te ***Adj*** que integra; que participa: *Os alunos eram integrantes do coral.*

integrar in.te.**grar** ***Vt*** **1** fazer parte de um todo; pertencer a: *Quem gosta de cantar pode integrar o coral.* [***Pron***] (+a) **2** tornar-se parte formadora (de): *Os novos alunos integraram-se à equipe.*
integração ***S fem*** ação de integrar; participação.

inteiro in.**tei**.ro ***Adj*** **1** em toda a extensão: *O jogador ganhou fãs no mundo inteiro.* **2** que tem todas as suas partes; completo: *Como chegou tarde, não viu o filme inteiro.*

intelectual in.te.lec.tu.**al** ***Adj*** **1** relativo à mente: *O aluno interessado tem grande rendimento intelectual.* ***S*** **2** pessoa culta e inteligente: *Monteiro Lobato foi um intelectual.*

inteligência in.te.li.**gên**.ci:a *S fem* capacidade que os homens têm de aprender, entender, raciocinar: *Brincando, a inteligência da criança se desenvolve.* **inteligente** *Adj* que tem inteligência.

intenção in.ten.**ção** *S fem* vontade de fazer uma coisa: *O imigrante tinha a intenção de ficar.*

intensidade in.ten.si.**da**.de *S fem* grau muito elevado de uma atividade, um sentimento, etc.: *Dizem que o homem colabora com o aumento e a intensidade dos furacões, secas e enchentes.*

intenso in.**ten**.so *Adj* muito forte: *Neste verão o calor está intenso.*

interessar in.te.res.**sar** *Vt* **1** chamar a atenção de; provocar o interesse de: *Histórias sempre interessam a criança.* [**Pron**] (+por) **2** ter interesse: *Meninos só se interessam por futebol?* **interessante** *Adj* que desperta interesse.

interesse in.te.**res**.se *S masc* aquilo que chama a atenção, que provoca a vontade de conhecer: *As crianças observam tudo com interesse.* **interesseiro** *Adj* que só pensa em seus interesses. Ant: **indiferença**.

interferir in.ter.fe.**rir** *Vt* (+em) **1** intrometer-se; intervir: *Não interfira na conversa de adultos!* **2** causar reação; influir: *A Lua interfere nas marés.* **interferência** *S fem* intervenção; influência.

interior in.te.ri.**or** *Adj* **1** que se passa no íntimo da pessoa: *Quieta, não conta seus sentimentos interiores.* *S masc* **2** parte de dentro: *O que teria no interior da caixa?* **3** parte interna de um território (menos o litoral): *Morava sossegado no interior do Paraná.*

intermediário in.ter.me.di.**á**.ri:o *Adj* **1** que está no meio. *S masc* **2** negociante entre vendedor e comprador: *O marido era o intermediário de compra e venda de cereais.*

internacional in.ter.na.ci:o.**nal** *Adj* referente às relações entre as nações: *A poluição é um problema internacional.*

internato in.ter.**na**.to *S masc* casa de educação ou de caridade onde moram alunos ou pessoas carentes: *Foi viver num internato.*

internauta in.ter.**nau**.ta *S* pessoa que navega na Internet: *Os internautas deram seus palpites.*

internet in.ter.**net** *S fem* rede mundial de comunicação a que se tem acesso por meio de computadores: *A conversa pela Internet é muito comum entre adolescentes.*

interno in.**ter**.no *Adj* **1** que está do lado de dentro; interior: *A parte interna do armário tinha cupim.* **2** que mora no colégio em que estuda: *Os alunos internos podem sair no fim da semana.* *S masc* **3** pessoa que se encontra na prisão, em hospital ou outra instituição: *Os internos recebem visitas aos sábados.*

interpretação in.ter.pre.ta.**ção** *S fem* **1** explicação do significado de alguma coisa; comentário: *O aluno faz interpretação de textos.* **2** modo de representar, cantar ou tocar um instrumento; desempenho: *A interpretação da atriz foi elogiada pelos críticos.*

interpretar in.ter.pre.**tar** *Vt* **1** entender o significado; compreender: *Vânia interpretou esse silêncio como um bom sinal.* **2** representar: *Elza interpretou bem seu papel na peça teatral.*

intérprete in.**tér**.pre.te *S* **1** pessoa que traduz oralmente o que outra pessoa diz em outro idioma: *A atriz, por meio de um intérprete, disse-lhes que estava contente.* **2** pessoa que representa, canta ou toca um instrumento: *O melhor intérprete da canção levou o prêmio.*

interrogar in.ter.ro.**gar** *Vt* fazer perguntas; perguntar. **interrogação** *S fem* pergunta.

interromper in.ter.rom.**per** *Vt* parar; suspender: *Só interrompeu o jogo para almoçar.*

interrupção in.ter.rup.**ção** *S fem* ação de interromper; parada: *Foram 5 anos de espetáculos, sem uma única interrupção.*

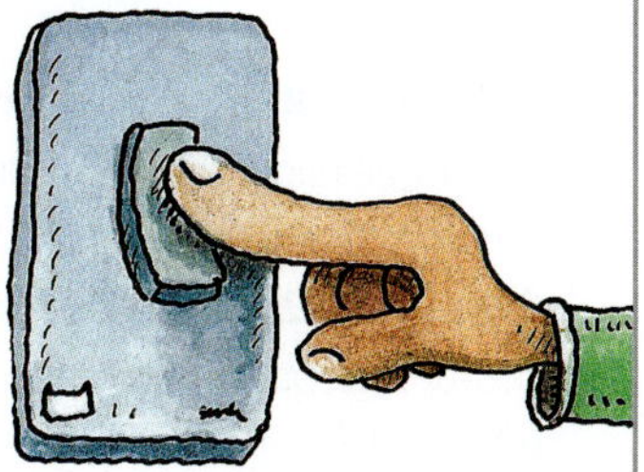

interruptor in.ter.rup.**tor** ***S masc*** aparelho que suspende a passagem de uma corrente elétrica e é usado para ligar e desligar a luz elétrica e outros aparelhos.

interurbano in.te.rur.**ba**.no ***S masc*** telefonema feito de uma cidade a outra: *Os interurbanos são mais baratos à noite.*

intervalo in.ter.**va**.lo ***S masc*** **1** período de tempo entre dois acontecimentos: *Leo aproveita o intervalo das aulas para ler.* **2** espaço entre dois lugares: *O intervalo entre as casas não é grande.*

intervir in.ter.**vir** ***Vt*** (+em) tomar parte; interferir: *Até que ponto os pais devem intervir na vida dos filhos?*
intervenção ***S fem*** ação de intervir; interferência.

intestino in.tes.**ti**.no ***S masc*** órgão do sistema digestório em forma de tubo comprido, cheio de dobras, onde se realiza grande parte da digestão.
intestinal ***Adj*** do ou relativo ao intestino.

intimidade in.ti.mi.**da**.de ***S fem*** **1** relação de quem é muito ligado com algo ou alguém, e o conhece muito bem: *Havia intimidade entre professora e aluna.* **2** habilidade; entendimento: *O marujo mostrava intimidade com o mar.*

intimidar in.ti.mi.**dar** ***Vt*** fazer recuar; amedrontar: *A torcida não intimidou o time.*

íntimo **ín**.ti.mo ***Adj*** **1** pessoal; particular: *O retorno à terra era o sonho íntimo de Gina.* **2** ligado por afeição e confiança: *Júlia era irmã e amiga íntima.* ***S masc*** **3** a parte mais funda; o que está muito dentro: *Nair diz que não, mas, lá no íntimo, bem que gostaria de voltar conosco.*

intolerância in.to.le.**rân**.ci:a ***S fem*** falta de tolerância; incapacidade de se adaptar: *A intolerância é um desrespeito à opinião dos outros.*
intolerante ***Adj*** que tem intolerância.

intoxicação cs in.to.xi.ca.**ção** ***S fem*** doença causada por alimento envenenado ou estragado: *Verdura mal lavada pode causar intoxicação.*

intriga in.**tri**.ga ***S fem*** **1** mexerico; fofoca: *Brigou com o marido por intriga das vizinhas.* **2** trama para obter vantagem ou prejudicar alguém: *Perdeu o emprego por intriga de inimigos.*

intrigante in.tri.**gan**.te ***Adj*** que faz ficar curioso; interessante: *A professora narra então uma intrigante história.*

intrigar in.tri.**gar** ***Vt*** **1** deixar curioso, desconfiado ou preocupado: *– Sabe que esse menino me intriga, Isabel? Quase não tem amigos, está sempre só!* (...+com) **2** fazer mexerico; fofocar: *Não adiantou intrigar a sogra com a nora.* ***Vi*** [***Pron***] **3** ficar curioso, desconfiado ou preocupado: *Todos se intrigaram quando o estranho chegou.*

introdução in.tro.du.**ção** ***S fem*** **1** ação de introduzir: *No segundo semestre houve introdução de novos alunos à turma.* **2** texto explicativo no início de um livro; apresentação: *A introdução feita pelo autor ocupa uma página.*

introduzir in.tro.du.**zir** ***Vt*** (...+em) **1** colocar dentro (de); enfiar: *O homem introduziu a chave na fechadura.* **2** incluir; juntar: *Os italianos introduziram novos pratos na cozinha brasileira.* (...+a) **3** dar começo a; iniciar: *A escola introduziu um novo curso aos alunos.*
introdutório ***Adj*** que introduz; que inicia.

intrometer in.tro.me.**ter** [***Pron***] (+em) ***Vt*** meter-se no meio: *Nunca se intrometa na vida alheia.*

intrometido in.tro.me.**ti**.do ***Adj*** **1** que dá palpite no que não lhe diz respeito; inconveniente: *Não seja intrometido!* ***S masc*** **2** pessoa que se intromete: *O intrometido queria dar palpite na minha vida!*

intruso in.**tru**.so ***S masc*** pessoa estranha; intrometido: *A casa tem alarme contra intrusos.*

intuição in.tu:i.**ção** ***S fem*** conhecimento que não vem do raciocínio: *Minha intuição sentiu o perigo.*

inúmero i.**nú**.me.ro ***Adj*** que não se pode contar; muitos: *Inúmeros candidatos se apresentaram para a vaga.*
Mais usado no plural.

inundação i.nun.da.**ção** ***S fem*** grande quantidade de água que causa enchente: *Foi tanta água, que virou inundação.*

inundar i.nun.**dar** ***Vt*** **1** ficar coberto de água; deixar alagado: *Na estação das chuvas o rio inunda as planícies.* **2** encher por completo; ocupar por inteiro: *Ao ver o bebê, uma alegria inundou seu coração.*

inútil i.**nú**.til ***Adj*** que de nada adianta; que não serve para nada: *Os fugitivos já iam longe no mar, era inútil persegui-los.*
inutilidade ***S fem*** falta de utilidade.

inutilizar i.nu.ti.li.**zar** ***Vt*** **1** destruir; estragar: *Os cupins inutilizaram a madeira.* **2** tornar inútil; tornar incapaz: *O acidente inutilizou sua mão esquerda.*

invadir in.va.**dir** ***Vt*** **1** ocupar e dominar pela força: *Soldados invadiram a cidade inimiga.* **2** alastrar-se; espalhar-se: *O mato invadiu o jardim.*

invasão in.va.**são** ***S fem*** **1** ação de invadir; ocupação e dominação: *O mundo não aceitou a invasão do país.* **2** chegada ou entrada brusca: *A invasão dos fãs assustou a modelo.*
invasor ***S masc*** aquele que invade.

inveja in.**ve**.ja ***S fem*** desgosto pelo que outras pessoas têm de bom; desejo intenso de possuir o que os outros têm: *Quando ganhou um trenzinho que até soltava fumaça, seus amigos morreram de inveja.*
invejoso ***Adj*** que tem inveja.

invencível in.ven.**cí**.vel ***Adj*** que não pode ser vencido; imbatível: *Mateus é invencível no xadrez.*

inventar in.ven.**tar** ***Vt*** **1** ser o autor de; criar: *Tiago inventou a nova brincadeira.* **2** imaginar; idealizar: *Eu inventava finais diferentes para as histórias.* **3** dizer mentindo; criar: *Não costumo inventar desculpas.*
invenção ***S fem*** ação ou resultado de inventar.

invento in.**ven**.to ***S masc*** coisa inventada; invenção: *Santos Dumont recebeu um prêmio por ter voado com seu novo invento.*
inventor ***S masc*** aquele que inventa.

inverno in.**ver**.no ***S masc*** período do ano entre 21 de junho e 23 de setembro, no Hemisfério Sul, e 21 de dezembro e 20 de março, no Hemisfério Norte, e é caracterizado pelo frio.

inverso in.**ver**.so ***Adj*** contrário; oposto: *O outro carro vinha em sentido inverso à mão de direção.*

invertebrado in.ver.te.**bra**.do ***Adj*** **1** que não possui vértebras: *A borboleta é animal invertebrado.* ***S masc*** [***Pl***] **2** animal que não possui vértebras: *Os invertebrados não têm vértebras.*

inverter in.ver.**ter** ***Vt*** mudar o sentido, a ordem ou a direção; virar ao contrário: *Ele inverteu as pilhas e ligou a máquina.*

invés in.**vés** ***S masc*** o lado oposto.
ao invés de em vez de: *Ao invés de comprar, é melhor adotar um animal que está sem lar.*

investigar in.ves.ti.**gar** ***Vt*** examinar atentamente; pesquisar; analisar: *Eu precisava investigar o que estava acontecendo!*
investigação ***S fem*** ação ou resultado de investigar.

investimento in.ves.ti.**men**.to ***S masc*** aplicação de dinheiro com o fim de obter lucro: *O pai faz investimento comprando casas para alugar.*
investidor ***S masc*** aquele que faz investimento.

investir in.ves.**tir** ***Vt*** (...+em) **1** fazer investimento; aplicar para obter lucro: *O empresário vai investir o lucro em novas máquinas.* (+contra) **2** fazer investida; atacar: *Cuidado! Abelhas podem investir contra você.*
investida ***S fem*** ação de investir; ataque.

invisível in.vi.**sí**.vel ***Adj*** que não se pode ver: *Os micróbios são invisíveis a olho nu.*

invocar in.vo.**car** ***Vt*** **1** chamar, pedindo socorro; suplicar: *Tremendo de medo, o menino invocou todos os santos.* (+com) **2** ter antipatia (por); implicar: *Ele invocou com os novos vizinhos.*

involuntário in.vo.lun.**tá**.ri:o ***Adj*** contrário à vontade ou que não depende da vontade: *Num gesto involuntário Timóteo derrubou o vaso.*

iodo i:**o**.do ***S masc*** elemento químico, usado para fazer remédio e uma substância que mata germes.

ioga i:**o**.ga ***S fem*** prática que procura, através de exercícios físicos, mentais e de respiração, o poder do espírito sobre o corpo.

iogurte i:o.**gur**.te ***S masc*** alimento feito de leite fervido e fermentado: *Tomou um copo de iogurte.* pág 402 e 403.

ipê i.**pê** ***S masc*** árvore muito alta, de madeira resistente e de flores amarelas, roxas ou brancas: *Chamava a atenção ali um conjunto de ipês muito floridos.*
A flor do ipê-amarelo é a flor-símbolo do Brasil.

ir ***Vt*** (+a) **1** mover-se na direção (de); dirigir-se: *As crianças iam à praia pela manhã.* **2** passar (bem ou mal): *– Como vai?*
ir de mal a pior piorar muito: *Os negócios iam de mal a pior.*
Ant para **1**: **vir**.

ira **i**.ra ***S fem*** raiva, ódio: *Quando viu seu trabalho amassado, teve um acesso de ira.*

íris **í**.ris ***S fem*** membrana colorida situada no globo ocular, com orifício no centro chamado pupila.

irmão ir.**mão** ***S masc*** **1** filho dos mesmos pais, ou do mesmo pai, ou da mesma mãe. **2** frade; religioso: *No mosteiro, os irmãos acordam muito cedo.* ***Adj*** **3** que está nas mesmas condições; amigo: *Haverá reunião entre os países irmãos da América do Sul.*
Forma feminina correspondente para **1** e **2**: **irmã**.
pág 205.

ironia i.ro.**ni**.a ***S fem*** modo de falar que consiste em dizer o contrário do que se está pensando ou sentindo.
irônico ***Adj*** em que há ironia.

irracional ir.ra.ci:o.**nal** ***Adj*** que não raciocina: *O gato é um animal irracional.*

irradiar ir.ra.di.**ar** ***Vt*** transmitir; espalhar: *O sol irradia luz e calor.* [***Pron***] espalhar-se: *O calor irradia-se, como dizem os entendidos.*
irradiação ***S fem*** ação ou processo de irradiar.

irreal ir.re.**al** ***Adj*** que não é real; imaginário: *Histórias de fadas são irreais?*

irredutível ir.re.du.**tí**.vel ***Adj*** que não cede; firme: *Mas o garoto, por ter sido enganado outras vezes, mantém-se irredutível e não abre a boca.*

irregular ir.re.gu.**lar** ***Adj*** **1** não regular; desigual: *O chão era irregular e dificultava seus passos.* **2** contrário às leis ou ao costume; ilegal: *A documentação estava irregular.*

irrequieto ir.re.qui:**e**.to ***Adj*** que não sossega; muito ativo: *Ele era um menino irrequieto.*
Ant: **sossegado**.

irresistível ir.re.sis.**tí**.vel ***Adj*** a que não se pode resistir: *A mesa de doces estava irresistível.*

irresponsável ir.res.pon.**sá**.vel ***Adj*** que não responde por seus atos; sem responsabilidade: *A pessoa irresponsável não cumpre seus deveres.*

irrigar ir.ri.**gar** ***Vt*** molhar; regar; banhar.
irrigação ***S fem*** ação de levar água (para algum lugar).

irritação ir.ri.ta.**ção** ***S fem*** **1** reação do organismo a alguma coisa que lhe faz mal: *A picada provocou irritação na pele.* **2** falta de calma; nervosismo: *A irritação da mulher com a demora no atendimento era visível.*
Ant para **2**: **calma**.

irritar ir.ri.**tar** ***Vt*** **1** causar irritação; deixar nervoso: *Agora fique quieta e pare de nos irritar.* **2** produzir reação no organismo; produzir irritação: *A pimenta irrita o estômago.* ***Vi*** **[*Pron*]** **3** ficar nervoso: *O rei não se irritou, controlou-se.*
irritado ***Adj*** que se irritou; nervoso.
Ant para **irritado**: **calmo**.

isolado i.so.**la**.do ***Adj*** **1** afastado; separado: *Luís se escondeu no canto mais isolado do pátio.* **2** único: *O terremoto foi um acontecimento isolado ou voltaria a se repetir?* **3** sem companhia; só: *Totó cresceu sem companheiros, isolado do mundo.*

isolamento i.so.la.**men**.to ***S masc*** **1** afastamento; separação: *A quebra da ponte trouxe o isolamento da vila.* **2** parte de um hospital onde ficam os que têm doenças contagiosas: *Por causa do sarampo, ficou internado no isolamento.*

isolante i.so.**lan**.te ***Adj*** **1** que isola: *Use fita isolante no fio!* ***S masc*** **2** material que isola: *A borracha funciona como um isolante.*

isolar i.so.**lar** ***Vt*** **1** cercar para que ninguém passe: *Grevistas isolaram a rua com pneus.* **2** impedir o contato; separar: *As penas das aves isolam seu corpo, mantendo a temperatura.* **3** deixar só; tornar solitário: *O preconceito não deve isolar ninguém.*

isopor i.so.**por** ***S masc*** **1** material leve utilizado para manter a temperatura: *Ele trouxe os peixes dentro de uma caixa de isopor.* **2** qualquer objeto feito com esse material: *Os sorvetes foram colocados em um isopor.*
De **Isopor**, marca registrada desse material.

istmo **ist**.mo ***S masc*** faixa estreita de terra que liga duas porções de um continente.

italiano i.ta.li.**a**.no ***Adj*** **1** que é natural ou habitante da Itália (Europa): *Muitos imigrantes italianos vieram para o Brasil.* **2** relativo à Itália: *Os vinhos italianos são apreciados.* ***S masc*** **3** pessoa natural ou habitante da Itália: *Os italianos se estabeleceram no sul do Brasil.*

item **i**.tem ***S masc*** **1** cada uma das partes de um todo: *Veja bem o que você respondeu no item b do questionário.* **2** parte necessária; elemento: *O açúcar é um item importante de nossa alimentação.*

itinerante i.ti.ne.**ran**.te ***Adj*** que percorre diversos lugares: *Um circo itinerante está na cidade.*

itinerário i.ti.ne.**rá**.ri:o ***S masc*** caminho: *Ficou enjoado porque o itinerário tinha muitas curvas.* **2** roteiro: *Os ônibus têm itinerário fixo.*

Jj *Jj*

j ***S masc*** décima letra do alfabeto.

já ***Adv*** **1** em seguida; logo: *Faça já o que eu mandei!* **2** em um tempo anterior; antes: *Passe açúcar e canela nos bolinhos já fritos.* **3** no momento (em que se fala ou escreve): *Já estou pronto.*

jaburu ja.bu.**ru** ***S masc*** grande ave de corpo branco, cabeça e pescoço sem penas, cor preta ou avermelhada e longo bico: *O jaburu vive perto das águas.*

jabuti ja.bu.**ti** ***S masc*** tartaruga que vive na terra, de carapaça em forma de polígono.
Forma feminina correspondente: **jabota**.

jabuticaba ja.bu.ti.**ca**.ba ***S fem*** pequeno fruto redondo, de casca preta, lisa e brilhante, com polpa doce de cor leitosa, e pequeno caroço.
– **jabuticabeira** ***S fem*** árvore que dá jabuticaba.

jaca **ja**.ca ***S fem*** grande fruto oval, de casca verde e com polpa de sabor meio doce: *O cheiro de jaca madura, para algumas pessoas, não é agradável.*
– **jaqueira** ***S fem*** árvore que dá jaca.

jacarandá ja.ca.ran.**dá** ***S masc*** **1** grande árvore brasileira, de folhas em forma de pena e flores meio brancas. **2** madeira de boa qualidade, escura e muito resistente: *É proibido fazer móveis de jacarandá extraído das florestas.*

jacaré ja.ca.**ré** ***S masc*** grande réptil de couro grosso, longa cauda, cabeça comprida e dentes enormes. ▶ pág 388 e 389.

jacutinga ja.cu.**tin**.ga ***S fem*** ave do Brasil parecida com uma galinha, com penas escuras e a parte de cima da cabeça branca: *A jacutinga habita as matas virgens.*

jaguar ja.**guar** ***S masc*** animal mamífero que parece um enorme gato selvagem.

jaguatirica ja.gua.ti.**ri**.ca ***S fem*** grande gato selvagem das matas da América.

jamais ja.**mais** ***Adv*** em tempo algum; nunca: *Jamais repita este nome!*
Ant: **sempre**.

janeiro ja.**nei**.ro ***S masc*** primeiro mês do ano, com 31 dias: *Janeiro é mês de verão e férias.*

janela ja.**ne**.la ***S fem*** **1** abertura numa parede para entrar ar e luz: *A janela de casa é diferente da janela de carro.* **2** peça que fecha essa abertura: *A moça abriu a janela.* **3** no computador, quadro que mostra um programa, arquivo ou comando: *Uma janela vai mostrar as opções onde salvar seu arquivo.*
pág 88 e 89.

jangada jan.**ga**.da ***S fem*** embarcação de pescadores do Norte e Nordeste do Brasil, feita de paus muito leves amarrados entre si e vela em forma de triângulo.

jantar jan.**tar** ***Vi*** **1** comer a refeição da noite: *À noite, todos jantaram em silêncio.* ***S masc*** **2** refeição que se come à noite: *Depois do jantar, a avó conta histórias.*
Em **2**, a forma **janta** também é usada.

japonês ja.po.**nês** ***Adj*** **1** que é natural ou habitante do Japão (Ásia): *O menino japonês veio para o Brasil ainda bebê.* **2** do ou relativo ao Japão: *A escrita japonesa é diferente da nossa.* ***S masc*** **3** quem é natural ou habitante do Japão: *Ele falou com o japonês.* **4** língua falada no Japão: *Ele sabe falar japonês.*

jaqueta ja.**que**.ta ***S fem*** casaco curto, que chega só até a cintura: *João colocou uma jaqueta e saiu.*

jararaca ja.ra.**ra**.ca ***S fem*** cobra venenosa de cabeça triangular e cauda sem guizo.

jardim jar.**dim** ***S masc*** terreno em que há plantas e flores: *No jardim há canteiros de rosas.*
pág 88 e 89.

jardim de infância jar.**dim** de in.**fân**.ci.a ***S masc*** nome antigo de escola para crianças de até cinco anos de idade: *No jardim de infância aprende-se brincando.*

jardim zoológico jar.**dim** zo.o.**ló**.gi.co ***S masc*** local público onde se expõem animais: *– Quem aqui já foi num jardim zoológico?*
As formas **zoológico** e **zoo** também podem ser usadas.

jardinagem jar.di.**na**.gem ***S fem*** técnica de cultivar jardins: *Lurdes tem jeito para jardinagem.*

jardineira jar.di.**nei**.ra ***S fem*** caixa onde se plantam flores e outras plantas pequenas: *Sob a janela havia uma jardineira com gerânios.*

jardineiro jar.di.**nei**.ro ***S masc*** pessoa que cuida de jardim: *O jardineiro poda as roseiras.*

jarra **jar**.ra ***S fem*** recipiente onde se colocam líquidos para beber: *Pôs a jarra de leite sobre a mesa.*

jarro **jar**.ro ***S masc*** recipiente para colocar flores: *Um jarro com margaridas enfeita a mesa.*

jasmim jas.**mim** ***S masc*** flor pequena, branca, amarela ou rosa, muito perfumada: *Marta colhe jasmins.*

jataí ja.ta.**í** ***S fem*** abelha muito pequena, de cor amarela, cujo mel é muito apreciado.

jato **ja**.to ***S masc*** **1** saída rápida (de um líquido, gás): *Bombeiros usaram jatos de água.* **2** avião muito rápido movido por gases sob pressão: *Um jato cortou o céu.* **3** feixe; facho: *Um jato de luz iluminou o ator.*
a jato muito rápido: *Ao ouvir o sinal, as crianças saem a jato.*

jaula **jau**.la ***S fem*** gaiola com grades de ferro para prender animais ferozes: *Nunca chegue perto da jaula dos leões.*

javali ja.va.**li** ***S masc*** porco selvagem de grandes dentes e pelo escuro: *O javali é um mamífero.*

jazer ja.**zer** ***Vt*** (+em) estar deitado; estar estendido: *O prisioneiro jazia na areia, sem forças.*

jazida ja.**zi**.da ***S fem*** grande depósito de mineral existente dentro ou na superfície da terra: *O mundo todo procura por jazidas de petróleo.*

jazigo ja.**zi**.go ***S masc*** sepultura: *Ia todos os domingos levar flores ao jazigo do marido.*

jazz *djéz* ***S masc*** música afro-americana que teve origem no sul dos Estados Unidos: *O jazz é geralmente tocado com instrumentos de sopro.*
A palavra vem do inglês.

jê ***Adj*** nome dado aos diversos povos indígenas do Brasil Central.

jeans djinz ***S masc*** **1** tecido de algodão geralmente azul, utilizado para roupas esportivas, como calças e jaquetas. **2** calça feita desse tecido: *A moçada só usa jeans.*
A palavra vem do inglês.

jeca **je**.ca ***Adj*** **1** que é caipira: *Só pessoa jeca sabe prever o tempo.* ***S masc*** **2** pessoa caipira; jeca-tatu: *Não é bonito chamar as pessoas do interior de jeca.*
Forma abreviada de **jeca-tatu**.

jeca-tatu **je**.ca-ta.**tu** ***S masc*** habitante humilde da zona rural; caipira.
1 O nome vem do personagem de um conto do escritor Monteiro Lobato. **2** O uso do termo não é educado.

jegue **je**.gue ***S masc*** jumento: *Há quem coma carne de jegue.*

jeito **jei**.to ***S masc*** **1** modo de ser próprio de pessoas bem-educadas; modos: *Isso não é jeito de menina educada falar.* **2** arrumação; ordem: *Dê um jeito no seu quarto!* **3** habilidade: *Ela tem jeito para cuidar de crianças.*
sem jeito tímido; acanhado: *A menina entrou sem jeito no palco.*

jeitoso jei.**to**.so ***Adj*** **1** que tem jeito para fazer alguma coisa; habilidoso: *Já aos dez anos ele era hábil e jeitoso para fazer pipas.* **2** adequado; apropriado: *Padre Anchieta achou um lugar jeitoso para formar uma aldeia.* **3** elegante; atraente: *A moça achou o príncipe bem jeitoso.*

jejum je.**jum** ***S masc*** situação de quem deixa de se alimentar: *A avó faz jejum toda sexta-feira.*

jenipapo je.ni.**pa**.po ***S masc*** fruto meio redondo, de cor entre verde e cinza e polpa doce: *Com jenipapos se faz um delicioso licor.*

jequitibá je.qui.ti.**bá** ***S masc*** árvore muito alta, de madeira resistente: *Há jequitibás diante da prefeitura de Campinas.*

jerico je.**ri**.co ***S masc*** **1** jumento: *O jerico é comum no Nordeste.* **2** pessoa de pouca inteligência; burro.
Em **2**, o uso do termo não é educado.

jerimum je.ri.**mum** ***S masc*** abóbora: *Doce de jerimum com coco, que delícia!*
É palavra mais usada no Nordeste e no Norte.

jesuíta je.su.**í**.ta ***S masc*** religioso que faz parte da Companhia de Jesus: *Os jesuítas vieram para o Brasil após a chegada dos portugueses.*
Padre José de Anchieta, fundador de São Paulo, era um jesuíta.

jiboia ji.**boi**.a ***S fem*** grande serpente não venenosa que ocorre no Brasil inteiro: *A jiboia comeu a ave.*

jiló ji.**ló** ***S masc*** fruto pequeno, comestível, redondo, casca fina, sabor amargo: *Você gosta de jiló?*

jipe **ji**.pe ***S masc*** veículo pequeno com tração nas quatro rodas, destinado a manobrar em terrenos acidentados: *Eles viajaram de jipe, pegando poeira na estrada.*

joalheiro jo.a.**lhei**.ro ***S masc*** pessoa que faz ou vende joias: *O joalheiro trabalha com ouro e pedras preciosas.*
joalheria ***S fem*** loja de joalheiro.

joaninha jo.a.**ni**.nha ***S fem*** inseto de corpo oval, geralmente vermelho com pequenas pintas pretas e que vive nas plantas: *Na árvore havia joaninhas vermelhas, caracóis e abelhas.*

joão-de-barro jo.**ão**-de-**bar**.ro ***S masc*** pássaro que constrói sua casa em forma oval, sobre as árvores: *O joão-de-barro constrói seu ninho utilizando lama, folhas secas e pequenos galhos.*

joelho jo.**e**.lho ***S masc*** parte do corpo onde se juntam o osso da coxa com os dois ossos da perna.

jogador jo. ga.**dor** ***S masc*** **1** aquele que joga: *O jogador mudou de time.* ***Adj*** **2** que joga: *Ele era jogador de tênis.*

jogar jo.**gar** ***Vi*** **1** disputar uma partida: *Nosso time jogou mal.* ***Vt*** (+em) **2** apostar: *A avó só jogava na loteria.* **3** lançar; atirar: *Jogue o lixo no lixo.*
jogada ***S fem*** ação de jogar.

jogo **jo**.go ***S masc*** **1** competição esportiva ou atividade mental com regras que indicam quem ganha e quem perde; partida: *O jogo de xadrez desenvolve o raciocínio.* **2** passatempo sujeito a regras e no

A B C D E F G H I J K L M N O P Q R S T U V W X Y Z

qual se arrisca dinheiro: *Deixou o salário na casa de jogo.* **3** conjunto de peças da mesma espécie ou de emprego semelhante: *O jogo de chá só é usado para as visitas.*
Pl: **j[ó]gos**.

joia **joi**.a ***S fem*** **1** objeto de enfeite feito de material precioso: *As joias do Império estão em Petrópolis.* **2** coisa ou pessoa de grande valor: *Minha filha é minha joia.*

jóquei **jó**.quei ***S masc*** pessoa cuja profissão é montar cavalos nas corridas: *Todo jóquei é miúdo.*

jornada jor.**na**.da ***S fem*** **1** viagem por terra; caminhada: *Em suas jornadas pela fazenda colhe frutos silvestres.* **2** duração do trabalho de um dia: *A jornada da mulher é dupla: no trabalho e em casa.*

jornal jor.**nal** ***S masc*** **1** publicação, geralmente diária, que dá notícia de fatos acontecidos: *Todos os jornais deram a notícia da inauguração.* **2** noticiário, geralmente diário, apresentado no rádio ou na televisão: *As cenas do incêndio apresentadas no jornal chocaram os brasileiros.*
jornalístico ***Adj*** que se refere ao jornalismo ou aos jornalistas.

jornaleiro jor.na.**lei**.ro ***S masc*** vendedor ou entregador de jornal.

jornalismo jor.na.**lis**.mo ***S masc*** conjunto das atividades que se referem à redação de um jornal ou outro periódico.
jornalista **S** pessoa que trabalha em jornal.

jorrar jor.**rar** ***Vi*** **1** sair com força (um líquido): *Quando o petróleo jorra, todos se alegram.* ***Vt*** **2** deixar sair com força: *O chuveiro jorra água quentinha.*
jorro ***S masc*** ação ou processo de jorrar; jato.

jovem **jo**.vem ***Adj*** **1** que está na juventude; moço: *Os trabalhadores mais jovens eram preferidos pelos fazendeiros.* **S** **2** pessoa que está na juventude: *Todo jovem deve pensar no futuro.*
Ant: **velho**.

jovial jo.vi.**al** ***Adj*** alegre; divertido: *Tem um rosto jovial.*

juá ju.**á** ***S masc*** fruto redondo, amarelo, ácido e meio doce, de casca fina: *O arbusto que dá o juá é espinhoso.*
juazeiro ***S masc*** árvore que dá o juá.

juba **ju**.ba ***S fem*** **1** conjunto de pelos fortes e compridos que cobrem a cabeça do leão: *A fêmea do leão não tem juba.* **2** cabelos volumosos e desarrumados: *Vá pentear essa juba, rapaz!*

judeu ju.**deu** ***S masc*** **1** povo que, segundo a Bíblia, se estabeleceu na Judeia, hoje Israel (Ásia): *Os judeus fugiram do Egito, onde eram escravos.* **2** quem é descendente desse povo: *No Brasil há grande presença de judeus.* ***Adj*** **3** que é descendente desse povo: *O povo judeu tem hoje sua terra.*
judaico ***Adj*** relativo aos judeus.
Forma feminina correspondente para **judeu**: **judia**.

judiar ju.di.**ar** Vt (+de) maltratar; atormentar: *Não judie dos animais!*
judiação ***S fem*** ação de judiar; malvadeza.

judicial ju.di.ci.**al** ***Adj*** relativo aos tribunais ou à Justiça: *Os moradores abriram um processo judicial contra o bar.*

judiciário ju.di.ci.**á**.ri.o ***Adj*** **1** relativo à justiça ou ao juiz: *Há vários pedidos de indenização por erro judiciário.* ***S masc*** **2** poder de juiz ou de tribunal: *O judiciário declarou o réu inocente.*

judô ju.**dô** ***S masc*** luta que ensina a pessoa a se defender: *No judô, a agilidade tem papel importante.*
judoca **S** lutador de judô.

juiz ju.**iz** ***S masc*** **1** aquele que é encarregado de julgar: *O juiz julga de acordo com as leis.* **2** aquele que dirige um jogo esportivo; árbitro: *O juiz apitou, iniciando o jogo.*

juízo ju.**í**.zo ***S masc*** **1** estado da mente considerado normal; capacidade de inteligência: *Algumas doenças prejudicam o juízo.* **2** julgamento; opinião: *Não faça mau juízo de quem não conhece.*

julgar jul.**gar** ***Vt*** **1** decidir (como juiz); declarar: *O tribunal julgou o réu inocente.* **2** fazer juízo ou julgamento de; avaliar: *Julgar os outros pela aparência não é correto.* **3** supor; pensar: *Julgou que hoje fosse domingo.*
julgamento ***S masc*** ação de julgar.

julho ju.lho ***S masc*** sétimo mês do ano, com 31 dias: *Em julho estaremos em férias.*

jumento ju.**men**.to ***S masc*** animal quadrúpede doméstico de grande tamanho, pelo duro e de várias cores, orelhas grandes; burro; jegue: *O jumento é animal dócil e resistente.*

junção jun.**ção** ***S fem*** **1** ligação; união: *A escola formou o time com a junção dos alunos da manhã e da tarde.* **2** ponto ou lugar em que as coisas se juntam: *O vazamento acontece na junção dos canos.*

junho ju.nho ***S masc*** sexto mês do ano, com 30 dias: *Junho é um mês frio.*
junino ***Adj*** relativo ao mês de junho.

junta jun.ta ***S fem*** **1** lugar onde dois ossos se juntam; articulação: *A avó se queixa de dor nas juntas.* **2** par: *Uma junta de bois puxa a carroça.* **3** grupo de pessoas encarregadas de um trabalho; comissão: *Os interessados deverão se apresentar na junta eleitoral.*

juntar jun.**tar** ***Vt*** **1** acumular; acrescentar: *Juntamos nossas economias pensando no futuro.* **2** aproximar; reunir: *Com a vassoura, juntou os cacos do copo.* (...+a) **3** pôr junto; misturar: *Rosa juntou passas à massa de bolo.* ***Vi*** [**Pron**] **4** reunir-se: *O povo se juntou para ver os fogos.*
Ant: **separar**.

junto **jun**.to ***Adj*** **1** muito perto; unido: *Gabriela estava com as mãos juntas, como se estivesse rezando.* **2** em companhia um do outro: *Subiram juntos para ver os sinos.* ***Adv*** **3** ao lado (de); perto (de): *O menino ficou junto ao portão, sem entrar.*
Ant para **1** e **2**: **separado**.

jurado ju.**ra**.do ***S masc*** **1** membro do tribunal do júri: *Foi escolhido como jurado no tribunal.* **2** pessoa que participa de julgamento em competição: *Os jurados demoraram para escolher a miss.*

juramento ju.ra.**men**.to ***S masc*** afirmação ou promessa clara e definitiva.

jurar ju.**rar** ***Vi*** **1** fazer juramento: *O homem honesto não precisa jurar.* ***Vt*** **2** declarar sob juramento; prometer: *Jurou que diria a verdade.* **3** declarar; garantir: *Ele jura que já viu lobisomem.*
jura ***S fem*** ação de jurar; juramento.

júri **jú**.ri ***S masc*** **1** julgamento por um tribunal dirigido por um juiz: *O réu foi levado a júri.* **2** conjunto de indivíduos cuja tarefa é fazer um julgamento: *Um júri escolheu o melhor filme infantil.*

jurídico ju.**rí**.di.co ***Adj*** que trata de questões da justiça ou do direito: *O projeto dá ajuda jurídica.*

juro **ju**.ro ***S masc*** quantia de dinheiro a mais que se paga a quem emprestou dinheiro a outro ou valor a mais que se cobra ao vender algo a prazo: *Se pagar à vista, não terá de pagar juros.*

justiça jus.**ti**.ça ***S fem*** **1** reconhecimento dos direitos de alguém: *É preciso que se governe com justiça.* **2** autoridade judicial: *Os ladrões foram levados à Justiça.*

justificar jus.ti.fi.**car** ***Vt*** **1** apresentar motivo para: *Vânia justificou a falta com uma declaração do médico.* ***Vi*** [**Pron**] **2** desculpar-se; explicar-se: *Ele justificou-se pelo atraso.*
justificação ***S fem*** ação de justificar; desculpa.

justificativa jus.ti.fi.ca.**ti**.va ***S fem*** razão; causa: *Qual foi a justificativa do lobo por ter derrubado a casa dos porquinhos?*

justo **jus**.to ***Adj*** **1** que está de acordo com a justiça; que está de acordo com a lei; legítimo: *O mestre achou seu pedido justo.* **2** certo; exato: *Jovem, esta é a época justa de pensar em seu futuro!* **3** apertado; estreito: *Vestia calças justas.* ***S masc*** **4** pessoa correta: *Os justos dormem de consciência tranquila.*

juvenil ju.ve.**nil** ***Adj*** **1** de jovem ou para jovem: *A moda e as músicas juvenis revelam a ideia de liberdade.* ***S masc*** **2** equipe esportiva constituída por adolescentes: *Dario é um dos destaques do juvenil que disputa o campeonato.*

juventude ju.ven.**tu**.de ***S fem*** **1** período da vida entre a infância e a idade adulta. **2** qualidade ou estado característico dos jovens: *Sua expressão continua revelando juventude.* **3** gente jovem; mocidade: *Suas músicas são feitas para a juventude.*

Kk *Kk*

k *cá* **S *masc*** décima primeira letra do alfabeto, utilizada em abreviaturas como **km** (quilômetro) e **kg** (quilograma), em nomes de povos indígenas (kaimbé, kamaiurá, kayapó, Karajá) e em nomes de origem estrangeira.

karaokê *caraoquê* **S *masc*** espetáculo que oferece acompanhamento musical para que os participantes cantem ao microfone: *Ela só queria usar roupas transadas e cantar no* karaokê.
Palavra tirada do japonês.

kart *cárti* **S *masc*** pequeno veículo automóvel, usado em competições: *Henrique ganhou um* kart *quando tinha três anos.*
kartódromo S *masc* lugar para corrida de *kart*.
Palavra tirada do inglês.

ketchup *quetchúpi* **S *masc*** molho grosso feito com tomate, vinagre e outros temperos: *Lauro manchou a camisa com* ketchup.
Palavra tirada do inglês.

kit *quíti* **S *masc*** **1** conjunto de artigos ou itens: *O* kit *era composto de um livro e dois jogos.* **2** estojo com esse conjunto: *Na mochila havia um* kit *de primeiros socorros.*
Palavra tirada do inglês.

kiwi *quiuí* **S *masc*** fruto de forma oval, de tamanho médio, de casca aveludada, polpa suculenta verde, rico em vitamina C.
Palavra tirada do inglês.

Ll

l ***S masc*** décima segunda letra do alfabeto.

lã ***S fem*** **1** pelo que cobre o corpo de certos animais: *Os carneiros nos dão lã.* **2** fio fabricado com esse pelo: *Comprou lã e fez um xale em tricô.* **3** tecido fabricado com fio de lã: *Não uso vestido de lã.*

lá ***Adv*** em lugar distante da pessoa com quem se fala; naquele lugar: *Fernando saiu do interior para morar lá na praia.*
Ant: **aqui**.

labareda la.ba.**re**.da ***S fem*** grande chama; língua de fogo: *As labaredas queimavam o canavial.*

lábio **lá**.bi:o ***S masc*** cada uma das duas partes que formam a parte de fora da boca: *Um sorriso ainda tímido apareceu em seus lábios.*

labirinto la.bi.**rin**.to ***S masc*** construção com divisões tão complicadas que se torna difícil achar a saída: *A gruta era um verdadeiro labirinto.*

laboratório la.bo.ra.**tó**.ri:o ***S masc*** local onde se realizam experiências, investigações científicas, análises, revelações de fotografias, etc.: *No laboratório, observava micróbios no microscópio.*

labutar la.bu.**tar** ***Vi*** trabalhar; esforçar-se: *O pai labuta muito.*
labuta ***S fem*** ação de labutar.

laçada la.**ça**.da ***S fem*** nó que se pode desmanchar com facilidade; laço.

lacaio la.**cai**.o ***S masc*** criado; empregado: *O lacaio foi ver o que estava acontecendo.*

laçar la.**çar** ***Vt*** prender com laço; amarrar: *O peão laça o bezerro.*

laço **la**.ço ***S masc*** **1** nó que se pode soltar com facilidade; laçada: *O vestido é enfeitado com laços.* **2** vínculo; ligação: *Papai dá valor aos laços de família.*

lacrar la.**crar** ***Vt*** fechar bem: *Emília lacrou a garrafa.*

lacre la.cre ***S masc*** material usado para fechar cartas, garrafas, etc.: *Ele rasgou o lacre da caixa.*

lacrimejar la.cri.me.**jar** ***Vi*** produzir lágrima; chorar: *Ao ver a tia, seus olhos lacrimejaram.*

lacuna la.**cu**.na ***S fem*** espaço vazio: *Escreva sim ou não nas lacunas.*

ladainha la.da.**i**.nha ***S fem*** **1** oração que se repete: *Antes de dormir, recitava a ladainha de Nossa Senhora.* **2** conversa longa e cansativa: *Ninguém aguentava mais a sua ladainha de sempre.*

ladeira la.**dei**.ra ***S fem*** rua ou terreno com muita descida (ou subida); rampa: *Didi subiu a ladeira.*

lado **la**.do ***S masc*** **1** parte à direita ou à esquerda de um corpo, de um objeto, de um lugar: *Olhe para os dois lados antes de atravessar a rua.* **2** parte de um objeto: *Seu tênis vai gastar mais desse lado!* **3** uma determinada direção: *O bandido correu por aquele lado.* **4** grupo que é contra outro: *Ana está do lado dos bons alunos.*
lado a lado junto: *Os alunos entram na sala lado a lado.*

ladrão la.**drão** ***S masc*** **1** aquele que rouba: *O ladrão do banco foi preso.* **Adj 2** que rouba: *A torcida gritou: – Juiz ladrão!*
Forma feminina correspondente: **ladra**.

ladrar la.**drar** ***Vi*** latir: *O cão ladra, o gato mia.*

ladrilho la.**dri**.lho ***S masc*** placa de barro cozido, de cerâmica, etc. usada para cobrir pisos: *Para o chão da cozinha usaram ladrilhos de cores diferentes.*

lagarta la.**gar**.ta ***S fem*** **1** larva de certos insetos: *As lagartas comem as folhas mais novas.* **2** primeira fase da vida das borboletas: *As lagartas se transformam em lindas borboletas.*

lagartixa la.gar.**ti**.xa ***S fem*** pequeno lagarto de rabo comprido e patas que permitem subir por paredes: *A lagartixa vive no muro da casa.*

lagarto la.**gar**.to ***S masc*** **1** réptil de quatro patas, corpo longo e rabo comprido: *Os lagartos botam ovos.* **2** carne localizada na coxa do boi: *Hoje a mãe fez lagarto recheado.* pág 460 e 461.

lago **la**.go ***S masc*** grande porção de água cercada de terra: *As águas do lago são transparentes.*
pág 338 e 339.

lagoa la.**go**.a ***S fem*** pequeno lago: *Na lagoa há muitos sapos e rãs.*

lagosta la.**gos**.ta ***S fem*** animal marinho, de cor vermelha, com carapaça, longas antenas e dez pés; é muito apreciado pela sua carne: *As lagostas têm esqueleto na parte de fora do corpo.*
pág 302 e 303.

lágrima **lá**.gri.ma ***S fem*** líquido salgado que sai dos olhos: *As lágrimas protegem os olhos.*

laje **la**.je ***S fem*** **1** placa de cerâmica, pedra, etc. usada em construção para cobrir pisos, tetos e/ou paredes: *Usei laje azul em todo banheiro.* **2** cobertura ou piso de cimento em construções: *A laje da loja caiu.* **3** rocha de superfície mais ou menos plana: *O alto da montanha é uma laje sem picos.*

lajota la.**jo**.ta ***S fem*** pequena laje (1), usada para cobrir pisos: *Colocou lajotas na garagem da casa.*

lama **la**.ma ***S fem*** mistura de terra ou argila e água; barro mole: *Algumas espécies de caranguejos vivem em buracos na lama.*
lamaçal ***S masc*** lugar onde há muita lama.

lambari lam.ba.**ri** ***S masc*** pequeno peixe de água doce, de escamas prateadas.

lamber lam.**ber** ***Vt*** passar a língua sobre: *O cão lambeu minha mão.*
lambida ***S fem*** ação de lamber.

lambuzar lam.bu.**zar** ***Vt*** fazer ficar sujo; sujar: *A menina lambuzou todos os dedos.*

lamentar la.men.**tar** ***Vt*** expressar tristeza; lastimar: O

a b c d e f g h i j k l m n o p q r s t u v w x y z

menino se *lamentava* por não ter pescado nada.
lamentação ***S fem*** ação de lamentar. **lamentável** ***Adj*** digno de dó.

lamento la.**men**.to ***S masc*** queixa; pranto: *Ouvindo o lamento, foi ver o que tinha acontecido.*

lâmina **lâ**.mi.na ***S fem*** **1** parte cortante de um instrumento de corte: *A lâmina do machado cortou as cordas.* **2** instrumento para raspar a barba: *Passou com cuidado a lâmina no rosto.* **3** chapa fina de metal, plástico, etc.: *Era uma caixa feita de lâminas de madeira.*

lâmpada **lâm**.pa.da ***S fem*** objeto de vidro que contém um fio por onde passa a corrente elétrica, produzindo iluminação: *Viu passar uma sombra diante da lâmpada acesa.*

lamparina lam.pa.**ri**.na ***S fem*** objeto com um fio de vela que queima em óleo e dá luz fraca: *Tião apagou a lamparina antes de dormir.*

lampião lam.**pi**.ão ***S masc*** lanterna, portátil ou fixa, que contém um fio de vela que se acende: *Nastácia acendeu o lampião da sala de jantar.*

lança **lan**.ça ***S fem*** arma de arremesso, composta de uma haste com um ferro pontiagudo na extremidade: *Ganhou medalha em arremesso de lança.*

lançamento lan.ça.**men**.to ***S masc*** **1** arremesso; lance: *O atleta foi classificado em lançamento de disco.* **2** colocação no mercado: *O lançamento do novo livro foi um sucesso.*

lançar lan.**çar** ***Vt*** (...+a/para) **1** atirar com força; arremessar: *Os marinheiros lançaram uma boia para o homem.* [**Pron**] (+em) **2** atirar-se; arremessar-se: *O menino lançou-se nas águas.*

lance **lan**.ce ***S masc*** **1** ação de lançar; lançamento: *Num lance perfeito, fez uma cesta de três pontos.* **2** proeza; façanha: *Fernando contava aos amigos seus lances no surfe.* **3** oferta em leilão: *Dei lance, mas não consegui comprar a peça.* **4** impulso: *Num lance de coragem, convidei Zuzu para dançar.* **5** conjunto de degraus de uma escada: *Alcançamos o primeiro lance da escada.*

lancha **lan**.cha ***S fem*** pequena embarcação movida a motor: *– Venham, vamos passear de lancha.*

lanche **lan**.che ***S masc*** pequena refeição; merenda: *A mãe prepara o lanche da filha.*
lancheira ***S fem*** bolsa para carregar lanche. **lanchonete** ***S fem*** estabelecimento que vende lanches.

lantejoula lan.te.**jou**.la ***S fem*** pequeno disco de metal, plástico, etc. furado no centro, usado como enfeite de roupas: *As lantejoulas são muito usadas em fantasias.*

lanterna lan.**ter**.na ***S fem*** **1** lâmpada portátil que funciona com pilha: *Pegou a lanterna e iluminou a gruta.* **2** lâmpada fixa na parte da frente e de trás de um veículo: *Na batida, quebrou a lanterna dianteira.*

lapela la.**pe**.la ***S fem*** parte da gola de paletó voltada para fora: *O noivo tinha uma flor na lapela.*

lapidar la.pi.**dar** ***Vt*** **1** fazer ficar brilhoso: *Nunca vi lapidar um diamante.* **2** melhorar; aperfeiçoar: *Na escola lapidou sua educação.*
lapidação ***S fem*** ação de lapidar.

lápis **lá**.pis ***S masc*** bastão de grafite ou material colorido, envolvido em madeira, para escrever ou desenhar.

lapiseira la.pi.**sei**.ra ***S fem*** objeto de metal ou plástico onde se encaixa o grafite e que se usa como lápis: *No estojo há lapiseira e borracha.*

lar ***S masc*** **1** casa de habitação: *Meu lar fica logo ali.* **2** família: *O lar foi agitado pelo telegrama.*

laranja la.**ran**.ja ***S fem*** fruto de casca amarelo-avermelhada, polpa em gomos e suco ácido e meio doce: *Colheu laranjas para fazer suco.*
laranjeira ***S fem*** árvore que produz a laranja.

Junto com um substantivo significa cor de laranja; alaranjado: *Pôs uma camiseta laranja e saiu.*

laranjada la.ran.**ja**.da ***S fem*** bebida feita com laranja, água e açúcar: *A laranjada está gelada.*

lareira la.**rei**.ra ***S fem*** construção de tijolo, pedra, etc. em que se mantém fogo para aquecer um aposento: *À noite, a família se reúne próxima à lareira da sala.*

largada lar.**ga**.da ***S fem*** início de uma competição; saída: *Dada a largada, os cavalos dispararam.*

largar lar.**gar** ***Vt*** **1** abandonar; deixar: *Só largam o brinquedo para almoçar.* **2** deixar escapar; soltar: *Largou a bexiga e ela foi para o céu.* **3** deixar de fazer uso de; abandonar: *Largou o cigarro.*

largo **lar**.go ***Adj*** **1** que tem largura: *Minha cidade tem ruas largas.* **2** não apertado: *Jane só usa roupas largas.* **3** amplo; aberto: *Vieram em nossa direção com passos largos.* ***S masc*** **4** pequena praça: *Crianças brincam no largo da matriz.*
Ant para **1**: **estreito**.

largura lar.**gu**.ra ***S fem*** qualidade do que é largo; extensão: *A largura da praia, ali, impressiona.*

laringe la.**rin**.ge ***S fem*** órgão situado dentro do pescoço, entre a faringe e a traqueia, exercendo função essencial na fala.

larva ▶ **lar**.va ***S fem*** fase inicial da vida de certos insetos, anfíbios e peixes, logo após a saída do ovo: *Alguns animais não passam pela fase de larva.*

lasanha la.**sa**.nha ***S fem*** prato da cozinha italiana feito com massa de farinha de trigo, cortada em tiras largas, em camadas e recheio: *Gosto da lasanha de queijo.*
▶ pág 370.

lasca **las**.ca ***S fem*** **1** pedaço de madeira, pedra ou metal: *Acendeu a fogueira com lascas achadas no mato.* **2** pequena fatia: *Pegou com o garfo uma lasca de carne.*

lascar las.**car** ***Vt*** **1** tirar lascas; estragar: *Não sabe lavar sem lascar os pratos.* **2** dar; aplicar: *Lascou um beijo na mãe.* ***Vi*** **3** partir-se em lascas, deixar sair lascas: *O prato lascou.* [***Pron***] **4** dar-se mal: *Quem não estudou, lascou-se!*
lascado ***Adj*** partido em lascas.

laser *lêiser* ***S masc*** feixe de radiação luminosa, intensa e concentrada, que pode ser controlada, e tem aplicações na indústria, na engenharia, na medicina.
1 É palavra tirada do inglês.
2 Cp: **lazer**.

lástima **lás**.ti.ma ***S fem*** **1** tristeza; desgosto: *Olho com lástima os cacos do abajur.* **2** pena; dó: *Era um pobre digno de lástima.*
(ser) uma lástima de péssima qualidade: *O atendimento ali é uma lástima!*

lastimar las.ti.**mar** ***Vt*** **1** lamentar; reprovar: *Os moradores lastimaram o corte das árvores.* ***Vi*** [***Pron***] (+por) **2** queixar-se; lamentar-se: *O lavrador se lastima pela seca.*

lata **la**.ta ***S fem*** vasilha feita de metal, com ou sem tampa: *Eva comprou milho em lata.*
▶ pág 402 e 403.

latão la.**tão** ***S masc*** vasilha própria para conter líquidos: *A moeda caiu direto no latão de leite.*

lataria la.ta.**ri**.a ***S fem*** **1** grande quantidade de latas: *Esta lataria vai ser reciclada.* **2** alimento vendido em latas fechadas: *Não coma muita lataria.* **3** estrutura de chapa metálica dos carros: *A lataria do carro amassou.*

latejar la.te.**jar** ***Vi*** pulsar; palpitar: *Saí da sala com a cabeça latejando.*

lateral la.te.**ral** ***Adj*** **1** que está situado ao lado: *Uma pirâmide tem as faces laterais triangulares.* ***S fem*** **2** ponto situado ao lado de alguma coisa; lado: *O bloco para anotações tem o espiral em cima e não na lateral, como os cadernos.* **3** em futebol, linha que vai de lado a lado, no comprimento do campo: *João joga na lateral esquerda.* ***S*** **4** jogador que joga nessa linha: *O lateral foi substituído no segundo tempo.*

látex *cs* **lá**.tex ***S masc*** suco leitoso de certas plantas, muito empregado na indústria: *Da seringueira é extraído o látex, matéria-prima da borracha natural.*

laticínio la.ti.**cí**.ni:o **S *masc*** **1** produto feito com leite ou tendo o leite como principal elemento: *Laticínio vem da indústria do leite.* **2** indústria de preparo desse produto: *O laticínio fica no bairro.*

latifúndio la.ti.**fún**.di:o **S *masc*** grande propriedade rural: *Os latifúndios são grandes fazendas.*

latim la.**tim** **S *masc*** antiga língua falada em Roma, na Itália, e na qual o português tem origem. O latim deu origem a várias línguas, entre as quais está o português.

latino la.**ti**.no ***Adj*** **1** da Roma antiga: *A civilização latina se espalhou pela Europa.* **2** que é natural ou habitante de um dos países da América, onde se fala uma língua que vem do latim (espanhol e português): *Nós fazemos parte dos povos latinos.* **S *masc*** **3** pessoa natural ou originária da América Latina: *Os latinos habitam a América Central e a América do Sul.*

latino-americano la.**ti**.no-a.me.ri.**ca**.no ***Adj*** que é natural ou habitante de cada um dos países da América Latina: *Mexicanos e brasileiros são latino-americanos.*

latir la.**tir** ***Vi*** soltar sua voz característica (o cão); ladrar. **latido S *masc*** ação de latir.

latitude la.ti.**tu**.de **S *fem*** distância, medida em graus, da linha do Equador a um lugar da Terra.

lava **la**.va **S *fem*** matéria em forma de pasta que escapa pela cratera dos vulcões: *O vulcão lança fogo, cinza e lava, isto é, pedra derretida.*

lavada la.**va**.da **S *fem*** limpeza que se faz usando água: *Jeans desbota na primeira lavada.*

lavadeira la.va.**dei**.ra **S *fem*** mulher cujo trabalho é lavar roupa: *A lavadeira deixa a roupa cheirosa.*

lavadora la.va.**do**.ra **S *fem*** máquina para lavar roupa: *A lavadora lavou 4 quilos de roupa.*

lavanda la.**van**.da **S *fem*** planta de vários tipos, cultivada por causa de suas flores, também usadas na medicina e em cosméticos: *As moscas não gostam do cheiro da lavanda.*

lavanderia la.van.de.**ri**.a **S *fem*** local onde se lavam e passam roupas, em casa ou como estabelecimento comercial: *Juntos eles abriram uma lavanderia.* pág 76 e 77.

lavar la.**var** ***Vt*** tirar com água (a sujeira de): *Lave bem as mãos.* **lavagem S *fem*** ação de lavar.

lavoura la.**vou**.ra **S *fem*** plantação; roça: *Pôr fogo no mato para o preparo de lavoura não é bom.*

lavrador la.vra.**dor** **S *masc*** pessoa que trabalha na lavoura; agricultor: *O lavrador plantou trigo.*

lavrar la.**vrar** ***Vt*** **1** arar; cultivar: *Suas mãos sabiam lavrar a terra.* **2** redigir; registrar por escrito: *Fernando lavrou a ata da reunião.*

lazer la.**zer** **S *masc*** folga; descanso: *Toda criança tem direito ao estudo, à informação e ao lazer.* Cp: **laser**.

leal le.**al** ***Adj*** **1** franco; sincero: *Tenho um companheiro leal!* **2** que segue as leis; honesto: *O comerciante foi leal com os clientes.* **lealdade S *fem*** qualidade da pessoa leal.

leão le.**ão** **S *masc*** **1** grande mamífero carnívoro, de pelo amarelo-laranja, com grande juba em torno do pescoço. **2** pessoa valente, corajosa ou ousada: *Foi um leão ao lutar pela Pátria.* pág 460 e 461. Forma feminina correspondente: **leoa**.

lebre **le**.bre **S *fem*** animal mamífero da família dos coelhos, com grandes patas traseiras, corpo longo e pelo macio: *A lebre salta pela mata.*

lecionar le.ci:o.**nar** ***Vt*** dar aulas de; ensinar: *Dona Paula leciona culinária.*

legal le.**gal** ***Adj*** **1** conforme a lei: *Não é legal dirigir sem licença.* **2** bom; excelente: *A viagem foi legal.*

A B C D E F G H I J K L M N O P Q R S T U V W X Y Z

a b c d e f g h i j k l m n o p q r s t u v w x y z

legalizar le.ga.li.**zar** ***Vt*** tornar legal; tornar conforme a lei: *É preciso registrar no cartório para legalizar o contrato.*
⊖ **legalidade** ***S fem*** qualidade do que é legal. **legalização** ***S fem*** ação de legalizar.

legenda le.**gen**.da ***S fem*** **1** esclarecimento que se coloca junto a um desenho, fotografia, etc.: *A legenda diz que o cientista é o que está de pé na foto.* **2** tradução impressa que acompanha filmes estrangeiros: *O filme tem legendas em português.* **3** partido político: *O senador mudou de legenda.*

legislar le.gis.**lar** ***Vt*** fazer ou decretar leis.
⊖ **legislação** ***S fem*** conjunto de leis de um Estado. **legislador** ***S masc*** quem faz a lei.

legislativo le.gis.la.**ti**.vo ***Adj*** **1** que elabora as leis: *O Poder Legislativo federal é composto de deputados e senadores.* ***S masc*** **2** câmara que elabora as leis: *Fazer as leis cabe ao Legislativo.*

legítimo le.**gí**.ti.mo ***Adj*** **1** conforme a lei; legal: *O pedido feito ao prefeito é legítimo.* **2** original; autêntico: *Aquelas eram pegadas legítimas de dinossauro.* **3** nascido de casamento legal.

légua **lé**.gua ***S fem*** medida de comprimento que equivale a 6 600 metros.

legume ▶ le.**gu**.me ***S masc*** planta ou parte de planta usada como alimento: *A vagem é um legume.*

lei ***S fem*** **1** cada uma das normas ou conjunto das normas feitas pelos legisladores: *Existe uma lei que proíbe a caça de animais silvestres.* **2** ordem: *A palavra do pai é lei para o filho.*

leilão lei.**lão** ***S masc*** venda de um bem a quem oferecer maior valor: *O anel da princesa vai a leilão.*

leitão lei.**tão** ***S masc*** porco novo: *Narizinho jogou comida para o leitão.*
☀ Forma feminina correspondente: **leitoa**.

leite **lei**.te ***S masc*** **1** líquido branco que serve de alimento, e que é produzido pela fêmea dos mamíferos: *O filhote mama o leite da mãe.* **2** líquido branco que se parece com o leite: *Hoje se usa muito o leite de soja.*
▶ pág 196 e 197.
⊖ **leitoso** ***Adj*** que é parecido com leite.

leiteira lei.**tei**.ra ***S fem*** jarra para leite: *A leiteira já está sobre a mesa.*

leiteiro lei.**tei**.ro ***S masc*** **1** quem vende leite: *Antigamente o leiteiro entregava o leite nas casas.* ***Adj*** **2** que produz leite: *Os fazendeiros criam vacas leiteiras.*

leito **lei**.to ***S masc*** **1** móvel em que se deita para descansar ou dormir; cama: *O leito do bebê era o menor.* **2** terreno fundo sobre o qual corre um rio: *O leito do rio tem lama ou areia.*

leitor lei.**tor** ***S masc*** pessoa que lê: *O jornal informa seus leitores.*
⊖ **leitura** ***S fem*** ação de ler.

lema **le**.ma ***S masc*** regra de proceder: *O lema de nossa loja é servir bem o cliente.*

lembrança lem.**bran**.ça ***S fem*** **1** aquilo que surge na memória; recordação: *Tito tem lembrança de sua infância.* **2** recomendação; saudação: *Não se esqueça de mandar lembranças minhas a Fernando.* **3** presente; brinde: *Cláudia agradeceu a lembrança, guardou-a e esqueceu-a.*

lembrar lem.**brar** ***Vt*** **1** fazer vir à lembrança; fazer recordar: *Não lembro o nome do vizinho.* **2** ser semelhante a; parecer: *Seu cabelo lembra uma juba.* (+a) **3** sugerir; propor: *Lembrei aos alunos que fazer tarefa é importante.* [**Pron**] (+de) **4** recordar-se: *Ontem lembrei-me de você.*
☀ Ant para **1**: **esquecer**.

lembrete lem.**bre**.te ***S masc*** anotação para ajudar a memória: *Colei o lembrete na geladeira.*

leme ▲ **le**.me ***S masc*** peça que serve para dar a direção dos barcos e aviões: *O leme do barco fica na parte de trás.*

lenço **len**.ço ***S masc*** pequeno pano ou papel quadrado, usado para higiene pessoal: *Quase todos usam lenço descartável.*

lençol len.**çol** *S masc* tecido que se usa para forrar o colchão ou para cobrir: *Cobri o bebê com lençol.*

lenda **len**.da *S fem* narrativa de acontecimentos fantásticos de tradição popular: *A cobra gigante que vive no rio São Francisco é lenda.*
lendário *Adj* relativo a lenda.

lêndea **lên**.de:a *S fem* ovo de piolho que se prende à base dos pelos: *A lêndea é muito miúda.*

lenha **le**.nha *S fem* tronco seco cortado que serve para queimar: *Fez a fogueira com a lenha encontrada no mato.*
lenhoso *Adj* que se parece com lenha.

lente **len**.te *S fem* pequeno disco de vidro transparente usado para corrigir problemas de visão: *A professora usa óculos com lentes grossas.*
lente de contato disco de material especial que se põe direto no olho, para corrigir problema de visão: *Tenho alergia a lentes de contato.*

lentilha len.**ti**.lha *S fem* semente comestível em forma de pequeno disco.

lento **len**.to *Adj* lerdo; vagaroso: *A tartaruga tem movimentos lentos.*
lentidão *S fem* demora; vagar.
Ant para **lento**: **ligeiro**; **rápido**.

leoa le.**o**.a *S fem* fêmea do leão: *A leoa não tem juba.*

leopardo le:o.**par**.do *S masc* animal mamífero carnívoro de pelo amarelo com manchas pretas.

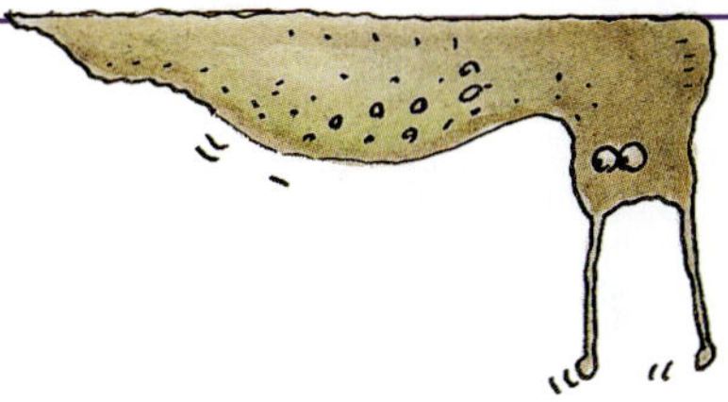

leque **le**.que *S masc* instrumento usado para abanar, feito com varetas cobertas de papel ou pano: *A sala estava abafada, todos se abanavam com leques.*

ler *Vt* **1** percorrer com a vista ou pronunciar em voz alta o que está escrito: *Vovó lê histórias para o netinho.* *Vi* **2** interpretar o que está escrito: *Bianca tem seis anos e já sabe ler.*

lerdo **ler**.do *Adj* lento; vagaroso: *A lesma é lerda.*
lerdeza *S fem* demora; vagareza.
Ant para **lerdo**: **ágil**; **rápido**.

lesão le.**são** *S fem* ferimento: *Saiu de campo porque sofreu lesão no tornozelo.*

lesma ▲ **les**.ma *S fem* molusco que se move lentamente, soltando um líquido viscoso ao rastejar.

leste **les**.te *S masc* **1** ponto cardeal situado na direção em que o sol nasce; nascente: *A lua também nasce no leste.* **2** lugar situado na direção em que o sol nasce: *O leste brasileiro tem lindas praias.* *Adj* **3** que está situado na direção em que o sol nasce: *O bairro pobre fica na zona leste.*
Ant: **oeste**.

letivo le.**ti**.vo *Adj* em que há aulas: *O ano letivo está terminando.*

letra **le**.tra *S fem* **1** sinal escrito que representa cada um dos sons da fala: *A letra C é a terceira do alfabeto.* **2** palavras ou versos que acompanham músicas: *A letra do Hino Nacional foi composta por Osório Duque Estrada.*

letreiro le.**trei**.ro *S masc* placa com informação, aviso, etc.: *Na parede havia um letreiro.*

levado le.**va**.do *Adj* travesso; irrequieto: *Criança com saúde é criança levada.*

levantar le.van.**tar** *Vt* **1** erguer; elevar: *Candinho levanta a mão direita, pedindo silêncio.* **2** construir: *O pedreiro levanta o muro.* **3** aumentar a altura ou o volume de (voz): *A diretora não precisa levantar a voz.* (+de) **4** pôr-se de pé; erguer-se: *O menino levantou(-se) da carteira.* *Vi* **5** acordar: *Vânia é a primeira a (se) levantar.*
levantamento *S masc* ação de levantar.
Ant para **1** a **4**: **abaixar**.

levar le.**var** *Vt* **1** transportar; entregar: *Seu serviço era levar as encomendas.* **2** roubar: *O ladrão levou todas as suas joias.* **3** tomar; sofrer: *Em casa levou um castigo.* (...+a/para) **4** acompanhar; conduzir: *A mãe levou a filha ao dentista.* **5** demorar: *Mateus levou seis meses para fazer o robô.*
levar a melhor vencer: *Quem levaria a melhor sobre esse danado?* **levar vantagem** tirar proveito; vencer: *Atletas altos levam vantagem no basquete.* **levar em conta** considerar: *Devemos levar em conta que o computador não pode substituir um livro.*
Ant para **1** e **4**: **trazer**.

1 barato ▸ pág 50
2 bolsa ▸ pág 58
3 brinde ▸ pág 62
4 caixa ▸ pág 67
5 calçado ▸ pág 67
6 caro ▸ pág 75
7 carteira ▸ pág 78
8 cheque ▸ pág 84
9 cinto ▸ pág 87
10 cliente ▸ pág 90
11 comprador ▸ pág 97
12 desconto ▸ pág 125
13 dinheiro ▸ pág 134
14 elevador ▸ pág 146
15 experimentar ▸ pág 181

16 funcionário ▶ pág 207
17 gerente ▶ pág 214
18 moeda ▶ pág 282
19 pacote ▶ pág 309
20 preço ▶ pág 342
21 preencher ▶ pág 342
22 promoção ▶ pág 348
23 roupa ▶ pág 382
24 segurança ▶ pág 392
25 vitrine ▶ pág 451

leve le.ve *Adj* **1** de pouco peso: *Penas de ave são leves.* **2** de fácil digestão: *O médico recomendou comidas leves.* **3** suave; delicado: *Ela dançava com movimentos leves.* **4** sem gravidade: *O motorista teve machucados leves.*
leveza *S fem* qualidade do que é leve.
Ant para **1** e **2**: **pesado**.

léxico lé.xi.co *S masc* conjunto das palavras de uma língua; vocabulário: *O léxico português é muito rico.*
lexical *Adj* do ou relativo ao léxico.

lhe *Pron* palavra que se refere à pessoa a quem se fala ou de quem se fala; a você; a ele: *Quero lhe falar.*

libélula li.**bé**.lu.la *S fem* inseto de corpo estreito, dois pares de asas longas, retas e transparentes: *A libélula vive perto das águas.*

liberar li.be.**rar** *Vt* **1** tornar livre; libertar: *O delegado liberou o rapaz.* **2** permitir o uso de: *A polícia já liberou a estrada.*
liberação *S fem* ação de liberar.

liberdade li.ber.**da**.de *S fem* **1** poder de fazer ou deixar de fazer alguma coisa; ausência de escravidão: *Nem todos os povos têm a liberdade que temos aqui.* **2** permissão; licença: *Depois de feita a tarefa, tinha liberdade para brincar.*
Ant para **1**: **escravidão**; para **2**: **proibição**.

libertar li.ber.**tar** *Vt* **1** tornar livre; dar liberdade: *O homem libertou o pássaro da gaiola.* [**Pron**] (+de) **2** livrar-se; soltar-se: *O capitão libertou-se dos piratas.*
libertação *S fem* ação de libertar.

lição li.**ção** *S fem* **1** ensinamento; conhecimento: *Pedro aprendia as lições da avó.* **2** repreensão: *Ele merece uma boa lição.* **3** trabalho escolar do aluno; tarefa: *Fez sua lição de casa?*

licença li.**cen**.ça *S fem* **1** autorização; permissão: *Nunca entrou na sala sem pedir licença.* **2** autorização para se ausentar do serviço: *Seria melhor o senhor pedir uma licença e consultar um médico.* **3** documento que contém uma licença: *Perdeu a licença para dirigir.*

licenciar li.cen.ci.**ar** *Vt* **1** conseguir autorização para trafegar, funcionar ou entrar no mercado: *Vou licenciar o carro novo.* **2** dispensar das atividades por um certo tempo: *O departamento licenciou a doente.* [**Pron**] (+de) **3** tirar licença; afastar-se: *Marta licenciou-se do trabalho.*
licenciamento *S masc* autorização para funcionar ou trafegar.

licor li.**cor** *S masc* bebida alcoólica meio doce: *As amigas conversavam e tomavam licor de caju.*

lidar li.**dar** *Vt* **(+com) 1** ocupar-se (de); trabalhar: *Nunca fez outra coisa na vida senão lidar com o fogão.* **2** conviver; relacionar-se: *Era difícil lidar com aquele teimoso.* **3** tratar; enfrentar: *Ele precisa aprender a lidar com fatos novos.*
lida *S fem* trabalho; labuta.

líder **lí**.der *S* **1** chefe; representante: *O líder da torcida ficou feliz com a vitória.* **2** aquilo ou aquele que está entre os primeiros colocados num evento: *Seu time é o líder do campeonato.*
liderança *S fem* qualidade do líder.
É palavra tirada do inglês.

liderar li.de.**rar** *Vt* **1** dirigir como líder; comandar: *Vovó lidera a família.* **2** estar no topo de; ser o primeiro de: *O Brasil lidera o campeonato.*

ligação li.ga.**ção** *S fem* **1** relacionamento (entre pessoas); laço: *A mãe não queria a ligação do filho com estranhos.* **2** associação; relação: *O detetive vê ligação entre a chegada do estranho e o sumiço das galinhas.* **3** telefonema: *Vera faz muitas ligações por dia.*

ligar li.**gar** *Vt* **1** pôr em funcionamento; acionar: *Sempre liga o ventilador ao entrar na sala.* **2** fixar; prender: *O cimento liga as lajotas.* (...+a/com) **3** servir de ligação; pôr em contato: *Uma estrada liga um município ao/com o outro.* (+para) **4** dar telefonemas: *Liguei para Rosa.* [**Pron**] (+a) **5** unir-se; juntar-se: *A fazenda liga-se à cidade por um caminho de terra.* **6** ter relação (com); estar associado: *Essa alergia se liga ao pó.*

ligeiro li.**gei**.ro ***Adj*** **1** rápido; ágil: *A lebre dá saltos ligeiros.* **2** de pouca duração; breve: *Depois de ligeiro medo, a testemunha resolveu falar.* **3 *Adv*** com rapidez; rápido: *Correu ligeiro para dar a notícia.*
ligeireza *S fem* qualidade do ligeiro; rapidez.
Ant para **1**: **lento**; **vagaroso**.

lilás li.**lás *S masc*** **1** cor roxo-clara: *O lilás é minha cor favorita.* ***Adj*** **2** relativo a essa cor: *Ganhou um anel com pedra lilás.*

lima[1] **li**.ma ***S fem*** ferramenta usada para fazer materiais duros ficarem lisos.

lima[2] **li**.ma ***S fem*** fruto redondo, de casca fina, polpa em gomos e suco doce, levemente amargo: *Pedrinho estava ocupado em chupar limas.*
limeira *S fem* árvore que produz lima.

limão li.**mão *S masc*** fruto com casca grossa verde-amarelada, polpa em gomos e suco muito azedo: *A cozinheira partiu um limão.*
limoeiro *S masc* árvore que produz limão.

limitar li.mi.**tar *Vt*** **1** marcar o limite de; demarcar: *Uma cerca limita a fazenda.* **2** reduzir; diminuir: *Devo limitar meus gastos.* [***Pron***] (+a) **3** reduzir-se; resumir-se: *Sem bússola, o navegante tinha que se limitar a seguir as estrelas.* (+com) **4** ter como limite; fazer fronteira: *Os domínios dos tupiniquins se limitavam ao sul com a terra dos carijós.*
limitação *S fem* ação de limitar.

limite li.**mi**.te ***S masc*** **1** ponto máximo (de alguma coisa); extremo: *Sua insistência ultrapassa o limite da minha paciência.* **2** divisa; fronteira: *Teve de buscar ração além dos limites da fazenda.*

limo **li**.mo ***S masc*** porção de algas verde-escuras que cobrem a superfície de águas paradas ou lugares úmidos: *Os meninos viram uma pedra toda coberta de limo.*

limonada li.mo.**na**.da ***S fem*** refresco de suco de limão, água e açúcar: *Eles amam limonada.*

limpar lim.**par *Vt*** **1** tirar a sujeira de; tornar limpo: *Limpar a casa é ocupação de Cleusa.* **2** tornar livre de substâncias impuras; purificar: *O filtro limpa a água.* **3** roubar: *O ladrão limpou a bolsa da coitada.* ***Vi*** **4** tornar-se límpido ou claro: *O céu limpou.*
Ant para **1** e **2**: **sujar**.

límpido **lím**.pi.do ***Adj*** muito limpo; claro: *É um rio de água límpida.*

limpo **lim**.po ***Adj*** **1** que foi lavado: *O bebê ficou limpo e cheiroso.* **2** sem corpo estranho; puro: *Só tome água limpa.* **3** moralmente puro: *Criança tem alma limpa.* **4** sem nuvens; claro: *Hoje o céu está limpo.*
limpeza *S fem* ação de limpar.
Ant para **1**, **2** e **3**: **sujo**.

lindo **lin**.do ***Adj*** muito bonito; belo: *Era um lindo dia de primavera.*
lindeza *S fem* qualidade do que é lindo.
Ant para lindo: **feio**.

língua **lín**.gua ***S fem*** **1** órgão formado por um músculo longo, móvel, situado na boca. **2** sistema de comunicação verbal entre as pessoas de uma comunidade: *Nós falamos a língua portuguesa.*
na ponta da língua de cor; de memória: *As crianças já têm a resposta na ponta da língua.*

linguagem lin.**gua**.gem ***S fem*** capacidade que o homem tem de se comunicar por meio da voz: *Os homens se comunicam pela linguagem.*

linguiça ü lin.**gui**.ça ***S fem*** tripa recheada de carne picada ou moída, temperada: *Comi pão e linguiça.*

linha **li**.nha ***S fem*** **1** fio usado em costura ou trabalhos manuais: *Passou o fio de linha pelo buraco da agulha.* **2** cada um dos traços horizontais que vão de lado a lado em uma página: *Mateus escreveu um nome em cada linha.* **3** fio usado para pesca: *– E no final da linha não tem um anzol?* **4** trilho: *A linha do trem corta a cidade.* **5** conjunto de fios ou cabos que conduzem energia elétrica ou permitem comunicação: *A linha elétrica finalmente chegou ao sítio.*

linho **li**.nho ***S masc*** **1** planta de cujas fibras se fazem tecidos: *O linho tem flores azuis.* **2** tecido feito com essas fibras: *Vestia um terno branco de linho.*

link línqui ***S masc*** referência que um documento faz a outro documento em páginas da Internet: *Visite o site e acesse o* link *"prevenções".*
Palavra tirada do inglês.

liquidar li.qui.**dar** ***Vt*** **1** vender a preço baixo: *A loja estava liquidando o estoque de calçados.* **2** pagar: *Enfim conseguiu liquidar a dívida.* **3** destruir; matar: *Este veneno vai liquidar a praga da plantação.*
⊖ **liquidação** ***S fem*** ação de liquidar.

liquidificador li.qui.di.fi.ca.**dor** ***S masc*** aparelho eletrodoméstico para triturar ou misturar alimentos: *Bata o suco no liquidificador.*
▶ pág 76 e 77.

líquido **lí**.qui.do ***S masc*** **1** tudo aquilo que escorre e toma a forma da vasilha em que se encontra: *A água é um líquido.* ***Adj*** **2** que escorre, tomando a forma da vasilha em que está: *Azeite é gordura líquida.*

lírio ▼ **lí**.ri:o ***S masc*** flor em forma de pequeno sino, de cores variadas: *Fez uma coroa de lírios brancos.*

liso **li**.so ***Adj*** **1** que tem a superfície plana e sem aspereza: *O chão ali era liso.* **2** suave ao tato; macio: *Com este creme a pele vai ficar lisa.* **3** escorregadio: *Cuidado, o chão está liso!*
☀ Ant para **1** e **2**: **áspero**.

lisonjear li.son.je.**ar** ***Vt*** elogiar muito: *Tratou de lisonjear o amigo para entrar no time.*
⊖ **lisonja** ***S fem*** ação de lisonjear; elogio.

lista **lis**.ta ***S fem*** **1** relação de nomes ou coisas: *A lista de compras está sobre a mesa.* **2** faixa: *Embrulhou o livro com papel azul de listas prateadas.*
▶ pág 402 e 403.
⊖ **listado** ***Adj*** que tem listas.

listar lis.**tar** ***Vt*** pôr nomes numa lista; relacionar: *O enfermeiro vai listando os pacientes.*
⊖ **listagem** ***S fem*** ação de listar; relação.

literatura li.te.ra.**tu**.ra ***S fem*** **1** arte de fazer trabalhos em prosa ou verso, com o objetivo de atingir a sensibilidade do leitor ou ouvinte: *"O Pequeno Príncipe" é uma obra da literatura.* **2** conjunto de obras escritas em prosa ou verso: *Está estudando a literatura brasileira.*
⊖ **literário** ***Adj*** relativo à literatura.

litoral ▲ li.to.**ral** ***S masc*** faixa de terra próxima ao mar; região perto do mar: *Mudou-se para uma casa no litoral.*
⊖ **litorâneo** ***Adj*** relativo ao litoral.

litro **li**.tro ***S masc*** unidade de medida para líquidos: *Comprou um litro de leite.*

lívido **lí**.vi.do ***Adj*** muito pálido; muito descorado: *Dona Elza franziu a testa, o rosto lívido.*
⊖ **lividez** ***S fem*** grande palidez.

livrar li.**vrar** ***Vt*** **1** dar liberdade a; libertar: *Livrou o cão para correr pelo quintal.* [**Pron**](+de) **2** libertar-se: *Gabriela livrou-se da visita inesperada.*

livraria li.vra.**ri**.a ***S fem*** loja onde se vendem livros: *Aquela livraria vende livros baratos.*

livre **li**.vre ***Adj*** **1** que não depende de ninguém nem de nada; independente: *O Brasil é um país livre.* **2** permitido a todos: *A rua é espaço livre.* **3** sem obrigação; desocupado: *Nas horas livres, faz crochê.* **4** que não é prisioneiro: *O réu saiu livre do tribunal.*

livro **li**.vro ***S masc*** **1** conjunto de folhas impressas e reunidas em uma capa: *João pegou o livro sobre a mesa, leu o título.* **2** obra literária: *Já li todos os livros de Monteiro Lobato.* ▶ pág 405.

lixa **li**.xa ***S fem*** papel ou pano coberto com material que tem pó de vidro grudado, tornando-o áspero: *A mulher usa lixa de unhas.*

lixão li.**xão** ***S masc*** lugar onde é colocado o lixo da cidade: *O lixão junta ratos, moscas e baratas.*

lixar li.**xar** ***Vt*** fazer ficar liso; desgastar com lixa: *O pintor lixou a parede.*

lixeira li.**xei**.ra ***S fem*** vasilha para depósito de lixo: *A lixeira deve estar sempre limpa.*

lixeiro li.**xei**.ro ***S masc*** pessoa que recolhe o lixo das ruas: *Os lixeiros devem trabalhar com luvas.*

lixo **li**.xo ***S masc*** **1** tudo que não presta e se joga fora; restos: *Separe* o *lixo reciclável.* **2** vasilha onde se joga o lixo; lixeira: *Jogue o lixo no lixo!*

lobisomem lo.bi.**so**.mem **S *masc*** homem que, segundo a lenda, se transforma em lobo nas noites de sexta-feira de lua cheia: *A criançada morria de medo de encontrar o lobisomem.*

lobo lô **lo**.bo **S *masc*** animal mamífero selvagem, carnívoro, do tamanho de um cão grande: *O lobo é um animal feroz e carnívoro.*

locação lo.ca.**ção** **S *fem*** aluguel: *O custo da locação do carro fica em R$ 30,00 por dia.*

locadora lo.ca.**do**.ra **S *fem*** firma comercial que trata de aluguel: *Ana devolveu o DVD à locadora.*

local lo.**cal** **S *masc*** **1** região; localidade; lugar: *Vou examinar o local das pegadas.* **Adj** **2** do lugar; da localidade: *A população local já se concentrava ali, curiosa.*

localidade lo.ca.li.**da**.de **S *fem*** **1** lugar determinado; local: *Fizeram um passeio à localidade onde nasce o rio.* **2** povoação; cidade: *Dê exemplos de plantas cultivadas na sua localidade.*

localizar lo.ca.li.**zar** ***Vt*** **1** encontrar; achar: *Os cães têm capacidade de localizar objetos pelo faro.* **[*Pron*]** (+em) **2** situar; ficar: *O prédio localiza-se no centro.*
localização **S *fem*** ação de localizar.

loção lo.**ção** **S *fem*** líquido que tem um pouco de perfume e de álcool, usado para tratamento da pele ou dos cabelos: *Passei loção e fiquei cheiroso.*

locomotiva lo.co.mo.**ti**.va **S *fem*** máquina que reboca os vagões de um trem.

locomover-se lo.co.mo.**ver**-se ***Vi*** mudar de lugar; deslocar-se: *Os caracóis se locomovem devagar.*
locomoção **S *fem*** ação de locomover-se.

locutor lo.cu.**tor** **S *masc*** profissional de rádio ou televisão encarregado de ler textos ou apresentar programas: *O locutor anuncia os nomes dos ganhadores.*

lodo **lo**.do **S *masc*** terra muito mole que contém matéria orgânica: *Há animais que vivem no lodo.*

lógico **ló**.gi.co ***Adj*** de acordo com aquilo que é correto: *A jabuticaba dá em árvore e a abóbora numa haste frágil: não seria lógico que fosse o contrário?*

logo **lo**.go ***Adv*** **1** sem demora; já: *Chame logo um médico!* ***Conj*** **2** portanto: *Há milhões de anos, não existia gente na Terra, logo, não existiam casas.*

lograr lo.**grar** ***Vt*** enganar: *Queria lograr o homem no jogo, mas não conseguiu.*
logro **S *masc*** ação de lograr.

loja **lo**.ja **S *fem*** estabelecimento comercial onde se vendem mercadorias: *Entrei numa loja de calçados.* ▶ pág 256 e 257.

lombada lom.**ba**.da **S *fem*** elevação feita nas estradas ou ruas para que o motorista reduza a velocidade: *Dirige devagar nas lombadas da cidade.*

lombo **lom**.bo **S *masc*** **1** região das costas; dorso: *O burro carregava sacos de ouro no lombo.* **2** carne das costas do animal: *Elogiou o lombo de porco que ela fez.*
lombar ***Adj*** relativo ao lombo; do lombo.

lombriga lom.**bri**.ga **S *fem*** verme de corpo comprido que vive nos intestinos.

lona **lo**.na **S *fem*** tecido grosso e forte de que se fazem toldos, sapatos, etc.: *O circo é de lona.* ▶ pág 112 e 113.

longe **lon**.ge ***Adv*** a grande distância no espaço ou no tempo: *O Natal ainda está longe.*
ao longe à distância: *Tambores tocavam ao longe.*

longínquo lon.**gín**.quo ***Adj*** distante no espaço ou no tempo; afastado: *Em tempos longínquos havia dinossauros na Terra.*

longitude lon.gi.**tu**.de **S *fem*** distância em graus do meridiano de Greenwich a um determinado lugar da Terra.

A B C D E F G H I J K L M N O P Q R S T U V W X Y Z

longo lon.go *Adj* **1** comprido: *A moda pede cabelos longos.* **2** demorado: *Fez longa viagem em torno da Terra.* *S masc* **3** vestido comprido até os tornozelos: *Apareceu na festa de longo preto.* **ao longo de** durante: *A Terra gira em torno do Sol ao longo do ano.*

losango lo.san.go *S masc* figura que tem quatro lados iguais com dois ângulos maiores de 90 graus e dois menores que 90 graus.

lotação[1] lo.ta.ção *S masc* veículo que transporta passageiros: *Pegou o lotação que ia à cidade.*

lotação[2] lo.ta.ção *S fem* capacidade que um local tem de ser ocupado: *A lotação do teatro estava completa.*

lotar lo.tar *Vt* completar; encher: *Os torcedores lotaram o estádio.*

lote lo.te *S masc* **1** cada uma das partes de uma área de terra; terreno: *Repartiram a terra em lotes.* **2** porção de objetos ou animais do mesmo tipo: *Comprei um lote de bois.*

loteria lo.te.ri.a *S fem* jogo de azar que dá prêmio em dinheiro ao dono dos bilhetes sorteados: *O funcionário virou milionário ao ganhar na loteria.* **lotérica** *S fem* casa comercial onde se vendem bilhetes de loteria.

louça lou.ça *S fem* **1** qualquer objeto feito de barro cozido: *Depois do café, lavaram a louça.* **2** matéria de que esses objetos são feitos: *Cuidado com as xícaras de louça!* pág 402 e 403.

louco lou.co *Adj* **1** que perdeu a razão; doido: *Hoje as pessoas loucas não são mais internadas.* **2** fora de controle; fora de si: *Este som alto me deixa louco!* **3** ansioso: *Bianca está louca por uma bicicleta.* **4** apaixonado: *O brasileiro é louco por futebol.* *S masc* **5** pessoa doida: *O louco era novo no hospital.* **loucura** *S fem* estado de louco.

louro[1] lou.ro *Adj* **1** que tem a cor entre o dourado e o castanho-claro: *Ana tem cabelos louros.* *S masc* **2** pessoa que tem os cabelos dessa cor: *O louro não sorria para nós.* A forma **loiro** também é usada.

louro[2] lou.ro *S masc* **1** folha usada como tempero: *Tânia põe louro no feijão.* **2** papagaio: *O louro grita e fala o dia todo.*

lousa lou.sa *S fem* quadro de pedra que se usa para escrever; quadro-negro: *A professora escreve os exercícios na lousa.*

louvar lou.var *Vt* (+a) **1** elogiar; aprovar: *Luís louvou a comida.* **2** adorar: *O homem deve louvar a Deus sobre todas as coisas.* **louvor** *S masc* ação de louvar.

louvável lou.vá.vel *Adj* que deve ser louvado; que merece ser louvado: *Manter seu quarto limpo é um ato louvável.*

lua lu.a *S fem* satélite natural da Terra: *O homem já esteve na Lua.*

lua de mel lu.a de mel *S fem* período que se segue ao dia do casamento: *O casal preferiu passar a lua de mel na praia.*

luar lu.ar *S masc* claridade que a Lua espalha sobre a Terra: *O luar ilumina a praia.*

lucrar lu.crar *Vt* ter lucro; ganhar: *Lucrou com a venda da casa.* **lucrativo** *Adj* que traz lucro; vantajoso.

lucro lu.cro *S masc* rendimento que se tem no comércio; ganho: *O ouro dava lucro aos negociantes.*

lugar lu.gar *S masc* **1** local: *Nas escavações feitas no lugar, acharam ossos.* **2** povoação; cidade: *As pessoas do lugar aplaudiram o prefeito.* **3** situação numa ordem; posição: *Seu time está em último lugar.* **4** espaço; vaga: *O ônibus tem lugar para trinta pessoas.* **5** assento: *Este lugar está reservado?*

lula lu.la *S fem* animal marinho comestível, da família do polvo: *A carne da lula é deliciosa.*

luminoso lu.mi.no.so *Adj* **1** que transmite ou reflete luz; brilhante: *As estrelas são corpos luminosos.* **2** claro; iluminado: *O céu luminoso convidava a um passeio.* *S masc* **3** anúncio que transmite ou reflete luz: *As poças na rua refletem os luminosos.* **luminosidade** *S fem* qualidade do que é luminoso.

lunar lu.nar *Adj* relativo à Lua; da Lua: *Neste mês haverá um eclipse lunar.*

luneta ▶ lu.**ne**.ta ◯ ♀ ***S fem*** instrumento com lente de aumento para ver à distância: *Com uma luneta, é possível observar o solo da Lua?*

lupa **lu**.pa ***S fem*** lente de aumento, para observar pequenos objetos ou seres: *Preciso de uma lupa para observar essas formigas.*

lusitano lu.si.**ta**.no ***Adj*** **1** português: *Caravelas lusitanas chegaram ao Brasil em 1500.* ***S masc*** **2** pessoa portuguesa: *Os lusitanos chegaram ao Brasil pela primeira vez no século XVI.*

lustrar lus.**trar** ***Vt*** dar brilho; tornar lustroso: *O avô lustra os sapatos.*

lustre ▼ **lus**.tre ***S masc*** objeto em que se colocam lâmpadas, geralmente suspenso do teto: *Filipe ficou encantado com o grande lustre do teatro.*

lustroso lus.**tro**.so ***Adj*** que tem brilho: *Cavalo bem tratado tem pelo lustroso.*

luta **lu**.ta ***S fem*** **1** combate corpo a corpo, sem armas: *O atleta ganhou a luta no último minuto.* **2** combate; guerra: *Todos se esforçam na luta contra a dengue.* **3** trabalho pesado; esforço: *Lembro com carinho a luta dos pais para manter os filhos.*
⊖ **lutador** ***Adj*** que luta.

lutar lu.**tar** ***Vt*** (+com/contra) **1** combater; guerrear: *É melhor procurar o entendimento que lutar contra outros povos.* **2** disputar; competir: *O time precisou lutar muito com o campeão.* (+por) **3** esforçar-se; empenhar-se: *O jovem luta por um futuro melhor.*

luto **lu**.to ***S masc*** **1** sentimento de tristeza pela morte de alguém; pesar: *A família está em luto.* **2** traje preto ou faixa preta usados como sinal da morte de um parente: *Maria usou luto por três meses.*

luva **lu**.va ***S fem*** peça de vestuário que se adapta ao formato das mãos e dos dedos, usada contra o frio, como proteção, higiene ou simplesmente como enfeite: *O médico opera com luvas.*

luxação lu.xa.**ção** ***S fem*** **1** deslocamento de um ou mais ossos de sua articulação: *O jogador de futebol sofreu uma luxação ao cair.* **2** deslocamento de certos órgãos.

luxo ▼ **lu**.xo ***S masc*** exibição de riqueza: *O rei vivia no luxo.*
⊖ **luxuoso** ***Adj*** em que há luxo; requintado.

luz ***S fem*** **1** claridade emitida por um corpo celeste: *A luz solar iluminou tudo.* **2** claridade emitida por uma fonte particular: *As crianças ouviam a avó à luz do lampião.* **3** brilho: *Os olhos das crianças têm luz.* **4** eletricidade: *Quando a luz voltou, a mãe apagou as velas.*

A B C D E F G H I J K L M N O P Q R S T U V W X Y Z

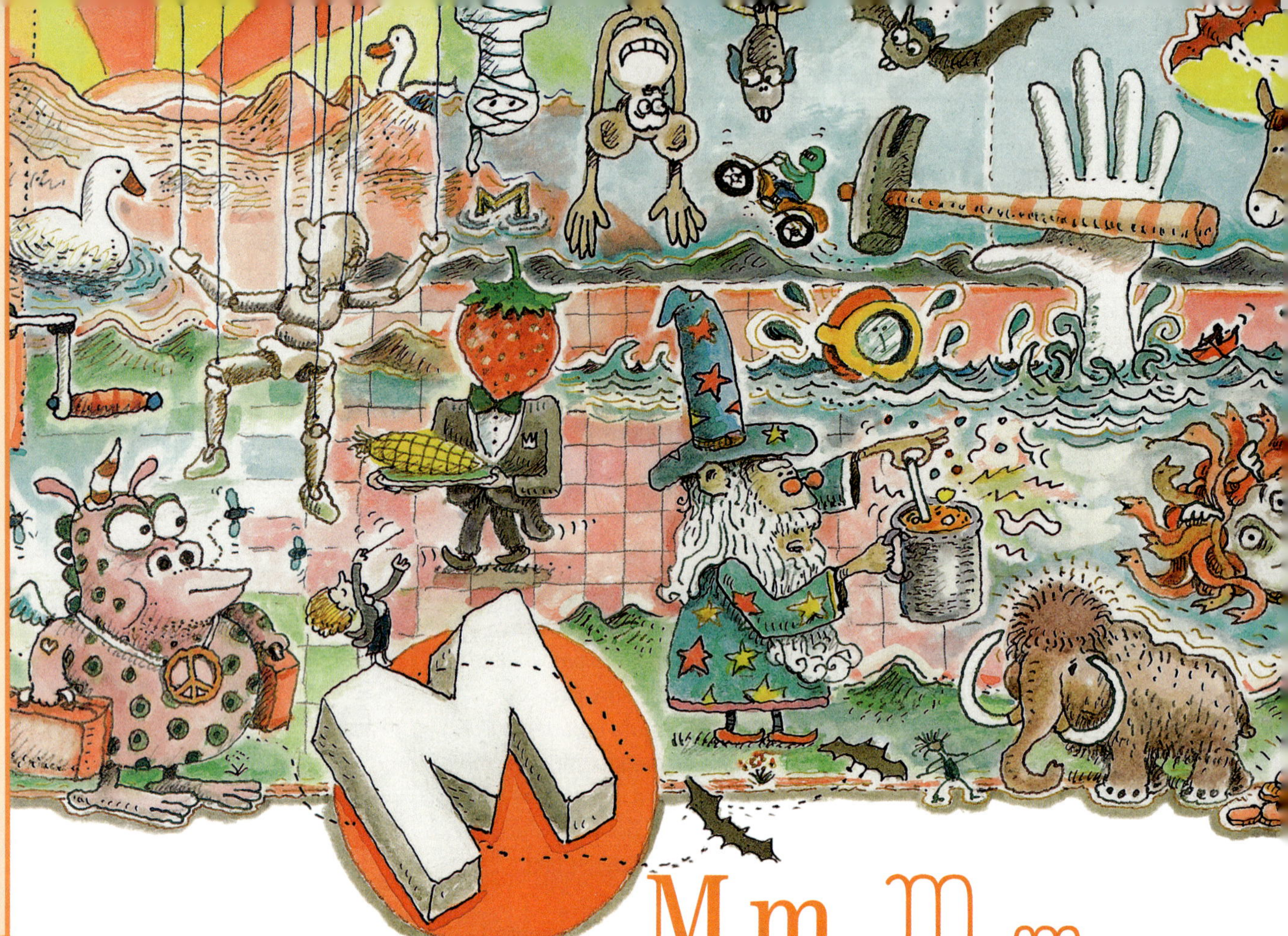

Mm Mm

m ***S masc*** décima terceira letra do alfabeto.

maçã ma.**çã** ***S fem*** fruto redondo de casca fina vermelha, amarela ou verde e polpa branca.
➖ **macieira** ***S fem*** árvore que produz a maçã.

macacão ma.ca.**cão** ***S masc*** roupa que é uma peça única formada de calça e blusa, usada principalmente para trabalho: *Na obra, todos trabalham de macacão.*

macaco ma.**ca**.co ***S masc*** animal mamífero selvagem, de corpo peludo, cauda e braços compridos.
▶ pág 388 e 389.

maçaneta ma.ça.**ne**.ta ***S fem*** peça que serve de alavanca para fazer funcionar o trinco de portas e janelas: *Estava pegando na maçaneta quando a campainha tocou.*

maçarico ma.ça.**ri**.co ***S masc*** aparelho portátil que produz pequena chama de temperatura muito elevada: *O maçarico serve também para cortar metais.*

maçaroca ma.ça.**ro**.ca ***S fem*** conjunto de vários objetos em desordem: *Na caixa havia uma maçaroca de linhas, agulhas e dedais.*

macarrão ma.car.**rão** ***S masc*** massa alimentícia feita de farinha de trigo: *A lembrança da avó cortando o macarrão não lhe sai da cabeça.*

macarronada ma.car.ro.**na**.da ***S fem*** prato feito com macarrão e molho: *Amo macarronada!*
▶ pág 370.

macaxeira ma.ca.**xei**.ra ***S fem*** mandioca: *Gosto de macaxeira.*
☀ Palavra mais comum no Nordeste.

macela ma.**ce**.la ***S fem*** erva de talos e folhas muito cheirosos, usados para chás.

machado ma.**cha**.do ***S masc*** instrumento que corta, composto de pesada lâmina de ferro e cabo de madeira.
➖ **machadada** ***S fem*** golpe dado com machado.

macho ma.cho ***Adj*** 1 do sexo masculino: *O peru macho tem esporas.* 2 valente; decidido: *Lampião era cabra macho.* ***S masc*** 3 homem: *Era trabalho duro, trabalho de macho.*

machucado ma.chu.**ca**.do ***S masc*** 1 ferimento; ferida: *Precisaram lavar o machucado, passar remédio.* ***Adj*** 2 que se machucou; ferido: *Ao podar as roseiras, ficou com o braço machucado.*

machucar ma.chu.**car** ***Vt*** 1 provocar ferimentos; ferir: *A faca machucou a mão.* 2 causar sofrimento; magoar: *A ofensa machucou seu orgulho.* ***Vi*** [**Pron**] 3 ferir-se: *Boneca, quando cai, não se machuca.*

maciço ma.**ci**.ço ***Adj*** 1 que não é oco; espesso; compacto: *A aliança é de ouro maciço.* ***S masc*** 2 conjunto de montanhas: *O Maciço da Borborema impede as chuvas no sertão de Pernambuco.*

macio ma.**ci**.o ***Adj*** 1 suave ao tato; brando; aveludado: *Tenho um gato de pelo macio.* 2 tenro; mole: *O bife está macio.*
Ant: **áspero**; **duro**.

maço ▼ **ma**.ço ***S masc*** conjunto de coisas atadas; pacote: *Tenho um maço de figurinhas.*

madeira ma.**dei**.ra ***S fem*** tronco ou ramo das plantas usadas na indústria: *Os livros foram colocados numa estante de madeira.*
madeireira ***S fem*** empresa que trabalha com madeiras.

madeireiro ma.dei.**rei**.ro ***S masc*** 1 aquele que trabalha derrubando árvores ou em obras de madeira. ***Adj*** 2 que trabalha com madeira: *Trabalhava numa indústria madeireira.*

madrasta ma.**dras**.ta ***S fem*** segunda mulher do pai.
Forma masculina correspondente: **padrasto**.

madre **ma**.dre ***S fem*** religiosa diretora de uma comunidade feminina católica.

madrepérola ma.dre.**pé**.ro.la ***S fem*** substância branca e brilhante encontrada dentro de conchas.

madrinha ma.**dri**.nha ***S fem*** 1 mulher escolhida para servir como testemunha em cerimônias religiosas ou oficiais: *Ela me convidou para ser madrinha do bebê.* 2 mulher que vai à frente em desfile ou bateria de escola de samba: *Ela é a madrinha da bateria.*
Forma masculina correspondente: **padrinho**.

madrugada ma.dru.**ga**.da ***S fem*** o começo do dia; aurora: *Saíram de viagem logo na madrugada.*

madrugar ma.dru.**gar** ***Vi*** acordar e levantar-se bem cedo: *Pessoas idosas às vezes madrugam.*

maduro ma.**du**.ro ***Adj*** 1 que está em ponto de colher ou comer: *A laranja já está madura.* 2 de meia-idade; entre 40 e 60 anos: *Espera-se que um senhor maduro tenha juízo.*
Ant para 1: **verde**.

mãe ***S fem*** 1 mulher, em relação aos filhos. 2 fêmea, em relação aos filhotes: *O filhote procura a mãe.* 3 origem; causa: *A preguiça é a mãe dos vícios.*
A forma **mamãe** também é usada na linguagem familiar.
▶ pág 205.

maestro ma.**es**.tro ***S masc*** homem que rege orquestra ou coro.

magia ma.**gi**.a ***S fem*** 1 conjunto de práticas que pretende influir nas leis da natureza ou nas pessoas; feitiçaria: *A fada inventa magia.* 2 sensação de encanto; fascinação: *A criança se envolve na magia da história.*

mágica **má**.gi.ca ***S fem*** apresentação em que uma pessoa, através de recursos variados, realiza coisas difíceis de se explicar.

mágico **má**.gi.co ***Adj*** 1 que tem poder fora do comum: *A fada tem uma varinha mágica.* ***S masc*** 2 quem faz mágicas: *O mágico tira coelhos da cartola.* ▶ pág 112 e 113.

magma **mag**.ma ***S masc*** matéria pastosa em temperatura muito alta que se encontra dentro da Terra e que chega à superfície através da erupção de vulcões.
magmático ***Adj*** relativo ao magma; feito de magma.

magnético mag.**né**.ti.co ***Adj*** que tem as propriedades do ímã: *Ímã tem propriedades magnéticas.*
magnetismo ***S masc*** estudo das propriedades dos ímãs.

A B C D E F G H I J K L M N O P Q R S T U V W X Y Z

magnífico mag.**ní**.fi.co ***Adj*** que é muito bom ou muito belo; excelente: *O litoral tem magníficas praias.*

mago **ma**.go ***S masc*** pessoa que se imagina possuir poderes mágicos; feiticeiro: *Era um mago de grande poder.*

magoar ma.go.**ar** ***Vt*** **1** causar desgosto a; ofender: *O apelido pode magoar a pessoa.* **2** ferir; machucar: *O sapato magoava o pé.* **mágoa** ***S fem*** sentimento causado pela ação de magoar; desgosto.

magro **ma**.gro ***Adj*** **1** que tem pouca gordura: *O atleta é magro.* **2** sem gordura: *O leite do qual se tirou a nata é mais magro.* **magreza** ***S fem*** qualidade do que é magro. Ant para **magro**: **gordo**, **obeso**; para **magreza**: **obesidade**.

maio **mai**.o ***S masc*** quinto mês do ano, com 31 dias: *Nós consideramos maio como o mês das flores.*

maiô ▲ mai.**ô** ***S masc*** roupa de banho feminina: *Logo cedo, Lara vestia o maiô e corria para a praia.*

maionese mai.o.**ne**.se ***S fem*** **1** molho frio feito com gema de ovo, azeite e vinagre ou limão: *Gostava do sanduíche com maionese.* **2** prato frio feito com legumes cozidos temperados com esse molho: *A maionese era o prato do domingo.*

maior mai.**or** ***Adj*** **1** que passa outro em tamanho, número, duração, intensidade: *A curiosidade da menina era maior que o medo.* **2** que excede todos os outros em tamanho, número, duração, intensidade: *Era o maior da classe.* **3** que tem mais de 18 anos: *Já tenho um neto maior.* ***S masc*** **4** pessoa com mais de 18 anos: *Os maiores têm permissão para dirigir.* **maioridade** ***S fem*** idade, segundo a lei, em que a pessoa passa a ter direitos e deveres como cidadão. Ant: **menor**.

maioria mai.o.**ri**.a ***S fem*** a maior parte ou o maior número: *Respondi à maioria das perguntas.* Ant: **minoria**.

mais ***Adv*** **1** muito: *Acho este problema mais difícil.* **2** por tempo maior que; além: *Esperou mais de uma hora.* **3** ainda: *Teremos mais um mês de aula.* **mais ou menos** um pouco: *Gosto mais ou menos de jiló.* Ant: **menos**.

maisena mai.**se**.na ***S fem*** farinha de milho, muito usada na culinária: *Use pouca maisena no pudim.*

maiúsculo mai.**ús**.cu.lo ***Adj*** diz-se de letra maior que as outras, usada geralmente em início de frase e nome próprio: *Brasil se escreve com letra maiúscula.* Ant: **minúsculo**.

majestade ma.jes.**ta**.de ***Pron*** **1** palavra usada para dirigir-se ao rei ou à rainha: *– Majestade, é impossível fazer uma torre dessa altura.* ***S fem*** **2** qualidade do que é majestoso; aspecto grandioso: *Admirava a majestade das palmeiras imperiais.*

majestoso ma.jes.**to**.so ***Adj*** que tem majestade (2); imponente: *A catedral é majestosa.*

major ma.**jor** ***S masc*** oficial do Exército que ocupa alto posto na hierarquia.

mal ***S masc*** **1** aquilo que prejudica alguém; maldade: *Preso, ele não fará mal a ninguém.* **2** problema; dificuldade: *Seu mal é querer tudo.* **3** dor; doença: *Sofre de um mal sem cura.* ***Adv*** **4** em más condições de saúde: *O menino está mal.* **5** de modo incorreto: *O bilhete era mal escrito.* **6** de modo grosseiro: *Não responda mal a ninguém!* ***Conj*** **7** logo que; assim que: *Mal chegou, a reunião virou festa.* **de mal** de relações cortadas: *Estavam de mal, não se falavam.* Cp: **mau**. Ant para **1**, **2**, **4**, **5**: **bem**. Pl: **males**.

mala **ma**.la ***S fem*** saco ou caixa de couro, plástico ou lona, com alça, próprio para transporte de objetos em viagem. **maleta** ***S fem*** mala de pequenas dimensões.

malabarismo ma.la.ba.**ris**.mo ***S masc*** **1** conjunto de movimentos do corpo feitos com agilidade e equilíbrio; facilidade para movimentar ou manejar objetos; destreza: *Um palhaço faz malabarismo na corda.* **2** habilidade para lidar com situações difíceis: *As mães fazem* *malabarismo para agradar a todos os filhos.*

malabarista **S** quem faz malabarismo.

malandro ma.**lan**.dro ***Adj*** **1** que costuma abusar da confiança dos outros; esperto: *Carlos era malandro.* ***S masc*** **2** indivíduo que costuma abusar da confiança dos outros: *O malandro vivia de enganar outros.*

malandragem ***S fem*** qualidade daquele que é malandro.

malária ma.**lá**.ri.a ***S fem*** doença transmitida por certo mosquito e que se caracteriza por febre.

malcheiroso mal.chei.**ro**.so ***Adj*** que cheira mal: *Ninguém suporta lugar malcheiroso.*

malcriado mal.cri.**a**.do ***Adj*** **1** que se comporta mal: *Mateus andava malcriado.* ***S masc*** **2** pessoa sem delicadeza: *Os meninos não deram importância ao malcriado.*

malcriação ***S fem*** ação grosseira, sem delicadeza.

Ant para **malcriado**: **educado**.

maldade mal.**da**.de ***S fem*** **1** estado do que é mau: *Não maltrate o animal, isso é maldade!* **2** ação má ou injusta: *A bruxa não sabia fazer maldades.*

maldoso ***Adj*** em que há maldade.

Ant: **bondade**.

maldição mal.di.**ção** ***S fem*** ação de desejar o mal a alguém: *Como quebrar a maldição da bruxa?*

maldito mal.**di**.to ***Adj*** **1** que recebeu maldição: *Diziam que o castelo era maldito.* **2** muito mau; muito ruim: *Esse vento maldito já me derrubou duas vezes.*

malfeito mal.**fei**.to ***Adj*** mal realizado; mal construído: *A costura ficou malfeita.*

malfeitor ***S masc*** quem pratica atos maus; bandido.

malha **ma**.lha ***S fem*** **1** tecido feito à mão ou à máquina, cujos fios se ligam formando carreiras que se seguem: *Vestia uma blusa de malha.* **2** roupa de inverno: *Vista a malha, que está frio!*

malharia ***S fem*** fábrica onde são produzidos tecidos ou roupas de malha.

malhado ma.**lha**.do ***Adj*** **1** que tem manchas: *No pasto só há uma vaca malhada.* **2** musculoso, em razão de muito exercício físico: *O atleta tem corpo malhado.*

Em **2**, é uso informal.

malhar ma.**lhar** ***Vt*** **1** bater com martelo: *O ferreiro malhou o machado até conseguir o corte.* ***Vi*** **2** praticar exercícios físicos: *Gosto de ver minha avó malhar.*

malhação ***S fem*** ação de malhar; prática intensa de exercícios físicos.

Em **2**, é uso informal.

malícia ma.**lí**.ci.a ***S fem*** jeito esperto de dizer ou de fazer alguma coisa não muito claramente, mas fácil de se perceber: *Um bom jogador sabe usar a malícia.*

malicioso ***Adj*** que tem malícia.

Ant para **malicioso**: **ingênuo**.

maltratar mal.tra.**tar** ***Vt*** tratar mal; ferir: *Nunca maltratei animais.*

maltrato ***S masc*** tratamento duro; ofensa; agressão.

maluco ma.**lu**.co ***Adj*** **1** doido, louco: *É meio maluco, conversa sozinho.* **2** esquisito; extravagante: *Usa uns penteados malucos!* **3** sem juízo; sem prudência: *O jovem maluco corre com a moto.* **4** que gosta muito (de): *Sou maluco por queijo.* ***S masc*** **5** indivíduo doido: *Só malucos rasgam dinheiro.*

maluquice ***S fem*** estado do que é maluco.

malvado mal.**va**.do ***Adj*** **1** mau; maldoso: *Não deviam existir pessoas malvadas.* ***S masc*** **2** pessoa má: *O malvado foi impedido de maltratar o animal.*

malvadeza ***S fem*** qualidade do que é malvado.

mama **ma**.ma ***S fem*** órgão que, na mulher e nas fêmeas dos mamíferos, produz leite.

mamadeira ma.ma.**dei**.ra ***S fem*** garrafa com tampa de borracha em forma de bico e com um buraquinho no centro, usada para dar alimento líquido ao bebê: *A mamadeira deve ser fervida sempre.*

mamão ma.**mão** ***S masc*** **1** fruto grande, de casca fina e amarela quando maduro, polpa amarelo-avermelhada: *O mamão é um fruto com muitas sementes.*

A B C D E F G H I J K L M N O P Q R S T U V W X Y Z

2 mamoeiro: *Plantei mamão no quintal.*
mamoeiro ***S masc*** árvore que produz o mamão.

mamar ma.**mar** ***Vi*** sugar o leite da mãe ou da mamadeira; alimentar-se de leite materno ou da mamadeira: *O bebê ainda mama.*

mamífero ma.**mí**.fe.ro ***S masc*** 1 animal (incluindo o homem) que se alimenta do leite da própria mãe: *A baleia é um mamífero.* **Adj** 2 que se alimenta do leite da própria mãe: *O cão é animal mamífero.*

mamute ma.**mu**.te ***S masc*** grande elefante peludo que não existe mais.

manada ma.**na**.da ***S fem*** rebanho de animais grandes: *O peão conduz a manada de bois.*

manancial ma.nan.ci.**al** ***S masc*** fonte de água; nascente: *As áreas de mananciais são protegidas.*

mancar man.**car** ***Vi*** andar de modo fora do normal: *Depois do acidente passou a mancar.*
manco ***Adj*** que não anda de modo perfeito.

manchar man.**char** ***Vt*** 1 fazer mancha em; sujar: *O vinho manchou a toalha.* 2 sujar a reputação: *O acontecido manchou seu nome.*
mancha ***S fem*** marca deixada por sujeira física ou moral.

manchete man.**che**.te ***S fem*** título principal em uma reportagem de jornal: *Leu a manchete do jornal?*

mandar man.**dar** ***Vt*** 1 exigir (que alguém faça alguma coisa); ordenar: *Mandou-a varrer o chão.* (+em) 2 dirigir (como chefe); governar: *A mulher mandava na casa.* (...+a/para) 3 enviar; entregar: *A firma manda as mercadorias ao comprador.* 4 atirar; lançar: *Mandou a bola direto para a cesta.* [**Pron**] (+para) 5 ir-se embora: *Quando cresceu, mandou-se para a capital.*
mandamento ***S masc*** ação de mandar; ordem.

mandato man.**da**.to ***S masc*** 1 autorização que alguém dá a outra pessoa para fazer alguma coisa. 2 poder político dado pelo povo a um cidadão, por meio do voto: *O político renunciou ao mandato.*

mandíbula man.**dí**.bu.la ***S fem*** osso inferior que forma o queixo do homem e dos animais vertebrados.

mandioca man.di.**o**.ca ***S fem*** 1 arbusto de caule fino, de raiz grossa e comestível: *A mandioca já era cultivada pelos indígenas.* 2 a raiz desse arbusto; macaxeira; aipim: *A mandioca é gostosa.*

maneira ma.**nei**.ra ***S fem*** 1 forma particular de agir; modo: *Gosto da maneira como ele fala do passado.* 2 modo de ser e comportar-se: *Ele vive de maneira simples.*

manejar ma.ne.**jar** ***Vt*** mover ou executar com as mãos; manusear.
manejo ***S masc*** ação de manejar; manuseio.

manga[1] **man**.ga ***S fem*** fruto oval, de casca grossa, polpa amarela com fibras, caroço grande.

manga[2] **man**.ga ***S fem*** parte da roupa que cobre o braço: *Com o calor, dobrou a manga do casaco.*

mangue **man**.gue ***S masc*** 1 vegetação com raízes fora da terra, típica das regiões quentes inundadas pela maré: *O mangue cresce no pântano.* 2 terreno com pântano à margem das lagoas, dos rios e do mar: *O mangue abriga muitas espécies marinhas.*
manguezal ***S masc*** lugar onde há muito mangue.

mangueira[1] man.**guei**.ra ***S fem*** árvore que produz manga[1]: *Sentou-se debaixo da mangueira.*

mangueira[2] man.**guei**.ra ***S fem*** tubo de lona ou borracha que serve para levar água ou ar: *A mangueira do aspirador entupiu.*

manhã ma.**nhã** ***S fem*** período entre o amanhecer e o meio-dia: *Naquela manhã, o carijó cantou.*

manhoso ma.**nho**.so ***Adj*** 1 malandro; astuto: *Na fábula,*

a raposa é manhosa. **2** cheio de dengo: *Criança manhosa é insuportável!*
manha S fem qualidade de quem é manhoso.

mania ma.**ni**.a **S fem 1** hábito estranho ou fora do normal: *Que mania é essa de piscar um olho?* **2** gosto exagerado por alguma coisa: *Ele tem mania por futebol.*
maníaco Adj que tem mania; esquisito.

manifestar ma.ni.fes.**tar Vt** (...+a/por) **1** dar a conhecer; demonstrar: *A mulher manifestava muito respeito pelo patrão.* **Vi** [**Pron**] **2** revelar-se; mostrar-se: *Cada vez mais se manifestava a loucura do pintor.*
manifestação S fem ação de manifestar; demonstração.

manipular ma.ni.pu.**lar Vt 1** dar forma com as mãos a: *Manipula a massa e faz uma rosca.* **2** fazer funcionar; fazer movimentar: *Manipula bonecos no teatro.*
manipulação S fem ação de manipular; manuseio.

manivela ma.ni.**ve**.la **S fem** peça que, quando acionada, põe em movimento determinada máquina ou objeto: *Ele tem até panela de fazer pipoca, dessas com manivela e tudo.*

manjar[1] man.**jar Vt** entender; perceber: *Manjei qual era a intenção deles.*
Uso informal.

manjar[2] man.**jar S masc 1** qualquer prato delicado e apetitoso; iguaria: *Só havia manjares finos: queijo, presunto, azeitonas.* **2** doce preparado com leite, maisena, açúcar, leite de coco: *Maria pôs maisena demais e o manjar ficou duro.*

manjedoura ▶ man.je.**dou**.ra **S fem** caixa onde se serve comida para animais.

manjericão man.je.ri.**cão S masc 1** arbusto com folhas pequenas, perfumadas e de sabor que arde um pouco na língua. **2** a folha desse arbusto, usada como tempero: *Gosto de macarronada com molho e manjericão.*

manobrar ma.no.**brar Vt 1** fazer funcionar; acionar: *O capitão manobra a aeronave.* **Vi 2** praticar uma ação visando a um objetivo; tramar: *O príncipe manobra para ser o próximo rei.* **3** dirigir com habilidade; controlar o carro: *Cuidado ao manobrar na garagem.*
manobra S fem ação de manobrar.

mansão man.**são S fem** casa grande e luxuosa: *Os ricos habitam mansões.*

manso **man**.so **Adj 1** suave; sereno: *Dirceu tem fala mansa.* **2** calmo; pacífico: *Ana admirou o jeito manso do professor.* **3** domesticado; domado: *Não existe tigre manso!* **S masc 4** pessoa calma, serena. **Adv 5** com calma; devagar: *Falava manso, para se fazer entender.*
de mansinho com cuidado; devagar: *João subiu as escadas de mansinho.*
mansidão S fem qualidade do que é manso; tranquilidade.
Ant para **3**: **bravo**; **feroz**; para **2** e **4**: **nervoso**; **irritado**.

manta **man**.ta **S fem 1** roupa grossa que se usa sobre a cama; cobertor: *A manta aquece nas noites de frio.* **2** manto; capa: *A gente se agasalhou com gorro, manta, meias.*

manteiga man.**tei**.ga **S fem** substância amarelada e gordurosa que se extrai da nata do leite: *Nada mais gostoso que um pãozinho quente com manteiga.*

manter man.**ter Vt 1** garantir as coisas necessárias; sustentar: *Muitas mulheres mantêm a família.* **2** cumprir; respeitar: *O peão manteve o trato.* **3** fazer permanecer (em certa condição); conservar: *Seu trabalho era manter a casa limpa.*
Ant: **modificar**.

mantimento man.ti.**men**.to **S masc** aquilo que se pode comer; alimento: *Arrumou as latas de mantimentos no armário.*

manto **man**.to **S masc 1** capa longa: *– Majestade, eis o manto.* **2** camada que fica logo abaixo da crosta terrestre: *Os vulcões liberam material do manto.*

manual ma.nu.**al S masc 1** livro pequeno sobre os ensinamentos básicos de uma ciência, técnica, etc.: *Tinha um manual de biologia.* **Adj 2** manobrado à mão: *A panela de pipoca tem manivela manual.*

manuscrito ma.nus.**cri**.to *S masc* **1** obra escrita à mão: *Ela leu o manuscrito.* *Adj* **2** escrito à mão: *Os livros antigos eram todos manuscritos.*

manusear ma.nu.se.**ar** *Vt* pegar ou mover com as mãos: *O homem tem a capacidade de manusear instrumentos.*
manuseio *S masc* ação de manusear; manejo.

manutenção ma.nu.ten.**ção** *S fem* ação de manter, sustentar, conservar: *A água é fundamental para a manutenção da vida na Terra.*

mão ♥ *S fem* **1** extremidade de cada um dos braços do homem, dotada de cinco dedos. **2** extremidade dos membros da frente dos animais: *O gorila quebrou a mão.* **3** camada de tinta ou de cal sobre uma superfície: *Zé passou duas mãos de tinta no armário.* **4** cada uma das direções do trânsito nas ruas e estradas: *Esta estrada tem mão dupla.*
à mão próximo; perto: *O que estivesse à mão virava doce!* **de segunda mão** usado: *Comprou um paletó de segunda mão.*
Pl: **mãos**.

mão de obra mão de **o**.bra *S fem* conjunto de trabalhadores: *A empresa não utiliza mão de obra infantil.*

mão única mão **ú**.ni.ca *S fem* direção em um único sentido: *A rua tem mão única até o bairro.*

mapa **ma**.pa *S masc* desenho reduzido de uma parte da superfície terrestre: *Leni gostava de observar mapas.* ▶ pág 405.
mapear *Vt* fazer o mapa de.

maquete ma.**que**.te *S fem* modelo reduzido, em três dimensões, de um edifício ou qualquer outra construção: *A Prefeitura exibe a maquete do novo teatro.*

maquiagem ma.qui.**a**.gem *S fem* **1** uso de cosméticos especiais para embelezar o rosto: *O marido aprovou sua maquiagem.* **2** conjunto dos cosméticos usados para embelezar o rosto: *Ganhei um belo estojo de maquiagem.*
A forma **maquilagem** também é usada.

máquina **má**.qui.na *S fem* instrumento, utensílio ou aparelho: *A máquina de moer carne ainda é útil na cozinha?*
maquinista *S* pessoa que opera um veículo motor.

mar *S masc* **1** grande quantidade de água salgada; oceano. **2** grande quantidade; imensidão: *Todo fim de ano chega nos Correios um mar de cartas para Papai Noel.*
▶ pág 328 e 329.

maracujá ma.ra.cu.**já** *S masc* **1** fruto redondo, casca dura e amarela, com muitas sementes envolvidas por polpa de sabor ácido: *O maracujá é calmante.* **2** o arbusto que produz esse fruto: *O maracujá dá flores roxas.*

maratona ma.ra.**to**.na *S fem* **1** grande corrida a pé disputada em um percurso de 42 195 metros: *O atleta está treinando para a maratona.* **2** tarefa difícil e demorada: *Chegar até aqui foi uma maratona.*

maravilha ma.ra.**vi**.lha *S fem* **1** aquilo que chama a atenção por sua beleza: *O novo palácio do governo ficou uma maravilha.* **2** coisa fora do comum; coisa extraordinária: *Maravilha mesmo é você conversar desse jeito comigo.*

maravilhoso ma.ra.vi.**lho**.so *Adj* **1** admirável; surpreendente: *Filipe faz mágicas maravilhosas.* **2** belo; encantador: *Esta praia é maravilhosa.* **3** fora do comum; extraordinário: *Achou uma pérola enorme, maravilhosa.* **4** muito agradável: *Viajar assim é maravilhoso.*

marca **mar**.ca *S fem* **1** sinal na pele; cicatriz: *Tenho marcas de tombos no joelho.* **2** sinal impresso com ferro muito quente sobre o corpo de um animal: *A boiada tem a marca da fazenda.* **3** sinal ou vestígio impresso em uma superfície: *O ladrão deixou a marca do tênis no chão.* **4** nome ou símbolo que serve para indicar as mercadorias ou serviços de uma firma: *Não compro esta marca de sabão.*

marca-d'água **mar**.ca-**d'á**.gua *S fem* marca impressa em papel, geralmente papel usado para fazer cédulas de dinheiro ou selo, visível somente contra a luz.

marcante mar.**can**.te *Adj* que marca; importante: *O nascimento do filho é data marcante para o pai.*

marcar mar.**car** ***Vt*** **1** produzir marca ou sinal: *A vacina marcou o braço da menina.* **2** fixar; agendar: *Marcamos um encontro.* **3** fazer; realizar: *Beto marcou dois gols.* **4** indicar; registrar: *O relógio marca oito horas.*
marcar passo não progredir: *João não queria marcar passo a vida inteira.*
marcação **S *fem*** ação de marcar.

marceneiro mar.ce.**nei**.ro **S *masc*** pessoa que trabalha com madeira: *O marceneiro está montando os armários do quarto.*
marcenaria **S *fem*** oficina e trabalho de marceneiro.

marcha mar.cha **S *fem*** **1** jornada a pé; caminhada: *Pela manhã faz marcha pela praia.* **2** passo com movimento regular: *A marcha dos soldados chama a atenção.* **3** modo de andar; passo: *Este cavalo tem boa marcha.* **4** cada uma das posições da caixa de câmbio do carro: *Deu marcha a ré e saiu da garagem.*

marchar mar.**char** ***Vi*** andar em movimento regular: *Os soldados marcham para o quartel.*

marciano mar.ci.**a**.no ***Adj*** **1** do ou relativo ao planeta Marte: *O solo marciano é muito seco.* **S *masc*** **2** suposto habitante do planeta Marte: *No filme, os marcianos dirigem naves.*

marco ◀ **mar**.co **S *masc*** qualquer sinal que serve para marcar limite ou fronteira: *O rio Paraná é o marco da fronteira entre São Paulo e Mato Grosso do Sul.*

março **mar**.ço **S *masc*** terceiro mês do ano, com 31 dias: *Este ano, as aulas começam em março.*

maré ma.**ré** **S *fem*** movimento das águas do mar que, duas vezes ao dia, se elevam e se abaixam de modo alternado: *Na maré alta, o solo do manguezal é coberto pela água.*

marechal ma.re.**chal** **S *masc*** o mais alto posto na hierarquia do Exército: *Na Presidência do Brasil tivemos vários marechais.*

maremoto ma.re.**mo**.to **S *masc*** grande agitação do mar, provocada por grandes ondas: *Quando acontece um maremoto, podem surgir ondas gigantes.*

marfim mar.**fim** **S *masc*** substância fina, lisa e dura de cor leitosa, de que são feitas as presas do elefante e de outros mamíferos: *Elefantes são caçados por causa do marfim, coitadinhos.*

margarida ▶ mar.ga.**ri**.da **S *fem*** pequena flor de miolo amarelo e pétalas brancas.

margarina mar.ga.**ri**.na **S *fem*** substância gordurosa, semelhante à manteiga, extraída de óleos vegetais: *A margarina deve ser guardada em geladeira.*

margem **mar**.gem **S *fem*** **1** terreno que fica à beira de rio, lago, etc.; beira: *Manaus fica na margem do rio Negro.* **2** espaço sem letras de cada um dos lados de uma folha escrita ou impressa: *Ao escrever, respeite a margem da página.*

marginal[1] mar.gi.**nal** **S** pessoa que vive à margem da sociedade ou da lei: *Muitos marginais são frutos da falta de lar e amor.*

marginal[2] mar.gi.**nal** **S *fem*** espaço que segue a margem: *Crianças brincam na marginal do rio.*

marido ma.**ri**.do **S *masc*** homem unido a uma mulher pelo casamento; esposo: *Lise e o marido passeiam com os filhos.*
Forma feminina correspondente: **mulher**.
▶ pág 205.

marimbondo ma.rim.**bon**.do **S *masc*** inseto voador que possui um ferrão; vespa.

marinha ma.**ri**.nha **S *fem*** órgão das Forças Armadas que se destina à defesa marítima da Nação.
marinheiro **S *masc*** pessoa que serve a Marinha.
Escreve-se com inicial maiúscula.

marinho ma.**ri**.nho ***Adj*** **1** do ou relativo ao mar: *A TV exibe documentários sobre a vida marinha.* **2** diz-se do tom escuro da cor azul: *O avô veste sempre um terno marinho.*

marionete ▲ ma.ri:o.**ne**.te **S fem** boneco, geralmente de madeira, controlado por uma pessoa através de fios: *As crianças se encantam com a apresentação de marionetes.*

mariposa ma.ri.**po**.sa **S fem** inseto noturno, parecido com a borboleta, mas com as asas em geral menos coloridas: *A mariposa busca alimento durante a noite.*

marisco ma.**ris**.co **S masc** pequeno molusco comestível, coberto por duas conchas: *O marisco tem o corpo mole.*
▶ pág 302 e 303.

marítimo ma.**rí**.ti.mo **Adj** do ou relativo ao mar: *Fez uma viagem marítima até o sul do Brasil.*

marmelo mar.**me**.lo **S masc** fruto grande, amarelo, carnoso e ácido, próprio para doces: *Minas Gerais é grande produtor de marmelo.*
marmelada **S fem** doce feito com marmelo.

marmita ▶ mar.**mi**.ta **S fem** recipiente para transportar refeições: *O operário leva sua marmita.*
marmiteiro **S masc** pessoa que come em marmita ou que entrega marmitas.

mármore **már**.mo.re **S masc** pedra dura, de diversas cores, usada em escultura e em construções.

marquês mar.**quês** **S masc** título de nobreza entre o de duque e o de conde.

marreco mar.**re**.co **S masc** ave parecida com o pato, mas em tamanho menor: *Patos e marrecos são da mesma família.*

marrom mar.**rom** **S masc** 1 cor escura meio avermelhada; castanho: *O marrom é cor de terra.* **Adj** 2 que tem a cor escura meio avermelhada; castanho: *O sapato marrom já está com a sola gasta.*

martelar mar.te.**lar** **Vt** 1 bater com o martelo em: *O ferreiro martela o ferro em brasa.* 2 repetir; insistir: *O filho fica martelando que quer uma bicicleta.*

martelo mar.**te**.lo **S masc** ferramenta de ferro, com cabo de madeira destinado a bater, pregar ou quebrar.
martelada **S fem** golpe dado com o martelo.

mártir **már**.tir **S** pessoa que sofre tortura ou morte por suas ideias, opiniões ou crença: *Tiradentes é o mártir da Independência.*
martírio **S masc** sofrimento de mártir; tormento.

marujo ma.**ru**.jo **S masc** homem que trabalha em barco ou navio; marinheiro.

mas **Conj** palavra que introduz uma frase que diz o contrário do que foi dito antes ou que expressa alguma coisa contrária ao que se esperaria: *As lendas são incríveis, mas são histórias.*

mascar mas.**car** **Vt** mastigar sem engolir: *É feio mascar chiclete com a boca aberta.*

máscara **más**.ca.ra **S fem** objeto que serve para cobrir o rosto para escondê-lo ou protegê-lo: *O cirurgião usa máscara.*

mascate mas.**ca**.te **S masc** vendedor ambulante que percorre ruas ou estradas para vender objetos.

mascote mas.**co**.te **S** pessoa, animal ou coisa que, segundo a crença, traz sorte; amuleto: *Um porquinho passou a ser o mascote do time.*

masculino mas.cu.**li**.no **Adj** 1 do ou relativo aos homens e aos animais machos: *O coral era composto de vozes masculinas.* **S masc** 2 gênero das palavras que são ditas ou escritas depois das palavras "o(s)" e "um(uns)": *A palavra "gato" é masculina.*
Ant: **feminino**.

massa **mas**.sa **S fem** 1 quantidade indeterminada de alguma coisa: *O avião voa sobre a massa de águas salgadas.* 2 qualquer alimento feito com farinha: *Vânia bate a massa de pão.* 3 substância mole e pastosa: *O pedreiro prepara a massa de cimento.*
em massa em conjunto: *O povo fugiu em massa.*

massagem ▶ mas.**sa**.gem
S *fem* ação de apertar ou esfregar partes do corpo com as mãos para diminuir a dor, relaxar, etc.: *A massagem aliviou a dor.*

mastigar mas.ti.**gar** ***Vt*** apertar (a comida) entre os dentes para reduzir em pedacinhos: *Devemos mastigar bem a comida.*
– mastigação **S *fem*** ação de mastigar.

mastro **mas**.tro **S *masc*** **1** haste em que se levanta a bandeira: *A bandeira está no alto do mastro.* **2** haste que serve para sustentar velas de navio, estrutura de circo, etc.: *A vela está presa ao mastro.*

mata **ma**.ta **S *fem*** **1** grande espaço coberto de árvores nativas; selva: *Nunca entre na mata sem um guia.* **2** grande quantidade de árvores da mesma espécie: *Próxima da cidade há uma mata.*

matar ma.**tar** ***Vt*** **1** tirar a vida de. **2** abater: *O patrão mandou matar um boi.* **3** saciar; satisfazer: *Matou a fome com uma fruta.* [**Pron**] **4** cansar-se muito: *O pai se mata na oficina.*
– matança **S *fem*** ação de matar; assassinato; abate.

mate **ma**.te **S *masc*** **1** planta de cujas folhas se faz chá ou chimarrão: *Na sua fazenda plantou mate.* **2** chá feito com as folhas secas dessa planta: *No inverno tomamos mate.*

matemática ma.te.**má**.ti.ca
S *fem* ciência que estuda os números, suas relações e propriedades.
– matemático **S *masc*** pessoa conhecedora de matemática.

matéria ma.**té**.ri:a **S *fem***
1 substância que ocupa espaço, tem massa e peso: *O ouro é matéria nobre.* **2** substância de que os corpos são formados; material: *Os móbiles são feitos de matéria leve.* **3** disciplina escolar: *Foi bem na prova, sabia a matéria.*

material ma.te.ri:**al** **S *masc***
1 matéria utilizada em uma construção: *Material de construção é caro.* **2** substância de que é feito um objeto: *O vaso é de material que quebra.* **3** objetos escolares: *O aluno traz o material em ordem.* ***Adj*** **4** relativo à matéria ou a objetos físicos: *Não valorize apenas os bens materiais.*

matéria-prima
ma.**té**.ri:a-**pri**.ma **S *fem*** substância tal como se encontra na natureza, usada na indústria para fabricar coisas: *Areia é a matéria-prima do vidro.*

maternidade ma.ter.ni.**da**.de
S *fem* **1** relação de parentesco que liga a mãe a seu filho. **2** hospital para mulheres que vão ter bebês: *Na maternidade há enfermeiras que cuidam dos bebês.*

materno ma.**ter**.no ***Adj***
1 de mãe: *O amor materno dura por toda a vida.* **2** por parte de mãe: *Minha avó materna era italiana.*

mato **ma**.to **S *masc*** **1** terreno coberto de grandes árvores; floresta. **2** vegetação que cresce sem ser plantada: *O lavrador limpa o mato em torno dos pés de café.*
num mato sem cachorro em situação difícil: *O atraso do trem deixou os passageiros num mato sem cachorro.*

matricular ma.tri.cu.**lar** ***Vt*** (...+em) inscrever (em determinado curso); registrar como aluno: *Matriculou o filho na escola.*
– matrícula **S *fem*** ação de matricular; inscrição.

matriz ma.**triz** ***Adj*** **1** principal: *Daqui ouço os sinos da igreja matriz.* **S *fem*** **2** igreja principal: *A praça da matriz está em reformas.* **3** estabelecimento principal; sede: *A matriz da empresa fica em Matão.*

matuto ma.**tu**.to **S *masc*** quem vive no campo; caipira: *O matuto conhece técnicas de plantio.*

mau ***Adj*** **1** malvado; maldoso: *Não seja mau com os animais!* **2** ruim; inferior: *Produtos piratas são de má qualidade.* **3** que prejudica; nocivo: *Este inseticida afasta os maus moradores de sua casa.* **4** imperfeito; ruim: *As chuvas deixaram a rua em mau estado.* **S *masc*** **5** pessoa malvada: *Os maus serão punidos.*
Forma feminina correspondente: **má**. Ant: **bom**. Cp: **mal**.

maus-tratos **maus-tra**.tos
S *masc pl* tratamento ruim; maldade: *Os escravos sofriam maus-tratos?*

maxila ma.xi.**la** **S *fem*** estrutura óssea em que estão implantados os dentes superiores: *O jogador sofreu lesão na maxila.*

máximo má.xi.mo ***Adj*** **1** maior de todos os outros; mais alto ou mais intenso: *Tenha o máximo cuidado ao dirigir.* ***S masc*** **2** o último grau possível; o limite extremo: *O máximo da vergonha foi ter de pedir desculpas.*
no máximo no limite maior: *O texto deve ter, no máximo, quarenta linhas.* **o máximo** muito bom; maravilhoso: *Mateus é o máximo em matemática.*
Ant: **mínimo**.

me ***Pron*** [***Pessoal***] refere-se à pessoa que fala (eu); a mim: *Ela me ensina.*

meada me.**a**.da ***S fem*** porção de fios dobrados ou enrolados: *O gatinho brinca com a meada de lã.*

meado me.**a**.do ***S masc*** a parte do meio; o meio: *Passamos do meado do ano.*
em meados em tempo perto do meio de: *Em meados do próximo ano farei uma grande viagem.*

mecânica me.**câ**.ni.ca ***S fem*** conjunto de conhecimentos relacionados com máquinas, sua construção e seu funcionamento.
mecânico ***S masc*** pessoa que constrói ou conserta uma máquina.

mecanismo me.ca.**nis**.mo ***S masc*** conjunto de peças que formam uma máquina: *O mecanismo do relógio enferrujou.*

mecha **me**.cha ***S fem*** **1** cordão para acender vela, lampião, etc.: *A mecha da vela está se apagando.* **2** feixe de fios: *Vânia tingiu uma mecha de cabelos.*

medalha me.**da**.lha ***S fem*** peça de metal com figuras ou inscrições, usada como objeto de piedade ou em comemoração a alguma conquista: *A atleta exibe a medalha.*

média **mé**.di.a ***S fem*** **1** nota final: *Ana obteve a média sete em história.* **2** xícara de café com leite: *O lanche era uma média com pão e manteiga.*

medicamento me.di.ca.**men**.to ***S masc*** remédio para curar uma doença: *Já tomei meu medicamento.*

medicina me.di.**ci**.na ***S fem*** conjunto de atividades que tem por fim curar ou prevenir doenças.
medicinal ***Adj*** que serve de medicamento; curativo.

médico **mé**.di.co ***S masc*** **1** profissional formado em curso de medicina: *O médico atende no hospital.* ***Adj*** **2** relativo a médico ou a medicina: *Ele exerce atividades médicas nesta cidade.* pág 225.

medida me.**di**.da ***S fem*** **1** ação de medir; determinação do tamanho: *A medida do tecido foi feita com uma fita métrica.* **2** tamanho; dimensão: *O alfaiate toma as medidas do cliente.*

medidor me.di.**dor** ***S masc*** aparelho que serve para medir: *Termômetro é um medidor de temperatura.*

médio **mé**.di.o ***Adj*** **1** que está no meio entre valores ou grandezas: *Filipe é um jovem de altura média.* **2** relativo ao nível de ensino que se segue ao fundamental: *Ele é professor do ensino médio.*

medir me.**dir** ***Vt*** **1** determinar a largura ou o comprimento de: *A costureira mede o tecido.* **2** ter uma medida: *Disse que o peixe media metro e meio!*
medição ***S fem*** ação de medir.

meditar me.di.**tar** ***Vi*** pensar com cuidado e atenção; refletir: *João medita antes de resolver o problema.*
meditação ***S fem*** ação de meditar; reflexão.

medo **me**.do ***S masc*** sensação ruim causada pela ideia ou pela presença de um perigo; temor.
medroso ***Adj*** que tem medo.

medonho me.**do**.nho ***Adj*** que causa grande medo; assustador: *O fogaréu era medonho.*

medula me.**du**.la ***S fem*** substância mole que enche o interior dos ossos.

medusa me.**du**.sa ***S fem*** animal aquático de corpo gelatinoso e transparente em formato de sino: *As medusas são animais marinhos comuns no litoral brasileiro.*
De **Medusa**, criatura horrível da mitologia dos gregos antigos, que tinha serpentes na cabeça em lugar de cabelos e que, só com o olhar, transformava em pedra as pessoas que dela se aproximassem.

a b c d e f g h i j k l m n o p q r s t u v w x y z

meia **mei**.a *S fem* 1 peça de malha que cobre o pé e parte da perna: *Use as meias de lã, está frio!* 2 tecido elástico; malha: *Ana usa agasalho de meia para malhar.* Em 1, é mais usado no plural.

meia-estação **mei**.a-es.ta.**ção** *S fem* período do ano em que os dias não são muito quentes nem muito frios: *As lojas exibem roupas de meia-estação nas vitrines.*

meia-noite **mei**.a-**noi**.te *S fem* instante em que acaba um dia e começa outro: *Já é meia-noite.*

meigo **mei**.go *Adj* suave; manso: *Que olhar meigo!* **meiguice** *S fem* qualidade daquilo que é meigo.

meio **mei**.o *S masc* 1 local em que se vive; ambiente: *Vivo no meio rural.* 2 centro: *A mesa fica no meio da sala.* 3 maneira; forma: *Queria achar um meio de sair dali.* [*Pl*] 4 bens; recursos: *O pai não tinha meios para se mudar dali.* *Num* [*Fracionário*] 5 fração de um todo dividido em duas partes iguais: *Na geladeira há meia melancia.* *Adv* 6 um pouco; mais ou menos: *Luís está com olhar meio triste.*

meio ambiente **mei**.o am.bi.**en**.te *S masc* conjunto de condições naturais que atuam sobre um indivíduo: *Todos devemos preservar o meio ambiente.*

meio-dia **mei**.o-**di**.a *S masc* hora que corresponde às 12 horas do dia: *Ao meio-dia, almoçamos.*

mel *S masc* substância líquida comestível, doce e pastosa, de cor amarelo-dourada, produzida pelas abelhas: *As abelhas guardam o mel nos favos das colmeias.*

melancia me.lan.**ci**.a *S fem* fruto grande, redondo, de casca dura e verde, polpa vermelha, suco doce: *A melancia é verde por fora e vermelha por dentro.*

melancolia me.lan.co.**li**.a *S fem* tristeza; desgosto: *Ana suspira de melancolia.*

melancólico me.lan.**có**.li.co *Adj* que sente melancolia; triste.

melão me.**lão** *S masc* fruto grande e redondo, de casca amarela, polpa branca ou amarela.

melhor me.**lhor** *Adj* 1 mais que bom; superior: *Para mim vinho tinto é melhor do que branco.* *S masc* 2 quem ou aquilo que é superior a tudo: *Os melhores irão disputar a Olimpíada.* *Adv* 3 mais que bem: *Olhei melhor e resolvi ficar com o vestido cinza.* Ant: **pior**.

melhoramento me.lho.ra.**men**.to *S masc* melhoria: *O asfalto é um melhoramento no bairro.*

melhorar me.lho.**rar** *Vt* 1 tornar melhor ou superior: *Você precisa melhorar sua letra!* 2 fazer prosperar: *As novas máquinas melhorarão a produção.* 3 reparar; reformar: *Lucas resolveu melhorar o curral.* *Vi* 4 tornar-se melhor ou superior: *O doente melhorou.* **melhora** *S fem* mudança para melhor; melhoramento. Ant para **melhorar**: **piorar**.

melhoria me.lho.**ri**.a *S fem* mudança para melhor; melhoramento: *O operário percebe a melhoria das condições de trabalho.*

melodia me.lo.**di**.a *S fem* conjunto de notas musicais que formam um todo em harmonia: *Luís assobia uma melodia alegre.* **melodioso / melódico** *Adj* em que há melodia; agradável à audição.

membrana mem.**bra**.na *S fem* tecido fino e macio que recobre uma superfície ou envolve certos órgãos: *A pele é uma membrana.*

membro ▲ **mem**.bro *S masc* 1 cada uma das quatro partes móveis do tronco do homem e dos animais: *Os braços são os membros superiores e as pernas são os membros inferiores.* 2 parte de um todo; elemento de um grupo: *O poeta é um membro da Academia Brasileira de Letras.*

memória me.**mó**.ri:a *S fem* 1 capacidade que o homem tem de guardar em seu cérebro ideias, impressões, imagens ou conhecimentos adquiridos. [*Pl*] 2 relato em que alguém conta fatos que viveu ou presenciou: *O poeta publicou suas memórias.* 3 espaço para guardar dados e instruções num sistema de computador: *Este computador tem bastante memória.*

a b c d e f g h i j k l m n o p q r s t u v w x y z

memorizar me.mo.ri.**zar** ***Vt*** guardar na memória; decorar: *O aluno memoriza a tabuada.*
memorização ***S fem*** ação de guardar na memória.

mencionar men.ci:o.**nar** ***Vt*** dizer o nome de; citar: *Mencione os livros que você leu.*
Ant: **omitir**.

mendigo men.**di**.go ***S masc*** pessoa que pede esmola: *O mendigo fica na porta da igreja.*

menino me.**ni**.no ***S masc*** quem está na infância; criança: *Os meninos estão na escola.*

meninada me.ni.**na**.da ***S fem*** bando de meninos: *A menidada brincava animada no parque.*

menor me.**nor** ***Adj*** **1** que tem idade menor de 18 anos: *O filme é proibido para jovens menores.* **2** que é mais pequeno que outro em tamanho, número, etc.: *Ana recebe mesada menor do que eu.* **3** o mais pequeno de todos: *Na classe era o menor aluno.* ***S masc*** **4** pessoa com menos de 18 anos: *O filme não é para menores.*
Ant: **maior**.

menos me.nos ***Adv*** **1** em menor quantidade, intensidade ou qualidade: *Hoje o braço está menos dolorido que ontem.* ***Pron*** **2** inferior em quantidade ou intensidade: *Ontem vieram dez alunos; hoje, há menos.*
Ant para **1**: **mais**.

mensagem men.**sa**.gem ***S fem*** **1** comunicação falada ou escrita que se transmite a alguém: *Recebi a mensagem de parabéns.* **2** significado de uma obra: *O quadro passa a mensagem de paz.*
mensageiro ***Adj*** que leva ou traz mensagens.

mensal men.**sal** ***Adj*** **1** que se realiza a cada mês: *Na sua escola há avaliação mensal.* **2** que sai uma vez por mês: *Os alunos fazem um jornal mensal.*
mensalista ***Adj*** que recebe ordenado mensal.

mensalidade men.sa.li.**da**.de ***S fem*** quantia que se paga ou se recebe por mês: *Os pais se sacrificam para pagar a mensalidade escolar.*

mental men.**tal** ***Adj*** relativo à mente; intelectual: *O xadrez é jogo mental.*
mentalidade ***S fem*** capacidade intelectual.

mente **men**.te ***S fem*** **1** pensamento: *O estudo desenvolve a mente.* **2** espírito; imaginação: *Na mente lembrei minha infância.*

mentir men.**tir** ***Vi*** dizer mentiras: *Você não sabe mentir.*

mentira men.**ti**.ra ***S fem*** afirmação contrária à verdade, falsidade: *Quem conta mentira nunca mais merece confiança.*
mentirada ***S fem*** muitas mentiras.
Ant: **verdade**.

mentiroso men.ti.**ro**.so ***Adj*** **1** que conta mentiras: *Fuja sempre de pessoa mentirosa.* ***S masc*** **2** quem conta mentira: *Eu sei que você não é um mentiroso.*

menu ***S masc*** lista de pratos e bebidas servidos num restaurante; cardápio: *Estávamos com fome; assim que sentamos, pedimos o menu.*
Palavra tirada do francês.

mercado mer.**ca**.do ***S masc*** **1** lugar onde se negociam alimentos e outras mercadorias: *Compro verduras no mercado.* **2** compra e venda de mercadorias; comércio: *O mercado de xampus está aumentando?*
mercador ***S masc*** quem negocia; comerciante.

mercadoria mer.ca.do.**ri**.a ***S fem*** tudo que é objeto de compra e venda: *Cláudio comprou um novo sofá, mas a mercadoria só foi entregue na semana seguinte.*

mercearia mer.ce:a.**ri**.a ***S fem*** estabelecimento comercial onde se vendem principalmente alimentos e bebidas; armazém: *Na mercearia, Vânia comprou os ingredientes para o almoço.*

mercúrio mer.**cú**.ri:o ***S masc*** metal líquido, pesado e tóxico, cor de prata, de grande emprego medicinal e industrial: *O mercúrio é o líquido usado nos termômetros.*

mercúrio cromo mer.**cú**.ri:o **cro**.mo ***S masc*** medicamento usado para limpar ferimentos.

merecedor me.re.ce.**dor** ***Adj*** 1 que merece; digno: *Você fez um trabalho merecedor de nota dez.* ***S masc*** 2 pessoa que é digna de recompensa: *O merecedor do prêmio estava muito feliz.*

merecer me.re.**cer** ***Vt*** ser digno de; ter mérito (ou falta de merecimento) para: *Depois do trabalho, mereço descansar.*
➖ **merecimento** ***S masc*** qualidade pela qual se merece prêmio, castigo, etc.

merenda me.**ren**.da ***S fem*** 1 refeição leve: *Na escola faço só uma merendinha.* 2 aquilo que se come na merenda; lanche: *Bianca foi comer a merenda debaixo da mangueira.* ▶ pág 156 e 157.

mergulhar mer.gu.**lhar** ***Vt*** (...+em) 1 fazer afundar ou penetrar (num líquido); introduzir na água: *Mergulha o pincel na tinta.* (+em) 2 entrar na água; afundar: *Ele mergulhou na piscina.* 3 concentrar-se; absorver-se: *João mergulha nos livros.*
➖ **mergulho** ***S masc*** ação de lançar-se na água. **mergulhador** ***S masc*** quem mergulha.
▶ pág 302 e 303.

meridiano me.ri.di.**a**.no ***S masc*** grande círculo imaginário que passa pelos dois polos e corta o equador em ângulo reto: *Os meridianos servem para dividir o globo terrestre em fusos horários.*

mérito **mé**.ri.to ***S masc*** qualidade que faz uma pessoa ser digna de elogio, recompensa; merecimento: *O mérito desse aluno é ser esforçado nos estudos e educado com os amigos.*

mero **me**.ro ***Adj*** sem importância; simples: *Não é que um mero rapaz chegou a diretor!*

mês ***S masc*** cada uma das doze partes em que se divide um ano: *Estamos no mês de maio.*

mesa **me**.sa ***S fem*** móvel formado por uma tábua horizontal apoiada em pés. ▶ pág 370.

mesada me.**sa**.da ***S fem*** quantia em dinheiro que se recebe ou se dá mensalmente a alguém: *Com a mesada, os filhos aprendem a lidar com dinheiro.*

mesclar mes.**clar** ***Vt*** (...+a/com) colocar no meio (de); misturar: *Devemos sempre mesclar trabalho com descanso.*
➖ **mesclado** ***Adj*** em que há mistura: *O tecido era mesclado de branco e azul.*

mesmo **mes**.mo ***Pron*** [***Demonstrativo***] 1 pessoa ou coisa dita antes; aquele: *Os livros que Luís usa são os mesmos que seu irmão usou.* 2 aquilo que não sofreu ou não sofre alteração: *O carinho do casal ainda é o mesmo.* ***Adv*** 3 ainda; até: *Eu vou à escola, mesmo com chuva.* 4 de fato: *No futuro, quero mesmo ser alguém.*
🔄 **mesmo que** ainda que; embora: *Mesmo que tivesse muito dinheiro, não gastaria à toa.*

mestiço mes.**ti**.ço ***Adj*** 1 que tem pais de etnias ou raças diferentes: *O burro é um animal mestiço, nascido de égua e jumento.* ***S masc*** 2 pessoa que tem pais de etnias diferentes ou animal que tem pais de raças diferentes: *A Cabanagem foi uma revolta formada por escravos, mestiços e indígenas.*

mestre **mes**.tre ***S masc*** 1 quem ensina; professor: *Quero ser mestre de língua portuguesa.* 2 pessoa que sabe alguma coisa muito bem; especialista: *Ele é mestre em motores.*

mestre-cuca **mes**.tre-**cu**.ca ***S*** cozinheiro experiente; chefe dos cozinheiros: *O mestre-cuca tem muitos auxiliares.*

mestre de obras ▲ **mes**.tre de **o**.bras ***S*** pessoa que dirige os operários numa construção: *O mestre de obras exige competência dos operários.*

mestre-sala **mes**.tre-**sa**.la ***S masc*** pessoa que, nos desfiles de escola de samba, acompanha aquela que carrega a bandeira da escola: *O mestre-sala dança com rapidez.*

meta **me**.ta ***S fem*** objetivo; finalidade: *A meta do aluno é entrar numa faculdade.*

metade me.**ta**.de ***S fem*** cada uma das duas partes iguais em que se divide um todo: *Dei metade da laranja ao colega.*

metal me.**tal** ***S masc*** 1 elemento químico simples, com brilho característico, bom condutor de eletricidade e de calor: *A prata e o ouro são metais preciosos.* [***Pl***] 2 conjunto de instrumentos musicais de latão: *A orquestra é*

A B C D E F G H I J K L M N O P Q R S T U V W X Y Z

formada por cordas e metais.
metálico ***Adj*** de metal; que contém metal.

metalurgia me.ta.lur.**gi**.a ***S fem*** técnica para extrair, purificar e tratar os metais: *A metalurgia transforma o metal bruto em metal elaborado.*
metalúrgica ***S fem*** oficina de metalurgia.

metalúrgico me.ta.**lúr**.gi.co ***Adj*** **1** relativo a metalurgia: *Atividades metalúrgicas são cansativas.* ***S masc*** **2** pessoa que trabalha em metalurgia: *O metalúrgico foi descansar.*

metamorfose ▶ me.ta.mor.**fo**.se ***S fem*** mudança de forma ou estrutura; transformação: *Insetos como borboleta, gafanhoto e cigarra passam por metamorfose.*

meteoro me.te.**o**.ro ***S masc*** pedaço de pedra que cai na atmosfera da Terra e se queima com o atrito: *Quando um meteoro atravessa a atmosfera, vira uma bola de fogo.*

meteorologia me.te:o.ro.lo.**gi**.a ***S fem*** estudo dos fenômenos da atmosfera: *A meteorologia baseia-se na observação do que acontece na atmosfera.*

meter me.**ter** ***Vt*** (...+em) **1** pôr dentro (de); introduzir: *Mateus meteu a mão na caixa.* [***Pron***] (+por) **2** dirigir-se; encaminhar-se: *O animal meteu-se pela floresta e sumiu.* (+em) **3** intrometer-se: *É feio meter-se na conversa dos outros.*
meter a mão bater: *Nervoso, meteu a mão na porta com força.*

metido me.**ti**.do ***Adj*** **1** colocado dentro de: *Com o frio, anda com as mãos metidas nos bolsos.* **2** fechado; isolado: *Vive metido no quarto.* **3** orgulhoso: *A beleza tornou a menina muito metida.* ***S masc*** **4** pessoa orgulhosa; antipático: *O metido não pensa que ele é como nós?*

método **mé**.to.do ***S masc*** maneira de dizer, fazer ou ensinar alguma coisa, seguindo certos princípios; conjunto de recursos usados para alcançar um objetivo: *Descobriu novo método para economizar.*
metodologia ***S fem*** ciência que estuda os métodos.

metragem me.**tra**.gem ***S fem*** medida em metros: *A metragem do tecido é de dez metros.*

metralhadora me.tra.lha.**do**.ra ***S fem*** arma de fogo que dispara muitas balas em pouco tempo.

metro **me**.tro ***S masc*** unidade da medida de comprimento, equivalente a cem centímetros.
métrico ***Adj*** relativo ao metro.

metrô me.**trô** ***S masc*** trem de ferro para transporte urbano de passageiros, que em geral passa embaixo da terra: *É mais barato viajar de metrô que de táxi.*
▶ pág 102 e 103.

metrópole me.**tró**.po.le ***S fem*** cidade muito grande ou importante: *São Paulo é uma metrópole.*

metropolitano me.tro.po.li.**ta**.no ***Adj*** da ou relativo à metrópole: *A região metropolitana de Curitiba tem muitas indústrias.*

meu ***Pron*** [***Possessivo***] palavra que se refere à pessoa que fala (eu), indicando: **1** pertencente a mim: *Onde está meu travesseiro?* **2** onde vivo, trabalho, moro ou exerço atividade: *Esta é minha sala.*
Forma feminina correspondente: **minha**.

mexer me.**xer** ***Vt*** **1** movimentar; mover: *Mexa as pernas, ande um pouco!* **2** misturar; juntar: *A cozinheira mexe a massa de bolo.* (+em) **3** tocar; pegar: *Não mexa nas minhas coisas!* ***Vi*** [***Pron***] **4** agir com rapidez; apressar-se: *Mexa-se, se não quer perder a hora!*

mexerica me.xe.**ri**.ca ***S fem*** fruta parecida com laranja, mas com casca que se solta com facilidade.

mexerico me.xe.**ri**.co ***S masc*** intriga; fofoca: *Há revistas sobre mexericos entre artistas.*

mexicano me.xi.**ca**.no ***Adj*** **1** que é natural ou habitante do México (América do Norte): *O povo mexicano fala espanhol.* **2** relativo ao México ou aos mexicanos: *Gosto de ouvir músicas mexicanas.* ***S masc*** **3** quem nasce ou vive no México: *Os mexicanos usam chapéus de aba larga.*

miar mi.**ar** ***Vi*** soltar a voz (o gato): *O gato miava sem parar.*
miado ***S masc*** voz natural do gato.

miçanga ▲ mi.**çan**.ga ***S fem*** peça de vidro ou plástico pequena e colorida, usada para enfeitar: *Bianca prega miçangas na fantasia.*
Mais usado no plural.

mico **mi**.co ***S masc*** pequeno macaco: *O mico é um macaquinho vivo e irrequieto.*

micróbio mi.**cró**.bi:o ***S masc*** ser vivo que só pode ser visto no microscópio: *Alguns micróbios são causadores de doença.*

microfone mi.cro.**fo**.ne ***S masc*** aparelho que transmite ou amplia os sons: *O cantor usa microfone.*

micro-ondas **mi**.cro-**on**.das ***S masc*** forno que transforma a energia eletrônica em calor.

micro-organismo **mi**.cro-or.ga.**nis**.mo ***S masc*** organismo, animal ou vegetal, de tamanho muito pequeno.

microscópico mi.cros.**có**.pi.co ***Adj*** **1** por meio de microscópio: *Vânia faz exames microscópicos.* **2** que só pode ser visto através de microscópio; minúsculo: *O micróbio é um ser microscópico.*

microscópio mi.cros.**có**.pi:o ***S masc*** aparelho com lente que aumenta muitas vezes a imagem de objetos muito pequenos, permitindo sua observação: *O microscópio só funciona com luz.*

mídia **mí**.di:a ***S fem*** conjunto dos meios de informação e de comunicação: *A mídia compreende rádio, televisão, etc.*

migalha mi.**ga**.lha ***S fem*** pequeno pedaço de qualquer coisa: *Migalhas de pão ficaram na toalha.*

migração mi.gra.**ção** ***S fem*** mudança de uma localidade para outra: *A migração de nordestinos para São Paulo é muito grande.*
migrante ***S*** aquele que migra.

migrar mi.**grar** ***Vt*** (+de...+para) mudar (de uma localidade para outra); transferir-se: *A família toda migrou de São Paulo para a Bahia.*
Cp: **emigrar** e **imigrar**.

milagre mi.**la**.gre ***S masc*** acontecimento que não se considera natural; tudo que não se pode explicar: *Dizem que a cura do bebê foi milagre.*
milagroso ***Adj*** que faz milagre.

milenar mi.le.**nar** ***Adj*** que tem mil anos ou mais: *O teatro de sombras é uma arte milenar.*

milênio mi.**lê**.ni:o ***S masc*** período que compreende mil anos: *Este é o início de um novo milênio.*

milhar mi.**lhar** ***S masc*** **1** mil unidades: *O candidato mandou fazer um milhar de folhetos.* **2** grande quantidade: *Já lhe disse para não fazer isso milhares de vezes.*

milho **mi**.lho ***S masc*** **1** planta cujas sementes amarelas se reúnem em espigas: *O milho cresce no campo.* **2** grãos ou sementes dessa planta: *Comi milho cozido.*
milharal ***S masc*** plantação de milho.

miligrama mi.li.**gra**.ma ***S masc*** unidade de medida de peso, equivalente a cada uma das mil partes iguais em que pode ser dividido o grama.

mililitro mi.li.**li**.tro ***S masc*** unidade de medida de capacidade, equivalente a cada uma das mil partes iguais em que pode ser dividido o litro.

milímetro mi.**lí**.me.tro ***S masc*** unidade de medida de comprimento, equivalente a cada uma das mil partes iguais em que pode ser dividido o metro.
milimétrico ***Adj*** relativo ao milímetro; muito pequeno.

milionário mi.li.o.**ná**.ri:o ***Adj*** **1** que tem milhões; muito rico: *Ele ficou milionário com muito trabalho.* ***S masc*** **2** pessoa muito rica: *O milionário comprou um carrão.*

militar mi.li.**tar** ***S*** **1** pessoa que pertence ao exército ou que segue a carreira das armas: *Fernando é um militar da Escola Superior de Guerra.* ***Adj*** **2** relativo às Forças Armadas (Aeronáutica, Exército, Marinha): *O treinamento militar é intenso.*

mim ***Pron*** [***Pessoal***] palavra que se refere à pessoa que fala (eu) usada depois de preposição: *Estava rindo de mim?*

mimar mi.**mar** ***Vt*** tratar com carinho excessivo; acariciar: *Não é bom mimar muito as crianças.*

mímica **mí**.mi.ca ***S fem*** expressão do pensamento por meio de gestos ou expressões no rosto: *Uma dor de garganta obriga Tânia a usar mímica.*

mimoso mi.**mo**.so ***Adj*** gracioso; delicado: *Um mimoso sabiá pousou na laranjeira.*

mina **mi**.na ***S fem*** 1 cavidade dentro da terra, de onde se retiram água ou minérios; jazida de minérios: *O trabalho nas minas é pesado.* 2 arma de guerra que contém material explosivo: *Nos países em guerra há minas enterradas.* 3 nascente; fonte: *Na fazenda bebemos água limpa da mina.*

mineiro mi.**nei**.ro ***S masc*** quem trabalha nas minas: *Os mineiros precisam de um sistema de segurança.*
minerador ***S masc*** quem trabalha em mineração.

mineração mi.ne.ra.**ção** ***S fem*** trabalho de extração de minérios: *Minas Gerais leva esse nome por ser região rica em mineração.*

mineral mi.ne.**ral** ***S masc*** 1 qualquer substância que não é orgânica que se encontra dentro da terra: *A água é um mineral.* ***Adj*** 2 relativo aos minerais: *O reino mineral compreende a matéria sem vida.*

minério mi.**né**.ri.o ***S masc*** mineral tal como é encontrado na natureza: *O ouro é um minério.*

mingau min.**gau** ***S masc*** alimento pastoso, feito com leite, açúcar e algum tipo de farinha: *O bebê come mingau.*

minguante min.**guan**.te ***Adj*** diz-se da fase da lua que corresponde à passagem da lua cheia para a lua nova: *Dizem que se deve podar plantas na fase minguante da lua.*

minhoca mi.**nho**.ca ***S fem*** animal de corpo fino e longo, que vive embaixo da terra: *A minhoca não tem coluna vertebral.*

miniatura mi.ni.a.**tu**.ra ***S fem*** objeto, desenho ou pintura em tamanho reduzido: *Nino exibe suas miniaturas de barcos.*

mínimo **mí**.ni.mo ***Adj*** 1 muito pequeno: *A gratidão daquela menina é mínima.* 2 o menor possível: *Anda sem fazer o mínimo barulho.* 3 que é o menor da mão: *Usa um anel no dedo mínimo.* ***S masc*** 4 porção ou quantidade muito pequena: *João come o mínimo.*
no mínimo pelo menos: *Você deve, no mínimo, agradecer o presente.*
Ant: **máximo**.

ministério mi.nis.**té**.ri.o ***S masc*** 1 cargo; incumbência. 2 conjunto dos ministros que constituem o gabinete do governo: *O ministério se reuniu com o Presidente.* 3 edifício onde funciona esse gabinete do governo: *Todos os ministérios ficam em Brasília.*

ministrar mi.nis.**trar** ***Vt*** (...+a) 1 dar; fornecer: *Um guia ministra informações aos passageiros.* 2 transmitir; ensinar: *O professor ministra a matéria aos alunos.*

ministro mi.**nis**.tro ***S masc*** 1 membro de um ministério: *O ministro da Educação visita escolas da Capital.* 2 pessoa que exerce atividade religiosa: *O ministro fala aos fiéis.*

minoria mi.no.**ri**.a ***S fem*** 1 a menor parte ou menor número de: *Os vizinhos ricos são uma minoria.* 2 pequeno grupo com características próprias dentro de uma sociedade: *Os direitos das minorias são respeitados.*
Ant: **maioria**.

minucioso mi.nu.ci.**o**.so ***Adj*** feito com atenção aos pequenos detalhes; cuidadoso: *Fez um relato minucioso da viagem.*
minúcia ***S fem*** detalhe.

minúsculo mi.**nús**.cu.lo ***Adj*** 1 diz-se de letra menor que a letra maiúscula e de formato próprio, e usada no corpo do texto: *A letra minúscula não é usada no início da frase.* 2 muito pequeno: *Sem óculos, não viu os espinhos minúsculos da planta.*
Ant: **maiúsculo**.

minuto mi.**nu**.to ***S masc*** 1 unidade de medida de tempo, que equivale a 60 segundos. 2 tempo muito breve; instante: *Espere um minuto só!*

miolo mi.**o**.lo ***S masc*** 1 parte de dentro; centro: *Gosto do miolo do pão.* 2 cérebro: *Pus o miolo pra funcionar.*
Em 2 é uso informal.

miopia mi:o.**pi**.a ***S fem*** defeito da visão em que a imagem de um objeto se forma antes da retina: *A miopia pode ser corrigida com o uso de óculos.*
míope S pessoa que sofre de miopia.

miragem mi.**ra**.gem ***S fem*** engano do sentido da visão, muito comum no deserto, que faz a pessoa ter a ilusão de ver lagos, cidades, etc. que não existem na realidade: *A miragem acontece num lugar amplo.*

mirante mi.**ran**.te ***S masc*** lugar muito alto, de onde se pode ver o horizonte: *Do mirante, víamos as árvores como se fossem miniaturas.*

mirar mi.**rar** ***Vt*** 1 fitar os olhos em; observar: *O detetive mira o casal que passa.* 2 fazer pontaria; apontar (a arma): *O garoto mira a lata com o estilingue.*

mirim mi.**rim** ***Adj*** 1 pequeno: *O fazendeiro mandou fazer uma lagoa mirim para os netos nadarem.* 2 infantil: *Os meninos participam da banda mirim.*

miserável mi.se.**rá**.vel ***Adj*** 1 digno de desprezo: *Um ladrão miserável roubou minha namorada!* 2 sem recursos; pobre: *Mora numa casa miserável.* 3 avarento: *O homem miserável não dá gorjeta.* **S** 4 pessoa muito pobre: *Gostaria que não houvesse um miserável no mundo.*

miséria mi.**sé**.ri:a ***S fem*** 1 pobreza extrema: *O coitado vive na miséria.* 2 desgraça; martírio: *O carro quebrou, a viagem foi uma miséria!* 3 coisa pequena: *Queixa-se que o salário é uma miséria.*

miss ***S fem*** moça bonita que vence concurso de beleza: *A miss desfila feliz.*
A palavra vem do inglês.

missa **mis**.sa ***S fem*** na Igreja Católica, cerimônia em que se celebra o sacrifício de Cristo.

missão mis.**são** ***S fem*** 1 tarefa; obrigação: *A missão do aluno é estudar.* 2 ensino de missionários.

missionário mis.si:o.**ná**.ri:o ***Adj*** 1 de ou relativo a missão: *Seu trabalho missionário o levou a regiões distantes.* ***S masc*** 2 religioso que procura tornar conhecida a sua religião.

mistério mis.**té**.ri:o ***S masc*** 1 tudo que a inteligência não consegue compreender; enigma: *O céu continua sendo um certo mistério.* 2 tudo que é oculto; segredo: *Os jurados fazem mistério em torno do resultado do concurso.*
misterioso ***Adj*** que constitui um mistério; que não se pode explicar pela razão.

misto **mis**.to ***Adj*** 1 que é resultado da mistura de diversos elementos: *É um tecido misto de algodão e nylon.* ***S masc*** 2 mistura: *O pajé, entre os indígenas, era um misto de feiticeiro, médico e sacerdote.*

mistura mis.**tu**.ra ***S fem*** reunião de coisas diferentes: *O texto é uma mistura de aventura e comédia.*

misturar mis.tu.**rar** ***Vt*** (+com) 1 juntar (coisas diferentes); unir: *A cozinheira misturou a farinha com o sal.* 2 confundir; embaralhar: *Misturou as meias do filho com as do marido.* ***Vi*** [***Pron***] (+com/a) 3 juntar-se; unir-se: *O petróleo não se mistura com a água.*
Ant: **separar**.

mito **mi**.to ***S masc*** narrativa fantasiosa envolvendo personagens ou feitos extraordinários: *O boto entra em vários mitos amazônicos.*

mitologia mi.to.lo.**gi**.a ***S fem*** conjunto de mitos ou estudo dos mitos: *A mitologia é rica de lendas indígenas.*

miúdo mi.**ú**.do ***Adj*** 1 de tamanho pequeno; muito pequeno: *Bianca tem pés miúdos.*
S masc pl 2 órgãos internos de animais usados na alimentação humana: *Meu pai não come miúdos de frango.*
Ant: **graúdo**.

móbile **mó**.bi.le ***S masc*** objeto feito de material leve, pendurado de modo equilibrado: *A oficina ensina a fazer móbiles.*

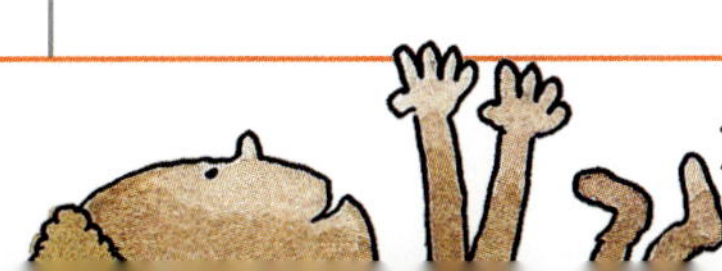

mobília mo.**bí**.li.a ***S fem*** conjunto de móveis para uso ou enfeite de casa: *O marceneiro fez a mobília.* ▶ pág 76 e 77.

mobilizar mo.bi.li.**zar** ***Vt*** (...+para) **1** fazer agir; convocar: *A Prefeitura mobilizou voluntários para arrecadar agasalhos.* [**Pron**] (+para) **2** unir-se; organizar-se: *O bairro se mobilizou para consertar a estrada.*
mobilização ***S fem*** associação de pessoas com determinado objetivo.

mochila mo.**chi**.la ***S fem*** saco com alças para diversos objetos e que se leva pendurado nas costas.

mocidade mo.ci.**da**.de ***S fem*** período da vida entre a infância e a idade adulta: *Aproveite a mocidade para garantir seu futuro!*
Ant: **velhice**.

mocinho mo.**ci**.nho ***S masc*** **1** moço; jovem: *A filha já era uma mocinha.* **2** herói de histórias de aventura: *O mocinho sempre vence no final da história.*

moço **mo**.ço ***S masc*** **1** jovem: *Os moços em geral são alegres.* ***Adj*** **2** de pouca idade; jovem: *Ainda era muito moço, mas já estudava numa faculdade.*
moçada ***S fem*** grupo de moços.
Ant: **velho**.

moda **mo**.da ***S fem*** **1** uso adotado pela sociedade que dita a maneira de viver, de se vestir, etc.: *A moda é usar cabelo liso.* **2** cantiga: *Juntaram-se para cantar moda de viola.*

modalidade mo.da.li.**da**.de ***S fem*** cada um dos aspectos diversos de um todo: *Os saltos ornamentais são uma modalidade cheia de desafios.*

modelagem mo.de.**la**.gem ***S fem*** **1** criação de um objeto, moldando uma substância: *Os alunos fazem modelagem de vaso em barro.* **2** trabalho acabado, resultado da ação de modelar: *A modelagem está seca.*

modelar ▲ mo.de.**lar** ***Vt*** **1** dar forma a um objeto, moldando uma substância: *Bianca modela bichos de barro.* **2** ajustar; contornar: *A meia modela suas pernas.*

modelo mo.**de**.lo ***S masc*** **1** objeto que se quer copiar ou imitar; amostra: *A jovem observa um modelo de vestido.* **2** molde com o qual se executam trabalhos em série: *As costureiras cortam as camisas utilizando modelos.* **S** **3** pessoa que posa ou desfila: *As modelos são elegantes.*

moderação mo.de.ra.**ção** ***S fem*** qualidade da pessoa que se satisfaz com pouco; qualidade que consiste em evitar excessos: *Come com moderação.*
moderado ***Adj*** que se satisfaz com pouco; sem exagero.
Ant para **moderação**: **excesso**.

moderno mo.**der**.no ***Adj*** **1** dos tempos atuais: *Você gosta de música moderna?* **2** que se utiliza de técnicas atuais: *A empresa tem veículos modernos.* **3** que está na moda: *A moça usa penteados modernos.*
modernidade ***S fem*** qualidade do que é moderno; atualidade.
Ant para **moderno**: **antigo**.

modesto mo.**des**.to ***Adj*** **1** moderado nos desejos e ideais; simples: *Era um funcionário modesto, contente com seu cargo.* **2** discreto; simples: *Gosto de vestido modesto.* **3** sem importância: *Era um modesto operário.*
modéstia ***S fem*** qualidade do que é modesto.
Ant para **modesto**: **vaidoso**; para **modéstia**: **orgulho**; **vaidade**.

modificar mo.di.fi.**car** ***Vt*** **1** dar nova forma a; transformar: *Adílson modificou o penteado e ficou mais bonito.* ***Vi*** [**Pron**] **2** sofrer modificação; transformar-se: *O mundo continua girando e se modificando.*
modificação ***S fem*** alteração; mudança.
Ant para **modificar**: **manter**; **conservar**.

modo **mo**.do ***S masc*** **1** maneira; jeito: *Gosto de seu modo de falar.* [***Pl***] **2** maneira de comportar-se; educação: *Tenha modos! Não é assim que se trata um poeta!*

moeda mo.**e**.da ***S fem*** **1** peça redonda de metal com um determinado valor e usada como dinheiro: *Pagou as verduras com moedas.* **2** dinheiro usado em um país: *O real é nossa moeda.*
▶ pág 256 e 257.

moenda mo.**en**.da ***S fem*** 1 ação de moer: *Quem trabalha na moenda deve ter cuidado.* 2 máquina para moer ou espremer: *Foi preciso trocar uma peça da moenda.*

moer mo.**er** ***Vt*** reduzir a pequenos pedaços ou a pó; triturar: *A máquina mói o grão de café.*
moagem ***S fem*** ação de moer.

mofo **mo**.fo ***S masc*** camada de certos fungos que se forma sobre madeira, couro, alimentos, etc.; bolor: *O mofo se desenvolve em lugares úmidos.*

moinho mo.**i**.nho ***S masc*** máquina que serve para moer grãos: *No passado, o moinho era movido pelo vento.*

moita **moi**.ta ***S fem*** conjunto muito espesso de plantas de pouca altura: *Esconderam-se atrás da moita.*

mola **mo**.la ***S fem*** peça de metal formada de lâminas em espiral e que serve para dar movimento ou resistência a outra peça: *Durmo em colchão de molas.*

molar mo.**lar** ***S masc*** dente grande e largo, localizado atrás do canino e próprio para moer os alimentos: *Os primeiros molares surgem aos 6 anos.*

moldar mol.**dar** ***Vt*** 1 dar forma a; modelar: *As crianças moldam bichos em barro.* (...+a) 2 acomodar; ajustar: *Moldou a vida às condições financeiras do marido.*
moldagem ***S fem*** ação de moldar.

molde **mol**.de ***S masc*** peça que serve de modelo para cópias: *Cortou os biscoitos com o molde redondo.*

moldura mol.**du**.ra ***S fem*** peça que pode ser feita de vários tipos de materiais e que se coloca em volta de quadros, fotografias, etc.: *Comprei uma moldura para pôr sua foto.*

mole **mo**.le ***Adj*** 1 macio: *O bife estava bem mole.* 2 em forma de pasta; pastoso: *O creme deve estar mole.* 3 sem energia; fraco: *O cansaço deixou João mole.* ***Adv*** 4 de modo brando: *O homem fala mole, dá um sono!*
não ser mole não ser fácil: *Trocar pneu não é mole, não!*
Ant para 1 e 2: **duro**.

molécula mo.**lé**.cu.la ***S fem*** grupo de dois ou mais átomos, que caracteriza uma substância.

moleque mo.**le**.que ***S masc*** 1 menino de pouca idade: *Ele é ainda um moleque de brincar na rua.* 2 malandro; safado: *Você é um moleque, não tem palavra!*

moléstia mo.**lés**.ti:a ***S fem*** doença: *Vacine seu filho contra moléstias infantis.*
Ant: **saúde**.

moletom mo.le.**tom** ***S masc*** 1 tecido de malha de lã ou algodão: *Coloque um casaco de moletom, está frio!* 2 roupa feita com esse tecido: *Vânia usa um moletom para caminhar.*

molhar mo.**lhar** ***Vt*** 1 cobrir de água ou outro líquido: *A chuva molhou os lençóis no varal.* 2 regar: *Bianca molha a grama.* ***Vi*** [***Pron***] 3 ficar coberto de água: *Saiu sem sombrinha e molhou-se toda.*
Ant: **secar**; **enxugar**.

molho **mo**.lho ***S masc*** 1 caldo que se forma ao cozinhar alimentos ou em que eles são cozidos: *Todo dia é essa carne com molho!* 2 líquido ou pasta geralmente temperado que serve para acompanhar um prato: *A salada estava coberta com molho de maionese.*
de molho 1 coberto com líquido: *Deixe o bacalhau de molho.* 2 doente: *Luís está gripado, de molho há três dias.*

molusco mo.**lus**.co ***S masc*** animal que tem o corpo mole, geralmente protegido por uma concha.

momento mo.**men**.to ***S masc*** 1 pequeno espaço de tempo; instante: *A secretária pediu que eu esperasse um momento.* 2 época; ocasião: *Seria preciso contratar pessoas no momento da colheita.* 3 circunstância; situação: *Ele atravessa um momento difícil.*
momentâneo ***Adj*** que dura um momento.

monarca mo.**nar**.ca ***S masc*** chefe de um Estado monárquico: *Um rei é um monarca.*

monarquia mo.nar.**qui**.a ***S fem*** **1** forma de governo em que o poder supremo é exercido por uma só pessoa: *A monarquia é geralmente hereditária.* **2** Estado governado por um monarca: *O Brasil já foi uma monarquia.*
monárquico ***Adj*** da ou relativo à monarquia.

monetário mo.ne.**tá**.ri.o ***Adj*** relativo a moeda: *No Brasil já houve reformas monetárias.*

monge **mon**.ge ***S masc*** membro de uma ordem religiosa masculina.
Forma feminina correspondente: **monja**.

monitor mo.ni.**tor** ***S masc*** **1** pessoa que ajuda, orienta e controla alguém na execução de uma atividade: *Monitores acompanham as crianças na visita ao museu.* **2** aparelho que mostra textos ou gráficos gerados por computador; tela do computador: *Leia as instruções dadas no monitor.*

monopólio mo.no.**pó**.li.o ***S masc*** vantagem que tem uma pessoa, uma companhia ou um Estado de fabricar ou vender certas coisas, explorar certos serviços com exclusividade: *No Brasil, o Estado possui o monopólio da exploração do petróleo.*

monótono mo.**nó**.to.no ***Adj*** que é sem variação; aborrecido: *O barulho constante da chuva na vidraça é monótono, faz dormir.*
monotonia ***S fem*** qualidade do que é monótono.

monstro **mons**.tro ***S masc*** ser fantástico: *Há quem acredite que no lago existe um monstro.*
monstruoso ***Adj*** **1** que tem a forma de monstro. **2** enorme; extraordinário.

montadora mon.ta.**do**.ra ***S fem*** empresa especializada na montagem de máquinas e equipamentos.
montador ***S masc*** operário encarregado de ajustar as diversas peças de um conjunto.

montagem mon.**ta**.gem ***S fem*** **1** ação de juntar as partes de um conjunto, de tal modo que permita seu funcionamento: *Trabalha na montagem do palco.* **2** arranjo; composição: *Essa foto é uma montagem.*

montanha mon.**ta**.nha ***S fem*** **1** grande elevação de terra (maior que monte). **2** grande quantidade: *Na pia havia uma montanha de pratos sujos.*
montanhoso ***Adj*** que tem muitas montanhas.
Ant para **montanhoso**: **plano**.

montanhismo mon.ta.**nhis**.mo ***S masc*** esporte que consiste em escalar montanhas: *Você conhece alguém que pratica montanhismo?*
montanhista ***S*** pessoa que pratica montanhismo.

montar mon.**tar** ***Vt*** **1** andar a cavalo; cavalgar: *Ninguém conseguia montar o animal.* **2** pôr em cena: *A equipe está montando a peça de teatro.* **3** juntar as peças e fazer funcionar: *Vou montar um robô.*

montaria mon.ta.**ri**.a ***S fem*** animal que se pode cavalgar: *A montaria estava no pasto.*

monte **mon**.te ***S masc*** **1** elevação de terreno (menor que montanha); morro: *Gostava de subir o monte para ver o sol descer.* **2** grande quantidade: *Um monte de meninas nos cercou querendo saber todas as novidades.*

monumento mo.nu.**men**.to ***S masc*** **1** obra ou construção para lembrar um acontecimento ou à memória de pessoa notável: *O Monumento à Independência fica na cidade de São Paulo.* **2** qualquer obra notável: *As Pirâmides do Egito são monumentos da humanidade muito famosos.* ▶ pág 102 e 103.
monumental ***Adj*** enorme.

morada mo.**ra**.da ***S fem*** **1** lugar onde se mora; casa de habitação: *O prefeito prometeu morada para os pobres.* **2** abrigo; refúgio: *As aves fazem da mangueira sua morada.* ▶ pág 196 e 197.

moradia mo.ra.**di**.a ***S fem*** residência; morada: *Quantas famílias sem moradia, meu Deus!*

morador mo.ra.**dor** ***S masc*** **1** aquele que mora (em algum lugar); residente: *O morador é novo no bairro.* ***Adj*** **2** que mora; habitante: *Conheço todas as pessoas moradoras do condomínio.* ▶ pág 76 e 77.

moral mo.**ral** ***S fem*** **1** conjunto de regras de comportamento que indicam o certo e o errado: *O pai vivia de acordo com a moral.* ***S masc*** **2** ânimo; coragem: *O gol elevou o moral dos jogadores.* ***Adj*** **3** relativo a moral: *Todos devemos seguir princípios morais.*
moralista ***S*** pessoa que segue com rigidez as regras morais e exige o mesmo dos outros.

a b c d e f g h i j k l m n o p q r s t u v w x y z

moranga ▲ mo.**ran**.ga **S *fem*** abóbora redonda: *Com a moranga se faz um doce muito gostoso.*

morango mo.**ran**.go **S *masc*** fruto pequeno, vermelho e doce, com sementes muito pequenas na superfície da casca: *Torta de morangos, que delícia!*

morar mo.**rar** ***Vt*** (+em) residir; habitar: *João e Luís moram em Santos.*

morcego mor.**ce**.go **S *masc*** mamífero voador de asas com membranas e cabeça parecida com a do rato: *O morcego tem hábitos noturnos.*

morder mor.**der** ***Vt*** enfiar os dentes em; dar dentadas em: *O cão mordeu o próprio dono.*
mordida **S *fem*** ação de morder.

mordomo mor.**do**.mo **S *masc*** empregado que cuida da administração da casa: *O mordomo abriu a porta.*

moreno mo.**re**.no ***Adj*** **1** que tem pele escura, meio marrom: *Mateus é um menino moreno.* **S *masc*** **2** pessoa de cor morena: *Quem seria aquele moreno alto que batia à sua porta?* **3** a cor morena: *O moreno da pele ficou mais escuro com o sol.*

moringa ▼ mo.**rin**.ga **S *fem*** vaso de barro sem alças, usado para água: *Moringa conserva a água fresca.*

morno mô **mor**.no ***Adj*** nem frio, nem quente: *A água do banho estava morna, uma delícia.*

morrer mor.**rer** ***Vi*** **1** deixar de viver; perder a vida: *O gato morreu.* **2** perder o vigor; murchar: *A planta morre sem água.* **3** parar de funcionar: *O motor da moto morreu.* ***Vt*** (+de) **4** ter (muito): *Morre de medo de avião.*
Ant para **1**: **nascer**; **viver**.

morro **mor**.ro **S *masc*** monte pouco alto: *Nas encostas daquele morro planta-se café.*

mortadela mor.ta.**de**.la **S *fem*** produto alimentício feito de carne e toucinho, de formato redondo e grosso: *André come pão com mortadela na hora do lanche.*

mortal mor.**tal** ***Adj*** **1** que pode morrer: *O homem é mortal.* **2** que pode causar a morte: *A doença do pai não é mortal.* **3** muito grande; intenso: *A mãe tem ódio mortal a insetos.* **S *masc*** **4** o ser humano; o homem: *Os mortais estão poluindo o planeta.*

mortandade mor.tan.**da**.de **S *fem*** grande número de mortes; matança: *A poluição provoca mortandade de peixes.*

morte **mor**.te **S *fem*** fim da vida animal ou vegetal: *A seca causou a morte da grama.*
Ant: **vida**, **nascimento**.

morto **mor**.to ***Adj*** **1** que morreu: *Pela manhã encontrou o cavalo morto.* **2** seco: *Observa com tristeza as folhas mortas das árvores.* **3** sem atividade ou movimento: *No feriado as ruas ficam mortas.* **S *masc*** **4** aquele que morreu: *Dia dois de novembro é Dia dos Mortos.*
Ant para **1**, **2** e **4**: **vivo**.
Pl: **m[ó]rtos**.

mosaico ▼ mo.**sai**.co **S *masc*** desenho feito com pequenas peças postas lado a lado.

mosca **mos**.ca **S *fem*** inseto de asas duplas.
às moscas vazio: *No inverno a piscina fica às moscas.*

mosquito mos.**qui**.to **S *masc*** **1** inseto de tamanho pequeno, pernas muito longas, corpo e asas com escamas, antenas longas: *Os mosquitos transmitem doenças.* **2** mosca.

mostarda mos.**tar**.da **S *fem*** molho que arde na língua feito com certas sementes moídas e vinagre: *As crianças gostam de sanduíche com mostarda?*

mosteiro mos.**tei**.ro **S *masc*** casa onde vivem monges ou monjas.

a b c d e f g h i j k l m n o p q r s t u v w x y z

mostra mos.tra *S fem* 1 exibição de obras de arte; exposição: *Os visitantes da mostra saem impressionados com as esculturas.* 2 manifestação; sinal: *O cliente deu mostras de que não estava gostando da comida.*
à mostra à vista de todos; aparente: *Arrepiado e com dentes à mostra, o gato assustou o inimigo.*

mostrador mos.tra.dor *S masc* 1 parte do relógio onde se indicam as horas, os minutos e os segundos. 2 painel que serve para marcar os pontos ganhos em jogo: *Viu no mostrador o resultado do jogo.*

mostrar mos.trar *Vt* 1 dar provas de; demonstrar: *O cliente mostra que não está satisfeito.* (...+a/para) 2 fazer ver; exibir: *Filipe mostra o presente para a namorada.* 3 indicar; apontar: *O servente mostra a sala do diretor ao aluno.* [*Pron*] 4 apresentar-se; revelar-se: *Gabriela mostra-se mais alegre hoje.*
Ant para 1, 2 e 3: **esconder**.

motivar mo.ti.var *Vt* 1 despertar o interesse de; estimular: *A propaganda motiva a compra do produto.* 2 ser a causa de; determinar: *O estudo motivou o sucesso.*
motivação *S fem* interesse; motivo.

motivo mo.ti.vo *S masc* 1 causa; razão: *Uma gripe foi o motivo da falta.* 2 enfeite central ou repetido em uma decoração ou pintura: *O tecido do sofá tinha motivos florais.*

moto mo.to *S fem* motocicleta: *Gosto de andar de moto.*
motoqueiro *S masc* quem dirige moto.

motocicleta mo.to.ci.cle.ta *S fem* veículo com duas rodas, movido a motor.
motociclista *S* quem dirige motocicleta.

motor mo.tor *S masc* 1 máquina que dá impulso ou imprime movimento: *O motor do carro está com problema.* *Adj* 2 relativo a movimento: *O acidente causou problemas motores em seu braço.*
motorista *S* pessoa que dirige veículo como automóvel, caminhão, ônibus, etc.

mouse máuzi
S masc aparelho usado para dar comando em programas de computador: *Para jogar, basta ter um pouco de prática com o mouse.*
É palavra tirada do inglês.

móvel mó.vel *S masc* 1 peças úteis para casa, escritório, etc. feitas geralmente de madeira, como sofá, mesa, etc.: *Os móveis da sala são antigos.* *Adj* 2 que se movimenta: *A boneca tem pernas e braços móveis.*
mobilidade *S fem* qualidade do que é móvel (2).

mover mo.ver *Vt* 1 pôr em movimento; agitar: *O vento move as folhas das árvores.* 2 fazer mudar de lugar; deslocar: *Não consigo mover o armário!* 3 fazer movimento com; mexer: *Mateus espreguiçou-se, movendo os braços.* (...+para) 4 mudar de um lugar para outro; deslocar: *A decoradora moveu o sofá para o lado oposto.*
não mover uma palha não fazer nada: *O preguiçoso não moveu uma palha.*

movimentar mo.vi.men.tar *Vt* 1 fazer mexer; mover: *Fernando concorda, movimentando a cabeça.* 2 animar; entusiasmar: *A música movimenta a moçada.* *Vi* [*Pron*] 3 deslocar-se; andar: *O caracol movimenta-se devagar.*
movimentação *S fem* ação de movimentar; movimento.

movimento mo.vi.men.to *S masc* 1 mudança de posição no espaço: *O movimento da Terra em torno do Sol dura um ano.* 2 atividade; ação: *O movimento na cozinha do restaurante começa cedo.* 3 circulação de pessoas e veículos; tráfego: *Em época de Natal, há muito movimento nas ruas.*

muco mu.co *S masc* líquido viscoso que serve para umedecer a mucosa: *Limpe o muco do nariz.*

mucosa mu.co.sa *S fem* membrana que cobre certas cavidades como, por exemplo, o interior dos brônquios e que fabrica o muco.

muda mu.da *S fem* 1 renovação de pelos, penas, pele, etc.: *Na muda das serpentes, toda a pele se solta.* 2 planta retirada de viveiro para plantar definitivamente em outro lugar: *Os portugueses trouxeram mudas de cana.* 3 roupa para troca: *Na mala, leva apenas uma muda de roupa.*

mudança mu.**dan**.ça ***S fem*** 1 substituição; troca: *A mudança de cozinheiro agradou os clientes do restaurante.* 2 transferência: *A mudança para outro apartamento começou bem cedo.* 3 alteração; modificação: *Mudanças bruscas de temperatura causam resfriados.* 4 conjunto dos objetos das pessoas que se mudam: *Fernando contratou uma empresa para transportar a mudança.*

mudar mu.**dar** ***Vt*** 1 substituir; trocar: *Ana muda as flores do vaso.* 2 modificar; alterar: *Tânia mudou o penteado.* (+para) 3 ir habitar ou estabelecer-se (em outro lugar); transferir-se: *César mudou(-se) para Curitiba.* (...+para) 4 mover; deslocar: *Mudei a rede para a varanda.*

mudo **mu**.do ***Adj*** 1 que não consegue falar; sem fala: *A emoção foi tanta que na hora ficou muda.* ***S masc*** 2 pessoa que não tem capacidade de falar.
mudez ***S fem*** ausência da fala.

mugir mu.**gir** ***Vi*** soltar mugido; berrar: *O boi muge no pasto.*
mugido ***S masc*** a voz do boi.

muito **mui**.to ***Pron*** [***Indefinido***] 1 em grande número; em abundância: *Bianca tem muitas bonecas.* 2 bastante: *Tome muito líquido no verão.* ***Adv*** 3 com excesso: *Este inverno foi muito frio.*
Ant: **pouco**.

mula **mu**.la ***S fem*** fêmea do burro, originária do acasalamento de jumento e égua ou jumenta e cavalo.

mula sem cabeça ◀
mu.la sem ca.**be**.ça ***S fem*** ser fantástico que, segundo a crença, nas sextas-feiras sai galopando e assustando as pessoas: *Você bem sabe que não existe mula sem cabeça.*

mulato mu.**la**.to ***Adj*** 1 que é mestiço de branco com negro: *No Brasil tivemos muitos escritores mulatos.* ***S masc*** 2 quem é mestiço de branco com negro: *Os mulatos devem usar protetor solar.*

muleta mu.**le**.ta ***S fem*** bastão que serve de apoio às pessoas para manterem-se de pé ou para caminharem: *O homem usa muletas porque quebrou a perna.*
▶ pág 225.

mulher mu.**lher** ***S fem*** 1 ser humano do sexo feminino. 2 esposa, em relação ao homem com quem se casou: *João passeia com sua mulher.*
Forma masculina correspondente a 1: **homem**; a 2: **marido**. ▶ pág 205.

multar mul.**tar** ***Vt*** punir (alguém) através de pagamento em dinheiro: *O guarda multou o motorista.*
multa ***S fem*** tipo de castigo que obriga a pagamento em dinheiro.

multicor mul.ti.**cor** ***Adj*** que tem muitas cores: *O pavão exibe suas penas multicores.*

multidão mul.ti.**dão** ***S fem*** grande número de pessoas: *A multidão se reuniu na praça.*

multiplicação
mul.ti.pli.ca.**ção** ***S fem*** 1 em matemática, operação que consiste em multiplicar um número por outro. 2 ação de multiplicar: *A multiplicação dos casos de dengue acontece no verão.*

multiplicar mul.ti.pli.**car** ***Vt*** 1 tornar maior ou mais numeroso: *As lojas multiplicam o estoque no Natal.* 2 aumentar: *O estudo multiplica a chance de um bom emprego.* (...+por) 3 repetir um número tantas vezes quantas são as unidades do outro número; realizar uma multiplicação. ***Vi*** [***Pron***] 4 propagar-se; reproduzir-se: *Os micróbios se multiplicam com rapidez.*

múltiplo **múl**.ti.plo ***Adj*** 1 em quantidade: *Gabriela tem múltiplas qualidades.* ***S masc*** 2 o número que contém outro, duas ou mais vezes: *Dez é um múltiplo de cinco e de dois.*

múmia ▼ **mú**.mi.a ***S fem*** cadáver que foi conservado por meio de certas substâncias: *A múmia do rei do Egito está exposta no museu.*

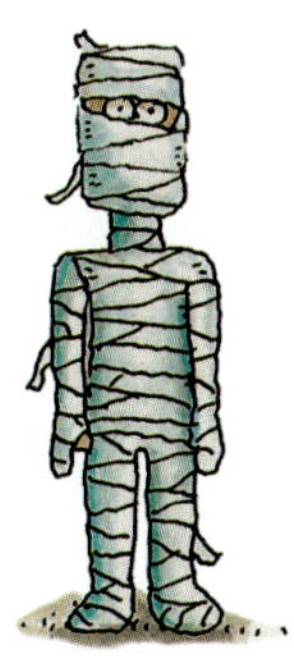

mundo **mun**.do ***S masc*** 1 conjunto formado pela Terra e os outros astros; Universo: *O mundo existe há bilhões de anos?* 2 o planeta Terra: *Queria viajar pelo mundo.* 3 os homens em geral:

Quando será que o mundo vai se entender?
meio mundo muita gente: *Convidou meio mundo para a festa.* **no mundo da lua** fora da realidade: *O poeta vivia no mundo da lua.*
mundial ***Adj*** que se refere ao mundo todo.

munição mu.ni.**ção** ***S fem*** tudo que é necessário para uma missão de combate.

município mu.ni.**cí**.pi:o ***S masc*** espaço de território governado por um prefeito e por uma câmara de vereadores.
municipal ***Adj*** que se refere ao município.

mural mu.**ral** ***S masc*** **1** quadro de avisos: *Mateus coloca o cartaz no mural.* **2** pintura feita diretamente na parede: *Os murais da igreja demonstram a vida do santo.*
▶ pág 405.

muralha ▼ mu.**ra**.lha ***S fem*** muro alto e largo que serve de defesa: *O castelo tinha uma muralha.*

murchar mur.**char** ***Vt*** **1** fazer perder a vida; secar: *O sol murchou as flores.* **2** fazer ficar vazio, sem ar; esvaziar: *Um alfinete murchou a bexiga.* ***Vi*** **3** perder a vida; secar: *A flor murchou.* **4** tornar-se vazio; esvaziar: *O pneu murchou.*

murmurar mur.mu.**rar** ***Vt*** dizer em voz baixa: *A avó murmura uma prece.*
murmúrio ***S masc*** som confuso produzido por várias pessoas que falam baixo. **murmurante** ***Adj*** que murmura.

muro **mu**.ro ***S masc*** parede que fica em torno de um lugar ou separa um lugar de outro: *Um muro de tijolos separa os quintais.*
murado ***Adj*** que é cercado por um muro.

murro **mur**.ro ***S masc*** pancada com a mão fechada: *Como ninguém ouvia, deu um murro na porta.*

musculação mus.cu.la.**ção** ***S fem*** exercício de ginástica que serve para desenvolver e fortalecer os músculos: *Elaine faz musculação em uma academia.*

músculo **mús**.cu.lo ***S masc*** órgão formado de fibras, destinado a produzir movimento e dar resistência contra forças externas.
muscular ***Adj*** do ou relativo ao músculo. **musculatura** ***S fem*** conjunto dos músculos de um organismo. **musculoso** ***Adj*** que tem músculos desenvolvidos.

museu mu.**seu** ***S masc*** lugar onde se expõem obras de arte, objetos de valor histórico ou científico: *Visitar um museu é instruir-se.*

musgo **mus**.go ***S masc*** vegetal sem caule, folhas ou flores, que se fixa no solo por meio de pelos macios: *O musgo se desenvolve em lugares úmidos, com sombra.*

música **mú**.si.ca ***S fem*** **1** arte de combinar sons de modo a agradar à audição: *Todas as pessoas apreciam música?* **2** composição musical: *Gosto dessa música.*
▶ pág 206.
musical ***Adj*** de ou relativo a música.

músico **mú**.si.co ***Adj*** **1** que tem na música sua profissão: *O vizinho é músico.* ***S masc*** **2** pessoa que trabalha com música: *O músico faz parte da orquestra.*

musse **mus**.se ***S fem*** **1** prato doce ou salgado, de consistência cremosa e leve: *Serviu musse de maracujá.* **2** preparado que fixa e modela o cabelo: *Uso musse no cabelo.*
Palavra tirada do francês.

mutilar mu.ti.**lar** ***Vt*** **1** fazer perder um membro ou parte dele: *A máquina mutilou o dedo dele.* **2** causar dano; prejudicar: *A poda malfeita mutilou a árvore.*
mutilação ***S fem*** ação de mutilar.

mutirão ▲ mu.ti.**rão** ***S masc*** trabalho coletivo gratuito efetuado para auxiliar uma pessoa ou uma comunidade: *Os moradores fizeram mutirão e limparam as ruas do bairro.*

mútuo **mú**.tu:o ***Adj*** que se troca entre duas (ou mais) pessoas: *Os esportes estimulam o respeito mútuo.*

Nn

n ***S masc*** décima quarta letra do alfabeto.

nabo **na**.bo ***S masc*** hortaliça de raiz branca ou amarela, flores amarelas: *A raiz do nabo é comestível.*

nação na.**ção** ***S fem*** território cujos indivíduos são ligados por laços históricos, culturais e econômicos, falam a mesma língua e têm o mesmo governo: *Fazemos parte da nação brasileira.*
nacional ***Adj*** relativo ou pertencente à nação.

nacionalidade na.ci:o.na.li.**da**.de ***S fem*** estado de quem é cidadão de um país; naturalidade: *Quem nasce no Brasil tem nacionalidade brasileira.*

nada **na**.da ***Pron*** [***Indefinido***] **1** nenhuma coisa: *João comeu tudo, não deu nada a ninguém.* ***Adv*** **2** nem um pouco: *Andei muito, mas não estou nada cansada.*
Ant para **1**: **tudo**.

nadadeira na.da.**dei**.ra ***S fem*** órgão que serve para os animais aquáticos nadarem; barbatana.

nadador na.da.**dor** ***S masc*** **1** quem pratica natação: *Gustavo é um ótimo nadador.* ***Adj*** **2** que sabe nadar: *Os cães são nadadores.*

nadar na.**dar** ***Vi*** manter-se e mover-se sobre a água por impulso próprio: *Fernando nada muito bem.*
nado ***S masc*** ação de nadar.

nádega **ná**.de.ga ***S fem*** cada uma das partes carnudas e arredondadas que formam a parte de cima e de trás das coxas: *Injeção na nádega dói menos.*

namorado na.mo.**ra**.do ***S masc*** quem mantém relação amorosa com um certo compromisso.

namorar na.mo.**rar** ***Vt*** **1** manter relação de namoro: *Pedro namora Vera.* **2** desejar muito: *Sempre que passa pela vitrine namora aquele anel.* ***Vi*** **3** estar de namoro: *Ana e Beto namoram.*
namoro ***S masc*** relacionamento amoroso antes do noivado e do casamento.

nanquim nan.**quim** **S *masc*** tinta preta usada em desenho: *No passado, o nanquim vinha da China.*

não ***Adv*** **1** palavra que nega aquilo que o verbo expressa: *Não tenho dinheiro.* **S *masc*** **2** negação; negativa: *Ninguém gosta de ouvir um não.*
Ant: **sim**.

narina na.**ri**.na **S *fem*** cada uma das duas aberturas do nariz: *Ele estava com as narinas entupidas.*

nariz na.**riz** **S *masc*** **1** parte do rosto que se destaca, entre a testa e a boca, e por onde se respira. **2** focinho: *O nariz do cachorro é frio.*
narigudo ***Adj*** que possui nariz comprido.

narração nar.ra.**ção** **S *fem*** exposição de um fato; relato; narrativa: *Cláudio fez uma narração da viagem.*
narrador **S *masc*** quem conta um fato ou história.

narrar nar.**rar** ***Vt*** contar (algum fato ou história a alguém): *Vilma narrou o acontecimento com todos os detalhes.*
narrativa **S *fem*** narração.

nasal na.**sal** ***Adj*** relativo ao nariz: *As cavidades nasais estavam entupidas.*

nascença nas.**cen**.ça **S *fem*** nascimento: *O menino tem manchas de nascença.*

nascente[1] nas.**cen**.te **S *masc*** lado onde nasce o sol; leste: *Nascente é o ponto onde o sol nasce.*

nascente[2] nas.**cen**.te **S *fem*** lugar onde se inicia um rio; fonte; mina: *A nascente do rio é protegida.*

nascer nas.**cer** ***Vi*** **1** vir ao mundo; sair do corpo materno ou do ovo: *Os filhotes nasceram nesta semana.* **2** surgir; aparecer: *O sol nasce no leste.* **3** brotar; crescer: *A grama já nasceu.*
nascimento **S *masc*** vinda ao mundo; surgimento.
Ant para **1**: morrer; para nascimento: **morte**.

nata **na**.ta **S *fem*** camada gordurosa que se forma na superfície do leite: *Vovó faz biscoitos de nata.*

natação na.ta.**ção** **S *fem*** ação de nadar; esporte de nadar: *Flávia pratica natação desde pequena.*
pág 170 e 171.

natal na.**tal** **S *masc*** **1** o dia do nascimento de Jesus Cristo, 25 de dezembro: *No Natal ganhamos presentes.* ***Adj*** **2** em que se nasceu: *Sempre morei em minha cidade natal.*
natalino ***Adj*** de ou relativo ao Natal.
Em **1**, escreve-se com inicial maiúscula.

nativo na.**ti**.vo **S *masc*** **1** quem é natural de um país ou de uma região: *Fernão de Magalhães morreu em combate contra os nativos.* ***Adj*** **2** que é natural de um país ou de uma região: *O açaí é nativo do Brasil?*

natural na.tu.**ral** ***Adj*** **1** relativo à natureza ou produzido por ela: *No Brasil, há muitas belezas naturais.* **2** conforme o original: *Usa os cabelos na cor natural.* **3** nascido ou originário de algum lugar: *Somos naturais do Brasil.* **S** **4** pessoa que nasce ou mora em um lugar; nativo.

naturalidade na.tu.ra.li.**da**.de **S *fem*** aquilo que não é forçado nem provocado; aquilo que é espontâneo: *Todas as reações das crianças acontecem com naturalidade.*

naturalizar na.tu.ra.li.**zar** ***Vt*** **1** dar a um estrangeiro os direitos de cidadão do país: *A Itália naturalizou o jogador.* [***Pron***] **2** tornar-se cidadão de um país estrangeiro: *O brasileiro naturalizou-se italiano.*
naturalização **S *fem*** ação de naturalizar-se.

natureza na.tu.**re**.za **S *fem*** **1** o ambiente, como praias, montanhas, campos, etc. e tudo aquilo que nele vive, como plantas e animais; o mundo físico. **2** conjunto de características de um ser: *O homem e o animal não têm a mesma natureza.*

nau **S *fem*** navio: *Navegantes portugueses cruzaram o Atlântico com naus.*

naufragar nau.fra.**gar** ***Vi*** **1** afundar nas águas; ir ao fundo: *O navio naufragou.* **2** falhar; fracassar: *O negócio naufragou.*

naufrágio nau.**frá**.gi:o **S *masc*** desastre que leva a embarcação ao fundo do mar: *Todos os tripulantes*

foram salvos do naufrágio.
náufrago ***S masc*** quem foi vítima de naufrágio.
pág 302 e 303.

náusea **náu**.se:a ***S fem*** sensação desagradável sentida no estômago, seguida ou não de vômito.

navalha na.**va**.lha ***S fem*** instrumento cortante usado para fazer a barba.

nave **na**.ve ***S fem*** **1** navio: *A nave corta o oceano.* **2** aeronave: *Imagine viajar pelo espaço numa nave!*

nave espacial **na**.ve es.pa.ci.**al** ***S fem*** veículo lançado no espaço por meio de foguete.

navegação na.ve.ga.**ção** ***S fem*** **1** ação de navegar; viajar na água ou no espaço: *A navegação aérea é feita no céu.* **2** percurso de uma embarcação ou uma aeronave, indo de um lugar a outro: *As naves atuais tornam a navegação mais rápida.*
navegador ***S masc*** aquele que navega; navegante.

navegar na.ve.**gar** ***Vt*** **1** cruzar (o ar ou a água) em embarcação: *Nas férias vamos navegar o litoral brasileiro.* (+por) **2** buscar informações, comunicar-se através do computador (via Internet): *Filipe navega pela Internet.*
navegante ***S*** aquele que navega; navegador.

navegável na.ve.**gá**.vel ***Adj*** que se pode navegar: *O Amazonas é um rio navegável.*

navio na.**vi**:o ***S masc*** grande embarcação para transporte de passageiros ou carga em via aquática: *O navio chega ao porto com mercadorias.*
naval ***Adj*** relativo a navios ou a navegação.

neblina ne.**bli**.na ***S fem*** névoa densa e baixa; nevoeiro: *Dirija com cuidado quando há neblina.*

necessário ne.ces.**sá**.ri:o ***Adj*** **1** que é de total necessidade; indispensável: *Qual é o equipamento necessário para caminhar na mata?* ***S masc*** **2** aquilo de que se precisa para algum fim: *Sempre levo o necessário para as aulas do dia.*

necessidade ne.ces.si.**da**.de ***S fem*** **1** aquilo de que se precisa; precisão: *O acidentado tem necessidade de ajuda rápida.* **2** falta de bens indispensáveis: *A família passava necessidade.* **3** obrigação: *Saber inglês hoje é quase uma necessidade.*

necessitar ne.ces.si.**tar** ***Vt*** (+de) ter necessidade; precisar: *Não se levantava, necessitou de ajuda.*

néctar **néc**.tar ***S masc*** líquido açucarado produzido pelas plantas: *A abelha retira o néctar da flor.*

nectarina nec.ta.**ri**.na ***S fem*** fruto parecido com o pêssego, de casca amarela com grandes manchas vermelhas: *A casca da nectarina não possui pelos como a do pêssego.*

negar ne.**gar** ***Vt*** **1** dizer que não é verdadeiro: *João negou que pulou o muro.* (...+a) **2** não conceder; recusar: *Nunca nega esmola aos pobres.* **3** não permitir; proibir: *O bombeiro negou passagem ao curioso.*
negação ***S fem*** ação de negar; não aceitação.
Ant para **1**: **afirmar**; para **3**: **permitir**; **deixar**.

negativo ne.ga.**ti**.vo ***Adj*** **1** que contém uma negação: *Perguntei se havia carta para mim, ele fez um gesto negativo.* **2** ruim; mau: *Comportamento negativo não é aceito.* **3** menor que zero: *A temperatura era dois graus negativos.* ***S masc*** **4** imagem fotográfica em que os tons claros ou escuros do objeto aparecem trocados: *Mandei revelar os negativos.*
negativa ***S fem*** palavra ou frase com que se expressa uma negação.
Ant para **1** e **2**: **afirmativo**; para **3**: **positivo**.

negligência ne.gli.**gên**.ci:a ***S fem*** falta de atenção; descuido: *O feijão queimou por negligência do cozinheiro.*
Ant: **cuidado**; **atenção**.

negligenciar ne.gli.gen.ci.**ar** ***Vt*** tratar com negligência; descuidar de: *Jovem, não negligencie seu futuro!*
negligente ***Adj*** que não é cuidadoso; que não é atento.

negociação ne.go.ci:a.**ção** ***S fem*** **1** ação de negociar; compra ou venda: *A negociação da casa foi feita pelos filhos.* **2** contrato; ajuste: *O trabalhador quer livre negociação dos salários.*

A B C D E F G H I J K L M N O P Q R S T U V W X Y Z

3 discussão entre partes que têm interesse comum: *O rapaz está em negociação com o banco.*

negociar ne.go.ci.**ar** ***Vt*** **1** comprar ou vender: *O fazendeiro negocia o milho.* **2** ajustar; combinar: *O cliente negociou o preço do serviço.*
negociante **S** quem faz comércio; comerciante.

negócio ne.**gó**.ci.o **S *masc*** **1** operação comercial: *O marido faz negócio com laranja.* **2** contrato; ajuste: *O morador fez negócio com o dono da casa.* **3** solução: *Para ter sucesso, o negócio é trabalhar.* **4** coisa: *Deixe esse negócio aí!*
negociador **S *masc*** quem faz negócios.

negrito ne.**gri**.to **S *masc*** tipo de letra mais grossa e mais escura que o comum.

negro **ne**.gro ***Adj*** **1** da cor preta: *Bianca tem olhos negros.* **2** da ou relativo à etnia cuja pele é negra: *As pessoas negras devem ter cuidado com o sol.* **S *masc*** **3** pessoa da raça negra: *Os negros cooperaram com a cultura brasileira.*

nem ***Adv*** **1** palavra que indica negação; não: *Falei, mas ele nem ouviu.* ***Conj*** **2** e não; também não: *Não sei, nem quero saber dessa história!*

nenê ne.**nê** **S** criancinha; bebê: *O nenê dorme no berço.*
A forma **neném** também é usada.

nenhum ne.**nhum** ***Pron*** [***Indefinido***] nem um só; nem mesmo um: *Não gostei de nenhum sapato.*

nervo **ner**.vo **S *masc*** **1** conjunto de fibras que transmitem estímulos e sensações entre o cérebro e as várias partes do corpo. **2** tendão: *Sentia dor no nervo da perna.* [***Pl***] **3** nervosismo: *Controle os nervos!*

nervoso ner.**vo**.so ***Adj*** **1** dos ou relativo aos nervos: *O sistema nervoso central é formado pelo encéfalo e a medula.* **2** irritado: *Filó fica nervosa quando não fazem direito o que manda.*
nervosismo **S *masc*** estado caracterizado por perturbações do sistema nervoso.
Ant para **2**: **calmo**; **manso**.

net **S *fem*** Internet: *Seu mouse vai surfando rápido pela net.*
Palavra tirada do inglês.

neto **ne**.to **S *masc*** filho de filho ou filha em relação aos pais destes: *Tenho duas netas.*

neutralizar neu.tra.li.**zar** ***Vt*** tornar neutro ou sem efeito; anular: *Este remédio vai neutralizar a dor.*
neutralização **S *fem*** ação de neutralizar.

neutro **neu**.tro ***Adj*** **1** imparcial; justo: *Quem julga deve ser neutro.* **2** de colorido que não chama a atenção: *Ela só usa vestido de cores neutras.*
neutralidade **S *fem*** qualidade do que é neutro.

neve ne.**ve** **S *fem*** quantidade de flocos de pequenos cristais de água congelada que caem da atmosfera: *Nas altas montanhas sempre há neve.*
nevar ***Vi*** cair neve

névoa **né**.vo.a **S *fem*** vapor de água que sobe para a atmosfera: *O sol mal aparece em meio à névoa.*

nevoeiro ne.vo.**ei**.ro **S *masc*** neblina muito forte que se forma próximo ao chão: *Nada enxergava por causa do nevoeiro.*

nhoque **nho**.que **S *masc*** prato de massa cozida feita com batata, farinha, manteiga e ovos, cortada em pequenos pedaços e à qual se acrescenta molho de tomate, etc.
Palavra tirada do italiano.

ninar ni.**nar** ***Vt*** fazer dormir (a criança), balançando-a e cantando: *A mãe nina o filho.*

ninhada ▲ ni.**nha**.da **S *fem*** grupo de filhotes que nascem de uma só vez: *Você sabia que uma jiboia pode ter mais de 40 filhotes por ninhada?*

ninharia ni.nha.**ri**.a **S *fem*** **1** coisa sem valor; insignificância: *Não briguem por essa ninharia!* **2** pouco dinheiro: *Seu lucro foi uma ninharia.*

ninho **ni**.nho **S *masc*** habitação feita por aves, insetos ou peixes para criação dos filhotes, e também para abrigo e proteção: *Os filhotes piam no ninho.*
▶ pág 388 e 389.

níquel **ní**.quel **S *masc*** **1** metal muito duro, branco e brilhante: *O níquel é usado para fazer moedas.* **2** dinheiro miúdo; moeda de pouco valor: *Estava sem um níquel no bolso.*

nítido ní.ti.do ***Adj*** **1** que se vê ou se ouve muito bem: *Ouvi uma nítida batida na porta.* **2** evidente; visível: *No chão há sinais nítidos de pés.*
nitidez ***S fem*** qualidade do nítido; clareza.

nitrogênio ni.tro.**gê**.ni:o ***S masc*** elemento químico que é um gás sem cor e sem cheiro: *O nitrogênio constitui cerca de quatro quintos do ar atmosférico.*

nível **ní**.vel ***S masc*** **1** grau de elevação de alguma coisa em relação a uma superfície horizontal: *O nível da água está baixo.* **2** grau em uma classificação; padrão: *O salário permite que tenha bom nível de vida.*

nivelar ni.ve.**lar** ***Vt*** **1** verificar se uma superfície está exatamente no plano horizontal; pôr em nível: *Antes de construir, precisou nivelar o terreno.* ***Vi*** [***Pron***] **2** pôr-se ao mesmo nível (de alguém) quanto a altura, conhecimento, etc.; igualar-se: *A altura dos meninos se nivelou.*
nivelamento ***S masc*** ação de nivelar.

nó ***S masc*** **1** laço apertado, difícil de desmanchar: *Há um nó na linha, não consigo desfazê-lo.* **2** parte mais dura da madeira: *Já viu nó da madeira?* **3** sensação causada por uma perturbação emocional; aperto: *A lembrança dele me dá um nó na garganta.*

nobre **no**.bre ***S*** **1** pessoa que tem título de nobreza: *Estão se acabando os nobres.* ***Adj*** **2** de origem ilustre: *É de família nobre.* **3** digno; elevado: *É nobre a missão de mãe.*
nobreza ***S fem*** a classe dos nobres.

noção no.**ção** ***S fem*** **1** conceito; ideia: *A criança não tem noção de perigo.* **2** pouco conhecimento: *Tenho algumas noções de Biologia.*

nocaute no.**cau**.te ***S masc*** no boxe, o fato de jogar ao solo o adversário, e ele não se levantar em dez segundos: *O lutador ganhou por nocaute.*
Palavra tirada do inglês.

nocivo no.**ci**.vo ***Adj*** que causa dano; prejudicial: *Mantenha longe de casa os animais nocivos.*

noite **noi**.te ***S fem*** período de tempo entre o final da tarde e o começo da madrugada: *Naquela noite, foi dormir na casa da árvore.*
da noite para o dia de repente: *Saiu do emprego da noite para o dia.*

noivar noi.**var** ***Vt*** (+com) assumir compromisso de casamento: *Fernando noivou com Tânia.*
noivado ***S masc*** compromisso de casamento.

noivo **noi**.vo ***S masc*** **1** quem tem compromisso de casamento: *Pedro ficou noivo de Maria.* **2** essa pessoa, no dia em que o casamento se realiza: *Para variar, a noiva chegou à igreja atrasada.*

nojo **no**.jo ***S masc*** sensação desagradável acompanhada de vontade de vomitar: *Tenho nojo de barata.*
nojento ***Adj*** que causa nojo.

nômade **nô**.ma.de ***Adj*** que não tem residência fixa: *Muitos indígenas eram nômades.*

nome **no**.me ***S masc*** **1** palavra com que se indica qualquer pessoa, animal ou coisa: *A mãe já escolheu o nome da criança.* **2** bom conceito; reputação: *O filho não vai manchar o nome da família.*

nomear no.me.**ar** ***Vt*** **1** dar nome a; denominar: *Bianca nomeia todas as suas bonecas.* **2** indicar o nome de; citar: *O menino nomeia todos os colegas que estão na foto.* **3** indicar para ocupar um cargo: *A prefeitura nomeou os candidatos aprovados.*
nomeação ***S fem*** ação de nomear.

nominal no.mi.**nal** ***Adj*** **1** relativo ao nome; que indica o nome: *No quadro há a lista nominal dos aprovados.* **2** em que se declara o nome: *Quando a quantia é alta, o cheque deve ser nominal.*

nora **no**.ra ***S fem*** a esposa do filho: *Maria cuida do neto quando a nora sai a trabalho.* pág 205.

nordeste nor.**des**.te ***S masc*** **1** ponto situado entre o norte e o leste: *O avião seguia para o nordeste.* **2** região do Brasil constituída pelos estados do Maranhão, Piauí, Ceará, Rio Grande do Norte, Paraíba, Pernambuco, Alagoas, Sergipe e Bahia.
Em **2**, escreve-se com inicial maiúscula.

nordestino nor.des.**ti**.no ***Adj*** **1** que é natural ou habitante do nordeste do Brasil: *O lavrador nordestino sofre com a seca.* **2** do ou relativo ao nordeste do Brasil:

As praias *nordestinas* são lindas. **S *masc*** **3** quem é natural ou habitante do nordeste do Brasil: *Os nordestinos são alegres.*

norma ♥ **nor**.ma **S *fem*** **1** aquilo que se estabeleceu como regra de comportamento: *Todo aluno deve conhecer as normas da escola.* **2** costume: *É norma da família todos almoçarem juntos.*

normal nor.**mal** ***Adj*** **1** que é conforme a norma; regular: *Apesar do mau tempo, o movimento nas lojas é normal.* **2** **S *masc*** tudo que está dentro dos padrões regulares: *O normal é a criança ser irrequieta.* **normalidade** **S *fem*** qualidade do que é normal.

noroeste no.ro.**es**.te **S *masc*** **1** ponto situado entre o norte e o oeste: *O barco vai para o noroeste.* ***Adj*** **2** do ou relativo ao noroeste: *A região noroeste do estado tem rico folclore.*

norte **nor**.te **S *masc*** **1** ponto cardeal que se opõe diretamente ao sul e que fica à nossa esquerda se estamos virados de frente para onde nasce o sol: *A agulha da bússola indica o norte.* **2** região do Brasil constituída pelos estados do Acre, Amazonas, Amapá, Pará, Rondônia, Roraima e Tocantins. ***Adj*** **3** que fica nesse ponto oposto ao sul: *A região norte não é populosa.*
Em **2**, escreve-se com inicial maiúscula.

norte-americano **nor**.te-a.me.ri.**ca**.no ***Adj*** **1** natural ou habitante dos Estados Unidos da América: *O povo norte-americano é trabalhador.* **2** relativo aos Estados Unidos da América: *Ainda importamos carros norte-americanos.* **S *masc*** **3** quem é natural ou habitante dos Estados Unidos da América: *Os norte-americanos falam inglês.*

nortista nor.**tis**.ta ***Adj*** **1** que é natural ou habitante do norte do Brasil: *O povo nortista tem tradições próprias.* **2** do ou relativo ao Norte: *Os pratos nortistas são pouco conhecidos no Sul.* **S** **3** quem é natural ou habitante do Norte: *Raimundo é um nortista do Amapá.*

nós ***Pron*** [***Pessoal***] palavra que se refere à pessoa que fala em nome de si mesma e no nome de outras pessoas: *Nós resolvemos ficar aqui mais um pouco.*

nosso **nos**.so ***Pron*** [***Possessivo***] palavra que se refere sempre a nós, indicando **1** pertencente a nós: *Nós sempre trazemos nosso material em ordem.* **2** onde vivemos, trabalhamos, moramos ou exercemos atividade: *Esta é a nossa terra.*

nostalgia nos.tal.**gi**.a **S *fem*** recordação triste; saudade: *Os avós têm nostalgia da terra distante.* **nostálgico** ***Adj*** que tem nostalgia; saudoso.

nota **no**.ta **S *fem*** **1** comentário ou lembrete escrito: *O aluno toma nota da aula.* **2** julgamento de trabalho escolar, traduzido em número: *Mateus mereceu nota dez.* **3** nota fiscal: *Guarde sempre a nota da mercadoria.* **4** dinheiro em papel: *No bolso só tinha uma nota de dez reais.*

nota fiscal **no**.ta fis.**cal** **S *fem*** documento impresso com os dados do vendedor onde se colocam também os dados do comprador e da mercadoria vendida: *Não se esqueça, exija nota fiscal!*

notar no.**tar** ***Vt*** prestar atenção; observar: *O guarda notou que ele estava nervoso.*

notável no.**tá**.vel ***Adj*** digno de ser notado; extraordinário: *Guimarães Rosa é um escritor notável.*

notícia no.**tí**.ci.a **S *fem*** **1** informação de fatos atuais: *A Internet dá notícias imediatas.* **2** novidade: *A grande notícia é que passei de ano.* **3** informação: *Há algum tempo não tenho notícias do primo.*

noticiar no.ti.ci.**ar** ***Vt*** dar notícia de; comunicar: *A televisão noticiou o sucesso do atleta no jogo.*

noticiário no.ti.ci.**á**.ri.o **S *masc*** conjunto de notícias transmitidas pelos meios de comunicação: *A família se reúne para assistir ao noticiário na TV.*

noturno no.**tur**.no ***Adj*** relativo à noite: *Como enfermeiro, seu trabalho era noturno.*
Ant: **diurno**.

nova **no**.va **S *fem*** notícia recente; novidade: *Quais são as novas?*
Mais usado no plural.

novamente no.va.**men**.te ***Adv*** outra vez; de novo: *Não desista, tente novamente!*

novato no.**va**.to ***Adj*** **1** que não tem experiência ou está iniciando uma atividade: *Filipe é um motorista novato.* **2** novo no lugar: *Os veteranos recebem os alunos novatos.* ***S masc*** **3** pessoa que não tem experiência ou está iniciando uma atividade: *Os novatos devem dirigir com muito cuidado.* **4** pessoa nova no lugar: *Os novatos logo se adaptaram à universidade.*
Ant: **veterano**.

novela no.**ve**.la ***S fem*** história dividida em capítulos, transmitida pela TV ou pelo rádio: *A família se reúne para assistir à novela.*

novelo ▼ no.**ve**.lo ***S masc*** bola feita de fio enrolado: *Comprou novelos de lã para fazer um xale.*

novembro no.**vem**.bro ***S masc*** décimo primeiro mês do ano, com 30 dias: *Já estamos em novembro?*

novena no.**ve**.na ***S fem*** conjunto de rezas feitas durante nove dias.

novidade no.vi.**da**.de ***S fem*** **1** qualidade do que é novo: *Esta notícia é novidade para mim.* **2** produto ou artigo que acabou de ser lançado no mercado: *As lojas expõem as novidades na vitrine.*

novilho no.**vi**.lho ***S masc*** filhote de boi; bezerro: *O novilho já pesa 400 quilos.*

novo **no**.vo ***Adj*** **1** que tem pouco tempo de existência: *Em nosso bairro há muitos prédios novos.* **2** de pouca idade; moço: *Na classe, todos são muito novos.* **3** que não foi usado: *Todo mês ela quer um vestido novo!* **4** que se vê ou ouve pela primeira vez; não conhecido: *Esta música é nova para mim.*
Ant: **velho**.

noz ▲ ***S fem*** fruto seco, pequeno e arredondado, com casca muito dura: *É tradição comer nozes no Natal.*
nogueira ***S fem*** árvore que dá a noz.

noz-moscada **noz**-mos.**ca**.da ***S fem*** semente perfumada que tem o formato de uma pequena noz, usada em culinária: *A noz-moscada é usada ralada.*

nu ***Adj*** sem roupa: *Os índios andavam nus.*
Ant: **vestido**.

nublar nu.**blar** ***Vi*** [***Pron***] encher-se de nuvens: *O céu nublou-se.*

nuca **nu**.ca ***S fem*** parte mole atrás do pescoço: *Nina prendeu os cabelos, deixando ver a nuca.*

nuclear nu.cle.**ar** ***Adj*** **1** central; principal: *O problema nuclear daquele família era falta de dinheiro.* **2** que se dá no núcleo do átomo: *Na fusão nuclear acontece grande libertação de energia.* **3** que usa energia produzida a partir do núcleo do átomo: *As armas nucleares são uma ameaça.*

núcleo **nú**.cle.o ***S masc*** **1** parte central (de alguma coisa); centro: *O núcleo da Terra é formado por substâncias pastosas.* **2** ponto principal: *Todas as células dos seres vivos têm um núcleo.*

nudez nu.**dez** ***S fem*** **1** estado de quem está nu. **2** ausência de roupa: *A nudez do bebê não o deixa com vergonha.*

nulo **nu**.lo ***Adj*** **1** igual a zero; que não existe: *Teve tanto trabalho e o resultado foi nulo.* **2** sem valor; inútil: *A conversa entre os dois resultou nula.*
nulidade ***S fem*** qualidade do que é nulo.

numeração nu.me.ra.**ção** ***S fem*** **1** ação de numerar: *Luís fez a numeração das páginas do trabalho.* **2** algarismo; número: *O guarda confere a numeração da placa.*

numerador nu.me.ra.**dor** ***S masc*** numa fração, o número que se coloca acima do traço de fração, e que indica quantas partes se tirou do todo.

numerar nu.me.**rar** ***Vt*** pôr números em; indicar por números: *O menino numera as páginas do trabalho.*

número **nú**.me.ro **S *masc*** 1 quantidade: *O número de habitantes cresceu na cidade.* 2 cálculo: *Mateus gosta de trabalhar com números.* 3 edição de publicação periódica: *Não li o número passado da revista.* 4 cada uma das cenas de um espetáculo de variedades: *As crianças gostam do número dos palhaços.*
numérico ***Adj*** que utiliza números.

numeroso nu.me.**ro**.so ***Adj*** que compreende grande quantidade de elementos; abundante: *O incêncio foi controlado por numerosos bombeiros e cidadãos voluntários.*

nunca **nun**.ca ***Adv*** em tempo algum; nenhuma vez: *Nunca fale mal dos outros!*
Ant: **sempre**.

núpcias **núp**.ci:as **S *fem pl*** cerimônia de casamento; bodas: *As madrinhas fizeram vestidos longos para as núpcias do casal.*
nupcial ***Adj*** relativo à cerimônia de núpcias.

nutrição nu.tri.**ção** **S *fem*** transformação e aproveitamento dos alimentos pelo organismo: *A boa nutrição garante crescimento sadio.*
nutricionista **S** especialista em nutrição.

nutriente nu.tri.**en**.te ***Adj*** 1 que nutre; que alimenta; nutritivo: *O leite é alimento nutriente.* **S *masc*** 2 substância que nutre, que alimenta: *Esta criança precisa de nutrientes.*

nutrir nu.**trir** ***Vt*** 1 fornecer alimento para; alimentar: *A mãe nutre o bebê.* 2 desenvolver; enriquecer: *A leitura nutre o espírito.*
nutritivo ***Adj*** que nutre; que alimenta.

nuvem **nu**.vem **S *fem*** 1 conjunto de partículas de água ou de gelo em suspensão na atmosfera: *Há muitas nuvens no céu.* 2 grande quantidade: *Uma nuvem de mosquitos estragou a pescaria.*
nas nuvens distraído: *Estava nas nuvens e nem viu o buraco.*
nuvens negras problemas: *Todos sabiam que um dia aquelas nuvens negras passariam.*

nylon *máilom* **S *masc*** 1 fibra sintética derivada de resina, muito resistente: *Ecologistas dizem que o nylon leva cerca de 30 a 40 anos para ser absorvido pela natureza.* 2 tecido ou outro material fabricado com essa fibra: *Ganhou um agasalho de nylon para o frio.*
1 Palavra tirada do inglês. **2** É marca registrada.

O o O o

o[1] ***S masc*** décima quinta letra do alfabeto.

o[2] ***Art*** [***Definido***] palavra usada para identificar de modo preciso o nome que está logo depois dele: *O aluno chegou mais cedo.*

o[3] ***Pron*** [***Pessoal***] palavra que se refere a ele e é usada junto ao verbo, antes ou depois dele: *Mateus encontrou o gatinho na rua e trouxe-o para casa. Procurei o livro e não o encontrei.*

oásis o.**á**.sis ***S masc*** terra com vegetação e água num deserto: *A presença de água no oásis permite que a vegetação cresça.*

oba **o**.ba ***Interj*** palavra que exprime alegria; viva: *Oba, as férias chegaram!*

obedecer o.be.de.**cer** ***Vt*** (+a) **1** fazer o que alguém manda; cumprir (ordens): *O soldado obedece às ordens do capitão.* **2** cumprir; observar: *Obedeça às normas de trânsito.*
➖ **obediente** ***Adj*** que obedece.

obediência o.be.di.**ên**.ci:a ***S fem*** ação de obedecer; qualidade de quem não reage e aceita a dominação: *Os filhos devem obediência aos pais.*

obelisco o.be.**lis**.co ***S masc*** monumento alto, com ponta parecida com agulha e base quadrada.

obeso o.**be**.so ***Adj*** muito gordo: *Refrigerantes e frituras podem tornar as pessoas obesas.*
➖ **obesidade** ***S fem*** acúmulo de gordura no corpo.
☀ Ant para **obeso**: **magro**; para **obesidade**: **magreza**.

objetivo ob.je.**ti**.vo ***S masc*** **1** finalidade; meta: *O objetivo é melhorar a escola.* ***Adj*** **2** baseado em coisas reais; prático: *O diretor foi objetivo.*
➖ **objetividade** ***S fem*** qualidade daquilo que é objetivo.

objeto ob.**je**.to ***S masc*** **1** tudo que se percebe pelos sentidos; coisa material: *Os objetos escolares estavam sobre a carteira.* **2** motivo; causa: *O objeto da escola é tornar o aluno um futuro cidadão.*

a b c d e f g h i j k l m n o p q r s t u v w x y z

oblíquo o.**blí**.quo ***Adj*** inclinado: *Faça uma linha oblíqua à margem do caderno.*

obra **o**.bra ***S fem*** **1** objeto feito por alguém: *Quando acabou o desenho, foi mostrar sua obra aos pais.* **2** edifício em construção: *O engenheiro segue cedo para a obra.* **3** produção de um escritor, artista ou cientista: *Todo aluno deve ler a obra de Monteiro Lobato.*

obra-prima **o**.bra-**pri**.ma ***S fem*** a melhor produção de uma pessoa, de uma época, etc.: *A casa do engenheiro é considerada uma obra-prima da arquitetura.*

obrigação o.bri.ga.**ção** ***S fem*** **1** serviço; tarefa: *Adélia só para depois de fazer a obrigação.* **2** regra de comportamento: *Rezar é obrigação do cristão.* **3** dever: *É obrigação dos pais educar os filhos.*

obrigado o.bri.**ga**.do ***Adj*** **1** forçado; pressionado: *Ela foi obrigada a aceitar o trato.* **2** agradecido: *Muito obrigado a todos vocês.* ***Interj*** **3** palavra usada para agradecer: *Obrigado! Gostei do presente!*

obrigar o.bri.**gar** ***Vt*** (...+a) **1** forçar; pressionar: *A ventania obrigou os animais a se abrigarem.* **2** determinar; impor: *A lei obriga o cidadão a usar cinto de segurança.*

obrigatório o.bri.ga.**tó**.ri:o ***Adj*** **1** que não se pode evitar; inevitável: *Este é o caminho obrigatório para ir ao hospital.* **2** imposto por lei; forçado: *É obrigatório ter licença para dirigir.* **3** necessário: *A educação é obrigatória para o cidadão.*

obscuro obs.**cu**.ro ***Adj*** **1** com pouca luz; escuro: *A sala estava obscura.* **2** difícil de entender; confuso: *Tentou ler, mas o texto era obscuro.*

observação ob.ser.va.**ção** ***S fem*** **1** análise; exame: *No laboratório, Vânia se concentra na observação da lâmina.* **2** cumprimento fiel (de lei, regra, etc.); observância: *Ao bom cidadão cabe a observação das leis.*

observador ob.ser.va.**dor** ***Adj*** **1** que observa; que presta atenção: *Bianca é esperta, observadora, eu não poderia enganá-la.* **2** que respeita (ordens, normas, etc.): *Ele é homem observador das regras.* ***S masc*** **3** quem observa; quem presta atenção: *O observador não perde um detalhe.*

observar ob.ser.**var** ***Vt*** **1** cumprir; respeitar: *O bom cidadão observa as leis.* **2** examinar; estudar: *O astrônomo observa o céu.* **3** olhar com atenção; não descuidar de: *A mãe observa o filho brincar.*
observância ***S fem*** cumprimento fiel; obediência.

observatório ob.ser.va.**tó**.ri:o ***S masc*** **1** lugar muito alto, de onde se pode ver o horizonte; mirante: *Há um observatório no alto do morro.* **2** local de observação dos astros celestes: *Oscar foi ao observatório ver o eclipse.*

obsessão ob.ses.**são** ***S fem*** ideia fixa; mania: *O pai tem obsessão por política.*
obsessivo ***Adj*** em que há obsessão.

obstáculo obs.**tá**.cu.lo ***S masc*** **1** objeto que impede a passagem; barreira: *Moradores puseram obstáculos na rua.* **2** dificuldade; resistência: *O pai pôs obstáculo ao seu desejo de viajar com amigos.*

obstruir obs.tru.**ir** ***Vt*** **1** colocar obstáculo em; impedir: *Os bombeiros obstruíram a rua.* **2** impedir a realização de; atrapalhar: *A falta de dinheiro obstruiu seus planos.*
obstrução ***S fem*** ação de obstruir.

obter ob.**ter** ***Vt*** **1** conseguir; conquistar: *O atleta obteve a medalha de ouro.* **2** adquirir; comprar: *Sem dinheiro, como obter vestido novo?* **3** receber; ganhar: *O orador obteve a simpatia dos ouvintes.*
obtenção ***S fem*** ação de obter.

obturar ob.tu.**rar** ***Vt*** introduzir substância para fechar uma cavidade, um buraco: *Fui ao dentista obturar um dente.*
obturação ***S fem*** ação de obturar.

oca **o**.ca ***S fem*** cabana de indígena: *Aquela oca é coberta de palha.*
pág 388 e 389.

ocasião o.ca.si.**ão** ***S fem***
1 momento; época: *Trabalhadores são contratados por ocasião do corte da cana.* **2** oportunidade; chance: *Tânia não teve ocasião de pedir emprego a ele.*

ocasionar o.ca.si.o.**nar** ***Vt*** provocar; causar: *A queda da árvore ocasionou estrago na calçada.*

oceano o.ce.**a**.no ***S masc***
1 grande extensão de água salgada que rodeia os continentes: *Os oceanos e mares cobrem a maior parte da Terra.* **2** cada uma das partes em que estão divididas as águas do globo terrestre: *O Brasil é banhado pelo Oceano Atlântico.*
oceânico ***Adj*** do ou relativo ao oceano. pág 302 e 303.

ocidental o.ci.den.**tal** ***Adj***
1 que é natural ou habitante do Ocidente: *Nós brasileiros somos ocidentais.* **S 2** quem é natural ou habitante do Ocidente: *Os ocidentais não dão muito valor à tradição?*
Ant: **oriental**.

ocidente o.ci.**den**.te ***S masc***
1 parte da Terra onde o Sol se põe: *O Brasil fica no Ocidente.* **2** lado do horizonte onde o Sol parece esconder-se; poente: *O Sol se põe no ocidente.*
1 Ant: **Oriente**. **2** Em **1**, escreve-se com inicial maiúscula.

ócio **ó**.ci.o ***S masc*** estado de quem não faz nada: *Não se deve viver o tempo todo no ócio.*
Ant: **ocupação**.

ocioso o.ci.**o**.so ***Adj*** **1** que não produz; sem uso: *Plantou milho no espaço ocioso do quintal.*
2 desocupado: *Este pessoal ocioso precisa trabalhar!* ***S masc*** **3** pessoa sem trabalho: *A praça está cheia de ociosos.*
ociosidade ***S fem*** qualidade do ocioso; ócio.

oco **o**.co ***Adj*** **1** que não tem recheio; vazio: *Do chifre oco ele fez um copo.* ***S masc*** **2** parte interna vazia de algo: *O esquilo esconde-se no oco da árvore.*

ocorrer o.cor.**rer** ***Vi*** **1** acontecer; suceder: *Geadas só ocorrem no Sul.* ***Vt*** (+a) **2** vir à memória (de): *Uma ideia ocorreu a Mateus.*
ocorrência ***S fem*** acontecimento.

ocular o.cu.**lar** ***Adj*** relativo aos olhos ou à vista: *Acordou com coceira no globo ocular.*

oculista o.cu.**lis**.ta **S** médico especialista em doenças dos olhos; oftalmologista: *O oculista receitou-lhe óculos para leitura.*

óculos **ó**.cu.los ***S masc pl*** conjunto de duas lentes para corrigir a visão, presas em armação com hastes que se adaptam às orelhas: *Helena usa óculos desde criança.*

ocultar o.cul.**tar** ***Vt*** **1** não deixar ver; esconder: *A mãe oculta os presentes até o Natal.* (...+a/de)
2 deixar de revelar; calar: *Não oculte nada de seus pais.* [**Pron**] (+em) **3** esconder-se: *O garoto ocultou-se numa moita.* ***Vi*** [**Pron**]
4 tornar-se oculto: *A lua ocultou-se.*
ocultamento ***S masc*** ação de ocultar.
Ant: **revelar**.

ocupação o.cu.pa.**ção** ***S fem***
1 trabalho; ofício: *A ocupação de padeiro é trabalhosa.* **2** lotação de lugar que está desocupado: *Nas férias, a ocupação nos hotéis é grande.* **3** invasão: *A ocupação da fazenda foi pacífica.*
Ant para **1**: **ócio**.

ocupar o.cu.**par** ***Vt*** **1** preencher (um espaço); tomar: *Os fãs ocuparam a rua diante do hotel.*
2 tomar posse de; invadir: *Um grupo de pessoas ocupou a fazenda.*
3 exercer; ter: *Ocupa o cargo de diretor.* [**Pron**] (+com) **4** dedicar-se (a): *Tânia ocupa-se com a casa.*

odiar o.di.**ar** ***Vt*** ter ódio; detestar: *É certo odiar o inimigo?*
Ant: **amar**.

ódio **ó**.di.o ***S masc*** sentimento de profunda antipatia ou raiva por alguém ou alguma coisa: *Ter ódio dos outros faz mal a você mesmo.*
odioso ***Adj*** que se detesta.
Ant: **amor**.

odor o.**dor** ***S masc*** cheiro; aroma: *Um odor de flores perfuma o jardim.*

oeste o.**es**.te ***S masc*** **1** ponto cardeal situado na direção onde o sol se põe; poente: *A lua se põe no oeste.* **2** lugar situado na direção em que o sol se põe; ocidente: *O*

a b c d e f g h i j k l m n o p q r s t u v w x y z

oeste brasileiro é muito quente. **Adj** **3** que está situado na direção em que o sol se põe: *Mato Grosso fica na parte oeste do Brasil.*
Ant: **leste**.

ofegante o.fe.**gan**.te **Adj** que respira com dificuldade: *Chegou ofegante ao topo da escada.*

ofender o.fen.**der** **Vt** **1** causar aborrecimento ou irritação em alguém: *Peça desculpas por ofender o colega.* **Vi** [**Pron**] **2** sentir-se magoado: *Carlos ofende-se à toa.*
ofensa **S fem** ação de ofender.

ofensiva o.fen.**si**.va **S fem** iniciativa de ataque: *O time passou à ofensiva.*

ofensivo o.fen.**si**.vo **Adj** **1** agressivo: *O treinador pediu jogo ofensivo.* **2** que ofende; que machuca: *Ninguém gosta de palavras ofensivas.*

oferecer o.fe.re.**cer** **Vt** (...+a) **1** dar como presente; ofertar: *João oferece rosas à namorada.* **2** pôr à disposição (de): *Ofereci minha casa aos amigos.* **3** dedicar: *O poeta ofereceu o poema à amada.* [**Pron**] (+para) **4** apresentar-se: *Ofereceu-se para apagar a lousa.*
oferecimento **S masc** ação de oferecer.

oferta o.**fer**.ta **S fem** **1** aquilo que se oferece: *A irmã colocou numa cesta as ofertas recebidas.* **2** apresentação de produto no mercado: *Nesta loja há oferta de cadernos.* **3** proposta de negócio: *Veja o carro e faça a oferta.*
pág 188 e 189.

ofertar o.fer.**tar** **Vt** (...+a) dar como oferta; oferecer: *Fernando oferta flores à esposa.*

oficial o.fi.ci.**al** **Adj** **1** do ou relativo ao governo: *O tenente dirige um carro oficial.* **2** que recebeu poder de autoridade reconhecida: *Nosso time participa de campeonato oficial.* **S** **3** militar graduado das Forças Armadas ou da Polícia Militar: *O filho é um oficial do Exército.*

oficina o.fi.**ci**.na **S fem** **1** local onde se faz ou se conserta alguma coisa: *Levei o carro à oficina.* **2** escola para aprender ofício ou arte: *Ela queria frequentar a oficina de teatro.*

ofício o.**fí**.ci:o **S masc** **1** trabalho; função: *O pai exercia ofício de servente.* **2** tarefa; ocupação: *Seu ofício era cuidar da casa.* **3** documento usado para comunicação entre secretarias ou autoridades: *Faça um ofício ao secretário.* **4** cartório: *João é caixa do segundo ofício.*

oftalmologista ▲ of.tal.mo.lo.**gis**.ta **S** médico especialista em doenças dos olhos; oculista: *Os oftalmologistas dizem que o número de crianças que usam óculos está aumentando.*

ogro o.gro **S masc** ser fantástico, gigante dos contos de fadas: *Quem consegue enganar o ogro?*

oi **Interj** palavra usada para cumprimentar ou chamar: *Oi, Bianca, tudo bem?*

olá o.**lá** **Interj** palavra usada para cumprimentar ou chamar: *Olá, Adílson, tudo bem?*

olaria o.la.**ri**.a **S fem** local onde se fazem tijolos, telhas, vasilhas de barro, etc.: *Na olaria se fazem produtos de barro.*
oleiro **S masc** quem faz tijolos, telhas, vasilhas de barro, etc.

óleo **ó**.le:o **S masc** líquido formado de gordura de origem vegetal, animal ou mineral: *O óleo não se dissolve na água.*
oleoso **Adj** em que há óleo; que tem muita gordura.

olfato ol.**fa**.to **S masc** sentido através do qual se percebem os cheiros.
olfativo **Adj** relativo ao olfato.

olhar o.**lhar** **Vt** **1** fitar os olhos em: *Da janela, olho a paisagem.* **2** verificar; examinar: *O professor olha a prova do aluno.* **3** tomar conta de: *A babá olha o bebê.* **S masc** **4** exame; observação: *Nada escapa ao olhar do chefe.*
olhada **S fem** ação de olhar. **olhadela** **S fem** olhada rápida.

olheira o.**lhei**.ra **S fem** círculo meio roxo em torno dos olhos: *Olheiras indicam falta de sono ou de alimentação.*
Mais usado no plural.

olho **o**.lho **S masc** órgão da visão, formado pelos globos oculares: *A fumaça ardia seus olhos.*
de olho (+em) atento: *Cuidado, o patrão está de olho em você!*
Pl: **[ó]lhos**.

olho-d'água o.lho-**d'á**.gua ***S masc*** nascente de água: *O olho-d'água fica logo ali.*

olimpíada o.lim.**pí**.a.da ***S fem*** conjunto de competições atléticas mundiais que se realizam de quatro em quatro anos.
olímpico ***Adj*** relativo a olimpíada.
Mais usado no plural.

oliva o.**li**.va ***S fem*** azeitona: *Coloque óleo de oliva sobre a salada.*
oliveira ***S fem*** árvore que produz a azeitona ou oliva.

ombro **om**.bro ***S masc*** **1** parte do tronco de onde saem os braços: *A mochila tem alças para se prender aos ombros.* **2** parte da roupa que cobre esta parte do corpo: *O terno está com defeito no ombro.*
ombro a ombro lado a lado: *Os dois disputam a corrida ombro a ombro.*

omelete o.me.**le**.te ***S fem*** prato feito de ovos batidos fritos: *Gabriela gosta de omelete.*
A forma **omeleta** também é usada.

omitir o.mi.**tir** ***Vt*** **1** deixar de fazer, dizer ou escrever (alguma coisa): *Contou o caso, mas omitiu os detalhes.* ***Vi*** [**Pron**] **2** deixar de agir quando necessário: *A testemunha se omitiu.*
omissão ***S fem*** falta; negligência. **omisso** ***Adj*** que deixou de fazer ou dizer ou escrever algo; negligente.
Ant para **1**: **mencionar**.

onça **on**.ça ***S fem*** animal mamífero selvagem carnívoro, de pelo amarelo com pintas pretas.
pág 388 e 389.

onda **on**.da ***S fem*** **1** porção de água de mar ou rio que se move e se eleva; vaga: *A jangada navega sobre as ondas.* **2** comentário: *Houve muita onda sobre o casamento deles.*
Em **2** é mais usado na língua falada. pág 328 e 329.

onde **on**.de ***Pron*** [**Relativo**] **1** em que: *Esta é a cidade onde nasci.* ***Adv*** [**Interrogativo**] **2** em que lugar: *Onde você esteve?* **3** que ou qual lugar: *De onde você vem?*

ondulação on.du.la.**ção** ***S fem*** **1** movimento das ondas: *A ondulação lhe dá enjoo.* **2** conjunto de elevações e depressões, semelhante ao das ondas: *O terreno tinha ondulações.*
ondulante ***Adj*** que ondula; que apresenta ondulação. **ondulado** ***Adj*** que se ondulou; que apresenta ondulação.

ônibus **ô**.ni.bus ***S masc*** veículo para transporte coletivo: *O ônibus pode ser urbano ou interurbano.*

onívoro o.**ní**.vo.ro ***Adj*** que come de tudo: *As baratas são onívoras.*

ontem **on**.tem ***Adv*** no dia anterior ao de hoje: *Ontem foi sábado, hoje é domingo.*

opa **o**.pa ***Interj*** palavra que expressa espanto, admiração: *Opa, que foi isso?*

opaco o.**pa**.co ***Adj*** que não deixa a luz passar: *A folha de papel é opaca.*
Ant: **transparente**.

opção op.**ção** ***S fem*** possibilidade de escolha: *Você tem opção de escolher modelo comum ou de luxo.*

opcional op.ci:o.**nal** ***Adj*** que é possível escolher: *Ao comprar o lanche, o sabor do suco é opcional.*

ópera **ó**.pe.ra ***S fem*** peça teatral em que os diálogos são cantados e acompanhados por orquestra: *"Carmen" é uma ópera famosa.*

operação o.pe.ra.**ção** ***S fem*** **1** atividade: *A loja está em operação desde ontem.* **2** trabalho: *Moradores fazem operação de limpeza na rua.* **3** cirurgia: *Aldo se recupera da operação de estômago.* **4** cálculo matemático: *Já sabe fazer as quatro operações.*
operatório ***Adj*** relativo a operação.

operar o.pe.**rar** ***Vt*** **1** fazer cirurgia: *O médico resolveu operar o paciente.* **2** passar por cirurgia: *O homem operou o pé.* ***Vi*** **3** estar em atividade; funcionar: *A empresa já começou a operar.*

OCEANO
2
6
15
1
11
3
7
9
8

1 alga ▶ pág 23

2 baleia ▶ pág 48

3 camarão ▶ pág 69

4 caranguejo ▶ pág 73

5 cardume ▶ pág 74

6 cavalo-marinho ▶ pág 80

7 esponja ▶ pág 169

8 golfinho ▶ pág 216

9 lagosta ▶ pág 250

10 marisco ▶ pág 272

11 mergulhador ▶ pág 277

12 naufrágio ▶ pág 290

13 náufrago ▶ pág 291

14 ouriço-do-mar ▶ pág 307

15 peixe ▶ pág 319

16 polvo ▶ pág 335

17 submarino ▶ pág 410

18 tartaruga ▶ pág 417

19 tesouro ▶ pág 422

20 tubarão ▶ pág 436

operário o.pe.**rá**.ri:o ***S masc*** **1** quem exerce trabalho recebendo salário: *O operário sai cedo para a fábrica.* ***Adj*** **2** relativo aos operários: *A classe operária elege seus representantes.*

opinião o.pi.ni.**ão** ***S fem*** modo pessoal de ver as coisas: *Na minha opinião, você deveria passear.*

opor-se o.**por**-se ***Vi*** **1** ser contrário; ser oposto: *Embora sejam irmãos, suas opiniões se opõem.* ***Vt*** (+a) **2** manifestar-se contrário: *O pai opõe-se à viagem.* Ant: **concordar**.

oportunidade o.por.tu.ni.**da**.de ***S fem*** ocasião favorável; momento apropriado: *Não perca essa oportunidade de emprego!*

oportuno o.por.**tu**.no ***Adj*** que se realiza ou que vem a propósito; adequado: *Jovem, esse é o momento oportuno para pensar no futuro!*

oposição o.po.si.**ção** ***S fem*** **1** não aprovação; proibição: *O filho aceitou a oposição do pai a sua viagem.* **2** falta de acordo; diferença: *Há oposição entre falar e fazer.* **3** grupo de pessoas do partido político contrário a um governo: *A oposição venceu as eleições.*
opositor ***Adj*** que se opõe; contrário. **oposto** ***Adj*** em oposição; contrário.

opressão o.pres.**são** ***S fem*** ação de oprimir; dominação: *Queremos um mundo onde triunfe a justiça sobre a opressão.*

oprimir o.pri.**mir** ***Vt*** exercer abuso de autoridade; dominar: *O ditador oprimia o povo.*
oprimido ***Adj*** **1** que sofre opressão. ***S masc*** **2** quem sofre opressão.

optar op.**tar** ***Vt*** (+entre) **1** escolher: *Liberdade é poder optar entre duas possibilidades.* (+por) **2** preferir: *Mateus optou por biologia.*
optativo ***Adj*** que permite opção.

óptica **óp**.ti.ca ***S fem*** **1** estabelecimento onde se vendem ou se fabricam óculos: *Fui à óptica comprar novos óculos.* **2** parte da Física que estuda a luz e os fenômenos da visão.
A forma **ótica** também pode ser usada.

óptico **óp**.ti.co ***Adj*** **1** de ou relativo à visão ou ao olho: *As vias ópticas levam as impressões visuais ao cérebro.* ***S masc*** **2** quem fabrica ou vende instrumentos de óptica: *O óptico ajusta as lentes à armação.*
A forma **ótico** também pode ser usada.

ora o.ra ***Adv*** **1** neste momento; agora: *A matéria que ora vamos estudar é muito fácil.* ***Conj*** **2** ou... ou; já... já: *Não entendo esta menina: ora chora, ora ri...* ***Interj*** **3** palavra que expressa falta de paciência, surpresa, decepção: *Ora, era isso que você queria me mostrar?*

oração o.ra.**ção** ***S fem*** **1** reza; prece: *Ajoelhou-se e fez uma oração.* **2** discurso: *Fernando fez uma oração para agradecer a homenagem.*
orador ***S masc*** quem faz discurso em público.

oral o.**ral** ***Adj*** **1** da ou relativo à boca: *O dentista cuida da saúde oral.* **2** dito de viva voz; verbal: *A prova vai ser oral.*
oralidade ***S fem*** qualidade do que é oral; fala.

orar o.**rar** ***Vi*** fazer preces ou oração louvando, pedindo ou agradecendo a Deus ou aos santos.

órbita **ór**.bi.ta ***S fem*** **1** caminho de um astro celeste em torno de outro astro: *A Terra tem órbita em torno do Sol.* **2** cavidade óssea em que se encontra o globo ocular: *De medo, os olhos pareciam sair das órbitas.*

orca **or**.ca ***S fem*** grande animal marinho, muito agressivo e carnívoro.

orçamento or.ça.**men**.to ***S masc*** cálculo daquilo que se vai ganhar e gastar: *Sigo o orçamento doméstico.*

ordeiro or.**dei**.ro ***Adj*** **1** que gosta de ordem; cuidadoso: *Ele é ordeiro, põe cada coisa em seu lugar.* **2** obediente às leis; bem-comportado: *Se todos fossem ordeiros, que bom seria!* **3** que acontece em paz: *A manifestação foi ordeira, pacífica.*

ordem **or**.dem ***S fem*** **1** comando: *O capitão deu uma ordem que deve ser cumprida.* **2** boa disposição; arranjo: *A casa está em ordem.* **3** lei; autoridade: *A polícia defende a ordem.*

ordenado or.de.**na**.do ***Adj*** **1** em ordem; organizado: *Os livros estão ordenados na estante.* ***S masc*** **2** salário: *Ter um bom ordenado é ótimo!*

ordenar or.de.**nar** ***Vt*** **1** pôr em ordem; organizar: *Vou ordenar minha agenda.* (...+a) **2** dar ordem; mandar: *O pai ordena ao filho que estude.*
ordenação ***S fem*** colocação em ordem; organização.

ordenhar ▲ or.de.**nhar** ***Vt*** tirar o leite de: *Ele ordenha as cabras.*
ordenha ***S fem*** ação de ordenhar.

ordinal or.di.**nal** ***Adj*** diz-se do numeral que indica a posição em uma série de números.

ordinário or.di.**ná**.ri:o ***Adj*** **1** de má qualidade: *As mercadorias baratas são ordinárias?* **2** sem caráter; grosseiro: *Fuja de pessoas ordinárias.* **3** diz-se de fração cujo denominador não é dez ou potência de dez: *Já sei fazer operações com frações ordinárias.* ***S masc*** **4** pessoa sem caráter: *O ordinário me enganou!*
Ant para **2**: **extraordinário**.

orégano o.**ré**.ga.no ***S masc*** erva aromática, de folha pontuda e flor de cores variadas, usada em culinária: *Gosto de molho com orégano.*

orelha o.**re**.lha ***S fem*** **1** órgão pelo qual se percebem os sons: *A orelha é todo o conjunto do sentido da audição.* **2** cada uma das duas partes externas desse órgão, situada uma de cada lado da cabeça, e em forma de concha: *Ela tem vários brincos na orelha.* **3** cada uma das dobras da capa de um livro: *As orelhas do livro estão amassadas.*
orelhudo ***Adj*** que tem orelhas (2) grandes.

orelhão ▼ o.re.**lhão** ***S masc*** cabina de telefone público: *O orelhão tem uma grande concha acústica.*

órfão **ór**.fão ***Adj*** **1** que perdeu pai e/ou mãe: *O menino órfão foi adotado.* ***S masc*** **2** quem perdeu pai e/ou mãe: *Os órfãos moram com os avós.*
orfanato ***S masc*** estabelecimento onde se abrigam os órfãos.
Forma feminina correspondente: **órfã**.

orgânico or.**gâ**.ni.co ***Adj*** **1** relativo ou originário dos seres vivos: *Folhas mortas fazem um bom adubo orgânico.* **2** relativo a organização: *A escola é um todo orgânico.* **3** que se cultivou sem o uso de produtos químicos para combater pragas ou para tornar o solo mais fértil: *Hoje em dia, os produtos orgânicos são muito procurados no mercado.*

organismo or.ga.**nis**.mo ***S masc*** **1** ser (animal ou vegetal) que tem existência independente: *Os organismos vivos precisam de alimento.* **2** conjunto dos órgãos dos seres vivos: *O organismo humano é composto de vários elementos.* **3** qualquer estrutura organizada; órgão: *A escola é um organismo da educação.*

organização or.ga.ni.za.**ção** ***S fem*** **1** ação de organizar; coordenação: *A organização da festa ficou a meu cargo.* **2** ação de arrumar; arranjo: *A bibliotecária cuida da organização dos livros.*

organizador or.ga.ni.za.**dor** ***Adj*** **1** que organiza: *Dona Adélia tem uma firma organizadora de festas.* ***S masc*** **2** quem organiza: *Os organizadores do evento não cobraram caro.*

organizar or.ga.ni.**zar** ***Vt*** **1** coordenar; preparar: *Vamos organizar uma festa?* **2** pôr em ordem; arrumar: *Ela organiza os livros por autor.* [***Pron***] (+para) **3** preparar-se: *A família organiza-se para receber as visitas.*

órgão **ór**.gão ***S masc*** **1** parte do corpo que desempenha uma ou mais funções: *O pulmão é um órgão.* **2** instrumento musical de sopro composto por tubos que funcionam por meio de ar comprimido e controlado por teclado: *Jonas aprendeu a tocar órgão.*

orgulhar or.gu.**lhar** ***Vt*** **1** causar orgulho a: *Suas boas notas orgulham os pais.* [***Pron***] (+de) **2** sentir orgulho; sentir-se orgulhoso: *Orgulho-me de meu país.*

orgulho or.**gu**.lho ***S masc*** **1** atitude que faz a pessoa praticar apenas ações honestas; dignidade: *A ofensa feriu seu orgulho.* **2** honra;

satisfação: *Tenho orgulho de ser brasileiro.* **3** alto conceito de si mesmo: *O orgulho impede que ele cumprimente os vizinhos.*
orgulhoso ***Adj*** que tem orgulho.
Ant para **3**: **modéstia**.

orientação o.ri:en.ta.**ção** ***S fem*** **1** ação de orientar; ação de dar assistência: *Na infância é importante a orientação dos pais.* **2** tendência; inclinação: *Desde pequeno já mostrava sua orientação para a música.* **3** indicação de posição ou direção: *As placas servem de orientação para o motorista.*

oriental o.ri:en.**tal** ***Adj*** **1** que é natural ou habitante do Oriente: *Os povos orientais têm costumes diferentes dos nossos.* **S 2** quem é natural ou habitante do Oriente: *Os orientais dão muito valor à tradição.*
Ant: **ocidental**.

orientar o.ri:en.**tar** ***Vt*** **1** dar rumo a: *É função do professor orientar os alunos.* (...+para) **2** pôr na direção (de); dirigir: *O guia orienta o turista para o hotel.* [***Pron***] (+para) **3** ter tendência; encaminhar-se: *Luís se orienta para o estudo.*
orientador ***Adj*** que orienta, aconselha ou dirige.

oriente o.ri.**en**.te ***S masc*** **1** parte da Terra onde o Sol parece nascer: *O Japão fica no Oriente.* **2** lado do horizonte onde o Sol parece nascer; leste; nascente: *O Sol nasce no oriente.*
1 Ant: **Ocidente**. **2** Em **1**, escreve-se com inicial maiúscula.

orifício o.ri.**fí**.ci:o ***S masc*** pequena entrada; abertura: *Nunca ponha nada no orifício do nariz.*

origami origâmi
S masc arte de dobrar papéis, formando animais, flores, etc.: *O origami é uma tradicional arte japonesa.*
Palavra de origem japonesa.

origem o.**ri**.gem ***S fem*** **1** começo (de alguma coisa) princípio: *O homem procura descobrir a origem da vida.* **2** lugar de nascimento; naturalidade: *A família de origem italiana se fixou no Paraná.* **3** causa; motivo: *Ninguém sabe a origem da tristeza dela.*

original o.ri.gi.**nal** ***Adj*** **1** que vem em primeiro lugar; primitivo: *Castanha é a cor original de seus cabelos.* **2** que não foi publicado: *Encontraram textos originais do escritor.* **3** singular; diferente: *Sua redação está original.* ***S masc*** **4** forma primeira de um texto ou de um desenho: *Os originais do poeta se perderam.*
originalidade ***S fem*** qualidade daquilo que é original.

originar o.ri.gi.**nar** ***Vt*** **1** dar origem a; fazer surgir: *A semente origina a planta.* **2** causar; ocasionar: *O trabalho originou seu sucesso.* [***Pron***] (+de) **3** ser originário: *A família origina-se da Itália.*
originário ***Adj*** que tem origem.

orixá o.ri.**xá** ***S masc*** deus das religiões africanas no Brasil.

orla **or**.la ***S fem*** **1** margem; beira: *Tânia aprecia caminhar pela orla do mar.* **2** barra; borda: *A moda é usar a orla da calça desfiada.*

ornamentar or.na.men.**tar** ***Vt*** decorar; enfeitar: *Ornamentamos a sala para o Natal.*
ornamentação ***S fem*** ação de ornamentar; decoração.

ornamento or.na.**men**.to ***S masc*** objeto que serve de enfeite; adorno: *A árvore com ornamentos natalinos fica no canto da sala.*
ornamental ***Adj*** que enfeita; usado como ornamento.

ornitorrinco or.ni.tor.**rin**.co ***S masc*** animal mamífero aquático, que tem bico parecido com o de pato e bota ovo; os dedos das patas da frente são unidos por membranas e os da pata de trás têm garras.

orquestra or.**ques**.tra ***S fem*** conjunto de músicos que tocam vários instrumentos.

orquídea or.**quí**.de:a ***S fem*** **1** planta de flores de três pétalas, uma delas mais desenvolvida que as outras: *A orquídea é planta tropical.* **2** a flor dessa planta: *A exposição de orquídeas atrai muita gente.*

ortografia or.to.gra.**fi**.a ***S fem*** conjunto de normas para a escrita das palavras de uma língua: *A boa leitura resulta em ortografia correta.*
ortográfico *Adj* relativo à ortografia.

orvalho or.**va**.lho ***S masc*** conjunto de gotas de vapor existentes na atmosfera que se transformam em líquido e se depositam nas superfícies.

oscilar os.ci.**lar** ***Vt*** **1** fazer mover-se; fazer vibrar: *O vento oscila as folhas.* (+entre) **2** variar: *Hoje a temperatura oscilou entre 20 e 25 graus.* ***Vi*** **3** mover-se de um lado para o outro; balançar-se: *O lustre oscilava.*
oscilação *S fem* vibração; variação.

osso **os**.so ***S masc*** cada um dos elementos duros que formam o esqueleto do homem e dos animais vertebrados.
ossada *S fem* conjunto de ossos. **ósseo *Adj*** do ou relativo ao osso. **ossudo *Adj*** que tem ossos grandes.

ostentar os.ten.**tar** ***Vt*** mostrar com orgulho; exibir: *Ada ostenta sapatos novos.*
ostentação *S fem* falta de modéstia.

ostra **os**.tra ***S fem*** molusco coberto por duas conchas e que pode produzir a pérola: *As ostras vivem fixas às rochas?*

otimismo o.ti.**mis**.mo ***S masc*** modo favorável de ver as coisas: *Com otimismo, você terá sucesso.*
otimista *Adj* que ou quem tem otimismo.

ótimo **ó**.ti.mo ***Adj*** **1** muito bom: *O jantar está ótimo.* **2** muito competente, eficiente: *Vânia é ótima professora.* **3** de excelente qualidade: *O casaco é feito de ótimo couro.*
Ant: **péssimo**.

ou ***Conj*** palavra usada para indicar uma alternativa: *Você quer suco ou água?*

ouriço ou.**ri**.ço ***S masc*** animal mamífero que tem o corpo coberto de espinhos: *O ouriço tem a capacidade de se enrolar, formando uma bola.*

ouriço-do-mar ou.**ri**.ço-do-**mar** ***S masc*** animal marinho de corpo redondo, coberto por longos espinhos: *O ouriço-do-mar vive nas rochas ou no lodo das praias e do fundo do mar.* ▶ pág 302 e 303.

ouro **ou**.ro ***S masc*** **1** elemento químico metálico, amarelo e brilhante, bom condutor de eletricidade. **2** medalha desse metal, correspondente ao primeiro lugar em uma competição: *Gustavo ganhou um ouro na natação.*
ourives S quem faz objetos de ouro.

ousadia ou.sa.**di**.a ***S fem*** **1** coragem: *Admiro a ousadia de quem doma cavalos.* **2** atrevimento: *Ele ofendeu-me e agora tem a ousadia de vir aqui!*
ousado *Adj* que tem ousadia; atrevido.

ousar ou.**sar** ***Vt*** ser bastante corajoso para; atrever-se a: *Cláudio ousa nadar em alto mar.*

outdoor autdór
S masc cartaz muito grande colocado ao ar livre e que contém uma propaganda: *O outdoor distrai a atenção dos motoristas.*
Palavra tirada do inglês.

outono ou.**to**.no **S *masc*** período do ano entre 21 de março e 20 de junho, no Hemisfério Sul, e entre 22 de setembro e 20 de dezembro, no Hemisfério Norte.

outro **ou**.tro ***Pron*** [***Indefinido***] **1** palavra que se refere a coisa ou pessoa diferente do que se pensa: *Este lápis está sem ponta, quero outro.* **2** as demais pessoas: *Cuide de si e deixe os outros.*

outubro ou.**tu**.bro **S *masc*** décimo mês do ano, com 31 dias: *O Dia das Crianças é em outubro.*

ouvido ou.**vi**.do **S *masc*** **1** órgão da audição: orelha: *Ouvir som em volume muito alto pode prejudicar o ouvido.* **2** audição: *Tenho bom ouvido.*
de ouvido sem ter estudado: *Toco guitarra de ouvido.*
Em **1**, o nome científico preferido é **orelha**.

ouvir ou.**vir** ***Vt*** **1** levar em conta os conselhos de; atender: *Deve-se sempre ouvir os pais.* **2** ficar sabendo: *Ouvi que ele passou no vestibular.* ***Vi*** **3** perceber os sons; escutar: *Fernando não ouve bem.* **4** prestar atenção; escutar: *Fale, estou ouvindo.*
ouvinte **S** quem ouve; quem assiste a uma conferência, ouve programa de rádio, etc.

ova **o**.va **S *fem*** ovário dos peixes: *O caviar é feito das ovas de certo peixe.*
uma ova expressa protesto: *Saio daqui uma ova!*

ovário o.**vá**.ri:o **S *masc*** **1** órgão do corpo feminino que tem por função básica a produção de óvulos: *A mulher tem dois ovários.*

2 pequeno órgão feminino da flor, que contém um ou mais óvulos.

ovelha o.**ve**.lha **S *fem*** fêmea do carneiro: *A ovelha nos dá lã.*
ovino ***Adj*** relativo a ovelha, carneiro ou cordeiro.

ovelha negra o.**ve**.lha **ne**.gra **S *fem*** aquele que, num grupo, se desvia do caminho do bem.

ovíparo o.**ví**.pa.ro ***Adj*** diz-se dos animais que se reproduzem por meio de ovos.

ovo **o**.vo **S *masc*** **1** primeira célula de um ser vivo, formada pela união do óvulo com o espermatozoide: *A união da célula feminina com a masculina forma o ovo.* **2** célula reprodutora feminina dos animais ovíparos: *A galinha bota ovos.*
oval ***Adj*** em forma de ovo.
Pl: **[ó]vos**.

óvulo **ó**.vu.lo **S *masc*** em biologia, célula sexual feminina, da qual deriva o embrião depois de fecundado: *O óvulo é formado no ovário.*

oxidação o.xi.da.**ção** **S *fem*** **1** transformação em óxido; reação provocada pela combinação com oxigênio: *A oxidação é provocada pelo oxigênio.* **2** ferrugem: *A oxidação destruiu a lataria do carro.*

oxidar o.xi.**dar** ***Vt*** **1** converter em óxido; combinar com oxigênio: *O oxigênio oxida o sangue.* ***Vi*** **2** enferrujar: *O ferro oxida(-se).*
oxidante ***Adj*** que oxida.

óxido **ó**.xi.do **S *masc*** substância formada pela combinação de oxigênio com outro elemento químico: *Apenas alguns gases raros não produzem óxido.*

oxigênio o.xi.**gê**.ni:o **S *masc*** gás que não tem cor, nem cheiro, nem sabor: *O oxigênio é indispensável à vida.*

oxítono o.**xí**.to.no ***Adj*** **1** cuja sílaba tônica é a última: *"Sabão" é palavra oxítona.* **S *masc*** **2** palavra cuja sílaba tônica é a última: *"Boné" é um oxítono.*

ozônio o.**zô**.ni:o **S *masc*** gás meio azul, formado na alta atmosfera e que serve de filtro contra os raios solares que fazem mal à saúde.

Pp *Pp*

p ***S masc*** décima sexta letra do alfabeto.

pá ***S fem*** instrumento largo e chato de madeira, ferro ou plástico, com um cabo, usado especialmente para cavar a terra, carregar material de construção ou recolher lixo: *Com uma pá, abriu uma trilha em volta do jardim.* ▶ pág 328 e 329.

paca pa.ca ***S fem*** animal mamífero roedor de tamanho médio, com pelos grossos e brilhantes, dorso escuro, abdômen branco e pequena cauda: *No Parque das Nascentes vivem capivaras, pacas e outros animais.* ▶ pág 388 e 389.

paciência pa.ci.**ên**.ci:a ***S fem*** **1** qualidade de quem persiste no que faz: *É preciso paciência para fazer uma pipa.* **2** virtude de quem é capaz de suportar as dificuldades sem se queixar: *O professor tem muita paciência com a classe.* **3** calma, tranquilidade: *O gênio, com paciência, disse: – Seu desejo é uma ordem.*

paciente pa.ci.**en**.te ***Adj*** **1** que tem paciência; calmo: *Beatriz era muito paciente e não reclamava de nada.* **2** tolerante: *Meu pai sempre foi muito paciente comigo.* **S 3** pessoa que está sob tratamento médico, psicológico ou dentário: *A fila de espera para transplante de rins conta com 1 200 pacientes.*

pacífico pa.**cí**.fi.co ***Adj*** **1** que se realiza em paz; tranquilo: *Cândido Rondon sempre manteve um contato pacífico com os indígenas.* **2** que é amigo da paz, contrário à violência: *Aquele povo é pacífico.*

paçoca pa.**ço**.ca ***S fem*** **1** prato da cozinha brasileira feito de peixe ou de carne, assada, frita ou cozida, desfiada e socada com farinha de mandioca ou de milho: *Levei paçoca de carne-seca para comer na praia.* **2** doce feito com amendoim socado e rapadura ou açúcar: *Paçoca é meu doce preferido.*

pacote pa.**co**.te ***S masc*** pequeno maço; embrulho: *João carregava um pacote embaixo do braço.* ▶ pág 256 e 257.

A B C D E F G H I J K L M N O P Q R S T U V W X Y Z

a b c d e f g h i j k l m n o p q r s t u v w x y z

pacto pac.to ***S masc*** acordo; ajuste: *O casal fez um pacto de não brigar mais.*

padaria pa.da.**ri**.a ***S fem*** estabelecimento comercial em que se fazem e se vendem pães, biscoitos e bolos: *Nas padarias de supermercados o pãozinho é mais barato.* ▶ pág 102 e 103.

padecer pa.de.**cer** ***Vi*** **1** sofrer: *O povo humilde é o que mais padece.* ***Vt*** **2** aguentar; suportar: *Os soldados padeceram horrores na guerra.* **3** ter necessidade de: *Na América, o tamanduá não padece fome, pois há muita formiga.*

padeiro pa.**dei**.ro ***S masc*** profissional que faz pão ou que é dono de padaria.

padrão pa.**drão** ***S masc*** **1** modelo a ser reproduzido: *As pessoas não devem dar atenção ao padrão de beleza das revistas.* **2** nível; qualidade: *Depois que ganhou na loteria, mudou seu padrão de vida.* **3** variedade e combinação de cores e desenhos: *O preço varia conforme o padrão do tecido.*

padrasto pa.**dras**.to ***S masc*** segundo marido da mãe: *Eu me dou muito bem com meu padrasto.*
☼ Forma fem. correspondente: **madrasta**.

padre **pa**.dre ***S masc*** ministro de uma religião, principalmente da Igreja Católica; sacerdote.

padrinho pa.**dri**.nho ***S masc*** **1** testemunha de algumas cerimônias como batismo, casamento etc.: *Dizem que os padrinhos de batismo são os segundos pais.* **2** protetor: *Ele será padrinho de nossa escola de samba.* **3** pessoa que se quer homenagear em formaturas: *Os alunos querem um deputado para padrinho.*
☼ Forma feminina correspondente: **madrinha**.

pagamento pa.ga.**men**.to ***S masc*** valor em dinheiro que se dá por serviço prestado ou por bem adquirido: *Rui recusava a receber em cheque o pagamento de seu salário.* ▶ pág 188 e 189.

pagão pa.**gão** ***Adj*** **1** que não é batizado: *Havia um povo pagão na África do Norte.* ***S masc*** **2** quem não é batizado. *Rosa dizia que jamais se casaria com um pagão.*
☼ Forma feminina correspondente: **pagã**. Pl: **pagãos**.

pagar pa.**gar** ***Vt*** **1** acabar com dívida: *Pessoa honesta sempre paga o que deve.* **2** compensar com dinheiro por serviços prestados ou bem adquirido: *Você pagou o sanduíche?* (...+a) **3** compensar por danos causados a alguém: *A empresa aérea pagará indenização a quem ficou sem malas.* (+por) **4** sofrer as consequências de: *Joca está pagando pelos erros cometidos.*
⟳ **pagar o pato** sofrer as consequências por um ato que não cometeu, ou pagar sozinho uma culpa que não é só sua: *Na guerra quem paga o pato é o povo.*

página **pá**.gi.na ***S fem*** **1** cada um dos lados das folhas de um livro, jornal, revista ou documento: *Li até a página 50 deste livro.* **2** conjunto de informações (texto, gráficos, etc.) contidas num único arquivo, que podem ser exibidas no vídeo de um computador: *Conhece esta página da Internet?*

pagode pa.**go**.de ***S masc*** música popular, ligeira, cantada ou tocada, variação do samba.

pai ***S masc*** **1** homem que tem um ou mais filhos. **2** pessoa que ajuda ou favorece; protetor: *Diziam que Getúlio era o pai dos pobres.* **3** criador; fundador: *Hipócrates é considerado o Pai da Medicina.*
☼ **1** Forma feminina correspondente: **mãe**. **2** No plural, refere-se ao pai e à mãe. **3** A forma **papai** também é usada na linguagem familiar. ▶ pág 205.

paina **pai**.na ***S fem*** conjunto de fibras macias, semelhantes às do algodão, que envolvem as sementes de certas plantas, formando um tipo de capa em volta delas: *Ainda se usa paina para fazer travesseiros.*
⊖ **paineira** ***S fem*** árvore de tronco grosso e espinhoso, que produz a paina.

painel pai.**nel** ***S masc*** **1** quadro onde se colocam, para exposição, trabalhos artísticos, textos, etc.: *Os desenhos dos alunos foram colocados num grande painel.* **2** obra artística ou decorativa que recobre totalmente ou em parte uma parede, um teto ou uma porta: *No museu há painéis de famosos pintores.*

pairar pai.**rar** ***Vi*** **1** bater asas sem sair do lugar: *O beija-flor paira com as asas abertas.* ***Vt*** (+sobre) **2** permanecer no ar: *A fumaça pairava sobre o lago.* (+em) **3** estar ou permanecer em algum lugar: *Um largo sorriso pairava em seus lábios.*

país pa.**ís** **S** ***masc*** **1** território habitado por um povo constituindo uma nação: *O Brasil é um país da América do Sul.* **2** terra; lugar: *Aqui é o país do futebol.*

paisagem pai.**sa**.gem **S** ***fem*** **1** espaço de terreno alcançado pela vista: *Da minha janela vejo uma bela paisagem.* **2** conjunto de componentes, naturais ou não, de um espaço geográfico: *Prefiro a paisagem rural.*

paixão pai.**xão** **S** ***fem*** **1** sentimento ou atração muito intensos: *A paixão pelos estudos levou a menina a fazer vários cursos.* **2** o objeto desse sentimento: *O futebol é a paixão dos brasileiros.*

pajé pa.**jé** **S** ***masc*** chefe espiritual dos indígenas, ao mesmo tempo sacerdote, profeta e médico-feiticeiro: *Para tratar seus males, os indígenas procuram o pajé.*

pajem **pa**.jem **S** **1** pessoa que cuida especialmente de crianças: *Lena teve pajem até os dez anos.* **S** ***masc*** **2** cavaleiro que, antigamente, se punha a serviço de pessoas nobres: *O pajem acompanhava seu senhor nas viagens.*

palacete pa.la.**ce**.te **S** ***masc*** pequeno palácio; casa com muito luxo: *Ela morava num palacete.*

palácio pa.**lá**.ci:o **S** ***masc*** **1** residência ou sede administrativa de chefe de governo, de monarca ou de alta autoridade pública ou religiosa: *Na escada do palácio, o príncipe encontrou um sapatinho de cristal.* **2** residência de pessoa nobre ou importante; edifício luxuoso: *Quem mora naquele palácio?*

paladar pa.la.**dar** **S** ***masc*** **1** sentido do gosto: *Nós percebemos tudo através dos sentidos: visão, audição, olfato, tato e paladar.* **2** sabor; gosto: *O café é classificado pelo cheiro combinado ao paladar.*

palafita pa.la.**fi**.ta **S** ***fem*** **1** conjunto de estacas que sustentam as construções sobre a água: *A casa era construída sobre palafitas.* **2** habitação construída sobre a água, sustentada por estacas: *Criou os filhos numa palafita.*

palavra pa.**la**.vra **S** ***fem*** **1** unidade da língua, falada ou escrita, com que representamos objetos, seres e conceitos; termo; vocábulo: *Escrevi um poema com apenas dez palavras.* **2** discurso; conversa: *Os alunos fizeram silêncio para ouvirem a palavra do diretor.* **3** ensinamento: *Nem todos seguem as palavras de Cristo.*
palavra de honra **1** expressão usada para indicar que se está falando a verdade: *Palavra de honra que nunca vi um cão mais gordo nem mais forte que o seu.* **2** compromisso verbal: *Dou-lhe minha palavra de honra que amanhã lhe pagarei o que devo.*

palco **pal**.co **S** ***masc*** **1** parte elevada ou em destaque de um circo, teatro, etc., destinada a apresentação de espetáculos: *Do palco, o artista dialogava com a plateia.* **2** local onde se desenvolve um acontecimento: *O Nordeste foi o palco da Revolta Pernambucana.*

palestra pa.**les**.tra **S** ***fem*** **1** apresentação oral de tema cultural ou científico; conferência: *Assistimos a uma palestra sobre ecologia.* **2** conversa; bate-papo: *Os convidados mantinham animada palestra.*

paletó pa.le.**tó** **S** ***masc*** casaco com bolsos na parte de dentro e de fora, cujo comprimento vai até a altura dos quadris: *O professor só dá aula de paletó e gravata.*

palha **pa**.lha **S** ***fem*** **1** parte flexível que cobre as espigas dos cereais: *Já viu colchão recheado com palhas de milho?* **2** tira seca e flexível de certas plantas, com que se fazem diversos tipos de objetos: *Gosta de usar chapéu de palha.*

palhaço pa.**lha**.ço **S** ***masc*** **1** artista que, em espetáculos de circo ou outros, se veste de maneira ridícula e faz graças para divertir o público. **2** pessoa engraçada ou ridícula: *O moço era um palhaço, queria que os outros rissem.* ▶ pág 112 e 113.

palito pa.**li**.to **S** ***masc*** **1** pequena haste com ponta que serve para limpar os dentes: *Em vez de palito, melhor é usar fio dental.* **2** qualquer haste, geralmente de madeira, fina e resistente: *A carne para assar era colocada em palitos.*

palma pal.ma *S fem* **1** folha de palmeira: *Os nativos cobriam suas casas com palma.* **2** parte interna da mão: *O celular cabe na palma da mão.* **3** som produzido quando se aplaude: *Ouviam-se as palmas da plateia.*
Em **3** é mais usado no plural.

palmatória pal.ma.**tó**.ri:a *S fem* pequena peça circular de madeira com orifícios, que se usava nas escolas para castigar as crianças, batendo com ela na palma da mão: *Minha avó conta que, na escola, nunca foi castigada com palmatória.*

palmeira pal.**mei**.ra *S fem* planta de longo tronco com copa coberta de folhas longas e recortadas: *Uma certa palmeira nordestina tem muitas utilidades.*

palmito pal.**mi**.to *S masc* parte final do caule das palmeiras, na maioria comestível.

palmo **pal**.mo *S masc* unidade de medida de comprimento, equivalente a 22 centímetros: *O palmo não é medida oficial.*

pálpebra ▲ **pál**.pe.bra *S fem* parte móvel, com cílios, que protege a superfície da frente de cada globo ocular: *Os olhos dos peixes não possuem pálpebras.*
Mais usado no plural.

palpitar pal.pi.**tar** *Vi* **1** dar palpite: *Minha mãe cozinha e meu pai palpita.* **2** agitar-se; pulsar forte (o coração): *Ao receber a notícia, meu coração palpitou.*

palpite pal.**pi**.te *S masc* manifestação de opinião; sugestão: *Todos podem dar o seu palpite.*

pamonha pa.**mo**.nha *S fem* **1** bolo de milho verde, cozido em saquinho feito, geralmente, com a palha do próprio milho. **S 2** pessoa sem iniciativa, mole e preguiçosa: *Nessa velocidade, esse pamonha não vai ganhar a corrida.*
Em **2**, é mais usado na língua falada e é ofensivo.

pancada pan.**ca**.da *S fem* **1** golpe; batida: *Pepe levou uma pancada na testa.* **2** agressão física; surra: *Se chegasse sujo em casa, o garoto não levava pancada.* **3** som produzido por sino ou relógio: *O relógio soava a última pancada do meio-dia.* **4** chuva repentina, forte e passageira: *Estão previstas pancadas de chuva para hoje.*

panda **pan**.da *S masc* animal mamífero, de pelagem macia com um círculo em torno do olho, ombros e membros pretos; alimenta-se de brotos de bambu: *Os pandas estão em extinção.* ▶ pág 460 e 461.

pandeiro pan.**dei**.ro *S masc* instrumento musical de percussão constituído de um aro circular de madeira, com ou sem guizos, tendo uma pele de animal esticada na parte central.

panela pa.**ne**.la *S fem* vasilha destinada a cozinhar alimentos: *As mulheres detestam ganhar panelas de presente.*

pangaré pan.ga.**ré** *S masc* **1** cavalo de pelo de tom amarelado, mais claro no focinho e em algumas partes do corpo: *O pangaré partiu a galope.* **2** cavalo de pouco valor: *Que tipo de príncipe não possui um pangaré que seja?*

pânico **pâ**.ni.co *S masc* pavor repentino; medo sem controle; desespero: *O avião balançou e o pânico tomou conta das pessoas.*
em pânico apavorado: *Perdido naquele mato, fiquei em pânico.*

panificadora pa.ni.fi.ca.**do**.ra *S fem* lugar onde se vende ou se fabrica pão; padaria.

pano **pa**.no *S masc* tecido; fazenda: *O espantalho é feito geralmente de pano e palha.*

panorama pa.no.**ra**.ma *S masc* **1** toda a extensão de um ambiente que a visão possa alcançar; paisagem: *Pela janela do carro, apreciava o panorama.* **2** visão ou observação de um assunto como um todo: *O professor apresentou um panorama da história.*
panorâmico *Adj* relativo a panorama.

pantanal pan.ta.**nal** *S masc* grande pântano: *Tivemos de atravessar um pantanal horroroso.*

pântano ▼ **pân**.ta.no *S masc* terreno baixo e alagado: *Os sapos estavam no pântano.*

a b c d e f g h i j k l m n o p q r s t u v w x y z

pantera pan.**te**.ra ***S fem*** animal felino carnívoro, de pelo negro ou amarelado com manchas escuras e de corpo esguio e alongado: *Carnívoros como a pantera possuem garras afiadas.*

pão ***S masc*** alimento feito de massa de farinha de trigo ou outros cereais, com água e fermento, assado ao forno.
▶ pág 402 e 403.
o pão de cada dia meio de subsistência; sustento: *Agradeça pelo pão de cada dia!*
Pl: **pães**.

papa[1] **pa**.pa ***S masc*** chefe da Igreja Católica Apostólica Romana.

papa[2] **pa**.pa ***S fem*** **1** farinha cozida em água ou leite; mingau: *A criança não deve comer apenas papa.* **2** qualquer substância mole e que se desfaz quando cozida: *Como conseguiam comer aquela papa?*

papagaio pa.pa.**gai**.o ***S masc*** **1** ave de tamanho médio e com penas coloridas, a maior parte delas verdes, de bico escuro e curvado, capaz de reproduzir a fala humana. **2** brinquedo que consiste em uma armação de varetas de bambu, ou de madeira leve, coberta de papel fino, e que, por meio de uma linha, se empina, mantendo-se no ar; pipa: *Iam soltar papagaio.*
▶ pág 388 e 389.

papel pa.**pel** ***S masc*** **1** produto da fibra de várias plantas, reduzido a folhas secas e finas, destinado principalmente à escrita, à impressão gráfica em geral, à confecção de embrulhos. **2** responsabilidade que tem uma pessoa de exercer uma função: *O irmão mais velho fazia o papel de pai na família.* **3** nas artes teatrais, a representação de uma personagem: *O bom ator faz qualquer papel.* [***Pl***] **4** documentos: *Papai guardava os papéis dos imóveis no cofre.*

papelão pa.pe.**lão** ***S masc*** **1** papel grosso e resistente: *As maçãs vêm em caixas de papelão.* **2** comportamento vergonhoso ou ridículo; fiasco: *O noivo fez um papelão abandonando a noiva.*
Em **2**, é linguagem informal.

papelaria pa.pe.la.**ri**.a ***S fem*** estabelecimento onde se vendem artigos escolares e de escritório.

papiro pa.**pi**.ro ***S masc*** **1** planta de caule triangular, terminado por ramos flexíveis que formam um tufo: *O papiro é uma famosa planta do Egito.* **2** folha para escrever feita dessa planta: *Os antigos escreviam em papiro.*

papo **pa**.po ***S masc*** **1** bolsa no esôfago de certas aves e onde o alimento fica armazenado. **2** qualquer volume aumentado em forma de bolsa: *A manga da blusa formava um papo.* **3** conversa: *Quero levar um papo com você.* **4** conversa para enganar alguém: *Não caia no papo desse malandro!*
no papo usado para dizer que algo está seguro, que não escapa mais: *A compra do apartamento já está no papo.*
Em **1**, o nome científico preferido é inglúvio.

paquera pa.**que**.ra ***S fem*** namoro sem compromisso: *O guarda implicava com a paquera na praça.*

par ***S masc*** **1** conjunto de dois: *Comprou um par de sapatos. Cada criança ganhará um par de convites.* **2** companheiro; parceiro: *João é meu par no jogo.* ***Adj*** **3** divisível por dois: *Dez é número par.*
a par de informado sobre algo: *A diretora está sempre a par de tudo.*

para pa.ra ***Prep*** palavra que relaciona dois termos da frase, indicando **1** direção ou destino: *Ana foi para o quarto.* **2** finalidade: *Há uma tesoura especial para cortar frango.*

parabéns pa.ra.**béns** ***S masc pl*** votos de felicidades: *Todos vieram me dar parabéns pela vitória.*

parada pa.**ra**.da ***S fem*** **1** suspensão do movimento: *Ali o ônibus fazia uma parada.* **2** suspensão dos batimentos do coração: *Tinha tido uma parada cardíaca.* **3** lugar de embarque e desembarque de passageiros; ponto: *Íamos descer na parada seguinte.* **4** conjunto de músicas mais executadas: *Meu conjunto favorito está nas paradas.*
Em **4**, usa-se mais no plural.

paradeiro pa.ra.**dei**.ro ***S masc*** lugar onde se está: *Ninguém sabia do paradeiro de meu primo.*

parágrafo pa.**rá**.gra.fo ***S masc*** parte de um texto escrito que contém uma mesma ideia, marcada de modo tradicional pela mudança de linha: *Escreva um texto com, no máximo, três parágrafos.*

paraíso pa.ra.**í**.so ***S masc*** lugar muito agradável ou onde se fica à vontade: *O sítio é um paraíso.*

a b c d e f g h i j k l m n o **p** q r s t u v w x y z

paralelo pa.ra.**le**.lo ***Adj*** **1** diz-se das linhas que mantêm entre si a mesma distância em toda a sua extensão: *As linhas do caderno são paralelas.* **2** diz-se da rua ou avenida que fica ao lado de outra: *Minha rua é paralela à do mercado.* **3** que existe ou que se realiza ao mesmo tempo: *O professor chateou-se com as conversas paralelas.* ***S masc*** **4** cada um dos círculos menores da esfera terrestre perpendicular ao meridiano: *O principal paralelo é o equador.*

paralisar pa.ra.li.**sar** ***Vt*** **1** fazer parar os movimentos de: *O susto paralisou José.* **2** fazer parar as ações ou as atividades de; interromper: *A notícia de uma bomba no prédio paralisou as aulas.*

paralisia pa.ra.li.**si**.a ***S fem*** perda dos movimentos do corpo ou da função dos sentidos: *A vacina previne a paralisia infantil.*

paraquedas pa.ra.**que**.das ***S masc*** aparelho, de forma semelhante a guarda-chuva, que serve para reduzir a velocidade da queda dos corpos no ar: *Saltar de paraquedas é meu sonho.*

parar pa.**rar** ***Vt*** **1** impedir de andar; fazer cessar o movimento de; deter: *Uma manifestação de grevistas parou o trânsito.* (+com/de) **2** cessar; interromper: *Pediu ao colega que parasse com as brincadeiras.* (+em) **3** chegar a determinado ponto ou lugar: *Viajamos a noite toda e só fomos parar em Brasília.* **4** estacionar: *O trem para aqui durante 15 minutos.* ***Vi*** **5** não ter prosseguimento; cessar: *A chuva parou.*

para-raio ▲ pa.ra-**rai**.o ***S masc*** aparelho destinado a atrair e conduzir à terra as descargas elétricas da atmosfera: *Benjamim Franklin foi o inventor do para-raio.*

parasita pa.ra.**si**.ta ***S masc*** **1** animal que vive nos intestinos do homem ou dos animais; verme: *A perda de peso e a diarreia do menino eram causadas por um parasita.* ***S*** **2** animal que vive da seiva de vegetais: *Um parasita atacou a plantação.* **3** vegetal que se nutre da seiva do outro: *É errado pensar que a orquídea seja uma parasita.* ***Adj*** **4** diz-se do vegetal que se nutre da seiva de outro ou do animal que se nutre da seiva de um vegetal: *Você conhece alguma planta parasita?*

parceiro par.**cei**.ro ***S masc*** **1** quem participa de sociedade: *O evento teve patrocínio de uma fábrica de doces e sua parceira.* **2** colega; companheiro: *Tiago é meu parceiro desde criança.* **3** pessoa com quem se faz par na dança: *Foi nomeado o parceiro oficial para dançar com a princesa.*

parcela par.**ce**.la ***S fem*** **1** parte; fração: *Uma parcela da população soube da notícia.* **2** cada uma das partes em que é dividido o total de um valor financeiro: *O pagamento pode ser feito em 60 parcelas.*

parceria par.ce.**ri**.a ***S fem*** reunião de pessoas ou instituições para um fim de interesse comum; sociedade: *Esse projeto é uma parceria entre uma empresa e a prefeitura.*

parcial par.ci.**al** ***Adj*** **1** que corresponde a uma parte do todo: *A foto mostra uma vista parcial da cidade.* **2** que se manifesta favorável a uma das partes: *Um juiz de futebol não pode ser parcial.*

pardal par.**dal** ***S masc*** ave de plumagem de cor parda no dorso, cabeça cinzenta, bico preto e mancha branca atrás do olho, e que faz ninhos na beira de telhados e muros: *Os pardais costumam destruir as plantações.*
☼ Formas femininas correspondentes: **pardoca** e **pardaloca**.

pardo **par**.do ***Adj*** de cor entre o branco e o preto ou entre o bege e o marrom: *O pão veio num saquinho de papel pardo.*

parecer pa.re.**cer** ***V lig*** **1** ter semelhança com: *O espantalho parece um boneco.* **2** ter a aparência de: *A roupa fez Juca parecer mais jovem.* ***Vt*** **3** estar de acordo com o modo de ver: *Vote no candidato que lhe parecer melhor.* ***Vi*** **4** dar a entender: *Parece que ele cochichou alguma coisa.* ***S masc*** **5** manifestação de opinião ou julgamento: *Aguardo o parecer do professor sobre o texto.*
⊖ **parecido** ***Adj*** que se parece com.

parede pa.**re**.de ***S fem*** **1** obra de tijolo ou outro material com que se fecham os edifícios por fora ou com que se dividem seus espaços por dentro: *O castelo encantado tem paredes de neve.* **2** parte interna de um órgão do corpo: *As gorduras ruins se depositam nas paredes das artérias.* ▶ pág 88 e 89.

parente pa.**ren**.te **S** pessoa que, em relação a outras, pertence à mesma família: *Sempre que posso visito meus parentes do interior.* A forma feminina **parenta** também é usada.

parentesco pa.ren.**tes**.co **S *masc*** qualidade de parente: *Todas as pessoas ali tinham algum grau de parentesco.*

parêntese pa.**rên**.te.se **S *masc*** sinal de pontuação ( ) com que se isolam frases, palavras, expressões ou números que se deseja colocar em destaque. Mais usado no plural.

paroxítono pa.ro.**xí**.to.no **Adj 1** que tem o acento tônico na penúltima sílaba: *"Novembro" é palavra paroxítona.* **S *masc* 2** vocábulo cuja sílaba tônica é a penúltima: *Todos os paroxítonos terminados em x têm acento.*

parque **par**.que **S *masc* 1** jardim público: *Moro em frente a um parque.* **2** região natural protegida pelo governo com o fim de preservar a flora e a fauna: *Parques florestais são áreas de preservação.* **3** local com instalações próprias para diversão; parque de diversão: *Chegou à cidade um parque com brinquedos.* ▶ pág 338 e 339.

parque de diversão **par**.que de di.ver.**são** **S *masc*** local, geralmente cercado, com instalações próprias para divertimento, principalmente de crianças. A forma **parque de diversões** também é usada.

parreira par.**rei**.ra **S *fem*** planta trepadeira de folhas recortadas e revestidas de pelos, flores pequenas em cachos, e que produz a uva; videira: *Viu uma parreira carregada de saborosas uvas.*

parte **par**.te **S *fem* 1** porção de um todo; pedaço: *Seu Zeca doou uma parte de seus bens a um asilo.* **2** lugar; localidade: *Não conseguimos ver o ar, mas ele está em toda parte.* **3** região do corpo humano: *Que parte do seu corpo está doendo?* **4** combinação; acordo: *Dizem que Lampião tinha parte com alguns fazendeiros.*

participar par.ti.ci.**par** ***Vt*** (+de) **1** ser membro; fazer parte: *Sempre participei do clube.* **2** tomar parte: *Todos os funcionários participaram da festa.* **participante** **S** quem participa. **participação** **S *fem*** ação de participar.

partícula par.**tí**.cu.la **S *fem*** corpo muito pequeno: *As partículas de pó não fazem parte do ar.*

particular par.ti.cu.**lar** **Adj** **1** próprio de cada pessoa: *Não se meta na vida particular das pessoas.* **2** que é de propriedade da pessoa: *O professor tem uma biblioteca particular.* **S *masc*** **3** conversa ou assunto reservados: *Emília iria ter um particular com seu amigo.* **em particular** de maneira especial; principalmente: *Gosto muito de massas, em particular de lasanha.*

particularidade par.ti.cu.la.ri.**da**.de **S *fem*** aquilo que é particular a alguém ou a alguma coisa: *Esse livro fala sobre as particularidades dos animais.*

partida par.**ti**.da **S *fem* 1** ato de acionar um motor: *Deu a partida no carro.* **2** competição delimitada por um determinado tempo; jogo: *A partida terminou empatada.* **3** saída; ida: *Todos choraram no dia de nossa partida para a Europa.*

partidário par.ti.**dá**.ri:o **S *masc* 1** quem é membro ou simpatizante de um partido ou de uma causa; seguidor: *O candidato se reuniu com todos os partidários.* **Adj 2** relativo a partido político: *O projeto de lei determina a fidelidade partidária.*

partido par.**ti**.do **Adj 1** que se quebrou; rompido: *Não sabia o que fazer com o vaso partido.* **S *masc*** **2** organização cujos membros programam e realizam uma ação comum com fins políticos e sociais: *Não foi eleito porque pertence a um partido pequeno.* **3** pessoa indicada para se casar: *Ele era um bom partido para a irmã.*

partilhar par.ti.**lhar** ***Vt*** **1** ser dono de algo junto com outras pessoas: *Os irmãos partilham um pequeno sítio.* (...+com) **2** dividir; repartir: *Jandira partilha a cesta básica com a filha.*

a b c d e f g h i j k l m n o p q r s t u v w x y z

partir par.**tir** ***Vt*** **1** quebrar; romper: *Não consigo partir o coco.* **2** dividir em partes; repartir: *Mamãe partiu a torta.* (+para) **3** sair; dirigir-se, encaminhar-se: *A criança partiu para a escola.* (+de) **4** ter origem (em), vir: *As boas ideias partiam dos alunos.* ***Vi*** **5** quebrar-se: *Parece que metade da casa partiu.*

parto **par**.to ***S masc*** processo de ter bebê: *Sem energia elétrica, o médico fez o parto à luz de velas.*

passa **pas**.sa ***S fem*** fruta seca, em especial a uva: *Após se secarem ao sol, as uvas são transformadas em passas.*

passado pas.**sa**.do ***S masc*** **1** aquilo que já se passou: *Devemos nos lembrar das coisas boas do passado.* ***Adj*** **2** que passou: *Maria lembrava a vida passada.* **3** que acaba de passar; anterior: *A noite passada sonhei com você.* **4** alisado a ferro: *A lavanderia entrega as roupas passadas.* **5** assado: *É bom saborear uma carne bem passada.*

passageiro ♥ pas.sa.**gei**.ro ***S masc*** **1** pessoa que viaja num veículo; viajante: *O passageiro acomodou-se.* ***Adj*** **2** de pouca duração: *Aquela sua doença era coisa passageira.*

passagem pas.**sa**.gem ***S fem*** **1** ato de passar; trânsito: *Foi rápida a passagem do presidente por esta cidade.* **2** local por onde se passa: *Os presos fizeram uma passagem subterrânea.* **3** trecho de uma obra ou de um texto: *O pastor leu uma passagem da Bíblia.* **4** bilhete que dá direito a viagem: *Peço que me compre uma passagem para Salvador.*

passaporte pas.sa.**por**.te ***S masc*** documento oficial que permite que um cidadão viaje entre o seu país e um outro país estrangeiro: *Já no aeroporto, Joel descobriu que havia esquecido o passaporte.*

passar pas.**sar** ***Vt*** **1** deixar para trás; ultrapassar: *Nunca passe outro veículo na lombada.* **2** ir além de; atravessar: *Passando a praça, encontrei Luís.* **3** alisar com ferro: *Passei a blusa antes de vesti-la.* **4** experimentar um sentimento ou uma sensação; ter: *Estude para não passar vexame.* (+de) **5** ir além de determinado ponto ou limite: *Já passava de meia noite quando fui dormir.* (+por) **6** transitar por algum lugar; dirigir-se (a): *Passarei por sua casa antes de ir ao jogo.* (+em) **7** permanecer num determinado lugar: *A preguiça é um mamífero que passa a maior parte do tempo nas árvores.* **8** ser aprovado em exame: *Nei passou no vestibular.* ***Vi*** **9** transcorrer: *Puxa! Como o tempo passou!* [***Pron***] (+em) **10** ocorrer; acontecer: *O homem contou tudo o que se passou na mata.*
passar a limpo corrigir os erros e eliminar os rabiscos: *Fiz um rascunho do texto, depois passei a limpo.* **passar em branco** não ser notado; não receber atenção: *O dia de Natal não pode passar em branco.*

passarinho pas.sa.**ri**.nho ***S masc*** ave de tamanho pequeno: *Passarinho não deve ficar em gaiola.*

pássaro **pás**.sa.ro ***S masc*** qualquer ave de tamanho pequeno, passarinho: *Ouça o canto dos pássaros.*

passatempo pas.sa.**tem**.po ***S masc*** atividade que serve de divertimento; diversão: *Ler é o meu passatempo predileto.*

passe **pas**.se ***S masc*** **1** bilhete que dá permissão para usar um transporte público: *A faxineira cobra a diária mais o passe.* **2** no esporte, ato de passar a bola a um companheiro de equipe: *O jogador recebeu o passe na entrada da área.* ▶ pág 170 e 171.
num passe de mágica em uma ação para a qual não parece haver explicação lógica: *Como num passe de mágica, a cidade encheu-se de alegria.*

passear pas.se.**ar** ***Vi*** **1** ir a algum lugar, ou caminhar, com o fim de divertir-se: *Vamos passear?* ***Vt*** (+pelo) **2** caminhar por determinado lugar sem preocupação; percorrer calmamente: *O menino passeava pelo navio.*
passeio ***S masc*** ação de passear. ▶ pág 328 e 329.

passo **pas**.so ***S masc*** **1** ato de deslocar o ponto de apoio do corpo de um pé para o outro, por meio de movimentos para a frente, para trás ou para os lados: *Jonas deu um passo a frente e pediu a palavra.* **2** o espaço percorrido

por meio desse movimento: *O rio ficava a 100 passos da estrada.* **3** cada unidade de movimento corporal na dança: *Joel sabia passos do tango.* **4** ruído produzido quando caminhamos: *Ouvimos passos no corredor.*
passo a passo etapa por etapa: *Explique passo a passo como se faz um bolo.*

pasta **pas**.ta **S fem** **1** porção de matéria sólida amolecida por substância líquida: *Amasse a batata com azeite até virar uma pasta.* **2** bolsa chata destinada a transportar livros ou papéis: *Guardamos os documentos na pasta.*
pastoso Adj em forma de pasta (1).

pastagem pas.**ta**.gem **S fem** extensão de terreno onde há vegetação para alimentar o gado.

pastel pas.**tel** **S masc** comida frita ou assada, feita com massa dobrada sobre o recheio, que pode ser de vários tipos: *Nosso lanche era pastel de queijo e guaraná.*
pág 188 e 189.

pasto **pas**.to **S masc** terreno onde há vegetação para o gado pastar: *Os donos de terras estão derrubando as matas e fazendo pastos.*
pastar Vi alimentar-se (o gado) no pasto.

pastor pas.**tor** **S masc** **1** quem cuida de rebanhos: *O pastor cuida das ovelhas.* **2** pessoa que tem como profissão ensinar uma religião; guia espiritual.
pastoreio S masc atividade de pastor.

pata **pa**.ta **S fem** pé de animal: *O melhor cavalo de corrida do ano fraturou a pata.*

paterno pa.**ter**.no **Adj** relativo a pai; do pai: *Não conheci meu avô paterno.*

patife pa.**ti**.fe S **1** pessoa que não tem caráter; pessoa vil: *Depois de me ofender, o patife ainda teve coragem de me cumprimentar.* **Adj 2** que não tem caráter; vil: *Ele era mesmo um sujeito patife.*

patim pa.**tim** **S masc** calçado cuja sola é dotada de uma lâmina para deslizar no gelo, ou de quatro rodas pequenas para rolar sobre superfície lisa.
Usa-se mais no plural.

patinar pa.ti.**nar** **Vi** deslizar sobre patins: *Vamos patinar sobre o gelo na pista montada no* shopping.
patinação S fem ação de patinar. pág 338 e 339.

patinete ▲ pa.ti.**ne**.te **S fem** brinquedo constituído de uma tábua sobre duas rodas, na qual se pousa um dos pés, dando impulso com o outro e guiado por um guidão: *Juca ia de patinete à escola.* pág 338 e 339.

pátio **pá**.ti:o **S masc** espaço descoberto cercado, junto a um edifício: *O candidato vinha fazer comício no pátio da escola.*

pato **pa**.to **S masc** ave doméstica, de tamanho médio, de bico chato e que tem os dedos dos pés unidos por uma membrana: *A galinha chocou um ovo de pata.*
pág 196-197 e 338-339.

patrão pa.**trão** **S masc** proprietário de loja, empresa, etc., em relação aos seus empregados; chefe: *Os funcionários prepararam uma festa para o patrão.*
Forma feminina correspondente: **patroa**.

pátria **pá**.tri:a **S fem** **1** país onde nascemos: *Não poderia ser feliz longe da minha pátria.* **2** lugar considerado como sede ou origem: *O Brasil é a pátria do futebol.*

patrício pa.**trí**.ci:o **S masc** quem nasce na mesma pátria: *O avô fez uma festa e convidou todos os patrícios residentes na cidade.*

patrimônio pa.tri.**mô**.ni:o **S masc** bem ou conjunto de bens, materiais ou não, que pertençam a uma pessoa, empresa ou país: *A saúde é um patrimônio que devemos conservar.*

patrocínio pa.tro.**cí**.ni:o **S masc** ajuda financeira que tem o objetivo de pagar as atividades de alguém: *Alguns esportes e algumas artes no Brasil ainda precisam de patrocínio.*

patrulha pa.**tru**.lha **S fem** **1** ronda policial com a finalidade de manter a ordem ou evitar crimes: *A polícia passou a fazer patrulha diária perto das escolas.* **2** policial ou grupo de policiais encarregados da prevenção e do combate aos crimes: *A patrulha chegou bem na hora.*

pau ***S masc*** **1** madeira: *Aconselha-se mexer o doce com colher de pau.* **2** pedaço de madeira: *O garoto escrevia na areia com um pau.*

pau-brasil pau-bra.**sil** ***S masc*** árvore nativa do Brasil, de madeira avermelhada, chegando a atingir 20 metros de altura.
1 É a árvore-símbolo do Brasil. **2** Pl: **paus-brasis** e **paus-brasil**.

pausa **pau**.sa ***S fem*** ação ou processo que consiste em interromper por um tempo uma atividade ou um acontecimento: *Às 15 horas faremos uma pausa para o lanche.*

pavão pa.**vão** ***S masc*** ave de grande tamanho, plumagem colorida, cujo macho é capaz de abrir a cauda em leque vertical.
Forma feminina correspondente: **pavoa**.
pág 460 e 461.

pavilhão pa.vi.**lhão** ***S masc*** **1** parte de um edifício construída junto ao seu corpo principal: *Há um pavilhão no hospital para pessoas com doenças contagiosas.* **2** edifício ou parte dele, geralmente usados por certo tempo, para exposições: *Uma feira de livros só para crianças vai ocupar o pavilhão da Bienal.* **3** a parte de fora da orelha.

pavimentação pa.vi.men.ta.**ção** ***S fem*** revestimento do solo com cimento, pedra, asfalto, etc.: *As ruas eram estreitas e não havia pavimentação.*

pavimento pa.vi.**men**.to ***S masc*** cada andar de um prédio; piso: *As ruas eram estreitas com casas de dois ou mais pavimentos.*

pavor pa.**vor** ***S masc*** grande medo; terror: *Com o aumento da violência, as pessoas sentem pavor.*

paz ***S fem*** **1** ausência de guerra, de briga ou de conflito: *Todos nós sonhamos com a paz.* **2** sossego; tranquilidade; silêncio: *As cidades do interior já não vivem a paz de antes.* [***Pl***] **3** ato de cessar os conflitos; reconciliação: *Genro e sogra fizeram as pazes.*

pé ***S masc*** **1** cada uma das duas partes do corpo humano ligada com a parte de baixo das pernas. **2** tudo o que serve como suporte: *A mesa balançava porque um dos pés era mais curto.* **3** cada unidade de uma planta: *O fazendeiro plantou mil pés de café.* **4** medida inglesa de comprimento equivalente a 0,3048 m: *O avião voava a dez mil pés de altura.*
a pé andando; caminhando: *As crianças vão a pé para a escola.* **ao pé da letra** palavra por palavra; com rigor: *O cantor interpretou a música ao pé da letra.* **com o pé direito** com sorte: *João começou o ano com o pé direito, ganhando na loteria.* **com o pé esquerdo** com azar: *Comecei o dia com o pé esquerdo: logo cedo fui mordido por uma cobra.* **sem pé nem cabeça** que não tem sentido; sem fundamento: *Edu deu umas desculpas sem pé nem cabeça.*

peão pe.**ão** ***S masc*** **1** quem doma cavalos, burros e bestas; participante de torneios de montaria: *A festa do peão de boiadeiro virou moda no Brasil.* **2** trabalhador rural: *Os peões cuidam do gado.*
Cp: **pião**. Forma feminina correspondente: **peoa**.

pebolim pe.bo.**lim** ***S masc*** jogo de futebol de mesa em que os dois times são representados por bonecos alinhados em varetas de metal, movidos pelos jogadores por cabos ligados à parte de fora da mesa.

peça **pe**.ça ***S fem*** **1** cada uma das partes ou dos elementos de um conjunto, com funções específicas: *Léo abriu uma loja de peças para automóveis.* **2** figura ou pedra, em jogo de tabuleiro: *As peças do jogo eram de marfim.* **3** texto ou representação teatral: *O teatro apresentará a peça* Romeu e Julieta.

pecado pe.**ca**.do ***S masc*** não obediência a uma regra religiosa; erro: *Mentir é um pecado feio.*

pecar pe.**car** ***Vi*** **1** não respeitar lei ou ensinamento religioso: *Quem odeia está pecando.* **2** cometer erro ou falta: *A televisão peca pela falta de programas educativos.*

pecuária pe.cu.**á**.ri:a ***S fem*** conjunto das atividades relacionadas ao tratamento e à criação de gado.

peculiar pe.cu.li.**ar** ***Adj*** **1** que foge aos padrões comuns; especial; singular: *A diretora tem um modo peculiar de tratar as crianças.* **2** que é próprio de uma pessoa ou coisa; característico: *Sotaque é a pronúncia peculiar de cada indivíduo ou região.*

pedaço pe.**da**.ço **S *masc*** **1** parte de um todo; porção: *Cada convidado ganhou dois pedaços de bolo.* **2** trecho; parte; passagem: *Na história, gostei do pedaço que fala da tempestade.*

pedágio pe.**dá**.gi:o **S *masc*** **1** taxa cobrada pelo direito de utilizar uma rodovia: *Reclamou da cobrança de pedágio.* **2** posto encarregado de cobrar essa taxa: *Nesta rodovia há um pedágio a cada cem quilômetros.*

pedagógico pe.da.**gó**.gi.co ***Adj*** que diz respeito à pedagogia, ou seja, às técnicas relacionadas com o ensino.

pedal pe.**dal** **S *masc*** peça mecânica, em forma de alavanca, acionada com o pé e que movimenta um mecanismo: *Não imagino uma bicicleta sem pedal.*

pedalar pe.da.**lar** ***Vt*** **1** fazer movimentar acionando os pedais: *Benê vai à feira pedalando sua bicicleta.* ***Vi*** **2** andar de bicicleta: *Adoro pedalar pelas ruas da cidade.*

pé de moleque **pé** de mo.**le**.que **S *masc*** doce feito de açúcar ou rapadura e amendoim torrado.

pedestre pe.**des**.tre **S** pessoa que anda ou está andando a pé; transeunte: *Motoristas educados respeitam os pedestres.*
▶ pág 102 e 103.

pediatra pe.di.**a**.tra **S** médico especialista no tratamento de crianças: *A mãe leva a criança ao pediatra a cada dois meses.*

pedido pe.**di**.do **S *masc*** **1** ação de pedir, de solicitar: *O prefeito prometeu atender ao pedido da população.* **2** compra encomendada: *Os pedidos são entregues em três dias.*
▶ pág 370 e 402-403.

pedir pe.**dir** ***Vt*** **1** solicitar ao juiz; requerer: *O pai pediu a guarda do filho.* **2** necessitar de: *As plantas estão pedindo água.* (+a/para) **3** solicitar: *Pedi para sair da sala.* (+por/pelo) **4** implorar; suplicar: *Alguém no meio da mata pedia por socorro.* **5** estabelecer como preço: *O artista pediu mil reais pelo quadro.*

pedra pe.dra **S *fem*** **1** mineral duro e sólido, da natureza das rochas: *O muro era de pedras.* **2** fragmento de mineral usado como joia: *A pedra do anel era um diamante.* **3** granizo: *Caiu uma forte chuva de pedra.* **4** peça de jogo de tabuleiro: *O jogo de damas possui 24 pedras.*

pedreira ▼ pe.**drei**.ra **S *fem*** rocha de onde se extraem pedras: *As pedras da calçada vinham de uma pedreira distante.*

pedreiro pe.**drei**.ro **S *masc*** profissional que executa trabalhos em construções de edifícios e outras obras em que se usam pedra, tijolo, cal, cimento, etc.: *A casa foi feita por um bom pedreiro.*

pegada pe.**ga**.da **S *fem*** rastro deixado no solo pelos pés ou pelas patas; vestígio: *Pelas pegadas era possível saber que uma onça havia passado por ali.*

pegar pe.**gar** ***Vt*** **1** tomar nas mãos; segurar; agarrar: *João pegou a bola e disse que não haveria mais jogo.* **2** prender; capturar: *A polícia pegou os suspeitos.* **3** caçar ou pescar; aprisionar: *O pescador pegou um peixe de trinta quilos.* **4** surpreender: *O frio nos pegou sem agasalhos.* **5** contrair (doença): *Não se arrisque a pegar um resfriado.* **6** captar imagem ou som de: *Nossa televisão não pega todos os canais.* ***Vi*** **7** funcionar: *No tempo do frio o carro custa a pegar.*
pegar leve agir sem agressividade, com calma: *Se a sua aula é logo depois do almoço, pegue leve, não coma com exagero.*

peito **pei**.to **S *masc*** **1** parte do tronco que contém os pulmões e o coração; tórax. **2** parte da frente e externa do tórax: *Era uma linda ave de peito amarelo.* **3** peito: *A criança alimentada no peito é mais sadia.* **4** coragem; ânimo; competência: *Para vencer o jogo de hoje nosso time precisa ter muito peito.*
do peito muito querido: *Lucas é meu amigo do peito.*

peixe **pei**.xe **S *masc*** **1** animal vertebrado que nasce e vive na água, geralmente tem o corpo coberto de escamas e movimenta-se por meio de nadadeiras. **2** a carne desse animal: *Quero peixe com molho.* ▶ pág 302 e 303.

pelada pe.**la**.da ***S fem*** jogo de futebol, em geral entre amadores, em campo adaptado: *Os grandes craques começam jogando pelada.*

pelado pe.**la**.do ***Adj*** que está sem roupa, sem pelo, sem pena ou sem pele: *Vi um cachorro pelado na exposição.*

pele **pe**.le ***S fem*** **1** órgão que cobre o corpo do homem e de alguns animais vertebrados: *A pele é o órgão do tato.* **2** couro, com ou sem pelos: *Está proibido o comércio de peles de jacaré.* **3** superfície do corpo; epiderme: *Jaci tinha a pele morena.*

pelicano pe.li.**ca**.no ***S masc*** grande ave marinha, com bico muito grande e uma bolsa na parte de baixo do bico, onde armazena os peixes de que se alimenta: *O pelicano se alimenta de peixes.*

película pe.**lí**.cu.la ***S fem*** **1** pele ou membrana muito fina: *A casca do pêssego é uma película.* **2** fita ou filme de cinema: *Já viu a película "Fada Pérola"?*

pelo **pe**.lo ***S masc*** parte do corpo em forma de fio que cresce na pele dos homens e de certos animais: *Pelo de cão pode provocar alergia.* **em pelo** **1** sem roupas; nu: *Veio uma onda muito forte e me deixou em pelo na praia.* **2** sem o uso de sela: *O Saci cavalga em pelo num cavalo muito veloz.* **peludo** ***Adj*** que tem pelo. **pelagem** ***S fem*** conjunto dos pelos.

pelourinho pe.lou.**ri**.nho ***S masc*** coluna de pedra ou de madeira, em praça ou lugar público, junto da qual se expunham e castigavam criminosos e escravos antigamente: *Nas aldeias, havia pelourinho para castigar pessoas.*

pelúcia pe.**lú**.ci:a ***S fem*** tecido com um lado contendo pelos salientes e outro liso: *Luna cuida de seus bichinhos de pelúcia.*

pena[1] **pe**.na ***S fem*** **1** parte que cobre o corpo das aves; pluma: *Os garotos usavam as penas do galo para fazer peteca.* **2** pequena peça de metal, em forma de bico, adaptada a uma caneta, e que serve para escrever ou desenhar usando tinta especial: *Na escrivaninha havia papel, pena e tinta.*

pena[2] **pe**.na ***S fem*** **1** fato a ser lamentado: *É uma pena que o filme não tenha sido dublado em português.* **2** dó; piedade: *Tive pena do mendigo.*

pena[3] **pe**.na ***S fem*** castigo; punição: *O réu pegou pena máxima: 30 anos de prisão.* **a duras penas** com muita dificuldade: *Ganhando salário baixo, construiu sua casinha a duras penas.*

pênalti **pê**.nal.ti ***S masc*** no futebol, falta máxima, dentro da grande área, punida por um chute direto ao gol, sem barreira: *O juiz marcou um pênalti.* Palavra tirada do inglês.

pender pen.**der** ***Vt*** (+sobre) **1** fazer inclinar-se; voltar: *O menino pendeu a cabeça sobre o ombro da mãe e dormiu.* (+de / sobre) **2** estar pendurado; estar suspenso: *Um belo lustre pendia do teto da sala.* (+para) **3** movimentar-se para baixo ou para os lados; inclinar-se: *Com o balanço do ônibus, a cabeça pendia ora para a esquerda, ora para a direita.*

pendurar pen.du.**rar** ***Vt*** (+em) **1** fixar a certa altura do chão; prender pela parte de cima; suspender: *Mandou pendurar quadros na parede da sala.* [***Pron***] (+em) **2** fixar-se em lugar alto: *O gato pendurou-se no galho da mangueira.*

peneira pe.**nei**.ra ***S fem*** objeto com aro de madeira ou metal e fundo formado de fios ou varetas presos, mas com espaços entre si, usado para separar substâncias maiores das menores: *Precisava de uma peneira para filtrar o suco de maracujá.*

penetrar pe.ne.**trar** ***Vt*** (+em) **1** passar para dentro; entrar: *Uma galinha penetrou na sala, sem a menor cerimônia.* **2** estabelecer-se; invadir: *Os colonos penetraram no território do povo Aimoré.*

penico pe.**ni**.co ***S masc*** vaso apropriado para nele expelir a urina e as fezes: *Antigamente, o penico ficava embaixo da cama.*

pênis **pê**.nis ***S masc*** órgão sexual do macho.

pensamento pen.sa.**men**.to ***S masc*** **1** elaboração de ideias pela mente: *A linguagem expressa o pensamento.* **2** modo de pensar;

ponto de vista; opinião: *Os filhos nem sempre agem de acordo com o pensamento dos pais.*

pensar pen.**sar** ***Vt*** **1** formar uma ideia sobre alguma coisa; imaginar: *Não pense coisas ruins.* (+sobre) **2** refletir; meditar: *Preciso de um tempo para pensar sobre isso.* (+em) **3** dirigir o pensamento (para): *Pensei em você.* **4** pretender realizar algo; ter a intenção (de): *Sempre pensei em ter uma casa de praia.*

pentágono pen.**tá**.go.no ***S masc*** figura geométrica de cinco lados.

pente **pen**.te ***S masc*** objeto com dentes muito próximos, presos a uma barra, e que serve para desembaraçar, ajeitar, prender ou limpar os cabelos: *As mulheres têm sempre um pente na bolsa.*

pentear pen.te.**ar** ***Vt*** arrumar (os cabelos) com pente: *A menina penteou o cabelo da tia.*
pentear macaco expressão usada para indicar descontentamento e sugerir que a pessoa nos deixe em paz: *Quer saber de uma coisa? Vá pentear macaco!*
penteado ***S masc*** maneira especial de arrumar os cabelos.

penúltimo pe.**núl**.ti.mo ***Adj*** que vem antes do último: *Já li até o penúltimo capítulo do livro.*

penumbra pe.**num**.bra ***S fem*** pouca claridade; quase sombra: *A sala ficou na penumbra e não pudemos tirar as fotos.*

pepino pe.**pi**.no ***S masc*** **1** fruto alongado, verde, casca lisa: *A dona de casa fez salada de pepino.* **2** dificuldade; problema: *Era um pepino cuidar do cão do vizinho.*
Em **2**, é uso informal, mais comum na língua falada.

pequeno pe.**que**.no ***Adj*** **1** de tamanho ou dimensões reduzidas: *Sergipe é um estado pequeno.* **2** que tem pouca idade; muito jovem: *Você ainda é muito pequeno para entender essas coisas.* ***S masc*** **3** criança; garoto: *No Natal Papai Noel vem visitar os pequenos.*
Ant: **grande**.

pera **pe**.ra ***S fem*** fruto largo e arredondado na parte de baixo e estreito na parte de cima, verde, amarelo ou avermelhado quando maduro, de polpa doce: *Pera e maçã são meus frutos preferidos.*

perceber per.ce.**ber** ***Vt*** **1** distinguir pelos sentidos: *Pelo tato a gente percebe os objetos.* **2** tomar consciência; compreender: *Você não percebe que está no caminho errado?* **3** notar: *Logo percebi que minha mãe não passava bem.*
percepção ***S fem*** processo de perceber; tomada de consciência.

percorrer per.cor.**rer** ***Vt*** **1** correr ou andar por algum lugar: *O candidato está percorrendo todas as cidades.* **2** passar por: *Então, um calafrio percorreu o corpo da menina.* **3** examinar: *Percorremos a lista e não encontramos o número do telefone.* **4** andar um determinado trecho: *O carro levou hora para percorrer oitenta quilômetros.*
percurso ***S masc*** ação ou processo de percorrer.

percussão per.cus.**são** ***S fem*** **1** batida forte; pancada: *A paz do domingo foi quebrada pela percussão de uma bateria vizinha.* **2** instrumento ou conjunto de instrumentos musicais que emitem som pelas batidas: *Essa escola de samba tem uma das melhores percussões.*
de percussão diz-se do instrumento que emite som pela batida: *O grupo comprou alguns instrumentos de percussão.*

perda **per**.da ***S fem*** **1** suspensão da posse ou domínio: *Os povos indígenas sofrem com a perda de suas terras.* **2** diminuição: *Exercícios regulares evitam a perda da massa óssea.* **3** separação provocada por morte, rompimento de relações, ou outras circunstâncias: *A perda do pai foi um grande choque.* **4** desaparecimento: *A perda de documentos nos traz muitos aborrecimentos.*
Ant para **1** e **2**: **ganho**.

perdão per.**dão** ***S masc*** **1** ato de desculpar: *Venho pedir o seu perdão.* **2** ato de perdoar os pecados: *O ladrão resolveu pedir perdão a Deus.* **3** ato de anular (dívida ou pena): *A loja concedeu perdão aos clientes que deviam menos de dez reais.*

perdedor per.de.**dor** ***S masc*** quem perde (competição, concurso, etc.): *O perdedor será quem tiver menos cartas de baralho.*

perder per.**der** ***Vt*** **1** ficar sem a posse de: *O proprietário rural perdeu sua terra.* **2** cessar de ter; deixar de sentir: *Perdi a vontade de cantar.* **3** sofrer perda, dano ou prejuízo; deixar de ganhar: *Por causa da geada o lavrador pode perder a lavoura.* **4** deixar de embarcar por chegar atrasado ao local: *Perdi o*

A B C D E F G H I J K L M N O P Q R S T U V W X Y Z

ônibus. ***Vi*** **[Pron]** **5** não saber onde está; ficar desorientado: *O botânico entrou na floresta e se perdeu.*

perdoar per.do.**ar** ***Vt*** **1** desculpar o erro de: *Temos a obrigação de perdoar as pessoas que estão arrependidas.* **2** anular (dívida): *Papai perdoou o empréstimo que fiz.*

peregrinação pe.re.gri.na.**ção** ***S fem*** **1** viagem a lugares santos: *Cristãos de toda parte vêm em peregrinação a Roma.* **2** viagem longa e cansativa: *Fizeram uma peregrinação pela floresta.*

peregrino pe.re.**gri**.no ***S masc*** **1** quem faz peregrinação ou romaria: *Os peregrinos chegam cedo.* ***Adj*** **2** que faz peregrinação ou romaria; romeiro: *A pousada só recebe hóspedes peregrinos.*

perfeição per.fei.**ção** ***S fem*** **1** ausência de defeitos: *Era de se admirar a perfeição do trabalho do artista.* **2** o máximo de excelência; precisão: *O alfaiate costurava com a maior perfeição.*

perfeito per.**fei**.to ***Adj*** **1** que não tem defeitos; que reúne todas as qualidades: *Meu pai se considera um marido perfeito.* **2** que satisfaz plenamente um determinado fim: *Uma bicicleta era o presente perfeito.* **3** ótimo; excelente: *A atuação da atriz na novela está perfeita.*

perfil per.**fil** ***S masc*** **1** contorno do rosto de uma pessoa visto de lado: *A sombra refletia o perfil de um homem.* **2** conjunto de aspectos particulares; características: *O anúncio descrevia o perfil do candidato.*

perfumar per.fu.**mar** ***Vt*** espalhar perfume: *O cheiro das rosas perfumava o ar.*

perfume per.**fu**.me ***S masc*** **1** cheiro agradável e intenso que sai de uma substância que tem aroma: *O perfume vinha do quarto.* **2** líquido com aroma: *Pediu ao pai um frasco de perfume francês.*

perfurar per.fu.**rar** ***Vt*** **1** fazer furo em; furar; atravessar: *Usou-se uma broca para perfurar a rocha.* ***Vi*** **2** cavar a terra para abrir poços: *A Bahia perfurou na zona dos Camamus e achou petróleo.*

perguntar per.gun.**tar** ***Vt*** **1** formular questão para pedir informação; interrogar: *Não pergunte a minha idade.* ***Vi*** **2** ter o hábito de fazer pergunta: *Toda criança gosta de perguntar.* **pergunta** ***S fem*** ação de perguntar.

periferia pe.ri.fe.**ri**.a ***S fem*** região mais afastada de um centro urbano: *Lola mora na periferia.*

perigo pe.**ri**.go ***S masc*** **1** tudo o que provoca risco; ameaça: *Sair à noite sozinho tornou-se um perigo.* **2** situação que inspira cuidado; gravidade: *O acidentado está fora de perigo.* **3** aquilo que pode causar mal: *Remédio com data de validade vencida é um perigo para a saúde.*

perímetro pe.**rí**.me.tro ***S masc*** **1** contorno de uma figura: *Para calcular o perímetro de um quadrado, multiplique um de seus lados por 4.* **2** linha que limita uma determinada área ou região: *A lei proíbe construir indústrias no perímetro urbano.*

periódico pe.ri.**ó**.di.co ***Adj*** **1** que ocorre a intervalos regulares de tempo: *As prestações da casa têm aumentos periódicos.* ***S masc*** **2** jornal ou revista publicados regularmente: *A notícia foi publicada nos principais periódicos.*

período pe.**rí**.o.do ***S masc*** **1** intervalo de tempo: *Ficarei ausente por um período de dois anos.* **2** espaço de tempo que marca uma época: *O livro trata da literatura do período colonial.* **3** intervalo de tempo marcado pelas variações do clima; época: *Os répteis aproveitam os períodos quentes para armazenar energia.*

peripécia pe.ri.**pé**.ci:a ***S fem*** **1** acontecimento que envolve situações difíceis, aventuras vividas por alguém; façanha: *O detetive contou suas peripécias para esclarecer o crime.* **2** acontecimento não esperado: *O barco não podia enfrentar peripécias como uma tempestade.* Usa-se mais no plural.

periquito pe.ri.**qui**.to ***S masc*** ave de coloração verde, bico grosso e curvo, língua grossa, pés adaptados para segurar ou agarrar, e que se alimenta principalmente de frutas.

permanecer per.ma.ne.**cer** ***Vi*** **1** continuar a existir; durar: *A mentira é passageira e a verdade permanece.* ***Vt*** (+em) **2** demorar-se; ficar; continuar: *Os grevistas* *permaneceram na praça.* ***V lig*** **3** continuar a ser, estar ou existir: *A loja permaneceu fechada por uma semana.*

permanência per.ma.**nên**.ci:a ***S fem*** **1** característica daquilo que permanece, que não desaparece: *A permanência da doença está preocupando a família.* **2** demora; estada: *A permanência de D. João no Rio de Janeiro até 1821 mudou o cotidiano da cidade.* **3** continuidade; manutenção: *São necessárias providências que assegurem a permanência da criança na escola.* **4** presença constante: *A permanência de uma viatura policial na praça nos dá mais segurança.*

permanente per.ma.**nen**.te ***Adj*** que permanece; que não desaparece; definitivo: *A partir dos seis anos, os dentes de leite são substituídos pelos dentes permanentes.*
Ant: **provisório**.

permitir per.mi.**tir** ***Vt*** **1** (+a) dar licença; deixar: *O pai não permitia aos filhos menores o uso de bebidas alcoólicas.* **2** admitir; tolerar: *O regulamento do clube permite a cada sócio que traga um convidado por mês.* **3** fazer que seja possível: *O diploma permite ao indivíduo maior acesso ao mercado de trabalho.*
permissão ***S fem*** ato de permitir.
Ant: **negar**; **impedir**.

perna **per**.na ***S fem*** **1** cada um dos membros de locomoção dos seres vivos. **2** peça que suporta um móvel: *A cadeira tinha uma perna mais curta, por isso balançava.* **3** parte da roupa que veste essa parte do corpo: *Ana cortou as pernas da calça para fazer uma bermuda.*
de pernas para o ar/pro ar em confusão; não arrumado: *Quando a mãe chegou, encontrou a casa de pernas pro ar.*

pernilongo per.ni.**lon**.go ***S masc*** pequeno inseto de pernas longas, corpo e asas revestidas de escamas, e cuja fêmea suga o sangue de pessoas e animais.

pérola **pé**.ro.la ***S fem*** pequena bola dura, brilhante, que se forma nas conchas de alguns moluscos, como a ostra, por exemplo: *A duquesa usava um rico colar de pérolas.*

perpendicular per.pen.di.cu.**lar** ***Adj*** (+a) **1** que, estando sobre uma superfície, forma com ela ângulo reto: *Os postes de iluminação não podem ser inclinados, têm de ser perpendiculares à superfície da rua.* **2** que atravessa, que cruza formando ângulo reto: *Moro numa rua perpendicular à avenida Rio Branco.*

perplexo per.**ple**.xo ***Adj*** espantado; assombrado: *O povo ficou perplexo com a notícia.*

perseguição per.se.gui.**ção** ***S fem*** **1** procura com a intenção de prender; caça: *Ordenou a perseguição aos bezerros fugitivos.* **2** tentativa de prejudicar por vingança: *O deputado reclamava de perseguição política.*

perseguir per.se.**guir** ***Vt*** **1** ir em busca de; caçar: *A polícia perseguiu o ladrão.* **2** incomodar constantemente: *Essa dor de cabeça me persegue.*

persistir per.sis.**tir** ***Vt*** (+em) **1** insistir na realização de um ato; teimar: *Se você persistir em não se alimentar, acabará doente.* ***Vi*** **2** continuar a existir; durar muito: *Essa amizade vai persistir para sempre.*

personagem per.so.**na**.gem ***S*** **1** pessoa que representa um papel num livro, filme, peça de teatro, novela, etc.: *O autor cria personagens com base na vida real.* **2** pessoa famosa; personalidade: *O festival reuniu personagens do mundo inteiro.*

personalidade per.so.na.li.**da**.de ***S fem*** **1** aquilo que determina o comportamento de uma pessoa; caráter: *A criança deve crescer com afeto e segurança para desenvolver a sua personalidade.* **2** pessoa famosa, notável: *Naquele clube se reuniam as grandes personalidades do mundo político.*

perspectiva pers.pec.**ti**.va ***S fem*** **1** representação de objetos sobre um plano tais como se apresentam à vista: *Um quadro com perspectiva correta mostra a distância entre as figuras.* **2** ponto de vista: *O problema da pobreza deve ser visto sob a perspectiva social.* **3** expectativa; probabilidade: *A possibilidade de chuvas abundantes traz novas perspectivas para a lavoura.*

pertencer per.ten.**cer** ***Vt*** (+a) **1** ser propriedade ou estar sob o

domínio (de): *Este carro pertenceu a meu pai.* **2** ser da competência ou da obrigação (de): *A decisão final pertence ao diretor.* **3** ser ou fazer parte de; integrar: *A raposa pertence ao grupo dos carnívoros.*
pertencente ***Adj*** que pertence a alguém ou a algo.

pertences per.**ten**.ces ***S masc pl*** tudo o que pertence a uma pessoa; aquilo que é propriedade de alguém: *Foi encontrado um relógio de ouro nos pertences do mendigo.*

perto **per**.to ***Adv*** **1** a pequena distância: *Já estávamos perto de Brasília quando o carro quebrou.* **2** nas vizinhanças: *Minha casa fica aqui perto.* **3** próximo a: *Moro perto da rodoviária.* **4** mais ou menos: *Acordei perto do meio-dia.*

perturbar per.tur.**bar** ***Vt*** **1** agir de modo a atrapalhar; incomodar: *Os pernilongos perturbam o sono.* **2** confundir: *A falta de sinalização perturba o motorista.* [**Pron**] (+com) **3** abalar-se; agitar-se: *A população perturbou-se com a movimentação do exército.*
perturbação ***S fem*** ação ou processo de perturbar. **perturbado** ***Adj*** confuso; abalado.

peru pe.**ru** ***S masc*** **1** ave doméstica, de grande tamanho, de penas abundantes e escuras, pescoço pelado, carne vermelha que pende do bico. **2** a carne dessa ave: *O prato principal era peru assado.* ▶ pág 196 e 197.

perua pe.**ru**.a ***S fem*** **1** feminino de peru: *O dono da granja cobra uma fortuna pelos ovos de perua.* **2** caminhonete pequena: *A perua ia parando para receber novos passageiros.*

peruca pe.**ru**.ca ***S fem*** conjunto de cabelos falsos imitando os naturais: *O homem usava uma peruca.*

perverso per.**ver**.so ***Adj*** que pratica maldade; cruel: *A madrasta de Cinderela era muito perversa.*
perversidade ***S fem*** qualidade daquilo que é perverso.

pesadelo pe.sa.**de**.lo ***S masc*** **1** sonho muito ruim, que causa incômodo: *Se eu assistir a filmes de terror, tenho pesadelos.* **2** situação difícil, desagradável: *Os preços altos eram um pesadelo para o povo.*

pesado pe.**sa**.do ***Adj*** **1** que pesa muito: *A mochila pesada prejudica a coluna.* **2** intenso: *Vovô tem o sono pesado, nem o cão latindo o acorda.* **3** diz-se da nuvem muito carregada: *As nuvens pairavam baixas, pesadas.*
Ant: **leve**.

pesar pe.**sar** ***Vt*** **1** pôr na balança para avaliar o peso: *Era necessário pesar a bagagem antes de embarcar.* **2** ter o peso de: *O elefante pode pesar mais de sete toneladas.* ***S masc*** **3** muita tristeza; desgosto: *É com muito pesar que lhe comunico a notícia.*

pesca **pes**.ca ***S fem*** **1** ato de pescar: *Naquela ilha todos vivem da pesca.* **2** aquilo que se pesca: *Os homens vendem sua pesca na cidade.*

pescar pes.**car** ***Vt*** **1** apanhar peixe na água, usando instrumento próprio como rede, vara com anzol, etc.: *Rui pescou um peixe.* **2** apanhar por processo semelhante ao da pesca: *Paulo pescava lagostas.* **3** perceber: *Ficou atrás da porta para ver se pescava um pouco da conversa.* ***Vi*** **4** ocupar-se da atividade da pesca: *Nas sociedades indígenas, os homens pescam e caçam.*
pescador ***S masc*** quem pesca.

pescaria pes.ca.**ri**.a ***S fem*** ação de pescar; pesca: *O menino gostava das pescarias com o pai.*

pescoço pes.**co**.ço ***S masc*** parte do corpo que une a cabeça ao tronco: *Ai que dor no pescoço!*

peso **pe**.so ***S masc*** **1** força que um corpo exerce sobre um ponto de apoio devida à força da gravidade: *O peso se mede com balança.* **2** carga; carregamento: *O carro não suporta muito peso.* **3** responsabilidade: *Fábio carregava o peso de um segredo.*

pesquisar pes.qui.**sar** ***Vt*** **1** fazer investigações segundo métodos adequados; fazer levantamentos, comparar dados e tirar conclusões: *Ele pesquisa os hábitos dos indígenas.* **2** informar-se a respeito de: *O pai pesquisava os preços antes de comprar.*
pesquisa ***S fem*** ato de pesquisar.

pêssego **pês**.se.go ***S masc*** fruto de casca aveludada amarela ou

alaranjada quando maduro, polpa meio doce.
pessegueiro ***S masc*** árvore que produz o pêssego.

péssimo **pés**.si.mo ***Adj*** muito mau; muito ruim: *Apesar de péssimo ator, o moço ganhou o papel principal na novela.*
Ant: **ótimo**.

pessoa pes.**so**.a ***S fem*** ser humano; homem ou mulher: *Todas as pessoas buscam a felicidade.*

pessoal pes.so.**al** ***Adj*** **1** próprio de ou relativo a pessoa: *Comprei produtos de higiene pessoal.* **2** próprio, relativo ou pertencente a uma só pessoa; individual: *É um risco fornecer pela Internet nossos dados pessoais.* ***S masc*** **3** grupo de pessoas: *O chefe fez uma reunião com o pessoal da limpeza.*

peste **pes**.te ***S fem*** **1** epidemia de doença contagiosa que provoca grande número de mortes: *Os ratos são transmissores de peste.* ***S*** **2** pessoa má ou inconveniente: *Onde estava esse peste que perturba todo mundo?*
Em **2**, é uso informal, mais comum na língua falada.

pétala **pé**.ta.la ***S fem*** cada uma das partes distintas, coloridas e macias, que formam o corpo das flores: *A noiva foi recebida com pétalas de rosas.*

peteca ▶ pe.**te**.ca ***S fem*** brinquedo que consta de uma base feita de couro, palha, etc., enfeitado com penas e que se lança ao ar e se rebate com a palma da mão: *Jogar peteca passou a ser nova mania.*

petisco pe.**tis**.co ***S masc*** comida muito saborosa, preparada com capricho; guloseima: *Toda tarde vovó preparava deliciosos petiscos e nos convidava.*

petroleiro pe.tro.**lei**.ro
Adj **1** relativo a petróleo: *No Maranhão há um centro petroleiro importante.* **2** que transporta petróleo: *Houve vazamento de óleo de um navio petroleiro.*
S masc **3** navio que transporta petróleo: *Chegou ao porto um grande petroleiro.* **4** trabalhador de refinaria ou extração de petróleo: *Em certas zonas, os petroleiros abrem um poço numa semana.*

petróleo pe.**tró**.le:o ***S masc*** substância mineral líquida, de cor escura, usada como combustível depois de refinada, e que se encontra em camadas profundas do solo: *O petróleo leva muitos séculos se formando.*

petrolífero pe.tro.**lí**.fe.ro ***Adj*** **1** de ou relativo ao petróleo: *Empresas privadas têm interesse em atuar no setor petrolífero.* **2** que contém ou produz petróleo: *Naquele campo petrolífero, há também armazenamento de gás natural.*

pia **pi**.a ***S fem*** bacia de louça ou metal fixada junto à parede, com água encanada e escoamento, para o serviço de cozinha ou para lavar as mãos: *Não deixe a torneira da pia aberta sem necessidade.*

piada pi.**a**.da ***S fem*** história engraçada; anedota: *A piada provoca o riso por seu final surpreendente.*

piano pi.**a**.no ***S masc*** instrumento musical formado por uma grande caixa sonora com um sistema especial de cordas batidas por martelinhos acionados pelo toque das teclas.

pião ▲ pi.**ão** ***S masc*** brinquedo infantil em forma de pera que se enrola com um cordão torcido para desenrolar rapidamente e fazê-lo girar.
Cp: **peão**.

piar pi.**ar** ***Vi*** dar pios: *Várias corujas piaram ao mesmo tempo, e os garotos sentiram um arrepio.*

picada pi.**ca**.da ***S fem*** **1** ação de picar; mordida feita por animal: *Tenho alergia a picada de inseto.* **2** furo feito por objeto pontiagudo: *Sentindo a picada da ponta da tesoura, o ursinho deu um pulo.* **3** passagem estreita aberta no mato: *Levava um facão de mato, próprio para abrir picadas.*

picadeiro pi.ca.**dei**.ro ***S masc*** área circular e central nos circos, onde se exibem os artistas: *O palhaço faz do picadeiro seu pequeno mundo.* ▶ pág 112 e 113.

pica-pau **pi**.ca-**pau** ***S masc*** ave com dois dedos para frente e dois para trás, usados para agarrar e

a b c d e f g h i j k l m n o p q r s t u v w x y z

bico forte que lhe permite perfurar a madeira para retirar larvas.

picar pi.**car** ***Vt*** **1** morder ou ferir com ferrão ou dente: *Uma abelha me picou.* **2** perfurar com objeto pontiagudo: *Picou com uma agulha o dedo do paciente e colheu sangue.* **3** reduzir a pequenos pedaços; cortar: *A cozinheira pica a couve bem fininho.*

pico **pi**.co **S *masc*** **1** ponta aguda de um monte: *Muitas ilhas são montanhas cujo pico aparece sobre a água.* **2** ponto mais alto; extremo: *Entre os sintomas da malária estão picos de febre.*

picolé pi.co.**lé** **S *masc*** sorvete sólido em palito: *Com água, uva e açúcar, faz-se picolé.*

piedade pi.e.**da**.de **S *fem*** **1** amor e respeito às coisas religiosas. **2** pena; dó: *Ali mora uma fada que tem piedade de todo mundo.*

pigarro pi.**gar**.ro **S *masc*** irritação na garganta que se alivia por meio de movimento muscular seguido de ruído característico: *O orador tinha um pigarro que perturbava a sua fala.*

pigmento pig.**men**.to **S *masc*** substância que dá cor: *A clorofila é um pigmento verde.*

pijama pi.**ja**.ma **S *masc*** roupa utilizada principalmente para dormir, larga e leve, constituída de camisa ou blusa e calça, bermuda ou *shorts*: *As visitas me surpreenderam de pijama, pronto para dormir.*

pilantra pi.**lan**.tra **S** pessoa desonesta; malandro: *O pilantra se fazia passar por médico.*

pilão pi.**lão** **S *masc*** recipiente de madeira dura, para descascar ou triturar alimentos: *Minha avó socava milho no pilão.*

pilar pi.**lar** **S *masc*** coluna que sustenta uma construção: *Um dos pilares da ponte estava trincado.*

pilha **pi**.lha **S *fem*** **1** objeto que armazena energia para o funcionamento de aparelhos elétricos: *Alessandro Volta foi o inventor da pilha elétrica.* **2** porção de coisas colocadas umas sobre as outras; monte: *Em cima da mesa havia uma pilha de livros.* **uma pilha de nervos**: muito nervoso: *Estava uma pilha de nervos: seu trabalho continuava parado.*

pilotar pi.lo.**tar** ***Vt*** dirigir como piloto; guiar: *Era acostumado a pilotar veículos grandes.*

piloto pi.**lo**.to **S *masc*** profissional que dirige aeronave, carro de corrida, navio, etc.: *O piloto do barco chamou a polícia pelo rádio.*

pílula **pí**.lu.la **S *fem*** medicamento sólido para uso oral; comprimido: *O médico receitou pílulas para dor.*

pimenta pi.**men**.ta **S *fem*** **1** planta que produz fruto de sabor que arde na língua, usado como tempero ou molho: *Cuida com carinho da plantação de pimenta.* **2** o fruto dessa planta: *A menina chorou porque mastigou uma pimenta.*

pinça **pin**.ça **S *fem*** **1** pequeno instrumento constituído de duas hastes presas por uma das extremidades, e que serve para pegar pequenos objetos ou para arrancar: *Arrancou os espinhos do focinho do cão com pinça.* **2** órgão formado de dois ramos que animais como o caranguejo apresentam para prender a presa: *A pinça do caranguejo pode causar cortes na pele.*

pincel pin.**cel** **S *masc*** objeto formado por um tufo de pelos fortemente presos a um cabo e usado para passar tinta, espalhar substâncias líquidas ou pastosas numa superfície, etc.

pinga **pin**.ga **S *fem*** bebida feita de cana; cachaça: *A pinga fabricada no Brasil está sendo exportada.*

pingar pin.**gar** ***Vi*** **1** deixar escorrer líquido em gotas: *Maria, olha a torneira pingando!* ***Vt*** **2** colocar em pequenas quantidades: *Pingue numa fôrma uns bocadinhos da massa e ponha no forno.*

pingo **pin**.go **S *masc*** **1** pequena porção de líquido em forma de bolinha; gota: *Os pingos da chuva começaram a cair.* **2** mancha pequena: *Havia um pingo de tinta no papel.* **3** pequena quantidade; porção mínima: *Não tenho um pingo de fome.* **pingo de gente** pessoa muito pequena: *Disfarçaram para não rir: aquele pingo de gente queria afundar o navio!*

pingue-pongue
pin.gue-**pon**.gue ***S masc*** jogo praticado com raquete e uma bolinha, sobre uma mesa dividida por uma rede: *O jogo de pingue-pongue foi inventado em 1901.*
▶ pág 156 e 157.

pinguim ü pin.**guim** ***S masc*** ave marinha de plumagem densa e curta, escura nas costas e branca no peito, habita as regiões frias do Hemisfério Sul: *O pinguim é incapaz de voar.* ▶ pág 460 e 461.

pinha **pi**.nha ***S fem*** conjunto das sementes do pinheiro: *A pinha leva dois anos para amadurecer.*

pinhão pi.**nhão** ***S masc*** cada uma das sementes contidas na pinha, de forma alongada e cor esbranquiçada, recoberta por uma casca marrom-avermelhada: *Comi pinhão cozido.*

pinheiro pi.**nhei**.ro ***S masc*** grande árvore de tronco reto com casca grossa e folhas verdes em forma de agulha: *O pinheiro produz flor e semente, mas não produz fruto.*

pinho **pi**.nho ***S masc*** a madeira do pinheiro: *As tábuas de pinho às vezes têm nós.*

pino **pi**.no ***S masc*** pequena peça em formato de cilindro, alongada, que serve para ligar partes: *Tinha um pino de metal no corpo por causa da fratura.*

pinote pi.**no**.te ***S masc*** **1** salto dado pelo cavalo ao mesmo tempo em que dá coices: *O cavalo deu um pinote e relinchou.* **2** pirueta; salto; pulo: *Lúcia deu três pinotes de alegria.*

pinta **pin**.ta ***S fem*** **1** pequena mancha: *A onça tem pintas no corpo.* **2** aparência; aspecto: *Rui tem pinta de galã.*

pintado pin.**ta**.do ***Adj*** **1** cheio de pintas (1): *Tem o rosto pintado de sardas.* **2** que usou muito produto de beleza para colorir o rosto: *A mulher estava muito pintada.*

pintar pin.**tar** ***Vt*** **1** fazer um desenho ou um retrato por meio de traços, usando cores: *Tarsila do Amaral pintou elementos que identificam o Brasil.* **2** cobrir de tinta; colorir: *Ele pintou a parede.* **3** usar maquiagem: *A moça está se pintando.* ***Vi*** **4** surgir; aparecer: *Assim que pintou a oportunidade, Ivo entrou no time.* **5** exercer a arte da pintura: *Van Gogh começou a pintar aos 27 anos.*
pintar o sete fazer travessuras ou coisas extraordinárias: *Esse gato pinta o sete.*
pintor ***S masc*** pessoa que pinta (**1**, **2** e **5**).

pintassilgo pin.tas.**sil**.go ***S masc*** pássaro de cor verde e amarela, muito apreciado pelo seu canto.

pinto **pin**.to ***S masc*** filhote da galinha: *Havia sumido um pinto do galinheiro.*

pintura pin.**tu**.ra ***S fem*** **1** ato de revestir uma superfície com camada de tinta: *A pintura do corpo é costume dos indígenas.* **2** representação de um tema num quadro: *Esse pintor se dedica à pintura de paisagens.* **3** exercício da arte de pintar: *Pablo Picasso era um gênio na pintura.* **4** conjunto de obras de arte de uma dada época, país, etc.: *Claude Monet é um dos artistas da pintura moderna.*

pio **pi**.o ***S masc*** **1** voz de certas aves: *Lá fora, havia o pio das corujas.* **2** ato de falar; palavra: *A menina chorava só com lágrimas, sem dar um pio.*

piolho pi.**o**.lho ***S masc*** inseto que é um parasita e que vive no couro cabeludo; seus ovos aderem aos fios de cabelo: *O piolho não escolhe pessoa para atacar.*

pioneiro pi.o.**nei**.ro ***S masc*** **1** o primeiro que abre ou descobre caminho através de região mal conhecida: *Ele foi o pioneiro da extração de látex.* **2** aquele que dá início a um trabalho ou a um feito importante: *Santos Dumont foi um pioneiro na aviação.*

pior pi.**or** ***Adj*** **1** mais ruim: *Acho suco de maçã verde pior que remédio.* **2** o mais ruim de todos: *Aquele foi o pior dos jogos.*
Ant: **melhor**.

piorar pi.o.**rar** ***Vt*** **1** tornar pior; agravar: *A poluição urbana piora as condições de vida.* ***Vi*** **2** tornar-se pior: *O problema do lixo nas cidades piorou nos últimos tempos.*
Ant: **melhorar**.

pipa **pi**.pa ***S fem*** **1** vasilha arredondada, de madeira, para guardar líquidos; barril: *Na loja havia algumas pipas cheias de vinho.* **2** armação de madeira leve coberta de papel, de formatos variados, que se equilibra no ar, atada a uma linha; papagaio: *Empinaram pipas que voaram pelos céus por um tempão.*
▶ pág 328 e 329.

PRAIA

11 esteira ▶ pág 174
12 gaivota ▶ pág 209
13 mar ▶ pág 270
14 onda ▶ pág 301
15 pá ▶ pág 309
16 passeio ▶ pág 316
17 pipa ▶ pág 327
18 refresco ▶ pág 367
19 sanduíche ▶ pág 387
20 siri ▶ pág 400
21 sol ▶ pág 404
22 sorvete ▶ pág 408
23 surfe ▶ pág 413
24 surfista ▶ pág 413

pipoca pi.**po**.ca ***S fem*** grão de milho rebentado ao calor do fogo: *Comprou pipoca antes do filme.* ▶ pág 112 e 113.

pique **pi**.que ***S masc*** **1** jogo infantil em que uma criança deve pegar outra(s) antes de chegar a um ponto combinado. **2** ponto combinado para se chegar, nessa brincadeira, em que o participante não pode ser pego: *Combinamos que ninguém podia ficar no pique mais de um minuto.* **3** entusiasmo; disposição: *É difícil acompanhar o pique de Pedro.*

piquenique ▼ pi.que.**ni**.que ***S masc*** passeio feito ao ar livre entre várias pessoas que se juntam para fazer lanche e divertir-se: *Perto do rio, uma família fazia piquenique.* ▶ pág 338 e 339.

pirâmide pi.**râ**.mi.de ***S fem*** **1** sólido geométrico cujas faces laterais se dirigem para um ponto comum. **2** construção com essa forma que, no Egito, serviu de túmulo aos faraós: *No Egito existem cerca de 80 pirâmides.*

piranha pi.**ra**.nha ***S fem*** **1** peixe feroz, carnívoro, de rios das regiões quentes, com dentes muito finos e afiados. **2** a carne desse peixe: *No Amazonas come-se piranha em forma de filé.*

pirata pi.**ra**.ta ***S masc*** **1** indivíduo que percorria os mares assaltando e roubando as embarcações: *Em uma viagem, Robinson foi sequestrado por piratas.* ***Adj*** **2** que pertence a pirata: *Um navio pirata se aproximava do porto.* **3** que foi copiado ou reproduzido de modo ilegal: *A polícia prendeu um rapaz que fazia CDs piratas.*

pirataria pi.ra.ta.**ri**.a ***S fem*** **1** roubo de cargas e de navios: *A pirataria sempre existiu.* **2** prática de roubo e atos ilegais: *Fazer cópias de filmes sem licença é pirataria.*

pires **pi**.res ***S masc*** pratinho sobre o qual se coloca a xícara: *O doido ignora a xícara e toma café no pires.*

pirralho pir.**ra**.lho ***S masc*** menino pequeno; criança: *E um pirralho sabe dar banho num cachorro?*

pirueta ▶ pi.ru.**e**.ta ***S fem*** ato de saltar, girando o corpo no ar; cambalhota: *A borboleta fez umas piruetas e pousou na flor.*

pirulito pi.ru.**li**.to ***S masc*** doce, geralmente duro, preso na ponta de um palito.

pisar pi.**sar** ***Vt*** (+em) **1** passar ou andar: *O jardineiro pedia para não pisar na grama.* **2** apoiar os pés sobre: *Toda vez que eu pisava no chão, meu pé doía muito.* **3** esmagar com o pé: *Se você pisa em cima de um escorpião, ele pica.* ***Vi*** **4** apoiar o pé no chão: *O garoto pisou de mau jeito e torceu o pé.*
pisar no calo ofender: *O chefe está muito nervoso, alguém deve ter pisado no seu calo.*

piscar pis.**car** ***Vt*** **1** abrir e fechar (os olhos) num movimento rápido: *Jorge piscou o olho e disse que sabia o que estava dizendo.* (+para) **2** fazer sinal, fechando e abrindo rapidamente um dos olhos: *O padre piscou para o noivo para que beijasse a noiva.* ***Vi*** **3** apagar e acender rapidamente: *De repente, as luzes piscaram.* **4** brilhar e apagar repetidas vezes; cintilar: *As luzes da árvore de Natal piscavam.*
num piscar de olhos de modo rápido: *Num piscar de olhos, Flávia chegou ao restaurante.*

piscina pis.**ci**.na ***S fem*** grande tanque para natação ou para prática de outros esportes que se praticam na água, e para diversão: *No verão, as crianças gostam de ir à praia ou brincar na piscina.* ▶ pág 88 e 89.

piso **pi**.so ***S masc*** **1** solo revestido com cimento ou com peças de cerâmica onde se pisa: *O piso da quadra foi pintado de verde.* **2** andar de um prédio; pavimento: *O escritório fica no primeiro piso.* ▶ pág 76 e 77.

pista **pis**.ta ***S fem*** **1** rasto ou sinal que o homem ou os animais deixam por onde passam: *Muitos animais que viveram há muito tempo deixaram pistas nas rochas.* **2** algum fato que sirva de orientação em uma busca: *A polícia não tem pista do sequestrador.* **3** trecho percorrido pelos aviões nos aeroportos no momento de decolar e de pousar: *Quanto mais pesado estiver o avião, mais comprida terá de ser a pista.* **4** estrada por onde passam veículos: *Para espanto do motorista, de repente a pista cedeu.* **5** faixa delimitada e circular para a prática de atletismo: *Os atletas reclamaram que a pista estava irregular.* ▶ pág 170 e 171.

pistola pis.**to**.la ***S fem*** arma de fogo pequena, leve, de cano muito curto.

pitada pi.**ta**.da ***S fem*** **1** pequena porção de uma substância que se toma entre o polegar e o indicador: *Coloque duas pitadas de sal na salada.* **2** um pouco: *As histórias lidas têm uma pitada de humor.*

pitanga ▼ pi.**tan**.ga ***S fem*** pequeno fruto arredondado, muito saboroso, casca alaranjada ou vermelha, polpa rosa, produzido pela pitangueira: *Tiveram pitanga para a sobremesa.* ⊖ **pitangueira** ***S fem*** árvore que dá pitanga.

pitoresco pi.to.**res**.co ***Adj*** **1** que chama a atenção; que agrada pela beleza ou por aspectos surpreendentes: *O caminho era pitoresco.* **2** que desperta interesse por ser original ou por ter alguma coisa que agrada; interessante: *Na cozinha havia um pitoresco fogãozinho de lenha.*

placa **pla**.ca ***S fem*** **1** chapa ou lâmina de material resistente: *As primeiras letras eram riscos feitos numa placa de argila.* **2** tabuleta ou chapa com alguma indicação inscrita: *Em algumas lojas vemos placas dizendo: "Fechado para almoço".* **3** chapa de metal, colocada na parte da frente e de trás de um veículo, com o número de licença e cidade de origem; chapa: *Ninguém anotou o número da placa do carro.* **4** camada existente na superfície da Terra: *A crosta terrestre é formada por enormes placas que se movimentam lentamente.*

placar pla.**car** ***S masc*** **1** resultado de um jogo: *O placar era de zero a zero.* **2** aparelho que registra o resultado de um jogo: *Havia no estádio dois placares.*

placenta pla.**cen**.ta ***S fem*** órgão que une o feto à parede do útero materno.

planalto pla.**nal**.to ***S masc*** extensão de terreno plano ou pouco ondulado e elevado: *A cidade de São Paulo fica num planalto a oitocentos metros de altitude.*

planejamento pla.ne.ja.**men**.to ***S masc*** **1** ato de planejar, de fazer plano(s): *O nutricionista cuida do planejamento de dietas para as pessoas.* **2** atividade de preparação para qualquer trabalho, contendo todos os dados necessários para execução ou desenvolvimento, inclusive datas: *Os professores fizeram o planejamento para o próximo ano letivo.*

planejar ▼ pla.ne.**jar** ***Vt*** **1** preparar a execução de uma atividade: *Os professores se reúnem para planejar as aulas.* **2** ter a intenção ou plano de: *A família planeja viajar nas férias.*

planeta pla.**ne**.ta ***S masc*** astro sem luz própria, que gira em torno de uma estrela, e, de modo particular, o Sol: *A órbita de um planeta não cruza a órbita de outro.* ☼ Os planetas que giram em torno do Sol constituem com outros astros o Sistema Solar, e são, pela ordem de afastamento do Sol: Mercúrio, Vênus, Terra, Marte, Júpiter, Saturno, Urano e Netuno.

planetário pla.ne.**tá**.ri:o ***S masc*** lugar onde são projetadas imagens que representam os movimentos dos astros, permitindo ainda visualizar suas formas.

planície pla.**ní**.ci:e ***S fem*** grande extensão de terreno plano: *Entre as montanhas e a planície nasce um rio de águas limpas.*

planisfério pla.nis.**fé**.ri:o ***S masc*** mapa que representa toda a superfície terrestre ou celeste: *No planisfério, a gente pode identificar os continentes.*

plano **pla**.no ***S masc*** **1** conjunto de medidas ou de ideias para a execução de uma atividade; projeto; planejamento: *Existe um plano para a construção de um*

A B C D E F G H I J K L M N O P Q R S T U V W X Y Z

a b c d e f g h i j k l m n o p q r s t u v w x y z

novo laboratório. **2** superfície que contém por inteiro qualquer reta que passa por dois de seus pontos: *Retas que não se encontram e estão contidas no mesmo plano são paralelas.* ***Adj*** **3** que apresenta toda a superfície no mesmo nível, sem desigualdade: *Fica mais barato construir uma casa num terreno plano.*

planta ▼ **plan**.ta ***S fem*** **1** ser vivo do reino vegetal; vegetal: *O maracujá é o fruto de uma planta originária do Brasil.* **2** desenho que representa a projeção horizontal da estrutura de um edifício, de um terreno ou de uma cidade: *Pedimos ao arquiteto que desenhasse a planta de nossa futura casa.*

plantação plan.ta.**ção** ***S fem*** **1** ato de plantar: *Era época da plantação da soja.* **2** conjunto de plantas cultivadas num terreno; lavoura: *O espantalho é colocado no meio da plantação.*
▶ pág 196 e 197.

plantão plan.**tão** ***S masc*** serviço que se presta por um tempo certo em determinado lugar público: *Os médicos davam plantão no hospital público.*

plantar plan.**tar** ***Vt*** **1** enterrar (um vegetal) para que ele crie raiz, se desenvolva, cresça e reproduza: *Plantar uma árvore é garantir qualidade de vida.* **2** fazer entrar na terra; fincar: *Plantou um mastro no pátio.*
⊖ **plantio** ***S masc*** ato de plantar; plantação (1).

plasma **plas**.ma ***S masc*** parte líquida do sangue, na qual se acham, em suspensão, outros elementos sanguíneos. *O plasma é formado principalmente por água.*

plástico **plás**.ti.co ***S masc*** **1** material que pode ser moldado com facilidade, adquirindo várias formas: *No fim dos anos 1940, as bonecas passaram a ser produzidas em plástico.* **2** qualquer objeto feito com esse material: *Pus um plástico na capa do livro para não sujar.* ***Adj*** **3** que é feito desse material: *Os sacos plásticos jogados nos mares podem ser engolidos pelas baleias e matá-las.*

plataforma ▼ pla.ta.**for**.ma ***S fem*** **1** área plana horizontal e elevada de onde saltam os atletas: *O atleta saltou da plataforma.* **2** local de embarque e desembarque de passageiros: *Devíamos tomar o ônibus na plataforma 20.* **3** programa ou projeto de trabalho: *Ele tem uma plataforma de governo que atende aos interesses do povo.*

plateia pla.**tei**.a ***S fem*** **1** espaço destinado aos espectadores em um teatro, cinema ou auditório: *O teatro tem uma plateia de 800 lugares.* **2** conjunto de pessoas que assistem a um espetáculo; público: *A plateia aplaudiu de pé.*

plebeu ple.**beu** ***S masc*** homem do povo, por oposição a homem da nobreza: *A princesa casou-se com um plebeu.*
Forma feminina correspondente: **plebeia**.

plebiscito ple.bis.**ci**.to ***S masc*** consulta popular em que, por voto, se aprova ou se rejeita uma proposta apresentada: *A proibição da venda de armas se decidiu por plebiscito.*

pleno **ple**.no ***Adj*** **1** completo; total; absoluto: *Toda criança deve ser compreendida para que se desenvolva de maneira plena.* **2** cheio; repleto: *Nas ilustrações dos livros, tudo era pleno de vida!*

pluma **plu**.ma ***S fem*** pena de ave: *As plumas do avestruz são usadas em enfeites.*

plumagem plu.**ma**.gem ***S fem*** conjunto de penas de uma ave: *A jacutinga é uma ave que possui plumagem preta com brilho azul.*

plural plu.**ral** ***S masc*** referência a mais de um ser, indicada pela forma que assumem o nome ou o verbo.
Ant: **singular**.

pneu ***S masc*** peça circular de borracha que se enche de ar e se coloca nas rodas dos veículos: *Antes de viajar, verifique o ar dos pneus.*
É forma reduzida de **pneumático**, que tem o mesmo significado.

pneumonia pneu.mo.**ni**.a **S *fem*** inflamação nos pulmões que pode ser devida a bactérias, vírus, fungos, irritação por substância química, ou ser de natureza alérgica.

pó **S *masc*** **1** quantidade de partículas minúsculas de terra ou de qualquer outra substância seca; poeira: *Vovó tira o pó dos móveis.* **2** qualquer substância reduzida a partículas minúsculas: *Economize pó de café.*

pobre **po**.bre ***Adj*** **1** que não tem os bens necessários para viver com dignidade; sem recurso; desprovido de riqueza: *Mozart morreu pobre.* **2** simples: *A loja tinha uma decoração pobre.* **3** sem fundamento; frágil: *A conversa do aluno era muito pobre.* **S** **4** indivíduo de pouco ou nenhum recurso; aquele que não tem riqueza: *Para os pobres, qualquer ajuda é bem-vinda.*
– **pobreza** **S *fem*** estado ou condição de pobre.
Ant para **1**, **2**, e **4**: **rico**.

poça **po**.ça **S *fem*** pequena quantidade de água que fica retida em depressão de terreno: *Durante a seca restam poças nos leitos dos rios.*
Em certa regiões, pronuncia-se com **ô – p[ô]ça**.

poção po.**ção** **S *fem*** **1** remédio em forma líquida preparado na farmácia: *Queria uma poção que curasse insônia.* **2** bebida resultante de uma mistura com poderes mágicos: *A bruxa preparou uma poção.*

poço ▶ **po**.ço **S *masc*** **1** grande buraco de forma redonda que se abre na terra para a busca de água: *Recolhiam água fresquinha do poço.* **2** buraco onde se acumula água: *Na beira da estrada havia um poço com águas da chuva.* **3** escavação que se faz na terra a fim de explorar o que contém nas camadas abaixo do solo: *A exploração dos poços de petróleo acontece no mar ou em terra.*
Pl: **p[ó]ços**.

podar po.**dar** ***Vt*** cortar os ramos de uma planta para que ela fique mais forte: *O jardineiro sabe quando é a época certa de podar as roseiras.*

poder po.**der** ***Vt*** **1** ter capacidade, força ou aptidão para: *Se você não pode ver nem pegar o ar, como é possível ter certeza de que ele existe?* **2** ser possível; ter possibilidade de: *Muitas regiões próximas às praias poderão desaparecer por causa da subida do nível do mar.* **3** ter o direito de: *Hoje, o jovem pode votar a partir dos 16 anos.* **4** ter permissão para: *Eles não podiam sair do internato.* (+com) **5** ter domínio (sobre); controlar: *Emília é muito travessa, ninguém pode com ela.* **S *masc*** **6** direito de resolver, agir e mandar: *O poder do cacique nunca é questionado.* **7** domínio; influência; força: *Durante o Império, o poder político era dos senhores de escravos.* **8** cada um dos setores que compõem a organização administrativa de um país democrático: *O Poder Executivo executa as leis.*
Em **8**, escreve-se com inicial maiúscula.

poderoso po.de.**ro**.so ***Adj*** **1** que tem poder; que exerce influência: *Muito poderoso, o deus Netuno reinava sobre os mares.* **2** que tem grande capacidade: *A poderosa máquina produzia trilhos de trem.* **3** forte; vigoroso: *A abelha usa o seu poderoso ferrão quando é atacada.* **S *masc*** **4** pessoa de grande poder ou influência, com base na riqueza ou na posição social: *Antigamente, os poderosos eram ricos donos de terras.*
Em **4**, usa-se com mais frequência no plural.

pódio **pó**.di:o **S *masc*** em competições esportivas, plataforma onde sobem os concorrentes classificados nos primeiros lugares para serem homenageados: *Subiu ao pódio como campeã.* ▶ pág 170 e 171.

podre **po**.dre ***Adj*** **1** que está em estado de decomposição: *Urubu só come carne podre.* **2** que cheira mal: *Havia ali uma poça de água podre.* **S *masc*** **3** aquilo que é vergonhoso: *Impossível esconder os podres daquela gente.*
1 Em **3**, é mais comum o uso no plural. **2** É uso informal, mais comum na língua falada.

poeira po.**ei**.ra **S *fem*** terra seca em forma de pó: *O carro deixou um rastro de poeira.*

poeirento po.ei.**ren**.to ***Adj*** que tem muita poeira; coberto de poeira: *Aquele casaco poeirento precisa ser lavado!*

poema po.**e**.ma **S *masc*** composição poética escrita em verso: *Pôs-se a escrever novos poemas.*

a b c d e f g h i j k l m n o p q r s t u v w x y z

poente ▲ po.**en**.te **S *masc*** **1** lugar onde o Sol desaparece; pôr do sol: *A moçada se reúne para ver o poente.* **2** o horizonte no lado oeste: *Seguiram em direção ao poente.*

poesia po:e.**si**.a **S *fem*** **1** arte de compor poemas: *Os árabes possuem grandes dons artísticos na poesia.* **2** composição poética: *Aqui em casa todo mundo lê poesia.*

poeta po.**e**.ta **S** pessoa que compõe poemas: *O poeta lançou mais um livro.*

poético po.**é**.ti.co ***Adj*** **1** relativo a, ou de poesia: *O soneto é uma forma poética tradicional.* **2** cheio de poesia; encantador: *O livro aborda, de forma poética, o que a criança deveria ter na infância.*

polar po.**lar** ***Adj*** **1** dos polos: *O calor do Sol é muito fraco na região polar.* **2** que vive na região dos polos: *O urso polar caça focas.*

polegada po.le.**ga**.da **S *fem*** unidade de medida de comprimento, que não é padrão, equivalente a 2,54 centímetros: *Nossa escola ganhou um televisor de 42 polegadas.*

polegar po.le.**gar** **S *masc*** dedo da mão mais curto e mais grosso que os outros e que possui apenas dois ossos: *Fez um gesto com o polegar voltado para cima para dizer que estava tudo bem.*

poleiro po.**lei**.ro **S *masc*** vara onde as aves pousam e dormem: *Logo que o sol se deita, todas as galinhas se instalam em seus poleiros para dormir.*

polêmica po.**lê**.mi.ca **S *fem*** discussão; debate: *Há uma polêmica com relação à invenção do avião.*

polêmico po.**lê**.mi.co ***Adj*** que causa polêmica: *O bom político não cria leis polêmicas.*

pólen **pó**.len **S *masc*** conjunto de minúsculos grãos, que representam as células sexuais masculinas das flores.
➖ **polinização** **S *fem*** transporte do pólen de uma flor para outra.

polícia po.**lí**.ci:a **S *fem*** **1** órgão auxiliar da justiça, que tem a missão de fazer respeitar as leis e de reprimir o crime: *A sociedade colabora com a polícia.* **2** policial ou grupo de policiais: *A polícia prendeu o briguento.*
➖ **policiamento** **S *masc*** ação da polícia com o objetivo de prevenir ou reprimir o crime.

policial po.li.ci.**al** ***Adj*** **1** da ou relativo à polícia: *840 veículos passaram pelo posto policial durante uma hora.* **2** de ocorrências criminosas: *Não queira ser notícia das páginas policiais.* **S** **3** pessoa que trabalha na polícia (1): *A população quer mais policiais nas ruas.*

poliedro po.li.**e**.dro **S *masc*** figura geométrica que tem muitas faces: *O cubo é um poliedro de seis faces.*

polígono po.**lí**.go.no **S *masc*** figura plana formada por uma linha fechada formando vários ângulos: *O quadrilátero é um polígono de quatro lados.*

política po.**lí**.ti.ca **S *fem*** **1** arte e ciência de governar ou organizar as atividades relativas ao serviço público da Nação, dos Estados e dos Municípios: *Papai entende de política.* **2** conjunto de objetivos que compõem determinado programa de governo e de propostas para a sua execução: *Qual é a política econômica do presidente?*

político po.**lí**.ti.co ***Adj*** **1** que trata de ou se relaciona com política: *O sistema político do país necessitava de reformas.* **2** que se refere à política dos partidos: *Alguns funcionários foram nomeados por indicação política.* **S *masc*** **3** pessoa que se ocupa de política: *Os políticos estão reunidos em assembleia.*

polo po.lo **S *masc*** **1** cada uma das duas extremidades do eixo imaginário sobre o qual a Terra executa o seu movimento de rotação: *Lá no Polo Sul, dependendo da época, o Sol nunca se põe.* **2** região que concentra uma atividade: *Em alguns polos regionais, o comércio tem mais força.* **3** cada um dos dois terminais de uma pilha ou bateria: *Se um dos polos da bateria estiver com problemas, a corrente elétrica se interrompe.*
☼ Os termos Polo Norte e Polo Sul se escrevem com iniciais maiúsculas.

polpa ▲ **pol**.pa S *fem*
1 substância macia dos frutos e das raízes: *Fiz suco com a polpa do maracujá.* 2 estrutura composta de nervos e vasos sanguíneos que se encontra dentro do dente.

poltrona pol.**tro**.na S *fem*
1 grande cadeira com braços, geralmente com assento e encosto fofos: *Sente-se na poltrona para ver a novela.* 2 assento dos veículos (ônibus, trem, etc.) e das casas de espetáculos: *O público se levantou das poltronas para aplaudir.*
▶ pág 76 e 77.

poluir po.lu.**ir** *Vt* contaminar, sujar ou alterar o meio ambiente, tornando-o prejudicial à saúde: *Há indústrias que poluem os rios.*
⊖ **poluição** S *fem* ação ou processo de poluir. **poluente** *Adj* que polui.

polvilho pol.**vi**.lho S *masc*
farinha muito branca e fina, que se obtém da mandioca, muito usada na confecção de bolo, bolacha e biscoito: *A mãe prepara os biscoitos de polvilho.*

polvo **pol**.vo S *masc* molusco sem concha, com o corpo em forma de ovo e oito tentáculos que o ajudam a ficar grudado em rochas: *Os polvos podem medir vários metros.* ▶ pág 302 e 303.

pólvora **pól**.vo.ra S *fem* mistura ou composto químico explosivo, utilizado como carga em projéteis, bombas e minas.

pomada po.**ma**.da S *fem* massa pastosa para passar na pele ou no cabelo, que serve como remédio ou cosmético: *Passei uma pomada na picada do pernilongo.*

pomar po.**mar** S *masc* terreno plantado de árvores frutíferas: *João comeu frutas no pomar.*

pombo **pom**.bo S *masc* ave de plumagem entre o branco, o cinza e o negro, de bico pequeno, inglúvio e peito desenvolvidos, patas curtas e cauda em forma de leque: *Pombos podem transmitir doenças.*

pônei ▼ **pô**.nei S *masc* cavalo muito pequeno, ágil e fino, de várias raças: *O pônei comia milho.*

ponta **pon**.ta S *fem* 1 parte em que alguma coisa termina; extremidade: *Aquele dinossauro não chega a dois metros da ponta do focinho à ponta da cauda.* 2 parte terminal e mais fina da extremidade de um objeto: *As crianças devem usar tesoura sem ponta.* 3 pequena participação: *A atriz fez uma ponta na novela.* 4 pequena dose; pequena quantidade: *Tive uma ponta de inveja do vencedor do prêmio.*
⟳ **de ponta** de alto nível: *A empresa usa tecnologia de ponta.* **de ponta a ponta** do princípio ao fim: *Sempre lê o jornal de ponta a ponta.* **na ponta da língua** sabido ou decorado de modo perfeito: *A tabuada estava na ponta da língua.*
⊖ **pontudo** *Adj* que tem ponta; aguçado.

pontaria pon.ta.**ri**.a S *fem*
1 ação de apontar: *Robin Hood fez pontaria e atirou a flecha.*
2 habilidade de acertar num alvo; mira: *O jogador de basquete tem boa pontaria.*

ponte **pon**.te S *fem* 1 construção destinada a comunicar dois lugares separados por rio, lago, etc., ou depressão de terreno ou estrada.
2 conjunto de dentes artificiais que se prendem por uma placa a dois ou mais dentes naturais: *Foi ao dentista para ajustar a ponte que o machucava.* ▶ pág 102 e 103.

pontiagudo pon.ti.a.**gu**.do *Adj* que termina em ponta fina; pontudo: *Os ossos finos e pontiagudos do esqueleto dos peixes se chamam espinhas.*

ponto **pon**.to S *masc* 1 marca ou sinal redondo e pequeno; pequena mancha: *A moça notou uns pontinhos escuros na sua blusa branca.* 2 sinal gráfico (.) usado em final de frases, períodos ou parágrafos; ponto-final: *Você se esqueceu de colocar um ponto no final da frase.* 3 lugar, nas ruas, onde param veículos coletivos para apanhar passageiros; parada: *A prefeitura colocou cobertura nos pontos de ônibus.* 4 porção de linha que fica entre os dois furos da agulha ao costurar ou bordar: *Na costura feita à mão os pontos ficam desiguais.* 5 no preparo de um alimento que vai ao fogo (doce, calda, etc.), o momento em que se atinge um estado ideal: *O brigadeiro no ponto certo não é duro demais nem muito mole.* **6** vantagem marcada em um jogo: *Marcos fez 30 pontos na partida de vôlei.* **em ponto** exatamente: *As aulas começam às sete horas em ponto.*

ponto de exclamação **pon**.to de ex.cla.ma.**ção** ***S masc*** sinal (!) usado para expressar surpresa, espanto, alegria: *Ponha um ponto de exclamação no final da frase em que o personagem grita por socorro.*

ponto de interrogação **pon**.to de in.ter.ro.ga.**ção** ***S masc*** sinal (?) usado para fazer uma pergunta: *Use um ponto de interrogação para que sua pergunta não se confunda com uma afirmação.*

ponto-final **pon**.to-fi.**nal** ***S masc*** sinal (.) usado em final de frases, períodos ou parágrafos: *Sempre termine sua frase com um ponto-final.*

pontuação pon.tu:a.**ção** ***S fem*** **1** conjunto de sinais gráficos que indicam, na escrita, os diversos tipos de pausas que separam frases ou parte das frases: *A falta de pontuação pode mudar o sentido das frases.* **2** conjunto de pontos obtidos numa avaliação: *Carlos obteve a maior pontuação no último vestibular.*

pontual pon.tu.**al** ***Adj*** que chega à hora marcada; que não atrasa: *O professor Rui sempre foi pontual: assim que desse o sinal ele já entrava em classe.*

popa **po**.pa ***S fem*** parte de trás de uma embarcação: *As ondas atingiam o convés de proa a popa.* Ant: **proa**.

população po.pu.la.**ção** ***S fem*** **1** conjunto de habitantes de um território, de um país, de uma cidade, etc.: *A população do mundo está crescendo.* **2** conjunto de pessoas; povo: *Não há por que a população ficar em pânico.* **3** conjunto de indivíduos pertencentes a uma determinada categoria ou grupo: *Não se sabe o total da população indígena no Brasil.*
populacional ***Adj*** que se refere a população.

popular po.pu.**lar** ***Adj*** **1** do ou relativo ao povo: *Folclore é o conjunto de tradições, conhecimentos e crenças populares.* **2** que provém do povo: *O apoio popular a campanhas tem reunido pessoas nas ruas.* **3** que visa aos interesses do povo; democrático: *O candidato prometeu, se eleito, fazer um governo popular.* ***S masc pl*** **4** pessoas do povo: *Populares reclamam da falta de respeito de alguns motoristas.*
popularidade ***S fem*** qualidade de quem ou daquilo que é popular.

popularizar po.pu.la.ri.**zar** ***Vt*** **1** tornar popular: *Kepler pretendia popularizar a Ciência.* ***Vi*** [***Pron***] **2** tornar-se aceito ou conhecido pelo povo: *O sorvete só se popularizou com a invenção da geladeira.*
popularização ***S fem*** ação ou processo de popularizar(-se).

populoso po.pu.**lo**.so ***Adj*** muito povoado; abundante em população: *O Brasil é um país populoso.*

pôr ***Vt*** **1** botar (ovo); expelir: *A abelha-rainha põe os ovos.* **2** vestir ou calçar: *O rapaz pôs a sua melhor roupa.* (...+em) **3** depositar; colocar: *Marina pôs seu cachorro em uma cesta.* **4** causar: *Suas ameaças não põem medo em ninguém.* ***Vi*** [***Pron***] **5** esconder-se (o sol) no horizonte: *No Círculo Polar Ártico, durante os meses de verão, o Sol nunca se põe.*
pôr abaixo derrubar: *O temporal pôs abaixo dez barracos da favela.* **pôr um ponto-final** acabar com; encerrar: *O diretor pôs um ponto-final na discussão.*
posto ***Adj*** que se pôs.

por ***Prep*** palavra que relaciona dois termos da frase, indicando **1** movimento ao longo de; através de: *Seguiram por um caminho cheio de buracos.* **2** duração no tempo; durante: *Ela ficou escondida por dois dias.* **3** preço: *Comprei duas maçãs por R$ 3,00.* **4** causa: *Ele era famoso por ser dedo-duro.* **5** meio: *O aluno seria avaliado por prova.*

porão po.**rão** ***S masc*** **1** parte de baixo do navio, destinada a carga e provisão: *Os prisioneiros dos piratas eram colocados no porão do navio.* **2** parte de uma casa entre o chão e o primeiro pavimento: *As crianças brincavam no porão da mansão.*

porção por.**ção** ***S fem*** **1** parte de um todo; fração: *O filho abriu mão de sua porção da herança.* **2** grande quantidade: *Pedro juntou uma porção de coisas.*

porcaria por.ca.**ri**.a ***S fem*** propriedade daquilo que é malfeito ou que não presta: *A reforma da casa ficou uma porcaria.*

porcelana por.ce.**la**.na ***S fem*** **1** cerâmica fina, dura, branca e brilhante: *A maioria das bonecas antigas era de porcelana.* **2** objeto feito com esse produto: *Minha irmã adora comprar porcelanas chinesas.*

porcentagem por.cen.**ta**.gem ***S fem*** parte proporcional calculada sobre uma quantidade de cem unidades.

porco **por**.co ***S masc*** **1** animal mamífero quadrúpede e doméstico de tamanho médio, pele grossa com poucos pelos, rabo fino e enrolado. **2** a carne desse animal: *Na casa de meu avô era proibido servir porco no jantar.* ***Adj*** **3** sujo, imundo: *Uma pessoa porca não toma banho todos os dias.*
Pl: **p[ó]rcos**.

poro *pó* **po**.ro ***S masc*** cada um dos buraquinhos da pele, com várias funções: *O dia estava muito abafado, a gente suava por todos os poros.*

porta **por**.ta ***S fem*** **1** abertura na parede de uma casa, que se destina a dar entrada ou saída: *Entramos pela porta dos fundos.* **2** peça que fecha qualquer tipo de vão ou abertura: *Nunca deixe a porta da geladeira aberta.* ▶ pág 88 e 89.

portal por.**tal** ***S masc*** **1** a parte fixa das portas e janelas que protege o vão: *Todos os portais da casa eram pintados de branco.* **2** local da Internet que oferece vários serviços e informações: *Se você quiser informações sobre vestibular, acesse o portal da universidade.*

portão por.**tão** ***S masc*** **1** porta que dá acesso ao jardim, à parte da frente ou ao quintal de uma casa: *Quem passava pelo portão parava para ver o jardim.* **2** porta de entrada ou local de acesso a espaços públicos: *Os portões do estádio abrem-se ao meio-dia.* ▶ pág 88 e 89.

portar por.**tar** ***Vt*** **1** carregar consigo; levar: *O homem portava uma bengala.* [***Pron***] **2** agir de determinada maneira; comportar-se: *Os meninos sempre se portaram bem fora de casa.*

portaria ▼ por.ta.**ri**.a ***S fem*** entrada de edifício, de estabelecimento ou de repartição onde há, geralmente, um porteiro ou pessoa encarregada de prestar informações, receber correspondência, etc.

portátil por.**tá**.til ***Adj*** de fácil transporte por ter pequeno peso e não ser fixo: *Um museu cearense tem um exemplar da primeira máquina fotográfica portátil.*

porte **por**.te ***S masc*** **1** ato de conduzir ou trazer consigo: *A lei regulamenta o porte de armas.* **2** constituição física; tamanho: *Entre as plantas, podemos encontrar árvores de grande porte.* **3** aspecto; aparência: *Ela tem o porte de rainha.* **4** qualidade: *Ninguém imaginava que o menino se tornasse um advogado desse porte.*

porteira ▲ por.**tei**.ra ***S fem*** portão de entrada em propriedades rurais ou num cercado como pasto, curral, etc.: *Dizem que o coice da mula sem cabeça chega a abrir porteiras.*

porteiro por.**tei**.ro ***S masc*** quem trabalha em portaria: *Um porteiro entregou a chave ao hóspede.*

porto **por**.to ***S masc*** lugar, natural ou artificial, onde as embarcações param para embarque e desembarque de passageiros, carga e descarga de mercadorias ou para abastecimento: *O porto de Salvador já foi o principal do Brasil.*

portuário por.tu.**á**.ri:o ***Adj*** **1** de ou relativo a porto: *Santos é uma cidade que surgiu da atividade portuária.* **2** que tem porto: *Santos é cidade portuária.*

português por.tu.**guês**
Adj **1** natural ou habitante de Portugal: *Saramago é um grande escritor português.* **2** localizado em Portugal: *Conheci várias cidades portuguesas.* **3** típico ou próprio de Portugal: *Gosto de doce português.* ***S masc*** **4** pessoa que nasce em Portugal: *Brasileiros e portugueses se entendem bem.* **5** língua de Portugal, do Brasil, das ilhas de Cabo Verde e Açores, de Moçambique, São Tomé e Príncipe, Angola, Guiné-Bissau e Timor Leste.

posar po.**sar** ***Vt*** **1** assumir postura corporal adequada para fotografia ou pintura; fazer pose: *A criança posa para o fotógrafo.* (+de) **2** assumir as qualidades: *Depois de me ofender, queria posar de bonzinho.*

pose **po**.se ***S fem*** **1** postura do corpo com a finalidade de tirar fotografia ou servir de modelo: *Bianca adorava fazer pose para os fotógrafos.* **2** atitude que visa a imitar as características de alguém: *A vizinha fez pose de atriz.*

posição po.si.**ção** ***S fem*** **1** local onde uma pessoa ou coisa está colocada: *Os navegantes se orientavam pela posição do Sol.* **2** postura corporal: *Dorme a noite toda na mesma posição.*

positivo po.si.**ti**.vo ***Adj*** **1** que não admite dúvida; evidente: *Ninguém disse a verdade de modo positivo.* **2** que expressa afirmação ou aceitação: *Se a resposta da diretora for positiva, podemos nos preparar para a excursão.* **3** maior que zero: *A temperatura não passava dos cinco graus positivos.* **4** na prática clínica, diz-se do resultado de exame que aponta a existência de condição fora do normal: *Se o resultado do exame for positivo, você tomará alguns remédios.*
Ant: **negativo**.

possante pos.**san**.te
Adj **1** que tem força; vigoroso: *A marca registrada de Tarzan é seu grito possante.* **2** de grande potência: *A subida exigia um veículo de motor possante.*

posse **pos**.se ***S fem*** **1** domínio de um bem; propriedade: *Lutam pela posse da terra.* **2** processo pelo qual uma pessoa assume um cargo público: *O presidente adoeceu na véspera de sua posse.* [***Pl***] **3** bens; riquezas: *O modo de viver dos fazendeiros varia de acordo com suas posses.*

possibilidade pos.si.bi.li.**da**.de
S fem **1** qualidade do que é possível: *Não havia a mínima*

possibilidade de atravessar aquele rio nadando. **2** escolha; opção: *Alterar a cor dos cabelos é uma das possibilidades para mudança do visual.*

possibilitar pos.si.bi.li.**tar** ***Vt*** **1** tornar possível: *Os elevadores possibilitaram o aumento do número de andares dos edifícios.* **2** criar condições favoráveis: *O número de pessoas nas capitais possibilitou o surgimento de epidemias.*

possível pos.**sí**.vel ***Adj*** **1** que pode ser, acontecer ou praticar-se: *Se não houvesse regras, não seria possível jogar futebol.* **S *masc*** **2** aquilo que pode ser: *A mãe faz o possível para ver o filho feliz.*

possuir pos.su.**ir** ***Vt*** **1** ser dono de; ter a posse de: *Muitos trabalhadores rurais não possuem terra para plantar.* **2** contar com; ter: *São Paulo possui mais de 10 milhões de habitantes.* **3** ser dotado de: *A águia possui excelente visão.* **4** ter determinada característica: *Cada família possui seu modo de se organizar.*

postal pos.**tal** **S *masc*** **1** cartão a ser enviado por correio, geralmente com uma foto ou um desenho num dos lados e o outro lado em branco, para a escrita de mensagem: *Ana recebeu um postal.* ***Adj*** **2** do ou relativo ao correio: *O serviço postal foi criado na Europa.*

poste **pos**.te **S *masc*** haste de ferro, cimento ou madeira, enterrada de modo vertical no solo, para servir de suporte às instalações elétricas ou para fazer cercas.

pôster **pôs**.ter **S *masc*** foto em tamanho grande que se usa com fins decorativos: *A parede do quarto é cheia de pôsteres de cantores.*

posterior pos.te.ri.**or** ***Adj*** **1** que vem depois: *Deixou o assunto para ser discutido numa reunião posterior.* **2** que se situa atrás: *O mau hálito resulta da formação de uma placa de bactérias na parte posterior da língua.*

posto **pos**.to **S *masc*** **1** lugar onde uma pessoa costuma ficar para exercer suas funções: *Ao soar o sinal, cada funcionário deveria estar em seu posto.* **2** estabelecimento ou repartição de atendimento público: *A enfermeira trata de pessoas no posto de saúde.* **3** posição ocupada em uma hierarquia: *O tenente passou ao posto de capitão.*
Pl: **p[ó]stos**.

postura pos.**tu**.ra **S *fem*** **1** posição do corpo ou de uma parte dele: *A má postura contribui para a dor nas costas.* **2** ação de pôr ovos: *As tartarugas abandonam seus ovos logo após a postura.*

a b c d e f g h i j k l m n o p q r s t u v w x y z

pote **po**.te ***S masc*** vasilha de barro, louça, vidro ou metal com diferentes formas e dimensões: *Vovó guarda o pó de café num pote bem fechado.*

potência po.**tên**.ci.a ***S fem*** **1** capacidade para gerar energia: *Quanto maior o volume de água, maior a potência de uma usina.* **2** força; vigor: *O atleta saltava alto graças à potência nas pernas.* **3** nação soberana dotada de muito poder: *Quando Carlos V subiu ao trono, a Espanha era a potência mundial.*

potencial po.ten.ci.**al** ***Adj*** **1** que se apresenta como uma possibilidade; possível: *A publicidade de um produto tem em mente o cliente potencial.* ***S masc*** **2** capacidade de produção ou de realização: *O Brasil tem um grande potencial para aproveitamento da energia do vento.*

potente po.**ten**.te ***Adj*** **1** que tem potência (2); forte; vigoroso: *A águia têm garras potentes para matar a presa.* **2** ativo; poderoso: *Os agricultores estão usando venenos potentes contra as pragas.*

potro ▲ **po**.tro ***S masc*** cavalo novo, até três anos de idade mais ou menos.

pouco **pou**.co ***Pron*** **[*Indefinido*]** **1** em pequena quantidade: *Há poucos alunos no terceiro ano.* ***Adv*** **2** não muito: *Andava triste e falava pouco.* ***S masc*** **3** pequena quantidade de alguma coisa: *Jonas vivia feliz com o pouco que tinha.*
pouco a pouco / aos poucos lentamente; devagar: *A mata foi pouco a pouco desaparecendo.*
Ant: **muito**.

poupar pou.**par** ***Vt*** **1** gastar pouco ou deixar de gastar; economizar: *Alexandre costuma poupar cada centavo de sua mesada.* **2** evitar o desperdício de: *Diminuí o tempo do banho para poupar água.* ***Vi*** **3** fazer economia: *Alguns pais ensinam os filhos a poupar.*
poupança ***S fem*** **1** ação de poupar (**1** e **3**). **2** tipo de conta bancária em que o dinheiro depositado rende juros.

pousada pou.**sa**.da ***S fem*** **1** ação ou processo de pousar; passar a noite em: *O estancieiro não dava pousada aos viajantes.* **2** pequeno hotel: *Perto do rio havia uma pousada.*

pousar pou.**sar** ***Vt*** (+em) **1** dormir; passar a noite: *Cada dia o viajante pousava em uma cidade diferente.* **2** descer sobre; assentar-se: *Um pássaro preto pousou na janela.* **3** aterrissar: *Os jatos mais potentes não podem pousar nos aeroportos pequenos.* ***Vi*** **4** executar o ato de aterrissar: *O avião não conseguia pousar.*

pouso **pou**.so ***S masc*** **1** local onde alguém se aloja para dormir: *Os padres ofereciam pouso a todo viajante que pedisse.* **2** ação ou processo de aterrissar: *O nevoeiro prejudicou o pouso do avião.*

povo **po**.vo ***S masc*** **1** conjunto de indivíduos que falam a mesma língua, têm os mesmos costumes, uma história e tradições comuns; nação: *Existe uma grande influência africana nos costumes do povo brasileiro.* **2** o conjunto de pessoas que habitam uma nação: *Na democracia atual é o povo quem escolhe seus representantes.* **3** os habitantes de uma localidade ou região: *O povo mineiro se destaca pela gentileza.*
Pl: **p[ó]vos**.

povoado po.vo.**a**.do ***Adj*** **1** em que se formou povoação; habitado: *O lugar logo se transformou em arraial bem povoado.* ***S masc*** **2** vila: *Em torno do comércio se formaram pequenos povoados.*

povoar po.vo.**ar** ***Vt*** **1** tornar habitado: *Algumas pessoas que povoaram o estado do Piauí partiram da Bahia.* ***Vi*** **[*Pron*]** **2** tornar-se habitado: *A região Sudeste povoou-se rapidamente.*
povoação ***S fem*** pequena aglomeração urbana; povoado; aldeia.

praça **pra**.ça ***S fem*** local público geralmente com bancos, jardins, etc., cercado de edifícios.
▶ pág 102 e 103.

praga **pra**.ga ***S fem*** qualquer inseto ou doença que ataca as plantas e os animais: *Agrotóxicos são produtos para acabar com algumas das pragas que atacam as lavouras.*

praia **prai**.a ***S fem*** orla da terra, com inclinação suave, geralmente coberta de areia, e que se limita com o mar: *O verão traz o prazer de ir à praia.* ▶ pág 328 e 329.

prancha pran.cha *S fem* 1 tábua grossa e larga: *Com uma prancha de madeira Marcos fez um* skate. 2 peça chata e alongada de material que flutua, arredondada numa das extremidades e pontuda na outra, que se destina ao surfe: *Todas as tardes lá vão os garotos enfrentar o mar com suas pranchas.* 3 peça semelhante a essa, mas de tamanho menor, com as extremidades arredondadas, que se destina à natação: *Aprendi a nadar com o auxílio de uma prancha.*

pranto pran.to *S masc* choro; lágrimas: *A menina não conseguiu sufocar o seu pranto.*

prata pra.ta *S fem* 1 elemento químico metálico, branco e brilhante, denso e bom condutor de eletricidade: *Ganhei um anel de prata.* 2 medalha desse metal, correspondente ao segundo lugar em uma competição: *A prata já estava garantida para o atleta.*
prateado *Adj* que tem a cor e o brilho da prata.

prateleira pra.te.lei.ra *S fem* tábua horizontal que serve para dividir o espaço de dentro de um móvel ou tábua fixa em uma parede onde se depositam ou apoiam objetos: *As prateleiras de livros estão cheias de boas histórias.* pág 402 e 403.

prática prá.ti.ca *S fem* 1 realização de qualquer ideia ou projeto: *É necessário pôr as boas ideias em prática.* 2 exercício de uma atividade: *A prática de exercícios físicos é fundamental para a saúde.* 3 treino; experiência: *Para jogar, basta ter prática com o* mouse *e o teclado.*

praticar pra.ti.car *Vt* 1 realizar; executar: *O escoteiro aprende a praticar boas ações.* 2 dedicar-se a uma atividade: *Os indígenas praticavam a caça.* 3 cometer: *A polícia evitou que o bandido praticasse mais um crime.*

prático prá.ti.co *Adj* 1 relativo ao exercício de uma atividade que consiste em fazer experiências: *Os alunos terão aulas práticas de ciências no laboratório.* 2 que dá resultado sem muita complicação; fácil e eficiente: *Eu tenho um meio prático de arrumar o quarto.*

prato pra.to *S masc* 1 vasilha, em geral circular, em que se serve a comida. 2 cada uma das comidas de que se compõe uma refeição; comida: *Arroz tropeiro é um prato típico de Minas Gerais.* [*Pl*] 3 instrumento de percussão, formado por duas peças circulares de metal, que se batem uma na outra: *Toco prato na banda da escola.* pág 370.

prazer pra.zer *S masc* 1 sensação ou sentimento agradável; alegria, contentamento: *É sempre motivo de prazer recebermos sua visita.* 2 aquilo que dá alegria, que satisfaz: *Churrasco é um prazer do gaúcho.*

prazo pra.zo *S masc* 1 espaço de tempo durante o qual alguma coisa deve realizar-se: *A professora nos deu um prazo de dez dias para fazer a pesquisa.* 2 tempo de duração: *Verifique sempre o prazo de validade dos produtos que comprar.*
a prazo para ser pago depois: *Para quem não tem salário alto, o jeito é comprar a prazo.*

prece pre.ce *S fem* súplica; oração: *Um homem deve sempre praticar o bem antes de pretender ser ouvido por Deus em suas preces.*

preceder pre.ce.der *Vt* ocorrer ou existir antes de; vir antes de: *A adolescência precede a vida adulta.*
precedente *Adj* que vem antes; que precede.
Cp: **proceder**.

preciosidade pre.ci.o.si.da.de *S fem* qualidade de precioso; raridade: *Não se pode desperdiçar essa preciosidade que é a água.*

precioso pre.ci.o.so *Adj* 1 de alto preço; valioso: *A princesa exibia uma joia preciosa.* 2 de muita importância: *Para os indígenas, o peixe é um alimento precioso.*

precipício pre.ci.pí.ci.o *S masc* local onde há um barranco muito alto; abismo: *Na beira do precipício, há um mirante.*

precipitar-se pre.ci.pi.tar-se *Vt* (+para) 1 dirigir-se rapidamente: *Uma multidão se precipitava para a estação de metrô.* (+sobre) 2 lançar-se; avançar: *O gavião se precipita sobre o rato.*

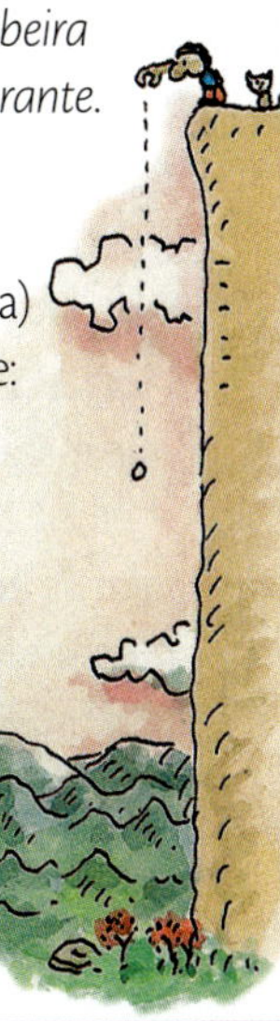

A B C D E F G H I J K L M N O P Q R S T U V W X Y Z

precisão pre.ci.**são** ***S fem*** exatidão no funcionamento: *É incrível a precisão desse relógio.*

precisar pre.ci.**sar** ***Vt*** **1** ter a obrigação de; ser necessário: *Se você quiser aprender, precisa estudar.* **2** indicar com precisão: *A testemunha não soube precisar a hora do crime.* (+de) **3** ter necessidade; carecer: *Assim como nós, as plantas precisam de água para viver.*

preciso pre.**ci**.so ***Adj*** **1** necessário; urgente: *Para curar o ferimento, foi preciso fazer curativos.* **2** exato; definido: *Não existem documentos precisos sobre isso.*

preço **pre**.ço ***S masc*** **1** custo de alguma coisa posta à venda: *O preço de um terreno no centro é alto.* **2** castigo; punição: *Esse bandido pagará um preço alto pelos crimes.* ▶ pág 256 e 257.

precoce pre.**co**.ce ***Adj*** **1** que ocorre antes do tempo previsto: *O orador falou sobre envelhecer de forma precoce.* **2** que tem certas faculdades desenvolvidas muito cedo: *As crianças precoces devem receber atenção.*

preconceito pre.con.**cei**.to ***S masc*** julgamento ou opinião formada pelas aparências, sem fundamento: *Preconceito é crime.*

predatório pre.da.**tó**.ri:o ***Adj*** que mata sem critério; que destrói: *A pesca predatória é exemplo da falta de harmonia entre o homem e a natureza.*

predileto ▶ pre.di.**le**.to ***Adj*** **1** a que se dá preferência: *Meu passatempo predileto é a leitura.* **2** tido como o mais querido: *Hoje receberei a visita de meu tio predileto.*

prédio **pré**.di:o ***S masc*** **1** construção que serve para moradia ou outros fins; imóvel; casa: *O prédio da escola passará por uma reforma.* **2** edifício de vários andares: *Por superstição, alguns prédios nos Estados Unidos não têm o 13º andar.*

predominar pre.do.mi.**nar** ***Vi*** existir em maior quantidade, extensão ou intensidade; prevalecer: *O frio predomina na região sul do Brasil.*
⊖ **predomínio** ***S masc*** existência em grande quantidade, extensão ou intensidade; superioridade.

preencher pre.en.**cher** ***Vt*** **1** encher completamente; ocupar: *Como é bom preencher nossas vidas com a arte!* **2** escrever (o que é solicitado) nos espaços em branco de (ficha, formulário, etc.): *Os interessados devem preencher a ficha de inscrição.* **3** fazer com que uma vaga seja ocupada por alguém: *A empresa vai preencher alguns cargos vagos.*
▶ pág 256 e 257.

prefeito pre.**fei**.to ***S masc*** chefe do Poder Executivo de uma prefeitura municipal: *É função de todos acompanhar a administração do prefeito.*

prefeitura pre.fei.**tu**.ra ***S fem*** **1** divisão administrativa municipal; cargo de prefeito: *O candidato promete casas populares, assim que assumir a prefeitura.* **2** prédio onde funcionam os órgãos da administração municipal: *Alguns sujeitos desocupados sujaram as paredes da prefeitura.*
▶ pág 102 e 103.

preferência pre.fe.**rên**.ci:a ***S fem*** **1** aquilo que se prefere, que se escolhe entre outros: *O pão pode ser considerado uma preferência universal.* **2** possibilidade de ser escolhido entre outros: *A empresa dá preferência aos candidatos que saibam inglês.*

preferir pre.fe.**rir** ***Vt*** querer em primeiro lugar; achar melhor; optar por: *Há pessoas que preferem um bom peixe cru à melhor feijoada.*
⊖ **preferível** ***Adj*** que pode ou deve ser preferido.

pregar[1] pre.**gar** ***Vt*** (...+em) fixar; grudar: *A gente pregou o cartaz na parede com durex.*
não pregar o olho não dormir: *Como estava preocupado, não pregou o olho a noite inteira.* **pregar uma peça** colocar em situação difícil; enganar: *Emília pregou uma peça em Pedrinho, fingindo ser Narizinho.*

pregar[2] pre.**gar** ***Vt*** **1** tornar conhecido por meio da voz; propagar; difundir: *A professora pregava a necessidade da educação.* ***Vi*** **2** pronunciar sermões ou discursos religiosos: *Os religiosos pregavam.*

prego **pre**.go ***S masc*** haste de metal, com ponta de um lado e cabeça de outro, destinada a penetrar-se em um ponto ou objeto que se quer segurar ou fixar.

preguiça pre.**gui**.ça **S *fem***
1 falta de vontade para qualquer atividade: *Quem deseja vencer na vida não pode ter preguiça.* **2** animal mamífero que vive pendurado nos galhos de árvores, de pelos longos, membros muito desenvolvidos e cauda pequena, e que se movimenta muito devagar: *As preguiças têm esse nome porque costumam dormir muito.*
pág 388 e 389.
preguiçoso *Adj* que tem preguiça (1).

pré-história **pré**-his.**tó**.ri:a **S *fem*** período da história que vem antes do aparecimento da escrita e do uso dos metais.
pré-histórico *Adj* pertencente à pré-história.

prejudicar pre.ju.di.**car *Vt***
1 causar dano a; fazer mal a: *Muita poluição prejudica a vida.* **2** causar transtorno a; aborrecer: *A chuva prejudicou o desfile.*
prejudicial *Adj* que prejudica; nocivo.

prejuízo pre.ju.**í**.zo **S *masc***
1 perda por deixar de obter lucro ou vantagem financeira: *Verifique se não tivemos prejuízo.* **2** dano; perda: *Se insetos atacam plantações, causam prejuízos aos agricultores.*

premiar pre.mi.**ar *Vt*** conceder prêmio a; recompensar pelo merecimento: *O concurso de redação premiou um aluno de nossa escola.*
premiação S *fem* ação ou processo de premiar.

prêmio **prê**.mi:o **S *masc***
1 recompensa recebida por um serviço prestado, por um trabalho executado, ou por méritos especiais: *O prêmio para o melhor texto era um computador.* **2** brinde: *Quem assistiu ao filme ganhou como prêmio um pôster do ator.* **3** dinheiro ou valor que se atribui ao resultado de algum sorteio: *Com o prêmio da loteria, foi viajar pela Europa.*

prenda ▲ **pren**.da **S *fem*** objeto oferecido para leilões ou sorteios de quermesses e festas: *A escola organizou as prendas para a festa junina.*

prender pren.**der *Vt*** **1** colocar em prisão: *O rei mandou prender a bruxa.* **2** aprisionar ou amarrar: *João prende o cão com uma coleira.* (...+a (...+a/em) em) **3** fixar: *A raiz prende a planta ao solo.*

preocupação pre:o.cu.pa.**ção** **S *fem*** ideia fixa que provoca falta de tranquilidade em relação ao que possa acontecer: *Cada um tem suas preocupações.*

preocupar pre:o.cu.**par *Vt***
1 provocar preocupação: *A doença de Dora me preocupava.* [**Pron**] (+com) **2** ter preocupação; inquietar-se: *Toda mãe se preocupa com os filhos.*

preparar pre.pa.**rar *Vt***
1 aprontar com antecedência para alguma finalidade; arrumar: *O professor prepara a sala onde as obras serão expostas.* **2** organizar antes; providenciar: *Preparamos uma lista de compras.* (+para) **3** fornecer conhecimentos; instruir: *A escola nos prepara para a vida.* [**Pron**] **4** organizar-se: *A cidade está se preparando para as Olimpíadas.*
preparação S *fem* ação de preparar.

preparativo pre.pa.ra.**ti**.vo **S *masc*** atividade antecipada visando a algum fim: *Os preparativos para a excursão foram animadíssimos.*
É mais usado no plural.

preparo pre.**pa**.ro **S *masc***
1 ação de preparar: *O pinhão é utilizado no preparo de vários pratos.* **2** instrução; competência: *A profissão de enfermeiro exige muito preparo.* **3** resistência para praticar esportes: *O atleta demonstrou ótimo preparo físico.*

presa **pre**.sa **S *fem*** **1** animal que é caçado e morto para servir de alimento a outro: *Os leões matam a presa para se alimentar.* **2** dente canino: *A onça tem as presas afiadas.*

presença pre.**sen**.ça **S *fem***
1 comparecimento de alguém a determinado lugar: *Aguarda-se a presença do governador nesta cidade.* **2** estada ou permanência num local a fim de prestar assistência: *Em qualquer cirurgia é bom que haja a presença de um médico do coração.*

presente pre.**sen**.te ***Adj***
1 que está no local de um acontecimento: *As pessoas presentes escutavam a história.* **2** referente ao tempo em que se fala; atual: *No presente*

A B C D E F G H I J K L M N O P Q R S T U V W X Y Z

momento nada tenho a dizer. **S masc 3** período de tempo compreendido entre o passado e o futuro; o tempo atual: *É necessário refletir sobre o presente e o futuro das crianças.* **4** aquilo que se oferece com a intenção de agradar, retribuir ou fazer-se lembrado; lembrança: *A campanha arrecadará presentes para o Dia da Criança.* **[Pl] 5** conjunto de pessoas reunidas num lugar: *O diretor pediu aos presentes que se dirigissem à biblioteca.* pág 206.

presépio pre.**sé**.pi:o **S masc** representação, na tradição do Natal, do estábulo de Belém e das figuras que participaram do nascimento de Jesus Cristo.

preservar pre.ser.**var** **Vt** evitar a destruição de; conservar; proteger: *Preservando a água estaremos preservando a natureza.*
preservação S fem ação de preservar; conservação.
Ant: **destruir**.

presidência pre.si.**dên**.ci:a **S fem 1** ato de dirigir como presidente: *Durante a doença do presidente, o vice assumiu a presidência.* **2** cargo ou função de presidente: *A presidência do clube nunca ficou vaga.*

presidente pre.si.**den**.te **S 1** chefe do Poder Executivo e comandante oficial das Forças Armadas de um país. **2** quem preside ou dirige uma empresa ou uma associação: *Para ser sócio do clube tinha de ter a permissão do presidente.* **3** quem dirige comissão, assembleia, ato, concurso, etc.: *O presidente declara abertos os trabalhos do concurso.*

preso pre.so **Adj 1** que está numa prisão, sem poder sair: *O governador prometeu a libertação dos grevistas presos.* **2** impedido de mover-se; seguro: *Muitas aranhas tecem teias nas quais os insetos ficam presos.* **S masc 3** pessoa que está numa prisão e não pode sair; prisioneiro: *Os presos recebem visitas semanais.*

pressa **pres**.sa **S fem 1** desejo de realizar uma atividade ou de atingir um objetivo com rapidez: *As pessoas na rua parecem que estão sempre com pressa.* **2** urgência: *Vanessa pediu pressa na confecção de seu vestido.*
às pressas sem demora; com rapidez: *O rapaz foi levado às pressas ao hospital.*

pressão pres.**são** **S fem 1** ação de comprimir ou apertar; aperto: *O som do piano se ouve com uma leve pressão no teclado.* **2** força exercida por um corpo sobre uma superfície: *A pressão do ar nos mantém presos ao chão.* **3** força que o sangue exerce sobre as paredes das artérias ou veias: *Quem pratica exercícios físicos deve medir a pressão arterial.* **4** ação que visa a obrigar alguém a fazer determinada coisa: *A torcida fazia pressão para que o juiz expulsasse o jogador.*

pressentir pres.sen.**tir** **Vt** sentir o que está para acontecer; prever: *Pressentiu a aproximação de alguém.*
pressentimento S masc processo de pressentir.

pressionar pres.si:o.**nar** **Vt 1** fazer pressão sobre; comprimir: *O ar pressiona a cobertura do paraquedas de baixo para cima.* (...+a/para) **2** tentar obrigar (alguém) a fazer algo por meio de ameaça ou força: *A filha pressionava a mãe a fazer o bolo favorito.*

prestação pres.ta.**ção** **S fem** cada uma das parcelas que se deve pagar do valor de um objeto comprado a prazo: *Um terço da renda é gasto no pagamento da prestação da casa.*

prestar pres.**tar** **Vi 1** ser útil; ter serventia: *Nosso carro é velho, mas ainda presta.* **2** ter bom caráter: *Sempre me diziam que aquele sujeito não prestava.* **Vt 3** (...+a) fazer; dar: *O bandido prestou declarações à polícia.* **4** submeter-se a (exame, prova): *Pretendo prestar vestibular no próximo ano.*

prestativo pres.ta.**ti**.vo **Adj** que está sempre disposto a servir, a ajudar: *O servente da escola é muito prestativo: sempre cuida dos alunos.*

prestigiar pres.ti.gi.**ar** **Vt 1** dar prestígio ou importância a: *A presença do governador prestigia a nossa festa.* **2** apoiar (alguém); homenagear: *Todos vieram prestigiar os melhores alunos.*

prestígio pres.**tí**.gi:o **S masc** qualidade apresentada por alguém ou por uma instituição que inspira o respeito e admiração de todos: *O prestígio do ex-presidente o ajudava a eleger seus candidatos.*

presunto pre.**sun**.to **S *masc*** parte traseira da perna do porco preparada pela ação de uma fumaça especial.

pretender pre.ten.**der** ***Vt*** ter intenção de; desejar; aspirar a: *Os garotos do bairro pretendem formar um time de futebol.* ⊖ **pretendente S** quem pretende alguma coisa.

pretexto pre.**tex**.to **S *masc*** motivo que se apresenta para encobrir a verdadeira razão do que se quer fazer; desculpa: *O jogador inventou dor no joelho como pretexto para não treinar.*

preto **pre**.to ***Adj*** **1** da cor do carvão; negro: *Roberto tinha cabelos pretos.* **S *masc*** **2** a cor preta: *O preto é a cor do luto.*

prevalecer pre.va.le.**cer** ***Vi*** **1** existir em maior ou em grande quantidade; predominar: *Na Amazônia, prevalece a alimentação indígena.* ***Vt*** (+sobre) **2** ter mais valor ou importância; colocar-se (acima de): *A Constituição Federal prevalece sobre todas as leis.*

prevenir pre.ve.**nir** ***Vt*** **1** tomar medida antes, para evitar um mal ou um problema; evitar: *Comer pouco doce previne problema como a obesidade.* **2** informar antes; avisar: *Todos deveríamos estar uniformizados no desfile, preveniu o professor.* ⊖ **prevenção S *fem*** ação de prevenir.

prever pre.**ver** ***Vt*** saber ou imaginar o que ainda vai acontecer; calcular; supor: *Um cientista previu que um cometa ia passar pelo céu.* ⊖ **previsão S *fem*** ação de prever.

prezar pre.**zar** ***Vt*** ter grande estima por; querer bem a; amar: *Prezo muito meus pais.*

primário pri.**má**.ri:o ***Adj*** **1** referente ao primeiro de uma série; principal: *Meu objetivo primário é cuidar dos filhos.* **2** muito simples: *Tudo era muito primário, desde tirar água do poço a tomar banho no rio.* **3** relativo à primeira etapa do ensino fundamental: *Cursei a escola primária na zona rural.* **4** diz-se das cores que, misturadas, dão origem às outras: *Com a mistura entre as cores primárias se obtêm outras cores.* **S *masc*** **5** curso ou ensino fundamental: *O rapaz se gabava de ter feito o primário completo.* ☀ As cores primárias são azul, vermelho e amarelo.

primavera ▲ pri.ma.**ve**.ra **S *fem*** período do ano compreendido geralmente entre 22 de setembro e 21 de dezembro, no Hemisfério Sul, e entre 21 de março e 21 de junho, no Hemisfério Norte: *Veio a primavera, estação das flores, e com ela a alegria dos jardins.*

primeiro pri.**mei**.ro **1** ***Adv*** antes: *Primeiro, você mira, depois atira a flecha.* **S *masc*** **2** quem se destaca dos demais; o melhor: *Luís sempre quer ser o primeiro em tudo.* **3** aquele que, numa série ou num conjunto, ocupa a posição do número um: *Eu era o primeiro da fila.*

primitivo pri.mi.**ti**.vo ***Adj*** **1** que foi o primeiro a existir; original; inicial: *Os telefones celulares de hoje estão diferentes de sua forma primitiva.* **2** que está entre os primeiros habitantes da Terra: *O homem primitivo não conhecia o martelo.* **3** grosseiro; rude: *Muitos lavradores usam ferramentas primitivas.*

primo **pri**.mo **S *masc*** **1** indivíduo em relação aos filhos dos tios: *Tio Juca comunicou o nascimento de meu primo.* ***Adj*** **2** diz-se do número que só é divisível por si mesmo e por 1: *O número 2 é o único número primo que é par.* ▶ pág 205.

princesa prin.**ce**.sa **S *fem*** **1** mulher do príncipe: *William é o filho mais velho do príncipe inglês Charles com a princesa Diana.* **2** filha de rei ou imperador: *Quem acabou com a escravatura no Brasil foi a princesa Isabel, filha do Imperador Pedro II.*

principal prin.ci.**pal** ***Adj*** **1** mais importante; que tem mais valor: *A madeira foi o principal combustível de uso doméstico por muito tempo.* **2** que está em primeiro lugar: *Sua principal qualidade é*

A B C D E F G H I J K L M N O P Q R S T U V W X Y Z

a generosidade. **3** fundamental, essencial: *O principal erro do piloto foi não trocar os pneus.* ***S masc*** **4** aquilo que é fundamental: *Para ser um bom pai, o principal é estar sempre presente.*

príncipe **prín**.ci.pe ***S masc*** **1** membro de família real ou filho do rei ou da rainha: *D. Pedro foi Príncipe Regente do Brasil.* **2** chefe de principado, ou seja, país dirigido por um príncipe: *O Príncipe Albert, de Mônaco, já veio à Bahia.*
Forma feminina correspondente: **princesa**.

principiar prin.ci.pi.**ar** ***Vt*** **1** dar início a; começar: *O professor principiou a aula com uma pergunta.* ***Vi*** **2** ter início; começar: *As obras do metrô já principiaram.*

princípio prin.**cí**.pi:o ***S masc*** **1** início; começo: *O princípio da discussão foi um acidente de trânsito.* **2** base; fundamento: *O livro ensina os princípios da matemática.* **3** conjunto de valores e normas; boas maneiras: *O pai discute com o filho os princípios da boa convivência.*
Em **2** e **3**, usa-se mais o plural.

prisão pri.**são** ***S fem*** **1** ato de prender; captura: *Após a prisão dos envolvidos, apenas Tiradentes foi condenado à morte.* **2** local onde ficam os prisioneiros; cadeia: *A construção de novas prisões não resolve o problema dos crimes.*

prisioneiro pri.si:o.**nei**.ro ***Adj*** **1** que sofreu prisão; privado de liberdade: *A princesa era prisioneira da bruxa.* ***S masc*** **2** indivíduo privado da liberdade; preso: *O gladiador era um prisioneiro de guerra.*

privada pri.**va**.da ***S fem*** vaso sanitário: *As pessoas educadas sempre dão descarga na privada.*

privado pri.**va**.do ***Adj*** **1** que não pertence ao Estado; que não é público; particular: *Alunos das escolas públicas e privadas par[illegible]parão dos jogos estudantis.* **2** próprio de cada pessoa; individual; íntimo: *Ninguém deve interferir na vida privada dos outros.* **3** que está em falta de; desprovido: *Sem emprego e privado de dinheiro, o homem foi obrigado a pedir auxílio.*

privar pri.**var** ***Vt*** (+de) **1** impedir de ter; deixar: *A dor no joelho privou o menino de jogar futebol.* [***Pron***] **2** deixar de ter; ficar sem: *O rei não poderia privar-se de seu cozinheiro.*

privilégio pri.vi.**lé**.gi:o ***S masc*** **1** vantagem que se tem ou que se concede a alguém em especial, excluindo os outros: *A verdadeira posse daquelas terras era um privilégio do Rei de Portugal.* **2** oportunidade; honra: *Bruno descreveu um bicho que nunca teve o privilégio de ver.*
privilegiado ***Adj*** **1** que tem privilégio. ***S masc*** **2** aquele que tem privilégio.

proa **pro**.a ***S fem*** parte da frente de uma embarcação: *A bandeira estava na proa do navio.*
Ant: **popa**.

problema pro.**ble**.ma ***S masc*** **1** questão matemática cuja solução depende de cálculos: *Para resolver o problema basta fazer operação de somar.* **2** qualquer fato ou assunto que mereça discussão; questão de difícil solução: *O desmatamento é um problema ambiental.* **3** aquilo que causa dano ou prejuízo; mal: *Muitos trabalhadores rurais têm problemas de saúde.*
Em **1**, a forma **situação-problema** é a mais adequada.

proceder pro.ce.**der** ***Vt*** **1** (+de) ter origem (em); provir: *A ideia procede de uma troca de ideias.* **2** comportar-se; agir: *Você procedeu bem ajudando ao seu amigo.*
procedimento ***S masc*** ação de proceder.
Cp: **preceder**.

processar pro.ces.**sar** ***Vt*** **1** formar processo na justiça contra: *Um leitor processou o jornal por calúnia.* ***Vi*** [***Pron***] **2** desenvolver-se; ocorrer: *A leitura em braile se processa através do tato.*

processo pro.**ces**.so ***S masc*** **1** ação na justiça em que alguém faz uma acusação, solicita um direito, etc.: *Um hóspede abriu processo contra o hotel por discriminação.* **2** sucessão de eventos, etapas ou fases: *O processo da digestão se inicia na boca.*

procissão pro.cis.**são** ***S fem*** cerimônia religiosa em que um grupo de pessoas caminha, fazendo preces e levando imagens de santos.

proclamação pro.cla.ma.**ção** ***S fem*** declaração pública e solene de ato ou fato político: *Logo após a Proclamação da República, muitas pessoas falavam em progresso e modernidade.*

proclamar pro.cla.**mar** ***Vt*** tornar público; decretar: *Deodoro da Fonseca proclamou a República no Brasil.*

procura pro.**cu**.ra ***S fem*** **1** tentativa de encontrar; busca: *A galinha cisca à procura de alimentos.* **2** disposição para comprar uma mercadoria: *A procura por chocolates aumenta na época da Páscoa.*

procurar pro.cu.**rar** ***Vt*** **1** esforçar-se para achar; buscar: *João procura emprego.* **2** selecionar; escolher: *Quando vou ao cinema sempre procuro um lugar na frente.* **3** esforçar-se por; tentar: *O urso procurava esmagar o cachorro no seu medonho abraço.*

prodígio pro.**dí**.gi:o ***S masc*** **1** pessoa de talento extraordinário: *Aquele menino era um prodígio.* **2** coisa ou fato extraordinário: *Os bandeirantes realizavam prodígios no interior do país.*
prodigioso ***Adj*** em que há prodígio; extraordinário.

produção pro.du.**ção** ***S fem*** **1** ação de produzir através do plantio: *Os agricultores do Sul se dedicam à produção de trigo.* **2** ação de produzir por meio industrial; fabricação: *A descoberta e a produção de vacinas estão ligadas a pesquisas com animais.* **3** aquilo que se produziu: *O sitiante leva a produção para vender na cidade.*

produto pro.**du**.to ***S masc*** **1** aquilo que se produziu; resultado de produção: *No início do século XX, o principal produto de nossa agricultura era o café.* **2** qualquer substância resultante de produção: *Os produtos de limpeza estão cada vez mais caros.* **3** resultado de uma multiplicação: *Quatro é o produto de duas vezes dois.*

produzir pro.du.**zir** ***Vt*** **1** fazer nascer ou surgir; gerar: *O fígado produz bile.* **2** dar origem a produto agrícola: *O Brasil produz café.* **3** escrever (texto ou obra literária): *O aluno já produz bons textos.* ***Vi*** **4** dar frutos: *Quando falta água as plantas não produzem.*
produtor ***S masc*** aquele ou aquilo que produz.

proeza pro.**e**.za ***S fem*** façanha; aventura: *Ousaram a proeza de entrar na casa da Cuca.*

professor ▲ pro.fes.**sor** ***S masc*** aquele que ensina uma ciência, uma arte, uma técnica, uma disciplina; mestre: *O papel do professor é fundamental.* ▶ pág 405.

profeta pro.**fe**.ta ***S masc*** pessoa que prevê o futuro: *Disse o profeta que haverá dias de abundância.* Forma feminina correspondente: **profetisa**.

profissão pro.fis.**são** ***S fem*** atividade ou ocupação que supõe determinado preparo; ofício: *Não importa sua profissão, o importante é ser competente no que faz.*
profissional ***Adj*** **1** relativo a profissão. **S 2** quem exerce uma profissão.

profundo pro.**fun**.do ***Adj*** **1** que se estende muito para baixo ou abaixo da superfície: *O túnel parecia um poço profundo.* **2** que penetra muito para dentro: *O jogador tinha um corte profundo no rosto.* **3** muito intenso: *A princesa caiu imediatamente em sono profundo.*
profundidade ***S fem*** dimensão vertical considerada de cima para baixo; distância entre a superfície e o fundo.

programa pro.**gra**.ma ***S masc*** **1** apresentação transmitida pela televisão ou pelo rádio: *Vai passar um programa sobre lobos.* **2** diversão planejada antes: *Fazer uma pescaria é um bom programa.* **3** projeto; plano: *O programa tenta combater a fome.* **4** folheto que traz os detalhes de um espetáculo teatral ou musical: *O programa da peça era entregue na entrada do teatro.* **5** conjunto de instruções a serem executadas por um computador: *Instale em seu computador um programa contra vírus.*

programar pro.gra.**mar** ***Vt*** elaborar um programa; planejar: *O clube programou atividades para as férias.*
programação ***S fem*** ação ou efeito de programar; programa.

progredir pro.gre.**dir** ***Vi*** **1** melhorar de condições; prosperar; evoluir: *Na cidade,* *minha família progrediu muito.* **2** tornar-se mais eficiente; aperfeiçoar-se: *A produção agrícola progrediu com a tecnologia.*

progresso pro.**gres**.so ***S masc*** conjunto das mudanças verificadas no passar do tempo; evolução: *O progresso fez surgir as grandes cidades.*

proibir ▲ pro:i.**bir** ***Vt*** **1** não permitir; impedir: *A lei proíbe buzinar em frente de hospitais.* (...+de) **2** exigir ou recomendar que não se pratique determinado ato: *O médico me proibiu de comer doces.*
⊖ **proibição** ***S fem*** ação de proibir.

projeção pro.je.**ção** ***S fem*** **1** apresentação de imagens numa tela com auxílio de aparelho: *Dentro da sala de projeções, o público acompanhava o filme.* **2** importância; destaque: *Tocando flauta, o garoto ganhou projeção nacional.*

projetar pro.je.**tar** ***Vt*** **1** fazer o projeto (1) de; planejar: *Galileu Galilei foi o cientista que projetou o primeiro telescópio.* [***Pron***] **2** estender-se ou lançar-se numa dada direção: *Cabos são terras que se projetam no mar.*
⊖ **projétil** ***S masc*** aquilo que se projeta ou que se lança.

projeto pro.**je**.to ***S masc*** **1** esquema para a realização de um trabalho; plano: *As casas foram construídas com base nos projetos.* **2** plano para execução de uma obra, elaborado por arquiteto ou engenheiro: *Um arquiteto francês fez o projeto do prédio.* **3** texto que se apresenta ao Poder Legislativo com a intenção de que se torne lei: *O deputado apresentou mais de cem projetos.*

proliferar pro.li.fe.**rar** ***Vi*** crescer em número; aumentar; multiplicar-se: *O chulé é causado por bactérias que proliferam na pele.*
⊖ **proliferação** ***S fem*** processo de proliferar.

prolongar pro.lon.**gar** ***Vt*** **1** tornar mais longo, mais comprido; alongar: *As curvas da nova estrada vão prolongar a distância entre as cidades.* **2** estender por mais tempo: *O delegado não queria prolongar a conversa.* ***Vi*** [***Pron***] **3** tornar-se longo; alongar-se: *A discussão estava se prolongando.*
Ant: **encurtar**.

promessa pro.**mes**.sa ***S fem*** **1** ação de prometer; compromisso: *Fez promessa de não soltar as pipas perto de instalações elétricas.* **2** voto; juramento: *Fez promessa a Santo Antônio para encontrar um amor.*

prometer pro.me.**ter** ***Vt*** (...+a) **1** garantir antes; assumir o compromisso (de): *O príncipe prometeu à princesa que se casaria com ela.* **2** fazer juramento (a Deus, aos santos).

promover pro.mo.**ver** ***Vt*** **1** fazer realizar-se: *A principal equipe de futebol da cidade promoverá jogos beneficentes.* **2** dar impulso a; fazer progredir: *O objetivo daquela organização é promover a paz.* **3** fazer propaganda das qualidades de; tornar conhecido: *A excelente atuação ajudou a promover o nome do artista.* (+a) **4** elevar a cargo superior: *O tenente foi promovido a major.*
⊖ **promoção** ***S fem*** ação de promover. ▶ pág 256 e 257.

pronto **pron**.to ***Adj*** **1** concluído; terminado; acabado: *Depois de pronto o texto, ilustre-o.* **2** que se encontra no ponto de ser comido ou bebido: *Se o bolo estivesse pronto, poderíamos comê-lo.* **3** que se realiza com rapidez; imediato: *O plano de saúde tem serviço de pronto atendimento.*

pronúncia pro.**nún**.ci:a ***S fem*** forma de representação oral dos sons de uma palavra: *Observe a pronúncia dos plurais das palavras terminadas em –oso, que são sempre abertos: amor[ó]sos, gost[ó]sos.*

pronunciar pro.nun.ci.**ar** ***Vt*** **1** falar em voz alta; dizer: *Pronunciou um longo discurso.* **2** emitir os sons de uma palavra: *O nome do poeta inglês Byron se pronuncia "Bairon".*
⊖ **pronunciamento** ***S masc*** ação de pronunciar (1).

propaganda pro.pa.**gan**.da ***S fem*** **1** divulgação de princípios, ideias, conhecimentos ou teorias: *A televisão reserva horário gratuito para propaganda política.* **2** mensagem que visa à divulgação de produtos, eventos, atividades, etc.; publicidade: *A propaganda de cigarros é proibida.*

propagar pro.pa.**gar** ***Vt*** **1** tornar público; divulgar: *No mês de agosto, o setor de saúde se dispõe a propagar campanhas de vacinação.* **2** fazer alastrar-se; espalhar: *O vento logo propagou as chamas.* ***Vi*** [***Pron***] **3** alastrar-se; espalhar-se: *O fogo se propagou rapidamente.* **4** atravessar o espaço ou um corpo; transmitir-se: *O som não se propaga onde não há ar.*
propagação ***S fem*** ação de propagar.

proparoxítono pro.pa.ro.**xí**.to.no ***Adj*** **1** que tem o acento tônico na antepenúltima sílaba: *Todas as palavras proparoxítonas são acentuadas.* ***S masc*** **2** vocábulo cuja sílaba tônica é a antepenúltima: *A língua portuguesa tem mais paroxítonos do que proparoxítonos.*

propiciar pro.pi.ci.**ar** ***Vt*** tornar possível; favorecer; proporcionar: *Rios com corredeiras propiciam a prática de alguns esportes.*

propício pro.**pí**.ci:o ***Adj*** que se apresenta adequado para uma atividade; apropriado; favorável: *Amanheceu um dia propício a caminhadas na praia.*

propor pro.**por** ***Vt*** **1** apresentar como proposta; sugerir: *Proponho que viajemos de trem.* **2** prometer: *O prefeito propôs a instalação de um posto de saúde.* (...+a) **3** oferecer: *Propôs um ótimo negócio ao cunhado.* [***Pron***] (+a) **4** dispor-se: *O professor se propõe a dar aulas de reforço.*

proporção pro.por.**ção** ***S fem*** **1** relação entre coisas; comparação: *Para fazer uma limonada, coloco água e caldo de limão na mesma proporção?* **2** dimensão; extensão: *O sal pode ser um negócio de grandes proporções.*
Em **2**, é mais usado no plural.

proporcional pro.por.ci:o.**nal** ***Adj*** **1** em que há proporção (1): *Na colheita, havia prêmios em dinheiro, proporcionais à quantidade de grãos colhidos.* **2** em que há harmonia; simétrico: *Mamãe tem a letra bem proporcional.*

proporcionar pro.por.ci:o.**nar** ***Vt*** (...+a) oferecer a oportunidade de experimentar ou beneficiar-se de; dar: *Os livros proporcionam cultura a seus leitores.*

propósito pro.**pó**.si.to ***S masc*** aquilo que se tem em mente; objetivo; intenção: *A fundação foi criada com o propósito de prestar um atendimento de qualidade às crianças.*
a propósito por falar nisso: *A propósito, sua cidade é litorânea?* **de propósito** por vontade própria; com intenção: *Ele implorou perdão, pois não tinha feito aquilo de propósito.*

proposta pro.**pos**.ta ***S fem*** **1** aquilo que se propõe realizar; plano; promessa: *A proposta de falar de modo direto tem dado certo.* **2** oferecimento; oferta: *Toda proposta de auxílio é aceita.*

propriedade pro.pri:e.**da**.de ***S fem*** **1** qualidade própria de uma coisa; conjunto de características: *Não ter cor, cheiro e sabor são propriedades da água.* **2** posse; domínio: *Todos os bens eram de propriedade do Estado.*

proprietário pro.pri:e.**tá**.ri:o ***S masc*** pessoa que possui bens; dono: *Antes de entrar na chácara, fomos falar com o proprietário.*

próprio **pró**.pri:o ***Adj*** **1** específico de cada um; particular: *Ele tem um modo próprio de agir.* **2** apropriado; adequado: *Alguns pássaros têm bico próprio para quebrar cascas.*

prosa **pro**.sa ***S fem*** **1** maneira natural de falar ou escrever, em oposição a verso ou poesia: *A professora pediu um texto em prosa.* **2** conversa; fala: *Narizinho achou que a prosa de Emília estava longa.* ***Adj*** **3** conversador; tagarela: *Meu colega de viagem era muito prosa.*

prosperar pros.pe.**rar** ***Vi*** **1** tornar-se próspero; enriquecer: *O reino prosperou.* **2** desenvolver-se com êxito; dar bons resultados: *A lavoura do café prosperou no século passado.*

próspero **prós**.pe.ro ***Adj*** **1** que deu certo: *A entrega de leite em casa já foi um negócio próspero.* **2** em franco desenvolvimento; em progresso: *Algumas favelas se transformaram em bairros prósperos.*
prosperidade ***S fem*** qualidade do que é próspero.

prosseguir pros.se.**guir** ***Vt*** **1** ir em frente; continuar: *Após o almoço prosseguimos viagem.* ***Vi*** **2** ter continuidade; continuar: A

A B C D E F G H I J K L M N O P Q R S T U V W X Y Z

conversa prosseguiu até tarde.
prosseguimento ***S masc*** ação de prosseguir; continuação.

protagonista pro.ta.go.**nis**.ta **S** quem desempenha o papel principal (em uma obra de ficção ou na vida real): *O protagonista daquela novela é meu vizinho.*

proteger pro.te.**ger** ***Vt*** **1** dar proteção a; beneficiar; favorecer: *O Rei protegeu os poetas.* **2** defender; amparar: *Conta a lenda que uma loba protegeu os gêmeos.*
proteção ***S fem*** ação ou resultado de proteger.

proteína pro.te.**í**.na ***S fem*** substância fundamental que compõe as células dos seres vivos: *Os alimentos ricos em proteínas favorecem o crescimento e a construção dos tecidos do corpo.*

protelar pro.te.**lar** ***Vt*** deixar para outra ocasião; adiar; prorrogar: *A prefeitura vem protelando o calçamento da nossa rua.*
protelação ***S fem*** ação de protelar.

prótese **pró**.te.se ***S fem*** peça artificial com que se substitui um órgão ou parte do corpo: *Ninguém percebe que ela tem uma prótese na perna esquerda.*

protestantismo pro.tes.tan.**tis**.mo ***S masc*** movimento religioso surgido no século XVI, liderado pelo monge Martinho Lutero e que se opôs à Igreja Católica Romana, apresentando novas práticas com base na leitura da Bíblia.
protestante **S** quem segue o protestantismo.

protestar pro.tes.**tar** ***Vt*** (+contra) **1** declarar de modo formal a sua oposição (a): *Os brasileiros já foram às ruas para protestar contra a ditadura.* ***Vi*** **2** fazer protesto; reclamar: *O menino levou bronca sem protestar.*
protesto ***S masc*** ação de protestar.

protetor pro.te.**tor** ***Adj*** **1** que protege: *O ozônio é um filtro protetor contra os raios solares.* ***S masc*** **2** quem ou aquilo que protege: *No verão use sempre um protetor solar.*

protozoário pro.to.zo.**á**.ri:o ***S masc*** ser vivo constituído de uma única célula: *Alguns protozoários vivem como parasitas no corpo de animais, podendo causar doenças.*

prova **pro**.va ***S fem*** **1** aquilo que demonstra que uma coisa é verdadeira: *Qual é a prova de que a pedra é diamante?* **2** competição esportiva: *Haverá provas de natação.* **3** avaliação para verificar aprendizado, conhecimento ou habilidade.

provar pro.**var** ***Vt*** **1** demonstrar a verdade de: *Santos Dumont provou que o homem é capaz de voar.* **2** tornar evidente; comprovar: *Nota baixa prova que você não estudou?* **3** experimentar (roupa ou calçado): *Lu prova todos os vestidos que há na loja.* **4** experimentar o sabor de: *Se você nunca provou a fruta, não pode dizer se gosta ou não.*

provável pro.**vá**.vel ***Adj*** **1** que apresenta possibilidade de acontecer: *É provável que chova hoje à noite.* **2** que pode ser verdade: *Qual o provável motivo de a receita não ter funcionado?*
probabilidade ***S fem*** qualidade daquilo que é provável.

proveito pro.**vei**.to ***S masc*** obtenção de vantagem; ganho; lucro: *O homem tira proveito do Sol.*

proveniente pro.ve.ni.**en**.te ***Adj*** que tem origem em; que vem de: *O único açúcar que havia na cidade era proveniente do mel que as abelhas fabricavam.*

provérbio pro.**vér**.bi:o ***S masc*** dito que expressa uma sabedoria popular; ditado: *Há um provérbio que diz "Dize-me com quem andas que eu te direi quem és".*

providência ▼ pro.vi.**dên**.ci:a ***S fem*** **1** conjunto de medidas tomadas antes, visando a algum fim: *São necessárias providências urgentes para diminuir a poluição ambiental.* **2** a suprema sabedoria com que Deus conduz todas as coisas.

providenciar pro.vi.den.ci:**ar** ***Vt*** **1** tomar medidas visando a algum fim: *Ela providenciará tudo para que a festa seja um sucesso.* **2** preparar: *Está providenciando o jantar.*

província pro.**vín**.ci:a ***S fem*** **1** divisão regional ou administrativa de muitos países, em geral sob a autoridade de um delegado do poder central. **2** no Brasil Imperial, cada uma das grandes divisões administrativas, que tinham, cada qual, um presidente: *A Cabanagem aconteceu na província do Pará.*

provir pro.**vir** ***Vt*** (+de) **1** ter origem; proceder: *Muitos dos pratos consumidos hoje provêm da culinária indígena.* **2** ser consequência ou resultado: *Da falta de compreensão provieram as brigas.*

provisão pro.vi.**são** ***S fem*** **1** ação de abastecer; fornecimento: *A provisão de material está completa.* **2** mantimentos: *Mamãe fez o jantar com as provisões que Helena tinha trazido.*

provisório pro.vi.**só**.ri:o ***Adj*** que não é permanente; passageiro; temporário: *Os dentes de leite são provisórios.*
Ant: **permanente**; **definitivo**.

provocar pro.vo.**car** ***Vt*** **1** ter determinadas atitudes que visam a magoar, irritar ou desafiar alguém: *Viviam provocando o porteiro.* **2** causar; produzir: *A raiva provocava transformações na bruxa.*
provocação ***S fem*** ação de provocar (1).

próximo ssi **pró**.xi.mo ***Adj*** **1** que vem logo após o atual; imediato; seguinte: *Iremos ao Rio no próximo mês.* **2** que está a ponto de chegar: *Haverá chuva nos próximos dias.* **3** que está perto, a pouca distância; vizinho: *Mercúrio é o planeta mais próximo do Sol.* ***S masc*** **4** pessoa, ser humano, considerado como um semelhante; semelhante: *Se todos amassem o próximo, o mundo seria mais feliz.*

prudência pru.**dên**.ci:a ***S fem*** qualidade de quem age com moderação, evitando cometer erros ou causar danos: *A prudência mandava ver onde se escondia o dragão.*
prudente ***Adj*** que age com prudência.

pseudônimo pseu.**dô**.ni.mo ***S masc*** nome falso ou suposto, em geral adotado por um escritor, artista, etc.: *Ana Lins dos Guimarães Peixoto adotou o pseudônimo Cora Coralina.*

psicologia psi.co.lo.**gi**.a ***S fem*** **1** ciência que trata dos estados e processos mentais (comportamento, percepção, emoções, inteligência, memória, etc.). **2** conjunto de estados, de ideias e disposições de comportamento de um indivíduo ou de um grupo de indivíduos: *Um ator precisa identificar-se com seus personagens, sua psicologia, suas histórias.*
psicológico ***Adj*** relativo à psicologia.

psicólogo psi.**có**.lo.go ***S masc*** quem é especialista em psicologia: *Segundo os psicólogos, ficar muito tempo navegando na Internet traz vários problemas.*

puberdade pu.ber.**da**.de ***S fem*** período que corresponde à passagem da infância para a adolescência: *A puberdade é um período de mudanças.*

publicação pu.bli.ca.**ção** ***S fem*** **1** ação de publicar: *É comum as pessoas escreverem às revistas pedindo a publicação de assuntos que lhes interessam.* **2** obra publicada: *Há poucas publicações destinadas aos deficientes visuais.*

publicar pu.bli.**car** ***Vt*** **1** tornar público; divulgar; noticiar: *Esse jornal publicava receitas.* **2** criar obra impressa: *Para quem tem vontade de publicar um livro, o primeiro passo é enviar o material à editora.*

publicidade pu.bli.ci.**da**.de ***S fem*** propaganda; divulgação: *O esportista faz publicidade ao usar as roupas com as marcas das empresas.*

publicitário pu.bli.ci.**tá**.ri:o ***Adj*** **1** relativo à publicidade: *A empresa está fazendo uma grande campanha publicitária.* ***S masc*** **2** quem trabalha com publicidade: *Publicitários brasileiros receberam prêmios na França.*

público **pú**.bli.co ***Adj*** **1** pertencente ou relativo ao povo; que é do uso de todos; comum: *As calçadas são públicas.* **2** do povo: *Aos políticos é fundamental a opinião pública.* **3** conhecido de todos: *As afirmações do senador já são de domínio público.* ***S masc*** **4** o povo em geral: *O público colabora com as campanhas beneficentes.* **5** conjunto de pessoas de uma determinada classe: *A peça de teatro era destinada ao público infantil.*

pudim pu.**dim** ***S masc*** comida de consistência cremosa e composição variada, assada lentamente em água fervente: *De sobremesa havia um pudim de frutas.*

pular pu.**lar** ***Vi*** **1** elevar-se do chão dando ao corpo um impulso mais ou menos rápido; saltar: *As crianças entram na roda, pulam e batem palmas.* ***Vt*** **2** deixar de considerar; omitir: *Na leitura do texto você pulou o segundo parágrafo.* **3** passar de um lado para outro com um pulo; saltar: *O gato do vizinho pulou o muro.* (+sobre) **4** atacar com um salto: *O lobo pulou sobre o cordeirinho.*

pulga pul.ga ***S fem*** nome comum aos insetos de corpo comprimido, com pernas muito desenvolvidas, apropriadas para o salto, e que se alimentam de sangue dos vertebrados de sangue quente: *As pulgas preferem os animais domésticos como cachorros e gatos.* **com a pulga atrás da orelha** preocupado; desconfiado: *O homem saiu logo com a pulga atrás da orelha.*

pulmão pul.**mão** ***S masc*** cada um dos dois órgãos respiratórios contidos no tórax: *O pulmão esquerdo possui uma curva para dentro, onde se encaixa o coração.*

pulo **pu**.lo ***S masc*** ação de pular; salto: *– Oba! Oba! Oba! – gritou o jacaré dando uns belos pulos.* **um pulo** pequena distância; perto: *Da cidade ao sítio era um pulo.*

pulsar pul.**sar** ***Vi*** **1** bater com ritmo (o coração); palpitar: *Na barriga da mamãe já pulsava o coração de meu irmão.* **2** manifestar-se com vigor: *Nos desenhos de Paula pulsava uma energia positiva.*

pulseira pul.**sei**.ra ***S fem*** **1** enfeite de forma circular que se usa nos pulsos ou nos braços. **2** parte do relógio de pulso que o prende ao braço: *Míriam arrebentou a pulseira do relógio.*

pulso **pul**.so ***S masc*** **1** parte do antebraço que se articula com a mão; punho. **2** batida arterial que se faz sentir em várias partes do corpo: *O pulso aumenta à medida que você pedala mais rápido.* **3** autoridade; domínio: *A princesa soube governar com pulso forte.*

punhado pu.**nha**.do ***S masc*** pequena porção: *O mendigo pediu um punhado de arroz no castelo.*

punho **pu**.nho ***S masc*** **1** parte do braço situada entre antebraço e mão. **2** tira de tecido adaptada às extremidades das mangas das roupas, e que envolve o pulso: *Os homens do rei vestiam-se com luxo, com golas e punhos de renda.* **de / pelo próprio punho** com as próprias mãos: *José fez questão de redigir a carta pelo próprio punho.*

punir pu.**nir** ***Vt*** aplicar pena a; castigar: *Os feitores puniam os escravos.* **punição** ***S fem*** ação de punir; pena; castigo.

pupila pu.**pi**.la ***S fem*** orifício dos olhos situado no centro da íris e pelo qual passam os raios luminosos: *Na escuridão nossas pupilas dilatam.*

purificar pu.ri.fi.**car** ***Vt*** tornar puro: *As árvores ajudam a purificar o ar, diminuindo a poluição.*

puro **pu**.ro ***Adj*** **1** sem mistura; não contaminado: *Precisamos beber a água pura.* **2** inocente: *As crianças são puras e sinceras.* **pureza** ***S fem*** qualidade de puro.

púrpura **púr**.pu.ra ***S fem*** cor vermelho-escura: *Adoro aquele tom púrpura das cortinas.*

puxado pu.**xa**.do ***Adj*** **1** cansativo: *As pernas, com músculos mais fortes, aguentam melhor um trabalho puxado.* **2** diz-se de olho oblíquo em forma de amêndoa: *Os japoneses têm os olhos puxados.*

puxar pu.**xar** ***Vt*** **1** arrastar para si: *A menina puxou um banco e sentou-se ao lado da avó.* **2** conduzir veículo que não tem motor: *Os cavalos puxavam a carroça.* **3** sacar: *O avô puxou (d)a faca para cortar o abacaxi.* **4** dar início; começar: *Você é que vem puxar conversa.* **puxar a brasa para (a) sua sardinha** cuidar só dos próprios interesses: *Nem tente puxar a brasa para a sua sardinha, todos serão tratados da mesma forma.* **puxa / puxa vida** palavras usadas para manifestar espanto ou admiração: *Puxa, como está quente hoje! – Puxa vida! – admirou-se a menina. – Como o senhor é forte!*

Q q *Q q*

q ***S masc*** décima sétima letra do alfabeto.

quadra **qua**.dra ***S fem*** **1** quarteirão ou área fechada por quatro ruas: *Na quadra onde mora Vinícius há um hospital.* **2** espaço destinado à prática de esportes; campo: *A quadra de esportes da escola está em reforma.*

quadrado qua.**dra**.do ***S masc*** **1** figura geométrica de quatro lados iguais e ângulos retos: *Desenhe um robô usando apenas triângulos, quadrados e círculos.* ***Adj*** **2** que tem os lados iguais e os ângulos retos: *O quarto tinha uma mesinha quadrada.*

quadriculado qua.dri.cu.**la**.do ***Adj*** **1** dividido em pequenos quadrados: *Usaremos cartolina e papel quadriculado para fazer o trabalho.* ***S masc*** **2** quadrado: *Desenhe, no quadriculado, um retângulo vermelho.*

quadril qua.**dril** ***S masc*** região do corpo humano que fica entre a cintura e as pernas: *Quando você dança samba, mexe com as pernas, o quadril e a cintura.*

quadrilátero qua.dri.**lá**.te.ro ***S masc*** figura geométrica de quatro lados: *O quadrado, o retângulo e o losango são quadriláteros.*

quadrilha qua.**dri**.lha ***S fem*** **1** dança de salão dançada nas festas juninas: *A dança da quadrilha foi trazida ao Brasil pelos portugueses.* **2** grupo de pessoas que se juntam para praticar crimes; bando: *A polícia prendeu a quadrilha que furtava fios de cobre.*

quadrinhos qua.**dri**.nhos ***S masc pl*** conjunto de quadros desenhados, através dos quais se conta uma história para crianças, para fazer rir, etc.: *Gosto dos quadrinhos de Mauricio de Sousa.*

quadro **qua**.dro ***S masc*** **1** obra de pintura feita sobre superfície plana como tela ou madeira: *Na sala do diretor há um quadro de Portinari.* **2** quadro-negro: *Todos os* *alunos escreveram no quadro uma frase sobre poluição.* **3** painel de avisos ou informações: *No quadro do pátio colamos bilhetes.*

quadro-negro **qua**.dro-**ne**.gro ***S masc*** peça plana quadrilátera utilizada nas escolas ou em outras repartições, que serve para a escrita com giz ou caneta especial; lousa: *O professor escrevia no quadro-negro as tarefas de casa.*
▶ pág 405.

quadrúpede qua.**drú**.pe.de ***S masc*** animal provido de quatro patas: *O elefante é o maior quadrúpede existente.*

qualidade qua.li.**da**.de ***S fem*** **1** valor ou maneira de ser de uma coisa ou de uma pessoa; virtude: *Não se mede a qualidade das pessoas pela sua aparência. Essa loja só vende roupas de boa qualidade.* **2** estado ou condição: *Há um aparelho que mede a qualidade do ar.*
Ant para **1**: **defeito**.

qualificado qua.li.fi.**ca**.do ***Adj*** que tem preparo suficiente para exercer uma atividade; habilitado: *O cargo exige funcionário bem qualificado.*

quantia quan.**ti**.a ***S fem*** **1** quantidade: *Paco calculou a quantia de tinta para pintar a sala.* **2** soma; porção ou quantidade de dinheiro; importância: *Laura contribuiu para a festa com boa quantia.*

quantidade quan.ti.**da**.de ***S fem*** **1** porção ou número total de seres ou objetos: *O território brasileiro possui uma grande quantidade de fósseis.* **2** grandeza que se pode medir: *Observe bem a quantidade de água que você gasta em um mês.*

quanto **quan**.to ***Pron*** [***Interrogativo***] que quantidade; que número; que preço: *Quantos camelos você já contou? Quantos anos você tem?*

quaresma qua.**res**.ma ***S fem*** período de quarenta dias, que vai da quarta-feira de Cinzas até o domingo de Páscoa: *Era hábito dos cristãos não comer carne na quaresma.*

quaresmeira qua.res.**mei**.ra ***S fem*** árvore de folhas verde-escuras em forma de lança, com flores miúdas em cacho, nas cores branca, rosa e violeta: *A mata atlântica é rica em quaresmeiras.*

quarta-feira **quar**.ta-**fei**.ra ***S fem*** quarto dia da semana: *Este mês de janeiro teve cinco quartas-feiras.*

quarteirão quar.tei.**rão** ***S masc*** grupo de casas que formam um quadrado cercado por ruas; quadra: *Moro a três quarteirões do shopping.* ▶ pág 102 e 103.

quartel ♥ quar.**tel** ***S masc*** edifício destinado a abrigar ou alojar soldados: *No salão oficial do quartel, os tambores anunciavam um grande baile em homenagem ao tenente.*

quarteto quar.**te**.to ***S masc*** grupo de quatro: *Os irmãos formaram um quarteto musical.*

quarto **quar**.to ***S masc*** dependência da casa que serve para dormir: *A menina quis que pintassem de lilás o seu quarto.*
▶ pág 76 e 77.

quase **qua**.se ***Adv*** **1** muito próximo; perto: *Já estou quase no fim no livro.* **2** pouco menos de: *O jogador tinha quase dois metros de altura.* **3** por pouco: *O paciente quase morreu.*

quati qua.**ti** ***S masc*** animal mamífero carnívoro de tamanho médio, pelos de cor escura e clara, rabo peludo e comprido, focinho comprido: *O quati pode medir até 70 centímetros de comprimento.*

quebra **que**.bra ***S fem*** **1** ato de quebrar: *Quebradeira é o nome que se dá à mulher que vive da quebra do coco de babaçu.* **2** desrespeito ao que foi combinado; rompimento: *Não pode haver quebra do nosso acordo.*
de quebra além disso: *O livro conta as peripécias de nossos atletas detetives e, de quebra, ainda funciona como uma divertida aula de Ciências.*

quebra-cabeça **que**.bra-ca.**be**.ça ***S masc*** **1** jogo composto de várias peças que, ao serem juntadas, representa uma figura: *Montamos um quebra-cabeça de mil peças.* **2** problema difícil; questão complicada: *Atravessar aquela mata era um verdadeiro quebra-cabeça.*

quebrar que.**brar** ***Vt*** **1** reduzir a pedaços; partir: *O assaltante quebrou todos os móveis da casa.* **2** desrespeitar: *Você quebrou o nosso acordo.* **3** interromper: *Aquele que ferir o Lobisomem conseguirá quebrar o destino da criatura.* **4** tornar sem efeito: *Ninguém conseguia quebrar aquele feitiço.* ***Vi*** **5** partir-se: *O vaso caiu de cima da mesa e não quebrou. Parece que a perna do jogador quebrou.* **6** sofrer dano; deixar de funcionar: *Antes do posto, a moto quebrou.*
quebrar a cabeça esforçar-se para resolver um problema; pensar muito: *Quebrei a cabeça para encontrar uma solução para esse caso.* **quebrar o galho** ajudar a resolver; dar um jeito: *Quer minha merenda? Não é muita coisa, mas quebra o galho.*
quebrado ***Adj*** que se quebrou ou que apresenta algum dano.

queda **que**.da ***S fem*** **1** processo de cair: *A menina se preocupou com a queda de seus cabelos.* **2** tombo: *A queda rompeu-lhe os tendões do tornozelo.* **3** diminuição; baixa: *Todos esperam a queda dos preços. Não haverá queda da temperatura.* **4** decadência, declínio, ruína: *Estou lendo sobre a queda do Império Romano.* **5** perda do mandato: *Todos aplaudiram a queda do ditador.*

queda-d´água **que**.da-**d'á**.gua ***S fem*** cachoeira; cascata: *Aquele rio possuía inúmeras quedas-d´água.*
▶ pág 388 e 389.

queijo **quei**.jo ***S masc*** alimento feito de leite fermentado: *O dono do sítio fabricava e vendia queijos.*

queima **quei**.ma ***S fem*** ato de queimar: *A queima da cana polui o ambiente.*

queimada ▲ quei.**ma**.da ***S fem*** **1** queima de mato, de vegetação seca ou verde: *Na época das queimadas aumentam as doenças respiratórias.* **2** jogo que consiste em atirar uma bola no adversário que se defende com as mãos, sem deixar que ela lhe toque qualquer parte do corpo: *Fizemos no colégio um campeonato de queimada.*

queimar quei.**mar** ***Vt*** **1** submeter à ação do fogo ou do calor: *Os grandes proprietários queimam a floresta e, no lugar, plantam capim.* **2** consumir: *Fazer caminhadas ajuda a queimar calorias.* **3** inutilizar (lâmpada elétrica, etc.), causando interrupção da corrente elétrica: *Um curto-circuito queimou todas as lâmpadas da casa.* ***Vi*** **4** sofrer dano; estragar-se: *O filme queimou e perdemos as fotos.* **5** consumir-se pelo fogo: *Os móveis queimaram no incêndio.*
queimadura ***S fem*** resultado de queimar-se.

queixa **quei**.xa ***S fem*** manifestação de descontentamento; reclamação; protesto: *Paulo ouvia paciente as queixas da esposa.*

queixada quei.**xa**.da ***S*** porco selvagem que tem uma faixa de pelos brancos ao longo do queixo, o pelo das costas muito longo e os lábios brancos: *O caçador disse que foi atacado por uma queixada.*

queixar-se quei.**xar**-se ***Vt*** (+de) manifestar descontentamento; reclamar; lamentar-se: *A paciente queixava-se de dores no corpo. A mãe se queixa do alto preço da carne.*

queixo **quei**.xo ***S masc*** mandíbula do homem e dos animais vertebrados: *O lutador desmaiou ao receber um soco no queixo.*
de queixo caído muito admirado; espantado: *O que o malabarista fazia deixava todo mundo de queixo caído.*

quente **quen**.te ***Adj*** **1** de temperatura elevada: *A água da piscina estava muito quente.* **2** que emite calor: *O sol quente forçou-nos a procurar uma sombra.* **3** muito intenso: *No segundo tempo de jogo a disputa ficou mais quente.*
Ant: **frio**.

quentura quen.**tu**.ra ***S fem*** estado daquilo que é quente; calor: *A quentura do local atraía as pessoas no inverno.*

quepe **que**.pe ***S masc*** boné usado por militares: *Na luta com o bandido o soldado perdeu o quepe.*

querer que.**rer** ***Vt*** **1** ter o desejo de: *Quero viajar nas férias, mas antes quero um tênis novo.* **2** ter vontade de comer ou beber: *Não quero arroz nem feijão.* **3** exigir: *Quero o trabalho para amanhã.* **4** ter a intenção de; pretender: *Não* *estou querendo levar vantagem.* **5** permitir: *Os adultos não querem que as crianças mintam.* (...+por) **6** pedir ou pretender como preço ou pagamento: *O vendedor queria cinco reais por uma dúzia de ovos.* **Deus queira** usada para indicar o desejo de que algo aconteça; tomara: *Deus queira que chova logo.* **sem querer** sem ter a intenção: *O dragãozinho fora criado no galinheiro até que um dia, sem querer, soltou fogo pelas ventas e assustou as galinhas.* Na forma queira(m) introduz uma solicitação ou pedido: *Não sei como aconteceu! Queira perdoar-me!*

querido que.**ri**.do ***Adj*** amado; estimado: *Rezo sempre pelo bem-estar de meus entes queridos.* Usado para dirigir-se a alguém de forma carinhosa: *Querido, você ainda não trocou a água do aquário?*

quermesse quer.**mes**.se ***S fem*** feira festiva beneficente, em geral com leilão de prendas e muitas barracas onde se vendem vários produtos: *Nas barracas da quermesse havia comidas da região.*

quero-quero **que**.ro-**que**.ro ***S masc*** ave de cor cinzento-clara que vive em pastagens, brejos e praias: *Tanto o macho como a fêmea de quero-quero guardam o ninho.*

querosene que.ro.**se**.ne ***S masc*** líquido extraído do petróleo bruto e que é usado como combustível e como base de certos inseticidas: *O querosene às vezes é um pouco amarelo.*

questão ques.**tão** ***S fem*** **1** pergunta ou problema formulados numa prova: *As questões da prova estavam fáceis.* **2** assunto ou tema sujeito a discussão, estudo, etc.: *Tivemos uma palestra sobre a questão da poluição.* **em questão de 1** num espaço de tempo muito pequeno: *Em questão de segundos desabou um temporal.* **2** com relação (a): *Em questão de segurança, nossa escola está bem-servida.*

questionar ques.ti:o.**nar** ***Vt*** **1** levantar questões sobre; discutir: *No final do século dezoito, muitos brasileiros já questionavam o domínio português.* **2** perguntar; interrogar: *Vítor questionou o pai sobre a dimensão do Universo.* **questionamento** ***S masc*** ação de questionar.

questionário ques.ti:o.**ná**.ri:o ***S masc*** série de questões: *O candidato deveria responder a um questionário de 50 itens.*

quiabo qui.**a**.bo ***S masc*** fruto comprido, comestível, verde e peludo, de sementes brancas: *O príncipe gostava muito de frango com quiabo.*

quibe **qui**.be ***S masc*** prato de origem árabe, feito de carne moída e trigo integral, e temperado com hortelã, pimenta e outros temperos: *Comidas como o quibe e a esfirra são muito apreciadas no Brasil.*

quieto qui:**e**.to ***Adj*** **1** sem ruído; em silêncio: *A classe ficava quieta para ouvir as histórias sobre animais falantes.* **2** em que não há agitação; calmo: *De repente aquele lugar quieto é perturbado pela chegada ruidosa de alguns cavaleiros.* **3** que não é agitado; sossegado: *O bebê era quieto e bonzinho.*

quilo **qui**.lo ***S masc*** forma abreviada de quilograma: *O tigre come uns 5 quilos de carne de uma vez.*

quilograma qui.lo.**gra**.ma ***S masc*** unidade de medida de peso, equivalente a mil gramas; quilo: *O bebê nasceu com quase três quilogramas.*

quilombo qui.**lom**.bo ***S masc*** lugar onde os escravos se escondiam: *Zumbi foi o líder do quilombo de Palmares, em Alagoas.*

quilometragem qui.lo.me.**tra**.gem ***S fem*** quantidade de quilômetros percorridos por um veículo: *As locadoras de carro cobram por quilometragem.*

quilômetro qui.**lô**.me.tro ***S masc*** **1** unidade de medida de comprimento, equivalente a mil metros: *A distância de minha casa até a escola é de 5 quilômetros.* **2** ponto de referência, em uma estrada, da distância entre duas

a b c d e f g h i j k l m n o p q r s t u v w x y z

cidades: *No quilômetro 20 da estrada São Paulo-Campinas, há um posto de combustível.*
quilométrico ***Adj*** relativo a quilômetro; de grande extensão.

química **quí**.mi.ca ***S fem*** ciência que estuda as propriedades das substâncias, suas combinações e suas leis.

químico **quí**.mi.co ***Adj***
1 referente à química: *As indústrias químicas devem estar situadas longe de cidades.* **2** que se realiza ou se obtém por meio de combinação ou reação entre as substâncias: *Tom não gosta de combater as pragas com produtos químicos.*
S masc **3** quem é especialista em química: *Alguns atribuem a invenção da pólvora a um químico de nome Schwarz.*

quina **qui**.na ***S fem*** parte que se sobressai e que forma um ângulo: *Tenha cuidado com a quina dos móveis, pois elas podem ferir se forem pontiagudas.*

quindim quin.**dim** ***S masc*** doce feito de gema de ovo, coco e açúcar: *Toda festa de aniversário costuma ter quindim.*

quinquilharia quin.qui.lha.**ri**.a ***S fem*** coisa sem importância; objeto sem valor: *De hoje em diante, vou jogar suas quinquilharias no lixo!*
É mais usado no plural.

quinta-feira **quin**.ta-**fei**.ra ***S fem*** o quinto dia da semana: *Teremos um feriado na quinta-feira.*

quintal quin.**tal** ***S masc*** pequeno terreno, muitas vezes com jardim ou com horta, nos fundos da casa: *O quintal tinha um poleiro onde morava um galo.*
pág 88 e 89.

quinteto quin.**te**.to ***S masc*** grupo de cinco cantores ou músicos: *Um quinteto de cordas, formado por instrumentos como o violino e a viola, também vai animar a festa.*

quinzena quin.**ze**.na ***S fem*** período de quinze dias: *A secretária recebe o salário a cada quinzena.*
quinzenal ***Adj*** que acontece a cada quinze dias.

quiosque qui.**os**.que ***S masc*** pequena construção para abrigo ou lazer: *Ao chegar à praia, procure um quiosque para se instalar.*

quitanda qui.**tan**.da ***S fem*** lugar onde se vendem legumes, frutas e verduras: *Luci trouxe muita fruta da quitanda.*

quitar qui.**tar** ***Vt*** pagar: *Precisou vender o carro para quitar a dívida.*

quitute qui.**tu**.te ***S masc*** comida fina, delicada e saborosa: *Os donos da casa iam mostrando os quitutes e oferecendo aos convidados.*
quituteiro ***S masc*** quem faz quitutes.

quociente quo.ci.**en**.te ***S masc*** quantidade resultante da divisão de um número por outro: *Dividindo-se 15 por 3, tem-se o quociente 5.*

Rr Rr

r ***S masc*** décima oitava letra do alfabeto.
Em maiúscula (R), símbolo do real, moeda brasileira.

rã ***S fem*** pequeno animal sem cauda, que nada e salta, de pele lisa, da cor da azeitona ou parda, e com longas patas traseiras: *Vamos estudar alguns anfíbios, como sapos e rãs.*

rabanete ra.ba.**ne**.te ***S masc*** planta de raiz comestível, arredondada ou comprida, de casca vermelha: *Vou colher rabanetes para fazer uma salada.*

rabiscar ra.bis.**car** ***Vt*** **1** encher de rabiscos; riscar: *O garoto saiu rabiscando as paredes.*
2 representar por escrito, sem caprichar e às pressas, palavras, números ou figuras: *O homem rabiscava uns números em um bloco.*

rabisco ra.**bis**.co ***S masc*** escrito feito às pressas: *Esse é só o rabisco do texto.*

rabo **ra**.bo ***S masc*** extremidade do corpo que fica do lado oposto à cabeça nos animais; cauda: *O cachorro manifesta alegria abanando o rabo.*
com / pôr o rabo entre as pernas de modo humilde: *Ao ser maltratado, o homem saiu com o rabo entre as pernas.*

rabugento ra.bu.**gen**.to ***Adj*** diz-se da pessoa ranzinza, que implica com tudo: *Um porteiro rabugento não permitiu a nossa entrada no restaurante porque estávamos de tênis.*

raça **ra**.ça ***S fem*** **1** conjunto de indivíduos de traços físicos semelhantes, tais como a cor da pele, a formação do crânio e do rosto, o tipo de cabelo, etc.: *Há dois séculos era proibida a entrada de homens da raça branca no Japão.*
2 conjunto dos animais da mesma espécie: *Rex foi considerado o melhor exemplar da raça canina.*
3 força de vontade; disposição; vigor: *Faltou raça ao nosso time para vencer o jogo.*
de raça diz-se do animal que, por tradição, pertence a uma raça valorizada: *Ganhei um cão de raça.*
racial ***Adj*** relativo a raça.
Em **1**, é preferível o termo **etnia**.

rachar ra.**char** ***Vt* 1** partir separando ou não em partes; abrir uma fenda: *Ele rachava lenha.* **2** abrir pequenas fendas: *O frio racha os lábios.* **3** dividir as despesas: *Almoço com você, mas rachamos a conta.* ***Vi* 4** partir: *O solo rachou com o calor.*
de rachar muito intenso; muito forte: *Fazia frio de rachar.*

raciocinar ra.ci:o.ci.**nar** ***Vi*** fazer uso da razão; pensar; refletir: *Antes de tomar a decisão, é bom que você raciocine.*
raciocínio *S masc* ação de raciocinar.

racismo ra.**cis**.mo ***S masc*** afirmação errada de que há raças, ou etnias, superiores e raças, ou etnias, inferiores: *O racismo impede que a humanidade pratique a fraternidade.*

radar ra.**dar** ***S masc*** aparelho destinado a localizar e identificar objetos, captando suas formas e movimentos: *Um carro, correndo a 120 quilômetros por hora, foi identificado pelo radar.*

radiante ra.di.**an**.te ***Adj* 1** cheio de alegria: *Os noivos estavam radiantes* **2** brilhante; cintilante: *Queríamos aproveitar o dia radiante.*

radical ra.di.**cal** ***Adj* 1** que não admite um ponto de vista contrário: *Ele defende sua ideia de forma radical.* **2** completo; total: *A casa passou por uma reforma radical.* **3** diz-se dos esportes que se caracterizam pela aventura, pelo desafio à coragem e pela habilidade dos participantes: *Surfe é esporte radical?*

rádio[1] **rá**.di:o ***S masc* 1** sistema de comunicação por meio de ondas sonoras: *O rádio é um veículo de informação.* **2** mensagem enviada por meio de ondas sonoras: *O policial enviou um rádio à delegacia.* **3** aparelho que recebe sons transmitidos por ondas: *Meu primeiro presente foi um rádio de pilha.*

rádio[2] **rá**.di:o ***S fem*** emissora onde se produzem os programas a serem transmitidos por ondas sonoras: *A rádio local foi fundada há meio século.*

radiopatrulha ra.di:o.pa.**tru**.lha ***S fem*** **1** organização da polícia militar composta de um controle central que transmite ordens aos policiais com carros que possuem rádio: *A polícia possui um excelente serviço de radiopatrulha.* **2** viatura dessa organização: *A radiopatrulha chegou sem fazer ruído.*

raiar rai.**ar** ***Vi* 1** nascer; surgir; chegar: *O baile foi até o sol raiar.* ***S masc* 2** processo de surgir; chegada: *Ficávamos acordados para ver o raiar do dia.*

rainha ▶ ra.**i**.nha ***S fem* 1** esposa ou viúva do rei; soberana de um reino: *Na Europa, no passado, reis e rainhas moravam em palácios.* **2** fêmea fértil de alguns insetos: *Na colmeia, a rainha põe os ovos.* **3** aquela que é considerada a principal, a mais importante entre as outras: *Maria Bonita era a rainha do cangaço.* **4** aquela que vence um concurso de beleza ou de simpatia: *Maria foi eleita a rainha do colégio.*

raio **rai**.o ***S masc* 1** feixe de luz que sai de uma fonte luminosa, espalhando-se em linha reta: *Um raio de sol entra pela janela.* **2** descarga elétrica entre uma nuvem e o solo: *O raio matou algumas vacas no campo.* **3** segmento de reta que vai de um ponto da circunferência até o seu centro.

raio x **rai**.o x ***S masc*** radiação de pequeno comprimento de onda, capaz de penetrar quase todos os sólidos: *O hospital adquiriu um moderno aparelho de raios x.*
▶ pág 225.

raiva **rai**.va ***S fem* 1** sentimento de ódio: *O rei teve um acesso de raiva.* **2** doença infecciosa causada por vírus que ataca o sistema nervoso central dos mamíferos: *O vírus da raiva pode ser transmitido pela mordida do morcego.*
raivoso *Adj* que tem raiva.

raiz ra.**iz** ***S fem* 1** parte de baixo da planta que serve para fixá-la na terra e daí retirar os elementos nutritivos: *As samambaias possuem raiz, caule e folhas, mas não produzem flores, frutos, nem sementes.* **2** no organismo animal, parte presa ou fixada num tecido: *Os dentes de leite não têm raiz.*

rajada ra.**ja**.da ***S fem*** aumento repentino, temporário e forte da intensidade do vento: *Uma rajada de vento derrubou nossa barraca.*

ralar ra.**lar** ***Vt*** **1** reduzir uma substância sólida a pequenos pedaços esfregando-a em instrumento próprio chamado ralo: *As mulheres ralavam mandioca para fazer farinha.* **2** ferir levemente; esfolar: *A menina ralou o joelho ao cair da bicicleta.* ***Vi*** **3** trabalhar duro: *Para conseguir o que tenho, tive de ralar muito.*
Em **3**, é de uso informal.

ralhar ra.**lhar** ***Vt*** (+com) repreender com energia: *Ana vive ralhando com os filhos.*

ralo **ra**.lo ***Adj*** **1** que tem uma consistência fina, semelhante à da água: *O preso reclamou que a sopa estava muito rala.* **2** que apresenta poucos elementos e separados uns dos outros: *Seus cabelos estão ficando ralos.* ***S masc*** **3** peça com buraquinhos em pias, tanques ou pisos para escoamento de água: *A água da chuva descia pelo ralo.* **4** peça com superfície áspera, usada para ralar (1): *Para ralar queijo, pode-se usar um ralo de furos pequenos.*

ramo **ra**.mo ***S masc*** **1** divisão do caule das plantas; galho: *O caule sustenta os ramos.* **2** setor de negócio ou atividade: *Nestor passou a trabalhar no ramo de celulares.*

rampa **ram**.pa ***S fem*** **1** plano inclinado: *O foguete já estava na rampa de lançamento.* **2** inclinação de terreno; ladeira: *O carro era tão velho que não conseguiu subir a rampa.*

rancho **ran**.cho ***S masc*** habitação simples e pobre; casebre: *A família morava num rancho.*

ranger ran.**ger** ***Vt*** **1** fazer produzir som áspero devido a atrito: *O homem rangia os dentes.* ***Vi*** **2** emitir som áspero produzido por atrito: *A porta rangeu e abriu.*
rangido ***S masc*** ação ou processo de ranger.

ranzinza ran.**zin**.za ***Adj*** que está sempre de mau humor; zangado: *O fiscal do parque era muito ranzinza.*

rapadura ra.pa.**du**.ra ***S fem*** doce feito de caldo de cana e cortado em forma de pequenos tijolos: *As rapaduras eram colocadas nas caixas e mandadas para Portugal.*

rapaz ra.**paz** ***S masc*** homem jovem; moço: *Um dia chegou um rapaz com uma sacola nas costas.*

rápido **rá**.pi.do ***Adj*** **1** que age com muita velocidade; ligeiro; veloz: *Você precisa ser mais rápida para se vestir.* **2** que dura pouco; breve: *Nosso encontro foi muito rápido.* ***Adv*** com rapidez: *Paulo terminou a prova muito rápido.*
rapidez ***S fem*** qualidade de rápido; velocidade.
Ant para **1** e **2**: **lento, vagaroso**.

rapina ra.**pi**.na ***S fem*** roubo. Palavra só usada na expressão **de rapina**, que se refere à ave que se alimenta de outros animais: *O gavião e a águia são aves de rapina.*

raposa ra.**po**.sa ***S fem*** **1** animal de pequeno tamanho, veloz e arisco, carnívoro, da família do cão: *Uma raposa invadiu o galinheiro.* **2** pessoa astuta: *O vendedor era uma raposa, ninguém o enganava.*

raptar rap.**tar** ***Vt*** roubar por meio de violência ou sedução: *Um homem com máscara no rosto tentou raptar a menina.*
rapto ***S masc*** ação de raptar.

raquete ra.**que**.te ***S fem*** instrumento utilizado para fazer movimentar a bola no jogo de tênis ou pingue-pongue: *O tenista usava uma raquete nova.*

raro **ra**.ro ***Adj*** **1** difícil de ser encontrado; pouco comum: *Era um cachorro muito raro, pois não tinha pulgas.* **2** que existe em pequena quantidade; pouco numeroso: *No Nordeste são raros os períodos de chuva.*
raridade ***S fem*** qualidade do que é pouco comum.
Ant: **comum**.

rasante ra.**san**.te ***Adj*** que se realiza muito perto do solo: *O voo rasante do avião me assustou.*

rascunho ras.**cu**.nho ***S masc*** primeira escrita de um texto ou primeiros traços de um desenho; esboço: *O poeta primeiro faz um rascunho de seus textos, depois os escreve em definitivo.*

rasgar ras.**gar** ***Vt*** **1** fazer uma abertura em (tecido, papel, pele, etc.), ficando as partes separadas; romper: *Ao passar pela cerca, rasguei minha roupa nova.* ***Vi*** **2** despedaçar-se; partir-se: *A lona é um tecido que dificilmente rasga.*
rasgado ***Adj*** que se rasgou; partido.

raso **ra**.so ***Adj*** **1** que tem pouca profundidade: *Eu não mergulho em piscina rasa.* **2** não muito cheio: *Não use muito fermento no bolo, coloque uma colher de chá rasa.*

raspar ras.**par** ***Vt*** **1** cortar rente: *Paulo raspou a barba.* **2** tirar parte da superfície esfregando: *É preciso raspar a parede antes de pintar.* **3** tirar todo o conteúdo de: *Nino comeu tudo, raspou o prato.*

rasteiro ras.**tei**.ro ***Adj*** que não cresce muito; que está rente ao solo: *A vegetação do local possui plantas rasteiras.*

rastejar ras.te.**jar** ***Vi*** andar arrastando a barriga pelo chão: *Voando, nadando, rastejando ou andando, cada animal tem um jeito de se locomover.*
rastejante ***Adj*** que rasteja.

rastro **ras**.tro ***S masc*** **1** marca deixada pelos pés, patas ou rodas: *Pelo tamanho do rastro, parece que um leão havia passado por ali.* **2** sinal deixado por qualquer objeto: *A vela carregada por vovó ia deixando um rastro de cera.*
A forma **rasto** também é usada.

ratazana ra.ta.**za**.na ***S fem*** certo rato encontrado onde existe gente morando, de cor meio marrom com barriga mais clara: *A ratazana é um animal onívoro.*

rato **ra**.to ***S masc*** mamífero roedor, de pelo forte, focinho alongado, cauda longa e fina e que pode ser transmissor de doenças: *Ratos vivem em média dois anos.*
ratoeira ***S fem*** armadilha para pegar rato.

razão ra.**zão** ***S fem*** **1** raciocínio; juízo: *Quando usamos a razão, estamos realizando uma atividade intelectual.* **2** opinião ou raciocínio considerado correto e digno de crédito: *Você tem razão quando diz que a natureza é a paixão dos animais.* **3** causa aparente; motivo: *Não havia razão para pressa, o trem ia demorar meia hora para partir.*

razoável ra.zo.**á**.vel ***Adj*** **1** que está de acordo com o que se espera; sensato: *Achei razoável a decisão do professor de que fizéssemos o trabalho em grupo.* **2** que está dentro de limites que podem ser aceitos: *O Brasil, hoje, tem uma quantidade razoável de livros sobre animais pré-históricos.*

ré[1] **ré** ***S fem*** feminino de réu: *O juiz quis ouvir o que a ré tinha a dizer sobre a acusação.*

ré[2] **ré** ***S fem*** marcha que faz o carro se movimentar para trás.
a ré para trás: *Os motoristas deram marcha a ré.*

reagir re.a.**gir** ***Vt*** (+a) **1** responder a um estímulo: *O nosso corpo reage ao medo.* **2** tomar uma atitude por causa de uma provocação: *O juiz de futebol não reage aos xingamentos da torcida.* ***Vi*** **3** tomar uma atitude: *O motorista foi insultado, mas não reagiu.*
reação ***S fem*** resposta a um estímulo.

real re.**al** ***Adj*** **1** que existe ou acontece de verdade; verdadeiro: *Essa história é real.* **2** relativo ao rei; do rei: *Todos obedeciam às ordens reais.* ***S masc*** **3** moeda do Brasil existente desde 1994: *Cada sorvete custa um real.* **4** moeda antiga do Brasil, cujo plural é réis: *Naquela época, um par de sapatos custava dois mil réis.*
realidade ***S fem*** aquilo que existe de verdade; aquilo que é real (1).
Ant para **1**: **fictício**.

realejo re.a.**le**.jo ***S masc*** instrumento musical popular, acionado por uma manivela: *Chegava a nossa audição a alegre melodia de um realejo.*

realeza re.a.**le**.za ***S fem*** forma de governo em que o chefe é um rei: *No tempo da realeza os costumes eram diferentes.*

realizar re.a.li.**zar** ***Vt*** **1** fazer; executar: *Que atividades você realiza após a aula?* **2** tornar realidade: *Queria realizar os desejos de minha mãe.* ***Vi*** [***Pron***] **3** tornar-se realidade; acontecer: *Espero que todos os seus sonhos se realizem.*
realização ***S fem*** ação ou processo de realizar(-se).

reaparecer re:a.pa.re.**cer** ***Vi*** aparecer de novo: *Até que enfim o sol reapareceu.*
⊖ **reaparecimento** **S *masc*** ação ou processo de reaparecer.

reaproveitar re:a.pro.vei.**tar** ***Vt*** **1** aproveitar ou usar de novo: *As crianças podem reaproveitar o material escolar.* **2** reciclar: *Que tal reaproveitar garrafas plásticas e transformá-las em brinquedo?*
⊖ **reaproveitamento** **S *masc*** ação de reaproveitar.

rebanho re.**ba**.nho **S *masc*** conjunto de animais: *A tarefa do vaqueiro era acompanhar o rebanho.*

rebater re.ba.**ter** ***Vt*** **1** dizer em contrário; desmentir; negar: *O rapaz rebateu as acusações.* **2** em alguns jogos, ação de devolver a bola jogada pelo adversário: *O tenista rebateu todas as bolas.*

rebelde re.**bel**.de ***Adj*** **1** que não se deixa dominar; agitado; inquieto: *Os potros mais rebeldes eram separados dos outros.* **2** que se recusa a fazer as coisas; teimoso: *Alfredo era um menino rebelde: recusava-se a estudar.* **S 3** pessoa que se volta contra o governo: *Os rebeldes foram dominados e presos.*
⊖ **rebeldia** **S *fem*** qualidade de rebelde.
Ant para **1** e **2**: **dócil**; **comportado**.

rebelião re.be.li:**ão** **S *fem*** revolta contra uma situação: *A rebelião ocorrida em Minas Gerais, no século XVIII, pretendia a independência do Brasil.*

rebentar re.ben.**tar** ***Vt*** o mesmo que **arrebentar**.

rebocar[1] re.bo.**car** ***Vt*** cobrir os tijolos da parede com massa especial: *O pedreiro rebocou a parede.*

rebocar[2] re.bo.**car** ***Vt*** puxar um veículo que esteja quebrado: *Um trator rebocou nosso carro.*

rebolar re.bo.**lar** ***Vi*** girar o corpo sobre si mesmo: *Narizinho rebolava de tanto rir.*

reboque ▲ re.**bo**.que **S *masc*** veículo próprio para puxar outro veículo que esteja estragado: *Foi preciso chamar um reboque para levar o carro à oficina.*

rebuliço re.bu.**li**.ço **S *masc*** confusão; agitação: *Havia um grande rebuliço no pátio por causa do cão.*

recado re.**ca**.do **S *masc*** comunicação enviada por escrito ou por boca; mensagem: *A diretora enviou um recado aos pais.*

recaída re.ca.**í**.da **S *fem*** volta de uma doença que estava quase curada: *Se você não se cuidar pode ter uma recaída e sua gripe reaparecer.*

recanto re.**can**.to **S *masc*** **1** lugar solitário, isolado: *O dono do sítio vivia sozinho no seu recanto.* **2** lugar tranquilo e agradável: *A turma escolheu um recanto para fazer o piquenique.*

receber re.ce.**ber** ***Vt*** **1** ser a pessoa a quem se envia ou se destina alguma coisa: *Marta recebeu uma carta de sua madrinha.* **2** ser o lugar onde se coloca alguma coisa: *O agricultor prepara o solo para receber a semente.* **3** atender (visita) em casa; recepcionar: *O dono da casa recebia os convidados.* **4** passar a ter: *Lá no zoológico os animais recebem alimentação e cuidados necessários.* **5** ter como presente; ganhar: *Toda mulher gosta de receber flores.* **6** ter como pagamento ou recompensa: *Os funcionários receberão o salário na segunda-feira.*
⊖ **recebimento** **S *masc*** ação ou processo de receber.
recibo **S *masc*** declaração de recebimento feita por escrito.

receio re.**cei**.o **S *masc*** medo; temor: *Os viajantes tinham receio de que a chuva destruísse a ponte.*

receita re.**cei**.ta **S *fem*** **1** lista de tudo o que é necessário para preparar um alimento (comida ou bebida) e maneira de fazê-lo: *A dona do restaurante nos deu a receita da torta de limão.* **2** indicação de medicamento feita por um médico: *Há remédios que só são vendidos com receita.*

receitar re.cei.**tar** ***Vt*** indicar o uso de remédio: *O médico de Lucas receitou um medicamento.*

recente re.**cen**.te ***Adj*** que ocorreu há pouco tempo: *As recentes chuvas vieram salvar a lavoura.*

recepção re.cep.**ção** **S *fem*** **1** cerimônia ou festejo destinados a homenagear alguém: *A torcida prepara uma recepção para os jogadores campeões.* **2** local onde se recebem ou se atendem as pessoas: *Joel trabalha na recepção de um hotel.*

recepcionar re.cep.ci:o.**nar** ***Vt*** receber com festa: *Um grupo de crianças veio me recepcionar.*

receptor re.cep.**tor** **S *masc*** **1** quem ou aquilo que recebe: *Os olhos são os receptores externos da luz.* **Adj** **2** que recebe (som ou imagem): *O satélite recebe os sinais e os distribui para estações receptoras na Terra.*

rechear re.che.**ar** ***Vt*** **1** introduzir recheio em: *Com uma colher, recheie a massa com sorvete.* **2** encher: *O dinheiro do empréstimo recheou os cofres da empresa.*
⊖ **recheado *Adj*** que recebeu recheio.

recheio ▲ re.**chei**.o **S *masc*** **1** preparado para introduzir em carnes, legumes ou massas doces ou salgadas: *Todos gostaram do bolo com recheio de chocolate.* **2** tudo aquilo que é colocado dentro de algo para enchê-lo: *O cão rasgou o boneco e o recheio saltou para fora.*

reciclar re.ci.**clar** ***Vt*** reaproveitar material usado, renovando-o ou transformando-o em outros materiais: *Reciclar uma tonelada de vidro gasta 70% menos energia do que fabricar a mesma quantidade.*
⊖ **reciclagem S *fem*** ação de reciclar. **reciclável *Adj*** que pode ser aproveitado novamente.

recife re.**ci**.fe **S *masc*** rochedo ou conjunto de rochedos, que se formam no fundo ou na superfície das águas do mar, situados próximo à costa: *Os recifes impediam que os navios ancorassem perto da costa.*

recinto re.**cin**.to **S *masc*** lugar ou espaço fechado. *O recinto da capela era pequeno, sem bancos.*

recipiente ▲ re.ci.pi.**en**.te **S *masc*** objeto ou vasilha onde se pode colocar uma substância líquida ou sólida: *Qualquer recipiente com água parada é favorável à criação do mosquito da dengue.*

recitar re.ci.**tar** ***Vt*** **1** dizer versos: *Juliana adora recitar poemas.* **2** pronunciar em voz alta: *Com as mãos erguidas, Nino começou a recitar as palavras mágicas.*

reclamar re.cla.**mar** ***Vt*** **1** pedir; exigir: *Os estudantes reclamam o direito de pagar menos nos transportes coletivos.* (+de) **2** queixar-se; lamentar-se: *Tom reclamava de dores nas costas.*
⊖ **reclamação S *fem*** ação de reclamar.

recobrir re.co.**brir** ***Vt*** estender--se por toda a superfície de; cobrir: *A vegetação que recobria o solo brasileiro próximo ao mar foi destruída.*

recolher re.co.**lher** ***Vt*** **1** juntar; reunir: *As crianças recolheram os objetos espalhados pela casa.* **2** reunir para algum fim; juntar: *Estou recolhendo dados sobre minha cidade para escrever um texto.* **3** cobrar (taxas, impostos); arrecadar: *Este ano a prefeitura recolherá mais impostos.* **4** dar abrigo a: *O coronel recolhia em sua casa os moradores de rua.* ***Vi*** [***Pron***] **5** retirar-se para dormir ou descansar: *Meu avô se recolhe logo após o jantar.*
⊖ **recolhimento S *masc*** ação de recolher.

recolocar re.co.lo.**car** ***Vt*** (...+em) tornar a colocar onde estava: *Depois de tomar suco, recoloque a garrafa na geladeira.*

recomeçar re.co.me.**çar** ***Vt*** **1** começar de novo; dar continuidade a: *Após o almoço, recomeçamos a caminhada.* ***Vi*** **2** ter novo começo; iniciar novamente: *Logo que a música recomeçou, os casais voltaram a dançar.*
⊖ **recomeço S *masc*** novo começo.

recomendar re.co.men.**dar** ***Vt*** **1** indicar; receitar: *Para o tratamento das infecções, os médicos recomendam antibióticos.* (...+a) **2** pedir; aconselhar: *O guia recomendou a todos que andassem ligeiro.*
⊖ **recomendação S *fem*** ação de recomendar. **recomendável *Adj*** que se deve ou se pode recomendar.

recompensa re.com.**pen**.sa **S *fem*** prêmio ou pagamento recebido ou oferecido por alguém pelo merecimento ou por serviços prestados: *Os trabalhadores recebiam uma recompensa em dinheiro.*

recompensar re.com.pen.**sar** ***Vt*** oferecer recompensa a alguém por serviços prestados ou por merecimento: *Pedro quer recompensar o amor e carinho que a mãe lhe dedica.*

recompor re.com.**por** ***Vt*** **1** tornar a compor, reunindo as partes; refazer: *Era difícil recompor a história, pois esqueci de muitos fatos.* [***Pron***] (+de) **2** voltar ao estado normal; refazer-se: *Ele ainda não se recompôs do susto.* ***Vi*** [***Pron***] **3** voltar ao normal; endireitar-se: *Quando ocorre uma fratura, o local deve ficar imóvel para que o osso se recomponha.*
recomposição ***S fem*** ação ou processo de recompor(-se).

reconciliar-se re.con.ci.li.**ar**-se ***Vt*** (+com) voltar a ter boas relações: *Joel reconciliou-se com seu primo.*
reconciliação ***S fem*** ação ou processo de reconciliar-se.

reconhecer re.co.nhe.**cer** ***Vt*** **1** fazer a identificação de: *Cabe ao cartório reconhecer a assinatura das pessoas num documento.* **2** mostrar-se grato por; ter gratidão por: *As pessoas sensatas sempre reconhecem os favores que recebem.* **3** aceitar como válido ou verdadeiro.
reconhecimento ***S masc*** ação de reconhecer.

reconstituir re.cons.ti.tu.**ir** ***Vt*** **1** fazer retornar à forma anterior; refazer: *Com o plantio de novas árvores, pode-se reconstituir a vegetação.* **2** recompor, retomando dados ou fatos: *É com estudo dos fósseis que se pode reconstituir fatos da história.*
reconstituição ***S fem*** ação ou processo de reconstituir.

recordação re.cor.da.**ção** ***S fem*** **1** processo de recordar; lembrança: *Jamais se apagará de minha memória a recordação da infância.* **2** objeto recebido como lembrança de algum lugar: *Sempre que papai viaja, me traz uma recordação.*

recordar re.cor.**dar** ***Vt*** **1** fazer lembrar: *Esse cheiro de terra molhada recorda a fazenda.* [***Pron***] (+de) **2** lembrar-se: *Carlos se recordou de um tempo distante de sua infância.*

recorde re.**cor**.de ***S masc*** **1** feito ou acontecimento que supera em quantidade outros do mesmo tipo: *A escola espera um recorde de matrículas.* **2** nos esportes, feito que supera os outros da mesma modalidade em competições anteriores: *O atleta conseguiu o recorde da categoria.*

recorrer re.cor.**rer** ***Vt*** (+a) **1** dirigir-se, solicitando ajuda: *Ele recorreu aos conhecimentos do avô.* **2** utilizar-se (de): *Para melhorar as condições físicas devemos recorrer às caminhadas.*

recortar re.cor.**tar** ***Vt*** **1** separar cortando: *Bernardo recortou as revistas.* **2** cortar seguindo o contorno de uma figura: *As crianças se divertiam recortando figuras de animais.*
recorte ***S masc*** ação ou efeito de recortar.

recostar re.cos.**tar** ***Vt*** (...+em) **1** encostar; apoiar: *Cansado da viagem, Juninho recostou a cabeça no ombro da mãe e adormeceu.* [***Pron***] (+em) **2** apoiar-se: *Recostando-se na cadeira, vovó começava a contar suas histórias.*

recreio re.**cre**.i.o ***S masc*** **1** intervalo entre as aulas de uma escola: *Algumas crianças aproveitam o recreio para conversar.* **2** lugar de lazer ou de descanso: *Perto da cidade havia uma área de recreio.*
▶ pág 156 e 157.

recruta re.**cru**.ta ***S*** soldado que entrou para o exército há pouco tempo: *Artur ainda era recruta.*

recuar re.cu.**ar** ***Vt*** **1** fazer ir para trás: *O diretor recuou a carteira e sentou-se no meio dos alunos.* (+de) **2** voltar atrás; desistir: *O coronel não recuava de suas decisões.* ***Vi*** **3** andar para trás; voltar: *Com as dificuldades, os viajantes tiveram de recuar.*
recuo ***S masc*** ação ou efeito de recuar.

recuperar re.cu.pe.**rar** ***Vt*** **1** adquirir de novo: *Felizmente a cantora recuperou a voz.* **2** retornar para compensar o que não se fez: *Precisamos recuperar o tempo perdido.* **3** restaurar; consertar: *Há uma loja que recupera brinquedos quebrados.* ***Vi*** [***Pron***] (+de) **4** refazer-se: *Marta foi a primeira a*

se recuperar da emoção.
recuperação ***S fem*** ação ou processo de recuperar(-se).

recurso re.**cur**.so ***S masc*** **1** aquilo que se tem como alternativa; solução: *O único recurso foi quebrar o piso para achar o vazamento.* **2** condição financeira: *O paciente sem recursos não paga as consultas.*
Em **2**, usa-se mais no plural.

recusar re.cu.**sar** ***Vt*** **1** não aceitar; rejeitar: *Ela foi orientada a recusar coisas de estranhos.* [**Pron**] (+a) **2** negar-se a: *O desconfiado recusava-se a tomar a vacina.*
recusa ***S fem*** ação de recusar.
Ant: **aceitar**.

redação re.da.**ção** ***S fem*** **1** ação de escrever; trabalho escrito: *A professora pediu uma redação sobre as festas juninas.* **2** local onde se escrevem as matérias a serem publicadas: *Ontem fomos conhecer a redação de um dos jornais da cidade.*

rede **re**.de ***S fem*** **1** objeto feito com fios cruzados e com aberturas regulares, servindo, de modo especial, para pescar, ou feito de tecido, servindo para dormir ou descansar: *Peixes muito miúdos não se pegam com rede.* **2** esse objeto feito de fios entrelaçados com aberturas regulares utilizado em alguns esportes: *Para que se confirme o gol, a bola não precisa tocar a rede.* **3** conjunto de instituições (lojas, farmácias, etc.) pertencentes a um mesmo dono: *Marcelo trabalha numa rede de supermercados.* **4** conjunto de canalizações de água, gás, esgoto, etc.: *Algumas cidades não tinham rede de esgoto.*

rédea **ré**.de:a ***S fem*** **1** tira de couro ou corda para guiar animais de montaria ou que puxam carruagens: *Para conduzir o cavalo é preciso controlar a rédea.* **2** direção; controle: *Ele perdeu as rédeas do próprio destino.*
Em **2**, usa-se mais no plural.

redemoinho re.de.mo.**i**.nho ***S masc*** rajada de vento que se movimenta em círculo: *Diz a lenda que o saci vive dentro de um redemoinho.*

redigir re.di.**gir** ***Vt*** **1** produzir texto por escrito: *A secretária é quem redige as cartas.* ***Vi*** **2** praticar o ato de escrever: *Reginaldo redige muito bem.*

redobrar re.do.**brar** ***Vt*** **1** aumentar muito: *Ao atravessar a rua, redobre sua atenção.* ***Vi*** **2** tornar-se mais intenso: *As exclamações de alegria redobraram quando a mãe tirou do forno o bolo e o colocou sobre a mesa.*

redondeza re.don.**de**.za ***S fem*** vizinhança: *Na chácara se produziam as uvas mais doces da redondeza.*
É mais usado no plural.

redondo re.**don**.do ***Adj*** que tem forma de uma roda; circular: *Tio José tem os olhos redondos.*

reduto re.**du**.to ***S masc*** **1** lugar fechado que serve de abrigo: *Ninguém conseguia penetrar no reduto das tropas inimigas.* **2** lugar de concentração ou de reunião: *Aquela região era o reduto das borboletas.*

reduzir re.du.**zir** ***Vt*** **1** fazer diminuir em valor, quantidade ou intensidade: *Os comerciantes reduziram os preços.* (...+a) **2** transformar (em): *O incêndio reduziu a plantação a cinzas.* [**Pron**] (+a) **3** transformar-se: *O casarão se reduziu a um monte de entulhos.* ***Vi*** [**Pron**] **4** diminuir em quantidade ou intensidade: *A falta às aulas está se reduzindo.*
redução ***S fem*** ação de reduzir.
Ant para **1** e **4**: **aumentar**.

reencontrar re.en.con.**trar** ***Vt*** tornar a encontrar: *Como é bom a gente reencontrar velhos amigos!*
reencontro ***S masc*** ação ou processo de reencontrar.

reescrever re.es.cre.**ver** ***Vt*** escrever de novo: *Tive uma nova ideia e reescrevi o meu texto.*
reescrita ***S fem*** ação de reescrever.

refazer re.fa.**zer** ***Vt*** **1** fazer de novo: *O contador refez as contas para encontrar o erro.* **2** dar novo ânimo: *Um copo de leite quente refaz as nossas forças.* ***Vi*** [**Pron**] **3** adquirir novo vigor; recuperar-se: *Os agricultores esperam a terra descansar para se refazer.*

refeição re.fei.**ção** ***S fem*** alimentação feita em hora certa: *A refeição era legumes, frutas e queijo.*

refeitório re.fei.**tó**.ri:o **S *masc*** sala para refeições em empresas ou instituições: *Nas mesas do refeitório, o lanche foi oferecido aos alunos.*

refém re.**fém** **S** pessoa tomada como garantia ou como forma de se fazer certas exigências: *Após negociações com a polícia, os reféns foram libertados.*

referência re.fe.**rên**.ci:a **S *fem*** **1** ato de citar ou relatar: *Num de seus quadros, o pintor faz referência à escola que frequentava.* **2** aquilo que serve de marca ou indicação, que orienta: *A avenida das Acácias é um ponto de referência para quem quer alugar um bom apartamento.*

referir-se re.fe.**rir**-se ***Vt*** (+a) **1** fazer referência; falar (sobre alguma coisa): *Joãozinho fala com entusiasmo sempre que se refere a sua família.* **2** tratar-se (de); ter relação (com): *Gosto de ler tudo que se refere à ecologia.*
referente *Adj* que se refere.

refinar re.fi.**nar** ***Vt*** **1** preparar para o consumo; purificar: *A indústria refina o açúcar antes de vendê-lo.* **2** aperfeiçoar: *Precisamos refinar os nossos hábitos de alimentação.*
refino / refinamento **S *masc*** ação ou processo de refinar(-se).

refinaria re.fi.na.**ri**.a **S *fem*** indústria onde se efetua a transformação do petróleo bruto em seus derivados, como a gasolina, o *diesel*, etc., ou onde se purifica o açúcar de cana para consumo comercial.

refletir re.fle.**tir** ***Vt*** **1** ser o resultado ou a consequência de: *As construções de grandes estádios refletem a paixão do povo pelo futebol.* **2** reproduzir: *A Lua reflete a luz do Sol.* ***Vi*** **3** analisar com cuidado uma situação; meditar: *Reflita antes de aceitar a proposta.*

refletor re.fle.**tor** **S *masc*** aparelho capaz de produzir luz muito intensa: *Um refletor ilumina o ator.*

reflexão re.fle.**xão** **S *fem*** **1** ação de refletir (3); meditação: *O assunto sobre as guerras merece profunda reflexão.* **2** desvio da direção de um raio luminoso ou de uma onda sonora ao tocar um ponto de uma superfície.

reflexo re.**fle**.xo **S *masc*** **1** reflexão (2) dos raios luminosos: *O reflexo do Sol na areia também provoca queimaduras de pele.* **2** imagem reproduzida: *A menina se encantava com o reflexo da Lua no lago.* **3** consequência: *A extinção de uma espécie terá reflexos diretos na cadeia alimentar.*

reflorestar re.flo.res.**tar** ***Vt*** plantar novas árvores: *Para curar a terra, é preciso reflorestá-la.*
reflorestamento S *masc* ação de reflorestar.

reforçar re.for.**çar** ***Vt*** **1** tornar mais forte: *A ajuda que você me prestou reforçou a nossa amizade.* **2** tornar mais resistente: *O pedreiro reforça as paredes da casa com barras de ferro.* **3** tornar mais poderoso: *O novo jogador veio reforçar o nosso time.*

reforço re.**for**.ço **S *masc*** **1** aumento da resistência; fortalecimento: *Os exercícios físicos ajudam no reforço dos músculos.* **2** aquilo que permite o fortalecimento de: *Chegaram dois reforços para o time de basquete.* **3** ajuda para superar as deficiências de: *Ele aproveita as aulas de reforço.*
Pl: **ref[ó]rços**.

reforma re.**for**.ma **S *fem*** **1** ação de reformar; conserto: *A reforma do prédio deve ser feita logo.* **2** forma nova; renovação: *O ministro propôs uma reforma do ensino.*

reformar re.for.**mar** ***Vt*** **1** fazer a renovação de; pôr em melhor estado: *Renato vai reformar o quarto de seus filhos.* **2** modificar; consertar: *Sozinho, você não pode reformar o mundo.*

refrão re.**frão** **S *masc*** frase que se repete no final de uma canção ou de um poema: *O cantor pediu que a plateia repetisse o refrão.*
Pl: **refrãos**.

refrescar re.fres.**car** ***Vt*** **1** tornar menos quente; fazer baixar a temperatura de: *Uma brisa agradável refrescava o ambiente.*

Vi **2** tornar-se menos quente: *O tempo refrescou.*
refrescar a cabeça livrar-se do nervosismo; acalmar-se: *Andei de bicicleta para refrescar a cabeça.*
refrescante *Adj* que refresca.

refresco re.**fres**.co ***S masc*** mistura de suco de fruta, água e substância adoçante, servida gelada. ▶ pág 328 e 329.

refrigerante re.fri.ge.**ran**.te ***S masc*** bebida não alcoólica, doce e gasosa, com sabores variados: *Para manter a boa forma e a saúde, troque os refrigerantes pelos sucos.* ▶ pág 206.

refugiar-se re.fu.gi.**ar**-se ***Vt*** (+em) **1** procurar abrigo; esconder: *Muitos pássaros também se refugiam nas árvores.* **2** procurar proteção devido a perseguição política: *Perseguido na Europa, o escritor refugiou-se no Brasil.*

refúgio re.**fú**.gi.o ***S masc*** **1** ato de refugiar-se; busca de proteção: *A única saída para o ditador perseguido em sua pátria, era o refúgio em outro país.* **2** proteção: *Existem muitas espécies animais que buscam refúgio nos mangues.* **3** lugar que oferece tranquilidade, abrigo ou proteção: *O escritor faz da biblioteca um doce refúgio.*

regalar-se re.ga.**lar**-se ***Vt*** (+em/com) **1** experimentar com satisfação; deliciar-se; alegrar-se: *A criançada se regalou na areia da praia.* (+com) **2** comer ou beber à vontade; fartar-se: *O filho do rei vivia a regalar-se com banquetes.*
regalo *S masc* prazer; gosto; alegria.

regar ▲ re.**gar** ***Vt*** jogar água (nas plantas); molhar: *Nunca o jardineiro deixou de regar o pé de girassol.*
regador *S masc* vasilha semelhante a um balde, com um bico, que serve para regar as plantas.

regata[1] re.**ga**.ta ***S fem*** competição aquática entre duas ou mais embarcações de pequeno tamanho, que disputam o prêmio de velocidade: *Na lagoa da Pampulha se realizavam regatas.*

regata[2] re.**ga**.ta ***Adj*** diz-se da camiseta decotada e sem mangas. *Didi estava de camiseta regata.*

regato re.**ga**.to ***S masc*** curso de água estreito, pouco profundo e pouco extenso: *No fundo da casa havia um regato onde nadavam os patos.*

regência re.**gên**.ci.a ***S fem*** **1** ato de dirigir os músicos de uma orquestra; comando: *A orquestra municipal se apresentará sob a regência de dois maestros.* **2** período em que o Brasil esteve sob o governo de um regente (1831 a 1840). **3** função do professor oficial em relação a uma classe: *Nossa classe está sob a regência da professora Doroti.*
regencial *Adj* relativo ao período da regência (2).
Em **2**, escreve-se com inicial maiúscula.

regente re.**gen**.te ***S*** **1** quem dirige uma orquestra: *O maestro Mignone foi um importante regente brasileiro.* **2** no regime de monarquia, quem governa o país enquanto o rei é menor de idade ou está impedido de governar: *Diogo Antônio Feijó foi o regente do Império no Brasil.* **3** quem exerce a função de professor oficial de uma classe: *Hoje os alunos estão em festa, é aniversário da regente.*

reger re.**ger** ***Vt*** **1** comandar; dirigir: *A Constituição rege as relações entre governantes e governados.* **2** comandar como maestro: *O maestro rege a orquestra.*

região re.gi.**ão** ***S fem*** **1** cada uma das partes em que o país está dividido: *A meteorologia prevê chuvas para a região Sudeste.* **2** porção de um território; lugar: *Costuma ventar muito nas regiões montanhosas.* **3** parte do corpo humano: *Maria sentia dores na região do abdômen.*
regional *Adj* relativo a região.

regime re.**gi**.me ***S masc*** **1** dieta alimentar: *O regime para emagrecer deve ser orientado pelo médico.* **2** conjunto de normas que regem uma atividade: *A empresa segue o regime de oito horas de trabalho.* **3** sistema político pelo qual é regido um país: *No regime da monarquia o governante não é escolhido pelo povo.*

registrar re.gis.**trar** ***Vt*** **1** transcrever; anotar: *A secretária registra as opiniões dadas em reunião no livro de atas.* **2** anotar em cartório: *Jonas registrou o filho com o nome do avô.* **3** juntar documentos sobre: *Viajou pelo rio*

Amazonas para registrar a vida dos povos indígenas.

registro re.**gis**.tro **S *masc*** **1** anotação em cartório do nascimento de alguém; certidão: *O registro de nascimento é o documento necessário para se conseguir todos os outros.* **2** dispositivo que serve para controlar a passagem da água: *Não abra todo o registro do chuveiro.*

regra re.gra **S *fem*** **1** norma ou princípio destinados a regulamentar o comportamento e as atividades das pessoas: *Obediência às regras de trânsito é obrigação de todo motorista.* **2** regulamento de um jogo: *O brasileiro conhece as regras do futebol.*
em regra em geral: *Em regra, cães e homens são amigos.*

regressar re.gres.**sar** ***Vt*** (+para) voltar; retornar: *Após uma semana viajando, regressou para casa.*
regresso S *masc* volta; retorno.

régua **ré**.gu:a **S *fem*** peça longa de madeira, plástico ou metal, de superfície plana, dividida em unidades de medida, que serve para traçar linhas retas, medir e calcular.

regulamentar re.gu.la.men.**tar** ***Vt*** **1** estabelecer normas; sujeitar a regulamento: *Atualmente, existem leis que regulamentam a vida em família.* ***Adj*** **2** que está de acordo com o regulamento: *O juiz terminou o jogo antes do tempo regulamentar.*
regulamentação S *fem* ação de regulamentar (1).

regulamento re.gu.la.**men**.to **S *masc*** conjunto de regras ou normas; estatuto: *O regulamento do condomínio não admite animais grandes.*

regular re.gu.**lar** ***Vt*** **1** regulamentar: *O condomínio regulou o horário de uso da piscina.* **2** fazer o ajuste de: *O mecânico regulou o motor.* ***Adj*** **3** que está de acordo com o regulamento: *Projetos que ultrapassem orçamentos regulares nunca são aprovados.* **4** que ocorre a tempos certos; constante: *A companhia aérea criou voos regulares entre a capital e cidades do interior.* **5** que não chega a ser muito bom: *Seu desempenho foi apenas regular.*
regulador S *masc* aquilo que regula.

rei **S *masc*** **1** aquele que governa com todos os poderes, isto é, faz o que bem entende e não é eleito pelo povo, seu governo passa de pai para filho. **2** quem se distingue entre os demais; o primeiro; o mais importante: *Esse fazendeiro já foi considerado o rei da soja.*
Forma feminina correspondente: **rainha**.

reinado rei.**na**.do **S *masc*** período em que um rei fica no poder: *Não queriam contrariar o rei no seu primeiro dia de reinado.*

reinar rei.**nar** ***Vt*** (+em) **1** exercer o poder como monarca: *Por um tempo reinou na Inglaterra a Rainha Vitória.* (+sobre) **2** ter poder ou influência; dominar: *O Rei Leão reinava sobre a mata.* ***Vi*** **3** existir de maneira soberana; predominar: *Um silêncio reinava, a cidade parecia deserta.* **4** fazer travessuras: *Os famosos netos de Dona Benta andavam reinando por ali.*
reinação S *fem* traquinagem; travessura.
Em **4**, é de uso informal.

reino **rei**.no **S *masc*** território governado por um rei ou rainha: *O rei decretou uma estranha regra de silêncio em seu reino.*

reiterar re:i.te.**rar** ***Vt*** tornar a afirmar; confirmar: *O orador reiterou o que disse.*

rejeitar re.jei.**tar** ***Vt*** não aceitar; recusar: *Raramente o organismo rejeita um órgão transplantado.*
rejeição S *fem* ação ou processo de rejeitar.
Ant para **rejeitar**: **aceitar**.

relação re.la.**ção** **S *fem*** **1** comparação que se faz entre duas coisas ou entre dois fatos: *Qual a relação entre uma laranja e o formato da Terra?* **2** convívio social: *O professor tem boas relações com seus alunos.* **3** lista de objetos ou seres: *A escola entregou à professora a relação dos alunos da classe.*

relacionar re.la.ci:o.**nar** ***Vt*** **1** fazer a relação (3) de; enumerar; citar: *Descreva sua sala de aula, relacionando os objetos que nela existem.* (...+a/com) **2** estabelecer relação (1) ou comparação: *Relacione as notas de sua prova com o tempo que você estudou.* [***Pron***] (+com) **3** ter relação (1): *Nossa história se relaciona com a do lugar onde vivemos.*
relacionamento S *masc* ação ou processo de relacionar(-se).

relâmpago re.**lâm**.pa.go ***S masc*** luz intensa e rápida produzida pela descarga elétrica entre duas nuvens, e que geralmente vem antes do barulho do trovão.
relampejar ***Vi*** produzir luz intensa (o relâmpago).

relance re.**lan**.ce ***S masc*** movimento muito rápido
Usado nas expressões **de relance**, **num relance**: *Filipe viu de relance o rosto de Beatriz refletido nas águas. Num relance, a raposa desapareceu na mata.*

relatar re.la.**tar** ***Vt*** **1** fazer o relatório de: *Cabe ao líder relatar os gastos da excursão.* (...+a) **2** narrar; expor: *Luís relata aos colegas as aventuras da viagem.*
relato ***S masc*** ação de relatar.

relativo re.la.**ti**.vo ***Adj*** **1** que depende de certas circunstâncias; que tem limites: *Com o tratamento, o rapaz ia adquirindo uma relativa capacidade de se locomover.* **2** que se refere a; que tem relação com: *A arqueologia estuda tudo o que é relativo à cultura do homem.*

relatório re.la.**tó**.ri:o ***S masc*** **1** descrição minuciosa de fatos ou atividades; relato: *Fez o relatório da pesquisa diante da professora e dos colegas.* **2** documento contendo um relato: *O relatório deve ter duas cópias.*

relaxar re.la.**xar** ***Vt*** **1** tornar menos tenso: *Relaxando o corpo, você também relaxa a mente.* **2** deixar frouxo: *Para evitar a agitação do cavalo, relaxe a rédea.* ***Vi*** **3** perder a força ou a tensão: *Os músculos trabalham contraindo e relaxando.* **4** agir com má vontade: *Nosso time perdeu porque os jogadores relaxaram.*
relaxamento ***S masc*** ação ou processo de relaxar. **relaxo** ***S masc*** ação de relaxar (4).

relento re.**len**.to ***S masc*** umidade da noite; sereno.
Usado na expressão **ao relento** e significa também abandono, além da umidade da noite: *A comida estraga se ficar ao relento. O inverno é uma época difícil para as criaturas que vivem ao relento.*

reler re.**ler** ***Vt*** ler novamente: *Releia o texto para a total compreensão.*

relevo re.**le**.vo ***S masc*** **1** parte que se apresenta mais alta numa superfície; elevação: *O livro era ilustrado com figuras em relevo.* **2** conjunto das partes altas e baixas da superfície terrestre: *Os planaltos são as áreas altas do relevo.* **3** destaque: *A aprovação de nossos alunos coloca em relevo a nossa escola.*

religião re.li.gi.**ão** ***S fem*** crença na existência de um ser superior a quem se presta culto e obediência.

religioso re.li.gi:**o**.so ***Adj*** **1** referente à religião: *O Natal é uma festa religiosa.* **2** que tem religião: *Todas as pessoas têm direitos iguais, sejam religiosas ou não.* ***S masc*** **3** pessoa que segue uma religião: *O culto reuniu vários religiosos.*

relinchar re.lin.**char** ***Vi*** falando-se do cavalo, burro, etc., emitir a voz: *Cavalos e burros relinchavam no posto.*
relincho ***S masc*** ação de relinchar.
A forma **rinchar** também é usada.

relíquia re.**lí**.qui:a ***S fem*** **1** parte do corpo de um santo ou qualquer objeto que a ele pertenceu e que se considera sagrado. **2** objeto de grande valor, estima e respeito; raridade: *Guardo como relíquias os livros que foram de meu avô.*

relógio re.**ló**.gi:o ***S masc*** **1** instrumento ou mecanismo destinado a medir as horas: *Os antigos usavam o Sol como relógio.* **2** aparelho para registrar o consumo de eletricidade, água ou gás: *Alguém havia desligado o relógio e jantamos à luz de velas.*

relutar re.lu.**tar** ***Vt*** (+em) opor-se a fazer alguma coisa; resistir; teimar: *A esposa relutou em vender a casa.*
relutante ***Adj*** que reluta.

reluzir re.lu.**zir** ***Vi*** emitir luz; brilhar; cintilar: *Algumas estrelas reluziam.*
reluzente ***Adj*** que reluz.

relva **rel**.va ***S fem*** vegetação formada de erva rala e rasteira.

RESTAURANTE

1. cadeira ▶ pág 66
2. cafezinho ▶ pág 66
3. cardápio ▶ pág 74
4. conta ▶ pág 104
5. cozinheiro ▶ pág 110
6. garçom ▶ pág 211
7. guardanapo ▶ pág 221
8. lasanha ▶ pág 252
9. macarronada ▶ pág 264
10. mesa ▶ pág 277
11. pedido ▶ pág 319
12. prato ▶ pág 341
13. servir ▶ pág 397
14. sobremesa ▶ pág 401
15. suco ▶ pág 410

remar re.**mar** ***Vt*** **1** mover uma embarcação por meio de remo: *Eram necessárias duas pessoas para remar a canoa.* ***Vi*** **2** mover os remos, para dar impulso a um barco: *Remando, o pescador chegou à praia.*

remédio re.**mé**.di:o ***S masc*** **1** aquilo que serve para curar doenças; medicamento. **2** recurso; solução: *Como não havia ônibus, o remédio era ir a pé.* ▶ pág 225.

remendar re.men.**dar** ***Vt*** **1** colocar remendo em; consertar: *A mãe ensinou o menino a remendar suas roupas.* **2** corrigir o que se disse: *Alice remendou dizendo: – Perdoe-me, não quis ofendê-lo!*

remendo re.**men**.do ***S masc*** **1** ação de remendar (1): *Pensei num remendo para sua bermuda.* **2** marca deixada no lugar onde se fez um conserto: *O cano d´água estava cheio de remendos.* **3** pedaço de pano utilizado para remendar roupas: *O remendo da calça era xadrez.*

remeter re.me.**ter** ***Vt*** (...+a) **1** encaminhar; enviar; mandar: *Remeta ao diretor o questionário preenchido.* **2** fazer ingressar (em); encaminhar: *A poesia remete o leitor a um mundo mágico.* **3** fazer referência: *As paisagens fotografadas remetem o observador a diferentes realidades.*

remexer re.me.**xer** ***Vt*** **1** mexer várias vezes; revolver: *Simone mexe e remexe o doce no tacho.* **2** (+em) revirar à procura de alguma coisa: *Remexeu no bolso para ver se encontrava o lápis.* ***Vi*** [***Pron***] **3** movimentar várias vezes (o corpo): *A criança remexia-se durante o sono.*

remo ▲ **re**.mo ***S masc*** **1** instrumento semelhante a uma pá que serve para dar movimento a pequenas embarcações: *Atravessou o rio num barco a remo.* **2** esporte realizado pela ação de remar: *Beto foi campeão de remo.*

remoer re.mo.**er** ***Vt*** **1** pensar muito em: *Ficou remoendo aquela ideia.* [***Pron***] (+de) **2** experimentar sentimento (de inquietação, raiva, alegria); afligir-se: *A torcida se remoía de ódio do juiz.*

remorso re.**mor**.so ***S masc*** sentimento de culpa; arrependimento: *Ficou com remorso por não recolher o cão de rua.*

remoto re.**mo**.to ***Adj*** **1** que se situa num passado distante: *Às vezes a mãe lhe contava uma história remota de sua infância.* **2** pouco provável: *É remota a possibilidade de chuvas.* **3** diz-se do controle feito a distância por meio de um aparelho: *Ele liga a TV com um controle remoto.*

remover re.mo.**ver** ***Vt*** **1** retirar do lugar onde está: *As máquinas da prefeitura removeram os entulhos.* **2** eliminar; extinguir: *Há produtos químicos que removem manchas.* (...+de) **3** levar de um lugar para outro; transferir: *Seria difícil remover o elefante de onde estava.*

➖ **remoção** ***S fem*** ação de remover.

remunerar re.mu.ne.**rar** ***Vt*** efetuar pagamento; compensar com dinheiro: *A empresa resolveu remunerar melhor seus empregados.*

➖ **remuneração** ***S fem*** pagamento feito em dinheiro.

rena **re**.na ***S fem*** animal mamífero, ruminante, de tamanho médio, semelhante ao veado, que vive nas regiões frias: *No shopping center, as crianças viam o trenó de Papai Noel puxado por renas.*

renal re.**nal** ***Adj*** relativo aos rins; dos rins: *Os cálculos renais são pequenas pedras nos rins.*

renascer re.nas.**cer** ***Vt*** (+de) **1** nascer de novo: *A lenda diz que uma ave, queimada, renascia das cinzas.* ***Vi*** **2** reaparecer: *Com as chuvas, o pasto renasce.*

➖ **renascimento** ***S masc*** processo de renascer.

renda¹ **ren**.da ***S fem*** dinheiro obtido pelo trabalho ou pelo lucro sobre alguma atividade financeira: *A renda da família era de cinco salários mínimos.*

➖ **rendimento** ***S masc*** produto ou resultado da renda.

renda² ▼ **ren**.da ***S fem*** tecido fino em que os fios formam desenhos: *A toalha era de renda.*

A B C D E F G H I J K L M N O P Q R S T U V W X Y Z

render[1] ren.**der** ***Vt*** **1** dominar alguém pela força ou ameaça: *Os assaltantes renderam o vigia.* [***Pron***] (+a) **2** deixar-se dominar: *O povo não se rendia aos caprichos do rei.*
rendição ***S fem*** ação ou processo de render.

render[2] ren.**der** ***Vt*** **1** ser fonte de renda financeira: *O comerciante reclama que a loja não rende o suficiente.* **2** ter como resultado: *A façanha de Hugo lhe rendeu os aplausos.* **3** dar; produzir: *A receita rende quarenta brigadeiros.* ***Vi*** **4** ter bom rendimento: *Tricô com linha fina não rende.*
rendimento ***S masc*** ação ou processo de render.

renovar re.no.**var** ***Vt*** **1** substituir por coisa nova; tornar atual: *Maria quer renovar seu guarda-roupa.* **2** dar novo ânimo a: *A notícia renovou nossas esperanças.* **3** tornar a firmar um compromisso: *O jogador aceitou renovar seu contrato.*
renovação ***S fem*** ação ou processo de renovar(-se).

rente **ren**.te ***Adv*** **1** muito perto de: *A ave voava rente ao solo.* **2** muito curto: *Uma lua enorme iluminava o grande gramado cortado rente.*

renunciar re.nun.ci.**ar** ***Vt*** (+a) **1** abrir mão (de); desistir (de): *A mulher seguia a profissão sem renunciar ao casamento.* **2** afastar-se de cargo de governo; abdicar: *Dom Pedro I renunciou ao trono brasileiro.*
renúncia ***S fem*** ação de renunciar.

reparar re.pa.**rar** ***Vt*** **1** refazer o que estava estragado; consertar: *Sérgio reparou o motor da geladeira.* **2** corrigir (um erro); compensar: *Tente reparar os seus erros.* (+em) **3** prestar atenção; notar; observar: *O cão acompanhou o dono, reparando em tudo.*
reparo ***S masc*** ação de reparar (1).

repartição re.par.ti.**ção** ***S fem*** **1** local onde funciona uma seção de administração pública: *A repartição fechou cedo.* **2** divisão de uma construção (casa, prédio, etc.): *O barracão possuía repartições.* **3** ação de repartir; divisão; distribuição: *Todos ficaram contentes com a repartição da herança.*

repartir re.par.**tir** ***Vt*** (...+com) **1** dividir; distribuir: *O fazendeiro repartiu os bens com os filhos.* (...+em) **2** separar em partes; dividir: *Repartiu a fazenda em pequenas chácaras.*

repassar re.pas.**sar** ***Vt*** **1** passar novamente (roupa): *Maria repassou o vestido.* **2** reler para decorar: *O ator repassou o roteiro da novela.* (...+a/para) **3** transmitir a outra pessoa; transferir: *O professor repassa seus conhecimentos aos alunos.*
repasse ***S masc*** ação de repassar (3).

repelir re.pe.**lir** ***Vt*** **1** não aceitar; rejeitar: *Quando fica nervoso, o animal repele carinho.* **2** afugentar: *Na beira do rio, use algum produto para repelir os insetos.*
repelente ***Adj*** que repele (2); que afugenta.

repente re.**pen**.te ***S masc*** **1** manifestação inesperada e fora de controle; impulso: *Ele precisa controlar os seus repentes de nervosismo.* **2** canto, dito ou verso feitos na hora: *Ouvimos os repentes dos dois nordestinos.*
de repente de modo inesperado: *De repente, a menina começou a chorar.*
repentino ***Adj*** inesperado; súbito.

repercutir re.per.cu.**tir** ***Vt*** **1** reproduzir (som, barulho); ressoar; ecoar: *A laje repercutia os barulhos do andar de cima.* (+em) **2** ter consequência; produzir efeito: *Preços altos repercutem na economia familiar.*
repercussão ***S fem*** processo de repercutir.

repertório re.per.**tó**.ri.o ***S masc*** **1** conjunto de composições musicais, peças ou espetáculos teatrais pertencentes a um autor ou executados por um cantor ou artista: *Samba está no repertório da banda.* **2** conjunto de fatos do domínio de alguém: *Carlos tem um vasto repertório de anedotas.*

repetir re.pe.**tir** ***Vt*** **1** tornar a fazer; realizar novamente: *O garoto repetia em casa o que via no circo.* **2** ser a reprodução de: *A moda deste verão repete o estilo dos anos sessenta.* **3** tornar a dizer: *Não quero repetir nosso diálogo.* (+de) **4** na escola, não ser aprovado nos exames finais; não passar de ano: *Carlinhos nunca repetiu de ano.* ***Vi*** [***Pron***] **5** tornar a acontecer: *Por que será que os sonhos se repetem?*
repetição ***S fem*** ação ou processo de repetir(-se). **repetitivo** ***Adj*** que se repete muito.

repleto re.**ple**.to ***Adj*** muito cheio; pleno: *A rainha tinha guarda-roupas repletos de vestidos luxuosos.*

réplica **ré**.pli.ca ***S fem*** reprodução ou cópia de algo: *Esse troféu é uma réplica do original.*

repolho ▲ re.**po**.lho ***S masc*** hortaliça de folhas grandes, lisas e tenras, de cor verde ou roxa, que ficam umas sobre as outras formando uma espécie de cabeça: *Foi servida uma salada de repolho.*

repor re.**por** ***Vt*** **1** recuperar; compensar: *Professores vão repor a aula no sábado.* (...+em) **2** pôr novamente no lugar onde estava: *Repus o telefone no gancho.*
➖ **reposição** ***S fem*** ação de repor.

reportagem re.por.**ta**.gem ***S fem*** atividade jornalística que consiste em fazer entrevistas ou pesquisas sobre determinado assunto para publicação em jornal ou transmissão pelo rádio ou pela televisão.

repórter re.**pór**.ter ***S*** jornalista que faz reportagem: *Um bom repórter busca sempre a verdade.*

repousar re.pou.**sar** ***Vt*** (...+sobre) **1** apoiar para descanso; fazer descansar: *Repousou a cabeça sobre o travesseiro.* ***Vi*** **2** descansar: *Depois do trabalho, repousamos.*
➖ **repouso** ***S masc*** ação de repousar (2); descanso.

repreender re.pre.en.**der** ***Vt*** chamar a atenção de alguém, fazendo uma advertência; advertir: *O chefe repreendeu a funcionária pelo atraso.*
➖ **repreensão** ***S fem*** ação de repreender; advertência.

represa re.**pre**.sa ***S fem*** obra destinada a represar água; reservatório: *As águas da represa estão diminuindo com a seca.*

represar re.pre.**sar** ***Vt*** fazer parar o curso d'água, formando represa: *Para obter energia elétrica das quedas d'água, é preciso represar a água dos rios.*

representar re.pre.sen.**tar** ***Vt*** **1** falando-se de um ator ou atriz, fazer o papel de um personagem; interpretar: *Edson representa um mendigo na nova novela.* **2** estar autorizado a falar ou a agir em nome de: *Pedro foi escolhido para representar os moradores do bairro.* **3** ser a imagem ou o símbolo de: *O coelho da Páscoa representa a fertilidade.* **4** ser o mesmo que: *Papel reciclado representa uma economia de árvores.*
➖ **representante** ***S masc*** aquele que representa (2). **representação** ***S fem*** ação de representar. **representativo** ***Adj*** que representa de modo especial.

reprimir re.pri.**mir** ***Vt*** **1** impedir a manifestação de: *As autoridades reprimiam as manifestações.* **2** evitar que aconteça; conter: *Não pôde reprimir uma gargalhada.*
➖ **repressão** ***S fem*** ação de reprimir (1).

reproduzir re.pro.du.**zir** ***Vt*** **1** expor por meio de palavras; representar; descrever: *Usei aspas para reproduzir as falas das personagens da história.* **2** produzir novamente; repetir: *É inútil reproduzir a explicação com as mesmas palavras.* **3** produzir (som ou imagem): *Os equipamentos modernos reproduzem o som quase sem ruídos.* ***Vi*** [***Pron***] **4** multiplicar-se; gerar: *Os répteis se reproduzem botando ovos.*
➖ **reprodução** ***S fem*** ação ou processo de reproduzir(-se). **reprodutor** ***Adj*** que reproduz.

reprovar re.pro.**var** ***Vt*** **1** fazer repetir o ano escolar; não permitir a aprovação em exame: *O interesse da escola não é reprovar o aluno.* **2** não admitir; considerar inadequado: *A mãe de Carol a reprova de passar muitas horas na Internet.*
➖ **reprovação** ***S fem*** ação ou processo de reprovar.

réptil ▲ **rép**.til ***S masc*** animal da classe dos vertebrados que tem o corpo coberto de escamas, sem pernas ou com quatro pernas curtas, como o jacaré.

república re.**pú**.bli.ca ***S fem*** **1** sistema de governo em que um ou mais indivíduos eleitos pelo povo exercem o poder por tempo determinado: *Em 1889 foi proclamada a república no país.* **2** casa onde vive um grupo de estudantes: *Lúcio mora numa república.*
➖ **republicano** ***Adj*** relativo ou pertencente a república.

reputação re.pu.ta.**ção** ***S fem*** opinião geral sobre as qualidades de alguém; fama: *Paulo tem boa reputação.*

repuxo re.**pu**.xo ***S masc*** **1** jato forte de um líquido: *Não houve jeito de parar o repuxo, o petróleo inundou tudo.* **2** chafariz: *Na frente das casas havia repuxos.*

requebrar re.que.**brar** ***Vi*** movimentar o corpo com ritmo: *A dançarina requebra com graça.*

requeijão re.quei.**jão** ***S masc*** queijo feito sob a ação do calor, de massa muito macia, e que também se apresenta em forma de creme.

requerer re.que.**rer** ***Vt*** **1** ter necessidade de; exigir: *O animal doméstico requer cuidados.* **2** solicitar um direito: *O diretor vai requerer sua aposentadoria.*
requerimento ***S masc*** ação de requerer.

requintado re.quin.**ta**.do ***Adj*** que tem elegância; fino; luxuoso: *Num banquete requintado há castanhas e nozes.*
requinte ***S masc*** qualidade do que é requintado; luxo.

requisito re.qui.**si**.to ***S masc*** condição necessária para alguma finalidade; exigência: *Equilíbrio, força e coragem são os requisitos para as acrobacias.*

rês ***S fem*** cada uma das unidades de animal quadrúpede, normalmente bovino, que serve para alimentação: *Há muitas reses no pasto.*

reserva re.**ser**.va ***S fem*** **1** pedido que se faz com antecedência: *Fiz a reserva de passagens para Paris.* **2** quantidade de um produto que se guarda para uma emergência: *Tinha sempre uma boa reserva de mantimentos.* **3** região que o Estado destina a populações específicas: *Os indígenas vivem nos limites da reserva.*

reservar re.ser.**var** ***Vt*** **1** fazer reserva com antecedência; marcar: *Reservei os lugares no teatro.* **2** guardar; conservar: *Reservei doces para o lanche.* (...+a) **3** atribuir a alguém (um direito): *Reservo aos meus filhos o direito de me criticarem.*

reservatório re.ser.va.**tó**.ri:o ***S masc*** lugar mais ou menos amplo, ou recipiente próprio para guardar ou conservar certas coisas; depósito: *O reservatório de água é protegido.*

resfriado res.fri.**a**.do ***Adj*** **1** que sofreu processo de resfriamento: *Comprei carne resfriada, não congelada.* **2** gripado: *Débora amanheceu resfriada.* ***S masc*** **3** gripe: *Está fazendo frio, a senhora vai pegar um resfriado.*

resfriar res.fri.**ar** ***Vt*** **1** tornar frio ou menos quente; fazer baixar a temperatura: *Resfrie a panela de pressão antes de abri-la.* ***Vi*** [***Pron***] **2** contrair resfriado (3): *Cuidado, com essa roupa leve, você pode resfriar-se.*
resfriamento ***S masc*** ação ou processo de resfriar (1).

resgatar res.ga.**tar** ***Vt*** **1** livrar do cativeiro; salvar; libertar: *Aladim lutou para resgatar a princesa Jasmim.* (...+de) **2** retirar (dinheiro) de onde está aplicado: *O trabalhador resgatou o dinheiro da poupança para comprar a casa.*
resgate ***S masc*** ação de resgatar.

residência re.si.**dên**.ci:a ***S fem*** **1** casa onde se reside; habitação: *A maioria das residências já tem aquecimento solar?* **2** lugar que passa a ser morada habitual; domicílio: *Meu pai fixou residência no Rio de Janeiro.*
residencial ***Adj*** de ou relativo a residência.

residir re.si.**dir** ***Vt*** (+em) **1** ter residência; morar: *Residimos há 30 anos na mesma casa.* **2** estar contido: *O maior valor da seringueira reside no látex.*
residente ***Adj*** que reside.

resíduo re.**sí**.du:o ***S masc*** aquilo que sobra de qualquer substância; resto: *Os resíduos de agrotóxicos são também uma forma de poluição.*

resina re.**si**.na ***S fem*** líquido que sai do tronco de certas plantas e que assume uma aparência de vidro.

resistência re.sis.**tên**.ci:a ***S fem*** **1** ação de resistir: *Os bandidos foram presos sem oferecer resistência.* **2** força que defende um organismo do desgaste de doença, cansaço, fome, etc.: *A boa alimentação aumenta a resistência.*

3 substância que impede a passagem de corrente elétrica: *Maria pediu-me que trocasse a resistência do ferro elétrico.*
Ant para **2**: **fraqueza**.

resistir re.sis.**tir** ***Vi*** **1** permanecer por muito tempo; durar; persistir: *Por que um herói antigo como o Super Homem resiste até os dias de hoje?* ***Vt*** (+a) **2** opor resistência; não ceder; combater: *As tropas resistiram com bravura aos invasores.* **3** não reagir a um impulso ou uma atração: *Não resisti à curiosidade e abri o presente.*
resistente ***Adj*** que oferece resistência; que resiste.

resmungar res.mun.**gar** ***Vi*** **1** reclamar, dizendo em voz baixa, entre dentes: *Maria não gostou do que ouviu e saiu resmungando.* ***Vt*** **2** dizer alguma coisa em forma de resmungo: *O Natal não vai ser o mesmo sem presentes, resmungou Jô.*
resmungo **S *masc*** ação de resmungar.

resolver re.sol.**ver** ***Vt*** **1** encontrar uma solução para: *O prefeito queria resolver os problemas do município.* **2** ser a solução de: *Chorar não resolve os nossos problemas.* **3** tomar a decisão de; dispor-se a: *Resolveu mudar-se para um apartamento.*
resolução **S *fem*** ação de resolver.

respeitar res.pei.**tar** ***Vt*** **1** cumprir uma determinação; obedecer: *Respeite as leis de trânsito.* **2** tratar com respeito; considerar: *Se não respeita as ideias dos outros, não pode esperar que respeitem as suas.*

respeito res.**pei**.to **S *masc*** **1** manifestação de consideração a: *Os invasores não tiveram respeito pelas tradições da aldeia.* **2** obediência: *O respeito às regras caracteriza o bom cidadão.*
a respeito de / com respeito a em relação a; sobre: *Hoje aprendemos tudo a respeito do bicho da seda.*
respeitável ***Adj*** que merece respeito. **respeitoso** ***Adj*** que tem ou que é digno de respeito.

respingar res.pin.**gar** ***Vt*** espalhar em pequenos pingos: *Ao fritar os pastéis, respingou óleo no fogão.*

respirar res.pi.**rar** ***Vi*** fazer entrar e sair o ar nos pulmões: *As pessoas não conseguem ficar muito tempo sem respirar.*
respiração **S *fem*** ação ou processo de respirar.

respiratório res.pi.ra.**tó**.ri:o ***Adj*** relativo a respiração.

resplandecer res.plan.de.**cer** ***Vi*** brilhar com intensidade; reluzir: *As estrelas resplandeciam.*
resplandecente ***Adj*** que resplandece; brilhante; luminoso.

responder res.pon.**der** ***Vt*** (+a) **1** dar resposta; atender: *Respondi às cartas dos amigos.* **2** resolver (questões): *Verifique se você respondeu a todas as questões da prova.* **3** não aceitar sem delicadeza: *Pepe não respondia ao avô porque o respeitava.* (+por) **4** ser responsável: *O rapaz já tem idade para responder por seus atos.* ***Vi*** **5** atender a um chamado, uma solicitação ou interrogação: *Liguei para o hospital, mas ninguém respondeu.*
resposta **S *fem*** ação de responder.

responsabilidade res.pon.sa.bi.li.**da**.de **S *fem*** **1** qualidade de quem assume e cumpre seus deveres e suas obrigações: *O cargo de chefia exige responsabilidade.* **2** obrigação atribuída a alguém; incumbência; dever: *Os serviços de limpeza urbana são de responsabilidade da prefeitura.*

responsável res.pon.**sá**.vel ***Adj*** **1** que assume e cumpre os seus deveres; que tem responsabilidade: *João é uma pessoa responsável.* **2** que tem sob sua guarda ou proteção: *Luci é responsável pelas crianças da creche.* **3** que é a causa de um fato: *Será interrogado o motorista responsável pelo acidente.* **S** **4** quem tem a guarda de: *Os pais ou os responsáveis devem permitir o passeio das crianças.* **5** quem tem o dever ou a incumbência de: *Queremos falar com os responsáveis pela organização do desfile.*

ressabiado res.sa.bi.**a**.do ***Adj*** cheio de desconfiança; encabulado: *Entrou na sala meio ressabiada.*

ressaltar res.sal.**tar** ***Vt*** **1** fazer aparecer com mais intensidade: *A luz ressaltava a beleza dos móveis.* **2** chamar a atenção para; destacar: *Ressaltou que as crianças de hoje são mais criativas.*

ressecado res.se.**ca**.do ***Adj*** que se tornou seco; sem umidade: *No verão os cabelos ficam ressecados.*

ressoar res.so.**ar** ***Vi*** repercutir (o som); ecoar: *Os gritos do bem-te-vi ressoaram por toda a mata.*

A B C D E F G H I J K L M N O P Q R S T U V W X Y Z

a b c d e f g h i j k l m n o p q r s t u v w x y z

ressuscitar res.sus.ci.**tar** ***Vt*** fazer voltar à vida: *O médico conseguiu ressuscitar o paciente.* ***Vi*** voltar à vida: *Jesus Cristo ressuscitou.*
ressurreição ***S fem*** ação ou processo de ressuscitar.

restabelecer res.ta.be.le.**cer** ***Vt*** **1** fazer voltar à condição ou ao estado anterior: *Uma noite de sono restabelece as energias.* ***Vi*** [***Pron***] **2** voltar ao estado anterior; estabelecer-se de novo: *Finalmente a paz se restabeleceu.* **3** recuperar a saúde: *As vítimas do acidente estão se restabelecendo rapidamente.*
restabelecimento ***S masc*** ação ou processo de restabelecer(-se).

restar res.**tar** ***Vi*** **1** existir como resto; sobrar: *Do antigo casarão só restaram as paredes.* **2** faltar: *Resta saber se posso contar com você.* ***Vt*** (+a) **3** existir como alternativa: *Ainda resta ao estudante pedir uma nova chance de avaliação.*

restaurante res.tau.**ran**.te ***S masc*** estabelecimento comercial onde se fazem e se servem refeições.
▶ pág 370.

restaurar res.tau.**rar** ***Vt*** pôr em bom estado de novo; recuperar: *O pintor restaurou a obra.*
restauração ***S fem*** ação ou efeito de restaurar.

resto **res**.to ***S masc*** **1** aquilo que sobra de um todo: *Até resto de comida também deve ser aproveitado.* **2** quantidade que falta para completar um todo: *Passamos o resto da noite acordados.*

restrito res.**tri**.to ***Adj*** **1** muito pequeno; estreito: *Os móveis não cabem naquele espaço restrito do escritório.* **2** pouco; limitado: *Na minha cidade, as opções de lazer são bem restritas.*
Ant: **amplo**.

resultado re.sul.**ta**.do ***S masc*** **1** aquilo que acontece devido a uma causa; efeito; consequência: *O time não treinou e o resultado foi a derrota.* **2** produto de uma operação matemática.

resultar re.sul.**tar** ***Vt*** (+em) **1** ter como consequência: *Um desastre ecológico resultou na morte dos peixes.* (+de) **2** ser consequência; ter origem (em): *Muitas vezes, o fracasso resulta da ambição.*
resultante ***Adj*** que resulta de.

resumir re.su.**mir** ***Vt*** **1** dizer com menos palavras: *O aluno deveria resumir o livro.* **2** ser a síntese de: *O último verso do poema resume a ideia da poesia.* [***Pron***] (+a) **3** estar limitado ou restrito: *A vida não se resume a dormir e acordar.*
resumo ***S masc*** ação ou efeito de resumir.

reta **re**.ta ***S fem*** linha, traço ou risco que segue sempre a mesma direção.

retalho ▲ re.**ta**.lho ***S masc*** **1** pedaço de tecido que é sobra de costura ou de peça: *Na vitrine, um lindo cobertor de retalhos chamava a atenção.* **2** parte de um todo; tira: *A capa do caderno foi enfeitada com retalhos de papel.*

retângulo re.**tân**.gu.lo ***S masc*** figura geométrica de quatro lados, cujos ângulos são retos e em que um dos pares de lados opostos é menor do que o outro.
retangular ***Adj*** que tem a forma de um retângulo.

retardar re.tar.**dar** ***Vt*** causar o atraso de; adiar: *A chuva retardou nossa saída.*

reticências re.ti.**cên**.ci.as ***S fem pl*** sinal de pontuação (...) usado para deixar a frase incompleta, permitindo que o próprio leitor imagine o final: *É uma história em que o autor abusa das reticências.*

retina re.**ti**.na ***S fem*** membrana do fundo do olho que capta os estímulos luminosos.

retirante re.ti.**ran**.te ***S*** pessoa que sai de uma região de seu país em busca de melhores condições de vida em outra região: *O livro conta a história de uma família de retirantes nordestinos.*

retirar re.ti.**rar** ***Vt*** (...+de) **1** tirar: *Retire os biscoitos do forno.* **2** fazer sair; remover: *Use água e sabão para retirar a sujeira do corpo.* **3** absorver: *A planta retira da terra a água de que precisa.* [***Pron***] (+de) **4** afastar-se: *Retirei-me da festa sem que ninguém visse.*

reto **re**.to ***Adj*** **1** que segue sempre a mesma direção; sem curva: *Uma estrada reta ia dar na fazenda.*

2 que se comporta de forma honesta; correto; justo: *O juiz era um homem reto.* **3** diz-se do ângulo de noventa graus. ***Adv*** **4** sem desviar-se da direção: *Era só ir reto que saía no quintal.* **5** sem parar: *O veículo passou reto no sinal.*

retocar re.to.**car** ***Vt*** dar novo acabamento; acabar de arrumar: *Rute foi retocar a maquilagem.*
retoque **S *masc*** ação de retocar.

retorcer re.tor.**cer** ***Vt*** **1** virar de um lado para outro; torcer: *O gigante retorceu a boca.* ***Vi*** **2** contrair o próprio corpo: *A rainha se retorcia de tanto rir.*

retornar re.tor.**nar** ***Vt*** (+a /de) **1** voltar (a ou de algum lugar); regressar: *Paulo retornará amanhã da Europa.* (+a) **2** dedicar-se de novo; voltar a fazer: *Quero retornar às minhas aulas de piano.*
retorno **S *masc*** ação de retornar; volta.

retrato re.**tra**.to **S *masc*** imagem reproduzida por meio de pintura ou fotografia.

retribuir re.tri.bu.**ir** ***Vt*** compensar uma cortesia, um bem ou um favor recebidos: *Gostaria de retribuir o presente que você me mandou.*
retribuição **S *fem*** ação de retribuir.

retrós re.**trós** **S *masc*** **1** pequeno cilindro em que estão enrolados fios de linha para costura: *A costureira pediu-me que comprasse dois retroses de linha vermelha.* **2** a linha para costura que vem enrolada nesse cilindro: *Os olhos da boneca Emília foram feitos de retrós preto.*

retrucar re.tru.**car** ***Vt*** responder com justificativas: *Retrucou que o outro estava enganado.*

réu **S *masc*** pessoa acusada de haver cometido um crime: *O réu será julgado pelo crime.*
Forma feminina correspondente: **ré**.

reumatismo reu.ma.**tis**.mo **S *masc*** inflamação acompanhada de dores nos músculos, nas articulações e nos tendões.

reunião re:u.ni.**ão** **S *fem*** **1** agrupamento de várias coisas; aglomerado: *A uma reunião de estrelas se dá o nome de constelação.* **2** agrupamento de pessoas para tratar de algum assunto: *A realização da gincana será decidida na reunião de pais e mestres.*

reunir re:u.**nir** ***Vt*** **1** fazer reunião; juntar; agrupar: *O diretor vai reunir os professores.* **2** dispor de; apresentar; ter: *O candidato reunia todas as qualidades para o cargo.* [***Pron***] (+com) **3** encontrar-se para tratar de algum assunto: *Os representantes do bairro vão se reunir com o prefeito.* ***Vi*** [***Pron***] **4** fazer reunião (2): *Todas as tardes os colegas se reúnem.*

reutilizar re:u.ti.li.**zar** ***Vt*** utilizar novamente; reaproveitar; reciclar: *É importante reutilizar materiais plásticos e papéis.*
reutilização **S *fem*** ação de reutilizar.

revelar re.ve.**lar** ***Vt*** **1** dar a conhecer; divulgar: *Segredo a gente não revela.* **2** mostrar como sendo verdadeiro: *Pesquisas revelam que quem lê mantém o bom funcionamento do cérebro.* **3** fazer aparecer a imagem: *Já mandei revelar as fotos da excursão.*
revelação **S *fem*** ação ou processo de revelar(-se).

revender re.ven.**der** ***Vt*** vender novamente o que se comprou.

rever re.**ver** ***Vt*** **1** ver novamente: *Foi muito agradável rever os amigos.* **2** analisar novamente: *Gostaria que você revisse sua opinião.* **3** fazer a revisão de; corrigir: *O jornal tem uma pessoa encarregada de rever os textos antes de publicá-los.*

reverter re.ver.**ter** ***Vt*** **1** tornar sem efeito; anular: *A bruxa não sabia como reverter o feitiço.* **2** fazer voltar ao estado inicial; mudar: *Você ofendeu seu amigo, o que faria para reverter isso?* [***Pron***] (+em) **3** transformar-se; converter-se: *Todo bem que fizermos se reverte em nosso próprio benefício.*

revestir re.ves.**tir** ***Vt*** (...+com) **1** colocar revestimento sobre: *Revestimos o piso dos quartos com lajotas.* **2** proteger; cobrir: *A pele reveste o nosso corpo.*
revestimento **S *masc*** ação ou processo de revestir(-se).

revezar-se re.ve.**zar**-se ***Vt*** (+em) assumir de modo alternado a responsabilidade de realizar uma tarefa: *O jovem casal se reveza nos serviços domésticos.*
revezamento *S masc* ação de revezar-se.

revidar re.vi.**dar** ***Vt*** responder a uma ofensa física ou moral com outra ofensa: *Não revidou as ofensas recebidas.*

revirar re.vi.**rar** ***Vt*** **1** virar de um lado para outro; remexer: *Revirou a terra antes de plantar.* **2** mexer em tudo em busca de alguma coisa: *Revirei a casa toda e não encontrei meu celular.* ***Vi*** **3** rolar sobre o próprio corpo; virar: *Revirei na cama a noite toda sem conseguir dormir.*

reviravolta re.vi.ra.**vol**.ta ***S fem*** **1** giro sobre si mesmo: *A bailarina deu tantas reviravoltas que ficou tonta.* **2** mudança brusca: *A fada causou uma reviravolta na vida de Cinderela.*

revisar re.vi.**sar** ***Vt*** examinar novamente para consertar ou corrigir possíveis erros: *Revise o seu texto.*
revisão *S fem* ação de revisar.

revista re.**vis**.ta ***S fem*** **1** ação de revistar; inspeção: *Antes do embarque, os passageiros passam por uma revista.* **2** publicação periódica em que se divulgam artigos e reportagens: *Gosto de ler revistas.*

revistar re.vis.**tar** ***Vt*** inspecionar; examinar: *Revistaram os corredores, os quartos, mas o homem havia desaparecido sem deixar pistas.*

reviver re.vi.**ver** ***Vt*** **1** sentir novamente; tornar a experimentar: *As fotografias nos fazem reviver emoções.* ***Vi*** **2** voltar a viver: *Com a chegada das chuvas, as plantas reviveram.*

revoada re.vo.**a**.da ***S fem*** voo de pássaros: *Nos ares, havia uma imensa revoada de pombos.*

revolta re.**vol**.ta ***S fem*** **1** manifestação contra alguém ou alguma situação; rebeldia: *Tropas fiéis ao rei acabaram com a revolta.* **2** grande indignação: *A sujeira da praia provoca revolta.*

revoltar re.vol.**tar** ***Vt*** **1** causar revolta; indignar: *As injustiças sempre me revoltaram.* [***Pron***] (+contra) **2** manifestar-se contrário a alguém ou a uma situação: *Eles se revoltaram contra a injustiça.* ***Vi*** [***Pron***] **3** promover revolta: *As colônias acabaram se revoltando.*
revoltoso *S masc* quem se revoltou; rebelde. **revoltado *Adj*** que se revoltou ou que tem sentimento de revolta. **revoltante *Adj*** que causa revolta.

revolução re.vo.lu.**ção** ***S fem*** **1** luta armada; rebelião: *Explodiu uma revolução no reino.* **2** mudança brusca; transformação radical: *O século vinte foi marcado por revoluções na tecnologia.*

revolucionar re.vo.lu.ci.o.**nar** ***Vt*** causar grande mudança para melhor; fazer progredir; transformar: *As teorias de Isaac Newton revolucionaram a matemática, a física e a astronomia.*

revolucionário re.vo.lu.ci.o.**ná**.ri.o ***Adj*** **1** que prega revolução (1) ou que é partidário dela. **2** que provoca mudança ou transformação radical: *Albert Einstein desenvolveu uma das mais revolucionárias teorias da ciência.* ***S masc*** **3** quem toma parte em revolução: *Os revolucionários exigiam justiça.*

revólver re.**vól**.ver ***S masc*** arma de fogo pequena, de cano curto.

revolver re.vol.**ver** ***Vt*** remexer; revirar: *O agricultor usa o arado para revolver a terra.*

rezar re.**zar** ***Vt*** **1** recitar determinada reza ou conjunto de rezas. **2** dizer (missa): *O padre vem rezar a missa.* ***Vi*** **3** fazer prece; orar: *A criança já sabia rezar.*
reza *S fem* ação de rezar.

riacho ri.**a**.cho ***S masc*** rio pequeno; córrego: *Pararam para se refrescar no riacho.*

ribeirão ri.bei.**rão** ***S masc*** curso d'água menor que um rio e maior que um riacho: *Um ribeirão corria por debaixo da ponte.*

ribeirinho ri.bei.**ri**.nho ***Adj*** **1** que vive ou que se localiza às margens de rio: *Letícia gostava de ouvir histórias da população ribeirinha.* ***S masc*** **2** quem mora nas margens de um rio: *Os ribeirinhos contam uma história fantástica sobre uma minhoca gigante.*

rico **ri**.co ***Adj*** **1** que possui muitos bens ou coisas de valor. **2** que contém riqueza: *O Brasil é um país muito rico.* **3** que apresenta grande quantidade de: *Feijão é alimento rico em proteínas.* ***S masc*** **4** quem possui muitos bens ou coisas de valor: *Os ricos passaram a residir em condomínios fechados.*
Ant: **pobre**.

ridículo ri.**dí**.cu.lo ***Adj*** **1** que provoca o riso: *O rapaz se sentiu ridículo com aquela roupa.* **2** desagradável; desprezível: *Daria para você abaixar o volume dessa música ridícula?* ***S masc*** **3** situação desagradável: *Ninguém gosta de se expor ao ridículo.*

rígido **rí**.gi.do ***Adj*** **1** que não entorta; resistente: *Os nossos ossos são rígidos e duros.* **2** severo; rigoroso: *Os atletas recebem um treinamento rígido.*
rigidez ***S fem*** qualidade do que é rígido.

rigor ri.**gor** ***S masc*** **1** atitude muito severa: *O fazendeiro tratava os empregados com rigor.* **2** alto grau de intensidade: *Muitos nordestinos continuam sofrendo o rigor da seca.*
a rigor de acordo com as exigências sociais: *A festa exigia traje a rigor.*
rigoroso ***Adj*** que age com rigor; em que há rigor.

rijo **ri**.jo ***Adj*** **1** forte; resistente: *Os imigrantes eram uma gente rija.* **2** duro; rígido: *A carne precisa de mais tempo de forno para não ficar rija.*

rim ***S masc*** cada um dos dois órgãos produtores de urina, situados um de cada lado da coluna vertebral, na região entre o tórax e a bacia.

rima **ri**.ma ***S fem*** identidade de som entre palavras, no meio ou no final dos versos de um poema: *Os poetas usam a rima porque ela ajuda a dar um ritmo ao poema.*

rimar ri.**mar** ***Vi*** **1** fazer coincidir os sons das palavras: *Os poetas são mestres na arte de rimar.* ***Vt*** (+com) **2** terem (as palavras) sons que coincidem: *No final do poema, dor rima com flor.*

rinoceronte ri.no.ce.**ron**.te ***S masc*** grande animal quadrúpede selvagem, de pele grossa e dura, com um ou dois chifres no focinho: *Os turistas se encantaram com o rinoceronte.* ▶ pág 460 e 461.

rio **ri**.o ***S masc*** curso natural de água doce: *As usinas hidrelétricas funcionam com a força da água dos rios.* ▶ pág 388 e 389.
No plural pode significar grande quantidade de: *O povo gasta rios de dinheiro com coisas bobas.*

riqueza ri.**que**.za ***S fem*** **1** condição de quem é rico: *A preocupação do avarento é perder sua riqueza.* **2** aquilo que tem muito valor; coisa que se preza: *A vida é a nossa maior riqueza.* **3** conjunto de bens existentes na natureza: *O Brasil tem riquezas minerais.*
Em **3**, usa-se mais no plural.

rir ***Vi*** **1** manifestar alegria: *A missão do palhaço é nos fazer rir.* ***Vt*** (+de) **2** zombar; caçoar *Rui era muito tímido e achava que todos riam dele.*
riso ***S masc*** ação de rir.

risada ri.**sa**.da ***S fem*** riso franco, com ruído; gargalhada: *De longe ouvíamos as risadas das crianças.*

riscar ris.**car** ***Vt*** **1** fazer riscos ou traços em; arranhar: *Riscaram o carro do meu vizinho.* **2** deixar rastro: *Relâmpagos riscavam o céu.* **3** esfregar (o fósforo) para acender: *Não risque fósforo ao abastecer o carro.* (+de) **4** eliminar; suprimir: *Risque de sua agenda essa brincadeira perigosa de soltar balões.*

risco[1] **ris**.co ***S masc*** traço feito ao longo da superfície de um objeto; lista: *Havia riscos na parede.*

risco[2] **ris**.co ***S masc*** perigo ou possibilidade de perigo: *Os lixões põem em risco a saúde das pessoas.*

risonho ri.**so**.nho ***Adj*** **1** que manifesta alegria; sorridente: *Uma senhora risonha pediu uma informação.* **2** alegre; festivo: *Todos se divertiam naquela tarde risonha.* ▶ pág 112 e 113.

risoto ri.**so**.to ***S masc*** prato feito à base de arroz, com queijo ralado, manteiga e outros ingredientes como ervilhas e carnes desfiadas.

ritmo **rit**.mo ***S masc*** **1** som ou movimento com pausas regulares e em harmonia: *Os exercícios físicos* *aumentam o ritmo do coração.* **2** marcação de tempo própria de cada forma musical: *Rock e forró são ritmos de agitar.* **3** modo de desenvolver uma atividade ou processo: *Apesar da chuva, os operários mantiveram seu ritmo normal de trabalho.*

ritual ri.tu.**al** ***S masc*** cerimônia de natureza religiosa que se realiza de acordo com certas regras: *Durante o ritual, o pajé dança e canta.*

rival ri.**val** ***S*** **1** quem deseja as mesmas vantagens que o outro ou que participa de uma disputa; concorrente: *O time de basquete enfrenta hoje o seu maior rival.* **2** pessoa que compete com outra em suas intenções amorosas: *Para desespero do rival, João pediu Maria em casamento.* ***Adj*** **3** que tem rivalidade; concorrente: *São Paulo e Palmeiras são times rivais.*
rivalidade ***S fem*** condição de quem é rival; competição.

robô ro.**bô** ***S masc*** máquina programada para realizar trabalhos próprios do ser humano.

robusto ro.**bus**.to ***Adj*** que tem boa saúde; forte; resistente: *Os gêmeos nasceram bonitos e robustos.*

roça ro.ça ***S fem*** **1** zona rural: *Quem vive na roça dá mais valor às coisas da natureza.* **2** área cultivada; plantação: *O lavrador levanta cedo para cuidar de sua roça.*

roca **ro**.ca ***S fem*** aparelho usado para enrolar os fios a serem tecidos: *Uma moça fiava numa roca.*

roçar[1] ro.**çar** ***Vt*** cortar a vegetação; lavrar a terra: *Era preciso roçar o mato e semear as sementes.*

roçar[2] ro.**çar** ***Vt*** tocar de leve: *Lenita caminhava e as folhas roçavam o seu rosto.*

rocha **ro**.cha ***S fem*** **1** grande pedra muito dura: *Algumas rochas dificultavam a preparação do terreno para o plantio.* **2** material natural, duro e compacto, da crosta terrestre: *As rochas sofrem transformações e dão origem aos solos.*
rochoso ***Adj*** em que há rocha.

rochedo ro.**che**.do ***S masc*** grande rocha: *Ele temia que o barco fosse de encontro aos rochedos.*

rock *róqui* ***S masc*** música de origem norte-americana, surgida na década de 1950, e tocada em guitarra elétrica.
É palavra tirada do inglês.

roda **ro**.da ***S fem*** **1** peça de forma circular que gira em torno de um eixo e serve para movimentar uma máquina. **2** círculo: *As crianças formavam uma roda para ouvir histórias.* **3** grupo de pessoas que se dedicam às mesmas atividades; agrupamento: *Os alunos participam de uma roda de leitura.*

rodapé ro.da.**pé** ***S masc*** barra estreita de madeira ou outro material que se coloca na parte de baixo das paredes: *Devido à umidade, o rodapé começou a se soltar.*

rodar ro.**dar** ***Vt*** **1** fazer girar: *E foi só rodar a chave na fechadura que a porta abriu.* **2** percorrer (com veículo) certa distância: *O combustível que tínhamos dava para rodar uns vinte quilômetros.* ***Vi*** **3** andar movido por rodas: *Eles entraram na carruagem, que logo começou a rodar.* **4** girar: *O ventilador começou a rodar mais rápido.*

rodear ro.de.**ar** ***Vt*** **1** estar situado em torno de; contornar: *Flores rodeiam o lago.* **2** andar em torno de: *Rodeamos o parque numa caminhada.* **3** colocar-se em volta de; cercar: *As crianças rodearam a professora.*

rodeio ro.**dei**.o ***S masc*** **1** movimento em círculo; giro: *O bezerro fez um rodeio, escapou das cordas e fugiu.* **2** fuga do assunto principal: *Sem muito rodeio, o visitante pediu para dormir em nossa casa.* **3** esporte em que os participantes devem montar e permanecer montados o maior tempo possível em bois ou cavalos que não são domesticados.

rodela ro.**de**.la ***S fem*** pequeno pedaço de alimento cortado em forma de roda: *Preparei lombo com rodelas de limão.*

rodo **ro**.do ***S masc*** peça de madeira ou de plástico com cabo e a parte da frente em forma de T revestida com borracha, usada principalmente para puxar água.

rodopiar ro.do.pi.**ar** ***Vt*** **1** fazer rodar de modo constante; girar: *O garoto rodopia o pião.* ***Vi*** **2** dar voltas em torno de si mesmo: *O carro rodopiou na pista.* **3** dançar rodando sem parar: *A bailarina rodopiava.*

rodovia ro.do.**vi**.a ***S fem*** estrada destinada ao tráfego de veículos que se deslocam sobre rodas.

rodoviária ro.do.vi.**á**.ri.a ***S fem*** estação de onde partem e aonde chegam os veículos rodoviários: *Meu pai sempre vai esperar-me na rodoviária.*

rodoviário ro.do.vi.**á**.ri.o ***Adj*** **1** de ou relativo a rodovia: *O transporte rodoviário no Brasil continua crescendo.* **2** diz-se da polícia ou do policial responsáveis pela fiscalização do trânsito nas rodovias: *A polícia rodoviária se preocupa com a segurança dos motoristas.*

roedor ro.e.**dor** ***S masc*** **1** animal mamífero que se caracteriza por ter um só par de dentes incisivos superiores, que crescem sem parar. ***Adj*** **2** que rói: *O rato é um animal roedor.*

roer ro.**er** ***Vt*** **1** cortar ou raspar com os dentes: *Acostume seu cachorrinho a roer ossos de couro.* **2** destruir: *A erosão vai roendo a base das rochas.*

rolar ro.**lar** ***Vt*** **1** fazer rodar ou girar: *O jogador rola a bola para o companheiro mais próximo.* (+em/pelo) **2** escorrer, correr girando: *As lágrimas rolaram em meu rosto.* **3** espalhar-se; propagar-se: *Os boatos rolam rapidamente pela cidade.* ***Vi*** **4** desenrolar-se; acontecer: *Nos nossos encontros rolam brincadeiras muito interessantes.* **5** virar várias vezes sobre si mesmo: *Uma enorme pedra rolou e caiu sobre a estrada.*
3 e **4** são de uso informal.

roldana rol.**da**.na ***S fem*** disco que gira e que tem um sulco por onde passa um cabo, corda ou corrente e é usado para levantar peso: *Nos barcos de pesca, há roldanas que levantam as redes.*

roleta ro.**le**.ta ***S fem*** roda que gira, usada para jogos ou brincadeiras e que sorteia um número quando para de girar.

rolha **ro**.lha ***S fem*** peça geralmente arredondada para fechar garrafas ou outros objetos: *A cozinheira fecha os vidros de pimenta com rolhas.*

roliço ro.**li**.ço ***Adj*** **1** circular; redondo: *A lombriga é um verme roliço.* **2** arredondado: *O garoto passava a mão pela barriga roliça do elefantinho.*

rolimã ro.li.**mã** ***S masc*** pequena bola, em geral de aço, utilizada para facilitar o movimento giratório de um mecanismo: *Os meninos constroem os carrinhos usando rolimãs.*

rolo **ro**.lo ***S masc*** **1** conjunto de fios, fitas ou lâminas enrolados: *Onde está o rolo de barbante?* **2** objeto em forma de cilindro: *Os antigos livros eram em forma de rolos.* **3** confusão; conflito: *Essa história de provocar quem está quieto acaba dando rolo.*
Em **3**, é mais comum na língua falada.

romã ro.**mã** ***S fem*** fruto arredondado, de casca lisa e brilhante, amarela ou avermelhada, com manchas escuras, sementes de cor rosa ou vermelha, de sabor meio doce: *Os meninos apanharam romãs no quintal.*

romance ro.**man**.ce ***S masc*** **1** obra literária que narra uma história em que há ações e envolvimentos sentimentais das personagens: *Li um romance de José de Alencar.* **2** envolvimento amoroso; namoro: *Vovô e vovó gostam de lembrar como começou o romance entre os dois.*

romântico ro.**mân**.ti.co ***Adj*** **1** que age de modo apaixonado, com muito amor: *Pedro é um rapaz muito romântico, sempre leva flores para a namorada.* **2** que tem por tema o amor ou a paixão: *Naquele bar só se ouve música romântica.*

romaria ro.ma.**ri**.a ***S fem*** visita a local religioso.
romeiro ***S masc*** quem participa de romaria.

rombo **rom**.bo ***S masc*** buraco muito grande; abertura: *A batida na rocha fez um rombo no navio.*

romper rom.**per** ***Vt*** **1** separar em partes; arrebentar; partir: *O pintinho rompeu a casca do ovo.* **2** fazer cessar; interromper: *De repente um grito rompe o silêncio.*

3 tornar sem efeito; desfazer: *Você não pode romper o acordo que fez comigo.* (+com) **4** cortar relações: *Janete rompeu com o namorado.* ***Vi* 5** ter início; surgir: *Os dentes da criança já romperam.*
⊖ **rompimento *S masc*** ação ou processo de romper.

roncar ron.**car** ***Vi* 1** respirar com ruído durante o sono: *O cachorro roncava.* **2** fazer barulho semelhante ao ronco: *Trovões roncavam no horizonte.*
⊖ **ronco *S masc*** processo de roncar.

rondar ron.**dar** ***Vt* 1** percorrer (um lugar) com a intenção de vigiar, guardar: *A polícia passou a rondar as regiões das escolas.* **2** aproximar-se com a intenção de atacar: *A raposa rondava o galinheiro.*
⊖ **ronda *S fem*** ação de rondar.

roqueiro ro.**quei**.ro ***S masc*** quem é cantor, ou compositor de *rock*: *Um grupo de roqueiros fará um espetáculo.*

rosa **ro**.sa ***S fem* 1** flor de muitas pétalas, em várias cores, de aspecto delicado e perfume suave. ***S masc* 2** a cor vermelho-clara dessa flor: *Todos ficaram encantados com o rosa do vestido da noiva.*
⊖ **roseira *S fem*** planta que produz a rosa. **rosado / róseo *Adj*** que tem a cor vermelho-clara das rosas.
☼ Associado a um substantivo, indica a cor vermelho-clara; **cor-de-rosa**: *Marta usava um chapéu rosa.*

rosa dos ventos ▶ **ro**.sa dos **ven**.tos ***S fem*** gráfico de forma circular, com várias divisões, que serve de orientação na indicação principalmente dos pontos cardeais e colaterais.

rosário ro.**sá**.ri:o ***S masc* 1** oração em honra de Nossa Senhora em que se rezam ave-marias alternadas por um pai-nosso e a meditação dos mistérios da vida de Jesus. **2** grande quantidade: *Quando saio de casa, mamãe faz um rosário de recomendações.*

rosca **ros**.ca ***S fem* 1** espiral de qualquer objeto e que serve para ligar um objeto a outro, fazendo um movimento giratório: *Os canos d'água eram unidos por uma rosca.* **2** bolo ou biscoito retorcido ou em forma de argola; pão doce: *Para o lanche teremos rosca quentinha.*

rosnar ros.**nar** ***Vi* 1** emitir (o cão, o lobo, etc.) som pela garganta, geralmente em sinal de ameaça, arreganhando os dentes: *Quando o cão está bravo, ele rosna.* ***Vt* 2** resmungar: *"O que você está olhando?", rosnou o homem.*

rosto **ros**.to ***S masc*** parte da frente da cabeça; face; cara: *A menina tem um belo rosto.*

rota **ro**.ta ***S fem*** percurso; caminho: *Ao se afastarem da rota, eles se perderam.*

rotação ro.ta.**ção** ***S fem*** movimento giratório em torno do próprio eixo: *O movimento de rotação da Terra faz com que ocorram os dias e as noites.*

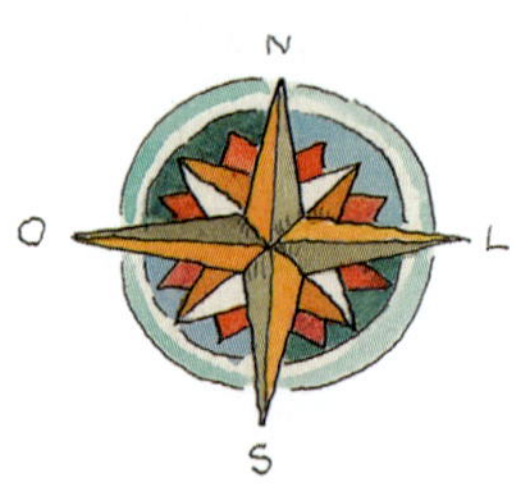

roteiro ro.**tei**.ro ***S masc*** **1** percurso; itinerário: *Já tracei o roteiro da viagem.* **2** documento que contém o texto de filme de cinema, programa de rádio, televisão, etc., destinado a orientar a direção e a produção da obra: *O ator participou da redação do roteiro do filme.*
⊖ **roteirista *S*** quem faz roteiros (2).

rotina ro.**ti**.na ***S fem* 1** fato que se repete com frequência: *Os alunos serão submetidos a uma avaliação de rotina.* **2** maneira costumeira de realizar as atividades; hábito: *Cada família tem sua rotina.*

rótulo ▲ **ró**.tu.lo ***S masc*** pequeno papel ou plástico impresso que se coloca na embalagem de um produto para indicar-lhe o conteúdo, o nome, etc.; etiqueta.

roubar rou.**bar** ***Vt* 1** pegar para si coisas dos outros, sem a autorização do dono; furtar: *Roubaram o cofre da loja.* **2** privar de; tirar: *A aproximação das provas está roubando o meu sossego.*
⊖ **roubo *S masc*** ação de roubar (1).

rouco **rou**.co ***Adj*** que tem a voz ou o som áspero e surdo: *As moças falaram tanto que ficaram roucas.*

roupa **rou**.pa ***S fem* 1** peça com que se veste o corpo: *Helena só*

compra boas roupas. **2** peças de tecido de uso doméstico, como lençóis, cobertores, etc., para cama, ou toalhas, para mesa: *Diana lava todos os dias as roupas de cama.*
▶ pág 256 e 257.

rouxinol rou.xi.**nol** **S *masc*** ave de cor parda com tons ruivos, e que vive em toda a Europa e numa parte da Ásia central e do sul: *Gosto de ouvir o canto do rouxinol.*

roxo **ro**.xo ***Adj*** **1** que tem a cor entre o vermelho e o violeta: *As mulheres usavam um manto roxo.* **2** que gosta muito de alguma coisa; apaixonado: *Meu tio é torcedor roxo da seleção brasileira de vôlei.* **3** atacado intensamente por um sentimento: *João estava roxo de vontade de ir à praia.* **S *masc*** **4** a cor roxa: *Prefiro o roxo ao azul.*
2 e **3** são de uso informal.

rua **ru**.a **S *fem*** **1** via pública das cidades, por onde passam os veículos, em geral com calçadas para o trânsito de pedestres e com casas ou prédios dos dois lados. **2** os moradores dessa via: *A rua toda protestou contra o barulho dos foguetes.* **3** espaço entre as fileiras de qualquer plantação: *Nos vãos das ruas do milharal o agricultor planta feijão.*

rubéola ru.**bé**.o.la **S *fem*** infecção por vírus, que ocorre em geral na infância.

rubi ru.**bi** **S *masc*** pedra preciosa de cor vermelha muito viva: *Um rubi é valioso por ser raro e belo.*

rude **ru**.de ***Adj*** **1** sem instrução: *Apesar de rude, o povo era honesto.* **2** que não tem bom trato; grosseiro: *Aquelas mãos rudes acariciavam a cachorrinha.* **3** sem educação; grosseiro: *Não seja rude com os idosos.*
rudimentar ***Adj*** primitivo; rústico.
Ant: para **2**: **meigo; suave**.

ruga **ru**.ga **S *fem*** dobra na pele ou em qualquer superfície; vinco: *O ferro de passar deixa o tecido sem rugas.*
rugoso ***Adj*** que tem ruga.

rugir ru.**gir** ***Vi*** soltar a voz (o leão ou outra fera); urrar: *A onça não ruge como o leão.*
rugido **S *masc*** o urro das feras.

ruído ru.**í**.do **S *masc*** **1** som produzido pela queda ou pelo atrito de um corpo; barulho: *As árvores ajudam a diminuir o excesso de ruídos das ruas.* **2** som desagradável produzido pela má qualidade de aparelho eletrônico: *As novas técnicas eliminam o ruído de antigas gravações.*

ruim ru.**im** ***Adj*** **1** de má qualidade: *A estrada que vai até o sítio está muito ruim.* **2** que causa desconforto; desagradável: *Havia um cheiro ruim vindo da rua.* **3** mau; perverso: *O livro conta a história de uma bruxa muito ruim.* **4** difícil: *As vendas estão ruins.*
ruindade **S *fem*** qualidade de ruim.

ruína ▶ ru.**í**.na **S *fem*** **1** construção em parte estragada ou demolida: *Visitei as ruínas do velho castelo.* **2** decadência; destruição: *Sabia que aquele negócio poderia causar sua ruína.*
Em **1**, usa-se mais no plural.

ruivo **rui**.vo ***Adj*** **1** de cor entre o amarelo e o vermelho: *O menino de cabelo ruivo tinha olhos verdes.* **S *masc*** **2** pessoa de cabelo amarelo-avermelhado: *A ruiva entrou na loja.*

ruminante ru.mi.**nan**.te **S *masc*** animal mamífero herbívoro de estômago duplo, com quatro cavidades e que digere os alimentos em duas fases: *Os cavalos e as vacas são ruminantes.*

ruminar ru.mi.**nar** ***Vt*** **1** falando-se de animais ruminantes, tornar a mastigar; remoer alimentos que retornam à boca: *Os bovinos ruminam os alimentos durante a noite.* **2** pensar em algo com insistência: *Fui para casa ruminando aquela ideia.*

rumo **ru**.mo **S *masc*** **1** caminho; rota: *O rumo do voo foi alterado.* **2** orientação; destino: *Com os novos dados, o delegado deu novo rumo às investigações.*

rumor ru.**mor** **S *masc*** **1** barulho; ruído: *Ouvimos um rumor de vozes que vinha da rua.* **2** boato: *Há rumores de que o preço dos combustíveis vai aumentar.*
Em **2**, usa-se mais no plural.

rural ru.**ral** ***Adj*** do ou relativo ao campo: *Uma parte da população brasileira vive em áreas rurais.*

rústico **rús**.ti.co ***Adj*** sem acabamento; muito pobre: *Morava numa cabana rústica.*

Ss *Ss*

s S ***masc*** décima nona letra do alfabeto.

sábado **sá**.ba.do ***S masc*** sétimo dia da semana: *Passamos a fazer educação física aos sábados.*

sabão sa.**bão** ***S masc*** produto de limpeza: *Para lavar roupa bastam água e sabão.*

sabedoria sa.be.do.**ri**.a ***S fem*** **1** habilidade de perceber com clareza o que é verdadeiro e certo, e de tomar decisões corretas com base nessa habilidade. **2** sensatez: *A sabedoria da vida consiste em ser capaz de distinguir o bem do mal.*
Ant: **ignorância**.

saber sa.**ber** ***Vt*** **1** ter conhecimentos específicos de: *Meu avô sabia o nome de todas as árvores da mata.* **2** ter informação sobre: *Você sabia que existe uma flor que gira procurando o sol?* **3** manter na memória; trazer de cor: *Sei o nome de todos os moradores da minha rua.* **4** ter capacidade ou habilidade para fazer alguma coisa: *O porteiro não sabe trocar uma lâmpada.* ***S masc*** **5** conhecimento; sabedoria: *O saber é um bem que ninguém rouba.*
quem sabe talvez: *Quem sabe um dia eu consiga fazer meus versos virarem música!*
Ant para **1** a **3**: **ignorar**.

sabiá sa.bi.**á** ***S masc*** ave de tamanho médio, de cor parda, bico longo e meio curvo, famosa pelo seu canto: *Um sabiá cantava num galho.*
Raramente se vê o emprego da forma feminina, como, por exemplo, na canção "Sabiá", de Tom Jobim e Chico Buarque de Holanda: "*é ainda lá / que eu hei de ouvir cantar / uma sabiá*".

sábio **sá**.bi:o ***S masc*** **1** pessoa que tem muitos conhecimentos: *Descobri que meu pai era um sábio.* ***Adj*** **2** que sabe muito: *Nossa professora é uma mulher muito sábia.*

sabonete sa.bo.**ne**.te ***S masc*** pequeno sabão perfumado, próprio para lavar o corpo.
▶ pág 402 e 403.

sabor sa.**bor** **S *masc***
1 propriedade que têm as substâncias de causar sensações no paladar; gosto: *Alguns molhos alteram o sabor dos alimentos.*
2 sensação que as substâncias que têm gosto produzem na língua: *Prefiro sorvete com sabor de fruta.*

saborear sa.bo.re.**ar** ***Vt*** comer ou beber provando o gosto lentamente e com prazer: *Ele saboreou um delicioso doce de abóbora.*

saboroso sa.bo.**ro**.so ***Adj*** que tem bom sabor ou gosto; gostoso: *Magali faz bolos saborosos.*

sabre **sa**.bre **S *masc*** espada curta, reta ou curva, de um só fio.

sabugo sa.**bu**.go **S *masc*** espiga de milho sem grãos: *Os sabugos de milho são ração para o gado.*

sacada ▲ sa.**ca**.da **S *fem***
1 varanda para fora do alinhamento da parede: *Da sacada, Jorge assistiu ao desfile.* 2 em esporte, arremesso, saque: *O tenista errou a sacada e perdeu o jogo.*

sacar sa.**car** ***Vi*** 1 nos esportes, como tênis e vôlei, arremessar a bola em jogadas iniciais: *Cada vez que o jogador ia sacar, a torcida vibrava.* ***Vt*** 2 tirar dinheiro de conta bancária; retirar: *O homem sacou dinheiro da poupança.*
3 compreender; entender; perceber: *Quando as meninas sacaram o que estava acontecendo, ficaram furiosas.*
Em 3 é uso informal.

sacerdote sa.cer.**do**.te **S *masc*** pessoa que celebra os rituais da Igreja.
Forma feminina correspondente: **sacerdotisa**.

saci sa.**ci** **S *masc*** no folclore brasileiro, um menino travesso, de uma perna só, com cachimbo e gorro vermelho: *O saci saltou sobre a garupa do cavaleiro.*
A forma **saci-pererê** também é usada.

saciar sa.ci.**ar** ***Vt*** 1 acabar com a sede ou a fome, bebendo ou comendo: *O viajante disse que só queria saciar a sede.* 2 satisfazer: *Ouvindo um estrondo, os alunos foram até a janela e saciaram a curiosidade.*

saco **sa**.co **S *masc*** peça de pano, papel grosso, plástico, em geral retangular, dobrada e fechada por três lados, ficando um aberto para servir de entrada para vários produtos: *O mendigo pegou um saco e foi enchendo de latas e papéis.*
A forma **saca** também é usada.

sacola sa.**co**.la **S *fem*** saco largo, de alças, usado para carregar objetos: *A polícia encontrou um rapaz com uma sacola cheia de dinheiro.* ▶ pág 188 e 189.

sacrificar sa.cri.fi.**car** ***Vt*** 1 matar, por necessidade, um animal: *O veterinário sacrificará o cão atacado de raiva.* 2 abrir mão de; renunciar a: *Tiradentes sacrificou a própria vida pela liberdade.* [**Pron**] 3 dedicar-se muito, mesmo à custa de sofrimento: *A mãe sempre se sacrifica em favor dos filhos.*

sacrifício sa.cri.**fí**.ci.o **S *masc***
1 perda; eliminação: *O general não contava com o sacrifício de tantos soldados.* 2 dificuldade; luta: *A família vivia com muito sacrifício.*

sacristão sa.cris.**tão** **S *masc*** pessoa encarregada do arranjo e guarda da igreja, e de ajudar na missa.
Pl: **sacristãos** e **sacristães**.

sacudir sa.cu.**dir** ***Vt*** 1 agitar fortemente e repetidas vezes; fazer mover-se; balançar: *O pai sacudiu a cabeça, concordando.* 2 fazer tremer; abalar: *A explosão de uma bomba sacudiu as janelas.* 3 agitar fortemente para fazer sair: *Sacudiu a poeira das botas.*
sacudidela **S *fem*** ação de sacudir leve e rapidamente.

sadio sa.**di**.o ***Adj*** 1 que faz bem à saúde; saudável: *A escola só serve alimentos sadios.* 2 que tem boa saúde; saudável: *Criança que brinca ao ar livre é sadia.*
Ant: **doente**.

safado sa.**fa**.do ***Adj*** 1 que tem mau-caráter: *Algum rato safado andou por aqui. Veja o furo no cachecol novo da Catarina.* **S *masc*** 2 indivíduo sem caráter: *O safado arrombou a porta.*

safar-se sa.**far**-se ***Vi*** escapar: *A porta da gaiola abriu e o pombinho safou-se.*

safra **sa**.fra **S *fem*** 1 produção agrícola em geral: *O produtor dobrou a safra do ano.* 2 colheita: *As chuvas fortes atrapalharam o início da safra de soja.*

A B C D E F G H I J K L M N O P Q R S T U V W X Y Z

sagrado sa.**gra**.do ***Adj*** **1** relativo ou pertencente às coisas divinas, às cerimônias e aos cultos de uma religião; santo: *Alguns povos ainda lutam pela posse dos lugares sagrados.* **2** que não deve ser tocado ou que deve ser respeitado: *Na Índia, a vaca é considerada um animal sagrado.*

saguão sa.**guão** ***S masc*** sala de entrada de um edifício: *O saguão do aeroporto estava lotado.*

sagui ü sa.**gui** ***S masc*** macaco pequeno, de crânio arredondado, membros da frente mais curtos que os de trás, cauda e orelhas sem pelos: *Havia no zoológico capivaras e saguis.* ▶ pág 460 e 461.

saia **sai**.a ***S fem*** peça de roupa feminina, presa na cintura e que cobre as pernas ou parte delas, sem envolvê-las de forma separada: *O uniforme das meninas era saia azul-marinho e camiseta branca.*

saída sa.**í**.da ***S fem*** **1** lugar por onde se sai: *O estádio só possuía duas saídas muito estreitas.* **2** momento em que se sai: *A mãe ia buscar a filha na saída da escola.* **3** solução para uma situação difícil: *Quando o metrô entra em greve, a saída é pegar ônibus.*

sair sa.**ir** ***Vt*** (+de) **1** passar de dentro para fora; ir para fora: *O coelho saiu da toca.* **2** iniciar viagem ou caminhada; partir: *O ônibus sai da rodoviária às oito horas.* **3** afastar-se de um lugar: *A moça não sai da janela.* (+com) **4** ir em passeio; passear: *Hoje vou sair com os amigos.* (+em) **5** ser publicado: *O novo livro sai em abril.* (+para) **6** caber por sorte; ser resultado de sorteio: *O prêmio saiu para uma viúva.* [**Pron**] (+em) **7** conseguir chegar a determinado resultado: *Espero que você se saia bem na entrevista.*
sair de fininho sair sem que ninguém perceba: *Esperei que cantassem os parabéns e saí de fininho.*

sal ***S masc*** substância usada como tempero na alimentação: *Muito sal na comida faz mal à saúde.*

sala **sa**.la ***S fem*** **1** numa casa, parte em que se recebem visitas: *A casa tem quatro cômodos: quarto, sala, cozinha e banheiro.* **2** lugar preparado para o exercício de alguma função ou atividade: *A sala de aula foi reformada.* **3** conjunto dos alunos de uma classe: *A professora pede que a sala fique em silêncio.* ▶ pág 76 e 77.

salada sa.**la**.da ***S fem*** prato frio preparado com um ou mais tipos de verduras e legumes crus ou cozidos, e também com aves, peixe, ovos cozidos, temperados com azeite, vinagre e outros temperos.

salame sa.**la**.me ***S masc*** alimento em forma de um tubo alongado, feito de carne, principalmente de porco, picada e temperada com pimenta: *O freguês só comia sanduíche com salame defumado.*

salão sa.**lão** ***S masc*** **1** sala grande própria para recepções: *Muitos convidados ocupavam o grande salão do palácio.* **2** grande sala para bailes: *O rapaz derrubou a noiva no meio do salão.* **3** estabelecimento comercial aberto ao público: *Doroteia abriu um salão de beleza.*

salário sa.**lá**.ri:o ***S masc*** pagamento feito ao empregado pelo seu trabalho: *O trabalhador gasta dois terços de seu salário com alimentação e moradia.*
salarial ***Adj*** relativo a salário.

salgado sal.**ga**.do ***Adj*** **1** que tem sal: *A água salgada do mar não pode ser bebida.* **2** que tem excesso de sal: *A comida salgada deve ser evitada.* **3** acima do normal; elevado: *O preço dos remédios está cada vez mais salgado.* ***S masc*** **4** comida miúda que leva sal: *Ajuda a família vendendo salgados.*

salientar sa.li:en.**tar** ***Vt*** **1** tornar bem visível ou fácil de ser percebido: *A camiseta justa do atleta salientava seus músculos.* **2** tornar evidente; mostrar: *Salientou que qualquer recipiente com água parada é favorável à reprodução do mosquito.*
saliente ***Adj*** que se torna visível e fácil de ser percebido.

saliva sa.**li**.va ***S fem*** líquido transparente, produzido por glândulas da boca, que facilita engolir e digerir os alimentos: *Ainda na boca, a saliva se mistura aos alimentos.*

salmão sal.**mão** ***S masc*** grande peixe marinho, de carne rosada, corpo alongado, parte de cima do corpo azul-escura, barriga prateada: *A carne do salmão é muito saudável.*

saltar sal.**tar** ***Vi*** **1** elevar-se do solo (o homem ou o animal) ou do lugar onde se encontra para vencer um espaço ou obstáculo; pular: *Você sabe por que as pulgas saltam tanto?* ***Vt*** **2** pular sobre um objeto ou obstáculo: *O cãozinho saltou*

a b c d e f g h i j k l m n o p q r s t u v w x y z

a grade. (+de) 3 descer dando um salto: *O paraquedista saltou do avião a uma grande altura.*
saltitante ***Adj*** que salta muito; que dá pequenos saltos.

salto **sal**.to **S *masc*** 1 ação de saltar; pulo: *Os meninos competiam para ver quem dava o maior salto.* 2 queda-d'água: *As represas dos rios estão acabando com os saltos da região.* 3 parte saliente acrescentada à sola dum calçado, no calcanhar: *Só uso sapatos de salto baixo.*

salvação sal.va.**ção** **S *fem*** 1 aquilo que livra alguém ou alguma coisa de perigo, de perda ou de dificuldade: *Se não chover logo, a plantação não tem salvação.* 2 para algumas religiões, bem-estar eterno que se alcança depois da morte: *Para alcançar a salvação é preciso oração e boas ações.*

salvar sal.**var** ***Vt*** 1 livrar da morte: *O grupo conseguiu salvar a baleia presa na praia.* 2 evitar que se perca ou que se destrua; preservar: *Os ecologistas querem salvar a Mata Atlântica.* 3 em informática, gravar na memória do computador, em CD, DVD, ou em disquete o que se digitou: *É bom salvar o texto a cada dez minutos.* ***Vi*** [***Pron***] 4 escapar da morte: *Apesar do grave acidente, todos se salvaram.*

salva-vidas ▶ **sal**.va-**vi**.das **S** 1 profissional que tem a função de socorrer pessoas em perigo de se afogar: *O salva-vidas estava alerta.* ***Adj*** 2 diz-se de aparelho ou embarcação que serve para socorrer pessoas que estão se afogando: *Os passageiros do barco usavam coletes salva-vidas.*

samambaia sa.mam.**bai**.a **S *fem*** planta que vive em local úmido e fresco, de pequeno caule, do qual brotam raízes, folhas completas e inteiras ou divididas de várias formas. ▶ pág 402 e 403.

samba **sam**.ba **S *masc*** dança e música de origem africana muito cultivada no Brasil: *Samba e futebol são as duas maiores paixões do povo brasileiro.*

sambar sam.**bar** ***Vi*** dançar samba ou algum outro tipo de dança: *João passou a noite sambando.*

samurai sa.mu.**rai** **S *masc*** antigo guerreiro do Japão que obedecia a um senhor dono de terras: *Segundo o código de honra dos samurais, mentir é uma falta muito grave.*
Palavra de origem japonesa.

sandália san.**dá**.li:a **S *fem*** calçado formado de uma sola e tiras que se prendem ao pé.

sanduíche san.du.**í**.che **S *masc*** alimento que consiste de duas ou mais fatias de pão intercaladas de recheio. ▶ pág 328 e 329.
Palavra tirada do inglês.

saneamento sa.ne:a.**men**.to **S *masc*** conjunto de medidas que visam a assegurar as condições de saúde necessárias à qualidade de vida da população, sobretudo através da canalização e do tratamento dos esgotos urbanos e industriais: *O saneamento de uma cidade tenta impedir a transmissão de doenças.*

sanfona san.**fo**.na **S *fem*** instrumento musical com uma parte que produz sopro, teclado e botões.

sangrar san.**grar** ***Vi*** expelir ou perder sangue: *Notei que a pata do animal estava sangrando.*
sangramento **S *masc*** processo de sangrar.

sangue **san**.gue **S *masc*** 1 líquido vermelho que circula nas artérias e veias, bombeado pelo coração, transportando gases e elementos necessários à defesa do organismo. 2 parentesco: *Os parentes estão unidos entre si pelos laços de sangue e de afeto.*
sanguíneo ***Adj*** do ou relativo ao sangue.

sanitário sa.ni.**tá**.ri:o ***Adj*** 1 que cuida da saúde pública: *Vacine as crianças nos casos recomendados pelas autoridades sanitárias.* 2 relativo às condições de saúde e higiene: *Uma reforma sanitária deve eliminar os focos de doença.* **S *masc*** 3 banheiro: *Lave as mãos após usar o sanitário.*

santo **san**.to ***Adj*** 1 que vive ou viveu segundo as regras religiosas: *Todos achavam que ele fosse um homem santo.* 2 sagrado: *Aproveitaram para visitar os lugares santos.* 3 que tem boas qualidades; bondoso: *Dona Josefa é uma santa mulher.* **S *masc*** 4 quem viveu segundo as regras religiosas.

SELVA

1. aldeia ▶ pág 22
2. arara ▶ pág 34
3. capivara ▶ pág 72
4. cutia ▶ pág 115
5. jacaré ▶ pág 243
6. macaco ▶ pág 264
7. ninho ▶ pág 292
8. oca ▶ pág 298
9. onça ▶ pág 301
10. paca ▶ pág 309
11. papagaio ▶ pág 313
12. preguiça ▶ pág 343
13. queda-d'água ▶ pág 355
14. rio ▶ pág 379
15. sapo ▶ pág 390
16. sucuri ▶ pág 410
17. tamanduá ▶ pág 416
18. tatu ▶ pág 417
19. tucano ▶ pág 436
20. tuiuiú ▶ pág 436

a b c d e f g h i j k l m n o p q r s t u v w x y z

santuário san.tu.**á**.ri.o ***S masc*** **1** lugar sagrado; templo; igreja. **2** lugar que deve ser protegido de exploração e de destruição; lugar que não sofreu mudanças ecológicas; reserva: *A ilha de Marajó é um dos mais importantes santuários ecológicos do planeta.*

são[1] ***Adj*** que recuperou o estado de saúde; restabelecido; curado: *Com pouco tempo de tratamento, o rapaz ficou completamente são.* Ant: **doente**. Forma feminina correspondente: **sã**.

são[2] ***Adj*** santo (1 e 4): *O menino olhava para a lua à procura da figura de São Jorge.* Com inicial maiúscula e em geral usado antes de nome que começa por consoante, como *São Jorge, São Pedro*, enquanto a forma **santo** é usada antes de nome que começa por vogal, como *Santo Antônio, Santo André.*

sapateado sa.pa.te.**a**.do ***S masc*** dança, normalmente sem acompanhamento musical, em que se batem os saltos e as solas do sapato no chão: *Carol estuda balé e sapateado.*

sapatear sa.pa.te.**ar** ***Vi*** **1** bater com os pés no chão em movimentos rápidos: *A bruxa sapateava de raiva.* **2** dançar sapateado: *Rita aprendeu a sapatear aos oito anos de idade.*

sapatilha sa.pa.**ti**.lha ***S fem*** **1** sapato para dança, leve e fácil de dobrar, podendo ter ponta reforçada e fitas à volta dos tornozelos: *A bailarina usava uma sapatilha prateada.* **2** qualquer sapato macio de sola fina, sem salto, geralmente usado por mulheres: *Maria só usa sapatilha nos seus serviços domésticos.*

sapato sa.**pa**.to ***S masc*** calçado em geral de sola dura, que cobre o pé.
sapateiro ***S masc*** pessoa que conserta ou fabrica sapatos. **sapataria** ***S fem*** lugar onde se vendem ou se consertam sapatos.

sapo **sa**.po ***S masc*** animal anfíbio de pele rugosa, que se desloca aos saltos. pág 388 e 389.

saque ▲ **sa**.que ***S masc*** **1** ação de retirar dinheiro de uma conta bancária: *Diego fez um saque de quinhentos reais.* **2** ação de saquear; roubo: *Indivíduos desconhecidos praticaram saques nos supermercados.* **3** em certos jogos, como o tênis, o vôlei, etc., jogada inicial, que consiste no lançamento da bola por cima da rede para o campo adversário: *Era incrível a velocidade do saque do tenista.*

saquear sa.que.**ar** ***Vt*** pegar para si os bens alheios com violência; assaltar; roubar: *O bando saqueava cidades por onde passava.*

sarampo sa.**ram**.po ***S masc*** doença contagiosa, comum na infância, caracterizada por manchas vermelhas na pele.

sarar sa.**rar** ***Vt*** **1** acabar com; curar: *O médico me receitou um remédio para sarar a tosse.* (+de) **2** curar-se: *Paulo voltou a trabalhar assim que sarou do resfriado.* ***Vi*** **3** ter saúde novamente, após doença; recuperar-se de doença: *Sem remédio nem repouso, você não sara.*

sarda **sar**.da ***S fem*** mancha que surge na pele, em especial no rosto das pessoas de pele clara: *A exposição ao sol pode provocar o aparecimento de sardas na pele.*

sardinha sar.**di**.nha ***S fem*** pequeno peixe comestível, meio azul nas costas e prateado nos lados, com pequena mancha próxima às guelras: *Um pescador vendia sardinha fresca na praia.*

sarro **sar**.ro ***S masc*** coisa que se diz de uma pessoa para que os outros riam dela e ela fique com vergonha; zombaria. É de uso informal e ocorre normalmente na expressão **tirar um sarro**.

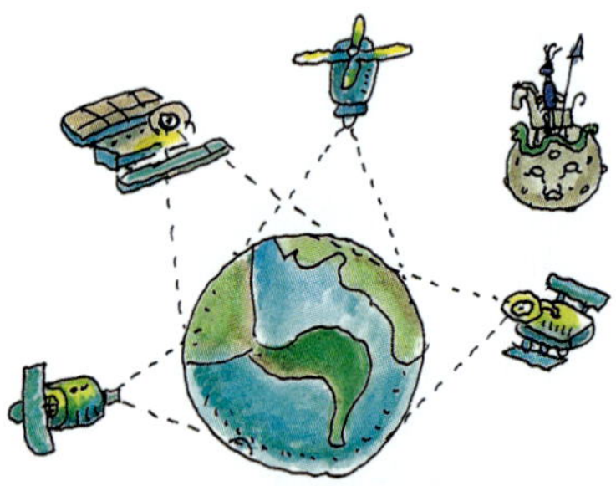

satélite ▲ sa.**té**.li.te ***S masc*** **1** astro que gira em torno de um planeta: *A Lua é o satélite natural da Terra.* **2** veículo colocado em órbita em volta de um planeta, de um astro ou de um satélite natural, com a finalidade de enviar informações à Terra: *Existem satélites que fotografam o mundo.*

satisfação sa.tis.fa.**ção** ***S fem*** **1** processo de satisfazer-se (3);

contentamento; alegria: *O professor tem grande satisfação em notar o progresso da classe.* 2 relato sobre o que se faz; explicação, justificativa: *Sempre dou aos meus pais satisfação do que faço.*

satisfazer sa.tis.fa.**zer** ***Vt***
1 agradar; contentar: *Para satisfazer a esposa, João decidiu trocar os móveis da sala.* 2 cumprir; atender: *O empresário satisfez a maioria das exigências dos operários.* [**Pron**] (+com) 3 contentar-se: *Muitas pessoas não se satisfazem com o que têm.*
satisfeito ***Adj*** que se satisfez.

saudade sa:u.**da**.de ***S fem***
lembrança ao mesmo tempo triste e agradável de pessoa ou coisa ausente ou do que se viveu no passado: *Tem saudade do tempo de infância?*
saudoso ***Adj*** que tem ou que causa saudade.

saudar sa:u.**dar** ***Vt***
1 cumprimentar: *Tirar o chapéu para saudar uma mulher é um hábito antigo.* 2 expressar contentamento pela chegada de alguém; aclamar: *As palmas eram para saudar Peter Pan.*
saudação ***S fem*** ação de saudar.

saudável sa:u.**dá**.vel ***Adj*** 1 que faz bem à saúde: *Procure sempre uma alimentação saudável.* 2 que tem ou revela saúde; sadio: *O rapaz tinha uma aparência saudável.* 3 que traz vantagem ou bem-estar; que faz bem: *A leitura é um hábito saudável.*
Ant para 1 e 2: **doente**.

saúde sa.**ú**.de ***S fem*** 1 bom estado do organismo, que funciona sem nenhum problema: *Boa alimentação e exercícios físicos ajudam a manter a saúde.* 2 disposição; vigor: *Enquanto eu tiver saúde, vou continuar visitando as crianças.* 3 entidade governamental que cuida de melhorar o estado de saúde da comunidade: *O pessoal da saúde está atento ao controle da dengue.*
Ant para 1 e 2: **doença**; **moléstia**.

sebo **se**.bo ***S masc*** substância gordurosa encontrada na região dos intestinos de alguns animais quadrúpedes.

seca ê **se**.ca ***S fem*** situação de ausência ou carência de chuvas; estiagem: *A seca do Nordeste sempre foi longa.*

seção se.**ção** ***S fem*** 1 parte de um todo: *O professor destacou as ideias principais de cada seção do livro.* 2 em jornal ou revista, local reservado a determinada matéria ou assunto: *Ao abrir o jornal, procuro logo a seção de esportes.* 3 lugar de uma loja comercial em que se vende um mesmo tipo de mercadoria: *A seção feminina da loja fica no segundo andar.*
Cp: **sessão**.

secar se.**car** ***Vt*** 1 tirar a umidade de; tornar seco; enxugar: *Quando não há sol fica difícil secar as roupas.* ***Vi*** 2 perder a umidade; enxugar: *As roupas secaram com o calor.* 3 ficar sem água (lagos, rios, etc.): *No verão, o riacho seca.* 4 perder o vigor; murchar: *Por falta de água as flores secaram no vaso.*

seco **se**.co ***Adj*** 1 sem umidade ou sem líquido; enxuto: *A chuva foi rápida, em pouco tempo a terra já estava seca outra vez.* 2 de que se tirou a umidade, para melhor conservação; desidratado: *Na época do Natal, as frutas secas ficam mais caras.* 3 diz-se da pele não oleosa: *Maria quer um creme para pele seca.* 4 que perdeu o vigor; que murchou: *Havia alguns ramos secos na calçada.*
Ant para 1: **úmido**.

secretaria se.cre.ta.**ri**.a ***S fem***
1 lugar onde se faz o serviço de controle das atividades de uma empresa, associação ou serviço público: *Quem quiser saber as notas deve procurar a secretaria da escola.* 2 conjunto de repartições públicas que tratam de um setor da administração nos estados: *A Secretaria da Saúde está aumentando o combate à dengue.*
Em 2, escreve-se com inicial maiúscula. ▶ pág 156 e 157.

secretário se.cre.**tá**.ri:o ***S masc***
1 funcionário que, no serviço público ou privado, tem por função redigir correspondência, classificar documentos e outros serviços de secretaria. 2 pessoa que, no governo de um estado, exerce funções equivalentes à de ministro: *O secretário da Educação visitará a escola.*

secreto se.**cre**.to ***Adj*** 1 que não se pode, ou que é difícil descobrir, encontrar ou localizar; escondido: *Havia uma passagem secreta no castelo.* 2 que não deve ser revelado: *Lembre que o voto é secreto.*

século **sé**.cu.lo ***S masc*** 1 período de cem anos: *Meu avô acaba de completar um século de vida.* 2 período de cem anos que marca as datas da história da humanidade e que tem como ponto inicial o nascimento de Cristo: *A primeira década do século XXI começou no ano 2001.* **3** espaço de tempo muito longo: *Milena demora um século para se aprontar.*

secundário se.cun.**dá**.ri:o ***Adj*** que é de menor importância em relação a outra coisa; de pouco valor; insignificante: *Para o bombeiro, o medo se torna secundário.*

seda **se**.da ***S fem*** **1** substância em forma de fios, macia e brilhante produzida pela larva de diversas borboletas. **2** tecido feito com essa substância: *O príncipe só usava camisas de seda.*

sede *sé* **se**.de ***S fem*** **1** lugar onde uma empresa tem o seu principal estabelecimento; matriz: *A sede da empresa fica no Nordeste.* **2** centro de administração pública: *A sede do governo foi transferida.* **3** lugar escolhido para um evento: *Em 2014 o Brasil será a sede da copa do mundo de futebol.*

sede *sê* **se**.de ***S fem*** **1** sensação produzida pela necessidade de beber água: *Depois da caminhada, todos estavam com sede.* **2** desejo intenso; ânsia: *Estavam motivadas pela sede de vitória.*

sedimentar se.di.men.**tar** ***Vt*** **1** tornar estável; firmar: *Conseguimos sedimentar nossa amizade.* [***Pron***] (+em) **2** passar a constituir sedimento; formar depósito: *As lavas se sedimentaram em toda a vizinhança do vulcão.* ***Adj*** **3** que é produto de sedimentação: *A região amazônica é uma vasta planície sedimentar.*
sedimentação ***S fem*** ação ou processo de sedimentar(-se).

sedimento se.di.**men**.to ***S masc*** substância que se deposita num determinado local, como, por exemplo, no fundo das águas.

seduzir se.du.**zir** ***Vt*** **1** levar alguém a tomar certas atitudes: *O político seduz seus eleitores.* **2** atrair: *Os desenhos animados seduzem crianças e adultos.*
sedução ***S fem*** ação de seduzir. **sedutor** ***Adj*** que seduz.

segmento seg.**men**.to ***S masc*** parte de um todo; seção: *O corpo da minhoca é dividido em segmentos.*

segredo se.**gre**.do ***S masc*** **1** aquilo que não pode ser contado ou informado a alguém: *Nem a melhor amiga conhecia seus segredos.* **2** aquilo que é conhecido apenas de uns poucos; truque: *Sara deu a receita, mas não contou o segredo para misturar os ingredientes.* **3** combinação de números, sentido e quantidade de voltas como fórmula para abrir um cofre: *A secretária sabe o segredo do cofre.*

seguinte se.**guin**.te ***Adj*** **1** que (se) segue; que vem logo após: *No dia seguinte fomos conhecer a cidade.* ***S masc*** **2** aquilo que se diz depois: *Aconselhou-me o seguinte: – Leve um guarda-chuva.*

seguir se.**guir** ***Vt*** **1** ir a algum lugar; prosseguir: *A procissão seguiu até a igreja.* **2** ir atrás de; acompanhar: *O cachorro seguia o menino.* **3** agir de acordo com; obedecer: *Os filhos devem seguir o conselho dos pais.* ***Vi*** **4** ter desenvolvimento; transcorrer: *Durante a reforma da escola as aulas seguem sem parar.* **5** vir logo após: *Responda às perguntas que seguem.*
seguidor ***S masc*** aquele que segue (3).

segunda-feira se.**gun**.da-**fei**.ra ***S fem*** segundo dia da semana: *Iniciamos o trabalho segunda-feira.*

segundo se.**gun**.do ***S masc*** unidade de medida de tempo: *Um minuto tem sessenta segundos.*
em um segundo rapidamente: *Volto em um segundo.*

segurança se.gu.**ran**.ça ***S fem*** **1** ação de proteger; proteção: *Pessoas especializadas fazem a segurança do prédio.* **2** estado, qualidade ou condição do que é seguro; que está livre de risco: *Os pilares de cimento reforçaram a segurança da ponte.* **3** confiança em si mesmo: *Você estudou bastante e isso já é motivo para ter segurança.* ***S*** **4** pessoa encarregada da proteção pessoal de alguém, de empresa, etc.: *Os seguranças do shopping center andam todos uniformizados.*
▶ pág 256 e 257.

segurar se.gu.**rar** ***Vt*** **1** impedir que caia; amparar: *Tropecei e só não caí porque meu pai me segurou.* **2** prender com as mãos;

agarrar: *Segure a mão da criança ao atravessar a rua.* **3** conter um impulso ou sentimento: *Segurei o riso para não deixar a colega sem graça.*

seguro se.**gu**.ro ***Adj*** **1** livre de perigo ou de risco; protegido; garantido: *O piloto conseguiu um lugar seguro para pousar.* **2** confiante (em); convencido: *Estudou muito e estava seguro de que seria aprovado.* ***S masc*** **3** contrato pelo qual uma das partes se obriga a pagar à outra um determinado valor, em caso de qualquer dano: *Faça sempre seguro do seu carro.*

seio **sei**.o ***S masc*** **1** órgão feminino que produz leite: *A minha vida vem do leite que jorrou dos seios da minha mãe.* **2** cavidade encontrada em certos ossos do crânio e da face: *Sinusite é infecção dos seios da face.* **3** meio; ambiente: *O amor predomina no seio daquela família.*
Em **1**, a forma preferida é **mama**.

seiva **sei**.va ***S fem*** líquido que contém elementos nutritivos e que circula no interior das plantas.

sela ▲ **se**.la ***S fem*** peça que se coloca sobre o animal de montaria, onde a pessoa deve sentar-se: *O cavaleiro trazia um tesouro amarrado na sela.*
Cp: **cela**.

selar[1] se.**lar** ***Vt*** pôr sela em: *O príncipe selou seu melhor cavalo e partiu.*

selar[2] se.**lar** ***Vt*** **1** pôr selo em: *Selamos as cartas e as enviamos pelo correio.* **2** tornar válido; confirmar: *Durante a reunião, os dois países selaram um acordo muito importante.*

seleção se.le.**ção** ***S fem*** **1** ação de selecionar; escolha: *A seleção dos candidatos será feita por meio de provas e entrevistas.* **2** coleção de obras literárias, musicais, etc., escolhidas: *Este CD contém uma seleção das melhores músicas do momento.* **3** equipe constituída pelos melhores atletas para disputar uma competição esportiva: *A seleção de vôlei continua vitoriosa.*

selecionar se.le.ci:o.**nar** ***Vt*** **1** escolher entre vários: *Os funcionários da prefeitura selecionam o lixo.* **2** em informática, escolher um texto ou parte dele, arquivo, etc., para copiar, imprimir, etc.: *Selecione o trecho que você deseja imprimir.*

selo **se**.lo ***S masc*** **1** pequeno papel impresso, quadrado ou retangular, de valor variado, para pagar o transporte de correspondência e de objetos enviados pelo correio. **2** lacre; fecho: *Era impossível abrir o pacote sem romper o selo.* **3** marca de gravadora de CD, de editora ou de produtos dessas empresas: *Cada gravadora cria um selo próprio que a distingue no mercado.*

selva **sel**.va ***S fem*** lugar com árvores nativas; floresta: *As feras estão protegidas na selva.*
▶ pág 388 e 389.

selvagem sel.**va**.gem ***Adj*** **1** que habita a selva ou é próprio dela: *Ele conhece bem as plantas selvagens.* **2** que ainda não foi domado: *O peão domou o cavalo selvagem.* ***S*** **3** quem habita a selva.

sem ***Prep*** palavra que relaciona duas partes da frase, indicando falta: *Já viu um elefante sem tromba?*

semáforo se.**má**.fo.ro ***S masc*** instrumento de sinalização que serve para orientar o trânsito nas cidades, por meio de luzes que vão mudando de cor: *Parei o carro no semáforo da esquina.*
▶ pág 102 e 103.

semana se.**ma**.na ***S fem*** **1** período de sete dias seguidos contados a partir de domingo: *Nesta semana haverá dois feriados.* **2** espaço de sete dias quaisquer, seguidos: *O bebê tem apenas três semanas.*

semanal se.ma.**nal** ***Adj*** **1** que se realiza todas as semanas: *O professor achou melhor fazer avaliações semanais.* **2** que circula ou que se publica toda semana: *A editora tem três revistas semanais.*

semear ▼ se.me:**ar** ***Vt*** **1** lançar ao solo (semente) para germinar; plantar: *Primeiro é preciso preparar a terra e semear o trigo.* **2** fazer espalhar; promover: *Não queira semear a tristeza onde há alegria.*

semelhança se.me.**lhan**.ça *S fem* relação entre seres, coisas ou ideias que são parecidas, que têm algo em comum: *Mostre as semelhanças entre o modo de viver no campo e na cidade.* Ant: **diferença**.

semelhante se.me.**lhan**.te *Adj* 1 que tem algo em comum; parecido: *Os gêmeos eram semelhantes.* *S masc* 2 ser humano em relação aos outros: *Seja feliz amando seu semelhante.* Ant: **diferente**.

semente se.**men**.te *S fem* 1 grão ou parte do fruto próprio para a reprodução: *Se a semente cai em terra fértil, não há como não germinar.* 2 princípio; origem: *A semente da amizade é a boa vontade.*

semestre se.**mes**.tre *S masc* 1 período de seis meses seguidos contados a partir de janeiro: *Iniciaremos a construção no primeiro semestre.* 2 cada período de seis meses seguidos: *A obra ficará pronta em três semestres.*

seminário se.mi.**ná**.ri:o *S masc* 1 casa de formação de sacerdotes. 2 encontro para discussão de assuntos científicos; congresso: *O seminário reuniu grandes nomes da medicina.*

sempre **sem**.pre *Adv* 1 a todo momento: *A professora está sempre disposta a atender os alunos.* 2 de modo constante: *Esse ônibus está sempre atrasado.* Ant: **jamais**; **nunca**.

senado se.**na**.do *S masc* 1 divisão do legislativo federal que tem a função de rever as leis aprovadas pela Câmara dos Deputados: *Aprovado pela Câmara, o projeto vai agora para o Senado.* 2 o conjunto dos senadores membros dessa Câmara: *Todo o Senado se manifestou favorável ao projeto de lei enviado pelo executivo.* Escreve-se comumente com inicial maiúscula.

senador se.na.**dor** *S masc* membro do Senado eleito pelo povo: *O mandato do senador é de oito anos.*

senão se.**não** *Conj* 1 de outro modo; caso contrário: *Vamos nos apressar, senão chegaremos atrasados.* 2 a não ser: *Não podíamos ver senão terra com árvores.*

senha **se**.nha *S fem* 1 gesto, palavra ou sinal secretos combinados entre pessoas: *A senha eram batidas na janela.* 2 série de números e/ou letra e/ou símbolos do conhecimento exclusivo de quem deve acessar um sistema de computador ou usar um cartão bancário magnético: *Não deixe ninguém saber a sua senha.*

senhor se.**nhor** *S masc* 1 indivíduo; pessoa: *O senhor que atendeu ao telefone era meu pai.* 2 proprietário; dono: *O homem era senhor de terras.* **Pron** 3 tratamento usado para dirigir-se a pessoa mais velha, não íntima ou de cerimônia, com relação ao falante: *O senhor poderia me ajudar?* Abrev: **Sr.**

senhorita se.nho.**ri**.ta *S fem* 1 mulher solteira; moça: *As senhoritas não saíam sozinhas, no passado.* **Pron** 2 tratamento usado para dirigir-se polidamente a uma moça solteira: *A senhorita aceita um doce?*

sensação sen.sa.**ção** *S fem* 1 impressão física ou emocional causada por estímulo externo: *Ao sentir o seu braço sobre meu ombro, tive uma sensação de conforto.* 2 surpresa ou grande impressão devida a um acontecimento raro: *A visita dos atores causou sensação entre os pacientes do hospital.*

sensacional sen.sa.ci:o.**nal** *Adj* que desperta muita admiração ou entusiasmo; espetacular: *Passará um filme sensacional na televisão.*

sensato sen.**sa**.to *Adj* que pensa bem antes de agir; prudente: *Você foi sensato em não participar de um esporte de risco.* **sensatez** *S fem* qualidade de sensato.

sensibilidade sen.si.bi.li.**da**.de *S fem* 1 capacidade para compreender ou entender certas situações: *O professor deve ter muita sensibilidade para entender as crianças.* 2 propriedade do organismo vivo de perceber as modificações do meio externo ou interno e de reagir a elas: *A doença faz com que algumas áreas do corpo percam a sensibilidade.*

sensibilizar sen.si.bi.li.**zar** *Vt* 1 impressionar vivamente; comover: *O espetáculo sensibilizou a plateia.* 2 tocar os sentimentos; fazer compreender: *A situação dos moradores sensibilizou o prefeito.* [**Pron**] (+com) 3 ficar emocionado: *Espero que os ouvintes se sensibilizem com a beleza da música.*

sensível sen.**sí**.vel ***Adj*** **1** que reage facilmente aos estímulos externos: *A menina não pegava sol, pois tinha a pele sensível.* **2** que experimenta com facilidade certos sentimentos: *Ele é muito sensível.*

senso **sen**.so ***S masc*** **1** faculdade de julgar, de avaliar; entendimento: *Admiro em meu pai o senso de justiça.* **2** juízo: *Parece que perdeu o senso saindo de casa a essa hora da noite!*
Cp: **censo**.

sensor sen.**sor** ***S masc*** dispositivo por meio do qual se captam vibrações externas, se medem fenômenos físicos ou químicos e se localizam alvos, acidentes geográficos, etc.: *Há sensores que captam onde e quando os raios caem.*

sentar sen.**tar** ***Vt*** (+em) apoiar as nádegas em um assento (banco, cadeira, etc.) ou em qualquer superfície.
É comum o uso pronominal e também como ***Vi***: *A plateia se negava a sentar-se para assistir ao show.*

sentido sen.**ti**.do ***S masc*** **1** cada uma das formas com que nós percebemos ou sentimos dores, cheiros, sabor, etc.: *Os olhos são os órgãos do sentido da visão.* **2** significado: *Procure no dicionário os vários sentidos da palavra "casa".* **3** rumo; direção: *O ônibus ia no sentido bairro-centro.* **4** estado de consciência: *Com a queda, o rapaz da moto perdeu os sentidos.* ***Adj*** **5** triste: *Espero que você não tenha ficado sentido com o que eu disse.*
Em **4** usa-se geralmente no plural.

sentimento sen.ti.**men**.to ***S masc*** **1** capacidade para sentir; sensibilidade: *O casal cultivava o mesmo sentimento que o uniu.* **2** desgosto; tristeza: *Manifestamos nossos sentimentos pelo falecimento de pessoa tão querida.*
sentimental ***Adj*** em que há sentimento.

sentinela sen.ti.**ne**.la ***S fem*** **1** soldado armado que se coloca próximo de um posto para o guardar; guarda: *Os sentinelas do palácio estavam atentos.* **2** quem fica de guarda; vigia: *Um dos garotos ficava como sentinela enquanto os outros entravam na gruta.*

sentir sen.**tir** ***Vt*** **1** perceber pelos órgãos dos sentidos: *De longe sentíamos o cheiro das flores.* **2** experimentar sensação (moral, afetiva ou física); ser comovido por: *Ao ver essas fotos, sinto saudade de minha infância.* **3** ter a impressão; perceber: *Sinto que a diretora hoje está muito feliz.* ***V lig*** [***Pron***] **4** achar-se ou reconhecer-se na qualidade ou no estado de: *Não há motivo para você se sentir culpada.*

senzala sen.**za**.la ***S fem*** casa onde viviam os escravos: *As senzalas eram construções rústicas.*

separar se.pa.**rar** ***Vt*** **1** afastar um objeto ou um ser de outro; apartar: *Ele separou os cães briguentos.* (...+de) **2** impedir que fique junto; isolar: *Não se pode separar o filho da mãe.* [***Pron***] (+de) **3** afastar-se: *Ele se separou da família para servir ao Exército.*
separação ***S fem*** ação ou processo de separar(-se).

sepultar se.pul.**tar** ***Vt*** depositar em túmulo; enterrar (um cadáver).
sepultamento ***S masc*** ação de sepultar.

sepultura se.pul.**tu**.ra ***S fem*** cova onde se colocam os cadáveres: *É costume levar flores à sepultura.*

sequência ü se.**quên**.ci:a ***S fem*** **1** número de coisas ou fatos que vêm ou que acontecem um após o outro; série; sucessão: *A sequência de vitórias do meu time foi interrompida.* **2** grupo de coisas situadas uma após a outra, numa certa ordem: *Pegue as peças numeradas e as coloque na sequência de 0 a 100.*

sequestrar ü se.ques.**trar** ***Vt*** **1** levar e manter à força uma pessoa, com a intenção de pedir pagamento para libertá-la: *Foi preso o suspeito de sequestrar o empresário.* **2** desviar do caminho por meio de violência: *Bandidos sequestraram um navio.*
sequestro ***S masc*** ação de sequestrar. **sequestrador** ***S masc*** quem sequestra.

ser ***V lig*** **1** ter determinada característica, qualidade ou propriedade: *Você é mais velho do que eu.* **2** tornar-se: *Daniel quer ser médico.* ***Vt*** **3** realizar-se; dar-se: *A reunião será às 9 horas.* (+de) **4** pertencer (a): *O lápis era de Bento.* **5** ter inclinação para: *Não sou de contar vantagens.* **6** provir; vir: *A costureira era de Minas.* (+com) **7** estar relacionado; dizer respeito (a): *Emprestar coisas não era com ele.* ***S masc*** **8** tudo o que existe e é animado: *Na natureza, um ser depende do outro.*

A B C D E F G H I J K L M N O P Q R S T U V W X Y Z

9 ente humano; pessoa: *O homem é um ser de sorte.*
era uma vez modo de começar uma narrativa fantástica: *Era uma vez uma bruxa.* **não é de hoje** faz muito tempo: *Não é de hoje que estou de olho em vocês.* **seja o que Deus quiser** usada antes de arriscar-se: *Seja o que Deus quiser, um dia essas crianças tomam jeito!*
Também é usado para indicar hora: *Agora são 10 horas.* ou período determinado de tempo: *Era de manhã.*

sereia se.**rei**.a **S *fem*** ser imaginário habitante dos rios e mares, mulher da cintura para cima e peixe da cintura para baixo, cujo canto seduz as pessoas: *O canto de sereias vinha do oceano.*

serelepe se.re.**le**.pe **S *masc*** **1** esquilo brasileiro: *Havia na floresta macacos, serelepes e saguis.* **Adj 2** esperto: *Eta moleque serelepe!*

serenata se.re.**na**.ta **S *fem*** canto acompanhado de instrumentos executado em passeio noturno, e em geral sob a janela de alguém, como prova de amor ou de amizade: *Um rapaz apaixonado fazia serenatas.*

sereno[1] se.**re**.no **Adj 1** calmo; sossegado: *Margarida é uma pessoa serena.* **2** que deixa transparecer tranquilidade de espírito: *A aparência serena do professor transmitia segurança.*

sereno[2] se.**re**.no **S *masc*** suave vapor atmosférico noturno, que cai em forma de pequenas gotas: *Ficar exposto ao sereno da madrugada pode causar um resfriado.*

série **sé**.ri.e **S *fem*** **1** antiga denominação de grau escolar; ano: *Pedro já está na 5ª série.* **2** em cinema ou televisão, filme, geralmente de aventuras e com o mesmo elenco, dividido em episódios; seriado: *Gosto de assistir às séries da TV.* **3** quantidade mais ou menos grande: *Temos uma série de tarefas para fazer.*
seriado S *masc* filme produzido em série (2).

seriedade se.ri.e.**da**.de **S *fem*** **1** atitude própria de pessoa séria: *A voz da mulher era séria e seu olhar aumentava ainda mais essa seriedade.* **2** atitude que demonstra firmeza de caráter: *Os alunos se sentem protegidos devido à seriedade com que o diretor conduz a escola.*

seringa se.**rin**.ga **S *fem*** pequeno instrumento, de vidro ou de plástico, para aplicar injeções ou para retirar líquidos do organismo: *Depois de usadas, as seringas devem ser jogadas no lixo especial.*

seringueira se.rin.**guei**.ra **S *fem*** árvore de grande tamanho, da qual se extrai o látex, matéria-prima da borracha.

sério **sé**.ri.o **Adj 1** que merece atenção, cuidado ou consideração; importante: *A poluição dos rios é coisa séria.* **2** que age de forma correta; que tem bom caráter; honesto: *O dono da loja é pessoa séria, não engana os fregueses.* **3** que não ri: *Nunca vi noivo tão sério.* **Adv 4** com seriedade: *Ele é brincalhão, mas trabalha sério.*

sermão ser.**mão** **S *masc*** **1** discurso religioso geralmente feito nas igrejas: *Todos adoravam os sermões do padre Anísio.* **2** advertência ou conselho com o objetivo de dar lição de moral: *Eu não quero levar sermão de ninguém por causa de uma brincadeira.*

serpente ser.**pen**.te **S *fem*** nome que se dá às cobras, em geral, principalmente às venenosas: *As serpentes têm dentes finos e pontudos.*

serpentina ser.pen.**ti**.na **S *fem*** **1** fita estreita e fina de papel colorido, enrolada sobre si mesma, e que se desenrola quando lançada pelos foliões nas festas de carnaval. **2** condutor metálico em forma de espiral, dentro do qual circula líquido que promove a troca de calor com o meio ambiente: *Há fluidos que circulam dentro das serpentinas de geladeiras.*

serra[1] **ser**.ra **S *fem*** instrumento cortante, que tem como peça principal uma lâmina ou um disco de aço com pequenas pontas semelhantes a dentes: *O jardineiro usa uma serra para podar as árvores.*

serra[2] **ser**.ra **S *fem*** conjunto de montanhas: *O agradável clima da serra atrai muitos turistas.*
serrano Adj da ou localizado na serra[2]; que habita as serras[2].

serragem ser.**ra**.gem **S *fem*** pó ou partes muito pequenas

a b c d e f g h i j k l m n o p q r s t u v w x y z

que saem da madeira quando é serrada: *Espalharam serragem na pista para absorver o óleo derramado.*

serralheiro ser.ra.**lhei**.ro **S *masc*** profissional que fabrica ou conserta objetos de ferro: *Xavier, o serralheiro, estava fazendo as chaves do castelo.*

serrar ser.**rar** ***Vt*** cortar com serra ou serrote: *Todos ajudaram a serrar madeira.*

serraria ser.ra.**ri**.a **S *fem*** estabelecimento industrial onde se serram madeiras: *As toras vão para as serrarias e são cortadas em tábuas.*

serrote ser.**ro**.te **S *masc*** instrumento cortante, com lâmina cheia de pequenas pontas semelhantes a dentes, e presa a um cabo: *Com um serrote cortamos as tábuas e fizemos as mesas.*

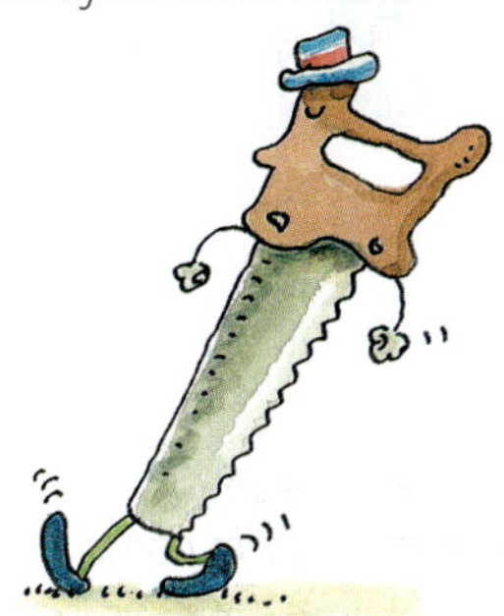

sertanejo ser.ta.**ne**.jo ***Adj*** 1 nascido ou que vive no sertão: *O homem sertanejo passou a criar gado.* 2 tido como típico da zona rural: *Em todo o Brasil se destaca a música sertaneja.* 3 que se dedica a cantar músicas tidas como características da zona rural: *Os irmãos formaram um dupla sertaneja.* **S *masc*** 4 pessoa que nasce ou que vive no sertão: *Padre Cícero exerceu grande influência sobre os sertanejos.*

sertão ser.**tão** **S *masc*** região afastada do litoral e das grandes povoações ou das terras cultivadas: *Quando vem a chuva, o sertão renasce.*

serventia ser.ven.**ti**.a **S *fem*** qualidade daquilo que é útil: *As latinhas de refrigerante usadas têm serventia para reciclagem.*

serviço ser.**vi**.ço **S *masc*** 1 trabalho; atividade: *Tomar conta de um doente é um serviço que exige dedicação.* 2 tarefa ou atividade obrigatória: *Aos dezoito anos, quero prestar o serviço militar.* 3 local de trabalho: *Marta se apressava para não chegar tarde no serviço.*

servidor ser.vi.**dor** **S *masc*** 1 funcionário público: *O governo propõe uma reunião com os representantes dos servidores da Educação.* 2 quem presta serviço a alguém; empregado: *Ao ver que seus fiéis servidores queriam abandoná-lo, o rei ficou triste.*

servir ser.**vir** ***Vt*** 1 trabalhar como empregado; prestar serviços: *Ele afirmou que tinha prazer em servir o seu patrão.* 2 prestar serviço militar: *Ele não serviu o Exército por ser filho único.* (+como/de) 3 ter utilidade; ter serventia: *As estrelas serviam como guia para os navegantes.* 4 estar no lugar de; representar: *Uma porção de tábuas apoiadas em tijolos serviam de armário.* (...+a) 5 apresentar ou oferecer como alimento: *Beatriz sempre serve pão de queijo às visitas.* (+em) 6 ajustar-se; caber: *As roupas já não estão servindo no bebê.* ▶ pág 370.
servente **S** quem presta serviço como auxiliar.

servo ser.vo **S *masc*** criado: *Os servos saíram correndo atrás do cão.*

sessão ses.**são** **S *fem*** 1 espaço de tempo durante o qual funciona uma reunião: *A sessão da Câmara durou quinze minutos.* 2 espaço de tempo durante o qual se realiza um trabalho ou parte dele: *O médico me receitou dez sessões de massagem.* 3 nos teatros e cinemas em que se leva o programa diversas vezes ao dia, cada um desses espetáculos: *A sessão do cinema começa às 15 horas.*
Cp: **seção**.

sesta *é* **ses**.ta **S *fem*** repouso ou período de sono após o almoço.
Cp: **cesta**.

setembro se.**tem**.bro **S *masc*** nono mês do ano, com trinta dias: *Setembro é mês de seca no Pantanal.*

setor se.**tor** **S *masc*** 1 parte de um todo; divisão: *Cada setor do comércio tem um representante na associação.* 2 cada uma das divisões de um estabelecimento; seção: *Chegando à loja, a criança procura o setor dos brinquedos.*

seu[1] ***Pron*** [**Possessivo**] [Referindo-se à pessoa a quem se fala] 1 que você tem: *Chame seus colegas para o jogo.* 2 pertencente a você: *Registre, em seu caderno, as informações mais importantes.* 3 que é habitual a você: *Rápido, está na hora do seu ônibus.* [Referindo-se à pessoa de quem se fala] 4 pertencente a ele; dele: *O bem-te-vi faz seu ninho de forma cuidadosa.* 5 que é habitual a

ele: *Aproximou-se com seu ar de malandro.*
6 que cabe ou que toca a ele: *Jorge trouxe seu sanduíche de casa.*
Forma feminina correspondente: **sua**.

seu[2] ***Pron*** tratamento usado junto a nome próprio para referir-se ou dirigir-se diretamente a pessoa não íntima; senhor: *Como é, seu Antônio, o senhor resolveu continuar não cobrando nada mesmo?*

severo se.**ve**.ro ***Adj*** **1** que age com muito rigor; que não admite nem mesmo pequenos erros: *Minha mãe é uma mulher muito severa.* **2** rigoroso: *O pai tinha severo controle dos gastos.* **3** grave; sério: *O rei tinha um ar severo.* **4** duro; rigoroso: *Querem uma severa punição para os responsáveis pelo desastre.*

sexo cs **se**.xo ***S masc*** conjunto de características segundo as quais um ser vivo é classificado como macho ou como fêmea: *O casal não quer saber o sexo do bebê antes do nascimento.*
sexual ***Adj*** relativo a sexo.

sexta-feira **sex**.ta-**fei**.ra ***S fem*** sexto dia da semana: *Sexta-feira preparamos o passeio de sábado.*

shopping center chópin cênter ***S masc*** reunião de lojas comerciais, serviços de utilidade pública, casas de espetáculo, etc., em um só lugar.
1 A forma ***shopping*** também é usada. **2** Expressão tirada do inglês.

show chôu ***S masc*** qualquer espetáculo artístico de rádio, televisão, etc., ou apresentações em lugares públicos: *Já comprei ingresso para o show de hoje à noite.*
É palavra tirada do inglês.

sigilo si.**gi**.lo ***S masc*** aquilo que não se pode contar a ninguém; segredo: *A relação dos aprovados no concurso estava sendo mantida em sigilo.*
sigiloso ***Adj*** em que há sigilo; secreto.

sigla **si**.gla ***S fem*** letras ou sílabas iniciais das palavras que compõem um nome ou um título: *USP é a sigla da Universidade de São Paulo.*

significado sig.ni.fi.**ca**.do ***S masc*** aquilo que uma palavra quer dizer; sentido: *Procure no dicionário o significado da palavra "simpatia".*
significativo ***Adj*** que tem um significado especial.

significar sig.ni.fi.**car** ***Vt*** **1** ter o significado de; querer dizer: *A palavra "megafauna" significa "animais grandes".* **2** ter importância; ser valioso: *Será que a nossa amizade nada significa para você?* **3** ser sinal de; indicar: *Tirar boas notas, por exemplo, significa que você está aproveitando bem as aulas.*

sílaba **sí**.la.ba ***S fem*** parte da palavra pronunciada de uma só vez, que pode ser formada por uma única vogal [é] ou por uma vogal e consoante(s) [pé; clas-se]: *A palavra aposentadoria tem 7 sílabas.*

silêncio si.**lên**.ci.o ***S masc*** **1** ausência de sons ou de ruídos: *O silêncio ajuda a dormir.* **2** estado de quem se cala; ausência de conversa: *A classe ficou em silêncio.* ***Interj*** **3** usada para mandar calar: *Silêncio! Já começamos a gravação.*
silencioso ***Adj*** em que há ausência de som ou de ruído; calado.

silhueta si.lhu.**e**.ta ***S fem*** o perfil de uma pessoa, animal ou objeto, normalmente representado por um desenho ou pela sua sombra; contorno das formas.

silvestre sil.**ves**.tre ***Adj*** próprio das selvas; que vive nas selvas: *O ar tinha cheiro de flores silvestres.*

sim ***Adv*** **1** palavra usada como resposta afirmativa a uma pergunta: *– O menino já dormiu? – Sim.* ***S masc*** **2** manifestação de aprovação ou de confirmação: *É agradável dizer um sim ao filho.*
Ant: **não**.

simbólico sim.**bó**.li.co ***Adj*** **1** que tem caráter de símbolo: *A figura de um coração é a representação simbólica do amor.* **2** que não tem valor real; insignificante: *O ingresso tem o valor simbólico de um real.*

a b c d e f g h i j k l m n o p q r s t u v w x y z

simbolizar sim.bo.li.**zar** ***Vt*** servir como símbolo de; representar: *Na bandeira, o azul simboliza o céu.*

símbolo **sím**.bo.lo ***S masc*** **1** qualquer coisa usada para representar outra: *O pombo é o símbolo da paz.* **2** figura ou sinal que representa uma coisa; emblema: *A balança é o símbolo da justiça.*

simetria si.me.**tri**.a ***S fem*** **1** correspondência exata, igualdade, entre as duas metades de um todo: *Se você partir uma laranja ao meio verá que há simetria entre as duas partes.* **2** combinação perfeita; harmonia: *Enfeites foram distribuídos pela sala em perfeita simetria.*
simétrico ***Adj*** em que há simetria.

similar si.mi.**lar** ***Adj*** que se parece com outro(s); semelhante; parecido: *Os planetas Terra e Vênus têm massa e tamanho bastante similares.*

simpatia sim.pa.**ti**.a ***S fem*** **1** relação de amizade; afeto: *O palhaço sempre ganha a simpatia do público.* **2** procedimento através do qual se acredita conseguir alguma coisa, usando objetos, rezas, palavras: *As mocinhas faziam simpatia para arrumar namorado.*

simpático sim.**pá**.ti.co ***Adj*** **1** que demonstra simpatia (1); amável; agradável: *Um senhor muito simpático nos atendeu.* **2** de aspecto agradável; atraente: *Gostei de conhecer esta simpática cidade.*

simpatizar sim.pa.ti.**zar** ***Vt*** (+com) ter simpatia (1), interesse ou afeição por: *A moça simpatizou logo com o coronel.*
simpatizante ***Adj*** que tem simpatia (1) por.

simples **sim**.ples ***Adj*** **1** que não é duplo ou formado de muitas partes: *Pedi caldo de cana simples.* **2** que não é complicado: *Montar um quebra-cabeça não é tarefa muito simples.* **3** que não tem luxo ou enfeites; modesto: *Os móveis da sala eram muito simples.* **4** que não depende de outra coisa; único: *Com um simples telefonema, você pode realizar grandes negócios.*

simplificar sim.pli.fi.**car** ***Vt*** **1** tornar (mais) simples ou fácil: *O uso do computador simplificou o nosso trabalho.* ***Vi*** [***Pron***] **2** tornar-se mais simples ou mais fácil: *Com os eletrodomésticos a vida da dona de casa simplificou-se.*
simplificação ***S fem*** ação ou processo de simplificar(-se).

sinal si.**nal** ***S masc*** **1** marca deixada pelo contato com algum objeto; traço: *A chuva de granizo deixou sinais nas paredes das casas.* **2** marca deixada por ferimento ou doença; cicatriz: *A catapora pode deixar sinais na pele.* **3** representação gráfica: *É fundamental o emprego correto dos sinais de pontuação.* **4** gesto que tem algum significado: *O guarda fez sinal para que atravessássemos a rua.*

sinalizar si.na.li.**zar** ***Vt*** marcar por sinais; pôr sinais em: *Cabe ao Departamento de Estradas de Rodagem sinalizar e fiscalizar as estradas.*
sinalização ***S fem*** ação de sinalizar.

sincero sin.**ce**.ro ***Adj*** honesto; franco; leal: *Fernando é amigo sincero.*
sinceridade ***S fem*** qualidade de sincero.

sindicato sin.di.**ca**.to ***S masc*** associação que defende e coordena interesses de profissionais que exercem a mesma atividade ou atividades parecidas.
sindical ***Adj*** que se refere a sindicato.

síndico **sín**.di.co ***S masc*** pessoa escolhida pelos moradores de um edifício para tratar dos seus interesses e da administração do imóvel: *O síndico contratou novos pintores.*

síndrome **sín**.dro.me ***S fem*** **1** conjunto de sintomas que se observam em uma doença. **2** conjunto de sinais que despertam reações de medo ou insegurança: *Estamos vivendo a síndrome da violência.*

síndrome de Down **sín**.dro.me de **Down** *dáum* ***S fem*** conjunto de características físicas e mentais com que certas pessoas nascem.
O nome deriva do médico inglês John Down.

sinfonia sin.fo.**ni**.a ***S fem*** **1** composição musical para orquestra ou muitos instrumentos: *Os músicos ensaiaram a sinfonia.* **2** combinação agradável de sons ou vozes: *Acordamos com a sinfonia dos canários.*

singelo sin.**ge**.lo ***Adj*** de fácil compreensão: *Os livros didáticos têm uma linguagem mais singela.*

A B C D E F G H I J K L M N O P Q R S T U V W X Y Z

singular sin.gu.**lar**
Adj 1 sem igual; único: *Cada uma de minhas netas tem temperamento singular*. 2 que não é vulgar; especial; raro: *Ela tem uma beleza singular*. ***S masc*** 3 em gramática, o número que indica uma só pessoa ou coisa: *A palavra lápis tem a mesma forma tanto para o singular quanto para o plural*.
Ant para 1 e 2: **comum**; para 3: **plural**.

sinistro si.**nis**.tro ***Adj*** 1 que causa medo; estranho: *Entrei numa gruta sinistra*. ***S masc*** 2 desastre que provoca grandes perdas materiais; acidente: *O seguro do carro é contra roubo e sinistro*.

sino ▲ **si**.no ***S masc*** instrumento de metal, em geral de bronze, com a forma de um cone, que produz som alto, obtido por meio de batidas, e é utilizado principalmente nas igrejas para anunciar as cerimônias.

sinônimo si.**nô**.ni.mo ***S masc*** 1 palavra ou expressão que tem o mesmo, ou quase o mesmo significado de outra: *"Bonito" é sinônimo de "belo"*. ***Adj*** 2 de significado equivalente: *"Quebrar a cara" e "dar-se mal" são expressões sinônimas*.

síntese **sín**.te.se ***S fem*** resumo de um texto, de uma fala, de uma história: *No final, o orador fez uma síntese da palestra*.

sintético sin.**té**.ti.co ***Adj*** 1 reduzido aos elementos essenciais; de que se fez um resumo: *O texto precisa ser bem sintético para caber em uma página*. 2 elaborado ou produzido de modo artificial: *A indústria de tecidos usa muitos materiais sintéticos*.

sintetizar sin.te.ti.**zar** ***Vt*** resumir (texto, fala, história): *Consegui sintetizar a história do livro em poucas páginas*.
Ant: **expandir**.

sintoma sin.**to**.ma ***S masc*** 1 qualquer reação no organismo provocada por uma doença: *Febre e dor no corpo são sintomas da gripe*. 2 sinal: *O fato de a maioria das mulheres trabalhar fora é sintoma da independência feminina*.

sintonia sin.to.**ni**.a ***S fem*** condição em que um aparelho de rádio ou televisão pode entrar em contato com uma estação: *Meu rádio não consegue boa sintonia*.

sintonizar sin.to.ni.**zar** ***Vt*** ligar um aparelho de rádio ou televisão a uma estação: *Ao meio-dia, sintonizo meu rádio na melhor emissora de esportes*.

sirene si.**re**.ne ***S fem*** aparelho que produz som alto e sem parar, usado para dar aviso: *Sempre nos preocupa ouvir a sirene do Corpo de Bombeiros*.

siri si.**ri** ***S masc*** animal marinho com dez pernas, que se alimenta de detritos e costuma sair da água e enterrar-se na areia da praia: *A garotada se divertia olhando siris*.
▶ pág 328 e 329.

sistema sis.**te**.ma ***S masc*** 1 conjunto de elementos que dependem um do outro para funcionar de forma organizada: *A chuva danificou todo o sistema de comunicação da emissora*. 2 conjunto de órgãos do corpo que desempenham funções semelhantes: *Mastigar bem os alimentos facilita o trabalho do sistema digestório*. 3 maneira de agir; método; uso: *Naquela época, para comprar mercadorias usava-se o sistema da troca*. 4 qualquer método destinado a marcar, medir ou classificar alguma coisa: *O galão é uma medida que não pertence ao sistema métrico decimal*.

site *sáite* ***S masc*** conjunto de documentos, serviços, endereços, informações, etc., que uma pessoa ou instituição coloca à disposição na Internet: *Quem quiser saber o resultado do vestibular basta acessar o site da universidade*.
É palavra tirada do inglês.

sítio **sí**.ti:o ***S masc*** pequena propriedade rural: *No sítio havia vários pés de jabuticaba*.
sitiante ***S masc*** quem é dono de sítio.

situação si.tu:a.**ção** ***S fem*** 1 condição em que alguém se encontra: *Ao perder o principal jogador, o time ficou em situação difícil*. 2 estado: *Os bombeiros fiscalizaram a situação de segurança dos edifícios*.

situar si.tu.**ar** ***Vt*** 1 encontrar; localizar: *O vaqueiro não conseguiu situar o animal perdido*. [**Pron**] (+em) 2 estar localizado: *O Sistema Solar situa-se na Via-Láctea*.

a b c d e f g h i j k l m n o p q r s t u v w x y z

skate ▲ squêiti **S masc** pequena prancha de fibra ou de madeira com quatro rodas, que se usa para lazer ou prática de esportes. ▶ pág 338 e 339.
1 É palavra tirada do inglês. **2** A forma **esqueite** também é usada.

só ***Adj*** **1** sem companhia; sozinho: *Os dois irmãos voltaram sós do cinema.* ***Adv*** **2** apenas; somente: *Essa loja só vende artigos importados.*
a sós sem mais companhia: *Luna gosta de conversar a sós com a mãe.*

soar so.**ar** ***Vt*** **1** fazer produzir som: *Naquele instante o gerente soou o alarme do banco.* **2** produzir (boa ou má) impressão: *Edu queria para a loja um nome que soasse bem.* **3** ter características; parecer: *Esse nome me soa familiar.* ***Vi*** **4** emitir som: *O apito da fábrica soa às cinco horas em ponto.*
Cp: **suar**.

sob ***Prep*** palavra que relaciona duas partes de uma frase, indicando: **1** embaixo de: *Encontrei uma carta sob a porta.* **2** debaixo de: *Caminhamos sob a chuva.*

soberano so.be.**ra**.no ***Adj*** **1** que tem autoridade máxima; que tem poder: *Ninguém ousava discutir as ordens soberanas do chefe.* **2** total; absoluto: *O eleitor tem o direito soberano de conhecer em quem ele vai votar.* **3** majestoso: *A patroa nunca perdeu seu porte soberano.* ***S masc*** **4** chefe de estado monárquico; rei: *O povo aguardava notícias sobre a saúde do soberano.*

soberbo so.**ber**.bo ***Adj*** **1** muito orgulhoso: *Ele era muito rico, mas não era soberbo.* **2** imponente; esplêndido: *Em cada vaso havia as mais soberbas begônias.*

sobra **so**.bra ***S fem*** **1** aquilo que não foi utilizado; resto: *Com as sobras de arroz, a cozinheira faz bolinhos.* **2** excesso: *Na região sul há sobra de energia.*
de sobra em excesso; muito: *Eu tinha razões de sobra para acreditar em meu pai.*
Em **1**, é mais usado no plural.

sobrado ▼ so.**bra**.do ***S masc*** casa de mais de um andar: *Moro num sobrado.*

sobrancelha so.bran.**ce**.lha ***S fem*** conjunto de pelos acima do olho: *As sobrancelhas e os cílios protegem os olhos.*
É mais usado no plural.

sobrar so.**brar** ***Vi*** **1** não ser totalmente utilizado; restar: *Se sobrar dinheiro de seu salário, abra uma poupança.* **2** existir em excesso: *Estavam sobrando tarefas e faltava gente para trabalhar.*

sobre **so**.bre ***Prep*** palavra que relaciona duas partes de uma frase, indicando: **1** por cima de: *O avião voava baixo sobre a cidade.* **2** em cima de: *Coloquei os livros sobre a mesa.* **3** assunto: *Paulo nos falava sobre o que aconteceu na festa.* **4** preferência: *Devemos amar a Deus sobre todas as coisas.*

sobremesa so.bre.**me**.sa ***S fem*** doce ou fruta que se comem após a refeição: *Compramos sorvete para a sobremesa.* ▶ pág 370.

sobrenatural so.bre.na.tu.**ral** ***Adj*** **1** que não se explica pelas leis da natureza: *Parece que aquele homem tinha poderes sobrenaturais.* **2** que parece ser de outro mundo; não humano: *Ana havia sonhado com um ser sobrenatural.*

sobrenome so.bre.**no**.me ***S masc*** nome de família, que vem após o primeiro nome: *O sobrenome Silva é muito comum.*

sobressair so.bres.sa.**ir** ***Vt*** (+entre) destacar-se entre os outros; chamar a atenção: *As rosas vermelhas sobressaíam entre as demais flores do jardim.*

sobretudo so.bre.**tu**.do ***S masc*** **1** grande casaco usado pelos homens sobre a roupa, como proteção contra o frio e a chuva. ***Adv*** **2** de modo especial: *É preciso agasalhar-se bem, sobretudo no inverno.*

sobrevir so.bre.**vir** ***Vi*** **1** vir depois; acontecer logo após: *Após um dia de trabalho duro, sobrevém o cansaço.* **2** vir de repente; atacar: *Sobreveio-me a sensação de que estava sendo seguido.*

A B C D E F G H I J K L M N O P Q R S T U V W X Y Z

1 açougue pág 15

2 açougueiro pág 15

3 balança pág 47

4 carne pág 74

5 carrinho pág 75

6 corredor pág 108

7 doce pág 139

8 escolher pág 162

9 esperar ▶ pág 168
10 flor ▶ pág 198
11 *freezer* ▶ pág 203
12 iogurte ▶ pág 241
13 lata ▶ pág 252
14 lista ▶ pág 260
15 louça ▶ pág 262
16 pão ▶ pág 313
17 pedido ▶ pág 319
18 prateleira ▶ pág 341
19 sabonete ▶ pág 384
20 samambaia ▶ pág 387

a b c d e f g h i j k l m n o p q r **s** t u v w x y z

sobreviver so.bre.vi.**ver** ***Vi*** 1 continuar a viver depois de ter sofrido risco de morte: *A mãe agradeceu porque a criança sobreviveu*. 2 continuar a existir: *Sem ordem, uma sociedade não sobrevive*. ***Vt*** (+de) 3 providenciar seu próprio sustento; manter-se: *A viúva sobrevive de uma renda que recebe do governo*.
sobrevivência ***S fem*** processo de sobreviver.
sobrevivente ***S masc*** quem consegue sobreviver.

sobrinho so.**bri**.nho ***S masc*** pessoa com relação aos irmãos e cunhados de seus pais: *Nasceu o filho de minha irmã, meu primeiro sobrinho*.
▶ pág 205.

socar so.**car** ***Vt*** 1 dar socos em: *Toda vez que marcava um gol, o jogador socava o ar*. 2 amassar; moer: *A mulher socava cereais e raízes no pilão*.

social so.ci.**al** ***Adj*** 1 relativo, pertencente ou próprio da sociedade (1): *O Brasil está tentando resolver seus problemas sociais*. 2 que se usa em festas ou ocasiões formais: *Há ocasiões em que temos de usar roupas sociais*. 3 relativo aos sócios: *O clube está ampliando o seu quadro social*.

sociedade so.ci.e.**da**.de ***S fem*** 1 conjunto de pessoas que vivem em grupos organizados; comunidade: *A vida em sociedade exige obediência a regras*. 2 parceria entre pessoas que se associam a fim de exercer uma mesma atividade ou defender os mesmos interesses: *Fizeram uma sociedade e abriram uma fábrica*.

sócio **só**.ci.o ***S masc*** 1 membro de uma sociedade, associação ou clube: *Fui sócio do Clube Paulistano*. 2 aquele que se associa com outro numa empresa; quem tem parte em empresa: *A empresa quer aumentar o número de sócios*.

soco **so**.co ***S masc*** golpe com a mão fechada; murro: *De repente, o orador deu um soco na mesa pedindo silêncio*.

socorrer so.cor.**rer** ***Vt*** 1 ajudar a sair de uma dificuldade: *Meu avô sempre me socorre quando preciso de dinheiro*. 2 prestar atendimento médico: *A equipe médica está sempre pronta para socorrer os acidentados*.
socorro ***S masc*** ação ou processo de socorrer.

soda **so**.da ***S fem*** 1 refrigerante com pouco gás: *Prefiro soda a guaraná*. 2 soda cáustica: *Nunca use soda para limpar a pia da cozinha*.

soda cáustica **so**.da **cáus**.ti.ca ***S fem*** substância química que destrói outras, usada em produtos de limpeza e na fabricação de sabão.

sofá so.**fá** ***S masc*** móvel, normalmente com braços e parte para apoiar as costas, onde podem sentar-se duas ou mais pessoas: *Carol ganhou um sofá como presente de casamento*.

sofisticado so.fis.ti.**ca**.do ***Adj*** que é muito avançado: *Com o surgimento de aparelhos mais sofisticados, como o microscópio, muitos seres vivos foram sendo descobertos*.

sofrer so.**frer** ***Vi*** 1 suportar sofrimentos; suportar dor física ou angústia: *A guerra faz todo mundo sofrer*. ***Vt*** 2 passar por; experimentar: *Os preços das verduras sofreram pouca variação*. (+de) 3 estar atacado; padecer: *Tornou-se comum as pessoas sofrerem de alergia*.
sofrer o diabo passar por muitas dificuldades: *Sofremos o diabo naquela excursão*.
sofrimento ***S masc*** estado de quem sofre.

sogro **so**.gro ***S masc*** pai do marido, em relação à mulher, ou pai da mulher, em relação ao marido: *Adão e Eva não tiveram sogros*.
Forma feminina correspondente: **s[ó]gra**.

soja ▼ **so**.ja ***S fem*** 1 vegetal de folhas alongadas, flores brancas ou roxas, vagens pequenas com duas sementes de coloração variada: *Conheci uma plantação de soja*. 2 a semente madura ou grão desse vegetal: *A soja é largamente exportada para vários países*.

sol ***S masc*** 1 astro principal e central de nosso Sistema Solar. 2 luz e calor desse astro: *Os répteis vão para lugares onde bate sol*.
de sol a sol durante o dia todo: *O vaqueiro trabalha de sol a sol cuidando do gado*.
▶ pág 328 e 329.
solar ***Adj*** do ou relativo ao Sol.
Em **1**, escreve-se com inicial maiúscula.

SALA DE AULA

1 aluno ▶ pág 25
2 aprender ▶ pág 32
3 caderno ▶ pág 66
4 carteira ▶ pág 78
5 colega ▶ pág 93
6 computador ▶ pág 98
7 DVD ▶ pág 142
8 ensinar ▶ pág 154
9 globo ▶ pág 216
10 livro ▶ pág 260
11 mapa ▶ pág 270
12 mural ▶ pág 288
13 professor ▶ pág 347
14 quadro-negro ▶ pág 354
15 televisão ▶ pág 419

a b c d e f g h i j k l m n o p q r s t u v w x y z

sola so.la *S fem* 1 parte de baixo do calçado, que fica em contato com o chão: *Calçado com sola de borracha fica mais silencioso.* 2 parte de baixo do pé: *O jogador reclamou de calos na sola do pé.*

solado so.**la**.do *S masc* parte inferior e externa do calçado; sola (1): *O solado da sandália está gasto pelo uso.*

solar[1] so.**lar** *Adj* do ou relativo ao Sol: *Os raios solares entram através da vidraça.*

solar[2] so.**lar** *Vt* pôr sola em: *O sapateiro solou as botas de novo.*

solavanco so.la.**van**.co *S masc* balanço imprevisto e violento; abalo: *Os solavancos do ônibus aborrecem os passageiros.* **aos solavancos** com muita dificuldade; aos trancos: *O carro velho desceu a ladeira aos solavancos, entre pedras e buracos.*

soldado sol.**da**.do *S masc* 1 pessoa que serve ao exército ou às forças policiais estaduais: *Uma viatura com soldados faz a ronda na rua.* 2 primeiro posto da hierarquia militar: *João passou de soldado a cabo.*

soleira so.**lei**.ra *S fem* peça de madeira ou de pedra que forma a parte de baixo do vão da porta, no mesmo nível do piso: *As soleiras das portas do prédio eram de mármore.*

solene so.**le**.ne *Adj* 1 que se celebra ou se realiza com certas normas próprias dos atos públicos: *Em cerimônia solene os jovens receberam o diploma.* 2 que merece respeito; de grande importância: *Neste momento solene, declaro que minha casa está à disposição dos amigos.*

soletrar so.le.**trar** *Vt* 1 pronunciar letra por letra quando se lê: *Meu irmão mais velho me ensinava a soletrar.* 2 dizer em ordem cada letra que forma uma palavra: *Soletre seu sobrenome, por favor.*

solicitar so.li.ci.**tar** *Vt* 1 pedir: *Solicite ajuda na pesquisa.* (...+a) 2 exigir; requerer: *O pai solicitou documentos escolares à secretaria.* **solicitação** *S fem* ação de solicitar.

solidão so.li.**dão** *S fem* estado do que se encontra só; isolamento: *Ele canta para fugir da solidão.*

solidário so.li.**dá**.ri:o *Adj* que participa dos problemas ou do sofrimento de outra pessoa, com a intenção de ajudar, dar conforto ou consolo: *Aconteça o que acontecer, serei sempre solidário a você.* **solidariedade** *S fem* qualidade ou estado de solidário.

sólido **só**.li.do *Adj* 1 que tem uma consistência dura: *A partir de uma certa idade, a criança deve ingerir também alimentos sólidos.* 2 que é difícil de ser destruído; firme; resistente: *As pontes precisam ter uma estrutura sólida.* 3 estável; seguro: *O professor demonstrou seus sólidos conhecimentos.* *S masc* 4 figura geométrica como o cone, o cilindro, o cubo, etc. **solidez** *S fem* qualidade do sólido; firmeza; estabilidade.

solitária so.li.**tá**.ri:a *S fem* verme achatado que pode ser encontrado no intestino humano, chegando a medir até 8 metros de comprimento.

solitário so.li.**tá**.ri:o *Adj* 1 que está só; sozinho: *No último banco do ônibus, uma senhora solitária observava a paisagem.* 2 que não vive em sociedade ou em grupo: *Rinocerontes são animais solitários.*

solo[1] **so**.lo *S masc* 1 porção da superfície terrestre onde se anda, se constrói, etc.; terra; chão: *O pássaro passou voando rente ao solo.* 2 terra considerada na sua finalidade para plantação; terreno: *Antes de plantar é necessário preparar o solo.*

solo[2] **so**.lo *S masc* apresentação musical executada num só instrumento ou em que um cantor canta sozinho: *Aprecio um solo de violino.*

soltar sol.**tar** *Vt* 1 pôr em liberdade; libertar: *O juiz mandou soltar o homem preso.* 2 desamarrar: *Alguém soltou as cordas que prendiam o barco.* 3 fazer sair; expelir: *As chaminés soltavam uma fumaça escura.* 4 deixar escapar da mão; não segurar: *O goleiro soltou a bola nos pés do atacante.* *Vi* [*Pron*] 5 tornar-se solto; desprender-se: *Quando a fruta está madura, a casca se solta com mais facilidade.* **solto** *Adj* que se soltou.

solteiro sol.**tei**.ro *Adj* 1 que ainda não se casou: *Todas as moças solteiras do reino foram ao baile.* *S masc* 2 pessoa que ainda não se casou: *Os solteiros têm menos compromissos que os casados.*

solução so.lu.**ção** ***S fem*** **1** meio ou possibilidade de resolver uma dificuldade, um problema; saída: *Se o ônibus não vem, a solução é tomar um táxi.* **2** processo para se chegar a um resultado; resolução: *Para a solução das questões de português, era necessário saber interpretar o texto.*

solucionar so.lu.ci:o.**nar** ***Vt*** **1** dar solução a; resolver: *A nova diretora conseguiu solucionar quase todos os problemas da escola.* **2** decifrar: *Meu passatempo preferido é solucionar palavras cruzadas.*

soluço so.**lu**.ço ***S masc*** movimento espontâneo que faz sair, fazendo certo ruído, o ar que entrou nos pulmões: *O bebê teve uma crise de soluços.* **soluçar** ***Vi*** soltar soluços naturais ou causados pelo choro.

solvente sol.**ven**.te ***Adj*** **1** capaz de tornar mais fino; capaz de dissolver: *O pintor usa substâncias solventes.* ***S masc*** **2** líquido capaz de dissolver substâncias: *A tinta esmalte tem seu solvente próprio.*

som ***S masc*** **1** todo ruído ou barulho que é percebido pela nossa audição: *Do nosso quarto era possível ouvir os sons das buzinas.* **2** música de modo geral: *Vamos à casa do Diego curtir um som.* **3** equipamento para produção e recepção musical: *Só agora consegui instalar um som no meu carro.*

soma **so**.ma ***S fem*** **1** resultado de uma adição: *A soma da cliente não batia com a da vendedora.* **2** conjunto: *A televisão nos fornece uma grande soma de informações.* **3** grande quantidade; abundância: *A poluição dos rios é responsável pela soma de peixes mortos.*

somar so.**mar** ***Vi*** **1** fazer conta de adição: *No primeiro mês de aulas, as crianças já aprendem a somar.* ***Vt*** **2** fazer a soma de: *Se você somar dois números pares, o resultado será sempre par.* **3** ter ou apresentar uma determinada quantidade: *O número de livros da nossa biblioteca já soma mais de cinco mil.*

sombra **som**.bra ***S fem*** **1** ausência de luz: *As roseiras não gostam de sombra.* **2** figura escura projetada numa superfície mais clara por um corpo que está impedindo a passagem da luz: *As crianças brincavam à sombra da figueira.* **3** maquiagem para as pálpebras: *Ela passa muita sombra.* **sem sombra de dúvida** com toda a certeza: *Garanto, sem sombra de dúvida, que hoje irei a sua casa.*

sombrear som.bre.**ar** ***Vt*** **1** fazer sombra: *Árvores sombreiam o jardim.* **2** escurecer: *Pesadas cortinas sombreiam o quarto.*

sombrinha som.**bri**.nha ***S fem*** guarda-chuva usado por mulheres para se protegerem da chuva ou do sol: *Durante a caminhada, as mulheres que não gostavam de sol abriam a sombrinha.*

sombrio som.**bri**:o ***Adj*** **1** que tem um aspecto triste; melancólico: *Com a chegada dos primos, os dias deixaram de ser sombrios.* **2** cheio de sombras; escuro: *A caverna era um lugar úmido e sombrio.*

somente so.**men**.te ***Adv*** **1** palavra que indica exclusão de outras coisas; apenas: *Na estante havia somente livros de história.* **2** indica pequena quantidade ou quantidade limitada: *A casa tinha somente três cômodos.*

sonda **son**.da ***S fem*** **1** tubo que se introduz no organismo, para examiná-lo, ou para extrair ou introduzir algum tipo de matéria: *O paciente alimentava-se por meio de sondas.* **2** aparelho que serve para perfurar o solo: *Usam-se sondas para extrair petróleo.* **3** instrumento utilizado para colher informações sobre os planetas: *A Mariner-4 é a primeira sonda enviada pela Terra para fotografar Marte de perto.*

sondar son.**dar** ***Vt*** **1** examinar com cuidado: *O prefeito nomeou um fiscal para sondar os trabalhos nas ruas.* **2** observar ou conversar com alguém para obter informações: *Resolveu sondar a cozinheira para ver se descobria o que teriam para o jantar.* **3** andar à volta de; rondar: *Uma onça andava sondando a fazenda.* **sondagem** ***S fem*** ação de sondar.

soneca so.**ne**.ca ***S fem*** breve espaço de tempo que se passa dormindo; sono rápido.

sonhar so.**nhar** ***Vt*** **1** ter sonhos: *Sonhei que estava em Paris.* (+com) **2** ver em sonho: *Sempre que sonho com você algo de bom me*

acontece. **3** desejar alguma coisa ou que algo aconteça; pretender: *Júnior sonha com uma casa com piscina e tudo.* ***Vi*** **4** criar fantasia na imaginação: *É bom sonhar, mas também é necessário vivermos a realidade.*
sonhador ***S masc*** quem vive a sonhar (3 e 4).

sonho[1] ▼ **so**.nho ***S masc*** **1** aquilo que vemos e vivemos durante o sono: *No meu sonho, tinha um castelo encantado.* **2** imaginação; fantasia: *Como seria o parque dos seus sonhos?* **3** desejo: *Meu sonho é voltar à Europa.*

sonho[2] ▲ **so**.nho ***S masc*** pequeno bolo feito de massa de farinha e ovos, frito e passado em açúcar, recheado com creme, goiabada, etc.: *São deliciosos os sonhos feitos pela minha mãe.*

sono **so**.no ***S masc*** **1** período durante o qual se dorme: *A criança teve um sono tranquilo.* **2** vontade de dormir: *Esta música está me dando sono.*
sonolência ***S fem*** estado de sono (2); vontade de dormir. **sonolento** ***Adj*** que tem ou que está com sono (2).

sonoro so.**no**.ro ***Adj*** **1** de ou relativo ao som: *A banda combina acrobacia com efeitos sonoros.* **2** agradável à audição; melodioso: *José procura um nome sonoro para o filho que vai nascer.*
sonoridade ***S fem*** qualidade de sonoro.

sonso **son**.so ***Adj*** **1** ingênuo; tolo: *Tentaram vender um anel falso à Josefa, mas ela recusou porque não é nada sonsa.* ***S masc*** **2** pessoa ingênua ou sem iniciativa: *Os sonsos podem nos surpreender.*

sopa **so**.pa ***S fem*** caldo com carne, legumes, massas ou outra substância: *A água usada para cozinhar legumes pode ser aproveitada no preparo de sopas.*

sopé so.**pé** ***S masc*** parte inferior; base: *A fazenda fica ao sopé da montanha.*

soprar so.**prar** ***Vt*** **1** fazer movimentar com ar que sai dos pulmões: *A criançada se divertia soprando as plumas.* **2** dirigir o ar vindo dos pulmões sobre alguma coisa: *O churrasqueiro soprava as brasas para produzir chamas.* **3** apagar com sopro: *A energia voltou e ela soprou a vela.* ***Vi*** **4** deslocar-se (o vento) com certa força: *O vento soprava forte.*
sopro ***S masc*** ação ou processo de soprar.

soro **so**.ro ***S masc*** **1** porção amarela do sangue que não passa para o estado sólido. **2** produto usado como medicamento: *O soro contra veneno de cobra é feito com o sangue do cavalo.* **3** solução usada para tratar ou alimentar pessoa doente: *O rapaz ficou tão fraco que precisou tomar soro.*
▶ pág 225.

sorrir sor.**rir** ***Vi*** **1** rir sem ruído, fazendo apenas um ligeiro movimento com a boca e os músculos da face: *Vovó sorriu quando me viu chegar.* ***Vt*** (+ para) **2** manifestar-se contente; ser agradável: *A noiva sorria para todos.* **3** ser favorável: *A sorte sorriu para mim.*
sorriso ***S masc*** ação de sorrir. **sorridente** ***Adj*** que sorri.

sorte **sor**.te ***S fem*** **1** aquilo que a pessoa tem de passar na vida; destino: *Nascer e morrer é a sorte de todos.* **2** oportunidade que traz alegria; felicidade: *Tive a sorte de encontrar um amigo.* **3** condição favorável a que se consiga alguma coisa: *Se você tiver sorte, poderá falar com o chefe ainda hoje.* **4** espécie; gênero; tipo: *Ela faz toda sorte de doces.*
sortudo ***Adj*** que tem sorte (3).

sortear sor.te.**ar** ***Vt*** **1** distribuir algo a alguém por meio de sorteio, isto é, escolhendo, ao acaso, um nome ou um número no meio de muitos: *A loja sorteará um televisor.* **2** escolher por meio de sorteio: *O professor sorteará alguns alunos para apresentar a tarefa.*
sorteio ***S masc*** ação de sortear.

sorvete sor.**ve**.te ***S masc*** doce feito de frutas e/ou leite, com vários sabores, e congelado: *Hoje temos sorvete de lanche.*
▶ pág 328 e 329.
sorveteria ***S fem*** casa comercial onde se fabrica ou se vende sorvete. **sorveteiro** ***S masc*** quem faz ou vende sorvete.

sósia ▼ **só**.si:a ***S*** pessoa muito parecida com outra: *Rui tem um sósia que confunde até os seus pais.*

sossegado sos.se.**ga**.do ***Adj***
1 calmo; tranquilo: *O casal escolheu um bairro sossegado para viver.*
2 livre de preocupações: *Com os filhos crescidos, ele leva velhice sossegada.*

sossegar sos.se.**gar** ***Vt***
1 tornar calmo; tranquilizar: *A mãe conseguiu sossegar o filho contando-lhe uma história.* ***Vi***
2 parar de movimentar-se; ficar quieto: *O menino não sossegava um minuto.* **3** acalmar-se; tranquilizar-se: *Quando quer uma coisa, ela não sossega enquanto não consegue.*

sossego sos.**se**.go ***S masc***
1 tranquilidade; paz: *Depois que ganhou na loteria, o homem não teve mais sossego.* **2** vida sem agitação; vida tranquila: *Gosto do sossego desta cidade.*

sótão **só**.tão ***S masc*** parte de uma construção como casa, prédio, etc., logo abaixo do telhado: *Os meninos brincam no sótão da casa.*

sotaque so.**ta**.que ***S masc***
1 pronúncia própria de um indivíduo ou de uma região: *Logo reconheci seu Raimundo pelo seu sotaque nordestino.* **2** modo de falar próprio de uma língua e que permanece quando a pessoa adquire uma outra língua: *Giovane fala português, mas não perdeu o sotaque italiano.*

soterrar so.ter.**rar** ***Vt*** cobrir de terra ou de outras coisas; enterrar: *As lavas do vulcão descem pela montanha soterrando tudo em seu caminho.*
soterramento ***S masc*** ação ou processo de soterrar.

sovina so.**vi**.na ***Adj*** apegado a bens materiais; avarento: *O vizinho é sovina, não dá esmolas.*

sozinho so.**zi**.nho ***Adj*** **1** sem companhia; completamente só: *Diego acha melhor morar sozinho.*
2 sem ajuda: *Tente fazer suas tarefas de casa sozinho.* ***Adv*** **3** sem a presença de outra pessoa com quem possa conversar: *A secretária anda preocupada, pois o patrão vive falando sozinho.*

spray *sprei* ***S masc***
1 sistema para espalhar, como névoa, perfume, inseticida, desodorante, etc.: *Prefiro usar desodorante em spray.* **2** o produto usado desse modo: *O spray me fez espirrar.*
É palavra tirada do inglês.

sua majestade
su.a ma.jes.**ta**.de ***Pron*** tratamento usado para referir-se a reis ou imperadores: *Lá estava Sua Majestade sentada em seu trono.*
Abrev: **S.M.**

suar su.**ar** ***Vi*** **1** expelir suor pelos poros; transpirar: *Os tenistas suaram muito.* **2** esforçar-se muito; trabalhar muito: *A família está suando para pagar as prestações da casa.*
Cp: **soar**.

suave su.**a**.ve ***Adj*** **1** meigo; delicado: *Com voz suave, a professora contava histórias.*
2 agradável aos sentidos; macio: *A menina tinha uma pele suave.*
3 agradável; ameno: *A temperatura suave nos convidava a um passeio.*
Adv **4** de modo brando; de modo macio: *O pássaro voava suave.*
Ant para **1**: **rude**.

subida su.**bi**.da ***S fem*** **1** ação de subir: *O menino cansou-se na subida da serra.* **2** elevação; aumento: *O jornal anunciou a subida de preços.* **3** terreno inclinado; ladeira, quando se sobe: *Um carro quebrado na subida congestionou o trânsito.*

subir su.**bir** ***Vt*** **1** levantar; elevar: *O atleta subiu a barra de ferro até a altura dos ombros.*
2 tornar mais elevado: *Os comerciantes estão subindo os preços.* **3** ir para cima caminhando sobre (escada): *Levamos dez minutos para subir as escadas.* (+em) **4** ir para cima (de árvore ou lugar alto) usando as mãos e os pés; trepar: *Não precisa subir na jabuticabeira para apanhar as frutas.* **5** entrar em um veículo: *Todos queriam ajudar a mulher a subir no ônibus.* ***Vi*** **6** ir de baixo para cima: *O helicóptero não precisa de uma pista longa para subir.*
subir na vida ter sucesso; progredir: *Se quiser subir na vida, estude bastante.*

súbito **sú**.bi.to ***Adj*** **1** que acontece ou surge de repente; repentino; inesperado. *Houve um súbito silêncio na sala quando a TV mostrou o gol do adversário.* ***Adv***
2 de modo repentino ou inesperado: *Súbito, uma luz muito brilhante quase nos deixou cegos.*
de súbito de modo inesperado, de repente: *A carruagem parou de súbito.*

A B C D E F G H I J K L M N O P Q R S T U V W X Y Z

sublime su.**bli**.me ***Adj*** 1 que atingiu um grau muito elevado em qualidade ou beleza; admirável: *O filme tinha uma música sublime.* 2 que é digno de louvor; extraordinário: *Como é sublime ajudar outros.*

sublinhar su.bli.**nhar** ***Vt*** destacar passando um traço embaixo: *Sublinhe as palavras oxítonas.*

submarino sub.ma.**ri**.no ***S masc*** 1 navio que navega embaixo das águas do mar: *Quando criança, meu sonho era fazer uma viagem de submarino.* ***Adj*** 2 do ou relativo ao fundo do mar: *A extração de petróleo no Rio de Janeiro é feita nas áreas submarinas.* ▶ pág 302 e 303.

submergir sub.mer.**gir** ***Vi*** ir ao fundo das águas: *O submarino submergiu rapidamente.*
⊖ **submerso** ***Adj*** que submergiu; que está no fundo das águas.

submeter sub.me.**ter** ***Vt*** (...+a) 1 obrigar a fazer alguma coisa; expor a uma determinada situação: *Não podemos submeter as crianças a atividades dos adultos.* 2 tornar objeto de exame ou prova: *Vamos submeter os candidatos a uma entrevista.* [***Pron***] (+a) 3 sujeitar-se: *O povo não se submetia às ordens absurdas do imperador.* 4 passar por: *O paciente já se submeteu aos exames de rotina.*

subsistência sub.sis.**tên**.ci:a ***S fem*** existência individual; manutenção da vida: *O casal trabalha para a subsistência da família.*

substância subs.**tân**.ci:a ***S fem*** toda e qualquer matéria considerada na sua essência: *A planta tem uma substância verde chamada clorofila.*

substituir subs.ti.tu.**ir** ***Vt*** 1 ficar no lugar de: *A coordenadora substituirá a diretora por uma semana.* 2 fazer o mesmo efeito que uma outra coisa: *O sorvete é um alimento que não deve substituir uma refeição.* (...+por) 3 colocar no lugar (de); trocar: *A cliente preferiu substituir a feijoada por um filé.*
⊖ **substituição** ***S fem*** ação de substituir.

substituto subs.ti.**tu**.to ***Adj*** 1 que substitui: *Tivemos aula de português com um professor substituto.* ***S masc*** 2 quem substitui: *O substituto do diretor dirigiu a reunião.*
☀ Ant: **titular**.

subterrâneo sub.ter.**râ**.ne:o ***Adj*** 1 que fica, existe ou ocorre debaixo da terra: *Estão aumentando as linhas subterrâneas do metrô.* ***S masc*** 2 lugar que fica debaixo da terra: *Os ratos vivem nos subterrâneos.*

subtrair sub.tra.**ir** ***Vt*** (...+de) 1 tirar sem que ninguém veja; furtar: *Os ladrões subtraíram algumas joias do cofre.* 2 tirar (número ou quantia) de outro (número ou quantia); diminuir.
⊖ **subtração** ***S fem*** ação ou processo de subtrair.

subúrbio su.**búr**.bi:o ***S masc*** região situada em torno de uma cidade, longe do centro: *Moro num bairro do subúrbio.*

sucata su.**ca**.ta ***S fem*** qualquer peça metálica já usada: *O artista fazia suas esculturas com sucata.*

suceder su.ce.**der** ***Vi*** 1 acontecer; dar-se; ocorrer: *Ninguém sabe o que sucede no casarão.* ***Vt*** 2 substituir em um cargo: *A esposa sucederá o marido nos negócios.* [***Pron***] 3 vir um após o outro: *Os trovões se sucediam, um mais forte que outro.*
⊖ **sucessão** ***S fem*** ação ou processo de suceder(-se).

sucesso su.**ces**.so ***S masc*** 1 resultado feliz: *A participação do time no campeonato foi um sucesso.* 2 filme, música, etc., que tem boa aceitação: *Nina conhece todos os sucessos do cantor.*

sucessor su.ces.**sor** ***S masc*** 1 pessoa que substitui outra: *O povo elegerá o sucessor do atual presidente.* 2 número que vem logo depois de outro: *O número 7 é o sucessor de 6.*

suco **su**.co ***S masc*** líquido nutritivo contido nas substâncias animais ou vegetais: *Gosto de sopa feita com suco de carne.* ▶ pág 370.

sucuri su.cu.**ri** ***S fem*** enorme cobra não venenosa, dos pântanos e rios do Brasil, de pele esverdeada, com manchas pretas, cabeça revestida de escamas, e de grande força muscular. ▶ pág 388 e 389.

sudeste su.**des**.te ***S masc*** 1 ponto do horizonte entre o sul e o leste: *O grupo partiu rumo ao sudeste.* 2 região do Brasil formada pelos Estados de São Paulo, Rio de Janeiro, Minas Gerais e Espírito Santo: *Atualmente no Brasil, a maioria das indústrias se concentra*

no *Sudeste*. **Adj** 3 que se refere a essa região: *A região sudeste do Brasil é mais povoada.*
Em 2, escreve-se com inicial maiúscula.

súdito **sú**.di.to **S masc** pessoa que deve obediência e respeito a outra, seu governante: *O monarca cobrava impostos de seus súditos.*
É mais usado em relação aos habitantes de um país governado por rei, imperador, etc.

sudoeste su.do.**es**.te **S masc** 1 ponto do horizonte situado entre o sul e o oeste; região localizada nesse ponto: *A meteorologia prevê chuva para o sudoeste do estado.* **Adj** 2 que se refere a essa região: *A região sudoeste do estado de São Paulo tem clima quente.*

suficiente su.fi.ci.**en**.te **Adj** 1 que se refere ao mínimo necessário; que satisfaz; que basta: *Você já tem idade suficiente para compreender o que seus pais dizem.* **S masc** 2 aquilo que é necessário; o bastante: *A profissão lhe rendia o suficiente para sustentar a família.*

sufocar su.fo.**car** **Vt** 1 impedir a respiração: *A fumaça era tanta que podia sufocar as pessoas.* 2 impedir de manifestar-se: *Não deixe que o desânimo sufoque os seus sonhos.* **Vi** [**Pron**] 3 sentir sensação de falta de ar: *Estávamos nos sufocando naquela sala fechada.*
sufoco **S masc** grande inquietação.

sugar su.**gar** **Vt** aspirar um líquido ou pó; chupar: *As borboletas sugam o pólen das flores.*
sucção **S fem** ação de sugar.

sugerir su.ge.**rir** **Vt** 1 dar opinião para que se faça alguma coisa; recomendar; propor: *A professora sugeriu um trabalho em grupo.* 2 fazer lembrar; dar ideia de: *O formato das nuvens sugere figuras de animais.*
sugestão **S fem** ação de sugerir (1). **sugestivo** **Adj** que chama a atenção; que faz lembrar.

suicidar-se sui.ci.**dar**-se **Vi** tirar a própria vida; matar-se.
suicídio **S masc** ação de suicidar-se.

suíno su.**í**.no **S masc** 1 o porco: *O clima frio é favorável para a criação de suínos.* **Adj** 2 relativo a porco: *O veterinário se especializou no tratamento das doenças suínas.*

suíte su.**í**.te **S fem** 1 acomodação em hotel, hospital, etc. constituída de quarto, banheiro e sala: *O casal de turistas reservou uma suíte no melhor hotel da cidade.* 2 quarto de uma casa que tem junto um banheiro: *Alugamos uma casa com duas suítes.* ▶ pág 76 e 77.

sujar su.**jar** **Vt** tornar sujo; manchar: *A poluição que vem pelo ar suja as roupas do varal.*

sujeira su.**jei**.ra **S fem** 1 aquilo que torna sujo o ambiente; imundície: *Os garis tiram a sujeira das ruas.* 2 mancha em alguma coisa que estava limpa: *Veja a sujeira de suas roupas!* 3 ação não correta: *Avisou que não queria sujeira nas negociações.*

sujeitar su.jei.**tar** **Vt** (...+a) 1 obrigar alguém a fazer alguma coisa ou a experimentar uma situação: *Para não sujeitar a família ao frio europeu, João passará as férias no Rio de Janeiro.* [**Pron**] (+a) 2 aceitar uma situação; conformar-se: *Muitas pessoas não se sujeitam à vida no campo.*

sujeito su.**jei**.to **Adj** 1 que está exposto ou submetido a; dependente de: *Os funcionários estavam sujeitos às ordens do chefe.* **S masc** 2 pessoa indeterminada cujo nome não se sabe ou que não se quer nomear; indivíduo; pessoa: *Está aí fora um sujeito que se diz fiscal federal.*

sujo **su**.jo **Adj** 1 sem limpeza; imundo: *Achamos o apartamento muito sujo.* 2 manchado: *Não deixe que seus cadernos fiquem sujos.* 3 que perdeu o crédito: *Quem paga suas dívidas não fica sujo na praça.*

sul **S masc** 1 ponto cardeal que se opõe diretamente ao norte e que fica à nossa direita se estamos virados para onde nasce o sol: *Se você der as costas para o norte, terá pela frente o sul.* 2 região que corresponde a esse ponto: *O cacau é cultivado principalmente no sul da Bahia.* 3 região do Brasil formada pelos Estados do Paraná, Santa Catarina e Rio Grande do Sul: *Este ano faremos uma excursão para o Sul.* **Adj** 4 relativo ao ponto que se opõe diretamente ao norte: *O aeroporto fica na parte sul da cidade.*
Em 3, escreve-se com inicial maiúscula.

sulco sul.co *S masc* abertura na terra no sentido horizontal: *As chuvas podem abrir sulcos no solo.*

sulfite sul.**fi**.te *S masc* papel obtido da pasta de madeira tratada por uma substância química especial que o deixa mais branco e próprio para desenho, escrita, impressão, etc.: *Use sulfite para fazer o desenho.*

sultão sul.**tão** *S masc* título do imperador em alguns países: *Aladim se apaixonou pela filha do sultão.*

sumário su.**má**.ri:o *Adj* 1 feito sem atitudes formais; rápido; simples: *Teve um julgamento sumário.* *S masc* 2 lista dos capítulos de um livro, indicando as páginas em que são encontrados: *Consultando o sumário localizamos o assunto que queremos.*

sumiço su.**mi**.ço *S masc* desaparecimento: *O dono do sítio achava estranho o sumiço das galinhas.*

sumir su.**mir** *Vt* (+com) 1 fazer desaparecer: *Meu irmão some com todos os meus brinquedos.* (+de) 2 desaparecer para sempre; fugir: *A vontade do rapaz era sumir daquele lugar.* *Vi* 3 desaparecer: *Usei um creme e as manchas do rosto sumiram.*

suntuoso sun.tu.**o**.so *Adj* em que há grande luxo; rico; esplêndido: *Morava num bairro suntuoso.*

suor ▶ su.**or** *S masc* 1 líquido sem cor, de odor próprio, produzido por glândulas de nosso corpo e eliminado através dos poros da pele: *O suor escorria pelo rosto.* 2 trabalho duro: *Compramos a casa a custo de muito suor.*

superar su.pe.**rar** *Vt* 1 vencer; dominar: *Com vontade, podemos superar as dificuldades.* 2 ir além de; ultrapassar: *A rapidez do avião supera outros meios de transporte.*

superfície su.per.**fí**.ci:e *S fem* 1 extensão de uma área limitada: *O Brasil tem mais de oito milhões de quilômetros quadrados de superfície.* 2 a parte de cima (das águas): *Os peixes nadavam na superfície do lago.* 3 o lado de fora de um corpo: *A superfície da Terra está em constante transformação.*

superior su.pe.ri:**or** *Adj* 1 que se situa em lugar mais alto; que está acima: *Alice mora no mesmo prédio da tia, no andar superior.* 2 melhor que os outros: *Os habitantes de Atenas se consideravam superiores aos outros povos da Grécia.* *S masc* 3 pessoa que exerce autoridade sobre outra(s): *João sempre foi elogiado por seus superiores.*
Ant para 1 e 2: **inferior**.

superioridade su.pe.ri:o.ri.**da**.de *S fem* 1 melhor qualidade; excelência: *O produto é mais caro, mas sua superioridade é comprovada.* 2 arrogância: *Para fazer amigos, nunca mostre superioridade.*

supermercado su.per.mer.**ca**.do *S masc* grande loja que vende mercadorias variadas, principalmente artigos para alimentação: *Os supermercados hoje estão vendendo de tudo um pouco.*
▶ pág 402 e 403.

superstição su.pers.ti.**ção** *S fem* crença, sem fundamento, em coisas fantásticas, que faz com que as pessoas se sintam obrigadas a fazer certas coisas ou que tenham certos medos; crendice: *Por causa da superstição, muitas pessoas não passam embaixo de escadas.*
supersticioso *Adj* que tem superstição.

supervisão su.per.vi.**são** *S fem* ação de fiscalizar ou controlar uma atividade: *O trabalho em grupo é feito sob a supervisão dos professores.*
supervisor *S masc* quem faz supervisão.

supetão su.pe.**tão** *S masc* palavra usada na expressão: **de supetão** que significa de repente; de surpresa: *Alguém entrou na sala de supetão, assustando todo mundo.*

suplicar su.pli.**car** *Vt* (...+a) pedir com insistência e humildade; implorar: *Dei comida ao homem que suplicava às pessoas um pedaço de pão.*
súplica *S fem* ação de suplicar.

supor su.**por** *Vt* imaginar a possibilidade de: *Vamos supor que você fosse o presidente, qual seria seu primeiro ato?*
suposição *S fem* ação de supor.

suportar su.por.**tar** ***Vt*** **1** sustentar ou aguentar (o peso de): *As paredes suportavam a laje.* **2** tolerar; aguentar: *Não suporto esse barulho.* **3** estar de acordo com; tolerar; aceitar: *Ninguém suporta a traição.*

suporte ▼ su.**por**.te ***S masc*** aquilo que serve de apoio; base: *A televisão ficava num suporte de ferro.*

supremo su.**pre**.mo ***Adj*** **1** do mais alto grau; extremo; máximo: *Num supremo esforço, o homem ergueu aquela pedra.* **2** órgão superior da administração pública federal: *O processo ainda vai ser julgado pelo Supremo.*
Em **2**, escreve-se com inicial maiúscula.

suprimir su.pri.**mir** ***Vt*** fazer desaparecer; acabar com; eliminar: *O prefeito quer suprimir alguns feriados municipais.*
supressão ***S fem*** ação de suprimir.

suprir su.**prir** ***Vt*** **1** dar o necessário para a sobrevivência; abastecer: *Precisamos de vitaminas para suprir as necessidades do organismo.* **2** compensar a falta de; preencher: *Nada supre a ausência da mãe.*
suprimento ***S masc*** ação ou processo de suprir.

surdo **sur**.do ***Adj*** **1** que não ouve: *Exposta a sons muito altos, a pessoa pode ficar surda.* **2** de som que quase não se ouve: *Ouvimos o baque surdo da queda do muro.* ***S masc*** **3** instrumento musical de percussão que produz um som baixo: *João toca surdo na bateria.*
surdez ***S fem*** qualidade de surdo.

surfe **sur**.fe ***S masc*** esporte em que a pessoa, de pé numa prancha, desliza sobre as ondas do mar: *Acho que vou ter aulas de surfe.*
surfar ***Vi*** praticar surfe.
surfista ***S*** pessoa que pratica o surfe. ▶ pág 328 e 329.
Palavra tirada do inglês.

surgir sur.**gir** ***Vi*** **1** aparecer de repente; chegar: *Queria que surgisse um amigo para conversar.* **2** originar-se; nascer: *A lua cheia surgiu.* ***Vt*** (+de) **3** sair; proceder. *Ninguém sabe de onde surge um boato.*
surgimento ***S masc*** processo de surgir; aparecimento.

surpreender sur.pre.en.**der** ***Vt*** **1** causar surpresa, admiração ou emoção forte a: *A notícia surpreendeu a população.* **2** apanhar em atitude não recomendável a: *A mãe surpreendeu o filho tentando dar a mamadeira do bebê para o cão.* ***Vi*** [***Pron***] **3** espantar-se: *Os bombeiros se surpreenderam com a rapidez com que foi controlado o incêndio.*
surpreso ***Adj*** que se surpreendeu.

surpresa ▶ sur.**pre**.sa ***S fem*** **1** aquilo que acontece de modo não esperado: *A chegada dos amigos foi uma agradável surpresa.* **2** espanto por causa de um acontecimento não previsto; admiração: *Para nossa surpresa, o diretor disse que a excursão tinha sido adiada.*
surpreendente ***Adj*** que causa surpresa.

surrar sur.**rar** ***Vt*** bater em; açoitar: *Minha mãe não surra os filhos.*
surra ***S fem*** ação de surrar.

suspeitar sus.pei.**tar** ***Vt*** **1** julgar com certa base; supor com dados mais ou menos seguros: *O juiz suspeita que nenhuma das testemunhas está falando a verdade.* (+de) **2** ter desconfiança: *Não tenho motivos para suspeitar de você.*
suspeita ***S fem*** ação ou processo de suspeitar.

suspeito sus.**pei**.to ***Adj*** **1** que parece ter perigo; ameaçador: *Havia um homem em atitude suspeita na rua.* **2** que desperta desconfiança: *Não compre um produto de origem suspeita.* ***S masc*** **3** pessoa que pode ter cometido um crime: *A polícia prendeu dois suspeitos.*

suspender sus.pen.**der** ***Vt*** **1** levar para cima; erguer: *Paulo suspendeu o filho para que ele pudesse ver o desfile.* **2** fazer cessar; interromper: *O diretor mandou suspender as aulas no dia do aniversário da escola.* **3** aplicar a pena de suspensão (2) a: *Na minha escola, nunca foi necessário suspender um aluno.*

suspensão sus.pen.**são** ***S fem*** 1 ato de interromper um evento ou atividade; interrupção: *Haverá suspensão das aulas na Semana da Pátria.* 2 pena aplicada a funcionário público, empregado, aluno, membro de um clube, etc., que cometam alguma falta e que consiste no afastamento por tempo determinado: *Dependendo do caso, o funcionário pode pegar até 30 dias de suspensão.* 3 ação de interromper: *Pedimos a suspensão da entrega do jornal.*

suspense ▼ sus.**pen**.se ***S masc*** momento de grande ansiedade devido a algo que se espera acontecer ou que aconteceu e cujo resultado aguardamos com ansiedade: *Esse livro mistura suspense e humor.*

suspenso sus.**pen**.so ***Adj*** 1 elevado acima do solo; pendurado: *Num local frio do açougue, as peças de carnes ficam suspensas, presas por ganchos.* 2 que recebeu a pena de suspensão: *O operário suspenso pode perder parte de seu salário.*

suspirar sus.pi.**rar** ***Vi*** 1 respirar fundo: *Perguntaram se não tinha saudade da fazenda, e Benê apenas suspirou.* ***Vt*** (+de) 2 soltar suspiro[1] como manifestação de um sentimento: *Quando fala do namorado, a moça suspira de saudade.* (+por) 3 desejar: *Quem não suspira por uma vida de paz e harmonia?*

suspiro[1] sus.**pi**.ro ***S masc*** respiração levemente interrompida e mais ou menos demorada: *Ao me ver chegar, minha mãe deu um suspiro de alívio.*

suspiro[2] sus.**pi**.ro ***S masc*** doce de clara de ovo batida com açúcar e assado no forno: *A festa teve de tudo, até um bolo coberto com suspiro e coco.*

sussurro sus.**sur**.ro ***S masc*** 1 fala em voz muito baixa; murmúrio: *Eu abaixei a voz até que minha fala se tornou um sussurro.* 2 ruído leve; rumor: *Ouça o sussurro do vento no telhado.*

sustentar sus.ten.**tar** ***Vt*** 1 suportar o peso de; servir de apoio a; segurar: *Pilares de concreto sustentam a ponte.* 2 fornecer o necessário para a sobrevivência: *Com seu salário, João sustenta a família.* ***Vi*** 3 ser nutritivo: *Feijão é um alimento que sustenta.*

sustentável sus.ten.**tá**.vel ***Adj*** capaz de se manter mais ou menos constante, ou estável, por longo período: *Os indígenas são um exemplo de consumo sustentável.*

sustento sus.**ten**.to ***S masc*** 1 aquilo que se torna necessário para a sobrevivência: *Ganho o suficiente para o sustento de minha família.* 2 alimentação: *O pão serviu de sustento durante a viagem.*

susto **sus**.to ***S masc*** sensação de medo causada por fato inesperado: *O bebê levou um susto.*

sutiã su.ti.**ã** ***S masc*** roupa íntima feminina destinada a sustentar ou modelar as mamas.

sutil su.**til** ***Adj*** 1 que quase não se percebe; pequeno: *Era sutil a diferença entre os gêmeos.* 2 delicado: *A dança tinha gestos sutis.*
⊖ **sutileza** ***S fem*** qualidade de sutil.

Tt Tt

t ***S masc*** vigésima letra do alfabeto.

taba **ta**.ba ***S fem*** aldeia de indígena: *A taba fica perto do rio.*

tabaco ta.**ba**.co ***S masc*** erva com folhas macias com a qual, depois de seca, se faz o fumo.

tabela ta.**be**.la ***S fem*** **1** quadro onde se registram nomes ou números, suas relações de quantidade ou de ocorrência: *Observe a tabela que mostra o crescimento da população brasileira.* **2** lista que estabelece o valor de um determinado produto: *Os supermercados já estão alterando as tabelas de preços.* **3** relação dos jogos que compõem um torneio: *De acordo com a tabela, meu time não joga hoje.* **4** suporte da cesta de basquete: *A bola bateu na tabela e não caiu na cesta.*

tábua **tá**.bu:a ***S fem*** peça lisa de madeira, de pouca espessura: *A casa era feita de tábuas.*

tabuada ta.bu.**a**.da ***S fem*** quadro das quatro operações fundamentais, principalmente a multiplicação, feitas com os números de um a dez.

tabuleiro ta.bu.**lei**.ro ***S masc*** **1** peça semelhante a uma bandeja, usada para transportar ou exibir objetos: *A baiana ia pela praia com seu tabuleiro de acarajé.* **2** quadro de madeira ou de outra matéria, dividido em 64 quadrados pretos e brancos, onde se jogam xadrez, damas, etc.: *Um cão esbarrou no tabuleiro misturando as pedras do jogo.*

tabuleta ta.bu.**le**.ta ***S fem*** tábua com letreiro, que se coloca à porta de estabelecimentos ou edifícios: *No zoológico, uma tabuleta pedia que não desse comida aos animais.*

taça **ta**.ça ***S fem*** **1** copo para beber, raso, de boca larga e com um tipo de pé: *Marina comprou taças para água.* **2** troféu que se dá ao ganhador de uma disputa: *Nossa equipe já ganhou cinco taças.*

tacape ta.**ca**.pe ***S masc*** peça de madeira, usada como arma pelos indígenas.

tacho **ta**.cho ***S masc*** vasilha de metal, larga e rasa, em geral com alças, usada principalmente para fazer doces: *A minha avó preferia os tachos de cobre para fazer doce de banana.*

taco **ta**.co ***S masc*** peça de madeira, roliça e comprida, com que se toca a bola em diversos jogos, como golfe, etc.: *A maneira de segurar o taco é importante no jogo de golfe.*

tagarela ta.ga.**re**.la ***Adj*** **1** diz-se da pessoa que fala demais ou fala o que não deve: *Ele não gostava de gente tagarela.* ***S*** **2** pessoa que fala demais ou fala o que não deve: *Um tagarela não guarda segredos.*

tainha ta.**i**.nha ***S fem*** peixe que tem o corpo com listas escuras e nadadeiras sem escamas: *Em agosto as tainhas vêm à foz dos rios para botar ovos.*

talento ta.**len**.to ***S masc*** dom natural ou habilidade adquirida; inteligência privilegiada: *Na Terra do Nunca, cada fada tem um talento especial.*

talher ▲ ta.**lher** ***S masc*** conjunto de garfo, faca e colher: *Lave bem os talheres.*
Mais usado no plural.

talismã ta.lis.**mã** ***S masc*** objeto que, segundo a crença do povo, tem poderes mágicos; amuleto: *Algumas pessoas andam com talismãs no pescoço para evitar o azar.*

talo **ta**.lo ***S masc*** **1** parte de certas plantas em que não se distinguem caule, folhas e raiz: *O pássaro só comia talo de capim.* **2** nervo grosso das folhas da planta: *O talo da couve é duro.*

talvez tal.**vez** ***Adv*** palavra que expressa dúvida em relação ao que se diz: *Talvez eu vá à praia hoje.*

tamanco ta.**man**.co ***S masc*** calçado que cobre apenas a parte da frente do pé: *Não dirijo de tamanco.*

tamanduá ta.man.du.**á** ***S masc*** animal mamífero sem dentes que se alimenta geralmente de cupins e formigas. ▶ pág 388 e 389.

tamanho ta.**ma**.nho ***S masc*** **1** grandeza física como comprimento, volume, área, etc.: *Ficamos impressionados com o tamanho do pé do rapaz.* **2** cada uma das medidas de roupa ou calçado usadas para facilitar a venda: *Uso roupas do tamanho médio.*

também tam.**bém** ***Adv*** **1** da mesma forma; igualmente: *Seu irmão vai ao teatro e você também deveria ir.* **2** além disso: *Compramos livros e também revistas.*

tambor tam.**bor** ***S masc*** **1** instrumento de percussão formado de cilindro com uma pele esticada sobre uma ou ambas as extremidades, tocado com as mãos ou com varetas: *Meu irmão toca tambor.* **2** recipiente em forma de cilindro em que se guardam líquidos: *Um dos tambores de óleo tombou.*

tampa **tam**.pa ***S fem*** peça para fechar um recipiente ou um objeto: *Não tire a tampa da panela de pressão ainda quente.*

tangerina tan.ge.**ri**.na ***S fem*** variedade de laranja, de sabor mais ácido: *Hoje serviram suco de tangerina na escola.*

tango **tan**.go ***S masc*** dança e música popular da Argentina: *Haverá uma apresentação de tangos.*

tanque ▼ **tan**.que ***S masc*** **1** reservatório de água ou outro líquido: *O tanque de combustível do carro estava furado.* **2** pequeno reservatório usado para lavar roupa: *Passava o dia no tanque lavando roupas.* **3** carro especial de guerra, a prova de balas: *Os tanques do exército vão desfilar na Semana da Pátria.*

tapa **ta**.pa ***S masc*** pancada com a mão aberta: *A mulher deu um tapa no mosquito.*
a tapa de modo violento: *Essas coisas não se resolvem a tapa.*

tapado ta.**pa**.do ***Adj*** **1** que não dá passagem; fechado: *Amanheci com o nariz tapado.* **2** diz-se da pessoa tola ou estúpida.

a b c d e f g h i j k l m n o p q r s t u v w x y z

tapar ta.**par** ***Vt*** **1** pôr tampa em: *Tape bem a panela.* **2** cobrir; ocultar: *Tapei os olhos para não ver a cena.* **3** evitar a passagem de; vedar: *Tapei as frestas da janela por causa do vento.* **4** preencher com substância sólida: *O prefeito mandou tapar os buracos da rua.* A forma **tampar** também é usada.

tapera ta.**pe**.ra ***S fem*** casa em mau estado; casebre: *Na porta da tapera tinha uma cruz desenhada.*

tapete ta.**pe**.te ***S masc*** peça de fibras ou de tecido, para colocar sobre soalhos e pisos: *Comprei um tapete para pôr na sala.* ▶ pág 76 e 77.

tapioca ta.pi.**o**.ca ***S fem*** comida feita de mandioca, em geral recheada com doce de coco ralado; beiju: *Ela disse que estava com desejo de comer tapioca.*

tapuia ta.**pui**.a ***S masc*** nome genérico dado ao indígena brasileiro que, na época da colonização, não falava o tupi.

taquara ta.**qua**.ra ***S fem*** bambu: *Em volta do quintal havia uma cerca de taquara.*

tardar tar.**dar** ***Vi*** levar tempo; demorar: *Fique pronto para a excursão porque o nosso guia não tarda.*
no / o mais tardar no máximo de demora: *Estaremos em Brasília às 18 horas, no mais tardar.*

tarde **tar**.de ***S fem*** **1** período entre o meio-dia e o início da noite. ***Adv*** **2** depois do tempo combinado ou necessário: *A sua ajuda chegou tarde.* Ant de **2**: **cedo**.

tarefa ta.**re**.fa ***S fem*** **1** trabalho que se deve concluir em certo prazo: *Nossa tarefa era produzir um texto.* **2** trabalho; atividade: *As tarefas domésticas não são apenas para as mulheres.*

tartaruga tar.ta.**ru**.ga ***S fem*** réptil aquático de corpo coberto por uma carapaça óssea: *Algumas tartarugas se alimentam de peixes e algas.* ▶ pág 302 e 303.

tatear ta.te.**ar** ***Vt*** examinar pelo tato: *No escuro, o garoto tateava a parede procurando o interruptor.*

tática **tá**.ti.ca ***S fem*** **1** modo de conduzir as tropas no campo de batalha: *A tática era gritar por socorro para confundir o inimigo.* **2** modo de ordenar um time no jogo: *O técnico usará uma tática de ataque.* **3** processo empregado para sair-se bem numa atividade: *Mudou de tática para conquistar o sogro.*

tato **ta**.to ***S masc*** **1** sentido pelo qual percebemos as sensações de dor, de calor, de contato, etc.: *Pelo tato descobri que era um objeto áspero.* **2** jeito, sensibilidade: *É preciso muito tato para se lidar com crianças.*

tatu ta.**tu** ***S masc*** animal mamífero sem dentes, que mora em toca, tem o corpo coberto por carapaça formada por faixas de pequenas placas ósseas, cauda fina: *À noite os tatus saem das tocas.* ▶ pág 388 e 389.

tatuagem ta.tu.**a**.gem ***S fem*** **1** processo artístico de fazer desenhos na pele: *Aprendeu a fazer tatuagem.* **2** desenho feito por esse processo: *O moço tem uma tatuagem no ombro.*

taturana ta.tu.**ra**.na ***S fem*** lagarta de corpo coberto de pelos venenosos que, em contato com a pele, provocam ferimento: *O pelo da taturana pode provocar queimadura.*

taxa **ta**.xa ***S fem*** **1** valor cobrado pelos órgãos públicos pela prestação de serviços: *A prefeitura passou a cobrar taxa do lixo.* **2** porcentagem que se aplica a um valor em dinheiro emprestado ou aplicado: *Os bancos emprestam dinheiro a altas taxas.*

táxi **tá**.xi ***S masc*** automóvel para transporte de passageiros mediante pagamento: *Perdemos o ônibus e fomos de táxi.* ▶ pág 102 e 103.

tear te.**ar** ***S masc*** máquina destinada a fabricar tecidos: *O tear é usado para fabricar tecidos.*

teatro te.**a**.tro ***S masc*** **1** lugar onde se representam peças ou outros espetáculos públicos: *O teatro fica perto de minha casa.* **2** conjunto de obras ou textos para representação de um autor, época ou nação: *Comprei um livro sobre o teatro grego.*
teatral ***Adj*** de ou relativo a teatro.

A B C D E F G H I J K L M N O P Q R S T U V W X Y Z

tecelão te.ce.**lão** ***S masc*** pessoa que tece pano ou trabalha em tear: *O tecelão trabalhava dia e noite.* Forma feminina correspondente: **tecelã**.

tecer te.**cer** ***Vt*** **1** transformar em tecido: *A mãe tecia as roupas do bebê.* **2** idealizar; tramar: *O grupo tecia um plano.* **3** fazer comentário sobre: *Detesto quem só tece críticas.* ***Vi*** **4** exercer a arte de transformar em tecido: *Aos dez anos a menina já sabia tecer.*
tecelagem ***S fem*** ação ou processo de tecer.

tecido te.**ci**.do ***S masc*** **1** produto que resulta da tecelagem de fios; pano; fazenda: *A primeira loja de tecidos da cidade foi aberta por meu pai.* **2** conjunto de células de origem comum que forma certos órgãos do organismo: *Tomar cálcio ajuda a fortalecer o tecido ósseo.*

tecla **te**.cla ***S fem*** peça que se movimenta em instrumentos musicais, máquinas e aparelhos elétricos ou eletrônicos: *Rosinha brincava batendo as teclas do piano.*
teclar ***Vt*** acionar teclas; digitar.

tecladista te.cla.**dis**.ta ***S*** quem toca teclado (2): *Nosso conjunto musical está quase formado, só falta um tecladista.*

teclado te.**cla**.do ***S masc*** **1** conjunto de teclas: *Bia limpou o teclado do piano.* **2** instrumento musical elétrico acionado por teclas: *Jonas trocou o violão por um teclado.*

técnica **téc**.ni.ca ***S fem*** **1** jeito especial de fazer alguma coisa: *O jardineiro poda as roseiras com técnica.* **2** aplicação prática de um conhecimento: *Os cirurgiões usam técnicas modernas.*

técnico **téc**.ni.co ***Adj*** **1** relativo a uma determinada arte, ofício, profissão ou ciência: *Os cientistas gostam de usar nomes técnicos.* **2** constituído de especialistas: *A seleção de futebol vai mudar a comissão técnica.* ***S masc*** **3** especialista em alguma atividade: *Só um técnico em eletrônica poderia descobrir o defeito do aparelho.* **4** pessoa responsável pelo treinamento de uma equipe esportiva: *O técnico não quis dizer quais jogadores começariam a partida.* ▶ pág 170 e 171.

tecnologia tec.no.lo.**gi**.a ***S fem*** conjunto de conhecimentos que se aplicam a um determinado ramo de atividade: *Com os avanços da tecnologia, os computadores estão ficando menores e melhores.*

teco-teco **te**.co-**te**.co ***S masc*** avião pequeno de um só motor: *O fazendeiro comprou um teco-teco para examinar a fazenda do alto.*

tédio **té**.di.o ***S masc*** estado de angústia ou aborrecimento; incômodo: *A falta do que fazer nos dá tédio.*

teia ▼ **tei**.a ***S fem*** **1** fio muito fino feito pelas aranhas para nele prender outros insetos que lhe servem de alimento: *As aranhas tecem teias.* **2** armadilha; trama: *O que será que a feiticeira tentou aprisionar em sua teia?*

teimar tei.**mar** ***Vt*** **1** afirmar com insistência: *O menino teimava que tinha visto algo no quintal.* (+em) **2** insistir em fazer algo: *Meu avô teima em andar a pé pela cidade.* (+com) **3** tentar convencer: *Nunca teime com alguém quando você não tem certeza.*
teima ***S fem*** ação de teimar. **teimosia** ***S fem*** qualidade de quem teima. **teimoso** ***Adj*** que teima; que insiste.

teiú tei.**ú** ***S masc*** grande lagarto com faixas amarelo-escuras, vive em buracos no solo, alimenta-se de pequenos animais e de frutas: *Havia um teiú no bosque.*

tela **te**.la ***S fem*** **1** tecido especial sobre o qual se pintam quadros: *O pintor precisava de mais telas.* **2** quadro pintado sobre esse tecido: *Visitamos uma exposição das telas de Portinari.* **3** painel sobre o qual se projetam os filmes: *Quando o mocinho aparecia na tela, a meninada vibrava.* **4** visor do aparelho de televisão ou do monitor do computador: *Tenho um protetor de tela no computador.* **5** tecido de arame ou outro fio duro: *O galinheiro era cercado por uma tela.*

telefone te.le.**fo**.ne ***S masc*** **1** aparelho que permite a comunicação falada entre pessoas que estão longe uma da outra. **2** número por meio do qual se efetua a ligação telefônica: *Deixe seu telefone com a secretária.*
telefônico ***Adj*** relativo a telefone.

telefonema te.le.fo.**ne**.ma ***S masc*** comunicação feita ou recebida por telefone: *Espera um telefonema do pai.*

telégrafo te.**lé**.gra.fo ***S masc*** sistema de envio e recebimento de mensagens a distância por meio de sinais: *O inventor do telégrafo foi Samuel Morse.*
⊖ **telegráfico *Adj*** relativo a telégrafo.

telegrama te.le.**gra**.ma ***S masc*** mensagem escrita transmitida por meio telegráfico: *Enviar um telegrama é uma maneira elegante de cumprimentar as pessoas.*

telescópio ▼ te.les.**có**.pi.o ***S masc*** instrumento destinado a aproximar a imagem de objetos que estão longe, usado de modo especial, na observação dos astros: *A Lua é maravilhosa vista ao telescópio.*

televisão te.le.vi.**são** ***S fem*** **1** transmissão de imagens e sons por meio de sinais eletrônicos ou por meio de cabos: *A televisão foi um invento do século XX.* **2** a emissora que transmite essas imagens: *A principal televisão do país veio transmitir o casamento.* **3** aparelho que recebe essas imagens; televisor: *Quando liguei a televisão o jogo já havia começado.* ▶ pág 405.

televisor te.le.vi.**sor** ***S masc*** aparelho que recebe imagens de televisão: *A escola vai ganhar um televisor para cada classe.*

telha **te**.lha ***S fem*** peça, em geral de cerâmica, para cobrir casas: *As goteiras eram por causa de umas telhas quebradas.* ▶ pág 88 e 89.

tema **te**.ma ***S masc*** **1** assunto a ser desenvolvido ou a ser provado: *O tema do texto foi a poluição dos rios.* **2** motivo que inspira um artista: *A pintora tinha por tema a paisagem brasileira.*

temática te.**má**.ti.ca ***S fem*** conjunto de temas que caracterizam uma obra de arte, de literatura ou de ciência: *A temática da obra era a seca do Nordeste.*

temático te.**má**.ti.co ***Adj*** que se refere a um determinado tema ou assunto: *As bibliotecas temáticas possuem livros sobre assuntos específicos.*

temer te.**mer** ***Vt*** **1** ter medo ou receio de: *O povo teme uma guerra.* (+por/pelo) **2** preocupar-se (com): *A mãe teme pela saúde do filho.*
⊖ **temor *S masc*** estado de quem teme; medo. **temido *Adj*** que causa medo. **temeroso *Adj*** que tem medo.

temperado tem.pe.**ra**.do ***Adj*** **1** que recebeu tempero: *Não gosto de ovos temperados.* **2** diz-se do clima que nem é quente nem frio: *Nas regiões de clima temperado quase não se usam roupas de lã.*

temperamento tem.pe.ra.**men**.to ***S masc*** conjunto de traços que determinam o caráter de uma pessoa, seu modo de ser, de reagir, de emocionar-se; índole: *Amélia tem um bom temperamento.*

temperar tem.pe.**rar** ***Vt*** pôr tempero em: *Tempere a salada com azeite, sal e vinagre.*

temperatura tem.pe.ra.**tu**.ra ***S fem*** **1** quantidade de calor que existe no ambiente: *Ninguém imaginava que a temperatura fosse diminuir tanto.* **2** quantidade de calor existente no corpo: *O médico mediu minha temperatura e disse que não tinha febre.*

tempero tem.**pe**.ro ***S masc*** conjunto de substâncias que se colocam nos alimentos para dar a eles um sabor especial: *O médico aconselhou a não pôr tempero demais na comida.*

tempestade ▲ tem.pes.**ta**.de ***S fem*** agitação violenta da atmosfera com relâmpagos, trovões, chuva forte e vento; temporal: *Apesar da tempestade, o barco chegou inteiro ao seu destino.*

templo **tem**.plo ***S masc*** edifício destinado a culto religioso: *Alguns povos construíam templos imensos.*

tempo **tem**.po ***S masc*** **1** o passar dos anos, dos dias, das horas, etc., que envolve a noção de passado, presente e futuro: *O tempo passa muito rápido.* **2** época: *Naquele tempo os costumes eram outros.* **3** período do ano em que se dão certos fenômenos naturais; estação: *O agricultor esperava o tempo das chuvas para plantar.*

a b c d e f g h i j k l m n o p q r s t u v w x y z

4 duração: *O torcedor fica controlando o tempo do jogo.* **5** cada um dos períodos em que se divide um jogo: *Só assisti ao segundo tempo.*
a tempo no momento próprio: *Ainda chegamos a tempo de assistir ao casamento.*
de tempo em tempo de vez em quando: *De tempo em tempo o prefeito vai visitar as escolas.*

temporada tem.po.**ra**.da ***S fem*** **1** período do ano escolhido para a realização de certas atividades artísticas, esportivas, etc.: *Chegou a temporada dos esportes de praia.* **2** período do ano em que ocorrem certos fenômenos: *Na temporada das chuvas as pastagens ficam verdes.*

temporal tem.po.**ral** ***S masc*** chuva forte com vento, raios e trovões; tempestade: *Voltamos antes por causa do temporal.*

temporário tem.po.**rá**.ri:o ***Adj*** que existe ou se realiza por pouco tempo ou por tempo determinado: *No final do ano surgem os empregos temporários.*

tenda ♥ **ten**.da ***S fem*** barraca de lona usada em acampamento ou para instalação provisória: *Armamos a tenda à beira do rio.*

tendão ten.**dão** ***S masc*** cordão de tecido composto de fibras, redondo ou achatado, que liga os músculos aos ossos.

tendência ten.**dên**.ci:a ***S fem*** **1** disposição natural para alguma coisa: *A tendência do país é crescer cada vez mais.* **2** vocação: *A menina descobriu muito cedo sua tendência para o teatro.*

tender ten.**der** ***Vt*** (+a ou para) **1** ter tendência; inclinar-se: *O garoto tendia para jogador de futebol.* **2** ter possibilidade (de); encaminhar-se: *O problema tende a piorar.* **3** estar próximo (de): *A cor de seus olhos tende para o verde.*

tenebroso te.ne.**bro**.so ***Adj*** que mete medo; terrível; medonho: *Até os adultos se assustavam com aquelas cenas tenebrosas.*

tenente te.**nen**.te **S** militar que ocupa, na hierarquia, posto abaixo de major: *Vagner é tenente.*

tênis **tê**.nis ***S masc*** **1** jogo com raquetes e bola, em campo dividido por uma rede: *O tênis é um esporte caro.* **2** sapato esportivo de lona ou couro, com sola de borracha: *O Brasil está se destacando na fabricação de tênis.*
▶ pág 170 e 171.
tenista S quem joga tênis (1).

tenro **ten**.ro ***Adj*** **1** mole; macio: *Lena comprou quiabo escolhendo os mais tenros.* **2** que tem pouco tempo de existência: *O talento pode manifestar-se na mais tenra idade.*

tensão ten.**são** ***S fem*** **1** estado de grande emoção ou preocupação: *Um passeio pela praia ajuda a aliviar a tensão.* **2** rigidez em certas partes do organismo: *Exercício físico é bom para relaxar a tensão muscular.* **3** intensidade elétrica: *É necessário muito cuidado com os fios de alta tensão.*

tenso **ten**.so ***Adj*** **1** em estado de tensão (1); preocupado: *Os alunos estavam tensos.* **2** em estado de alerta, de expectativa, de suspense: *O clima é tenso do começo ao fim do livro.* **3** que se encontra esticado; estendido: *Uma corda bem tensa prendia a estrutura da barraca ao solo.*

tentação ten.ta.**ção** ***S fem*** **1** atração por alguma coisa; forte desejo: *Ana estava de regime, mas não resistiu à tentação de comer chocolate.* **2** aquilo que desperta o interesse ou desejo: *O parque de diversão era uma tentação para a meninada.*

tentáculo ten.**tá**.cu.lo ***S masc*** haste móvel de certos animais ou de certas plantas, que serve para agarrar: *O polvo é um animal marinho com oito tentáculos.*

tentar ten.**tar** ***Vt*** **1** esforçar-se por conseguir alguma coisa: *O atleta tentará a sua primeira medalha de ouro.* **2** despertar vontade em: *Esse sorvete está me tentando.*
tentativa ***S fem*** ação de tentar.

teoria te:o.**ri**.a ***S fem*** **1** conjunto de princípios fundamentais duma arte ou duma ciência: *As leis matemáticas são usadas para criar teorias científicas precisas.* **2** conjunto de opiniões e ideias sobre um determinado assunto: *Ziraldo é dono da teoria de que criança feliz só pode virar um adulto legal.*

ter *Vt* 1 ser dono de; possuir: *O presidente tem um carro importado.* 2 estar com; apresentar: *A bicicleta tinha um pneu furado.* 3 sentir: *Tive vontade de ver o filme novamente.* 4 sofrer ou experimentar uma situação; passar por: *A família teve momentos felizes.* 5 existir; haver: *Tem uma pessoa aí fora dizendo que é fiscal.* 6 fazer algum tempo: *Já tem uns quatro anos que mudamos para esta casa.* 7 indica medida ou quantidade: *O muro tinha dois metros de altura.*
ter a cabeça no lugar ter juízo: *Quem tem a cabeça no lugar não constrói casa de palha.* **ter carta branca** ficar autorizado a fazer alguma coisa: *O diretor tinha carta branca para resolver tudo.* **ter a língua solta** ser falador: *Ela tem a língua solta, não guarda segredos.* **ter palavra** cumprir o que se promete: *Não confie nessa pessoa, ela não tem palavra.*

terça-feira ter.ça-**fei**.ra *S fem* terceiro dia da semana: *O Natal naquele ano caiu numa terça-feira.*

térmico **tér**.mi.co *Adj* 1 do ou relativo ao calor: *O ferro de passar roupas transforma energia elétrica em energia térmica.* 2 que conserva o calor: *O pedreiro traz o seu café numa garrafa térmica.*

terminação ter.mi.na.**ção** *S fem* 1 parte final de um objeto; extremidade: *As terminações nervosas mandam mensagem ao cérebro.* 2 parte final de uma palavra: *A terminação –inho nem sempre indica diminutivo, pode indicar carinho.*

terminal ter.mi.**nal** *Adj* 1 que está no fim: *O doente estava em fase terminal.* *S masc* 2 ponto na rede elétrica ou telefônica em que são feitas as ligações para uso desse serviço: *A cidade tem mais de mil terminais telefônicos.* 3 lugar destinado a embarque e desembarque de passageiros: *Desembarcamos no terminal rodoviário.*

terminar ter.mi.**nar** *Vt* 1 chegar ao fim de; concluir: *Este ano terminarei o curso de computação.* (+com) 2 fazer parar; interromper: *A polícia terminou com a manifestação.* 3 romper uma relação: *Rosa terminou com o namorado.* *Vi* 4 chegar ao fim; acabar: *A festa terminou tarde.*
Ant para 1 e 4: **começar**.

término **tér**.mi.no *S masc* 1 momento em que se acaba uma atividade; fim: *Após o término da aula, os alunos terão uma reunião.* 2 parte final: *No término de cada capítulo, o livro traz um resumo.*

termo **ter**.mo *S masc* 1 fim; término: *Era o termo dos seus sofrimentos.* 2 resultado: *As negociações tiveram bom termo.* 3 documento em que a pessoa assume um compromisso: *Ao alugar um carro, assine um termo de responsabilidade.* 4 vocábulo; palavra: *O termo "Coroa" referia-se ao Governo de Portugal, no Período Colonial.*

termômetro ter.**mô**.me.tro *S masc* instrumento com que se mede a temperatura do ambiente, do corpo, etc.: *O termômetro marcava 42 graus.*

terno[1] **ter**.no *S masc* conjunto de roupas masculinas composto de paletó, calças e, às vezes, colete do mesmo tecido e cor: *O gerente do banco está sempre de terno e gravata.*

terno[2] **ter**.no *Adj* que demonstra afeto; meigo: *Maria tinha um olhar terno.*
ternura *S fem* qualidade de terno; meiguice.

terra **ter**.ra *S fem* 1 terceiro planeta do Sistema Solar, pela ordem de afastamento do Sol: *A Terra gira em torno do Sol.* 2 elemento da superfície da Terra: *Devido à ventania, a sala estava cheia de terra.* 3 lugar de origem; pátria: *O soldado voltaria para a sua terra.* 4 propriedade rural: *Muitos lavradores venderam suas terras.* 5 terreno próprio para plantação: *A terra aqui é muito boa.*
terráqueo *S masc* habitante da Terra.
Em 1, escreve-se com inicial maiúscula.

terraço ter.**ra**.ço *S masc* lugar amplo, geralmente descoberto, construído ao nível da cobertura de um edifício: *À tarde, todos iam para o terraço.*

terremoto ter.re.**mo**.to *S masc* movimento do interior da Terra que provoca tremor na superfície, podendo causar destruições: *Houve um início de terremoto na região.*

terreno ter.**re**.no ***Adj*** **1** relativo ao mundo material: *Não se apegue demais aos bens terrenos.* ***S masc*** **2** área destinada à agricultura; terra: *Aquele era um terreno próprio para plantar cana.* **3** área destinada à construção; lote: *Vão construir um sobrado no terreno ao lado de casa.*

térreo **tér**.re:o ***Adj*** **1** que fica no nível do chão: *O escritório fica no andar térreo.* ***S masc*** **2** o primeiro andar de um edifício: *Moro no térreo e não uso elevador.*

terrestre ter.**res**.tre ***Adj*** **1** relativo à Terra: *A camada de ozônio fica nas camadas altas da atmosfera terrestre.* **2** relativo a terra, em oposição às águas: *As tartarugas terrestres comem ervas.*

território ter.ri.**tó**.ri:o ***S masc*** **1** área de um país, estado ou cidade: *A construção de fortes visava a defender o território brasileiro.* **2** local delimitado; região: *O território que hoje é de Alagoas pertencia à Capitania de Pernambuco.*

terrível ter.**rí**.vel ***Adj*** **1** que causa terror: *O garoto sonhou com um monstro terrível.* **2** desastroso: *Nós nos livramos de um terrível acidente.* **3** que causa muito incômodo; muito ruim: *Eu estava com um resfriado terrível.*

terror ter.**ror** ***S masc*** **1** estado de grande pavor; grande medo: *Quase toda a humanidade vive o terror das guerras.* **2** ser ou coisa que causa pavor ou transtorno: *O lobo é o terror das ovelhas.*

tesoura te.**sou**.ra ***S fem*** instrumento para cortar, composto por um par de lâminas cruzadas, unidas no centro e terminadas por cabos com aros para encaixar os dedos.

tesouro te.**sou**.ro ***S masc*** **1** grande porção de dinheiro ou de objetos de valor; grande riqueza: *Existe mapa do tesouro?* **2** órgão do governo encarregado da administração dos dinheiros públicos: *O Tesouro Nacional é que cuida do dinheiro da nação.*
Em **2**, escreve-se com inicial maiúscula. ▶ pág 302 e 303.

testa **tes**.ta ***S fem*** parte da frente do crânio, entre as sobrancelhas e o início da raiz dos cabelos.

testamento tes.ta.**men**.to ***S masc*** ato pelo qual, de acordo com a lei, a pessoa destina uma parte ou todos os seus bens a outra(s) pessoa(s) para ter efeito depois de sua morte: *O rapaz foi incluído no testamento do avô.*

testar tes.**tar** ***Vt*** verificar a qualidade, a natureza ou o comportamento de; pôr à prova: *Teste a lâmpada antes de comprá-la.*

teste **tes**.te ***S masc*** ação para determinar a qualidade, a natureza ou o comportamento de alguma coisa: *Para tirar carteira de motorista, a pessoa passa por testes.*

testemunha tes.te.**mu**.nha ***S fem*** **1** pessoa que assistiu a um fato, ou dele tem conhecimento, e é chamada para depor: *A testemunha afirmou que o acusado tinha arma.* **2** pessoa que presencia ou que pode afirmar um fato: *Sou testemunha do quanto meus pais se amam.*

testemunhar tes.te.mu.**nhar** ***Vt*** **1** estar presente a um acontecimento; ver: *Alguém testemunhou o crime.* (+contra ou a favor) **2** declarar como testemunha: *José testemunhou a favor do amigo.*

testemunho tes.te.**mu**.nho ***S masc*** **1** declaração da testemunha; depoimento: *O juiz não aceitou o testemunho dos parentes.* **2** demonstração; prova: *O alfaiate deu testemunho de sua habilidade.*

teto **te**.to ***S masc*** **1** cobertura de uma casa; telhado: *O teto da casa era de zinco.* **2** parte de cima de qualquer compartimento: *O passageiro era alto e batia a cabeça no teto do ônibus.*

tetracampeão te.tra.cam.pe.**ão** ***Adj*** **1** que é campeão pela quarta vez: *Ele é torcedor de um time tetracampeão.* ***S masc*** **2** quem é campeão pela quarta vez: *Os tetracampeões foram recebidos com festas.*

teu ***Pron*** [**Possessivo**] [Referindo-se à pessoa a quem se fala] **1** pertencente à pessoa com quem se fala: *Onde está o teu paletó?* **2** que é habitual à pessoa com quem se fala: *Aí vem o teu ônibus.*
Forma feminina correspondente: *tua*.

tevê te.**vê** ***S fem*** forma reduzida de **televisão**.
Abrev: **TV**.

têxtil **têx**.til ***Adj*** de ou relativo à fabricação de tecidos: *Com o algodão se produz o fio utilizado nas indústrias têxteis.*

texto **tex**.to **S *masc*** **1** conjunto de frases escritas formando um todo: *A professora pediu-me que escrevesse um texto.* **2** trecho da obra de um autor: *Lemos um texto de Monteiro Lobato.*

tico-tico ▲ **ti**.co-**ti**.co **S *masc*** passarinho de cor parda, de até 15 cm de comprimento, cabeça listrada de cinza e negro com pequeno topete: *Alpiste é ótimo para os tico-ticos.*

tigela ti.**ge**.la **S *fem*** vasilha de louça ou outro material, de fundo mais estreito e boca mais larga, na qual se serve caldo, sopa, etc.: *A cozinheira despejou a sopa numa tigela.*
de meia-tigela sem valor: *Aquele truque qualquer mágico de meia-tigela sabia fazer.*

tigre **ti**.gre **S *masc*** animal mamífero, carnívoro e feroz, de pelo amarelado com listras negras, cauda longa e patas com garras afiadas: *Vimos no zoológico um belo tigre.* ▶ pág 460 e 461.

tijolo ti.**jo**.lo **S *masc*** bloco retangular de barro cozido, utilizado na construção de casas: *Foram utilizados mais de trinta mil tijolos naquela construção.*

time **ti**.me **S *masc*** **1** conjunto de jogadores que formam uma equipe: *O primeiro time a se formar no Brasil foi o São Paulo Athletic.* **2** grupo de pessoas que exerce uma atividade comum para um determinado fim: *O time dos garis trabalhou para limpar as ruas.*

tímido **tí**.mi.do **Adj** **1** que não gosta de se expor; acanhado: *Uma pessoa tímida tem dificuldade para fazer novos amigos.* **2** com pouca intensidade; fraco: *O som começou tímido, mas foi aumentando o volume.*
timidez **S *fem*** qualidade de tímido.

tímpano **tím**.pa.no **S *masc*** membrana fina, situada na orelha, que vibra ao receber o som: *Som muito forte pode prejudicar o tímpano.*

tina ▼ **ti**.na **S *fem*** vasilha semelhante a um barril cortado pelo meio: *As frutas ficavam numa tina.*

tingir tin.**gir** **Vt** **1** dar certa cor; colorir: *Ana gosta de tingir os cabelos.* [**Pron**] (+de) **2** sofrer alterações de cor: *O céu tingiu-se de vermelho.*

tinta **tin**.ta **S *fem*** líquido colorido usado para escrever, imprimir, pintar ou tingir.

tinteiro tin.**tei**.ro **S *masc*** recipiente para tinta de escrever: *Antigamente, em cada carteira havia um tinteiro à disposição do aluno.*

tinto **tin**.to **Adj** diz-se do vinho de cor vermelho-escura: *Papai gosta de vinho tinto.*

tio **S *masc*** **1** irmão do pai ou da mãe, ou marido da tia: *O menino foi criado por um tio.* **2** tratamento dado pelas crianças às pessoas mais velhas: *O garoto perguntou: Tio, esse ônibus vai para o centro?* ▶ pág 205.

típico **tí**.pi.co **Adj** que é próprio de alguém ou de alguma coisa; característico: *A mandioca é uma planta típica do Brasil.*

tipo **ti**.po **S *masc*** **1** o representante de uma classe ou de uma espécie, por ter as características dessa classe ou espécie: *O desenho parecia um animal do tipo carnívoro.* **2** modelo: *Comprei um computador de último tipo.* **3** espécie: *Temos três tipos de dentes.*

tira[1] **ti**.ra **S *fem*** **1** faixa estreita; fita: *Escreva seu nome numa tira de papel e cole na lancheira.* **2** sequência das cenas das histórias em quadrinho: *Gosto de ler as tiras da Mônica.*

tira[2] **ti**.ra **S *masc*** pessoa da polícia: *Os tiras chegaram e acabaram com a briga.*
É de uso informal.

tirano ti.**ra**.no **S *masc*** **1** governante que abusa de seu poder, governando o povo de modo cruel. **2** quem age com injustiça e crueldade: *O capataz era um tirano.* **Adj** **3** que age com injustiça e crueldade; que oprime: *Uma pessoa tirana não pode ter um cargo de chefia.*

A B C D E F G H I J K L M N O P Q R S T U V W X Y Z

tirar ti.**rar** ***Vt*** **1** conseguir alguma coisa por mérito: *Tirei o primeiro lugar.* **2** livrar-se de (roupa, calçado, etc.): *O homem tirou o paletó.* **3** impedir de manifestar-se; privar de: *A presença daquelas pessoas tirava toda a nossa liberdade.* **4** reservar: *Tirei o dia para descansar.* **5** afastar: *O café tira o sono.* (...+de) **6** fazer sair; retirar: *Vou tirar o carro da garagem.* **tirar (um) sarro** zombar: *Aprendi que não é legal tirar sarro das pessoas.* **tirar o cavalo da chuva** desistir: *Se você pensa que vai me enganar, pode tirar o cavalo da chuva.* **tirar o chapéu** elogiar ou reconhecer a qualidade de: *O novo prédio da escola é de tirar o chapéu.* **tirar de letra** sair-se bem de dificuldade: *Criança tira essas coisas de letra.*

tiro **ti**.ro ***S masc*** disparo de arma de fogo: *O estrondo parecia um tiro de canhão.*

titular ti.tu.**lar** ***Adj*** **1** que ocupa permanentemente cargo ou função: *Quando falta a professora titular, temos aula com a substituta.* **2** numa equipe esportiva, que é permanente no time pelas suas qualidades: *O time jogará sem jogadores titulares.* ***S masc*** **3** quem é permanente num cargo ou função: *Um juiz substituto está no lugar do titular.* **4** jogador permanente de um time devido às suas qualidades: *No treino de hoje, os reservas venceram os titulares.* Ant para **1** e **3**: **substituto**.

título **tí**.tu.lo ***S masc*** **1** nome de um livro, jornal, música, etc.: *Esqueci o título do livro.* **2** nome que se dá a um artigo ou texto e que indica o assunto: *A professora pediu que colocássemos um título bem sugestivo no texto.* **3** classificação devida a uma competição: *Meu time recebeu o título de campeão.*

toalha to.**a**.lha ***S fem*** **1** peça de algodão, geralmente com fios macios, para enxugar o corpo ou as mãos e o rosto. **2** peça de tecido que se estende sobre a mesa às refeições: *Uma toalha cobria a mesa.*

tobogã to.bo.**gã** ***S masc*** rampa de grande altura, por onde as pessoas deslizam para divertir-se: *O que mais atraía as crianças no parque de diversões era escorregar no tobogã.*

toca **to**.ca ***S fem*** buraco no tronco de árvore, na terra ou em pedra, onde se abrigam certos animais: *O buraco parecia uma toca de tatu.*

tocar to.**car** ***Vt*** **1** executar (música; instrumento): *Aline toca piano muito bem.* **2** fazer produzir som: *Alguém está tocando a campainha.* **3** conduzir (animais): *Os peões tocavam a boiada.* **4** emocionar; comover: *Essa música me toca de modo especial.* **5** atingir determinado lugar: *O barco tocou a margem.* (+em) **6** falar (de): *Não toque nesse assunto.* **7** encostar; mexer: *Não toque nesse fio.* ***Vi*** **8** emitir som; soar: *O telefone tocava sem parar.* [***Pron***] **9** cair em si, entender uma situação: *Por mais que a cozinheira jogasse indiretas, o homem não se tocava, permanecia ali na cozinha.*

tocha **to**.cha ***S fem*** **1** fogo que se acende para iluminar ou orientar um caminho: *Os romeiros acenderam as tochas para entrar na gruta.* **2** chama; labareda: *Dos entulhos saía uma tocha de fogo.*

tocha olímpica ▲ **to**.cha o.**lím**.pi.ca ***S fem*** fogo que se acende durante os jogos olímpicos: *A tocha olímpica percorreu todo o país.*

toco **to**.co ***S masc*** **1** parte do tronco que permanece ligada à terra depois de cortada a árvore: *Os tocos de eucalipto impediam a passagem do arado.* **2** parte final de coisa que diminui com o uso: *Escrevi o bilhete com um toco de lápis.*

todo **to**.do ***Pron*** [***Indefinido***] **1** indica o total; inteiro: *Todo o país parou para ver o jogo.* ***S masc*** **2** a soma das partes; o conjunto: *Os alunos devem agir como um todo nesta tarefa, e não cada um por si.*

tolerar to.le.**rar** ***Vt*** **1** aceitar por bondade ou por consideração; suportar: *Não tolero gente mentirosa.* **2** permitir: *O professor não tolera conversa.* **tolerância** ***S fem*** ato de tolerar. **tolerante** ***Adj*** que tolera.

tolo **to**.lo ***Adj*** **1** que não tem bom-senso; bobo: *Deixe de ser tolo, bruxas não existem!* ***S masc*** **2** quem não tem bom-senso; bobo: *Só os tolos caem no conto do bilhete premiado.* **tolice** ***S fem*** atitude própria de tolo. Ant: **esperto**.

tom **S** ***masc*** 1 altura de um som: *O sino passou a ter um tom grave e triste.* 2 qualidade sonora da voz humana: *Sua voz tem um tom suave.* 3 colorido leve: *Seus cabelos têm um tom castanho.*

tomada to.**ma**.da **S** ***fem*** peça que serve para ligar um aparelho na corrente elétrica: *Quando há temporal, desligue os aparelhos das tomadas.*

tomar to.**mar** ***Vt*** 1 invadir com a intenção de apoderar-se de; conquistar: *O exército inimigo tomaria a cidade naquela noite.* 2 engolir o conteúdo líquido de; beber: *Tomo um copo de leite todas as manhãs.* 3 aspirar (o ar): *Precisava tomar um pouco de ar.* 4 entrar num veículo; pegar: *Se estiver atrasado, tome um táxi.* 5 seguir um caminho: *O pai tomou o rumo de casa.* (...+de) 6 tirar alguma coisa de alguém: *Ninguém podia tomar as terras daquela gente.*
tomar conta de 1 cuidar: *A vizinha iria tomar conta das crianças.* 2 invadir uma área: *A inundação tomou conta da cidade.*

tomara to.**ma**.ra ***Interj*** palavra que expressa o desejo de que algo aconteça: *Tomara que você consiga o emprego.*

tomate to.**ma**.te **S** ***masc*** fruto carnoso e nutritivo, de pele fina e brilhante, vermelho quando maduro, usado para fazer molhos e saladas. pág 188 e 189.
tomateiro **S** ***masc*** planta que produz o tomate.

tombar tom.**bar** ***Vt*** 1 fazer cair; derrubar: *O vento tombou a árvore.* 2 virar para baixo; inclinar: *Não tombe a cabeça.* ***Vi*** 3 ir ao chão; cair: *Algumas árvores tombaram.* 4 cair de lado: *O caminhão tombou.*
tombamento **S** ***masc*** ação ou processo de tombar. **tombo** **S** ***masc*** processo de tombar; queda.

tona **to**.na **S** ***fem*** superfície da água: *Era a primeira vez que a sereia subia à tona do mar.*

tonel to.**nel** **S** ***masc*** grande vasilha para líquidos, parecida com um barril: *O vinho estava em tonéis.*

tonelada to.ne.**la**.da **S** ***fem*** medida de peso equivalente a mil quilogramas: *O primeiro computador pesava quase 30 toneladas.*

tônico **tô**.ni.co ***Adj*** 1 diz-se da sílaba que é pronunciada com mais intensidade: *Acento gráfico só se coloca na sílaba tônica.* **S** ***masc*** 2 remédio que dá energia: *O médico receitou um tônico ao homem.*

tontear ton.te.**ar** ***Vt*** 1 fazer perder o equilíbrio; provocar tontura: *O sol muito forte tonteava os banhistas.* ***Vi*** 2 ficar tonto (1): *Ao passar sobre a ponte, tonteei e quase caí.*

tonto **ton**.to ***Adj*** 1 que tem tontura; zonzo: *O balanço do ônibus deixava as pessoas tontas.* 2 que causa confusão mental: *A falta de informações deixava os passageiros tontos.* 3 ingênuo; tolo: *Não seja tonto, aceite o convite!* **S** ***masc*** 4 quem é tolo, ingênuo: *Só mesmo um tonto perderia essa oportunidade.*
tontura / tonteira **S** ***fem*** estado de quem está ligeiramente tonto; perda rápida dos sentidos.

topar to.**par** ***Vt*** 1 aceitar fazer alguma coisa: *O professor topou jogar futebol com a gente.* 2 gostar; apreciar: *Papai não topa essas pessoas que falam demais.* (+com) 3 encontrar: *Topei com um velho amigo no parque.*
topada **S** ***fem*** ação de topar (3); encontro violento.

topete to.**pe**.te **S** ***masc*** 1 porção do cabelo mais elevada na parte da frente da cabeça: *Os moços começaram a usar topete por causa do cantor de rock.* 2 ousadia; atrevimento: *Ninguém tinha o topete de pedir o carro emprestado ao pai.*
Em **2**, é de uso informal.

topo **to**.po **S** ***masc*** 1 parte mais alta: *Subimos até o topo do morro.* 2 a posição mais alta; auge: *O cantor está no topo da fama.*

toque **to**.que **S** ***masc*** 1 batida leve e rápida: *Deu três toques na porta.* 2 contato rápido: *A flor murchava a um simples toque.*

3 sinal sonoro; som: *O toque dos sinos avisa a hora.* 4 no futebol, ação de passar a bola sem deixá-la parar.

tora to.ra *S fem* grande tronco de árvore, já cortado: *As toras eram levadas à serraria.*

tórax tó.rax *S masc* a região do peito situada entre o pescoço e o abdômen, incluindo os órgãos que ela contém. **torácico** *Adj* relativo ou pertencente ao tórax.

torcedor tor.ce.dor *S masc* quem tem simpatia por um time esportivo, um país, uma certa equipe, etc., e deseja o seu sucesso: *Um grupo de torcedores foi receber os jogadores no aeroporto.*

torcer tor.cer *Vt* 1 fazer alguma coisa girar sobre si mesma; virar: *A lavadora lava, enxágua, torce a roupa.* 2 retorcer; entortar: *A mulher torceu a boca, pois não gostou da comida.* 3 virar (membro ou parte do corpo) provocando lesão nas articulações: *O corredor torceu o tornozelo.* (+pelo/por) 4 desejar sucesso: *Torço por você!* 5 ser torcedor (de): *Torço pelo Palmeiras.* (+para) 6 desejar que algo aconteça: *Ficamos torcendo para a chuva parar.* [*Pron*] (+de) 7 contrair o corpo: *O pobre cão torcia-se de dor.*

torcida tor.ci.da *S fem* 1 conjunto de torcedores: *A torcida apoia o time mesmo na derrota.* 2 processo de torcer: *Levei uma torcida no pé.* (+pelo/por) 3 manifestação de apoio ou estímulo; desejo de que algo aconteça: *É grande a nossa torcida pelo seu sucesso.* ▶ pág 170 e 171.

tormento tor.men.to *S masc* aflição; sofrimento: *Para os preguiçosos, levantar cedo é um tormento.*

tornar tor.nar *Vt* 1 fazer transformar-se em: *Esse penteado torna você mais jovem.* (+a) 2 voltar; retornar: *Não via a hora de tornar à cidade natal.* 3 voltar a fazer algo; repetir: *Na semana que vem tornaremos a visitá-lo.* ***V lig*** [*Pron*] 4 vir a ser; transformar-se em: *O plano tornou-se realidade.*

torneio tor.nei.o *S masc* competição esportiva; disputa: *O torneio acontece a cada quatro anos.*

torneira tor.nei.ra *S fem* peça que se coloca na parte final dos encanamentos e que, acionada com a mão, possibilita a saída dos líquidos ou gases: *Feche a torneira enquanto passa sabão nas mãos.*

torno tor.no *S masc* espaço em volta.
É usado na expressão **em torno de** e significa 1 em volta de: *As fãs gritavam em torno do cantor.* 2 por volta de; de modo aproximado: *A moça tinha em torno de 25 anos.*

tornozelo tor.no.ze.lo *S masc* parte do corpo humano que corresponde à junção lateral entre a perna e o pé: *Maria usava uma saia que ia até os tornozelos.*

torrada tor.ra.da *S fem* fatia de pão queimada levemente ao forno: *Foi servido um chá com torradas.*

torrado tor.ra.do *Adj* que sofreu a ação de torrar (1): *De longe sentimos o cheiro de café torrado.*

torrão tor.rão *S masc* bloco (de terra ou de açúcar): *Um torrão envolve as raízes da muda.*

torrar tor.rar *Vt* 1 queimar levemente: *Júlia torrou o pão.* 2 secar muito: *O sol torra as folhas.* 3 vender por baixo preço; liquidar: *As lojas estão torrando a mercadoria.*
Em 3, é de uso informal.

torre tor.re *S fem* 1 edifício alto, usado antigamente para defesa; fortaleza: *Os soldados do rei protegiam a torre do castelo.* 2 construção muito alta junto à igreja, na qual se colocam os sinos: *A torre da matriz era um dos pontos de destaque da cidade.* 3 construção alta nos aeroportos, de onde se controlam os voos: *Da torre de controle se enviam mensagens aos pilotos.* 4 qualquer estrutura elevada que sirva de base para transmissão de sinais: *As torres de TV ficam próximas da cidade.*

torresmo tor.res.mo *S masc* toucinho frito em pequenos pedaços: *Comi torresmo com mandioca.*

torta tor.ta *S fem* comida preparada com massa recheada, doce ou salgada: *Gosto de torta de banana.*

torto tor.to *Adj* que não é reto; encurvado: *O engenheiro notou* *que a parede estava torta.*

a torto e a direito sem nenhum critério: *Quem vai comendo a torto e a direito tudo o que encontra acaba doente.*

tortura tor.**tu**.ra **S *fem***
1 sofrimento ou tormento violento aplicado a alguém.
2 grande incômodo; angústia; tormento: *A sua maior tortura era ter de usar gravata.*

torturar tor.tu.**rar** ***Vt***
1 submeter a tortura: *A lei não permite que se torturem os presos.*
2 causar grande incômodo; afligir: *Aquela longa espera torturava o rapaz.*

tosse **tos**.se **S *fem*** movimento brusco e com ruído do ar expirado pelos pulmões para expulsar substâncias que irritam ou devido a coceiras alérgicas: *O orador teve um acesso de tosse e interrompeu o discurso.*

tossir tos.**sir** ***Vi*** ser atacado de tosse: *De repente, todo mundo na sala começou a tossir.*

tostão tos.**tão** **S *masc*** **1** antiga moeda brasileira que valia cem réis: *Cada pão custava dois tostões.*
2 dinheiro nenhum: *Não tenho um tostão na carteira.* **3** coisa sem valor; nada: *Aquilo não valia um tostão.*

total to.**tal** ***Adj*** **1** a que não falta nada; completo; inteiro: *Devido à seca a perda da lavoura foi total.*
S *masc* **2** reunião das várias partes que formam um todo: *O total dos alunos chegou a dois mil.*
3 resultado de uma adição; soma: *Estou somando estas notas para ver o total que tenho de pagar.*

touca **tou**.ca **S *fem*** peça do vestuário que cobre a cabeça: *A menina usava uma touca de lã.*

touceira tou.**cei**.ra **S *fem*** moita densa de vegetação: *A cebolinha cresce formando touceiras.*

toucinho tou.**ci**.nho **S *masc*** gordura que fica por baixo da pele do porco: *O toucinho é usado para fazer torresmo.*
A forma **toicinho** também é usada.

toupeira tou.**pei**.ra **S *fem***
1 animal mamífero que vive em tocas embaixo da terra: *A minhoca serve de alimento para as toupeiras.*
2 pessoa pouco inteligente; tolo: *Esse rapaz é mesmo uma toupeira, acabou de comprar um maço de cigarros.*
Em **2**, é de uso informal.

touro **tou**.ro **S *masc*** **1** boi reprodutor: *O fazendeiro preferia touros de boa raça.* **2** boi usado nas competições: *O touro derrubou o peão.*

tóxico **tó**.xi.co ***Adj***
1 diz-se da substância que faz mal ao organismo e que pode causar sérios problemas à saúde: *O acúmulo de gases tóxicos na atmosfera trará sérios problemas.*
S *masc* **2** substância que faz mal ao organismo e que pode causar sérios problemas de saúde: *O pessoal que estuda os tóxicos acha que os animais podem ter sido envenenados.*

trabalhador tra.ba.lha.**dor**
Adj que trabalha: *Estou orgulhoso de segurar esta mão trabalhadora.*
S *masc* quem trabalha: *Os trabalhadores se reúnem hoje na sede do sindicato.*
Ant: **vagabundo**.

trabalhar tra.ba.**lhar** ***Vt***
1 preparar para algum fim: *O lavrador trabalha a terra.* (+para)
2 esforçar-se; empenhar-se: *Estamos trabalhando para trazer indústrias para a cidade.* (+com) **3** exercer uma atividade de comércio; negociar: *O pai de Luís trabalha com frutas e verduras.* ***Vi*** **4** exercer uma atividade ou profissão: *Criança não deve trabalhar.* **5** funcionar: *As máquinas trabalham sem parar.*
Ant para **2**, **3** e **4**: vadiar.

trabalho tra.**ba**.lho **S *masc***
1 uso da força física ou da inteligência na realização de um atividade para alcançar um fim: *Depois de muito trabalho, conseguiram montar o palco.*
2 atividade pela qual se recebe salário; serviço: *Sem diploma, fica difícil conseguir um bom trabalho.*
3 incômodo; transtorno: *Júnior nunca deu trabalho ao seus pais.*
4 qualquer obra realizada: *Vi seu trabalho na exposição.* **5** local onde se exerce uma atividade: *É bom morar perto do trabalho.*
trabalheira **S *fem*** muito trabalho. **trabalhoso** ***Adj*** que dá muito trabalho.

traça ▲ **tra**.ça **S *fem*** nome comum dos insetos cujas larvas atacam tecidos, papéis, etc.

traçado tra.**ça**.do **S *masc*** linha que envolve um objeto; contorno: *Vejo daqui o traçado dos edifícios.*

traçar tra.**çar** ***Vt*** **1** representar por meio de traços; desenhar: *Trace um círculo no seu caderno.* **2** imaginar alguma atividade; elaborar: *Já estamos traçando planos para as férias.*

traço **tra**.ço **S *masc*** **1** linha traçada; risco: *A professora fez um traço, dividindo a lousa ao meio.* **2** sinal; vestígio: *Os fósseis são traços de vidas antigas.* **3** sinal ou sinais que marcam a fisionomia de uma pessoa: *A criança tinha os traços do avô.*
Em **3**, usa-se no plural.

tradição tra.di.**ção** **S *fem*** conjunto de ideias, costumes ou valores morais transmitidos de geração em geração: *A tradição da árvore de Natal vem da Europa.*
tradicional ***Adj*** de acordo com a tradição.

tradutor tra.du.**tor** **S *masc*** pessoa que faz traduções: *Preciso de um tradutor para compreender esse texto em japonês.*

traduzir tra.du.**zir** ***Vt*** (...+de...para) **1** passar de uma língua para outra: *Ela já traduziu vários romances do inglês para o português.* (...+em) **2** expressar; expor: *Tentarei traduzir em palavras meu sentimento.*
tradução **S *fem*** ação de traduzir.

trafegar tra.fe.**gar** ***Vt*** transitar por uma via pública; passar: *Nesta estrada trafegam milhares de veículos por dia.*
tráfego **S *masc*** ação de trafegar.

tráfico **trá**.fi.co **S *masc*** comércio proibido: *A polícia está de olho em quem faz tráfico de animais em extinção.*
traficante **S** pessoa que faz tráfico.

tragédia tra.**gé**.di.a **S *fem*** **1** acontecimento que traz tristeza ou horror; desgraça: *Uma árvore caída na pista pode provocar uma tragédia.* **2** história que termina em desgraça: *Esse autor escreveu comédias e tragédias.*
trágico ***Adj*** que envolve tragédia.

traidor tra.i.**dor** ***Adj*** **1** que trai: *Coisa que magoa a gente é um amigo traidor.* **S *masc*** **2** quem trai: *O rei mandou prender os traidores da corte.*

trair tra.**ir** ***Vt*** **1** não corresponder à confiança que alguém deposita na gente; não cumprir o combinado; enganar. **2** revelar; mostrar: *O mágico traía no olhar uma forte ansiedade.* **3** enganar por falta de fidelidade: *O moço assegurou à namorada que jamais a trairia.* ***Vi*** [***Pron***] **4** deixar escapar o que pretende esconder: *Paulinho disse aonde ia, mas acabou se traindo ao perguntar pela sua prancha de surfe.*
traição **S *fem*** ação de trair. **traiçoeiro** ***Adj*** que usa de traição.

traíra tra.**í**.ra **S *fem*** peixe de costas negras e abdômen branco, com dentes cortantes.

traje **tra**.je **S *masc*** **1** vestuário; roupa: *Vestiu seu melhor traje e foi ver a namorada.* **2** roupa própria de uma profissão: *Jamil apareceu na festa com trajes de marinheiro.*

trajeto tra.**je**.to **S *masc*** espaço que se tem de percorrer para ir de um lugar a outro; caminho; percurso: *Fizemos a pé o trajeto da estrada até o rio.*

trajetória tra.je.**tó**.ri.a **S *fem*** trajeto; percurso: *Para não se perder, siga a trajetória do ônibus.*

trama **tra**.ma **S *fem*** **1** conjunto de ações de um romance, de uma novela, etc.; enredo: *A trama da novela é cheia de suspense.* **2** ação contra alguém: *Havia uma trama contra o chefe.*

tramar tra.**mar** ***Vt*** **1** armar um plano: *Ninguém sabia que os alunos estavam tramando aquela homenagem.* (+contra) **2** idealizar algo: *Um grupo de rebeldes tramava contra o governo.*

trampolim ▼ tram.po.**lim** **S *masc*** prancha comprida fixa em uma das pontas e móvel na outra, de onde se toma impulso para saltos: *Os atletas treinam saltos do trampolim.*

trançar tran.**çar** ***Vt*** **1** dispor em trança; entrelaçar: *A menina trançava os próprios cabelos.* **2** entrelaçar fios; tecer: *Ele trançava redes.*
trança **S *fem*** conjunto de cabelos, tiras ou fios trançados.

trancar tran.**car** ***Vt*** **1** fechar com tranca ou com chave: *Temendo invasões, trancam portas e janelas.* (...+em) **2** prender: *O ladrão trancou todos no banheiro.* [***Pron***] (+em) **3** fechar-se (em algum lugar): *Bete trancou-se no quarto.*
tranca ***S fem*** barra de ferro ou madeira colocada nas janelas e portas para trancá-las.

tranco tran.co ***S masc***
1 encontro violento; empurrão: *Levei um tranco e quase caí.* **2** puxada forte: *O peixe deu um tranco na linha e escapou.* **3** movimento brusco que se dá no motor de veículos, para fazê-lo funcionar: *Aquele carro só pegava no tranco.*
aos trancos e barrancos com dificuldade: *A família levava a vida aos trancos e barrancos.*

tranquilizar ü
tran.qui.li.**zar** ***Vt*** **1** fazer ficar calmo; tirar a preocupação de: *Tiago temia uma bronca, mas a professora o tranquilizou.* ***Vi*** [***Pron***] **2** acalmar-se: *Quando vi que estava tudo bem, tranquilizei-me.*

tranquilo ü tran.**qui**.lo ***Adj***
1 calmo; despreocupado: *Judite é uma pessoa tranquila.* **2** sem agitação; calmo: *Era uma rua tranquila, sem trânsito.*
tranquilidade ***S fem*** qualidade ou estado de tranquilo.

transação tran.sa.**ção** ***S fem***
operação de compra e venda; negociação: *Brasil e Estados Unidos têm realizado grandes transações comerciais.*

transbordar trans.bor.**dar** ***Vi***
1 sair para fora das bordas; derramar: *Quando chovia, o rio transbordava.* ***Vt*** **2** deixar transparecer: *Seu olhar transbordava alegria.* (+de) **3** estar muito cheio: *A sala transbordava de convidados.*
transbordante ***Adj*** que transborda.

transcorrer trans.cor.**rer** ***Vi***
1 passar-se: *Os dias na fazenda transcorreram felizes.* **2** acontecer; ocorrer: *O jogo transcorreu sem incidentes.*
transcurso ***S masc*** processo de transcorrer.

transcrever trans.cre.**ver** ***Vt***
reproduzir por escrito; copiar: *O jornal transcreveu as declarações do Presidente.*
transcrição ***S fem*** ação de transcrever; trecho transcrito, copiado.

transeunte tran.se.**un**.te
S quem passa por determinado local; pedestre. *Alguns transeuntes não andam pelas calçadas.*

transferidor trans.fe.ri.**dor**
S masc instrumento próprio para medir ou traçar ângulos.

transferir trans.fe.**rir** ***Vt***
(...+de...para) **1** mudar de um lugar para outro: *O Presidente Juscelino Kubistschek transferiu a capital do Brasil do Rio de Janeiro para Brasília.* (...+a/para) **2** mudar de local de trabalho ou de estudo (funcionário, aluno): *A mãe transferiu o filho para outra escola.* **3** abrir mão em favor de; ceder: *O homem transferiu parte de seus bens a uma instituição de caridade.*
transferência ***S fem*** ação de transferir.

transformar trans.for.**mar** ***Vt***
1 tornar diferente; modificar: *O ser humano transforma a natureza.* (...+em) **2** fazer passar a ser outra coisa; converter: *A televisão transforma a energia elétrica em energia acústica e luminosa.* [***Pron***] (+em) **3** passar a ser outra coisa; assumir novo aspecto; alterar-se: *A lagarta transforma-se em borboleta.*
transformação ***S fem*** ação ou processo de transformar(-se).

transgênico trans.**gê**.ni.co
Adj **1** diz-se do produto que contém elementos tirados de outras espécies: *Ainda se discute a questão da soja transgênica.* ***S masc*** **2** produto que contém elementos de outro: *Apesar das discussões, os trangênicos são uma realidade.*

transição tran.si.**ção** ***S fem***
passagem de um estado ou condição para outro; mudança: *O outono é a estação de transição do verão para o inverno.*

transitar tran.si.**tar** ***Vi***
1 percorrer um caminho; caminhar por algum lugar; andar: *As pessoas transitam pelas ruas.* **2** mover-se sobre roda; andar: *O veículo transitava em alta velocidade.*

trânsito **trân**.si.to ***S masc***
1 ação de transitar, de percorrer um caminho; circulação: *Neste lugar é proibido o trânsito de bicicletas.* **2** circulação de veículos; tráfego: *Dois guardas orientam o trânsito.* ▶ pág 102 e 103.

translação trans.la.**ção** ***S fem*** movimento realizado por um planeta ou satélite em torno do Sol: *Durante o movimento de translação da Terra é que surgem as quatro estações do ano.*

transmissor trans.mis.**sor** ***Adj*** **1** que passa doenças: *O morcego é um animal transmissor da raiva.* **2** que envia som ou imagem de modo eletrônico: *Os guardas usam rádios transmissores.* ***S masc*** **3** aparelho que envia som ou imagem de modo eletrônico: *Os policiais se comunicam através de seus transmissores.*

transmitir trans.mi.**tir** ***Vt*** **1** passar (doença) por contaminação: *É importante combater o mosquito que transmite a dengue.* (...+a/para) **2** enviar som ou imagem por meio eletrônico de comunicação: *Os satélites transmitem informações para a Terra.* **3** levar informação; comunicar: *Os alunos transmitiram o recado aos pais.* **4** fazer ficar sabendo; fazer conhecer: *O professor transmite conhecimentos aos alunos.* **5** fazer sentir; inspirar: *A segurança do pai transmite confiança aos filhos.* [***Pron***] (+de...a/para) **6** transferir-se; passar: *A música é um dom que se transmite de pai para filho.*
➖ **transmissão** ***S fem*** ação ou processo de transmitir(-se). **transmissível** ***Adj*** que se pode transmitir.

transparecer trans.pa.re.**cer** ***Vt*** (+em) manifestar-se; revelar-se: *A felicidade transparecia em seu rosto.*

transparência trans.pa.**rên**.ci:a ***S fem*** **1** qualidade de transparente: *A cor escura do vidro diminui a sua transparência.* **2** folha plástica transparente em que se imprimem textos ou figuras a serem projetados em telas por aparelhos especiais: *Escreva sobre a transparência com um pincel apropriado.*

transparente trans.pa.**ren**.te ***Adj*** que deixa passar a luz e ver através de sua espessura: *Coloque as sementes dentro de um frasco de vidro transparente.*

transpirar trans.pi.**rar** ***Vi*** expelir suor: *No verão a gente transpira mais que no inverno.*
➖ **transpiração** ***S fem*** processo de transpirar.

transplante trans.**plan**.te ***S masc*** **1** transferência de um órgão de uma pessoa para outra: *Há hospitais especializados em transplantes de rim.* **2** mudança de uma planta de um lugar para outro: *O transplante das mudas pode ser feito para vasos ou canteiros.*

transpor trans.**por** ***Vt*** **1** vencer; superar: *Para vencer temos de transpor muitos obstáculos.* **2** ir além de; atravessar: *O atleta chorou ao transpor a linha de chegada.*
➖ **transposição** ***S fem*** ação de transpor.

transportar trans.por.**tar** ***Vt*** **1** levar ou trazer de um lugar para outro; carregar: *Muitos motoristas ganham a vida transportando cana.* [***Pron***] (+para) **2** transferir-se; mudar-se: *A família real transportou-se para o Rio em 1808.*
➖ **transporte** ***S masc*** ação de transportar.

transtorno trans.**tor**.no ***S masc*** aquilo que provoca mal-estar, perturbação ou desordem: *A falta de água causa grande transtorno à população.*

transversal trans.ver.**sal** ***Adj*** que está situado ou que atravessa no sentido inclinado: *Minha rua é transversal à avenida Rio Branco.*

trapalhada tra.pa.**lha**.da ***S fem*** **1** atitude que não é conveniente; confusão: *O rapaz fez a maior trapalhada no escritório.* **2** atitude que provoca o riso: *As crianças se divertiam com as trapalhadas do palhaço.*
Em **2**, é mais comum o uso no plural.

trapalhão ▼ tra.pa.**lhão** ***Adj*** **1** que faz trapalhada(s): *O vaqueiro trapalhão misturava as vacas com os cavalos.* ***S masc*** **2** quem faz trapalhada(s): *Demos carona a uns trapalhões.*
Forma feminina correspondente: **trapalhona**.

trapézio tra.**pé**.zi:o ***S masc*** **1** quadrilátero que tem dois lados paralelos desiguais. **2** aparelho constituído por uma barra de madeira ou de ferro suspensa por duas cordas ou peças verticais e que se movimenta como um balanço: *Os artistas se apresentavam no trapézio.*
▶ pág 112 e 113.

trapezista tra.pe.**zis**.ta **S 1** quem faz apresentações em trapézio (2): *Gosto de ver os trapezistas.* **Adj 2** que faz apresentações em trapézio: *O garoto tem uma mãe trapezista.* ▶ pág 112 e 113.

trapo **tra**.po **S masc 1** pedaço de pano velho e usado; farrapo: *Use trapos para limpar o carro.* **2** roupa velha e usada: *Muito vaidoso, o rapaz dizia que não vestiria aqueles trapos.*

traqueia tra.**quei**.a **S fem** órgão em forma de tubo que faz a comunicação entre a laringe e os pulmões.

traquinas tra.**qui**.nas **Adj** que faz travessuras; irrequieto: *A babá tem de saber lidar com a criança traquinas.*
traquinagem S fem ação de quem é traquinas.

trás S masc espaço situado na parte posterior de alguma coisa; oposto ao lado da frente; atrás: *O fogo se alastrou para trás do muro.*
por trás de modo oculto, escondido: *Por trás da aparência séria se esconde uma personalidade bondosa.*

traseira tra.**sei**.ra **S fem** parte de trás de um veículo: *O carro estava amassado na traseira.*

traseiro tra.**sei**.ro **Adj 1** que fica atrás: *O passageiro de táxi prefere o banco traseiro.* **S masc 2** nádegas: *O homem saiu correndo para não levar um chute no traseiro.*
Em **2**, é uso informal.

tratado tra.**ta**.do **S masc** acordo que se faz entre países: *Um tratado mundial proíbe a caça de baleias.*

tratamento tra.ta.**men**.to **S masc 1** conjunto de meios utilizados para curar: *Comer bem ajuda no tratamento de doenças.* **2** meio utilizado para eliminar substâncias impuras como germes, bactérias, etc.: *O tratamento das águas e dos esgotos evita doenças.* **3** maneira de agir no relacionamento com as pessoas; trato: *O chefe tem tratamento respeitoso com todos.*

tratar tra.**tar** **Vt 1** fornecer alimentação; nutrir: *É hora de tratar o gado.* **2** dar tratamento de saúde; curar: *Você precisa tratar essa gripe.* **3** agir no relacionamento com as pessoas: *A professora trata os alunos com muito carinho.* (+de) **4** discutir um determinado assunto; debater: *Tratamos, na reunião, de assuntos ecológicos.* **5** tomar uma atitude: *Paulo almoçou e tratou logo de sair.* (...+com) **6** fazer um acordo; combinar: *Não me lembro de haver tratado isso com você.* [**Pron**] (+de) **7** referir-se a; ser: *Não se tratava de uma avestruz, mas sim de uma ema.*
Em **1** e **2**, usa-se também com (+de): *É hora de tratar do gado. Você precisa tratar dessa gripe.*

trato **tra**.to **S masc 1** ajuste; acordo: *O fornecedor não cumpriu o trato.* **2** boas maneiras; boa educação: *Rui é uma pessoa de fino trato.* **3** maneira de agir no relacionamento com as pessoas: *O comerciante deve ser gentil no trato com os fregueses.* **4** ação de cuidar para que fique melhor ou mais bonito: *As suas unhas precisavam de um bom trato.*

trator tra.**tor** **S masc** veículo com motor, que se desloca sobre grandes rodas ou esteiras, usado para puxar equipamentos pesados, em especial nos serviços agrícolas. ▶ pág 196 e 197.

trauma **trau**.ma **S masc 1** perturbação causada por algum problema emocional sofrido pela pessoa: *A criança tratada com afeto cresce sem traumas.* **2** lesão causada por um acidente: *O rapaz sofreu um trauma no joelho.*
traumatismo S masc consequência de trauma.
traumático Adj referente a trauma.

trava ▼ **tra**.va **S fem** peça que impede movimento, abertura, etc.: *As pessoas colocam travas nas portas.*
Cp: **trave**.

trava-língua **tra**.va-**lín**.gua **S masc** sequência de palavras difíceis de falar sem cometer erros: *Tente dizer sem errar o seguinte trava-língua: O peito do pé de Pedro é preto, é preto o peito do pé de Pedro.*

travar tra.**var** **Vt 1** impedir o movimento; fechar; trancar: *Alguma coisa estava travando a porta.* **2** realizar luta; disputar: *Os dois países travaram uma terrível batalha.* **Vi 3** ter o movimento impedido: *As rodas do carro travaram.*

trave **tra**.ve **S fem 1** peça que sustenta o teto de uma

A B C D E F G H I J K L M N O P Q R S T U V W X Y Z

construção: *Havia morcegos pendurados nas traves da casa.* **2** peça que serve como aparelho de ginástica: *A ginástica olímpica se aperfeiçoou com o uso de aparelhos como as traves.* **3** no futebol, cada uma das barras que compõem o gol: *A bola bateu na trave.*
Cp: **trava**.

travessa[1] tra.**ves**.sa **S *fem*** pequena rua que fica entre duas outras mais importantes: *A banca de revistas fica numa travessa da avenida Portugal.*

travessa[2] tra.**ves**.sa **S *fem*** prato maior que o comum, que serve para levar a comida à mesa: *Todo mundo ficava de olho na travessa de macarronada.*

travessão tra.ves.**são** **S *masc*** sinal de pontuação (—) empregado na escrita para separar frases ou expressões, substituir parênteses, pôr palavras ou expressões em destaque, além de servir, no diálogo, para iniciar a fala das personagens: *Ao escrever um diálogo use travessão.*

travesseiro tra.ves.**sei**.ro **S *masc*** saco recheado com pena, espuma, etc., usado para repouso da cabeça: *Não consigo dormir sem travesseiro.*

travessia tra.ves.**si**.a **S *fem*** ação de atravessar: *No rio, uma balsa faz a travessia dos veículos.*

travesso tra.**ves**.so ***Adj*** que faz travessura; arteiro; traquinas: *Ainda não conheci uma criança que não fosse travessa.*

travessura tra.ves.**su**.ra **S *fem*** ação de quem é travesso; traquinagem: *As travessuras de Luís eram inofensivas.*

trazer tra.**zer** ***Vt*** **1** ter em sua companhia; carregar: *Nunca trago muito dinheiro no bolso.* **2** fazer-se acompanhar de: *Rita trouxe uma amiga para conhecer sua família.* **3** ser a causa de: *Esse forte calor sempre traz temporal.* **4** manter; conservar: *Trago o meu quarto sempre limpo.* (...+de/para) **5** transportar para o lugar onde se está: *Hoje eu trouxe um livro da biblioteca.* (...+a/para) **6** dar; oferecer: *A presença da polícia traz tranquilidade para as pessoas.*

trecho **tre**.cho **S *masc*** **1** parte de um todo: *Asfaltaram um trecho da estrada.* **2** pedaço de um texto escrito ou de uma fala: *Releia o texto se houver algum trecho que você não entendeu.*

trégua **tré**.gu.a **S *fem*** suspensão por algum tempo de uma luta ou de uma atividade: *Para terminar o serviço no prazo combinado, os homens trabalharam sem trégua.*

treinador trei.na.**dor** **S *masc*** **1** profissional que treina um atleta ou uma equipe; técnico: *A seleção tem novo treinador.* **2** quem ensina animais: *A polícia tem ótimos treinadores de cães.*

treinar trei.**nar** ***Vt*** **1** preparar para uma atividade: *A empresa treina os funcionários.* ***Vi*** **2** preparar-se através de exercícios: *O atleta treina horas por dia.*
treino / treinamento **S *masc*** ação de treinar.

trem **S *masc*** **1** série de vagões presos entre si, movidos por uma locomotiva e que anda sobre trilhos: *Fomos de trem para o Rio.* **2** qualquer coisa ou objeto: *Vão amontoando muito trem que não presta.*
Em **2**, é uso informal.

trema **tre**.ma **S *masc*** sinal gráfico [¨] que se colocava sobre a vogal **u**, pronunciada quando precedida de **q** ou **g** e seguida de **e** ou de **i**.

tremendo tre.**men**.do ***Adj*** **1** muito grande ou muito intenso: *Um tremendo animal surgiu a nossa frente.* **2** que tem boas qualidades; muito bom: *Pelé foi um tremendo jogador.*

tremer tre.**mer** ***Vi*** **1** sentir ou apresentar tremor: *O homem tremia de frio.* **2** manifestar medo: *O time tremeu diante do adversário.* **3** perder a firmeza; estremecer: *A terra tremeu no Japão.*
trêmulo ***Adj*** que está tremendo.

tremor tre.**mor** **S *masc*** **1** movimento rápido e contínuo experimentado em partes do corpo: *Sentiu tremor nas mãos.* **2** variação no tom (de voz): *Havia tremor em sua voz.* **3** vibração: *O trovão provocou tremor nas janelas.*

tremular tre.mu.**lar** ***Vi*** **1** tremer levemente: *A luz da vela tremulava.* **2** agitar-se; balançar: *A bandeira tremulava ao vento.*

trena **tre**.na **S *fem*** fita usada para medir: *Com uma trena, o pedreiro mediu a calçada.*

trenó tre.**nó** **S *masc*** veículo que se move sobre esquis, próprio para deslizar sobre gelo: *Houve uma corrida de trenós puxados por cães.*

trepadeira ▲ tre.pa.**dei**.ra **S *fem*** planta que cresce apoiada sobre um suporte: *A trepadeira cobriu o muro.*

trepar tre.**par** ***Vi*** (+em) subir (em algum lugar): *Os garotos trepavam nas árvores do pomar.*

trevas **tre**.vas **S *fem pl*** escuridão total: *De vez em quando um relâmpago iluminava as trevas da noite.*

trevo **tre**.vo **S *masc*** **1** cruzamento de várias estradas: *Ao contornar um trevo, observe de quem é a preferência para passar.* **2** planta cujas folhas se dividem em três partes e, muito poucas vezes, em quatro partes: *Dizem que o trevo de quatro folhas dá sorte.*

triângulo tri.**ân**.gu.lo **S *masc*** **1** polígono com três lados. **2** objeto com essa forma usado nas estradas para sinalizar. **triangular *Adj*** que tem forma de triângulo.

tribo **tri**.bo **S *fem*** povo unido quanto ao território, língua, costumes e tradições, geralmente comandado por um chefe: *Numa tribo indígena, o pajé é escolhido por sua sabedoria.*

tribunal tri.bu.**nal** **S *masc*** **1** órgão do Poder Judiciário destinado à distribuição da justiça: *O Poder Judiciário é exercido pelos juízes e seus tribunais.* **2** lugar onde se realizam os julgamentos: *O advogado atua nos tribunais.*

tricampeão tri.cam.pe.**ão** ***Adj*** **1** que foi campeão por três vezes: *O time tricampeão voltará a jogar no próximo domingo.* **S *masc*** **2** quem foi campeão por três vezes: *Os tricampeões serão homenageados nas suas cidades.* Forma feminina correspondente: **tricampeã**.

tricô tri.**cô** **S *masc*** **1** atividade manual com o uso de duas agulhas, que consiste em ir entrelaçando os fios de linha ou de lã, até formar uma peça de tecido ou malha: *Magali faz tricô.* **2** malha feita por esse processo: *A mulher esqueceu o tricô no banco do ônibus.*

tricotar tri.co.**tar** ***Vt*** **1** fazer uma peça de tricô: *Tricotei uma blusa para você.* ***Vi*** **2** exercer a atividade de fazer tricô: *Nina tricota muito bem.*

tridente tri.**den**.te **S *masc*** instrumento semelhante a um garfo, que tem três dentes ou pontas: *O deus dos mares vinha com o tridente na mão e acalmava as ondas.*

trigo ▲ **tri**.go **S *masc*** **1** planta cujos frutos constituem o cereal mais usado na alimentação do homem desde a Antiguidade: *É maravilhoso olhar as plantações de trigo.* **2** os grãos dessa planta: *Coloque o trigo de molho antes de fazer o quibe.*

trilha **tri**.lha **S *fem*** **1** caminho estreito: *Por sorte, encontramos uma trilha.* **2** carreira de pequenos objetos que servem de marca ou caminho; rasto: *A menina foi fazendo uma trilha com pedrinhas para marcar o caminho de volta.*

trilha sonora **tri**.lha so.**no**.ra **S *fem*** parte sonora de um filme, novela ou peça teatral.

trilho **tri**.lho **S *masc*** **1** o mesmo que **trilha**. **2** caminho de ferro por onde correm trens, bondes, etc.: *Ao longo dos trilhos do trem surgiram muitas cidades.*

trimestre tri.**mes**.tre **S *masc*** **1** período de três meses seguidos começando a contar de janeiro: *O primeiro trimestre do ano é sempre chuvoso.* **2** qualquer período de três meses seguidos: *A reforma da estrada deve durar um trimestre.*

trincar trin.**car** ***Vt*** **1** fazer uma fenda estreita; rachar: *O terremoto trincou as paredes da casa.*

Vi **2** sofrer pequena fenda; rachar: *A terra trincou com a seca.*

trinco **trin**.co ***S masc*** **1** pequena peça da fechadura, semelhante a uma língua, que serve para travar: *A fechadura não tinha trinco.* **2** peça com que se fecham portas e tampas: *O trinco do baú enferrujou.*

trio **tri**:o ***S masc*** conjunto formado por três participantes: *O trio musical está fazendo sucesso.*

trio elétrico **tri**:o e.**lé**.tri.co ***S masc*** caminhão com aparelho de som ou música ao vivo, alto-falantes e que costuma animar o carnaval: *O primeiro trio elétrico desfilou em Salvador em 1950.*

tripa **tri**.pa ***S fem*** intestinos do animal ou do ser humano: *É tradicional, no Nordeste, uma comida feita de tripas, vísceras e sangue de carneiro ou cabrito.*

triplicar tri.pli.**car** ***Vt*** **1** aumentar três vezes: *A nossa escola vai triplicar o número de salas de aula.* ***Vi*** **2** ficar três vezes maior: *O número de alunos triplicou.*

triplo **tri**.plo **Num** que é três vezes maior que outro.

tripulação tri.pu.la.**ção** ***S fem*** conjunto das pessoas que trabalham num navio, avião, ou espaçonave: *O avião transportava só a tripulação.*
⊖ **tripulante** **S** pessoa que faz parte da tripulação.

triste **tris**.te ***Adj*** **1** sem alegria; magoado: *Estava triste porque as plantas estavam murchando.* **2** que demonstra tristeza: *Marta tinha um sorriso triste.* **3** que causa desgosto; lamentável: *É triste saber que algumas pessoas são favoráveis às guerras.*
⚙ Ant: **alegre**.

tristeza tris.**te**.za ***S fem*** estado de triste; falta de alegria: *Pouco a pouco, a tristeza foi desaparecendo do olhar de Helena.*
⚙ Ant: **alegria**.

tristonho ▲ tris.**to**.nho ***Adj*** que demonstra tristeza; triste: *O homem tinha um olhar tristonho.*

triturar tri.tu.**rar** ***Vt*** reduzir a pequenos pedaços; moer: *Na chácara havia uma máquina para triturar milho.*
⊖ **triturado** ***Adj*** que sofreu a ação de triturar; moído.

triunfar tri:un.**far** ***Vt*** (+sobre) **1** obter vitória; vencer; prevalecer: *É preciso que o bem triunfe sobre o mal.* ***Vi*** **2** sair vencedor; vencer: *Nossos atletas triunfaram nas Olimpíadas.*
⊖ **triunfante** ***Adj*** que consegue triunfar; vencedor.

triunfo tri.**un**.fo ***S masc*** ação de triunfar; sucesso; vitória: *O Brasil se orgulha do triunfo de nossos jogadores no exterior.*

troca **tro**.ca ***S fem*** **1** ação de trocar; substituição: *As lojas não fazem troca de mercadoria aos sábados.* **2** alteração; mudança: *Houve troca de meu número de telefone.* **3** transferência de coisas entre os próprios donos: *É comum a troca de roupas entre as irmãs.*

trocado tro.**ca**.do ***Adj*** **1** que está um no lugar do outro: *Luís percebeu que seus sapatos estavam trocados.* **2** de baixo valor: *Não tenho dinheiro trocado.* ***S masc*** **3** pequena quantia de dinheiro: *Tinha apenas uns trocados para o ônibus.*
⚙ Em **3**, usa-se mais no plural.

trocar tro.**car** ***Vt*** **1** substituir uma coisa por outra: *É direito do consumidor trocar as mercadorias com defeito.* **2** alterar; confundir: *Júlia não gosta que troquem seu nome.* (+de) **3** mudar; substituir: *Espere-me que troco de roupa em um segundo!* (de...+com) **4** transferir coisas entre os próprios donos: *No ônibus, troquei de lugar com uma senhora.* (...+por) **5** substituir: *O vizinho trocou o carro velho por um novo.* [**Pron**] **6** vestir-se: *Luzia demora para se trocar.*

troco **tro**.co ***S masc*** **1** conjunto de moedas ou cédulas de valor menor que valem a mesma quantia de uma só de valor maior: *O senhor tem troco para cem?* **2** dinheiro que o vendedor devolve ao comprador que pagou com moeda de valor maior que a compra: *As calculadoras calculam o troco.* ▶ pág 188 e 189.

troço *trô* **tro**.ço ***S masc*** **1** nome dado a qualquer coisa ou acontecimento: *Tem um troço fazendo barulho no carro.* [***Pl***] **2** objetos pessoais; pertences: *Guarde seus troços!*
⚙ É de uso informal.

troféu tro.**féu** ***S masc*** taça ou outro objeto que se recebe pela vitória; prêmio. ▶ pág 170 e 171.

tromba **trom**.ba ***S fem*** **1** órgão do olfato dos elefantes e aparelho com que apanham as coisas: *Os elefantes usam a tromba para levar água e comida à boca.* **2** órgão de certos animais como mosquito, abelha, pernilongo, etc., usado para sugar: *As abelhas possuem uma tromba que retira o néctar das flores.* **3** focinho de certos animais: *A anta tem tromba e olhos pequenos.*
trombudo ***Adj*** contrariado.

trombada ▲ trom.**ba**.da ***S fem*** encontro violento; batida; choque: *Dei uma trombada com uma senhora.*

trombar trom.**bar** ***Vt*** (+com) bater com violência; chocar-se: *O carro trombou com uma árvore.*

trombeta trom.**be**.ta ***S fem*** instrumento musical de sopro formado de um tubo longo em forma de funil, que emite som abafado ou harmonioso.

trombone trom.**bo**.ne ***S masc*** instrumento musical de sopro de som grave, formado por longo tubo de metal, largo na extremidade, e que tem som semelhante ao da trombeta: *Tocava trombone numa banda.*

trompete trom.**pe**.te ***S masc*** instrumento musical de sopro, de metal, com tubo em forma de cilindro alongado: *Quem tocava trompete era um garoto.*

tronco **tron**.co ***S masc*** **1** caule de árvore: *O tronco da figueira tinha vinte metros de diâmetro.* **2** parte do corpo humano, fora a cabeça, o pescoço e os membros: *No tronco se situam o tórax, o abdômen e a bacia.* **3** centro de uma rede de comunicação telefônica ou de dados: *Os troncos de comunicação enviam mensagens aos ramais.*

trono **tro**.no ***S masc*** cadeira enfeitada, colocada em posição elevada para assento do rei ou da rainha: *Sentado no trono, o rei dava ordens.*

tropa **tro**.pa ***S fem*** **1** grupo de animais: *Um peão conduz a tropa.* **2** conjunto de soldados: *A tropa se prepara para o ataque.*

tropeçar tro.pe.**çar** ***Vi*** **1** dar, sem querer, topada com os pés nalgum objeto: *A modelo tropeça, quase cai, mas é aplaudida assim mesmo.* ***Vt*** (+em) **2** dar topada; esbarrar: *Estava escuro, tropecei num balde e acordei todo mundo.*
tropeço / tropeção ***S masc*** ação de tropeçar.

tropeiro ▶ tro.**pei**.ro ***S masc*** quem conduz uma tropa (1): *Os tropeiros traziam mercadorias em lombo de burro para serem vendidas na cidade.*

trópico **tró**.pi.co ***S masc*** **1** cada um dos dois círculos imaginários da Terra, paralelos ao equador: *O trópico de Câncer situa-se ao norte do equador.* **2** a região que fica entre esses círculos: *Os cientistas descobriram que as baleias passam o outono e o inverno nos trópicos.*
tropical ***Adj*** relativo aos trópicos.
Em **2**, usa-se mais no plural.

trotar tro.**tar** ***Vi*** andar a trote[1]: *Os dois burrinhos de tropa seguiam trotando pela estrada.*

trote[1] **tro**.te ***S masc*** o andar dos animais como o cavalo, o burro, etc., entre o passo e o galope: *O cavalinho veio num trote muito delicado.*

trote[2] **tro**.te ***S masc*** brincadeira de mau gosto com a intenção de fazer zombaria ou ameaças, geralmente por telefone: *A mãe passou mal ao atender ao telefone por causa de um trote.*

trouxa[1] **trou**.xa ***S fem*** saco de roupas ou de objetos diversos; fardo: *As lavadeiras iam para a beira do rio com suas trouxas na cabeça.*

trouxa[2] **trou**.xa ***Adj*** **1** diz-se da pessoa tola, boba ou ingênua: *Ao fazer qualquer pagamento, não seja trouxa, exija o recibo.* **S** **2** quem é tolo; bobo; ingênuo: *Esse rapaz não é nenhum trouxa que não sabe o que quer.*
É de uso informal.

A B C D E F G H I J K L M N O P Q R S T U V W X Z

trovão tro.**vão** ***S masc*** estrondo produzido por descarga de eletricidade atmosférica: *Ouviu-se um trovão e a chuva começou.*
trovoada ***S fem*** grande quantidade de trovões.

trovejar tro.ve.**jar** ***Vi*** **1** produzir som forte (o trovão): *Uma tempestade caiu, relampejava e trovejava.* **2** produzir ruído semelhante ao trovão: *Os canhões trovejavam.*

trufa **tru**.fa ***S fem*** **1** cogumelo comestível produzido embaixo da terra: *As trufas constituem alimento fino e muito caro.* **2** bombom macio de chocolate: *Ganhei uma caixa de trufas no dia de meu aniversário.*

truque **tru**.que ***S masc*** **1** ação que visa a enganar as pessoas: *Ele usa truques para não ir à aula de natação.* **2** ação realizada pelos mágicos com o fim de iludir a plateia: *O mágico fez muitos truques.*

truta **tru**.ta ***S fem*** **1** peixe de água doce, da família do salmão: *Era um rio onde havia muitas trutas.* **2** prato preparado com a carne desse peixe: *Comemos truta na manteiga.*

tu ***Pron*** **[*Pessoal*]** palavra que se refere à pessoa com quem se fala: *Espero que tu não te esqueças de mim.*
É forma de segunda pessoa que vem sendo substituída por **você**.

tuba **tu**.ba ***S fem*** instrumento musical de sopro, formado por tubo de metal alongado e que termina numa boca em forma de sino.

tubarão tu.ba.**rão** ***S masc*** grande peixe marinho, carnívoro, de corpo longo, dentes afiados.
pág 302 e 303.

tuberculose tu.ber.cu.**lo**.se ***S fem*** doença contagiosa, que ataca geralmente os pulmões: *O tratamento da tuberculose se tornou possível com a descoberta dos antibióticos.*
tuberculoso ***Adj*** que sofre de tuberculose.
Doença produzida por uma bactéria descoberta pelo cientista Robert Koch.

tubo **tu**.bo ***S masc*** **1** corpo em forma de cilindro, alongado, oco, pelo qual podem passar ar, gás ou líquido: *Os tubos que levam sangue para o coração se chamam veias.* **2** vaso de vidro usado em laboratórios: *Aprendi a trabalhar com os tubos de ensaio.* **3** recipiente de forma alongada: *Onde está o tubo de pasta de dente?*

tucano tu.**ca**.no ***S masc*** ave de bico muito grande e penas coloridas de vermelho, amarelo, branco e preto; alimenta-se de frutas: *Os tucanos são encontrados nas florestas do Norte.*
pág 388 e 389.

tucunaré tu.cu.na.**ré** ***S masc*** peixe de água doce, muito apreciado, de cor prateada: *Nos rios da Amazônia vivem diversas populações de peixes como o tucunaré e tantos outros.*

tudo **tu**.do ***Pron*** **[*Indefinido*]** todas as coisas (objetos, animais e pessoas): *Tudo neste mundo tem um fim.*
Ant: **nada**.

tufão tu.**fão** ***S masc*** tempestade com vento forte; vendaval: *O tufão arrancou galhos de árvores.*

tufo **tu**.fo ***S masc*** porção; feixe: *Quando a moça passou o pente na cabeça saiu um tufo de cabelos que a deixou preocupada.*

tuiuiú tu.iu.**iú** ***S masc*** ave de cor branca, com parte da pele da garganta sem penas e avermelhada e de cabeça meio cinza: *O tuiuiú é a ave-símbolo do Pantanal.*
pág 388 e 389.

tumba **tum**.ba ***S fem*** cova onde se sepultam os cadáveres; túmulo; sepultura: *Diz a lenda que todas as noites as caveiras saíam das tumbas.*

túmulo **tú**.mu.lo ***S masc*** monumento erguido em memória de alguém onde se acha sepultado; sepultura: *O poeta escreveu uma poesia para ser colocada em seu túmulo.*

tumulto tu.**mul**.to ***S masc*** grande movimento desordenado; agitação; confusão: *Havia um tumulto na porta do estádio, pois todos queriam um ingresso para o jogo.*

túnel **tú**.nel ***S masc*** caminho ou passagem subterrânea: *Quando o trem entra no túnel a gente sente um certo medo, mas é muito divertido.*

túnica **tú**.ni.ca ***S fem*** **1** peça de roupa feminina, mais longa que a blusa, e usada, em geral, sobre saia, calça comprida, etc.: *A mulher usava uma túnica azul muito elegante.* **2** casaco de uniforme militar: *O capitão não podia se apresentar sem a sua túnica.*

tupi tu.**pi** ***S masc*** **1** povo da nação indígena que se espalhou por vários pontos do país: *Os tupis eram bons nadadores, faziam bonitas vasilhas de barro e dormiam em redes.* **2** a língua desse povo, chamada língua geral, falada na costa do país até o século XIX, e ainda hoje no Amazonas: *Anchieta escreveu peças teatrais em três línguas: espanhol, português e tupi.* ***Adj*** **3** de ou relativo a esse povo ou a sua língua: *Jacaré é nome brasileiro de origem tupi.*

tupi-guarani tu.**pi**-gua.ra.**ni** ***S masc*** **1** povo indígena da América do Sul: *Os tupis-guaranis eram o povo que predominava na Mata Atlântica.* **2** língua desse povo, que inclui o guarani e o tupi: *A palavra maracujá vem do tupi-guarani.* ***Adj*** **3** de ou relativo a esse povo: *Crianças de uma aldeia tupi-guarani participaram da gravação de um CD.*

tupinambá tu.pi.nam.**bá** ***S masc*** **1** povo indígena, hoje considerado extinto, que habitava a costa brasileira: *Os tupinambás eram bravos guerreiros.* **2** a língua desse povo: *Alguns portugueses fizeram questão de aprender o tupinambá.* ***Adj*** **3** de ou relativo a esse povo: *Naquela noite, os chefes tupinambás reuniram-se ao luar, no centro da taba.*

tupiniquim tu.pi.ni.**quim** ***S masc*** **1** povo indígena do tronco tupi, que habitava o litoral do Espírito Santo, e o município de Ilhéus, na Bahia: *Os tupiniquins, desde pequenos, eram acostumados à vida dura.* **2** a língua desse povo: *Atualmente não se conhece quem fale o tupiniquim.* ***Adj*** **3** de ou relativo a esse povo: *Descendo rio abaixo vinham as canoas tupiniquins.*

turbante ▲ tur.**ban**.te ***S masc*** longa faixa de tecido que se enrola em torno da cabeça: *Um homem com um turbante rosa na cabeça passou pela praça.*

turbina tur.**bi**.na ***S fem*** máquina geradora de energia elétrica a partir do movimento da água, do vento, do vapor, etc.: *As usinas hidrelétricas utilizam a água para movimentar as suas turbinas.*

turismo ▼ tu.**ris**.mo ***S masc*** **1** viagem de passeio feita a lugares que despertam interesse: *Aproveite as férias para fazer turismo.* **2** atividade econômica resultante desse tipo de viagem: *O turismo é uma importante fonte de renda.* — **turista** **S** pessoa que faz turismo. **turístico** ***Adj*** de ou relativo ao turismo.

turma **tur**.ma ***S fem*** **1** grupo de pessoas conhecidas, amigas ou unidas por alguma razão: *A turma lá do meu bairro está pedindo a reforma da calçada.* **2** grupo de pessoas reunidas para um mesmo fim: *Uma turma de jovens se reúne toda noite para discutir literatura.* **3** grupo de estudantes da mesma classe ou da mesma época: *Sou da turma que se formou em 2000.* **4** grupo de trabalhadores de um determinado setor ou período: *A turma da limpeza vem à noite, após o expediente.* ▶ pág 156 e 157.

turnê tur.**nê** ***S fem*** viagem para vários lugares, com fins profissionais ou turísticos: *Enquanto não começam as gravações do filme, o grupo de atores faz uma turnê pela Europa.*

turno **tur**.no ***S masc*** **1** cada um dos grupos de pessoas que se revezam em certos serviços: *O turno da tarde não compareceu ao trabalho.* **2** período de trabalho: *Há professor que trabalha nos três turnos: manhã, tarde e noite.* **3** cada uma das etapas de disputa de um campeonato: *O time que for campeão do primeiro turno terá certos privilégios.*

tutor tu.**tor** ***S masc*** pessoa encarregada por lei de administrar os bens, dirigir e proteger a pessoa menor de idade, bem como de representá-lo ou dar-lhe assistência nos atos da vida em sociedade.

Uu Uu

u ***S masc*** vigésima primeira letra do alfabeto.

uirapuru ui.ra.pu.**ru** ***S masc*** ave de cor avermelhada, cauda com listas escuras, garganta e peito vermelho vivo, cujo canto melodioso só se ouve quinze dias por ano e por no máximo dez minutos: *Há uma lenda que diz que o uirapuru atrai bandos de aves com seu belo canto.*

uivar ui.**var** ***Vi*** **1** soltar uivos (o cão e o lobo): *O lobo uiva para a Lua.* **2** gritar; berrar: *Ao término do espetáculo, a plateia uivava e pedia bis.* **3** produzir som semelhante a uivo: *O vento uivava na mata.*
uivo ***S masc*** voz do cão e do lobo.

último **úl**.ti.mo ***Adj*** **1** que está ou vem depois de todos os outros; que está ou vem no final: *Às 11 horas da noite parte o último trem.* **2** mais recente; mais próximo do momento em que se está: *Minha vizinha sempre sabe das últimas novidades.* ***S masc*** **3** aquilo que vem ou está colocado em posição final: *O último da fila gritou, reclamando alguma coisa.* **4** o fato mais recente: *Você já sabe da última?*
nas últimas no fim; à morte: *Chegou a notícia de que o doente estava nas últimas.*

ultrapassar ul.tra.pas.**sar** ***Vt*** **1** estando em um veículo, passar à frente de outro: *O motorista do ônibus tentava ultrapassar uma carreta.* **2** estar ou ir além de um certo ponto: *A temperatura ultrapassava os 40 graus.* **3** ir além daquilo que dá para suportar: *A crueldade de certas pessoas ultrapassa todo e qualquer limite.*

um ***Art*** [***Indefinido***] **1** palavra que se emprega antes do nome para indicá-lo de forma indeterminada: *Andando pelo caminho, encontrou um lobo mau.* **2** antes de numeral indica valor numérico aproximado: *A criança tinha uns quatro anos.*

umbigo um.**bi**.go ***S masc*** cicatriz na região central do abdômen, resultante do corte do cordão umbilical por ocasião

do nascimento: *As adolescentes gostam de andar com o umbigo à mostra.*
umbilical ***Adj*** pertencente ao umbigo; do umbigo.

umedecer u.me.de.**cer** ***Vt*** **1** tornar úmido; molhar ligeiramente: *A garoa fina umedeceu os seus cabelos.* ***Vi*** **2** tornar-se úmido: *Os olhos do avô umedeceram ao se despedir do neto.*

umidade u.mi.**da**.de ***S fem*** **1** qualidade ou estado de úmido: *A vegetação rasteira faz conservar a umidade do solo.* **2** vapor de água presente na atmosfera: *No inverno é baixa a umidade do ar.*

úmido **ú**.mi.do ***Adj*** **1** embebido de substância líquida: *A roupa no varal ainda estava úmida.* **2** que contém umidade: *As baratas geralmente habitam locais úmidos e escuros.*
Ant: **seco**; **enxuto**.

unânime u.**nâ**.ni.me ***Adj*** que revela a mesma opinião de todos: *Os membros da banca foram unânimes na aprovação do candidato.*
unanimidade ***S fem*** qualidade do que é unânime.

unha ▶ u.nha ***S fem*** camada meio dura e meio transparente que recobre a extremidade dos dedos: *O jogador fazia questão de cuidar das unhas.*
nas unhas sob o domínio; em poder: *A tripulação do navio temia cair nas unhas dos piratas.*

união u.ni.**ão** ***S fem*** **1** ato de unir-se ou juntar-se para determinado fim; aliança; acordo: *A união dos moradores do bairro nos trouxe muitos benefícios.* **2** casamento: *A união do casal já dura 20 anos.* **3** o país como um conjunto político e administrativo; o governo federal: *Os impostos são arrecadados pela União, pelos Estados e pelos Municípios.*
Em **3**, escreve-se com inicial maiúscula.

único **ú**.ni.co ***Adj*** **1** que só existe um: *O único meio de transporte para chegar ali era o barco.* **2** que diz respeito a apenas um: *O trabalho foi feito por um único operário.*

unicórnio u.ni.**cór**.ni:o ***S masc*** animal imaginário representado por um cavalo com um único chifre no meio da testa: *Maria desenhou um unicórnio, e não se esqueceu de colocar o chifre.*

unidade u.ni.**da**.de ***S fem*** **1** condição ou propriedade daquilo que é único; sem divisões: *A boa convivência do casal mantém a unidade da família.* **2** cada uma das partes que compõe um todo: *Uma dúzia é composta de 12 unidades.* **3** cada parte ou grupo independente em que se divide uma organização: *O hospital possui uma unidade para tratamento de queimados.* **4** no sistema de numeração decimal, o grupo que ocupa a primeira ordem em cada classe: *Na classe das unidades simples, temos três ordens: unidade, dezena e centena.*

uniforme u.ni.**for**.me ***Adj*** **1** que só tem uma forma; que é sempre igual: *A anta tem o pelo pardo e uniforme.* ***S masc*** **2** roupa especial, usada por pessoas em exercício da sua atividade: *A guarda municipal ganhou uniforme novo.*
▶ pág 156 e 157.
uniformizado ***Adj*** que está usando uniforme.

unir u.**nir** ***Vt*** **1** juntar; reunir: *As palavras são como uma massa mágica: vão unindo as ideias, segurando os pensamentos, unindo os conteúdos, construindo o conhecimento!* (...+a) **2** ligar: *A ponte une a ilha ao continente.* [***Pron***] (+a) **3** ligar-se pelo casamento: *A filha do prefeito se unirá ao filho do juiz.* **4** juntar-se; aliar-se: *O irmão do deputado uniu-se aos seus adversários políticos.* ***Vi*** [***Pron***] **5** aproximar-se: *As asas da gaivota uniam-se e afastavam-se rapidamente.* **6** juntar-se ou reunir-se em grupo para algum fim: *Se quisermos ser fortes, precisamos nos unir.*

universal u.ni.ver.**sal** ***Adj*** **1** que abrange as diversas partes do mundo; geral: *Ecologia passou a ser uma preocupação universal.* **2** de todos: *Escola e saúde são direitos universais do cidadão.*

universidade u.ni.ver.si.**da**.de ***S fem*** instituição de ensino superior que compreende um conjunto de faculdades ou escolas: *O sonho de todo estudante é cursar uma universidade.*

universitário u.ni.ver.si.**tá**.ri:o ***Adj*** **1** relativo ou pertencente à universidade: *Aos 20 anos, José concluiu o curso universitário.*

S masc **2** aluno de universidade: *Os* universitários *conseguiram moradia.*

universo u.ni.**ver**.so **S masc** **1** conjunto de tudo o que existe: *Nem dá para contar quantas galáxias existem no* Universo. **2** o Sistema Solar: *O Sol já foi considerado o centro do* Universo. **3** ambiente em que se vive: *Helen foi crescendo num* universo *escuro e silencioso por causa de sua cegueira e de sua surdez.*
Em **1** e **2**, escreve-se com inicial maiúscula.

urbanização ur.ba.ni.za.**ção** **S fem** conjunto dos procedimentos necessários para dotar uma cidade, ou parte dela, de elementos como água, esgoto, gás, eletricidade, e de serviços urbanos, como transporte, saúde, etc.: *A Câmara Municipal aprovou o projeto de* urbanização *dos bairros da periferia.*

urbano ur.**ba**.no **Adj** da cidade ou relativo a ela, por oposição a rural: *A população rural foi-se imigrando para os centros* urbanos.

ureter u.re.**ter** **S masc** cada um dos dois canais que ligam os rins à bexiga: *A urina chega à bexiga urinária pelos* ureteres.

uretra u.**re**.tra **S fem** canal que liga a bexiga ao exterior, destinado à descarga de urina: *A urina é armazenada na bexiga e eliminada pela* uretra.

urgência ur.**gên**.ci.a **S fem** **1** qualidade do que é urgente; pressa: *A entrega do produto deve ser feita com* urgência. **2** necessidade imediata e indispensável; emergência: *O posto de saúde só está atendendo as* urgências.

urgente ur.**gen**.te **Adj** **1** que precisa ser feito com rapidez: *O chefe pediu que os funcionários cuidassem primeiro dos serviços mais* urgentes. **2** de urgência: *O médico foi atender um caso* urgente. **Adv** **3** de modo rápido; logo: *O bombeiro precisa vir* urgente.

urina u.**ri**.na **S fem** líquido amarelo, formado de água, sais minerais e outras substâncias, que se armazena nos rins e é levado à bexiga pelos ureteres: *O nosso organismo elimina muita água diariamente, principalmente pela* urina *e pelo suor.*
urinário **Adj** relativo à urina.

urinar u.ri.**nar** **Vi** eliminar urina: *Os camelos* urinam *pouco.*

urna ▼ **ur**.na **S fem** recipiente onde se recolhem os votos em eleições ou os cupons de um sorteio: *A eleição foi anulada porque uma das* urnas *desapareceu.*

urrar ur.**rar** **Vi** soltar urros; rugir: *A onça* urrou *de fome e saiu à caça.*

urro **ur**.ro **S masc** **1** voz forte de alguns animais: *Todo mundo tremeu ao ouvir o* urro *do leão.* **2** grito forte; berro: *Um* urro *medonho partiu da plateia.*

urso **ur**.so **S masc** animal mamífero de grande tamanho, de pelagem espessa, com garras que não se recolhem e focinho alongado: *Havia no circo um* urso *que andava de bicicleta.*
▶ pág 460 e 461.

urtiga ur.**ti**.ga **S fem** planta com numerosos pelos nas folhas e no caule, que em contato com a pele produzem ardência e coceira: *Passei sobre um monte de* urtigas *e me queimei todo.*

urubu ▲ u.ru.**bu** **S masc** ave caçadora, preta, de pescoço pelado e bico curvado, que anda aos pulos, voa muito alto e alimenta-se de animais mortos: *Os* urubus *têm uma função especial no espaço ecológico que é a de limpar o meio ambiente.*

urucum u.ru.**cum** **S masc** fruto vermelho ou amarelo, coberto de pontas longas e com polpa que envolve numerosas sementes: *Os indígenas utilizavam o* urucum *para pintar o próprio corpo.*

usar u.**sar** **Vt** **1** servir-se de; utilizar: *O chaveiro* usou *um arame para abrir a fechadura.* **2** fazer uso de; empregar: *O motorista dirigia perigosamente, sem* usar *as mãos.* **3** vestir; portar (óculos, sapatos, etc.): *O advogado* usava *terno e gravata e óculos escuros.* **4** apresentar-se com: *Pedro agora está* usando *bigode.* **5** ter por hábito: *A maioria dos jovens não*

usa pedir licença.
usar e abusar praticar com exagero: *Carlos usa e abusa de adjetivos em seus textos.*
usado ***Adj*** que se usou; gasto pelo uso.

usina u.**si**.na **S *fem*** estabelecimento industrial equipado de máquinas para transformar qualquer matéria-prima em produto final: *O Nordeste tem muitas usinas de açúcar.*

usineiro u.si.**nei**.ro **S *masc*** proprietário de usina de açúcar ou álcool: *O usineiro reduziu a produção de açúcar e aumentou a de álcool.*

uso **u**.so **S *masc*** **1** utilização; emprego: *O uso de agrotóxicos pode causar muitos prejuízos ao meio ambiente.* **2** costume; hábito: *É uso dos indígenas pescar sob o luar.*
usual ***Adj*** que se refere ao uso.

usuário u.su.**á**.ri:o **S *masc*** **1** aquele que usufrui alguma coisa por direito de uso: *Os usuários de ônibus querem mais linhas noturnas.* **2** aquele que faz uso de alguma coisa: *O manual do usuário acompanha a máquina.*

usufruir u.su.fru.**ir** ***Vt*** (+de) tirar proveito; gozar: *Ele está usufruindo da herança do avô.*

utensílio u.ten.**sí**.li:o **S *masc*** **1** qualquer instrumento de que o homem se utiliza: *Muitos utensílios de pedra são encontrados durante escavações de pesquisa.* **2** objeto de uso doméstico: *A panela é o principal utensílio da cozinha.*

útero **ú**.te.ro **S *masc*** órgão feminino musculoso, oco e elástico, que recebe o óvulo fecundado, conserva e nutre o embrião: *No útero da mãe, o bebê fica protegido dentro de uma bolsa com líquido.*
uterino ***Adj*** relativo ao útero; do útero.

útil **ú**.til ***Adj*** **1** que tem utilidade: *A bússola já foi o instrumento mais útil dos navegantes.* **2** que ajuda; que tem serventia; prestativo: *A secretária era a pessoa mais útil naquela casa.* **3** diz-se do dia em que se trabalha: *O pagamento sai no quarto dia útil.* **S *masc*** **4** aquilo que tem utilidade: *Pescar num dia de sol é unir o útil ao agradável.*

utilidade u.ti.li.**da**.de **S *fem*** **1** emprego; aplicação: *Existe uma palmeira nordestina que tem muitas utilidades.* **2** serventia; proveito: *Que utilidade tem o dinheiro para quem só o guarda e não gasta?*

utilizar u.ti.li.**zar** ***Vt*** **1** fazer uso de: *Utilizar rede na pesca predatória extermina grandes cardumes de peixes filhotes.* **2** aproveitar: *O artista fez uma escultura utilizando sucata.* [**Pron**] (+de) **3** usar; empregar: *O professor fez experiências utilizando-se de vasilhas de vários tipos.*
utilização **S *fem*** ação de utilizar.

uva **u**.va **S *fem*** fruto da videira, produz-se em cachos de bagos pequenos, de forma oval, verdes ou meio roxos, polpa doce e ácida: *O suco de uva é um alimento muito saudável.*
pág 188 e 189.

Vv

V ***S masc*** vigésima segunda letra do alfabeto.

vaca va.ca ***S fem*** fêmea do touro: *A vaca produz leite.*
a vaca ir pro brejo não dar certo: *O passeio está marcado, mas, se chover, a vaca vai pro brejo...*

vacilar va.ci.**lar** ***Vi*** **1** perder a firmeza; balançar: *Todos me olhavam, daí vacilei e caí.* **2** ficar na dúvida; hesitar: *Ao responder a questão, vacilou.*
vacilo ***S masc*** ação de vacilar; indecisão.

vacina va.**ci**.na ***S fem*** substância à base de vírus, bactérias, etc. que as pessoas tomam para evitar certas doenças: *Quando viajar, tome vacina contra febre amarela.*

vacinar va.ci.**nar** ***Vt*** (...+contra) **1** aplicar vacina (em): *O médico vacinou o bebê contra paralisia.* [***Pron***] (+contra) **2** submeter-se à aplicação de vacina: *Os idosos vacinam-se contra a gripe.*
vacinação ***S fem*** ação de vacinar.

vadiar va.di.**ar** ***Vi*** estar sem trabalho ou ocupação por vontade própria: *Há pessoas que nada fazem, vadiam.*
vadio ***Adj*** que nada faz; vagabundo.
Ant: **trabalhar**.

vaga **va**.ga ***S fem*** **1** lugar não ocupado: *Não havia vaga no hotel.* **2** cargo, função ou posto não preenchido: *Havia cem candidatos para duas vagas.*

vagabundo va.ga.**bun**.do ***Adj*** **1** vadio: *Não seja vagabundo, pense em seu futuro!* **2** simples; ordinário: *Os móveis da casa eram vagabundos.* ***S masc*** **3** pessoa que não trabalha, nem estuda; vadio: *Um vagabundo não tem bom futuro.*
Ant para **1** e **3**: **trabalhador**.

vaga-lume **va**.ga-**lu**.me ***S masc*** inseto que tem órgãos luminosos localizados na parte de baixo do abdômen: *Os vaga-lumes parecem lanterninhas voando.*

vagão va.**gão** ***S masc*** cada uma das partes que formam o trem de estrada de ferro ou metrô: *Os últimos vagões transportam carga.*

vagar va.**gar** ***Vi*** ficar vago; ficar vazio ou desocupado: *Vagou um lugar no ônibus.*
vago ***Adj*** que está vazio; desocupado.

vagaroso va.ga.**ro**.so ***Adj*** sem pressa; lento; demorado: *Os movimentos do caracol são vagarosos.*
Ant: **rápido**.

vagem **va**.gem ***S fem*** aquilo que recobre as sementes ou os grãos de certas plantas: *Nossa tarefa era tirar as ervilhas da vagem.*

vagina va.**gi**.na ***S fem*** nas fêmeas dos mamíferos, órgão muscular em forma de tubo que liga o útero ao meio externo.
vaginal ***Adj*** da ou relativo a vagina.

vaia **vai**.a ***S fem*** manifestação de desgosto por meio de gritos ou assobios: *O cantor recebeu vaias.*

vaiar vai.**ar** ***Vt*** dar vaias: *A torcida vaiou o jogador quando ele errou a cesta.*
Ant: **aplaudir**.

vaidade vai.**da**.de ***S fem*** **1** tendência a dar muito valor à aparência: *Fez plástica por vaidade.* **2** orgulho: *Por vaidade, gastou mais do que podia na festa.*
Ant: **modéstia**.

vaidoso vai.**do**.so ***Adj*** **1** que cuida muito da aparência: *A menina vaidosa não sai à rua sem maquiagem.* **2** que se valoriza; orgulhoso: *A pessoa vaidosa se julga a tal.*
Ant: **modesto**.

vala **va**.la ***S fem*** buraco raso e comprido aberto no chão para escoar água ou outro líquido; sulco: *O agricultor fez uma vala para levar água aos pés de laranja.*
valeta ***S fem*** pequena vala.

vale[1] **va**.le ***S masc*** terreno baixo entre dois morros: *A estrada seguia pelo vale.*

vale[2] **va**.le ***S masc*** pagamento adiantado: *Pediu um vale ao patrão para uma emergência.*

valente va.**len**.te ***Adj*** **1** que enfrenta o perigo; corajoso: *O vaqueiro valente enfrenta o touro.* ***S*** **2** quem tem valentia; quem é corajoso: *Os valentes não temem nada.*
valentia ***S fem*** qualidade do valente; coragem.
Ant: **covarde**.

valer va.**ler** ***Vt*** **1** ter como preço; custar: *Aquele boi vale uma fortuna.* (+por) **2** ter igual valor (a): *Uma colherinha de adoçante vale por uma colher de açúcar.* [**Pron**] (+de) **3** servir-se; utilizar-se: *Valeu-se de uma vassoura para juntar os cacos.* ***Vi*** **4** ter valor ou validade; vigorar: *Notas de cruzeiro não valem mais.*

válido **vá**.li.do ***Adj*** **1** que tem validade; que está em vigor: *A promoção é válida para este mês.* **2** legítimo; legal: *O juiz anulou um pênalti válido.*
validade ***S fem*** qualidade do que é válido; legalidade.

valor va.**lor** ***S masc*** **1** preço atribuído a uma coisa: *Esta joia tem muito valor.* **2** quantia em dinheiro: *O valor da multa aumentou.* **3** importância; qualidade: *Sua amizade para mim tem muito valor.* **4** capacidade; mérito: *Temos funcionários de muito valor.* **5** tudo aquilo que representa uma riqueza: *Os valores da família estão no cofre.*
valioso ***Adj*** que tem valor.

valorizar va.lo.ri.**zar** ***Vt*** **1** aumentar o valor de: *Com a chegada do Natal, os comerciantes valorizam seus produtos.* **2** pôr em destaque; acentuar: *Esta maquiagem vai valorizar seus olhos.* **3** atribuir mérito: *O professor valoriza o trabalho dos alunos.* ***Vi*** **4** ganhar valor: *Com a reforma, a casa valorizou.*
valorização ***S fem*** aumento de valor.

valsa **val**.sa ***S fem*** **1** tipo de música muito tocada em bailes e festas para ser dançada em par: *A valsa pode ser lenta ou rápida.* **2** dança apropriada para essa música: *– Vamos dançar uma valsa?*

válvula **vál**.vu.la ***S fem*** tampa que fecha de modo completo, impedindo a saída de um gás ou líquido: *A válvula do banheiro precisa de conserto.*

A B C D E F G H I J K L M N O P Q R S T U V W X Y Z

vampiro vam.**pi**.ro **S *masc***
1 morcego que se alimenta de sangue: *O vampiro transmite a raiva.* **2** personagem fantástico que sai, de noite, para sugar o sangue das pessoas: *Mas vampiros não existem!*

van **S *fem*** veículo com capacidade para muitas pessoas; perua: **2** *A família alugou uma van.*
A palavra vem do Inglês.
pág 156 e 157.

vantagem van.**ta**.gem **S *fem***
1 condição de ser superior (a alguém): *Pelo estudo, ficou em vantagem em relação aos irmãos.*
2 fato que traz benefício; privilégio: *Quem é cliente tem a vantagem de pagar menos.* **3** ganho; lucro: *Vendeu a casa com vantagem.*
vantajoso *Adj* que traz vantagem; útil.

vão S *masc* 1 espaço livre; espaço vazio: *No vão da parede colocou um quadro.* ***Adj* 2** inútil; sem valor: *Não se preocupe com coisas vãs.*
em vão à toa: *Estude, seu esforço nunca será em vão.*

vapor va.**por** **S *masc* 1** fumaça leve que, pela ação do calor, sai dos líquidos ou dos corpos úmidos: *O vapor que sai da chaleira pode queimar!* **2** barco movido por máquina a vapor: *Veio para o Sul de vapor.*
a todo vapor com toda a energia; com rapidez: *O trabalho dos operários vai a todo vapor.*
vaporoso *Adj* leve; delicado.

vaporizar va.po.ri.**zar** ***Vt***
1 transformar em vapor: *O calor vaporiza a água.* **2** jogar (um líquido) em pequenas gotas: *Dona Odete vaporiza inseticida na sala.*
***Vi* [*Pron*] 3** transformar-se em vapor: *A loção vaporizou-se.*
vaporização S *fem* transformação em vapor.

vaqueiro va.**quei**.ro **S *masc***
pessoa que lida com gado bovino: *O vaqueiro usa roupa resistente.*

vara **va**.ra **S *fem* 1** ramo fino e flexível: *Luís tenta derrubar as peras com uma vara.* **2** ramo de bambu ou outro material, com linha e anzol, para pesca: *Assim que jogou a vara na água, pegou um peixe.*
uma vara uma fera; muito irritado: *Ele ficou uma vara quando se viu enganado.*
vareta S *fem* pequena vara.

varal va.**ral** **S *masc*** fio de arame esticado, no qual se pendura roupa lavada para secar.

varanda va.**ran**.da **S *fem***
terraço: *Na varanda há redes para descansar.* pág 88 e 89.

variar va.ri.**ar** ***Vt* 1** tornar diverso: *O restaurante variou os pratos.* (+de) **2** apresentar diferença: *Os móveis variam de preço.* ***Vi* 3** sofrer alteração; modificar-se: *De um posto para outro, os preços variam.* **4** delirar: *A febre subiu, o paciente está variando.*
variação S *fem* processo de variar. **variável *Adj*** que pode variar.

variedade va.ri:e.**da**.de **S *fem***
quantidade diferente: *Na aula de dança aprendi uma variedade de passos.*

vários **vá**.ri:os ***Pron* [*Indefinido*]**
diversos; muitos: *Viajamos por várias regiões do país.*

varredura var.re.**du**.ra **S *fem***
1 ação de varrer: *A varredura das praças é feita todos os dias.*
2 verificação cuidadosa; inspeção: *O eletricista fez uma varredura no equipamento.*

varrer var.**rer** ***Vt* 1** limpar com vassoura: *O gari varre as ruas.*
2 olhar com cuidado; inspecionar: *O policial varreu o local à procura de menores.* **3** destruir; devastar: *A tempestade varreu a região.*
varrida S *fem* ação de varrer; varredura.

várzea **vár**.ze:a **S *fem*** planície fértil e cultivada num vale: *O arroz pode ser plantado nas várzeas.*

vasculhar vas.cu.**lhar** ***Vt***
investigar com cuidado; examinar: *Vasculhei os bolsos à caça de moedas.*

vaselina va.se.**li**.na **S *fem***
substância cremosa, sem cor, que serve para fazer remédios, para passar no corpo, fazer com que peças de máquinas deslizem melhor, etc.

vasilha va.**si**.lha **S *fem*** objeto usado para guardar coisas pequenas, em especial, alimentos: *Em casa guardo os mantimentos em vasilhas.*
vasilhame S *masc* conjunto de vasilhas.

vaso **va**.so **S *masc* 1** objeto em que se colocam flores: *Sobre a mesa há um vaso de cristal com flores.* **2** objeto que se enche de terra e onde se colocam mudas de planta: *Na janela há vasos com gerânios.* **3** bacia sanitária existente nos banheiros: *O vaso deve estar sempre limpo.* **4** Em anatomia, canal do organismo humano através do qual circula um líquido: *O sangue circula através dos vasos.*

vassoura vas.**sou**.ra ***S fem*** utensílio para varrer, feito de ramos ou pelos, presos a um cabo comprido.

vasto **vas**.to ***Adj*** **1** muito extenso; amplo: *O apartamento tem uma vasta sala de visitas.* **2** que tem muito volume: *Gabriela penteia os vastos cabelos.*
vastidão ***S fem*** grande extensão; imensidão.

vatapá va.ta.**pá** ***S masc*** prato da cozinha baiana, feito com farinha de mandioca, peixe ou camarão, azeite de dendê, leite de coco e pimenta: *Não se vai à Bahia sem comer vatapá!*

vazante va.**zan**.te ***S fem*** **1** terreno baixo e úmido; várzea: *O agricultor planta arroz na vazante.* **2** diminuição do volume de água de um rio: *Na vazante é mais fácil pescar.*

vazar va.**zar** ***Vt*** **1** sair (um líquido ou gás) do objeto que o contém; escoar; derramar: *A mangueira é velha e vaza água.* (+de) **2** escorrer; escapar: *A água está vazando do cano.*
vazamento ***S masc*** processo de vazar; escoamento.

vazio va.**zi**.o ***Adj*** **1** que não contém nada: *Comeram os chocolates, só sobraram as caixas vazias!* **2** desocupado: *A procura é grande, há poucos imóveis vazios.* ***S masc*** **3** sensação de falta (de alguma coisa): *Marina está triste, sente um vazio no peito!*
Ant para **1** e **2**: **cheio**.

veado ve.**a**.do ***S masc*** animal mamífero selvagem, de cauda curta e grandes chifres parecidos com galhos: *O veado é um animal veloz.*

vedar ve.**dar** ***Vt*** **1** fechar; tampar: *A rolha veda a saída do vinho.* **2** impedir; proibir: *Guardas vedam a entrada de estranhos.*
vedação ***S fem*** ação de vedar; proibição.

vegetação ve.ge.ta.**ção** ***S fem*** **1** desenvolvimento de um vegetal: *Água e adubo auxiliam a vegetação.* **2** conjunto de plantas de uma área determinada: *A vegetação amazônica é importante.*

vegetal ve.ge.**tal** ***Adj*** **1** relativo às plantas; das plantas: *Mamãe usa óleos vegetais na cozinha.* ***S masc*** **2** planta: *Aos poucos, o homem aprendeu a cultivar vegetais para obter alimentos.*
vegetariano ***Adj*** que se alimenta só de vegetais.

veia **vei**.a ***S fem*** vaso ou tubo que leva o sangue ao coração: *As veias levam o sangue de todo o corpo para o coração.*
venoso ***Adj*** relativo a veia.

veículo ve.**í**.cu.lo ***S masc*** **1** qualquer meio de transporte para pessoas ou cargas: *A van é um veículo para transportar muitas pessoas.* **2** qualquer meio de divulgação; canal: *A TV é veículo de informação.*

vela[1] ▲ **ve**.la ***S fem*** pano preso ao mastro que, soprado pelo vento, move a embarcação: *Com a tempestade, as velas se romperam.*

vela[2] **ve**.la ***S fem*** **1** rolo de cera, tendo no centro um barbante que se queima e ilumina: *Acendeu uma vela e pôs sobre a mesa.* **2** peça dos motores: *O mecânico trocou as velas do carro.* **3** cilindro oco, com pequenos orifícios, usado nos filtros de água: *As velas do filtro devem ser lavadas sempre.*

veleiro ve.**lei**.ro ***S masc*** embarcação movida a vela[1]: *O veleiro navega com muita rapidez.*

velho **ve**.lho ***Adj*** **1** muito idoso: *O avô é velho, mas muito saudável.* **2** de época remota; antigo: *Doei ao museu moedas velhas do tempo do Império.* **3** gasto pelo uso; usado: *O sapato velho já está furado.* ***S masc*** **4** pessoa idosa: *Os velhos merecem respeito!*
velhice ***S fem*** qualidade do que é velho.
Ant para **1**: **jovem**; para **2** e **3**: novo; para **velhice**: **mocidade**.

veloz ve.**loz** ***Adj*** rápido; ligeiro: *O menino era veloz em obedecer aos pais.*
velocidade ***S fem*** qualidade do que é veloz; rapidez.

veludo ve.**lu**.do ***S masc*** tecido de seda, lã ou algodão, com pelos curtos e macios num dos lados.

a b c d e f g h i j k l m n o p q r s t u v w x y z

vencer ven.**cer** ***Vt*** **1** sair vitorioso de: *Um brasileiro venceu a maratona.* **2** conter; dominar: *Conseguiu vencer a raiva.* **3** livrar-se de: *Com esforço, venceu as dificuldades.* ***Vi*** **4** ter o prazo terminado: *A conta de luz vai vencer amanhã.*
vencedor ***S masc*** **1** quem vence. ***Adj*** **2** que vence; vitorioso.

vencimento ven.ci.**men**.to ***S masc*** **1** final do prazo para pagamento: *Amanhã é o vencimento da prestação da casa.* [***Pl***] **2** ordenado; salário: *Há tempos não tenho aumento nos vencimentos.*

venda **ven**.da ***S fem*** **1** ação de vender: *A venda da laranja quase não deu lucro.* **2** loja que vende alimentos em pouca quantidade; pequeno armazém: *Comprou pó de café na venda.*

vendaval ven.da.**val** ***S masc*** vento muito forte: *O vendaval levou telhas e painéis.*

vender ven.**der** ***Vt*** **1** trocar (alguma coisa) por dinheiro: *Seu José vendeu a chácara.* ***Vi*** **2** ter boa aceitação no mercado: *Este desodorante vende bem.*
vender saúde ser muito saudável: *Ele se queixa, mas vende saúde.*
vendedor ***S masc*** profissional que trabalha com vendas.
▶ pág 188 e 189.
Ant para **1** e **2**: **comprar**.

veneno ve.**ne**.no ***S masc*** **1** substância que faz mal e pode até matar: *Comprei veneno pra matar rato.* **2** líquido venenoso produzido por alguns animais: *Não se aproxime de cobras, elas têm veneno.* **3** aquilo que prejudica: *O excesso de bebida alcoólica é um veneno.*
venenoso ***Adj*** que contém veneno.

venerar ve.ne.**rar** ***Vt*** honrar; respeitar: *Alguns cristãos veneram Nossa Senhora.*
veneração ***S fem*** honra; culto. **venerável** ***Adj*** digno de veneração; respeitável.

ventania ven.ta.**ni**.a ***S fem*** vento forte e contínuo: *A ventania levou o chapéu do Visconde.*

ventar ven.**tar** ***Vi*** haver vento: *Ventou muito esta noite.*

ventilador ven.ti.la.**dor** ***S masc*** aparelho que serve para ventilar: *Liguem o ventilador, por favor. Está muito quente!*

ventilar ven.ti.**lar** ***Vt*** **1** fazer renovar-se o ar em: *Abra a janela para ventilar a sala.* ***Vi*** **2** ficar arejado: *Agora, a sala ventilou.*
ventilação ***S fem*** circulação de ar.

vento **ven**.to ***S masc*** ar em movimento: *Nesta região, o vento é constante.* ▶ pág 338 e 339.
aos quatro ventos em todas as direções: *Filipe espalhou a novidade aos quatro ventos.* **de vento em popa** em condições favoráveis: *Seu negócio vai de vento em popa.*

ver ***Vt*** **1** perceber pela visão; enxergar: *Gosto de ver as crianças brincarem.* **2** presenciar; assistir a: *Fomos ver o time jogar.* **3** visitar: *Saí para ver os amigos.* **4** reparar; notar: *Você viu que o prato está lascado?* [***Pron***] **5** sentir-se; achar-se: *Viu-se sozinha na casa.*
onde (já) se viu expressão usada para indicar admiração ou espanto diante de um fato: *Onde já se viu pescaria sem minhoca?*

verão ▼ ve.**rão** ***S masc*** período do ano compreendido entre 21 de dezembro e 21 de março, no Hemisfério Sul, e 21 de junho e 22 de setembro, no Hemisfério Norte: *No verão, todos vão à praia.*

verbal ver.**bal** ***Adj*** dito de viva voz; oral: *Recebi um recado verbal.*

verdade ver.**da**.de ***S fem*** **1** aquilo que está de acordo com a realidade: *Juro que falo a verdade.* **2** sinceridade; franqueza: *Quanto há de verdade no que você me diz?*
de verdade de fato: *A atriz consegue chorar de verdade.*
Ant para **1**: **mentira**.

verdadeiro ver.da.**dei**.ro ***Adj*** **1** autêntico; legítimo: *No Natal tomamos um vinho francês verdadeiro.* **2** sincero: *Pelo olhar, percebi que seus sentimentos eram verdadeiros.*
Ant: **falso**.

verde **ver**.de ***Adj*** **1** da cor das ervas e das folhas das árvores: *Este inseto tem barriga verde!* **2** com vegetação: *A cidade tem muitas áreas verdes.* **3** que ainda não está maduro: *A banana ainda verde já é cortada e vendida.* ***S masc*** **4** vegetação: *Preserve o verde de nossa terra.* **5** a cor verde: *O verde está na moda.*
Ant para **3**: **maduro**.

verdura ver.**du**.ra ***S fem*** planta de folhas comestíveis, cultivada em horta; hortaliça.
verdureiro ***S masc*** quem planta ou vende verduras.
pág 188 e 189.

vereador ve.re.a.**dor** ***S masc*** político eleito pelo povo para trabalhar na Câmara Municipal: *Os vereadores querem o bem da cidade.*

vergonha ver.**go**.nha ***S fem*** **1** timidez: *Gabriela subiu ao palco com vergonha.* **2** situação que pode causar perturbação; vexame: *Caí e passei vergonha.*
vergonhoso ***Adj*** que tem vergonha; tímido.

verificar ve.ri.fi.**car** ***Vt*** olhar com atenção; examinar: *O policial verificou a carteira do motorista.*
verificação ***S fem*** ação de verificar.

verme **ver**.me ***S masc*** animal invertebrado muito pequeno: *O verme não tem patas.*
verminose ***S fem*** doença causada por vermes nos intestinos.

vermelho ver.**me**.lho ***Adj*** **1** da cor do sangue vivo: *O caqui maduro é bem vermelho.* **2** ruivo: *A boneca tem cabelos vermelhos.* **3** com o rosto rosado: *Gabriela ficou vermelha de vergonha.* ***S masc*** **4** a cor vermelha: *O vermelho é cor alegre.*

verruga ver.**ru**.ga ***S fem*** pequena elevação na pele: *A bruxa não tinha nenhuma verruga no nariz.*

verso[1] **ver**.so ***S masc*** **1** cada linha do poema: *Aline decorou o poema, verso por verso.* [***Pl***] **2** composição poética; poema: *Todo aluno deve ler os versos de Drummond.*

verso[2] **ver**.so ***S masc*** página oposta à da frente: *Fez uma redação usando a frente e o verso da página.*

vértebra **vér**.te.bra ***S fem*** osso que faz parte da coluna vertebral: *A coluna vertebral é formada por pequenas estruturas chamadas vértebras.*
vertebral ***Adj*** que é composto de vértebras.

vertebrado ver.te.**bra**.do ***Adj*** **1** que tem vértebras: *O ser humano é um animal vertebrado.* [***Pl***] ***S masc*** **2** grupo de animais que têm coluna vertebral: *Os vertebrados têm uma coluna vertebral.*

vertical ver.ti.**cal** ***Adj*** que é perpendicular ao plano horizontal: *A altura é a medida vertical de um corpo, da base até seu ponto extremo.*
Ant: **horizontal**.

vertigem ver.**ti**.gem ***S fem*** tontura; desmaio: *Ao olhar a rua, lá do alto, teve vertigem.*

vesgo **ves**.go ***Adj*** que tem um ou os dois olhos voltados na direção do nariz: *A pessoa vesga usa óculos.*

vespa **ves**.pa ***S fem*** inseto da mesma família das abelhas, de cor amarela e preta ou avermelhada: *A vespa tem picada dolorida e venenosa.*

véspera **vés**.pe.ra ***S fem*** dia anterior a um dia determinado: *Na véspera do casamento a noiva estava nervosa.*
às vésperas próximo; perto: *Os filhos vão chegar às vésperas do Natal.*
vespertino ***Adj*** do ou relativo ao período da tarde.

veste **ves**.te ***S fem*** roupa; traje: *As vestes da moçada são jeans e camiseta.*

vestiário ves.ti.**á**.ri:o ***S masc*** local, no clube, na academia, etc. onde se troca de roupa: *Fernanda troca a roupa de ginástica no vestiário.*

vestibular ves.ti.bu.**lar** ***Adj*** **1** de entrada em um curso superior: *Mateus estuda para os exames vestibulares.* ***S masc*** **2** exame de entrada em um curso superior: *Fica nervosa em pensar no vestibular.*

vestido ves.**ti**.do ***Adj*** **1** que está usando roupa: *A criança não se importa se está vestida ou não.* ***S masc*** **2** roupa de uso feminino de uma peça só, que cobre o tronco e os membros, no todo ou em parte: *Como era verão, escolheu um vestido de alças.*
Ant para **1**: **nu**.

vestígio ves.**tí**.gi:o ***S masc*** sinal; marca: *Ela deixou vestígios de batom no copo.*

vestir ves.**tir** ***Vt*** **1** colocar roupa em: *Nair vestiu a boneca.* [***Pron***] (+de) **2** pôr fantasia; fantasiar-se: *No carnaval, Carlos vestiu-se de pirata.*

vestuário ves.tu.**á**.ri:o ***S masc*** conjunto de roupa ou tipo de roupa que se usa: *Seu vestuário é elegante.*

veterano ve.te.**ra**.no ***S masc*** **1** soldado antigo: *O veterano chegou cheio de medalhas.* **2** pessoa que exerce há muito tempo uma atividade: *O veterano ensina o ofício ao novato.*

veterinário ▼ ve.te.ri.**ná**.ri:o ***S masc*** **1** profissional que cuida da saúde dos animais: *Levei a gatinha ao veterinário.* ***Adj*** **2** de ou relativo a animais: *A clínica veterinária atende aos domingos.*

véu ***S masc*** tecido fino com que se esconde ou cobre alguma coisa: *Em certos países a mulher usa véu.*

vexame ve.**xa**.me ***S masc*** vergonha; humilhação: *Caí e passei vexame diante de todos.*

vez ***S fem*** **1** oportunidade que cabe a cada um: *Ana espera a vez na fila.* **2** ocasião em que uma coisa acontece: *Nas vezes em que viajava, trazia presentes.*
às vezes em certas ocasiões: *Às vezes saio para tomar sorvete.* **uma vez na vida outra na morte** muito poucas vezes: *Viajo uma vez na vida outra na morte.*

via **vi**.a ***S fem*** **1** estrada; caminho: *Você fez a viagem por via aérea ou marítima?* **2** cópia de um documento: *Fiz o trabalho em duas vias.* **3** qualquer tipo de tubo do organismo animal: *Mantenha limpas as vias respiratórias.*
por via das dúvidas para evitar enganos: *Por via das dúvidas, guardei o recibo.*

viaduto vi:a.**du**.to ***S masc*** construção que permite passagem sobre avenidas, vales, etc.: *O Viaduto do Chá é dos mais conhecidos do Brasil.*
▶ pág 102 e 103.

viajar vi:a.**jar** ***Vt*** (+a/para) sair: *Amanhã viajarei para a capital.*
viagem ***S fem*** ação de viajar. **viajante** ***S*** quem viaja.

viatura vi:a.**tu**.ra ***S fem*** veículo da polícia ou de uso oficial: *Uma viatura está de plantão.*

vibrante vi.**bran**.te ***Adj*** **1** que vibra; sonoro: *A música vibrante faz todos dançarem.* **2** vivo; intenso: *Cátia usa vestido de cor vibrante.* **3** cheio de entusiasmo; animado: *O cantor recebeu aplausos vibrantes.*

vibrar vi.**brar** ***Vt*** **1** fazer produzir movimento: *O trem vibra o trilho por onde passa.* **2** fazer soar; tocar: *A freira vibra o sino da capela.* ***Vi*** **3** soar; tocar: *Às 6 horas, o sino vibra.* **4** encantar-se; empolgar-se: *A torcida vibrou com o gol.*
vibração ***S fem*** ação de vibrar. **vibratório** ***Adj*** que vibra; vibrante.

vice **vi**.ce ***S*** pessoa que substitui outra em cargo ou função: *O vice representou o prefeito na cerimônia.*

vício **ví**.ci:o ***S masc*** mau hábito; costume que prejudica (a pessoa ou a sociedade): *Beber é vício.*

vida **vi**.da ***S fem*** **1** conjunto dos seres vivos: *A biologia estuda a vida.* **2** duração do nascimento à morte: *A expectativa de vida do homem aumentou.* **3** vigor; energia: *Vovó é idosa, mas cheia de vida.*
Ant para **1** e **2**: **morte**.

videira ▼ vi.**dei**.ra ***S fem*** planta trepadeira que produz a uva: *O caule da videira está preso na estaca.*

vídeo **ví**.de:o ***S masc*** **1** parte do televisor ou do computador onde aparecem imagem ou texto: *A imagem aparece perfeita no vídeo da TV.* **2** videocassete: *O vídeo grava e reproduz som e imagem.* **3** filme gravado em fita de videocassete: *A locadora de vídeos fica na esquina.*

videocassete vi.de:o.cas.**se**.te ***S masc*** aparelho que serve para gravar e reproduzir filmes ou programas na televisão: *Pôs um filme infantil no videocassete para a filha assistir.*

videogame *vidioguêim* **S *masc*** jogo eletrônico em que o jogador controla as imagens numa tela de televisão ou computador: *Passou a tarde jogando videogame.*
A palavra vem do inglês.

vidraça vi.**dra**.ça **S *fem*** conjunto de placas de vidro colocadas em portas e janelas: *A vidraça está suja.*
pág 76 e 77.

vidro **vi**.dro **S *masc*** **1** substância dura, transparente e frágil, usada na fabricação de vidraças e outros objetos: *A panela de vidro caiu e se quebrou.* **2** objeto feito desse material; frasco; garrafa: *Comprou um vidro de azeitona.*
vidraçaria S *fem* fábrica ou loja de vidros e vidraças.

viga **vi**.ga **S *fem*** trave que sustenta a estrutura das construções: *Essa viga é de concreto.*

vigário vi.**gá**.ri:o **S *masc*** padre: *O vigário reza missa todas as manhãs.*

vigarista vi.ga.**ris**.ta **S** pessoa que engana os outros para ter lucro: *Um vigarista queria lhe vender uma joia falsa.*

vigente vi.**gen**.te **Adj** que tem validade; válido: *A moeda vigente no Brasil é o real.*
vigência S *fem* qualidade do vigente; validade.

vigiar vi.gi.**ar** **Vt** **1** tomar conta; cuidar: *A mãe vigia os filhos no parque.* **2** observar; espreitar: *Radares vigiam o espaço aéreo.*
vigia S pessoa que vigia; guarda; sentinela.

vigilância vi.gi.**lân**.ci:a **S *fem*** **1** ação de vigiar; guarda cuidadosa: *O soldado foi escalado para a vigilância do quartel.* **2** cuidado antecipado; precaução: *Devo manter vigilância contra alimentos que têm muita gordura.*
vigilante Adj que vigia; atento; cuidadoso.

vigor vi.**gor** **S *masc*** **1** força física; energia: *Mateus está no vigor dos 15 anos.* **2** vigência: *A promoção está em vigor até sábado.*
vigoroso Adj que tem vigor; forte.

vigorar vi.go.**rar** **Vi** **1** estar em vigor; valer: *A lei do silêncio depois das 11 horas continua vigorando?* **Vt** **2** tornar vigoroso; fortalecer: *Chorar vigora os pulmões.*

vil **Adj** **1** desprezível: *Ele me ofendeu de maneira vil.* **2** muito baixo: *Ele ganha salário vil.*

vila **vi**.la **S *fem*** **1** conjunto de casas que formam um povoado: *A vila é menor que a cidade.* **2** bairro: *O vereador conhece todas as vilas afastadas do centro da cidade.* **3** o conjunto de habitantes desse local: *A vila toda assinou uma lista exigindo asfalto no bairro.*
vilarejo S *masc* pequena vila.

vilão vi.**lão** **S *masc*** **1** pessoa de mau caráter; pessoa vil: *Ele sempre faz papel de vilão nas novelas.* **2** fator negativo; problema: *O vestibular é o grande vilão para os estudantes.*

vinagre vi.**na**.gre **S *masc*** líquido azedo feito com vinho ou outra bebida alcoólica fermentada.

vinco **vin**.co **S *masc*** marca resultante da dobradura de um papel ou pano; dobra.

vínculo **vín**.cu.lo **S *masc*** ligação; relação: *É forte o vínculo entre mãe e filha.*

vingar vin.**gar** **Vt** **1** reparar ofensa; revidar. **Vi** **2** desenvolver-se: *A muda de limão não vingou.*
vingança S *fem* ação de vingar. **vingativo Adj** que se vinga.

vinha **vi**.nha **S *fem*** plantação de videiras: *O lavrador trabalha na vinha.*

vinho **vi**.nho **S *masc*** bebida alcoólica resultante da fermentação da uva: *Você prefere vinho branco ou tinto?*
Junto de um nome significa "da cor de vinho": *Ela está usando um vestido vinho.*

vintém vin.**tém** **S *masc*** **1** antiga moeda de cobre: *O vintém era uma moeda portuguesa.* **2** dinheiro de pouco valor: *Sabe o que é não ter nem um vintém no bolso?*

viola vi.**o**.la **S *fem*** instrumento musical parecido com o violão, de cordas, que produzem som quando tocadas: *A viola é semelhante ao violão, mas menor.*
violeiro S *masc* quem toca viola.

A B C D E F G H I J K L M N O P Q R S T U V W X Y Z

violão vi:o.**lão** **S *masc*** instrumento musical com seis cordas, que produzem som pela ação dos dedos: *À tarde, ele pega o violão e toca.*
violonista **S** quem toca violão.

violência vi:o.**lên**.ci:a **S *fem*** 1 força; energia; vigor: *A chuva veio com violência.* 2 agressão; agressividade: *Infelizmente, as torcidas se enfrentaram com violência.*

violento vi:o.**len**.to ***Adj*** 1 que acontece com força; forte: *O choque dos carros foi violento.* 2 agitado: *O córrego virou um rio de águas violentas.* 3 que faz uso de força bruta; agressivo: *Fuja de pessoas violentas.*
Ant para 3: **calmo**.

violeta vi:o.**le**.ta **S *fem*** 1 pequena erva de flores de cores variadas, sendo a roxa a mais comum: *A violeta tem folhas aveludadas.* 2 a flor da violeta: *Ganhou um buquê de violetas.* **S *masc*** 3 a cor roxa: *O violeta simboliza a realeza.*

violino vi:o.**li**.no **S *masc*** instrumento musical com quatro cordas que produzem som pela ação de um arco especial: *Ao tocar, o músico apoia o violino sobre um dos ombros.*
violinista **S** quem toca violino.

vir ***Vt*** (+a/para) 1 deslocar-se (em direção ao lugar em que está o falante); dirigir-se: *Lurdes veio do interior para Curitiba.* 2 regressar; voltar: *O aluno sempre vem rápido da escola para casa.* 3 comparecer; apresentar-se: *O policial deve vir ao quartel fardado.* (+de) 4 proceder; provir: *O avião vinha do Rio.* 5 ser descendente de: *O noivo vem de imigrantes portugueses.*
vir abaixo desabar; desmoronar: *Com o vendaval, o teto veio abaixo.*
Ant para 1 a 4: **ir**.

vira-lata ♥ vi.ra-**la**.ta **S** cão que não tem raça bem definida.

virar vi.**rar** ***Vt*** 1 fazer tombar: *O choque virou o carro.* (...+em) 2 derramar; despejar: *Olga virou o café na xícara.* ***V lig*** 3 tornar-se; transformar-se em: *A lagarta vira borboleta.* ***Vi*** 4 sofrer mudança; mudar: *Ganhou na loteria e sua vida virou.* 5 mudar de direção: *O vento virou.* 6 tombar: *A carreta virou.* [***Pron***] 7 resolver suas dificuldades; defender-se: *Vera aprendeu a virar-se sozinha.*
virar fera enfurecer-se: *Papai vira fera quando contrariado.*

virgem vir.gem ***Adj*** 1 que não foi explorado; que não foi tocado: *Esse é um pedaço de mata virgem.* 2 que não teve relação sexual.

vírgula **vír**.gu.la **S *fem*** sinal gráfico (,) que indica pausa em textos escritos ou a separação de números inteiros dos decimais: *Comprou a blusa por R$28,50.*

viril vi.**ril** ***Adj*** 1 próprio de homem: *Asfaltar ruas é um trabalho viril.* 2 forte; vigoroso: *A malhação tornou Eduardo mais viril.*

virilha vi.**ri**.lha **S *fem*** ponto onde a coxa se une ao tronco.

virtual vir.tu.**al** ***Adj*** 1 que pode ser; possível: *A TV questionou os virtuais governadores.* 2 relativo à Internet: *Os jovens têm encontros virtuais no site.*

virtude vir.**tu**.de **S *fem*** 1 tendência para a prática do bem: *Sonho com um mundo de homens voltados para a virtude.* 2 qualidade que se aprecia: *A caridade é uma virtude.*
em virtude (+de) por causa; devido (a): *Ele tem sono em virtude dos medicamentos.*
virtuoso ***Adj*** que tem virtudes.
Ant: **defeito**.

vírus **ví**.rus **S *masc*** 1 agente causador de doenças infecciosas: *A mordida do morcego pode transmitir o vírus que causa raiva.* 2 em informática, programa que causa danos ao sistema do computador: *Márcio instalou um programa que detecta vírus.*
virose **S *fem*** qualquer doença causada por vírus.

visão vi.**são** **S *fem*** 1 sentido através do qual se percebem as imagens: *Os morcegos têm pouca visão.* 2 possibilidade de enxergar; visibilidade: *A neblina prejudica a visão do motorista.* 3 imagem que se julga ver por medo, superstição, etc.; miragem: *Algumas drogas levam a pessoa a ter visões.*
visibilidade **S *fem*** possibilidade de enxergar.

visar vi.**sar** ***Vt*** (+a) ter como alvo ou objetivo: *A lei visava a promover o desenvolvimento econômico.*

víscera vís.ce.ra **S *fem*** órgão que fica dentro do abdômen.
visceral Adj relativo a vísceras.

visconde vis.**con**.de **S *masc*** título de nobreza inferior ao de duque e superior ao de barão: *Visconde de Sabugosa é um personagem sabido e estudioso.*
Forma feminina correspondente: **viscondessa**.

viscoso vis.**co**.so ***Adj*** que gruda: *Os sapos são animaizinhos verdes e viscosos.*
viscosidade S *fem* qualidade do que é viscoso.

viseira vi.**sei**.ra **S *fem*** parte da frente do capacete ou do boné, que serve para encobrir e proteger o rosto: *As crianças bordaram seus nomes na viseira do boné.*

visita vi.**si**.ta **S *fem* 1** ação de visitar: *Os amigos fazem visita ao aniversariante.* **2** pessoa que visita; visitante: *A mulher fez café para as visitas.*

visitar vi.si.**tar *Vt* 1** ir ver (alguém) por cortesia, afeição, dever, etc.: *Lucas visita a avó nas férias.* **2** ir para conhecer: *Visitamos o Museu do Ipiranga.*
visitante S pessoa que faz visita. pág 76 e 77.

visível vi.**sí**.vel ***Adj* 1** que pode ser visto: *A Lua não está visível.* **2** que pode ser percebido: *Com os remédios, teve melhora visível.*

visor vi.**sor S *masc* 1** dispositivo instalado nas portas de entrada, pelo qual se pode ver a pessoa que está do lado de fora: *Olhe pelo visor antes de abrir a porta.* **2** dispositivo fixado a um aparelho fotográfico para mostrar a área que será incluída na fotografia: *O fotógrafo viu se todos cabiam no visor da máquina.*

vista vis.ta **S *fem* 1** capacidade de ver; o sentido da visão: *Ler com pouca luz prejudica a vista.* **2** olhar: *Fixou a vista para reconhecer quem chegava.* **3** os olhos: *Proteja a vista do sol.*
à vista em parcela única, feita na data da compra: *Só faço compras à vista.*

visto **vis**.to ***Adj* 1** recebido com boa vontade; aceito. **S *masc* 2** assinatura, carimbo, selo que se põe em documento para lhe dar validade: *O funcionário põe visto no documento.*
visto que já que; como: *Visto que você não quer, vou dar o anel a Ana.* **pelo visto** pelo que se percebe: *Pelo visto, vamos ter que seguir a pé.*

vistoso vis.**to**.so ***Adj*** que chama a atenção: *Está na moda vestido com estampado vistoso.*

visual vi.su.**al *Adj* 1** de ou relativo à visão: *O problema visual foi resolvido com óculos.* **S *masc* 2** aparência física: *A funcionária tem um bonito visual.*

visualizar vi.su.a.li.**zar *Vt*** fazer ver; mostrar: *Existem exames que permitem visualizar os órgãos internos.*
visualização S *fem* ação de visualizar.

vital vi.**tal *Adj* 1** da ou relativo à vida: *O ciclo vital da mosca é curto.* **2** importante; essencial: *O interesse dos pais é vital no aprendizado.*
vitalidade S *fem* força; vigor.

vitamina vi.ta.**mi**.na **S *fem*** **1** substância presente nos alimentos e indispensável ao bom funcionamento do organismo: *A falta de vitaminas causa doenças.* **2** mistura de frutas batidas no liquidificador: *Não coloque banana na vitamina, por favor.*

vítima **ví**.ti.ma **S *fem*** pessoa que sofre dano físico, material ou moral por causa de um acidente: *Apesar de grave, o acidente não teve nenhuma vítima.*

vitória vi.**tó**.ri.a **S *fem*** vantagem final em uma competição; triunfo: *A torcida comemorou a vitória do time.*
vitorioso *Adj* que alcançou vitória.
Ant: **derrota**.

vitória-régia vi.**tó**.ri.a-**ré**.gi.a **S *fem*** planta aquática de grandes folhas redondas, de borda arredondada, de onde brotam grandes flores brancas ou rosadas.

vitrine vi.**tri**.ne **S *fem*** numa loja, local fechado com vidro, onde se colocam objetos para venda: *A menina se apaixonou por uma boneca exposta na vitrine.*
A forma **vitrina** também é usada. pág 256 e 257.

viúvo vi.**ú**.vo ***Adj*** **1** cuja esposa morreu: *É jovem e já é viúvo.* ***S masc*** **2** quem perdeu a esposa: *O viúvo está triste.*
viuvez ***S fem*** estado de quem é viúvo.

vivacidade vi.va.ci.**da**.de ***S fem*** vigor; energia: *As crianças sadias têm vivacidade.*

viveiro vi.**vei**.ro ***S masc*** local adequado para criação e reprodução de plantas ou animais: *No sítio há um viveiro de peixes.*

vivência vi.**vên**.ci.a ***S fem*** **1** existência; vida: *As crianças nunca esquecerão a vivência em comum no sítio da avó.* **2** experiência; prática: *O marujo tem vivência para navegar em alto mar.*

viver vi.**ver** ***Vi*** **1** estar vivo; existir: *Meus avós já não vivem mais.* ***V lig*** **2** permanecer: *Nas férias, a escola vive vazia.* ***Vt*** (+com) **3** morar: *Bianca vive com os pais.* (+de) **4** nutrir-se; alimentar-se: *Ana vive de verduras e frutas.* (+em) **5** morar; residir: *A família vive em Curitiba.* **6** frequentar muito: *Vânia vive no clube.*
vivente ***Adj*** que está vivo; que tem vida.
Ant para **1**: **morrer**.

vivo **vi**.vo ***Adj*** **1** com vida: *Todo ser vivo precisa de alimento.* **2** intenso; forte: *O vermelho é uma cor viva.* **3** esperto; inteligente: *As pessoas mais vivas levam vantagem nos estudos.*
ao vivo no exato momento em que acontece: *A TV mostrou imagens do jogo ao vivo.*
Ant para **1**: **morto**.

vizinhança vi.zi.**nhan**.ça ***S fem*** **1** conjunto das pessoas que habitam os lugares vizinhos: *A vizinhança está cansada do barulho do clube.* **2** lugar próximo: *Há plantações nas vizinhanças da cidade.*

vizinho vi.**zi**.nho ***Adj*** **1** que mora perto: *As pessoas vizinhas se conhecem.* **2** que fica próximo: *A casa vizinha foi pintada.* ***S masc*** **3** pessoa que mora perto: *O barulho incomoda os vizinhos.*
▶ pág 88 e 89.

voar vo.**ar** ***Vi*** **1** manter-se ou deslocar-se no ar por meio de asas: *Pássaros e insetos voam.* **2** deslocar-se no ar por meio de máquina: *O jato voa a grande altura.* **3** mover-se muito rápido; correr: *Os carros modernos voam.* **4** passar depressa: *Este ano voou!*

vocábulo vo.**cá**.bu.lo ***S masc*** palavra: *"Escola" é um vocábulo feminino.*
vocabulário ***S masc*** conjunto das palavras de uma língua.

vocação vo.ca.**ção** ***S fem*** disposição natural do espírito; inclinação: *Ele tem vocação para música.*

você vo.**cê** ***Pron*** palavra usada para dirigir-se à pessoa com quem se fala: *Você vai à escola hoje?*

vogal vo.**gal** ***S fem*** **1** som produzido pela voz do homem e que passa livre pela laringe e pela boca: *O som "a" é uma vogal.* **2** letra que corresponde a esse som: *A-E-I-O-U são vogais.*

volante vo.**lan**.te ***S masc*** roda que comanda a direção dos veículos: *Dirija com as duas mãos no volante.*

vôlei **vô**.lei ***S masc*** jogo entre duas equipes de seis jogadores, no qual se arremessa a bola com as mãos ou com os punhos por sobre uma rede: *O time de vôlei é campeão mundial.* ▶ pág 170 e 171.

volta **vol**.ta ***S fem*** **1** regresso; retorno: *A volta da Seleção foi muito esperada.* **2** desvio: *Precisamos fazer uma volta por causa da queda de barreira.* **3** passeio; giro: *À tarde, dá uma volta com a filha.* **4** movimento em torno do próprio eixo: *Dei muitas voltas para a rosca ficar firme.* **5** curva ou ângulo: *A canoa some na volta do rio.*
por volta (+de) perto; em torno: *Chegamos em casa por volta das 2 horas.*

voltar vol.**tar** ***Vt*** **1** dar como diferença; devolver: *O vendedor me voltou dez reais.* (+para) **2** retornar; regressar: *A família voltou para sua terra.* (+de) **3** vir de volta; retornar: *Ana voltou da escola com fome.* (+a) **4** assumir de novo: *Depois das férias, voltou ao serviço.* [***Pron***] (+para) **5** virar-se: *Ao ouvir passos, voltou-se para trás.*
voltar atrás mudar de ideia: *O negócio estava quase fechado, mas o comprador voltou atrás, desistiu.*

volume vo.**lu**.me ***S masc*** **1** quantidade; número: *O volume de pratos para lavar não diminui!* **2** quantidade: *O volume da bagagem não cabe na mala.* **3** intensidade ou altura do som: *Abaixe o volume da TV!* **4** livro: *Falta um volume da coleção.*
volumoso ***Adj*** que tem grande volume ou dimensão.

voluntário vo.lun.**tá**.ri:o ***Adj*** **1** que trabalha por vontade própria, sem receber pagamento: *Linda faz serviço voluntário na creche.* **2** de vontade própria: *Minha demissão do emprego foi voluntária.* ***S masc*** **3** quem se dedica por vontade própria em alguma atividade social: *Os voluntários socorreram as vítimas da enchente.*

vomitar vo.mi.**tar** ***Vt*** eliminar pela boca o que se comeu: *O bebê vomitou um pouco de leite.*
vômito ***S masc*** ação de vomitar ou aquilo que foi vomitado.

vontade von.**ta**.de ***S fem*** **1** capacidade de praticar ou deixar de praticar certos atos de modo livre: *O homem possui instinto, sentimento e vontade.* **2** firmeza; empenho: *Conseguiu vencer na vida com muita vontade.* **3** decisão; resolução: *A vontade do povo é lei.* **4** necessidade: *Estava sentindo vontade de beber água.* **5** capricho; fantasia: *Não vou ficar fazendo suas vontades.*

voo **vo**.o ***S masc*** **1** ação de voar (falando-se de aves ou insetos): *Alberto segue com os olhos o voo das borboletas pelo jardim.* **2** viagem por avião: *O nosso voo foi tranquilo e conseguimos chegar a Fortaleza na hora desejada.*

vós ***Pron*** [**Pessoal**] palavra usada para dirigir-se à pessoa a quem se fala: *Vós me chamastes, senhor conde?*
Sempre se refere de modo respeitoso à pessoa com quem se fala.

vossa alteza **vos**.sa al.**te**.za ***Pron*** tratamento usado para dirigir-se a príncipes e duques: *– Aqui estão os documentos que Vossa Alteza pediu.*
Abrev: **V.A.**

vossa excelência **vos**.sa ex.ce.**lên**.ci:a ***Pron*** tratamento usado para dirigir-se a militares, Presidente da República, ministros, etc.: *– Estão aguardando Vossa Excelência.*
Abrev: **V. Ex.ª**

vossa majestade **vos**.sa ma.jes.**ta**.de ***Pron*** tratamento usado para dirigir-se a reis ou imperadores: *Em que posso ser útil a Vossa Majestade?*
Abrev: **V.M.**

vossa santidade **vos**.sa san.ti.**da**.de ***Pron*** tratamento usado para dirigir-se ao Papa.
Abrev: **V.S.**

vossa senhoria **vos**.sa se.nho.**ri**.a ***Pron*** tratamento usado para dirigir-se a oficiais até coronel, funcionários graduados e pessoas de cerimônia: *Que documentos Vossa Senhoria quer?*
Abrev: **V.Sa.**

vosso **vos**.so ***Pron*** [**Pessoal**] pertencente a vós: *Enchei de água vossas taças.*
Sempre se refere de modo respeitoso à pessoa com quem se fala.

votar ▶ vo.**tar** ***Vi*** **1** exercer o direito de voto: *O povo saiu de casa para votar.* ***Vt*** **2** palpitar por meio de voto: *Os vereadores votaram contra o projeto.*
votação ***S fem*** ação de votar.

voto **vo**.to ***S masc*** **1** manifestação da vontade ou preferência dos que participam de uma eleição ou assembleia: *A república é um sistema de governo em que os indivíduos são eleitos pelo povo por meio do voto.* **2** desejo sincero: *Receba meus votos de felicidades.*

voz ***S fem*** **1** nos seres humanos, som produzido pelas pregas vocais que são pequenas pregas que ficam na laringe, e que é usado para falar. **2** som produzido pelos animais: *Urro é a voz dos leões.*
vozerio ***S masc*** rumor de vozes.

vulcão vul.**cão** ***S masc*** montanha que solta (ou já soltou) matéria como gases, cinzas e lavas.
vulcânico ***Adj*** de ou relativo a vulcão.

vulgar vul.**gar** ***Adj*** comum; ordinário: *Aquele era um canteiro de plantinhas vulgares.*
vulgaridade ***S fem*** qualidade do que é vulgar.

vulnerável vul.ne.**rá**.vel ***Adj*** que pode ser ferido ou atingido; fraco: *Quem come mal está vulnerável a doenças.*

vulto **vul**.to ***S masc*** **1** figura que não se percebe bem; silhueta: *Tânia percebeu um vulto no quintal.* **2** pessoa de grande importância: *Na escola aprendemos sobre os feitos dos grandes vultos nacionais.*

Ww *Ww*

w *dábliu* ***S masc*** vigésima terceira letra do alfabeto, usada em abreviaturas, em nomes de povos indígenas (wayana; waimiri) e em palavras de origem estrangeira.

waffle *uafl* ***S masc*** bolo à base de leite, ovos, farinha de trigo e fermento, assado em fôrma elétrica: *Todos gostaram dos waffles com creme.*
É palavra tirada do inglês.

windsurfe *uindsurf* wind.**sur**.fe ***S masc*** esporte em que se desliza sobre a água numa prancha semelhante à do surfe, equipada com vela com uma barra pela qual o esportista se equilibra e dá a direção desejada: *Viram o Papai Noel chegar numa prancha de windsurfe.*
É palavra tirada do inglês.

Xx 𝒳𝓍

X **S *masc*** vigésima quarta letra do alfabeto.

xadrez xa.**drez** **S *masc*** **1** jogo para duas pessoas, cada uma das quais faz mover 16 peças ou figuras, sobre um tabuleiro de 64 casas: *O xadrez representa uma batalha entre dois exércitos inimigos.* **2** tecido com estampa formada por quadrados: *Minha mãe comprou um avental de xadrez.* **Adj 3** que tem estampa em quadrados: *Meu amigo usava uma bermuda xadrez.*

xale **xa**.le **S *masc*** peça de tecido, quadrada, triangular ou retangular, usada como enfeite e agasalho dos ombros e das costas; manta: *Vovó ajeitou o xale nas costas.*

xampu xam.**pu** **S *masc*** sabão líquido para lavar os cabelos, pelos de animais, etc.: *Marcelo ficou horas no banho e passou xampu três vezes nos cabelos.*

xará xa.**rá** **S** pessoa que tem o mesmo nome que outra: *Carla Esmeralda, junto com a xará Carla Camurati, produziu um festival de cinema infantil.*

xarope xa.**ro**.pe **S *masc*** **1** remédio líquido, grosso e doce: *Pedro tomou o xarope para tosse.* **2** calda: *As amêndoas foram adoçadas com um xarope especial.*

xaxim xa.**xim** **S *masc*** tronco de samambaia que era usado para fazer vasos ou suportes para plantas: *O xaxim corre o risco de extinção e teve o corte proibido no ano de 2001.*

xeque **xe**.que **S *masc*** entre os árabes, chefe ou soberano de um povo: *O xeque mandou servir um banquete aos convidados.*
Cp: **cheque**.

xereta xe.**re**.ta **Adj 1** que se mete naquilo que não lhe diz respeito; intrometido: *Menina, não mexa na gaveta, deixe de ser xereta.* **S 2** pessoa intrometida: *Vovô preparou uma armadilha para o xereta que andava mexendo em suas ferramentas.*
xeretar *Vi* intrometer-se por curiosidade.
Usado em linguagem informal.

xerife xe.**ri**.fe **S *masc*** funcionário municipal encarregado de executar as leis e manter a ordem nas cidades dos Estados Unidos: *O homem parecia um xerife, queria comandar a vida de todos.*

xerox rócs xe.**rox** **S *masc*** **1** processo de tirar cópias fotográficas de documentos em máquina que copia: *Não recomendamos fazer xerox para não estragar a qualidade da imagem.* **2** cópia de documento feita por esse processo; fotocópia: *Dei um xerox da carta para cada uma de minhas amigas.* É marca registrada.

xícara **xí**.ca.ra **S *fem*** **1** pequeno recipiente com asa, geralmente acompanhado de pires, onde se toma café, leite ou chá: *Todos tomaram o chá em xícaras de porcelana.* **2** o conteúdo desse recipiente: *Nino tomou uma xícara de café com leite.*

xingar xin.**gar** ***Vi*** **1** dizer palavras ofensivas: *Crianças educadas não devem xingar.* ***Vt*** **2** agredir com palavras ofensivas: *Para não xingar a intrometida, desligou o telefone.* **xingamento** **S *masc*** agressão com palavra ofensiva.

xixi xi.**xi** **S *masc*** líquido eliminado da bexiga do corpo humano; urina: *Vontade de xixi não escolhe hora.*

xodó xo.**dó** **S *masc*** carinho especial que se tem por alguém: *Todos nós temos xodó por crianças.*

xote **xo**.te **S *masc*** música e dança de salão, ao som de sanfona.

xucro **xu**.cro ***Adj*** que não foi domesticado: *Há, na fazenda, vários cavalos xucros.*

Yy *Yy*

y *ípsilon* **S *masc*** vigésima quinta letra do alfabeto, usada em abreviaturas, em nomes de povos indígenas (yanomami) e em palavras de origem estrangeira.

y S *masc* nas histórias infantis, lugar desconhecido ou que não se quer nomear: *Os dois tecelões receberam, cada um, o título de Nobre Tecelão do Reino de Y.*

yakisoba
iaquissôba **S *masc*** macarrão preparado com carnes e verduras.
Palavra tirada do japonês.

Zz *Zz*

z ***S masc*** vigésima sexta letra do alfabeto.

zabumba za.**bum**.ba ***S*** tambor grande, que se toca pendurado ao ombro; bumbo: *Na noite de São João, a zabumba e a alegria tomaram conta da festa.*

zangado zan.**ga**.do ***Adj*** 1 aborrecido; irritado: *A mãe do Alvinho andava meio zangada, pois ele não queria saber de estudar.* 2 muito forte; furioso: *Os mais zangados ventos sopravam da montanha.*

zangão zan.**gão** ***S masc*** macho da abelha, que não tem ferrão e não fabrica mel.

zangar zan.**gar** ***Vi*** 1 ficar aborrecido; irritar-se: *Quando Carlos se zanga, leva a bola embora e o treino acaba.* ***Vt*** (+com) 2 repreender: *Quando o fiscal vê que alguém está atrasado, zanga com a pessoa.*
➖ **zanga** ***S fem*** irritação; raiva.

zanzar zan.**zar** ***Vi*** andar de um lado para outro; andar ao acaso: *Ana zanzava por toda a cidade.*

zebra **ze**.bra ***S fem*** 1 animal mamífero nativo da África, da família do cavalo, listrado de preto ou castanho, sobre fundo branco ou amarelo-claro. 2 resultado inesperado: *O roteiro já estava pronto, mas deu zebra e a novela não foi ao ar.*
☼ O sentido 2 é mais comum na língua falada. ▶ pág 460 e 461.

zelador ze.la.**dor** ***S masc*** empregado que cuida da limpeza e manutenção de algum lugar: *Jânio é o novo zelador da escola.*

zelar ze.**lar** ***Vt*** (+pelo) tomar conta com cuidado e interesse: *Zelava pelo filho doente.*
➖ **zelo** ***S masc*** cuidado; dedicação.

zepelim ze.pe.**lim** ***S masc*** grande balão dirigível que tem forma alongada: *O zepelim voava no céu.*

zigue-zague zi.gue-**za**.gue **S masc** 1 linha que se quebra ora para a direita, ora para a esquerda: *Para os antigos, o raio era um zigue-zague de fogo.* 2 movimento que lembra essa linha: *Correr em zigue-zague pode ser uma saída para se livrar de um ataque de abelhas.*

zinco **zin**.co **S masc** 1 substância metálica branco-acinzentada usada para diversos fins: *A roupa lavada era colocada em bacias de zinco.* 2 folha desse material usada para cobrir edificações: *Era um barracão de madeira com telhado de zinco.*

zíper **zí**.per **S masc** fecho para roupas ou outras peças de pano, plástico ou couro, feito de duas fileiras de dentes que se encaixam ou se soltam: *Guardou o relógio no bolso protegido por um zíper.*

zoar zo.**ar** **Vi** 1 fazer barulho constante e que perturba: *O carro saiu zoando pela estrada.* 2 brincar; divertir-se: *Sou um moleque alegre, que gosta de zoar.* **Vt** (+com) 3 fazer brincadeira (a respeito de alguém); caçoar: *Eugênio não queria contar que gostava da Frida para ninguém ficar zoando com ele.*

zoeira zo.**ei**.ra **S fem** 1 som agudo; zunido: *Luísa acordou com uma zoeira.* 2 barulho: *Os animais faziam zoeira enquanto o fazendeiro dormia.*

zombar zom.**bar** **Vt** (+de) implicar por brincadeira; caçoar: *Pode ser que alguém zombe de você depois que o dente cair.* **zombaria** **S fem** ação de zombar. **zombeteiro** **Adj** que zomba; irônico.

zona **zo**.na **S fem** 1 área que tem certas características; região: *Os internatos recebiam também alunos da zona rural.* 2 uma das cinco divisões da superfície da Terra, que são delimitadas de acordo com a localização e a temperatura: *Nas zonas polares, as temperaturas são muito baixas.*

zonzo **zon**.zo **Adj** 1 que sente tontura; tonto: *Bati a cabeça numa árvore e fiquei meio zonzo.* 2 confuso; atrapalhado: *Nastácia sentia as ideias zonzas.*

zoologia zo.o.lo.**gi**.a **S fem** parte das ciências biológicas que trata dos animais: *Vi uma figura de uma coruja no meu livro de Zoologia.* **zoólogo** **S masc** especialista em Zoologia.

zoológico zo.o.**ló**.gi.co **Adj** 1 relativo à Zoologia: *Os alunos escolheram o morcego para uma pesquisa zoológica.* **S masc** 2 jardim zoológico: *No zoológico viviam várias espécies de aves.* Para **2**, a forma **zoo** também é usada. pág 460 e 461.

zumbido zum.**bi**.do **S masc** som produzido por insetos como a abelha, o besouro, etc.; zunido: *Lia dormiu muito mal por causa dos zumbidos e das picadas dos pernilongos.*

zumbir zum.**bir** **Vi** 1 emitir zumbidos; zunir: *Lá se foi o besouro, zumbindo como um avião.* 2 produzir som agudo: *A máquina começou a zumbir e a estalar, até que estourou.*

zunir zu.**nir** **Vi** emitir som agudo; zumbir: *Um beija-flor zunia diante das flores.*

zurrar zur.**rar** **Vi** soltar zurros: *A gente ouve o burrico zurrar lá longe.*

zurro **zur**.ro **S masc** som produzido pelo burro: *Para enganar seu dono, o burro cobriu-se com uma pele de leão e tentou dar um urro, mas o que saiu foi um zurro.*

A B C D E F G H I J K L M N O P Q R S T U V W X Y Z

10

1
oh!
18
5
6
20
11
15
8

A
B
C
D
E
F
G
H
I
J
K
L
M
N
O
P
Q
R
S
T
U
V
W
X
Y
Z

Numerais

Numeral	Cardinal	Romano	Ordinal	Fracionário
1	um	I	primeiro	—
2	dois	II	segundo	metade, meio
3	três	III	terceiro	terço
4	quatro	IV	quarto	quarto
5	cinco	V	quinto	quinto
6	seis	VI	sexto	sexto
7	sete	VII	sétimo	sétimo
8	oito	VIII	oitavo	oitavo
9	nove	IX	nono	nono
10	dez	X	décimo	décimo
11	onze	XI	décimo primeiro	onze avos
12	doze	XII	décimo segundo	doze avos
13	treze	XIII	décimo terceiro	treze avos
14	quatorze ou catorze	XIV	décimo quarto	quatorze avos
15	quinze	XV	décimo quinto	quinze avos
16	dezesseis	XVI	décimo sexto	dezesseis avos
17	dezessete	XVII	décimo sétimo	dezessete avos
18	dezoito	XVIII	décimo oitavo	dezoito avos
19	dezenove	XIX	décimo nono	dezenove avos
20	vinte	XX	vigésimo	vinte avos
30	trinta	XXX	trigésimo	trinta avos
40	quarenta	XL	quadragésimo	quarenta avos
50	cinquenta	L	quinquagésimo	cinquenta avos
60	sessenta	LX	sexagésimo	sessenta avos
70	setenta	LXX	septuagésimo	setenta avos
80	oitenta	LXXX	octogésimo	oitenta avos
90	noventa	XC	nonagésimo	noventa avos
100	cem	C	centésimo	centésimo
200	duzentos	CC	ducentésimo	ducentésimo
300	trezentos	CCC	tricentésimo ou trecentésimo	trecentésimo
400	quatrocentos	CD	quadringentésimo	quadringentésimo
500	quinhentos	D	quingentésimo	quingentésimo
600	seiscentos	DC	sexcentésimo ou seiscentésimo	sexcentésimo
700	setecentos	DCC	septingentésimo	septingentésimo
800	oitocentos	DCCC	octingentésimo	octingentésimo
900	novecentos	CM	nongentésimo	nongentésimo
1 000	mil	M	milésimo	milésimo
1 000 000	um milhão	M	milionésimo	milionésimo

Estados e Capitais do Brasil* e seus Adjetivos Pátrios

Estado	Sigla	Adjetivos pátrios	Capital	Adjetivos pátrios
Acre	AC	acriano	Rio Branco	rio-branquense
Alagoas	AL	alagoano	Maceió	maceioense
Amapá	AP	amapaense	Macapá	macapaense
Amazonas	AM	amazonense	Manaus	manauense ou manauara
Bahia	BA	baiano	Salvador	soteropolitano
Ceará	CE	cearense	Fortaleza	fortalezense
Espírito Santo	ES	capixaba	Vitória	vitoriense
Goiás	GO	goiano	Goiânia	goianiense
Maranhão	MA	maranhense	São Luís	ludovicense
Mato Grosso	MT	mato-grossense	Cuiabá	cuiabano
Mato Grosso do Sul	MS	sul-mato-grossense	Campo Grande	campo-grandense
Minas Gerais	MG	mineiro	Belo Horizonte	belo-horizontino
Pará	PA	paraense	Belém	belenense
Paraíba	PB	paraibano	João Pessoa	pessoense
Paraná	PR	paranaense	Curitiba	curitibano
Pernambuco	PE	pernambucano	Recife	recifense
Piauí	PI	piauiense	Teresina	teresinense
Rio de Janeiro	RJ	fluminense	Rio de Janeiro	carioca
Rio Grande do Norte	RN	potiguar, norte-rio-grandense ou rio-grandense-do-norte	Natal	natalense
Rio Grande do Sul	RS	gaúcho, sul-rio-grandense ou rio-grandense-do-sul	Porto Alegre	porto-alegrense
Rondônia	RO	rondoniano	Porto Velho	porto-velhense
Roraima	RR	roraimense	Boa Vista	boa-vistense
Santa Catarina	SC	catarinense	Florianópolis	florianopolitano
São Paulo	SP	paulista	São Paulo	paulistano
Sergipe	SE	sergipano	Aracaju	aracajuano
Tocantins	TO	tocantinense	Palmas	palmense

* O natural ou habitante do Brasil é brasileiro.